作者简介

刘秋根 男，1963年生。1983年湖南师范学院历史系毕业，获学士学位；1986年6月河北大学毕业，中国古代史专业，获硕士学位，留校工作；1997年河北大学毕业，获历史学博士学位。1992年被评为副教授，1997年被评为教授。现为河北大学宋史研究中心教授、博士研究生导师。中国经济史学会理事，中国宋史研究会会员。

中国专门史文库

中国典当史

刘秋根 著

湖北省学术著作出版专项资金
Hubei Special Funds for Academic Publications

武汉大学出版社
WUHAN UNIVERSITY PRESS

图书在版编目(CIP)数据

中国典当史/刘秋根著.—武汉：武汉大学出版社,2021.7
中国专门史文库
湖北省学术著作出版专项资金资助项目
ISBN 978-7-307-21292-3

Ⅰ.中…　Ⅱ.刘…　Ⅲ.典当业—经济史—中国　Ⅳ.F832.38

中国版本图书馆 CIP 数据核字(2019)第 257863 号

责任编辑:郭　静　　责任校对:李孟潇　　版式设计:马　佳

出版发行：**武汉大学出版社**　(430072　武昌　珞珈山)
(电子邮箱：cbs22@whu.edu.cn　网址：www.wdp.whu.edu.cn)
印刷：武汉中远印务有限公司
开本:720×1000　1/16　印张:47.5　字数:681 千字　插页:6
版次:2021 年 7 月第 1 版　　2021 年 7 月第 1 次印刷
ISBN 978-7-307-21292-3　　定价:152.00 元

（宋）张择端《清明上河图》中的“解”库

山西灵石王家大院中的当铺遗址（现尚有人居住）

刘秋根　摄

山西灵石县董家岭当铺院（一）

刘秋根　摄

山西灵石县董家岭当铺院（二）

刘秋根　摄

山西灵石县董家岭当铺院（三）

刘秋根　摄

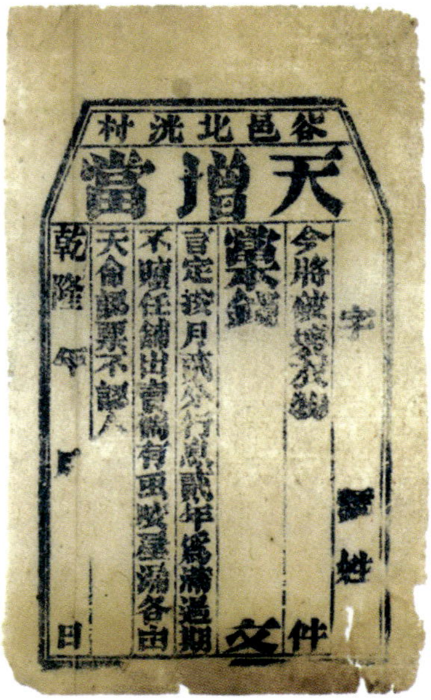

乾隆太谷天增当当票范本

（北京晋商博物馆藏）

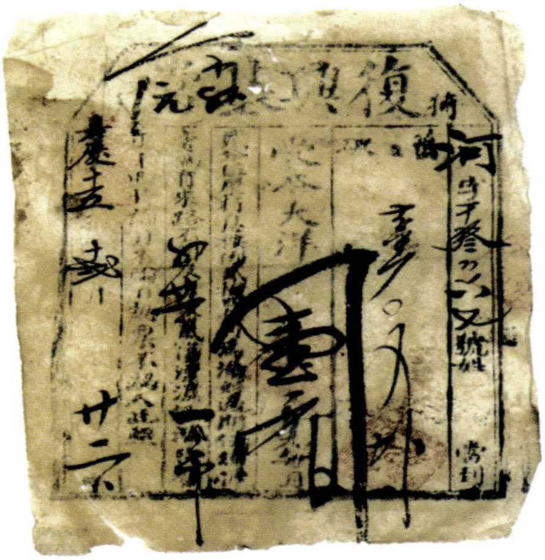
嘉庆十五年复兴基当当票

（北京晋商博物馆藏）

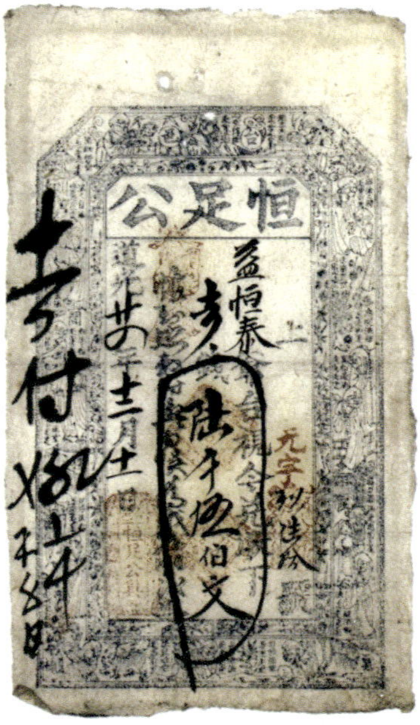

道光二十四年恒足公号钱票

（北京晋商博物馆藏）

清代珠字号典簿封面

（刘建民先生藏）

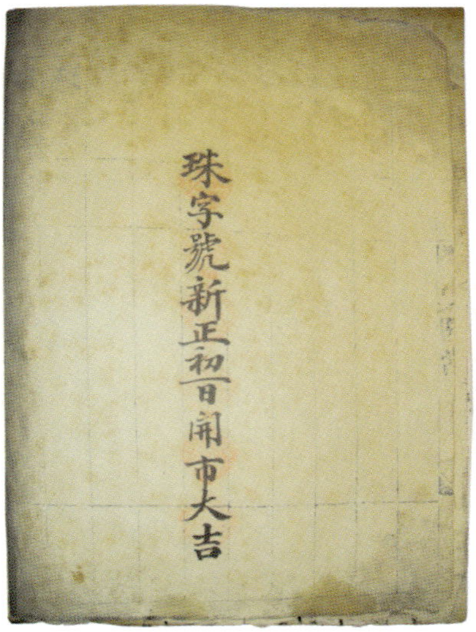

珠字号典簿账页（一）

（刘建民先生藏）

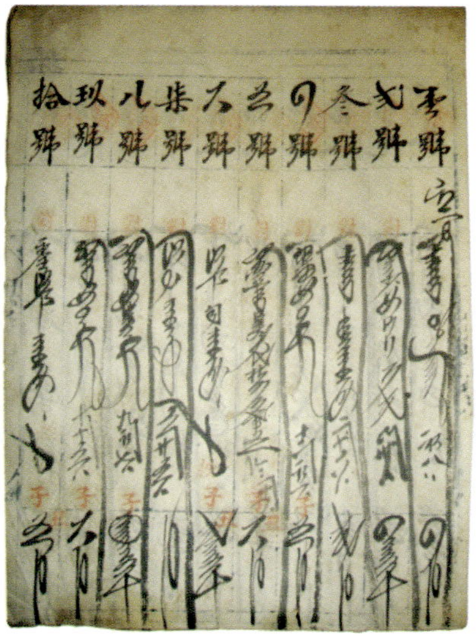

珠字号典簿账页（二）

（刘建民先生藏）

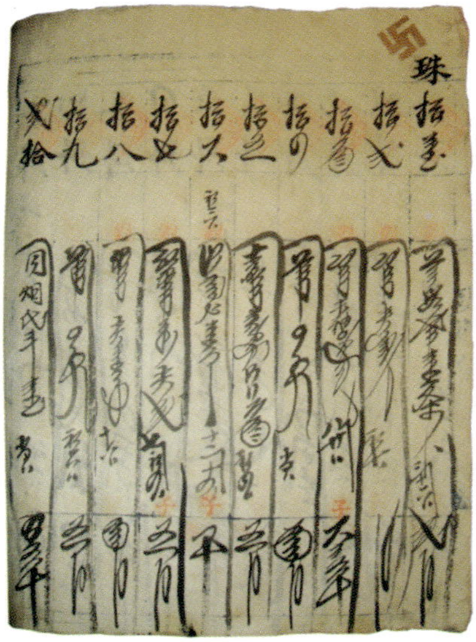

珠字号典簿账页（三）

（刘建民先生藏）

三义当清单（一）
（刘建民先生藏）

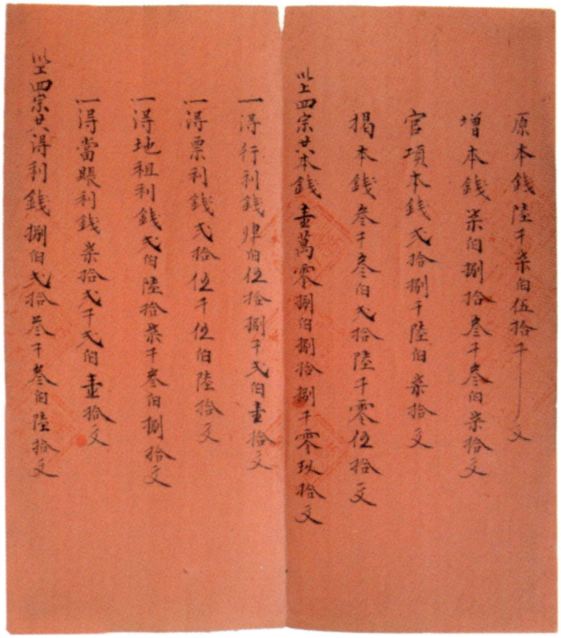

三义当清单（二）
（刘建民先生藏）

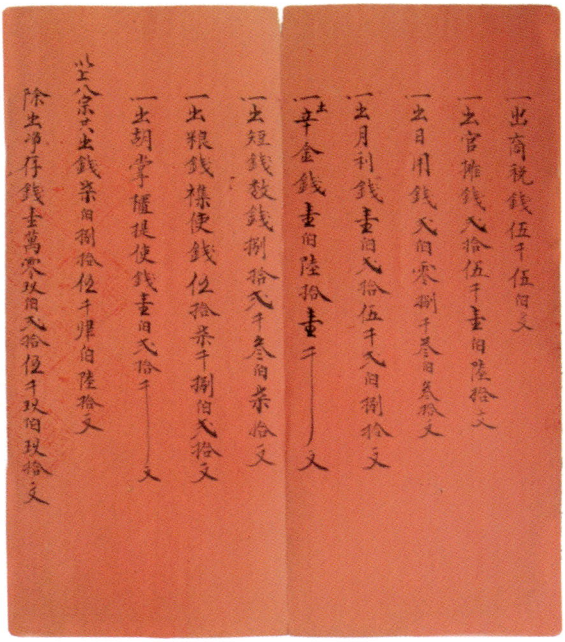

三义当清单（三）
（刘建民先生藏）

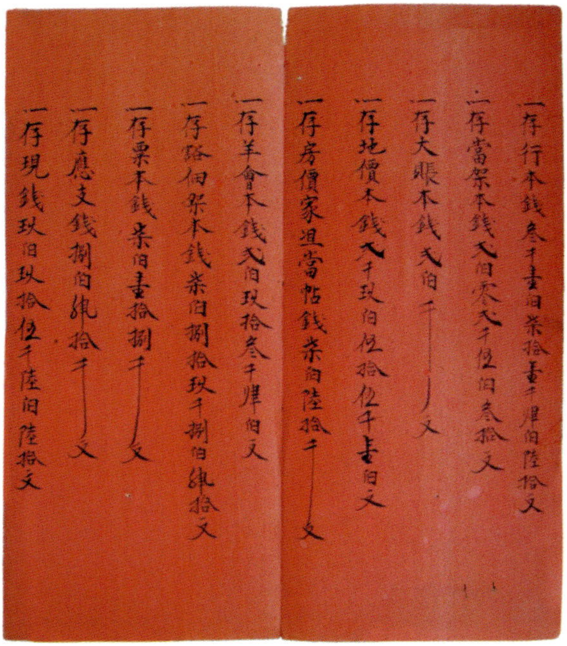

三义当清单（四）

（刘建民先生藏）

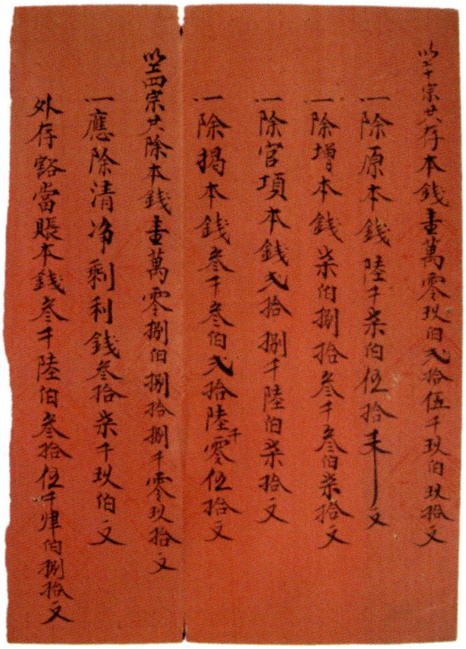

三义当清单（五）

（刘建民先生藏）

前　言

我曾在 1995 年出版《中国典当制度史》，显然这只是刚入中国经济史之门的我所撰写的一本习作。没想到武汉大学出版社学术分社社长胡程立女士却觉得此书还有某些可取之处，便邀我在此书基础上，写一本《中国典当史》，作为其“专门史丛书”之一。在她的激励下，我鼓起勇气，阅读新材料，浏览最新研究成果，经两年努力，便有了《中国典当史资料》(前 475—1911) 的编撰及本书的写作。

本书的框架与《中国典当制度史》相比，有继承，更有了改动及进展：一是增加了大量章节，补充了内容。如关于私人典当业资本的形成、私人典当业资本数量暨典当规模分析、清末典当业衰落、典当资本的积累、典当业的联营、典商家产的传承、典当大小的分化、典当之间的竞争、联合及行业组织、典当业的资金来源和负债率、典当业的资金运用、典当业的净利润率、典当业的资金融通、典当业的仓储制度、典当业的会计制度、典当业的盗赃出脱及其处理等，都是本书新增加的章节。而那些与《中国典当制度史》类似的章节，如典当基本业务、兼营业务、利率、资本组织方式等，则增加了材料、丰富了内容，观点也有相当大的调整。尤其是关于典当业的历史作用问题，则从全新的角度提出问题，进行了更为详细的探讨。二是补充了材料。因为电子索引资料及大量民间材料的涌现，本书既补充了大量传世文献材料，更运用了大量民间文献，尤其是晋商典当业的大量契约文书，包括典当信稿、清单、账册等。三是从时段上说，本书大体上只是写到清末，民国以后的内容，不再涉猎，其中有些章节也叙及民国初年，主要是为了制度演变论述的完整性。

典当业是一个极富中国特色的，对中国经济、社会影响又十分深远的行业，尽管我写了两本书、发表了十来篇论文，还编了资料集，但对典当史的研究还是很浅薄的，随着新材料的发现，新的问题不断涌现，还需要我们长期、深入地探索。

如果从方法论上说，本书仍属于长时段的金融史或金融机构研究，仍秉持在《中国典当制度史》序中漆先生所说的长时段看问题以及由研究对象的发达状态向前追溯其不发达状态的方法，如果有点新意的话，就是更多地运用了会计学及经济学的方法及思路，更多地运用了数字统计方法。这可能没什么新意，但的确反映了我近年来在研究方法方面力求跟上潮流的努力。我将继续勉力前行，以不辜负我有幸赶上的这个学术上充满创新、日新月异的时代。

本书应是我典当史研究的收官之作，在《中国典当制度史》中，我曾特别致谢我的导师漆侠教授、著名中国经济史专家方行先生、明史专家韩大成先生、宋史专家裴汝诚先生。在本书出版之际，我愿再次对这些前辈致敬，是他们一步步引导、帮助我走向中国经济史暨典当史研究领域。在这里，我还要致谢刘建民先生，他无私地将三十年收藏的晋商契约文书提供给我阅读，并在研究中使用，这是本书还有所创新的关键。除此之外，我的学生张建鹏等人帮我核对资料，进行数字的统计，做了大量工作，也是我要表示感谢的。当然，对武汉大学出版社及学术分社社长胡程立女士的青睐及将要付出的劳动，我更要表示谢意了。

这是前言？是自序？是后记？或许更是中年人的唠叨！

刘秋根

2017年6月1日于保定市七一路迎宾宅

目　　录

第 一 章

中国典当业的起源及名称演变

第一节　中国典当业的起源

“典当”一词有两个含义，一是不动产的买卖行为，产权已经转让，即房地契已经转移到买主手中，但若干年以后可以赎回；二是不动产或动产的抵押行为，简单地说就是抵押借贷。可以成为抵押品的东西，不仅有各种动产，还有土地、房屋等不动产，有的地区还有以人身抵押的现象。这里所说的典当，仅指动产抵押，它是历史上存在时间最长、分布地区最广的抵押贷款。

“典当”既是一种经济行为，也是一种经营借贷的专门店铺，前者在史籍中的记载是很早的，我们这里要考察的是后者，即中国典当业起源的时间。关于这个问题，主要有两种观点：一种观点认为，典当成为一种专门的行业，大约最早出现在南北朝时期的佛寺。这是一种影响最大的观点，从20世纪30年代以来，大部分学者都奉为圭臬。另一种观点认为，典当起源于东汉，如清代考据学家郝懿行认为："俗以衣物质钱谓之当，盖东汉已然。"①我在《中国典当制度史》中做了一些辩证，这里在此基础上，再作更为详细的分析与探讨。

一、典当产生的历史条件

任何社会现象的产生都有它的条件，典当作为一种历史上广泛存在的经济现象也不例外。那么典当的产生需要什么条件呢？

第一，社会生产力一定程度的发展、私有制的产生、贫富分化是典当业产生的最基本的条件。原始社会生产力低下，剩余产品很少，处于一种原始的共产主义社会。人们没有私人财产，典当、典当业当然是不可能产生的。到父系氏族公社后期，随着生产力的发展，人们的劳动成果除了消费外，还有了剩余，这才产生了私有财产，同时还产生了贫富分化。从中国历史看，距今四五千年的龙山文化墓葬里，有的随葬品很多，有的随葬品很少，这就说明出现了私有制和贫富分化。贫穷家庭财产不够消费，需要借贷；富有家庭财产除消费外还有剩余，需要放款，借贷就这样产生了。当然，高利贷的形成也有一个过程，它经历了由原始互助到无利借贷到高利借贷这样一个演变过程。这一点由中国南方一些中华人民共和国成立前尚处于原始社会末期的少数民族如云南西盟佤族、独龙族、傈僳族、苦聪族、海南岛合亩地区黎族等的借贷发生发展史，以及中原地区华夏族高利贷发生发展史都可以得到证明。②

第二，商品经济的发展，货币的产生。人类历史早期的交换主要是物物交换，这时不会产生典当。因为典当与买卖一样，都是不同产品之间的交换，都需要货币充当价值尺度，有了货币才可以给产品定价，才可以对当物估价，只有有了商品经济，才有可能形成货币，形成资金需求，形成借贷。也只有当社会上的货币资本积累

① （清）郝懿行《证俗文》卷六。续修《四库全书》第192册，上海古籍出版社2002年版，第503页。

② 刘秋根：《试论中国古代高利贷的起源和发展》，《河北学刊》1992年第2期。

到一定程度，某些人存贮的货币达到一定的规模，典当才可以产生。马克思指出："高利贷资本的存在所需要的只是，至少已经有一部分产品转化为商品，同时随着商品买卖的发展，货币已经在它的各种不同的职能上得到发展。"①从中国历史看，商业起源很早，传说商人的得名就是因为商朝人长于经商的缘故。商的先祖王亥就服牛乘马，到有易部落去做生意，结果被杀。殷墟里出土了很多海贝，还有少量的铜贝，这说明货币产生了。但这个时期还是不能产生典当的，因为商朝时虽然从海边的先民手里交换得到了海贝，但它们只是贵族们的奢侈品，还没有发现以海贝交换其他产品的例子。至于铜贝，也不是人们认为的铸币，只是一种仿造的奢侈品。换言之，此时的海贝、铜贝，还没有广泛进入流通领域，社会上普遍存在的依然是物物交换，所以此时典当还不能产生。一直到春秋战国时期，随着商品经济的发展，社会上出现了大商人和高利贷者，强大的诸侯国都开始铸造自己的货币，这时典当的条件才具备了。战国、秦汉时期，政府向人民征收的赋税，有一部分就是货币，如人民交纳的人头税，成年人每人每年一百二十钱，为算赋；小孩每人每年二十三钱，为口赋，都是铜钱。② 这样，社会各阶层的人们都认识到了货币的重要性。高利贷暨典当产生的条件成熟了。

二、动产抵押放贷的发展及典当的起源

典当既然是一种借贷取息行为，那我们就得从这种活动开始追寻。《周礼》记载了可能是我国史籍上最早放贷取息的行为："泉府，掌以市之征布，敛市之不售，货之滞于民用者，以其贾买之……凡赊者，祭祀无过旬日，丧纪无过三月；凡民之贷者，与其有司辨而授之，以国服为之息。"其大意是：泉府，掌以"征布"，收购市场滞货，平价卖给顾客，如果民众因祭祀、办丧事缺用，也

---

① 马克思、恩格斯：《资本论》第三卷，人民出版社 1975 年版，第 671 页。

② 宁可：《中国经济发展史》第一册《秦汉卷》，中国经济出版社 1999 年版，第 397-398 页。

可赊买，但不能超过旬日和三个月的期限；如果民众想借贷，也可会同借贷者所在官司，分别种类授予，“以国服为之息”。这段记载的关键是对“以国服为之息”的解释，明儒丘濬认为，“以国服为之息”，是“不以钱而以力焉”，即“偿本之后，以服役公家为息。服……供服役之服也”。[①] 这可能是最早的政府向人民放债取息的行为。《周礼》所言的具体年代无法确定，但至少部分地反映了西周时期的情况。私人最早放贷取息的例子，战国时期就有了，据《战国策·齐策》记载，齐国的大贵族孟尝君田文就曾向他封地的人民放高利贷，他派冯谖去收。冯谖当众把债券毁掉了，从而免除了人民的债务，为孟尝君收买了人心。思想家庄周家里穷，也曾到监河侯那里借粮食，监河侯虚语支应，庄周的借贷未能成功。春秋战国时期，社会处于剧烈变革之中，“社稷无常奉，君臣无常位”，失势的贵族很多，甚至还有君主。他们生活困难的时候，也会像贫民一样去借贷。相传周朝的末代君主周赧王因为借债太多无力偿还，所以避居台上不敢下来，周人名之为“逃债台”。据《史记·货殖列传》记载，西汉的高利贷者当时被称为“子钱家”，七国之乱前夕，驻长安的关东诸侯子弟们为了向朝廷表示忠心，都争着上前线参加战斗，但由于西汉中央政府与关东诸侯交恶，他们便断绝了生活来源，更不用说置办武器、马匹上前线了，所以他们不得不借高利贷。长安有个“子钱家”无盐氏，认为西汉中央政府会赢得这次战争，这些关东诸侯子弟们也会立下战功，所以向他们放高利贷，结果大捞一把。

以上这几例还只是信用放贷，不是抵押贷款，当然也不是典当。孟尝君向他封地的人民放贷，人民害怕他的权势，不敢不还；无盐氏的行为似乎是一次政治赌注，只有庄周向监河侯借粮食才具备一定的普遍意义。如果放贷取息进一步发展，像做生意那样面对最一般的债务人，为了顺利收回本利，向那些陌生的债务人收取适当的抵押，就合情合理了。所以监河侯不愿意把粮食借给庄周，是

① 丘濬：《大学衍义补》卷二十五，《制国用·市籴之令》，文渊阁《四库全书》第712册，第278页。

因为监河侯把放贷当生意做，只想顺利收回本利，没有其他目的。

据《西京杂记》记载：西汉“司马相如初与卓文君还成都，居贫愁懑，以所著鹔鹴裘就市人阳昌贳酒，与文君为欢。文君抱颈而泣曰：我平生富足，今乃以衣裘贳酒”①。据《说文》解释说：“贳，贷也。”这是第一个抵押贷款的例子，只是司马相如得到的是酒，不是钱，严格说来也不算典当。

东汉时期的字典《说文解字》说；“质：以物相赘，从贝从所。赘：以物质钱，从敖贝。敖者，犹放，贝当复取之也。”②这里把“赘”和“质”互相解释，即六书之一的转注。“以物质钱”出现在字典里，说明这种行为已经很普遍了。此后，“以物质钱”就成了中国典当行为最经典的解释。

《后汉书·刘虞传》里有“虞所赉赏，典当胡夷”的记载，前人考证典当起源时，多引用之。实际上，此“典当”二字合为一个动词，与作为名词的“典当”并无关系，而且这里的含义也不好确定。从史源上说，它不仅是一条孤证，而且出现得很晚，成书比它早一百多年的《三国志》也记载了刘虞和公孙瓒的不和，却没有相同甚至相似的文字，所以我们很自然地就会怀疑这条史料的来源。总之，这条史料引用的虽多，疑点也多，姑且引用，以俟后人考证。

从以上三条史料，尤其是《说文解字》的记载，我们可以得出结论，即汉代尤其是东汉以后，抵押贷款已经成为一种普遍的经济行为，可以说典当业形成的条件已经具备，但是否出现专门的典当机构，目前还不能断定。

其实，典当、典当业的起源可能还与宗教密不可分，可能是因为宗教的宗旨里都有慈善的意思，而借钱给穷人自然也就被认为是慈善的行为。为了维持自身的运转，适当收取利息也就成了合情合理的。在佛律之中，有不少这样的记载，表明原始佛教教规是允许有利放款的，有佛律言：“尔时六众苾刍种种出息，或取或与，或

① (汉)刘歆：《西京杂记》第二卷，《中国野史集成续编》第二册，巴蜀书社 2000 年版，第 565-566 页。

② (汉)许慎：《说文解字》第六卷下，中华书局 1963 年版，第 130 页。

生或质，以成取成，以未成取成，以成取未成，以未成取未成。言取者，谓即收取，他方爱乐所有货物，载运将去，觅防守人立诸券契，是为取；言与者，谓与他物八日十日而等而立契证，是名为与；言生者谓是生利，与他少物多取谷麦，或加五，或一倍二倍等，贮蓄升斗，立其券契，是名为生；言质者，谓纳质取珠宝等，同前立契，求好保证，与其财物，是名为质。"从以上记载看，佛教徒们有多种求利行为，质物取利只是其中的一种，这都是佛祖允许的。而且，佛经还要求："同前立契，求好保证"，方可"与其财物"。有一处规定得更具体："与物时，应可分明，两倍纳质，书其券契，并立保证，记其年月，安上座名及授事人字。"①可见，佛教经典不仅为佛教徒进行典当提供了理论依据，还规定了具体的办法。这与儒家不反对有利借贷的思想异曲同工，对中国式借贷金融发展产生了巨大的影响。

我国南北朝时，佛教得到空前的发展，统治者们为了维护自己的统治，大多提倡佛教。他们拨给佛教徒大量的田产和钱财，给他们修建了豪华的寺院，其中最有名的就是梁武帝。他不仅自称"菩萨皇帝"，还曾四次到同泰寺舍身，政府再花巨额的钱财把他赎回来，这些钱财自然就归寺院所有了。在政府的提倡下，民间也有很多人为了祈福禳灾，向寺院施舍钱财。佛教的寺院里因此聚敛了大量的钱财，也就为他们进行典当求利活动提供了强大而可靠的物质基础。正因为如此，此时的寺院比较普遍地经营高利贷，这种放贷主要以抵押放款的形式进行。在当时历史的文献中，此类事例多与南方寺院有关，以下酌引数例，以资说明。在南齐，褚"彦回薨，澄以钱一万一千，就招提寺赎高帝所赐彦回白貂坐褥、坏作裘及缨，又赎彦回介(巾)帻、犀导及彦回常所乘黄牛"。② 同时代还有

① 所引经律见频伽精舍校刊《大藏经·张帙·小乘律》中的《根本说一切有部毗奈耶》第二十二《根本说一切有部苾刍尼毗奈耶》第十。有关论述还参考了道端良秀《支那佛教寺院的金融事业》，载《大谷学报》及吴永猛《中国佛教经济之发展》第三章，载《佛教经济研究论文集》。

② (唐)李延寿：《南史》卷二八《褚裕之·从孙褚彦回，弟澄传》，中华书局1975年第三册，第756页。

甄“法崇孙彬。彬有行业，乡党称善。尝以一束苧就州长沙寺库质钱，后赎苧还，于苧束中得五两金，以手巾裹之。彬得，送还寺库。道人惊云：近有人以此金质钱，时有事不得举而失，檀越乃能见还。辄以金半仰酬，往复十余，彬坚然不受”。①

当然，有些例子未必都是寺院所为，反映出寺院以外的贵族、富商等也是经营抵押放贷的。如：南朝宋时“邻人有被诬为盗，见劾，妄欵。诜矜之，乃以书质钱二万，令门生诈为其亲，代之酬备。邻人获免，谢诜，诜曰：吾矜天下无辜，岂期谢也?”②南齐萧翼宗被捕时“仍遣收之，检家赤贫，唯有质钱贴子数百。还以启帝，原死，系尚方”。③

在与北朝相关的历史文献里，动产抵押借贷的记载也很常见，但与佛教寺院相关的不多。以下酌引数条：

第一，《魏书》记载：

羊敦，永安左右“转卫将军，广平太守，治有能名……雅性清俭，属岁饥馑，家馈未至，使人外寻陂泽，采藕根而食之。遇有疾苦，家人解衣质米以供之”。④

第二，《北史》记载：

(东魏，李元忠)“初，元忠以母多患，专心医药，遂善方技。性仁恕，无贵贱皆为救疗。家素富，在乡多有出贷求利，元忠焚契免责，乡人甚敬之”。“孙腾、司马子如尝诣元忠，逢其方坐树下，葛巾拥被，对壶独酌。庭室芜旷，使婢卷两褥以质酒肉。呼妻出，衣不曳地。二公相视，叹息而去，大饷米

① (唐)李延寿：《南史》卷七十《甄法崇传·孙彬》，中华书局1975年版，第1705页。

② (唐)李延寿：《南史》卷七六《庾诜传》，中华书局1975年版，第1904页。

③ (南梁)萧子显：《南齐书》卷四二《萧坦之传》，中华书局1972年版，第749页。

④ (北齐)魏收：《魏书》卷八八《羊敦传》，中华书局1974年版，第1912页。

绢，受而散之。俄复以本官领卫尉卿。卒，有米三石，酒数斛，书籍药物充满箧架，未及赙至，金蝉质绢，乃得敛焉”。①

第三，《北史》记载：

(北齐神武帝高欢执政时，祖珽)字孝征……后为秘书丞，领舍人，事文襄。州客至，请卖《华林遍略》，文襄多集书人，一日一夜写毕，退其本曰：不须也。珽以遍略数帙质钱撑蒱，文襄杖之四十”。②

这些都是动产抵押借贷的例子，其用于抵押的物品，最多的是衣物，包括衣服、被褥、帽、织物等，也有书籍、黄牛，可见当物种类繁多。甄彬还以苎麻在长沙寺库质钱，可见当时农产品典当已经开始了，连黄牛都可以质钱，可见当时还有牲口典当。接受抵押而放款的既有私人家庭，也有南朝的寺院，其中像招提寺、长沙寺库这样著名的大寺院还可能建立了专门的典当机构。进行这类抵押借贷的既有官僚贵族，也有普通百姓；而且，一些贫穷之家，常有大量“质钱帖子”留存着。③

那么这是否可以说，南北朝时期典当业形成了呢？应该说，产生的条件是完全成熟了，但还只能说，南北朝时期与汉代一样，动产抵押放款已经非常普遍，但正式的经营机构还未完全形成。从种种迹象看，当时最有可能形成典当业的应该是寺院，如当时不少的材料反映出寺院中有“寺库”进行抵押入贷，但是否就是专门经营抵押放款的机构呢？尤其是社会上是否形成了典当这一行业，还需要更多的材料证明。

---

① (唐)李延寿：《北史》卷二二《李灵·曾孙元忠传》，中华书局1974年版，第1202-1204页。

② (唐)李延寿：《北史》卷三五《祖莹传附子珽传》，中华书局1974年版，第1737页。

③ 由上引诸例还可以看出，不仅可以以物质钱，还可以直接质贷酒肉、米、绢等实物，这可能反映出当时商品经济还不发达，货币流通还不够广泛。但以物质物只是与偶然的典当行为相适应，当专门的典当机构产生以后，需要精确计算盈亏时，仅仅物质物的做法可能就行不通了。

另据《魏书》记载："永平四年(511 年)夏，诏曰：僧祇之粟，本期济施，俭年出贷，丰则收入，山林僧尼，随以给施。民有窘敝，亦即赈之。但主司冒利，规取赢息，及其征责，不计水旱，或偿利过本，或翻改券契，侵蠹贫下，莫知纪极。"①可见北朝寺院也放高利贷，所以北朝寺院里建立了类似南朝寺库的机构也是完全可能的。当然，寺院的动产抵押放款有可能是在"寺库"中进行的，而"寺库"是否从仓库的其他功能中分离出来并独立化，还需要进一步研究。

第二节　中国典当业名称的演变

"典当业"一词，是指这一行业，不是具体当铺的名称，换言之，这里不是指当铺的字号。典当业的名称具有普遍性，它在某一时代、某一地区是通用或常见的。为了说明这一问题，下面引用《金史·百官志》的一段史料："中都流泉务。大定十三年(1173 年)，上谓宰臣曰：闻民间质典，利息重者至五七分，或以利为本，小民苦之。若官为设库务，十中取一为息，以助官吏廪给之费，似可便民，卿等其议以闻。有司奏于中都、南京、东平、真定等处并置质典库，以流泉为名，各设使、副一员。"②这段史料很有意思，说明金朝的典当业本来有自己的名字，即"质典库"，根本不需要再给这个行业另立名字。但那个典雅的"流泉"，究竟是典当业的名称呢，还是官府当铺的字号呢？笔者以为，它应是介于二者之间，即官府当铺的通称。因为官府开设的店铺，投资人都是政府，即使官府开设多家，也不需要再立字号相区别，所以"流泉"二字也可以说是官府当铺的字号。总之，"流泉"二字不应是金朝典当业这个行业的名称。当然，"流泉"也指管理官府"质典库"的

---

① (北齐)魏收：《魏书》卷二十《释老志》，中华书局 1974 年版，第 3041 页。

② (元)脱脱：《金史》卷五十七《百官志三》，中华书局 1975 年版，第 1320 页。

政府机构。

典当业名称的由来，明、清乃至民国的许多学者进行过考证，他们都是从“当”字的最早应用方面去入手的。如全祖望曰：“昔广东卬舍人湛若有嗜古之癖……然贫甚，时或绝粮，即以所有付之质库，及不时有余资又复赎之而归，如此者不一而足。湛若皆为文以记之，世所传前当票序、后当票序者是也，予考六经三史之书无有当字。”①后来的学者陆以湉②及《通俗编》③的作者翟灏也是如此，民初学者杨肇遇、宓公干也不例外。实际上这种考证并无太大的意义，因为早期典当业并不被称为“当铺”“典当”，如唐宋时代便多称为“质库”“解库”等。而且古代典当业的名称非常复杂，因时间及地点的不同而截然不同，我在《中国典当制度史》一书中曾列表考证，现引用其中一张表格并略加补充如下：

表 1-1　　　　中国典当业名称演变一览表

编号	年代	地区	名称	资料出处
1	唐玄宗初	京师	质库	《旧唐书》卷一八三
2	德宗贞元	闻喜县	质钱舍屋	《山右石刻丛编》卷九
3	武宗会昌	全国	质库	《文苑英华》卷四二九
4	唐后期	扬州	质库	《唐国史补》卷中
5	后唐明宗	汴州	质库	《册府元龟》卷四九二
6	后汉	兖州	质库	《五代史补》卷五
7	北宋中期	江北 江南	解库、质库	《能改斋漫录》卷二
8	北宋中期	?	小解	《春渚纪闻》卷六

① （清）全祖望：《鲒埼亭集》外编卷十七，《春明行箧当书记》，《四部丛刊初编 · 集部》第 153 函，第廿一册。

② （清）陆以湉：《冷庐杂识》卷一《当》，中华书局 1984 年版，第 35 页。

③ （清）翟灏：《通俗编》卷二十三《货财》，续修《四库全书》第 194 册，上海古籍出版社 2002 年版，第 503 页。

续表

编号	年代	地区	名称	资料出处
9	熙宁之后	全国	抵当所	《宋会要辑稿·食货》三十七之一六
10	崇宁左右	全国	抵当库	《宋会要辑稿·食货》三十七之三四、三五
11	崇宁左右	东京	质库	《萍洲可谈》卷二
12	北宋末	东京	质铺	《南烬纪闻录》附录
13	南宋初	临安	质库	《夷坚志·再补》
14	南宋初	全国	解质库	《建炎以来系年要录》卷一六三
15	孝宗时	临安	解库	《武林梵志》卷十
16	庆元年间	江西	长生库	《夷坚支癸》卷八
17	嘉泰年间	全国	典当质库	《宋会要辑稿·刑法》二之一三三
18	嘉定年间	和州	抵当库	《宋会要辑稿·食货》六十二之七三
19	开庆年间	太平州	抵库	《宋史》卷四一一
20	度宗时	浙东	普惠库	《宋史》卷四二一
21	南宋	全国	典库	《数书九章》卷十八
22	南宋	全国	长生库	《老学庵笔记》卷六
23	南宋	?	质库	《清明集》户婚门
24	南宋末	韶州	解库	《定宇集》卷九
25	辽	燕京	质坊	《辽史拾遗》卷一七引《松漠纪闻》
26	金明昌年间	诸府镇	典库(私) 流泉务(官)	《金史》卷九《章宗本纪·明昌元年》 《金史》卷五七《百官志》三
27	蒙古	北方	解典库	《元代白话碑集录》
28	元大德年间	江西	诚德库	《元典章》卷二七《解典》
29	元	京师	广惠库	《元史》卷八九《百官志》五
30	元	京师	解库	《析津志辑佚》
31	元	?	解典铺	《元曲选·风雨像生货郎旦》
32	元	京师	解典库	《元曲选外编·施仁义刘弘嫁婢》
33	元	京师	典解库	《元曲选外编·钱大尹智勘绯衣梦》

续表

编号	年代	地区	名称	资料出处
34	明初	南京	典当铺	《客座赘语》卷二
35	弘治年间	长洲	解库	《西湖二集》卷一二
36	弘治以后	江阴	典铺	《此木轩杂著》卷八
37	正德年间	南京		《警世通言》卷二二
38	万历以前		当铺	《金陵琐事》卷三
39	万历左右	三吴	质舍	《曲洧新闻》卷二
40		钱塘	质库	万历《钱塘县志·论》
41	天启年间	全国	典铺	《熹宗天启实录》卷五七
42	天启左右	北京	当铺	《春明梦余录》卷三八
43	明末	江西	质库	《天傭子集》卷六
44		虞(常熟)		《履园丛话》卷二二
45	崇祯年间	吴江	典铺	《近事丛残》
46	明	?	典库	《石点头》第六回
47	明后期	临清?	解当铺	《金瓶梅词话》第二十回
48	明	苏州	解库	《警世通言》卷十五
49		汉阳	典铺	《古本平话小说集》下《世无匹》第二回
50		?	解库	《警世通言》第三二卷
51		湖广枣阳	典铺	《古今小说》卷一
52		南京	解铺	《初刻拍案惊奇》卷十五
53		杭州	典库	《狯园》第七
54	明	京城	小当铺	《醒世姻缘传》第七六回
55		徽州	短押小铺、巨典高门	林西仲《挹奎楼选稿》卷一
56		松陵	质库	《西山日记》
57	清顺治年间	常熟	典铺	《明清苏州工商业碑刻集》第九目

续表

编号	年代	地区	名称	资料出处
58	清初	京师	典肆	《清稗类钞·豪侈类·乾隆时富人之豪》
59		扬州	当铺	《雨花香》第二八种
60		常熟	典铺	《养痾客谈》
61	康熙年间	秀水	质库	《曝书亭集》卷八十
62		永州	当铺	《赵恭毅公剩稿》卷二
63		苏州?	典铺	《读书堂采衣全集》卷四五
64		江苏扬州	质库	康熙《扬州府志》卷七
65		浙江嘉兴	小当铺	《儒林外史》第五二回
66	雍正年间	徽州	质库	《清稗类钞·狱讼类·吴墨谦为人释讼》
67		广东番禺	当行、当店	《广东典当业》第一章
68	雍正、乾隆初	西江	典铺	《西江视臬纪事》
69	乾隆年间	福建将乐	质库	《祇平居士集》卷首
70		无锡	典库	《锡金识小录》
71		京城	当铺	《皇朝经世文编》卷五三
72		湖南	小押	《切问斋集》卷十四
73		宁夏	当铺	《清高宗实录》卷八八
74		湖北	典铺	《清高宗实录》卷三五二
75		江浙		《皇清奏议》卷四四
76		京师	当铺	《东华续录·乾隆》卷六
77		各地		《官箴指要·论今剩语》
78		福建	当铺、典当、小典、私当	《福建省例》十六
79		江苏溧水	典铺	《东华续录·乾隆》卷四七
80		陕西渭南	质库	《柽华馆文集》卷五
81	嘉庆年间?	黑龙江	典铺	《黑龙江外纪》
82	嘉庆年间	广西	质库	《榆巢杂识》卷首
83		山东曹县	典当	光绪《曹县乡土志》

续表

编号	年代	地区	名称	资料出处
84	道光年间	江西	典铺	《清宣宗实录》卷四五
85		台湾	饷典	《台湾私法债权编》
86	道光年间?	山西太平	典铺	《北东园笔录》初编卷三
87		湖南岳阳		光绪《巴陵县志》卷一五
88	道光左右	台湾	小押	《台湾杂咏合刻》《海音诗》
89	道光、咸丰	?	长生店	《台湾杂咏合刻》卷五
90	清?		长生库	《清稗类钞·棍骗类·假质券》
91				《清稗类钞·盗贼类·冒为人夫》
92			典、质、押	《清稗类钞·农商类·典质业》
93	咸丰年间	江浙	当铺、小押	《典业须知录·保名》
94	咸丰年间	江西	公典	《宝韦斋类稿》卷六
95	同治年间	台湾	饷典	《台湾私法债权编》
96		江苏扬州	典当、小押	《抚吴公牍》卷十八
97	同治、光绪间	全国	典当、质押	《申报》光绪七年四月十九日
98	光绪间	淮扬一带	代步当、接典	《申报》光绪七年二月初四日
99	光绪初年	四川	质铺	《澡雪堂文钞》卷八
100	光绪年间	九江	质铺、小押店	《申报》光绪十年二月念九日
101		江苏安徽	典铺	《左文襄公全集·奏稿》卷五九
102		福建	当铺、押铺	《益闻录》五三一号光绪十一年十二月十九日
103		湖北武昌	质当	《张文襄公牍稿》卷二八
104	光绪年间	北京	典当	《北京典当业之概况》
105		江苏	典当、典铺	《张文襄公奏稿》卷二三
106	清末	广东	当店、押、按	民国《番禺县志》卷一二
107	清末	台湾	展当店	《台风杂记·当铺》

从上表所列可见，历代典当业的名称是很复杂的，我们可以从三方面去考察其演变的脉络。

第一，从时间上考察，不同时代有不同的称呼。南北朝时期，只有佛教的寺院开设典当业，称为“寺库”等。到宋、元时期，寺院开设的典当叫“长生库”。如在南宋时期的浙东，“朝散公，性豪爽，能诗，好谈论，年高益喜怒不常。公(孙子秀)事之，曲尽其孝。少家贫，叔祖为浮屠，曰：幸乳岩有精鉴，知公必贵，督教之，且留钱浮屠氏所谓长生库，曰：此子二十岁登第，吾不及见之矣，留此以助费”。① 孙子秀的叔祖是个和尚，他称寺院里的当铺为长生库。至明、清，尤其是清代中期以后，这个词语逐渐演变成了一些地方对典当业的一般称呼，称为“长生库”“长生店”。如清代在江苏东台有陶生，“家中落，一年秋凉难度，遣仆求助于岳翁，赠以衣二袭。仆念主人曾言，得物即付长生库质银，勿多往返，于是径诣典铺”②。这说明在东台地区，长生库就是典库。在清末，“有小家妇持衣至长生库质钱者，方在柜外论价”。③ 这既反映了典当剥削、利息长生不已的现实情况，也反映了“长生库”这个词语含义的演变，即“长生库”本是指寺院典当的，后来寺院没有典当了，所以它就指一般的典当。

唐、宋时期出现了其他典当，其名称不论是当时人们口头上的俗称，还是文人骚客书面上的雅称，大体都是“质库”“解库”等；其称呼中带有“当”字是从北宋熙宁年间官府设立抵当所以后才开始的(后来演变为“抵当库”，详见下节)。北宋后期以后，抵当库普遍设立，它对人们日常生活的影响也日益增大，以“当”表示典当业或动产典当行为日益多起来了。除上表所引外，《草木子》载：“贾似道当国时，一日退居湖山，有一蜀僧徘徊于其侧，问之曰：

---

① (宋)黄震：《黄氏日抄》卷九十六《安抚显谟少卿孙公行状》，文渊阁《四库全书》第708册，上海古籍出版社2002年版，第1037页。

② 王韬：《遁窟谰言》卷六《汪女》，光绪六年刊本，河北人民出版社1991年版，第142页。

③ 徐珂：《清稗类钞》第十一册《盗贼类·冒为人夫以劫衣》，中华书局1984年版，第5351页。

'汝为何僧？'对曰：'某诗僧也。'贾适见湖中有渔翁，遂命咏之。僧请韵，贾以天字为韵，僧应口对曰：'篮里无鱼欠酒钱，酒家门外系渔船。几回欲脱蓑衣当，又恐明朝是雨天。'"①清翟灏《通俗编》引《清河画舫录》说："展子虔真迹有宋时印文曰：台州市房务抵当铺印。"②说明至南宋时以"当"表示典当业及典当行为已经较多，但在宋、元二代，还未见有去掉"抵"字而单独以"当"字表示典当业的。"当铺"成为典当业最常见、最一般的称呼是从明代才开始的，而在此之前最常见的则是"质库"或"解库"。所以从传世的《清明上河图》中我们见到的宋代典当业招牌上写的是"解'字，至明代以后，我们才在描绘南京商业的图卷中见到写有"当"字的典当业幌子。③

第二，从空间上考察，同一历史时期，不同的地区称呼也不相同。我国地域辽阔，各地的方言多种多样，同一现象不同地区的称呼不同也是自然而然的。早在宋代，吴曾就注意到了这个问题："江北人谓以物质钱为解库，江南人谓为质库，然自南朝已如此。"④他已经指出了典当业称呼的地域性差异，表 1-1 里也反映出了这个问题。现在的学者如黄鉴晖、王裕明等人也继承了这一思想，指出典和当本没有区别，只是这一行业在不同地区的不同称谓，当铺通行于北方，典铺通行于南方。

第三，从语言学上考察，有口语与书面语之分，同一事物也就有了俗称与雅称之别。宋、元及其以前，由于流传下来的民间资料很少，所以我们还没有发现典当业称谓的这种分化。那时典当业都称之为"质库""解库"等，不但在诸多文集及笔记小说、公文书札之中谈到典当业时都是如此称呼，开设典当时，也多名之曰"××

---

① （明）叶子奇：《草木子》卷四上，中华书局 1959 年版，第 71 页。

② （清）翟灏：《通俗编》卷二十三《货财》（乾隆间），续修《四库全书》第 194 册，上海古籍出版社 2002 年版，第 510 页。

③ 关于明朝典当幌子为"当"，可参见王宏钧、刘如仲文（载《中国历史博物馆馆刊》1979 年第 1 期）。

④ 目前所见南北朝时代文献中，未见有"质库""解库"之名。

库”，如南宋人常楙设立“普惠库”①，元代京师典当业亦有以“诚德库”为名者。②

而明、清时期，民间保存下来的资料大大丰富了，典当业称谓的雅俗分化也就明显了。换言之，可能不是典当业以前没有俗称，而是没有资料去证明。同时雅、俗之间也是互相影响的，所以明清史部、子部、集部诸书及文书档案中，典当业的具体名称皆为“××当”“××典”“××按”等俗称。而文人们为了表示自己文化上的优越感，他们在文集及文言笔记之中却皆以“当铺”等名称为近俗，而以“质库”“典肆”等为古雅，因而谈到典当业时多有称之为“质库”“解库”“质舍”者，以与现实保持一定的距离。但有的文人因为生活贫困，与现实接触较多的缘故，以致开始引俗入雅，如清末俞樾引清吴翌凤《逊志堂集钞》谈到明末南海邝露因家贫经常典当而写《前当票序》《后当票序》时，认为“‘当票’二字，亦入文人集中，甚奇”③，这一点是我们考察明、清典当业所必须加以注意的。后来，“当铺”“当票”等原来俗不可耐的东西不仅进入了文人的文集，还进入了他们的诗、对联里，据《清稗类钞》记载：“高宗(乾隆)南巡，驾次顺天之通州，曾出一联以令侍臣属对。联曰：南通州，北通州，南北通州通南北，凡十三字，以南北通州四字贯之。纪文达公昀对之曰：东当铺，西当铺，东西当铺当东西。”④纪晓岚在和皇帝对对联时，竟然以当铺为素材，可见“当铺”这一名称使用的广泛程度。

近代学者们又试图把典当业的名称进一步细分，分为典、当、质、押四类。其中质和押的定义是一致的，都认为是规模小、剥削重的当铺，而最难以区分的是典和当。自从徐珂提出，典比当规模大、利率低而赎期长的观点后，学者们大部分都承此说。黄鉴晖、

---

① (元)脱脱：《宋史》卷四二一《常楙传》，中华书局1977年版，第12597页。

② 《元典章》卷二十七《户部十三·钱债·解典·解典金银并二周年下架》，中国广播电视出版社1998年版。

③ (清)俞樾：《茶香室四钞》卷二十七《当票》，浙江古籍出版社1986年版，第1851页。

④ (清)徐珂：《清稗类钞》第八册《文学类》，中华书局1986年版，第4003页。

王裕明等学者不同意这个说法，以为典和当只是两个地域性的称呼，其实本没有区别。① 从历史记载看，“当”字的这个意思最早出现在北宋时期，如当时官营的“抵当所”，一开始出现在东京，后来向其他州县发展。而“典”字的这个意思出现得稍晚，最早出现在南宋时期，如《景定建康志》中已出现了“惠军典库”“淮士典库”等。“典”字的这个意思既然最早出现在南宋时期，也就是说最早出现在南方地区。当然，当时南方地区的抵当所也不少，这说明当时“典”字的这个意思才刚出现，即使在南方也不占多数。后来，南方以“典”字命名的典当机构越来越多，逐渐排挤了以“当”字命名的典当机构，并有向北方发展的态势。典和当的起源虽然有南北之分，但后来却是互相影响的，以致现在难以区分了。

以上是综合全国的情况进行的分析。具体到一时一地，典当机构也存在多种类型，如民国时广东番禺县的典当业，种类就很多，据《番禺县志》记载：“共有当八间，按一十三间，押九十一间，小押二十八间。”②如图 1-1：

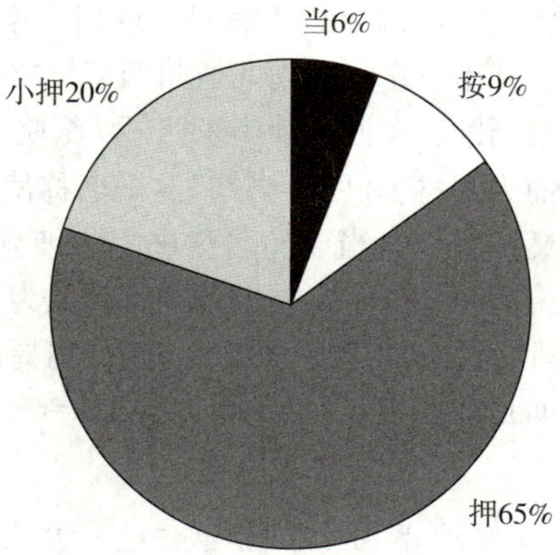

图 1-1　广东番禺县当铺类型统计图

① 王裕明：《明清徽州典商研究》第六章，人民出版社 2012 年版，第 347-353 页。

② 丁仁长等：《番禺县志》卷一二。转引自李文治编《中国近代农业史资料》第一辑，三联书店 1957 年版，第 571 页。

番禺一县的典当机构竟有一百四十多家，分为当、按、押、小押四类，可见那里典当业的繁荣。在这一百四十家典当机构里，押店有九十一家，数量最多，可见当地的典当是以押为主。

在漫长的典当史上，只有一种称呼从古代使用到近代，这就是"质铺"。这个称呼是自古就有的，古代或称质库，或称质舍、质肆，"质铺"之称并不多见，也没有发现其特殊之处。近代，"质铺"一词反而用得多起来，含义也发生了变化，有了其特殊的含义。《申报》光绪九年(1883年)刊文说："洎乎大兵之后，井邑萧条，民生凋敝，非设质库无以济闾阎之穷乏，况不时之需有余之家亦在所不免，于是封疆大吏如曾文正诸钜公，胥有招殷商开典当之举。敛赀私设者遂错出其间，而沪上为尤甚。自以赀本细微，既无部榜又无藩帖，不敢以典当自居，巧避其名曰质。噫！质与典有以异乎？无以异也。质即典，典即质也，然而其息则视典为重矣。其息有三分者、有四分者，其期则视典为迫矣，有以八足月为期满者、有以十足月为期满者。更有集些须之程本，步军犯之后尘，而开设小押者，其息则视质铺尤重矣。"①从中可以看出，质铺是在太平天国战乱以后出现的，比典铺利率高，期限短，但资本小，不领帖不纳税。同时质铺比小押剥削还轻些。官府有时也是承认质铺的，早在咸丰十年(1860年)，江西藩司李桓为了恢复被太平军毁灭的典当业，发布了一篇《劝开质铺示》，这篇告示说：

> 江西各署城乡市镇，向俱设有典铺，小民缓急相通，深资利济。讵自军兴以来，各署典铺非因被匪毁劫，无力复开，即因资本告竭，呈请歇业，通省无典当之铺，贫民绝称贷之门。前于咸丰六年五月间，邓前署司任内督同南昌府史守筹议，在于省城开设同丰官典。又于八年六月，龙前司任内督同署南昌府杨守，暨管理厘金局员劝谕省城铺户，凑集资本，在于中大街试开集成质铺，附省贫民赖以接济，根本重地藉以安绥，可谓良法美意。此外，距省稍远乡庄，暨各府厅州县，自旧典关

① 《申报》3604号1883年4月27日《沪上典质押三铺利弊说》。

> 歇之后，迄无开典之家，小民拮据情形，殊堪悯恻。官典艰于筹本，原难遍地开张，质铺成效既收，自可推行劝设。现经本署司悉心筹酌，援照省城开设集成质铺，变通章程，再加斟酌，厘定条款，并声明将来寇氛平定，民气复元，可以招商领帖开典，彼时再将质铺酌议停止，以重税课等因，详奉抚宪批允，刊示通饬各属遵办在案。

从中可以看出，质铺与典铺是有区别的，劝开质铺是权宜之计，将来还是要取缔的。那么质铺和典铺有什么区别呢？这篇告示接着就说明了：

> 一开设质铺，系照谷当成式变通办理，与开设典当者不同，只须报官给示，不必请领典帖，亦不完纳当税。
>
> 一典铺当物，限二十六个月为满，谷当春借秋还，为期数月即满。质铺成本较薄，若照典铺立限，未免过宽，如照谷当定限，又觉过促，应酌中定为一十二个月满当，过期不取，听从变卖，以昭平允。
>
> 一谷当按月取利三分，系出入皆谷，贵当贱赎，是以取利稍重，俾资津贴。质铺出入本息，均属制钱，只准照依典铺，每月取利二分，不得援照谷当多取。
>
> 一典铺向系值十当五，质铺未便比引此式，应照省城官典成规，只按货物贵贱，酌给质价，每号以制钱一千文为率，当物之人不得争竞。如该质铺力量渐裕，愿多给者听。①

从中可以看出，质铺与谷典有渊源。开质铺虽然也向官府报告，但不必请领当帖，不必纳税。质铺的期限比典铺短，是十二个月，但质铺赎当的利率与典铺一样，都是月利二分。质铺对当物的估价，比典铺高，但每号最高当本是一千文。其他方面都与典铺

---

① （清）李桓：《宝韦斋类稿》卷六《劝开质铺示》，国家图书馆出版社，2008年影印版，《明清法制史辑刊》第25册，第231页。

相同。

质铺本来出现在被太平天国破坏的重灾区，如江苏、江西等地，后来又发展到天津："迨遭庚子之变，有兵灾州县原业当商，无力再开，贫民生计维艰，难资周转，当经周前升司议请，将曾遭灾地面无力复开当铺，准其另行试开质铺，按照光绪初年办法，以三分取息，二年为满，应交税课，暂行宽免。仍俟试办三年，限满改为当铺，领帖输税，详经批饬遵照。"①湖北的沙市也有质铺，据当时在此经营典当业的晋商信件云："启者，有堂侄某人，向在某号学习有年，缘素性迂直，自辞出铺，客岁在沙质铺办事。今春质铺歇业，来舍托觅生理。"②四川也有："敝邑大镇质铺，系陕邦开设，每月以三分行息，已与定例不符，然四川通省如此，姑勿具论。惟该质铺取息既多，且复以低银行使，所质之银，持向钱店易钱，必须补色。……质铺原为便民而设，如此垄断独登，使小民重受剥削，其何以堪?"③台湾地区也存在，有合股合同言："爰是我诸人共相酌议，各备资本合股，伙开质铺生理：在台南市打铁街廿番户，匾曰大源号。"④可见"质铺"这个称呼，近代应用很广泛，含义很特定。

后来，官府又开始整顿质铺。光绪九年(1883年)，两江总督左宗棠进行过整顿："本馆前因左侯相有禁绝小押铺之示，所有质铺准其并而为典，不能则闭，有益民生，殊称快事，曾著为论说，极言其流弊。"⑤他的做法是把质铺合并为典铺，如果不从就关门歇业。江西光绪十三年(1887年)也整顿质铺："军兴以后，江西各属

---

① 《商民陈秉璋、王芝山集资八万元筹设义济典当有限公司文及商部准予立案札》，《天津商会档案汇编·典当业》，天津人民出版社1989年版，第711页。

② 刘建民先生藏《介休人在沙市开典尺牍》。

③ 钟体志《澡雪堂文钞》卷八《致谢品峰父台》。转自李文治：《中国近代农业史资料》，三联书店1957年版，第573页。

④ 《台湾私法债权编》第一章《第二十一合股字》。《台湾文献丛刊》第79种，台湾银行经济研究室印行，第57页。

⑤ 《申报》3604号1883年4月27日《沪上典质押三铺利弊说》。

开设质铺，并未遵照例章领帖纳税，原属一时权宜之计……如系仍开质铺者，即照鄂省章程，每座按年捐纳库平银一百两，遇闰加增银八两。自光绪十二年(1886年)冬季起，按季分缴，由各县汇解司库存，备地方缓急之需。一面先将牌名座数及开设地名逐一开折报司，以凭汇造清册，详请奏咨立案。"①这虽然没有明确取缔质铺，但对质铺征收重税，寓禁于征。上海到光绪二十二年(1896年)也全面整顿质铺："英美法三租界中，质栈宝泰等四十六家架本胜于公典，而规避典税各捐，放大质本以攘夺各典生意……著即饬令照章改为典当，承领部帖完纳捐税。一面传谕宝泰等各质栈速即一律改为公典，不准故违。黄大令接札后，当即遵饬办理，严饬各质铺限期改开公典，领帖完税，以便详覆云。"②但官府的整顿并没有完全消灭质铺，有的地区还是存在的。

近代质铺的地位，如《申报》所说："若今沪上之业此者则有三等，上焉者谓之当，月取利二分以内，期以十八月为满；中焉者谓之质，月取利二分至二分四厘，期以十二月至十四月为满；下焉者谓之押，十日为期，十期为满期，取利三分。押千钱之本，满百日以千三百钱赎，逾日即没矣。此三者惟沪上备之，他处则只有当而无质押。"③即质铺的地位介于典当铺与小押之间(见表1-2)。

表1-2 **近代上海典当种类统计表**

等级	种类	利率	期限
上	当	二分以内	十八个月
中	质	二分至二分四厘	十二至十四个月
下	押	三分	一百日

---

① 《申报》4955号1887年2月4日《札办当捐》。

② 《申报》8445号1896年10月20日《谕改公典》。

③ 《申报》9010号1898年5月17日《类论本报纪待父夭年、典伙昧良二事》。

第二章

寺院典当业和官府典当业

从资本来源上说，我国历史上的典当业可以划分为官府典当、私人典当和寺院典当。其中寺院典当历史悠久，对社会经济也产生了深刻的影响，这里先从寺院典当说起。

第一节　寺院典当业

本书第一章在论述中国典当的起源时就曾经提到过寺院典当业，以下重点对唐宋及其以后各代寺院典当业加以论述，南北朝时代时则仅从思想意识方面稍加补充。

佛经里本来就有牟利的思想，即无尽藏思想。宋人道诚所集《释氏要览》中说："寺院长生钱，律云：无尽财，盖子母展转无尽故……《十诵律》云：以佛塔物出息，佛听之。"[①]这就是说，佛寺放贷取息的行为，是佛允许的。

① （北宋）释道诚：《释氏要览校注》卷下，中华书局2014年版《大藏经》卷四十，第57页。

但要举办金融事业，进行高利贷活动，还要有一定的物质基础。南北朝时期，南北的统治者为了维护自己的统治，大多信奉佛教。他们不仅赏赐给寺院大量的钱财和田产，还连同土地上的农户都赏给寺院，并且免除寺院的租税。据《魏书·释老志》记载，北魏文成帝(拓跋濬)时，昙曜奏："平齐户及诸民，有能岁输谷六十斛入僧曹者，即为僧祇户，粟为僧祇粟，至于俭岁赈济饥民。又请民犯重罪及官奴以为佛图户，以供诸寺洒扫，岁兼营田输粟，高宗并许之。于是僧祇户及寺户，偏(遍)于州县矣。"①这里的僧祇户、佛图户，就是供寺院剥削的依附民，他们要向寺院交纳粮食，给寺院打扫卫生。后来，寺院就把那些赈济僧徒的僧祇粟用来放贷："永平四年(511年)夏，诏曰：僧祇之粟，本期济施，俭年出贷，丰则收入。山林僧尼，随以给施，民有窘敝，亦即赈给。但主司冒利规取赢息，及其征责，不计水旱，或偿利过本，或翻改券契，侵蠹贫下，莫知纪极。"北齐时，"天保三年(552年)，又敕于邺城西南八十里龙山之阳，为构精舍，名云门寺，请以居之，兼为石窟大寺主……帝大喜焉，因曰：今以国储分为三分，谓供国、自用及以三宝……即敕送钱绢被褥，接轸登山，令于寺中置库贮之，以供常费。稠以佛法要务，志在修心，财利动俗，事乖道化，乃致书返之。帝深器其量也，敕依前收纳，别置异库，须便依给，未经王府"②。这位皇帝竟然将国库的财物分为三部分，专门以一部分赏赐寺院，与前面提到的梁武帝比，有过之而无不及。这就给了寺院经济以制度上的保障，也给寺院典当业奠定了物质基础。

隋唐五代时期，佛教寺院占有了大量财富是可以肯定的，而且在不断扩大，成为其收入的重要源泉。当时一般佛教寺院都因此积累了财富，建立了所谓的"无尽藏"、"无尽财"，而积储这些财富的地方，即是所谓的"常住库"。隋代京师名僧释德美，住慧云寺，

① (北齐)魏收：《魏书》卷一一四，《释老志》，中华书局1974年版，第3041页。

② (唐)释道宣撰《续高僧传》卷十六《齐邺西龙山云门寺释僧稠传》。频伽精舍校刊《大藏经·传记部致帙四》，1917年版，第50-51页。

“望重京都”“常于兴善千僧行道”“库先无贮物，出散之晨，及设大会，七众俱集，施物山积，新旧咸充”。除此之外，大业十年(614年)，别大施，“以普福田业委于美，美顶行之，故悲敬两田，年常一施，或给衣服，或济糇粮”。① 可见释德美所在的慧云寺既有施舍的大量财物，也有不少田业。

当时佛教里兴起一个新的派别，名曰三阶教，他们在长安化度寺建立了无尽藏，聚敛钱财进行放贷。《太平广记》卷四百九十三记载：“武德中有沙门信义，习禅，以三阶为业，于化度寺置无尽藏。贞观之后施舍钱帛金玉，积集不可胜计……士女礼忏阗咽，施舍争次不得，更有连车载钱绢舍而弃去，不知姓名。”②唐代宗永泰初，道标“受具足戒于灵光寺颢律师”，“经十二载，置田亩，岁收万斛，置无尽财，与众共之”。③ 名僧明远于元和八年(813 年)来扬州六合县灵居寺，除进行了大量房屋建设之外，“至九年，起檀度门，剖方便法，大致资货，遂复常住旧典赁田三千余顷”。④ 可见，唐代佛寺因为得到施舍及自身经济体系的建立，其常住已积累了大量的财富，这为他们开展高利贷及建立专门的放贷机构打下了物质基础。于是他们以这些剩余财富开始了放贷活动，如以上所说的三阶教便利用富庶的无尽藏钱财进行了大规模的放贷：“燕凉蜀赵咸来取给，每日所出亦不胜数。或有举便，亦不作文约，但往至期还送而已。”⑤客户来得很多，地域很广，他们连文约都不写就把钱财借走了。这似乎是寺院之间的无息借款，但谋利性的借贷也是

① (唐)道宣：《续高僧传》卷二十九。频伽精舍校刊《大藏经·传记部致帙四》，1913 年版，第 50-51 页。

② (宋)李昉：《太平广记》卷四九三《裴玄智》。原出《辨疑志》，中华书局 1961 年第十册，第 4097 页。

③ (宋)释赞宁：《大宋高僧传》卷十五《唐杭州灵隐山道标传》，中华书局 1987 年点校本，第 374 页。

④ (清)徐松：《全唐文》卷七百四十五，叔孙矩《大唐扬州六合县灵居寺碑》，中华书局 1957 年版，第 7700 页。

⑤ (唐)韦述：《两京新记》卷三《义宁坊》。续修《四库全书》第 732 册，上海古籍出版社 2002 年版，第 150 页。

大量存在的，如《宣室志》载："有崔君者，贞元中为河内守……尝于佛寺中假佛像金，凡数镒，而竟不酧。"①从目前所见《敦煌文书》看，敦煌等地寺院的土地剥削、商业、高利贷均比较发达，大量的钱、谷、帛的借贷契约及账历均可证明这一点，但却尚未见有寺院及僧侣位开设"质库"、"长生库"的有关文献。所发现的仅有一份质库账历，据考证是被人由长安带到敦煌去的，也不能确定是否寺院典当业，其原因何在，还值得关注。

那么他们开设了经营动产抵押放贷的专门机构了吗？答案是肯定的，唐贞元六年(790年)左右，唐福田寺大德法师常俨"于寺内别置粥堂，施众僧及时来道俗。凡历廿九载……与常住造立铺店，并收质钱舍屋，计出缗镪过十万余，资咸舍所用，服玩化俗之利，曾不为已有也"。②

宋代以后，寺院经济仍很兴盛。宋元时期，封建政府仍在不断拨给寺院钱财，更多的则是私人为个人佛事，向寺院施舍钱财，大中型寺院因而积累了大量的财产。与此同时，寺院也运用这些财富建立了自身的经济体系，放高利贷、开质库就是寺院经济的重要形式之一。如北宋初，福州有座支提万寿院，吴越最后一位国王钱俶起废为寺，号大华严，"爰舍金帛，命所司建精舍……谨舍铜金帛三百八十七千八百一十八文，建道场一会，修设五千僧功德庆赞，兼舍本州铁金帛二千绳充长生，供给常住，差灵隐寺副寺主辨隆为寺主，数年挂意，今日召工。"③这里明确指出，那二千绳是充长生的。所谓"充长生，供给常住"，应是指将所得钱物入长生库，进

① (唐)张读：《宣室志》卷二。文渊阁四库全书，台湾商务印书馆1983年版，第731页。

② 《山右石刻丛编》卷九《大唐福田寺口大德法师常俨置粥院记》。《隋唐五代石刻文献全编》第1册，北京图书馆出版社2003年版，第720页。

③ (民国)陈衍：《福建金石志》卷六《大华严寺庆寺疏》。《宋代石刻文献全编》第4册，北京图书馆出版社2003年版，第377页。

行经营，以其收入作为常住收入。①

此外，佛寺大量聚敛钱财，还另有目的。古代的合法僧尼，都有封建政府颁发的证件，即度牒。据汪圣铎先生研究，宋政府为了控制僧侣的数量，故意把度牒的价格规定得很高。童子们如果要成为正式的僧侣，买度牒是主要的途径。② 童子们为了买度牒，于是集资建立了质库。据洪迈记载，南宋初，在江西宁都地区，“永宁寺罗汉院，萃众童行本钱，启质库，储其息以买度牒，谓之长生库。鄱阳并诸邑，无问禅律悉为之”。③ 永宁寺的质库，是集合童行们本钱建立的。④ 各地、各派寺院都为购买度牒而建立了质库，即长生库。

元朝的统治者是少数民族，受中原儒家思想影响小，所以更加佞佛。同时元朝高利贷很发达，很多蒙古贵族放贷取息，称为“斡脱钱”，政府还设立了管理机构“斡脱所”。在这种背景下，元延祐六年(1319年)六月，“壬子，赐大乾元寺钞万锭，俾营子钱，供缮

---

① “二千绳”当即钱二千贯。另，文中有“国家自辛未年中”之语，当即开宝四年。另，《闽中金石志》卷六《大华严寺疏》亦载：“三山志：支提万寿院，钱氏起废为寺，号大华严。有开宝九年十一月，天下大元帅吴越国钱俶庆寺疏刻石，今存疏云：□□□□中爰舍金帛，命□□□□斧功成，藻绘事就，谨舍铜金帛三百八十七千，八百一十丈，建道场一会，修设五千僧功德庆讚，兼舍本州铁金帛二千绳充长生供给常住，又差灵隐寺副寺主辦隆为寺主，数年挂意，今日召工云云。”

② 汪圣铎《宋代政教关系研究》第十三章，人民出版社2010年版，第377页。

③ (宋)洪迈：《夷坚支癸》卷八《徐谦山人》，中华书局1981年版，第341页。

④ 那么佛寺的童子是什么人呢？据《释氏要览》说：“童子，智度论云：梵语鸠摩罗伽，秦言童子。寄归传云：白衣诣苾刍所，专诵佛典，求落发，号童子……又云：若菩萨从初发心断淫欲，乃至菩提，是名童子。今就此方释之，释名曰儿，年十五曰童。童，独也，自七岁至十五皆称童子，谓太和未散故。”见《释氏要览校注》卷上，中华书局2014年版。这里的“童行”指已出家入寺观，但尚未取得度牒的少年。

修之费，仍升其提点所为总管府，给银印，秩正三品”。[①] 这里明确指示佛寺，这笔钱是用来生息的，其利息要用来修缮佛寺。

从长生库资本的来源看，宋元时代大体有三种情况：第一，以檀越主动施舍的财物建立长生库，南宋的杨存中，曾梦一僧“欲化苏州一庄”。翌旦，杭州径山寺大禅明禅师“忽杖屦徒步而至。王见师奇伟，与梦中无异，首言：苏州一庄为径山供佛斋僧，无穷之福。王未有可否，遂达孝宗。会和王入朝，上为言：闻卿舍苏州庄与径山，朕当为蠲免赋税。和王谢恩，归即以庄隶径山。此庄岁出二万斛，犁牛、舟车、解库、应用，百事具足”。[②] 杨存中把一座庄园包括解典库直接施舍给了佛寺。南宋淳祐八年，“制帅颜颐仲祷雨有感，施钱二万，米五十石，建长生库、接待庄”。[③] 有的民间富户也会向佛寺施舍钱财，建立长生库。南宋时，在育王山妙智禅寺，“廓姓林氏，福之长溪人……增庾入数千斛，施者委金帛，创为长生局五所，百需皆备，月施金钱饭僧以万计”。[④]

第二，寺院也自行集资建立质库。他们集资的方式之一，就是向善男信女们募捐。这与上文公、私施舍钱财建立长生库比较，如果说前者是被动接受施舍为本，而这里是他们主动募集资金开设，如以上说的南宋初年鄱阳永宁寺罗汉院的长生库，就是收集童行本钱开设的。南宋淳熙十五年(1188 年)，在两浙路的宝藏岩“本院诸殿堂虽殿主执幹，尚阙长明灯，遂募众缘，得钱叁拾叁贯，入长生库，置灯油司。逐年存本，所转利息买油。除殿主殿堂灯外，别置琉璃明灯，仰库子逐月将簿书诣方丈知事签押，不许去后移易，贵

---

① (明)宋濂：《元史》卷二六《仁宗本纪》三，中华书局 1976 年版，第 587 页。

② (明)吴之鲸：《武林梵志》卷十《径山寺》，文渊阁《四库全书》第 588 册，第 223-224 页。

③ (明)周应宾《重修普陀山志》卷二《规制建置》，明文书局 1980 年版，第 137 页。

④ (宋)楼钥《楼钥集》卷一一六《育王山妙智禅寺塔铭》，浙江古籍出版社 2010 年版，第四册，第 2027 页。

得绵远”。[1] 这里说得清楚，是募化了三十三贯钱，投入长生库，以其利息供点长明灯。绍熙三年(1192 年)临安西湖天封寺的两座质库是这样建立的：“又裒其余作二库曰资道，曰博利，以供僧及童子纫浣之用，彼庸道人日夜走衢路，丐乞聚畜，盖未必能办此。明方为其徒，发明大事因缘，钱帛谷粟之间，不至丈室……慧明以书来，求予文，记其寺之废兴，因告以予说使并刻之。”[2]明方不像他师父那样云游四方，托钵行乞，而是举办了大规模的佛事活动，乘机募化资金，建立了这两座质库。

第三，有的寺院的质库是其内部人员自掏腰包建立的。如南宋后期的建康府，“养济院，在宋兴寺，嘉定五年(1212 年)，黄公度创，今为居养院……僧徒捐千缗，就寺置质库，计其所赢，每三岁买祠牒。度管干有劳行者一人为僧，嗣掌两院事务”。[3] 这是说宋兴寺的质库，是寺里的僧众自己捐钱建立的。元代嘉兴的资圣寺，“寺之勤旧，所以股肱住持，毗赞法社，错综庶务，酬酢事物……寺有勤旧，曰资瑞，号雪岩，里人也……崇善乐施，尝施冥供千如来，饭千比邱特。捐财置田取租，为藏殿选僧堂长明灯膏之赡”。一日，资瑞对寺中僧人言：“佛殿自祖禅师始创，岁久将腐挠，藏殿虽年近，渗漏颇多。二者皆大缘事，矧常住岁入租尔，日支不给。且仰贷富室，曷取赢而奏成乎？愿竭囊长出统钞贰千五百缗为长生局本，命四勤旧主掌。遇寺支乏，立券就贷，依时生息，岁无丰凶，必本息顿偿，毋缩展转贷。偿廉慎出，内厥息蕃衍，用以贸田入租，专给兴修土木工直之费，毋他侵取，本则常存。计图绵远，其可否乎”[4]。勤旧就是佛寺里退休的执事僧，这个叫资瑞的

---

[1] (清)阮元：《两浙金石志》卷十《宋宝藏岩长明灯碑》，《宋代石刻文献全编》第 2 册，北京图书馆出版社 2003 年版，第 785 页。

[2] (宋)陆游：《渭南文集》卷一九《重修天封寺记》，文渊阁《四库全书》第 1163 册，第 454 页。

[3] (宋)周应合：《景定建康志》卷二十三《庐院》。《宋元珍稀地方志丛刊》甲编第 2 册，四川大学出版社 2007 年版，第 1702-1703 页。

[4] 《两浙金石志》卷一五《嘉兴路资圣禅寺长生修造局记》。《辽金元石刻文献全编》第 2 册，北京图书馆出版社 2003 年版，第 354 页。

勤旧，自愿掏出钞二千五百贯，建立了一座长生局，以其息作为佛殿、藏殿修葺之零用。

南宋有些地区的富豪还聚集资金，利用寺院长生库进行合伙放贷谋利，被称之为“斗纽”。嘉泰元年(1201年)十二月六日，“臣僚言：臣闻有丁则有役，有田则有赋，有物力则有和买。今有物力虽高而和买不及者，寺观之长生库是矣。臣询其故，始因缁流创为度增(僧)之名，立库规利，相继进纳，固亦不同。今则不然，鸠集富豪合力同则，名曰斗纽者，在在皆是。尝以其则例言之：结十人以为局，高下资本自五十万，以至十万，大约以十年为期，每岁之穷轮流出局，所得之利不啻倍徙，而本则仍在。初进纳度牒之实，徒遂因缘射利之谋耳”。[①] 这就是说，为逃避和买，这些富豪们将钱本合伙，以寺院长生库的名义进行高利贷放贷。长生库本来是为了谋取利息以便将来购买度牒度人为僧的却在一些地区成了富豪射利、逃避和买的场所。当然，长生库因这一活动获得了丰厚的收入。元代有的僧人还直接拥有了自己的典当业，如元代法律规定：僧人“不许様袒出外，于茶坊酒肆等行坐，及各处住持耆旧僧人将常住金谷掩为已有，起盖退居，私立宅舍，开张解库，饮酒茹荤，畜养妻妾，与俗无异，败坏教门”。[②] 这反映出元代僧侣私人拥有财产，建立典当业的事实。这两例反映了宋元以后寺院财产日益走向私有化的历史事实。

有的寺院的质库因为经营得当，业务得到了发展。南宋嘉熙年间，在广西全州，“使司据湘山报恩光孝禅寺住持僧□□曰：先于癸巳年十月初三日交割院事，乃见常住坐□通债三百余贯，百色空虚，惟东库所存本钱二百八十□贯二十八文市。租[③]潮入院之后，革除浮□支遣，不一、二年□填还旧债本利四百余贯，接□供众创

---

① (清)徐松：《宋会要辑稿》食货七〇之一〇二。按：“斗纽”之意是指数家自愿凑钱、凑物，以完成某项事情，中华书局1957年版，第6421页。

② 《大元圣政国朝典章》卷三三《释道·僧道教门清规》，中国广播电视出版社1998年版，无页码。

③ “租”疑为“祖”。

造堂殿廊庑等……今常□大小债负分文还足，勾销文薄，即无挂欠外，照得东库□本，今已揍一库钱共四百贯文市，逐月运息支俵僧行祝圣衬钱，余外添纳免□钱贯外。祖潮新创西库一座，今亦揍(凑)足库本钱四百贯文市，除已令管库僧如海、德聪收附库簿，逐月申呈使府签押外，照得本寺往年之间，动辄欠债三五百千，皆因余盐之端。今祖潮所置西库，逐月运息买盐供众，实为利益"。于是官府于嘉熙二年(1238年)给予湘山报恩禅寺以公据，除以上文字外，公据还叙述了此寺由衰转兴的过程：一开始"檀施零星，香火冷落。帑藏枵然，逋负山积，岌岌乎若不能以一朝居也"。后来因参政李鸣复之命，金州万春僧祖潮主持此寺，"祖潮怀帖入院，未期年果而檀信云从，捐金旋谷，近悦远来"。祖潮尽力于常住建立御书阁，而且补东质库之亏，又"因思山间日用，惟盐为最急。以日而会所费尤不赀。于是复以其修造之赢余，铢积寸累仅四百缗，创为西库，月收息可十二缗，仅足偿一月市盐之费"。① 这座寺院里本来有一座质库，即东库，由于管理不严，效益不好。祖潮接管后进行了整顿，扭亏为盈，于是又建立了一座西库，以其利息收入买盐。我们于此可以计算出其东库的利润率，本钱是四百贯，每月利润是十二贯，每月的利润率是3%，年利润率就是36%，三年其本钱就可以翻一倍。同时代的袁采说："用以典质营运，三年而其息一倍。"②反映了当时寺院典当的利润率与社会上的私人典当的利润率大体一致，但比官府典当——抵当所、抵当库要高一些。

关于寺院典当，宋代文人有两种态度，一种是否定的，如著名文学家陆游就说："今僧寺辄作库质钱取利，谓之长生库，至为鄙恶。予按梁甄彬尝以束苧就长沙寺库质钱，后赎苧还，于苧束中得金五两(注)，送还之。则此事亦已久矣。庸僧所为，古今一揆，

① (清)谢启昆：《粤西金石略》卷十二《本寺创库库本公据》。《宋代石刻文献全编》第4册，北京图书馆出版社2003年版，第12582页。

② (宋)袁采：《袁氏世范》卷一《睦亲·同居不必私藏金宝》，天津古籍出版社1995年版，第24页。

可设法严绝之也。”①他不仅持否定态度，还主张严厉禁止。而思想家陈亮对寺院放贷取息的态度要现实一些，“夫乞谷于富人而取其息于下户，以供其山林之枯槁者，则三者各得其称，是真有先王井邑之遗意。而又欲执王政之详，一二以律之，徒以起斯人不忍废坏之心，吾未见其有补于吾道也。”②而宋元时期的法律既未见明确禁止的条文，也未见提倡、鼓励的政策，估计只是像管理私人质库业一样，对其经营行为有所限定，如利率高低、禁止复利、不许典当违禁物品、禁止典当盗赃等。

明清时期，佛寺的典当罕见于文献，这可能与明代以后的佛教政策有关。年轻时当过和尚的朱元璋当上皇帝后，对佛教采取既利用又整顿，着重在控制的方针。他虽然也提倡佛教，但不给寺院布施钱财田产，还禁止寺田买卖，僧侣只能从事与宗教信仰有关的活动，绝对不允许聚敛钱财，干预政事。他的子孙们也基本奉行这一政策。一方面因为佛教被划分为禅、讲、教三部分，允许僧侣游走于世俗社会，进行各种科仪法事，因而佛教世俗化过程更趋向深化。同时寺院财产也表现出了私有化倾向，寺僧个人也占有财产。笔者浏览了十数种明清寺院经济相关的论著，寺院财产仍然多样化，除了常见的地产、房产之外，也有窑业、手工业及高利贷。如《醒世恒言》载：正德年间，有扬州生员数人进京会试，行至河南萦县地方，在宝华禅寺遭恶僧残杀，仅杨延和一人逃脱。至寺附近为农家女淑儿所救，淑儿告诉杨延和，“妾姓张，有个哥哥，叫做张小乙，是我母亲过继的儿子，在外面做些小经纪。他的本钱，便是宝华禅寺悟石和尚的，这一所草房也是寺里搭盖的。哥哥昨晚回来，今日到寺里交纳利钱去了，幸不在家。若还撞见相公，决不相饶”。③ 这里张小乙是领取寺僧本钱，做小经纪，按固定利率定期

---

① （宋）陆游：《老学庵笔记》卷六，中华书局 1979 年版，第 13 页。

② （宋）陈亮：《陈亮集》卷十六《普明寺长生谷记》，中华书局 1974 年版，第 188 页。

③ （明）冯梦龙：《醒世恒言》第二十一卷《张淑儿巧智脱杨生》，人民文学出版社 1984 年版，第 488-490 页。

交纳利钱。张小乙与宝华禅寺僧人之间是一种资本借贷关系，而他所经营的则可能是小买卖，而不大可能是“经纪”，即牙人之类。但这种资本，说不清是宝华禅寺的，还是悟石和尚的。总而言之，明清寺院是否专门经营商业及高利贷，乃至建立专门的金融机构①，还有必要继续注意、研究。

第二节 官府典当业

官府典当业就是官府投资设立的典当业，其中也包括没收的私人典当。这些典当绝大部分是营利性质的，只在极个别时期才具有一定的公益性质。② 那么这些官府的典当，在什么时期才具有公益性质呢？显然并没有说明，还有必要继续探讨。

一、宋元时期的官府典当业

官府典当究竟什么时候产生的？据文献记载，最晚唐末五代时就有了。后唐明宗下诏说：“应汴州城内百姓，既经惊劫，须议优饶，宜放二年屋税，兼公私债负。如是在城回图钱物及公私质库，除点简见在外，实经兵士散失者，不计年月远近，并宜蠲放。”③这里出现了“公、私质库”，可见那时候已经有了公家的质库，这公家的质库很可能就是官府开办的质库。

---

① 参见 1. 欧阳楠：《晚明南京地区的寺院等级与寺院经济——以地〈金陵梵刹志〉为中心的考察》，《世界宗教研究》2012 年第 3 期；2. 郑雪芬：《明代漳泉二府的佛寺及寺田——以国家、民众和寺院的互动关系为基点》，厦门大学人文学院 2008 年，硕士论文；3. 黄惠瑞：《明代江南比丘尼之社会经济活动》，成功大学历史学系学位论文，2005 年；4. 陈岩：《明代徽州佛教研究》，安徽大学硕士学位论文，2011 年；5. 秦进才：《大觉寺所藏清代契约文书史料价值浅谈》，《中国农史》2006 年第 2 期等。

② 刘秋根：《中国典当制度史》第一章，上海古籍出版社 1995 年版，第 18 页。

③ （清）徐松：《全唐文》卷一〇七《加恩汴州诏》，山西教育出版社 2002 年版，第 1093 页。

北宋最早的官府典当，是检校库设立的。所谓“检校”，就是指官府对亡故公民(包括官员和有财产的公民)的未成年子女即孤幼儿女查核、籍记、保管财产，并逐时从保管的财产中定量向幼孤儿女发放生活费。待幼孤儿女长大成人后，官府再将保管的财产给还他们，检校行为即告结束。① 为了使这些财产增值，熙宁四年(1071年)负责检校库的吴安特向朝廷上书：“本库检校孤幼财物，月给钱，岁给衣，逮及长成，或至罄竭，不足推广朝廷爱民之本意。乞以见寄金银见钱，依常平仓法贷人，令入抵当出息，以给孤幼。诏千缗以下，如奏施行。”②他的建议得到批准，第二年，检校库还成立了专门的放贷机构，即抵当所。检校库的职能本身有一定的慈善性质，但它开展的抵当行为却与慈善没有多大关系。

当时王安石主持的变法已经开始了，为了打击大商人的垄断贸易、囤积居奇的行为，政府设立了市易务，把货物赊给中小商人们，把钱借给大商人，向他们收取利息，但要商人结保或提供抵押品。后来，市易务罢去了结保贷钱法，保留了抵押借贷的形式。这就与检校库的抵当业务发生了冲突，熙宁九年(1076年)，政府索性把检校库的抵当业务也划归市易务管辖。元丰改制后，抵当所归太府寺管辖。从检校库的抵当和市易务的抵押借贷的目的看，他们与私人典当的营利性质不同，即有一定的公益性质。

此后，这些官府设立的典当机构继续发展。元丰四年(1081年)，“都提举市易司贾青乞于新旧城内外置四抵当所，委官专主管。罢市易上界等处抵当，以便内外民户，从之”。③ 这样，东京的抵当所就从一座增加到了四座。过了一年，贾青又上言：“市易既革去结保赊请之弊，专以平准物价及金银之类抵当，诚为良法，

---

① 王文书：《宋代借贷业研究》第四章，河北大学出版社2014年版，第135-147页。

② (宋)李焘：《续资治通鉴长编》卷二二三，神宗熙宁四年五月戊子，中华书局1979年版，第5418页。

③ (清)徐松：《宋会要辑稿》食货三七之三〇，中华书局1957年版，第5463页。

乞推抵当法行之畿县，从之。”①即从京城扩展到了京郊各县。元祐更化，守旧派上台，裁撤了一些，后来又恢复了一些：“元符二年(1099年)二月二日户部言：河北东路提举常平司奏，乞将本路诸州管下外镇，并依元丰旧法兴置抵当，从之。”②徽宗亲政后，抵当所进一步辐射到县镇：崇宁二年(1103年)“六月十八日诏：府界诸县除万户及虽非万户而路居要紧去处，市易抵当已自设官置局外，其不及万户处，非冲要并诸镇有监官，却系商贩要会处，依元丰条例并置市易抵当，就委监当官兼领。崇宁二年(1103年)七月九日，户部言：湖北提举司申：县镇不及万户处，虽非商旅往来兴贩之地，除市易务不须置外，却有井邑翕集，兼在僻远，正民间缓急难得见钱去处，欲乞依旧存留抵当库，令逐处官兼领看详，欲诸路并依六月十八日已降朝旨施行，从之。”③

南宋建立后，虽然废除了市易法，但还是把抵当库保留下来：建炎二年(1128年)二月，“癸亥，罢在京及诸路市易务，以其钱输左藏库，惟抵当库仍旧”。④ 南宋时期要求建立抵当库的地方官员相当普遍，据王文书研究，宋宁宗时还出现了一个地方设立抵当库的小高潮。⑤ 当时官府设立的抵当库总数，虽然没有统计出来，但有的地方还是可以统计的。如洪适指出：“今江东一路共有本钱十五万贯，而所名息钱才二千余贯。”⑥因所得利息收入较低故而他主

① (清)徐松：《宋会要辑稿》食货三七之三一，中华书局1957年版，第5463页。

② (清)徐松：《宋会要辑稿》职官二七之十六，中华书局1957年版，第5263页。

③ (清)徐松：《宋会要辑稿》食货三七之三四、三五，中华书局1957年版，第5464-5465页。

④ (宋)李心传：《建炎以来系年要录》卷十二，文海出版社1980年版，第582页。

⑤ 王文书：《宋代借贷业研究》第四章，河北大学出版社2014年版，第164页。

⑥ (宋)洪适：《盘洲文集》卷四十一《乞罢诸路抵当库札子》，文渊阁《四库全书》第1158册，第520页。

张全面罢撤抵当库。① 但这些不同意见，未能引起全国性的关注，因而官府典当存在下来，在广大城镇比较广泛地设立，一些较大城市数量还比较大。如在昇州建康府至少有以下抵当库：

> 淮士典库，在大木头街……右隶建康府。
> 回易库，在斗门桥西。
> 抵当两库，一在御街锦绣坊之南，一在宽征坊。
> 惠军典库，在十三丈街。
> 右隶沿江制置司。
> 抵当两库，一在旧米市，一在鸡行街……右隶淮西总领所典库在转运司衙之东。
> 右隶江东转运司。②

这里举出了八座，除去回易库外，共有七座质库。这七座质库，建康府管理一座，沿江制置司管理三座，淮西总领所管理两座，江东转运司管理一座。这些官府当铺的名称，除沿用了从北宋以来就通行的“抵当库”之外，还使用了“典库”一词，这是一个新变化。一座城市有七座官府典当，在当时已经不少了。

南宋抵当库设立的目的，王文书认为：抵当库被划归总领所管辖，成为军事后勤系统中的机构之一，是为筹措军费而设立的。③这种说法是有根据的，如上文在建康设立的官府当铺中，属于淮西总领所管理的两座和属于沿江制置司管理的三座都是出于军用目的设立的。在建康府的七座官府典当中，出于军用目的的竟多达五

---

① 直到清代，还有人批评宋代的抵当库，如章邦元就说：“今之质库，官发钱而收其息，盖亦巧于取利，实则贫民皆受其困，而其害亦终必及国。百姓足，君孰与不足，圣贤之言，诚万古不易也。”见(清)章邦元《读通鉴纲目札记》卷十七《行青苗法》，清光绪十六年铜陵章氏刻本。

② (宋)周应合：《景定建康志》卷二十三《诸库》，《宋元地方志丛书》第2册，大化书局1980年版，第1695-1696页。

③ 王文书：《宋代借贷业研究》第四章，河北大学出版社2012年版，第161-162页。

座，可见这种典当是很普遍的。再有，淳熙七年(1180年)六月二十四日，参知政事周必大上奏："将朝廷所降本钱，依常平法随置司及屯军处各开抵当库一两所，专收息钱应付诸军。"[①]他建议在所有驻军的地区都设立抵当库，不是针对某一地区的，所以应是全局性的。再如，"嘉定五年(1193年)三月二十八日，知和州宣嘉谋言……今将公库趱积到钱三万贯文，及将本州旧醋库改作激励抵当库，在阛阓处开置，月收息钱，专助添支当来守御立功厢禁军，以为军人无穷之利，以示激劝"。[②] 这是将抵当库的利润用来赏赐那些作战有功的战士。南宋末年，知泉州真德秀上奏，"莫若具申朝廷，乞支降官会二万贯，内五千贯付本军打造战船二只，拨付永宁、宝盖二寨，添贴使用；余一万五千贯发下本州，知通同共交管；置抵当库一所于本军，选差将佐一员干当，将收到息钱分明上历，不得挪移他用。遇战船稍有损动，即从本军报州，委官计料，立便修葺，所费少而见功多"。[③] 这是把抵当库的利润用来修理战船。这些地方官员设立的抵当库，其利润虽然不是直接充作军费的，但也是为军队服务的。

但有的抵当库的设立与军事无关，而是出于民用目的设立的。南宋黄畲在台州，"为济粜仓，为抵当库，葬民之栖寄暴露者，为棺千五百，置养济院，又创安济坊以居病囚，皆自有子本钱，使不废。故叶适谓畲条目建置，忧民如家"。[④] 他设立的抵当库只是他慈善事业的一部分。绍定年间，据高斯得报告，吴千能在湖南永州"顷受公赐，市之得钱四千三百余缗，合吾所积为九千三百有奇，吾将以其四千籴二千斛，余以创抵当库，名之曰平质，薄其息以利

---

① (宋)周必大：《文忠集》卷一四三《论措置营运》，文渊阁《四库全书》第1148册，第570页。

② (清)徐松：《宋会要辑稿》食货六二之七三，中华书局1957年版，第5985页。

③ (宋)真德秀：《西山先生真文忠公文集》卷九《申枢密院措置军政状》，文渊阁《四库全书》第1174册，第135页。

④ (元)脱脱：《宋史》卷四二三《黄畲传》，中华书局1977年版，第12643页。

贫弱之民，积其赢以补籴本之耗。盖库之与仓，犹母之权子，不可以偏重也。”①这就是慈善性质的了。淳祐年间，（常楙）“改浙东安抚使。给二万楮以振之……两浙及会稽、山阴死者暴露与贫而无以为敛者，乃以十万楮置普惠库，取息造棺以给之。”②还有的抵当库是为救灾设立的，如一次临安火灾之后，官员曹彦约建议，“出官钱百万缗，于三十里内分置抵当库数十所，应有衣服什物之类，即与抵当，免收息钱，宽立赎限，使之贸易钱米，可以自给”。③ 这是临安火灾之后，为了救灾采取的措施，不收利息，期限很长，明显不是营利性质。不过三十里内设几十所抵当库，数量也太多了。还有的官府抵当库是为了运送官府物资而设立的，如太常少卿陈炜在福建地区，“愍海贾以命易货，向来互市，使者强买干没之事毫发不施，以所积赢余二万缗创恒当库，收其利息为天时不顺之备，纲解水脚之输”。④ 南宋末年，牟子才，“以集英殿修撰知太平州……郡有平籴仓，以米五千石益之，又以缗钱二十六万创抵库，岁收其息以助籴本”。⑤ 他设立抵当库，是以其利润来充作平籴仓的本钱，以采购粮食。广州地方官员刘克庄也开办了民用抵当库：“备安库曰甲曰乙曰丙，又出其钱立抵当库，贯取息岁六厘。百姓之为质库又取诸此，人皆便之。今夏濒江遭巨浸，捐钱米赈济，而钱则自息出也。今岁田当西涝之冲者减分良难，亦将收息钱以助之。”⑥这座抵当库是用来救灾的。有意思的是，当地私人质库与它

---

① （宋）高斯得：《耻堂存稿》卷四《永州续惠仓记》，文渊阁《四库全书》第1182册，台湾商务印书馆1983年版，第59页。

② （元）脱脱：《宋史》卷四二一《常楙传》，中华书局1977年版，第12597页。

③ （宋）曹彦约：《昌谷集》卷十二《上丞相论都城火灾札子》，文渊阁《四库全书》第1167册，第157页。

④ （清）陈棨仁：《闽中金石略》卷十《太常少卿陈炜墓志铭》，《宋代石刻文献全编》第4册，北京图书馆出版社2003年版，第671页。

⑤ （元）脱脱：《宋史》卷四一一《牟子才传》，中华书局1977年版，第12359页。

⑥ （宋）方大琮：《铁庵集》卷十六《宋宝章阁直学士忠惠镇者方公文集》，《书·刘潜夫克庄》，正德八年方良节刻本，基本古籍库第133页。

关系相当密切。

还有一种官府设立的抵当库，是政府及军队以一部分公使钱设立的，其利润还是充作政府的公使钱。“公使库者，诸道监帅司及州军边县与戎帅皆有之，盖祖宗时以前代牧伯皆敛于民以佐厨传，是以制公使钱以给其费，惧及民也。然正赐钱不多，而著令许收遗利，以此州郡得以自恣。若帅宪等司则又有抚养、备边等库，开抵当、卖熟药，无所不为，其实以助公使耳”。[①] 不过，军队这种质库，其所用本钱未必限于公使钱，所取利也未必只是原来公使钱的用途了。如绍兴二十二年(1152年)九月，“右谏议大夫林大鼐言：兵弛久佚，主将辄移其力而役之，今有伐山为薪炭，聚木为簰筏，行商坐贾，开酒坊、解质库，名为赡军回易，而实役人以自利”。[②] 设立解库、典库与烧炭、贩卖一样，是南宋军队重要的谋利手段。至南宋后期还是如此，如“开禧元年(1205年)三月二日，广东提刑司陈映言：广南有摧锋军，专以防盗，军中有回易，所以养军……所有本军回易止许就屯驻营寨去处，开置铺席、典质贩卖，庶几不为商贾之害”。[③] 可见，广东摧锋军作为防止盐盗的专门军队，先是常被差充其他回易经营。政府要求此军之回易只在驻地进行，其回易经营形式是：“典质”与贩卖并举。

可能在宋朝各级官府、各地军队纷纷进行商业、典当业经营政策的影响下，金朝也设立了官府典当：“中都流泉务，大定十三年(1173年)……有司奏于中都、南京、东平、真定等处并置质典库，以流泉为名，各设使、副一员……大定二十八年(1188年)十月，京府节度州添设流泉务，凡二十八所。明昌元年，皆罢之。二年，在都依旧存设。使一员，正八品；副使一员，正九品，掌解典诸

① (元)马端临：《文献通考》卷二四《国用》，中华书局1936年版，第237页。

② 《建炎以来系年要录》卷一六三，《绍兴二二年九月癸卯》，中华书局2013年版，第2667页。

③ 《宋会要辑稿》食货六七之二，中华书局1957年版，第6253页。

物，流通泉货。勾当官一员，攒典一人。”①从以上材料可以看出，金朝的官府典当发展不如南宋顺利，经历了激烈的争议。其中的管理人员都有品级，是政府官员。金朝官府设立的这些典当利润是充官吏禀给之费的，存在的时间不长，影响也不大。

元朝也设立了官府典当，“广惠库，大使一员，副使一员，至元三十年(1293 年)，以钞本五千锭立库，放典收息，纳于备用库。”②皇帝有时也把典当赏赐给宠臣：“至顺元年春正月乙亥，赐燕帖木儿质库一。”③

二、清代以后的官府典当业

明代没有留下官府典当的文献记载，有没有官府典当还难下结论，清代的官府典当又再次兴盛起来。这里需要说明的是，当时还有“公典”一词，公典是不是官府典当，需要辨析一下。公典是什么时候出现的呢？据文献记载：“兵革之后，向之质库皆废，乡民重息以贷，无应者。蚕在箔至无以饲，生计益窘。官议集富商设公典，商皆峙躇。君(徐寅阶)首出赀为之倡，两浙江南之有公典，自君始也。”④这是同治年间上海的情况，即公典最早出现于太平天国运动以后的上海。从材料看，这种公典的资金不是政府拨款。

光绪八年(1882 年)十二月五日，左宗棠上奏，“又，原奏所称，扬州、芜湖等处质库相望各节，经臣饬据查明，芜湖县之源庆公典，系李瀚章之侄李经榘所设，曾据李经榘呈明。当涂、繁昌各有典铺一所，请领发商生息银两，经太平府批存在案。扬州府属仪征县之盛肇大典内，亦有李姓资本二万两，但非李瀚章所存。又上

---

① (元)脱脱：《金史》卷五十七《百官志三》，中华书局 1975 年版，第 1320 页。

② (明)宋濂：《元史》卷八十九《百官志》五《储政院·内宰司·广惠库》，中华书局 1976 年版，第 3252 页。

③ (明)宋濂：《元史》卷三十四《文宗本纪》，中华书局 1976 年版，第 750 页。

④ (清)俞樾：《春在堂杂文续编》卷四《候选郎中徐君墓志铭》，光绪二十五年刻本，第 93 页。

年正月间扬州有被焚之同益公典，人皆指为李瀚章之胞侄所开”。①材料中的源庆公典，是李瀚章的侄子李经榘所开，同益公典也是李家的，明显不是官府典当。同治八年(1869年)，江苏按察使公文提到：“窃商等奉谕试开公典便民，间有误当赃物，历奉县谕吊取，经商等禀复有案。”②这里说得很清楚，公典也是商人开的，不是官府典当。

当时“公典”一词应用很普遍，地方官员如丁日昌、吴煦等在劝开当铺时，都使用了“公典”一词。既然它不是官府典当，又有什么特别的含义呢？“旋据武汉两府江汉两县禀覆，各商业经遵谕，无论公典、当铺一律减为二分取息。”③《申报》上公典与当铺并称，并放在当铺前面，可能公典与在此之前领帖经营的合法典当是有区别的。再看下面的材料：“英美法三租界中，质栈宝泰等四十六家架本胜于公典，而规避典税各捐，放大质本以攘夺各典生意，经苏藩宪访悉情形，以重利盘剥、私开质栈、有干例禁；况查悉该质栈存本远过于典当，乃规避捐税并不领取帖照，实属违例；并查有仁泰质栈资本最钜，应即先行押闭。著即饬令照章改为典当，承领部帖完纳捐税。一面传谕宝泰等各质栈速即一律改为公典，不准故违。”④从此可以看出，所谓公典，不是官府典当，而是领帖纳税的合法典当，是与那些私押、小押对称的。但“公典”又与同时合法的“商典”相区别，表明“公典”，至少一开始具有官府劝办，业务、息率各方面受官府限制更严格，具有一定的公益的意义，故名。不管怎么样，它不是官府资本，故而我们这里研究清代官府典当，就可以把“公典”排除了。

清代实行“生息银两”制度，从清初一直持续到清朝灭亡。生息的资金来源主要有四个方面，即内务府、户工二部、地方政府的

① 《左宗棠全集·奏稿》卷八《续查已革道员被参各款据实覆陈折》，光绪八年十二月初五日，岳麓书社1996年，第189页。

② 《江苏省例三编》(上)。《中国古代地方法律文献》丙编第12册，社会科学文献出版社2012年版，第567页。

③ 《申报》6192号1890年7月17日《减利惠民》。

④ 《申报》8445号1896年10月20日《谕改公典》。

拨款和官员士绅商民的捐款。这些资金的用途除交商人承领生息外，就是直接任用官员、杂役开设商业店铺。其中当铺素以获利稳著称，所以官府开设的当铺也很多。根据以上列举的资金来源，官府开设的典当一是内务府皇当，由内务府投资建立、派人管理经营，利润由皇帝支配，供皇帝本人及皇室使用，或将当铺赏赐给宠臣及皇子；二是由各级军政衙门投资开设的，利息供各级衙门官吏、官兵公用，如办公差旅费、补贴兵丁红白喜事、官员私人借用等。

关于内务府开设的皇当，赖惠敏先生指出主要有四个来源，即内帑、八旗官兵开设的当铺、犯罪官民充公的当铺和当铺盈余。[①]至于内务府当铺的总数，存在着诸多争议，赖惠敏先生认为有二十六座，韦庆远先生认为有三十多座。乾隆十三年(1748年)十月二十四日，内务府大臣三和集中报告了二十一座当铺，现做成表格，再据之推算。(见表2-1)

表2-1　**乾隆十三年内务府当铺一览表**

编号	字号	来源	值银(两)	利润用途
1	广盛当	神保住入官	20483	
2	广信当	神保住入官	10584	
3	广得当	神保住入官	27326	赏给傅恒
4	广润当	神保住入官	18058	
5	宝聚当	德沛入官	18001	
6	宝成当	德沛入官	13452	
7	宝生当	德沛入官	12454	
8	宝泉当	德沛入官	17964	
9	丰和当	1729年开设	40000	赏给内府官员

---

① 赖惠敏：《乾隆朝内务府的当铺与发商生息》，《“中央研究院”近代史研究所集刊》第二十八期。

续表

编号	字号	来源	值银(两)	利润用途
10	万成当	1740年海保入官	33874	赏给各司衙门杂费
11	恩成当	1745年开设	25000	交纳银库充归原本
12	恩德当	1745年开设	25000	交纳银库充归原本
13	承恩当	1745年开设	25000	交纳银库充归原本
14	裕和当	1745年开设	25000	交纳银库充归原本
15	恩吉当	1745年开设	20000	赏给太监
16	庆裕当	1747年开设	25000	以备阿哥应用
17	庆盛当	1747年开设	25000	以备阿哥应用
18	庆瑞当	1747年开设	25000	以备阿哥应用
19	庆泰当	1747年开设	25000	以备阿哥应用
20	永庆当	1747年开设	50000	赏给内三旗红白事用
21	吉庆当	1747年开设	50000	赏给内三旗红白事用
	合计		532196	

这就是内务府大臣三和乾隆十三年(1748年)年十月二十四日集中汇报的那二十一座当铺。因为官员入官的当铺是按值银统计的，内务府开设的当铺是按原本统计的，口径并不一致，所以表中的合计数字只是一个不太准确的大约数。同年十二月，内务府大臣三和又报告："臣等派员查收管理此项当铺，如照前开设七座，未免费用繁多，难以照管，应请归并四座开设。"①神保住和德沛入官的当铺归并为四座当铺，这样内务府的当铺就是十七座了。

乾隆十五年(1750年)，内务府又接收了张廷玉和舒赫德入官的两座当铺："原任大学士张廷玉所交恩丰当一座，尚书舒赫德所交春和当一座。臣等随派员查收得，恩丰当原赏给时，成本银三万

① 叶志如:《乾隆年间内务府官当史料选》,《历史档案》1985年第4期。

五千两，现存利银一万二百四十四两三钱六分，二共银四万五千二百四十四两三钱六分。春和当原赏给时，成本银一万八千二十一两四钱一分五厘，现存利银二百四十两九钱，二共银一万八千二百六十二两三钱一分五厘。今二座当铺所有架本并现存银钱，俱与原数相符。”①这样内务府的当铺就是十九座了。乾隆十六年(1751 年)，内务府的当铺数量又下降了：“现今应留吉庆、永庆、恩德当三座，再内府所有广盛、广润、宝泉、宝聚当四座，庆盛、庆瑞当二座，恩丰、春和当二座，恩吉当一座，丰和、万成当二座，共当十四座。”②

乾隆十八年(1753 年)内务府接收了刘裕泰的万春等五座当铺：“为请旨事，本年十月十二日，据步军统领衙门咨称，民人刘裕泰入官万春等当铺五座，现有架本银钱共计十二万三千九百三十八两六钱零。”③这个刘裕泰是什么人，为什么把自己的五座当铺充公我们不得而知。这样，内务府的当铺就有十九座了。次年，内务府又关闭了十座：“十九年(1754 年)奏准，吉庆等十当共架本银三十八万八千八百五十一两零，俱收回。将现存银两及销变货物架本银两，陆续解交长芦盐政，借给商人营运。每年所得利银，交纳内库。”④这样内务府的当铺就只剩下九座。乾隆二十九年(1764 年)，内务府的报告又提到五座，即恩露当、恩吉当、万成当、丰和当、恩丰当，其中恩露当以前还没有出现过，可能是新开设或接收的当铺。乾隆三十年(1765 年)，内务府又关闭了二座当铺：“三十年(1765 年)奏准，丰和、万成二当本利十万三千两收回，交与长芦盐政，按一分生息。每年可得利银一万二千三百六十两，遇闰加银

---

① 《内务府奏销档》乾隆十五年二月总管内务府奏，转引自《北京师范大学学报》1978 年第 6 期。

② 叶志如：《乾隆年间内务府官当史料选》，《历史档案》1985 年第 4 期。

③ 《内务府奏销档》乾隆十八年十二月内务府奏，转引自《北京师范大学学报》1978 年第 6 期。

④ 光绪《大清会典事例》卷一千二百十三《内务府·恤赏·恩赏银两》。《续修四库全书》第 814 册，上海古籍出版社 2002 年版，第 670 页。

一千三十两，作为放给随围官员人等帮银，以及热河盘山黄新庄汤泉打牲乌拉等处总管、盛京佐领年例养廉等各处月例纸笔饭食，并杂项出差人等帮贴盘费。”①从以上材料来看，乾隆十三年(1748年)内务府的当铺最多，达到二十一座；而内务府先后开设、接收的当铺已有二十九座，再加上后文提到的永济当，就是三十座，与韦庆远先生的说法一致。

内务府当铺的业务，除通常的抵押放款外，还直接对官员、旗人放款，如乾隆十四年(1749年)，内务府报告，永庆等当铺，借给官员等银六万八千九百十两，“乾隆十三年(1748年)十二月初一日起，至本年十一月二十九日，共十二个月，陆续收得官员所借本银一万二千七十三两零，利银五千七百九十六两零”。② 可见，官员们从内务府当铺借款，按要求是要还本付息的，这利息就是内务府当铺的另一项收入。由此可以推知，旗人从内务府当铺借款，也是有利息的。这些借给旗人、官员的款项，后来结果如何呢？据内务府乾隆十六年(1751年)报告，“伏查臣衙门各项滋生银两开设当铺，内除吉庆、永庆二当本银十万两，系恒亲王所交内府三旗滋生银两，此内有官员借支银三万七千余两，与八旗事同一体，相应照八旗之例办理，毋庸另议外，承恩当六座内亦有官员等借支银七万九千余两，若不奏请一体邀恩，于伊等生计终属艰窘，合无仰祈圣恩，亦照八旗之例停利归本”。③ 这就是说，到乾隆十六年(1751年)，旗人、官员所欠内务府八座当铺银两已达十一万两多，还不算利息。但他们生活艰难，已经还不起了，皇帝也只好同意免去利息，只收本银。内务府当铺的这些收入实际上付之东流了。后来，丰和、万成二当借出去的本银三万七千多两，由其他当铺拨补，即这三万七千多两是连本也没有收回。据韦庆远研究，清代很多官员向内务府的皇当借钱，不能按期偿还，只好从俸禄里扣。乾隆十九

① 光绪《大清会典事例》卷一千二百十三《内务府·恤赏·恩赏银两》。《续修四库全书》第814册，上海古籍出版社2002年版，第671页。

② 叶志如《乾隆年间内务府官当史料选》，《历史档案》1985年第4期。

③ 叶志如《乾隆年间内务府官当史料选》，《历史档案》1985年第4期。

年(1754年)盛京将军衙门总理官买卖处根据官当铺的禀报，咨请盛京刑部对官员"扣俸"，以偿还信借官当铺的银两时记载：内务府厢黄旗佐领沙尔汉借原本银一百五两，应扣一分本银二十七两，十三个月利银二十两四钱七分五厘，共应扣银四十七两四钱七分五厘；骁骑校徐元英借原本银六十两，应扣一分本银十五两，十三个月利银十一两七钱，共应扣银二十六两七钱。正白旗佐领费扬武借原本银一百五两，应扣一分本银二十七两，十三个月利银二十两四钱七分五厘。共官五员，共借原本银四百三十五两，应扣一分本银一百一十一两，十三个月利银八十四两八钱二分五厘，共应扣银一百九十五两八钱二分五厘。① 这是以自己的俸禄为抵借贷，是一种信用借贷，也有点像抵押借贷。

内务府典当铺还进行房地典当。乾隆十三年(1748年)，内务府报告说，神保住承领正黄旗滋生银十万两，开设了四座当铺，"买取租房三百二十一间半，原置价银一万零九百三十二两五钱；典取租房五百二十八间半，原置价银二万三千九百三十两零四钱四分。以上共典买房间，除空闲、烧毁房九十二间半，每月约收租银二百九十四两零。买地二十七顷五十亩零四分，原置价银二千七百五十六两五钱五分；典地二百零四顷七十四亩二分，原置价银二万二千二百六十五两二钱二分。以上典买地亩每年约收租银三千三百九十四两五钱四分。旗人借出本银一万八千三百一十七两七钱。现存房地租银以及利银共四千六百九十五两一钱一分"。②

关于内务府当铺的管理，韦庆远先生有详细的论述。每当内务府新开设或新接收一座当铺，都要派"司员"去管理。这些"司员"是现职官员而又受派兼充一皇当的主要管理人，在"司员"之下，当然还需要使用一些做具体工作的人员。按规定，也应在内务府所属人丁内选用，在当时的各座皇当中，从主管人员到具体店伙杂

① 《黑图档》乾隆十九年。韦庆远《明清史辨析》，中国社会科学出版社1989年版，第274页。

② 叶志如：《乾隆年间内务府官当史料选》，《历史档案》1985年第4期。

役，都是来自内务府的兼任人员，他们本身的官员和旗丁身份并未取消。① 据一些野史反映，太监们也参与了内务府当铺的管理："雍正七年二月二十日，太监陈福、苏培盛、李英等上奏：今谨议将此银或于城内，或于圆明园开设典当铺一座，所得利息陆续收存。嗣后凡有出外当差及遇紧急需费之事，即将此银酌量动支赏给，仰恳圣恩赏派经理此事人员，奴才等亦派首领二名，轮流掌管，庶无亏欠等弊。谨奏。""五月二十九日奉上谕，尔等同内务府总管商议，派有身家闲散数人，将此银交与伊等，听其经营生息，尔等亦派二人照管。"②这座当铺是太监们提议设立的，他们当然参与了管理，雍正皇帝并没有否决他们的提议，只是让他们和内务府商量着办。这可能是早期的情况。

至于皇当的劳动形态，韦庆远先生更指出，皇当的从业人员，都是皇家的奴仆，果真如此吗？雍正六年至八年，领侍卫内大臣和硕额附尚崇廙奏，"以一万两买市房开典当，及要紧日用铺面，其利每年亦可得一千五百两。其典当铺面中一切需用之人，即于兵差内，择其家之余丁堪任事者，分别充用，准照各该雇工人价按月给发。非特使余丁糊口，抑亦稍肥囊橐，是亦推广余夫二十五亩之意也"。③ 文中的"雇工人"是什么人呢？据魏金玉研究，雇工人是封建法典上被编制在雇主的宗法家长制体系内的一个等级，意味着主、雇之间存在着等级关系。处在这种关系中的劳动者，受封建等级制的束缚，是所谓等级雇工，不具有自由劳动的性质。④ 但他们是奴婢吗？据蒋燕玲研究，"雇工者，雇倩役使之人，非奴婢之终身服役者"，实质上是奴婢向良人转化过程中的过渡性等级，是前

---

① 韦庆远：《论清代的皇当》，《明清史辨析》，中国社会科学出版社1989年版，第88-89页。

② （清）官修《国朝宫史》卷三《训谕三》，文渊阁《四库全书》第657册，第16页。

③ 《雍正朝汉文朱批奏折汇编》第32册，江苏古籍出版社1991年版，第237页。

④ 魏金玉：《试说明清时代雇佣劳动者与雇工人等级之间的关系》，《中国经济史研究》1986年第4期。

资本主义不自由的等级的雇佣关系下的等级雇工。[①] 即雇工人比奴婢的身份要高。这里似乎只是按“雇工人”月工资发给典当需用之人工资，其地位是否与“雇工人”一样，还需继续研究。

当时，内务府对当铺管理人员是制订了一定奖惩标准的，奖惩的主要依据是是否赚有利润，年度的利润是否已达到规定的数额。据韦庆远先生研究，当时规定的最低年利率为成本银的八厘(8%)等。按照清朝的法律规定，当时被认为合法的正当的借贷关系，“月息不许过三分”(3%)[②]；以3%计算，全年的利银即为本银的36%，此数尚且不包括复利在内，不包括当时较为普遍的虚开本金以变相提高利率的利银在内[③]，但仅按合法的年利率36%计算，也是皇当利率8%的四倍半，悬殊是很大的。[④] 韦庆远先生这样解释，实际上把毛利率和净利率混为一谈。律例所载不得超过三分，年利率36%云云，在当铺里实际上是赎当的利率，即毛利率。其净利率还要扣除各种费用，所以是远远到不了36%的。即使是毛利率，也是不可能达到36%的，因为典当利率，只要是合法典当，尤其是乾隆大规模推行减息政策之后，即使私人典当也多是月利2分左右，年利24%，满打满算也到不了30%。而内务府制定的这条标准，是针对其属下当铺的净利率的，二者根本就不是一个概念，计算口径也不相同，以毛利率和净利率相比，出现这么大的悬殊也就不足为奇了。那么，当时民间当铺的净利率应是多少呢？据乾隆时

---

① 蒋燕玲：《论清代律例对雇工人法律身份的界定》，《社会科学家》2003年第5期。

② 《大清律例》，《户律》。按，当时货币多以白银计算，单位是两，两以下是钱、分、厘、毫、丝、忽等。但在公文用语上有时并不完全划一，也不完全准确，如本章所引用较多的《内务府奏销档》所载章则，将皇当的最低年利率规定为“八厘”，实际上是8%；而《大清律例》规定的借贷月利最高不得超过“三分”，实际上是3%。两种文件对“分”和“厘”的计算和使用是不同的，笔者仅依其实际指数进行分析，文中引用史料仍沿用原文。

③ 请参阅《康、雍、乾时期高利贷的恶性发展》，载韦庆远《档房论史文编》，第15-41页。

④ 韦庆远：《论清代的“皇当”》。《明清史辨析》，中国社会科学出版社1989年版，第92页。

湖南的典商说："泣思离乡远贸，非伙凑资本即领本认息，原与江浙巨商难比。况此地春夏赎少当多，往往加利借贷应贫民之急，若遭岁歉设凑尤多，况普济、育婴各款生息五万有奇，岁息七千余，年终(房)租、食用、工价、办公一切耗费。春夏当多取少，重利借银应济，承领生息公项五万有奇，按期垫缴……是名虽三分，实只分许。"①这就是说，乾隆年间湖南典当的净利率每月只是一分左右，一年也不过12%，可见内务府规定的这个8%的标准大体上也是合理的。

关于这些皇当的净利润率，据韦庆远先生说，仅能达到年8%或稍有超过，个别当铺还到不了这个数字。这主要是内务府自身腐败，管理松懈，跑冒滴漏太多造成的。② 赖惠敏先生指出，内务府的当铺还存在一个严重的问题，官员长期欠债不还，占用了当铺很多资金，即坏账严重。因为内务府当铺存在这些问题，所以其开办的26家当铺，多数都关门了，其资本改为发商生息了。③

这种官当停办，资本改为发商生息的事实，在清后期是普遍存在的，以致可以说，是官府典当的一种变化趋势。如顺天府蓟州地区历史悠久的永济当。

> 光绪八年二月丙戌，溥廉等奏，查永济当自雍正七年蒙恩赏发银两开设当铺，并于乾隆五十一年、道光二十二年先后请添当本共东钱十五万吊，按二分取利，遵照内务府议奏章程，以六厘利息交纳永济库备用。年终奏销，其不敷出入之本，由该商自行增添，与官本无涉，历经办理在案……咸丰四年，马兰镇总兵庆锡开炉铸造铜铁大钱行使街市，分成搭用，该当曾经收过铜铁当百、当五十大钱，核东钱二万五千余吊。嗣因大

① 刘建民先生藏《乾嘉道湖南典商办理减息案呈词》。

② 韦庆远：《论清代的皇当》。《明清史辨析》，中国社会科学出版社1989年版，第123-124页。

③ 赖惠敏：《乾隆朝内务府的当铺与发商生息》，《"中央研究院"近代史研究所集刊》第28期。

钱行使壅滞，经署马兰镇总兵柏葰奏请，发交遵化、蓟州、丰润、玉田四州县变价行使，按制钱归还当本……此项发交各州县大钱一万四千二百六十六吊五百四十文，并另存不堪行使当百、当五十大钱一千七十吊，应行交库之六厘利息，该故商仍按全数垫交。计至光绪五年时，历二十六年，共垫过利息东钱二万三千四吊七百五十文……刻下当存货物并现存本钱，共核东钱七万一千一百三吊文，连添置房屋器具作价，实有东钱十一万三千六百七十七吊二百十文，均属相符……又因当本不敷周转，故商宋嘉宽有自行通融出入借贷帐目，均与官本无涉，亦不交息等情……今既另派新商接办，似应划清界限，以览账目轇轕，畏难赔累。拟请将现有货物架本共核东钱七万一千一百三吊文，即交新商，仍按二分取息，以六厘交库。其马兰镇营并兰阳书院之另款生息，照旧交利。至历年置办房屋器具作价，并提交遵化、蓟州、丰润、玉田四州县行使未交价之大钱，暨该当收存之废大钱，拟请暂停交利，以免再行亏阙正本……其故商宋嘉宽出入借贷私本，应令分作十年由新商自行筹画归还，并饬遵化州察核，取结存案。①

从文中可以看出，这座官府当铺设立于雍正七年(1729年)，到光绪八年(1882年)已经有一百五十多年了。这座当铺不是由官府直接经营，而是采取了一种和承包相似的方式，包给了当商宋嘉宽。当商宋嘉宽每月要上交官本六厘的利润，即 150000 吊 × 0.006 = 900 吊，一年就是 10800 吊。咸丰四年，永济当又收过官府 25000 吊的当百、当五十的大钱，这些大钱虽然难以流通，但也要按六厘收利息，结果导致当铺亏损。宋嘉宽承包了二十六年去世，由承办事务衙门行走石门工部员外郎懿绵、内务府郎中德衡、额阿尔萨兰达桑阿、员外郎广泰公四人具保，由当铺内部的一个伙计宋德魁继续承包。如果宋德魁亏了官本，那四个官员要赔补，即负有

① (清)朱寿朋:《东华续录》光绪四十六，宣统元年上海集成图书公司本，第1228页。

连带责任。这次宋德魁承包的官本就少多了，只有71300吊，每年上缴利润为71300×0.006×12＝5133吊600文，比他的前任宋嘉宽的负担轻了一半多，但还要负担生息公款的利息及他的前任借下的外债。宋德魁接手以后怎么样呢？据《申报》报道，光绪八年(1882年)，

> 兹查永济当虽系官本无阙，然所有典当尚不踊跃，奴才等随即□：据该管司员等禀称，实因官本仅有七万吊有零，不敷周转，职等时常饬令该商宋德魁各处通融办理。据各铺商人禀称，因该管司员等暂为经理，诚恐借垫日久，仍前无着，不□通融，是以典当未能踊跃……奴才等再四熟商，拟议将此项架本按照各县发商生息之例，即着落原派承办事务衙门行走、石门工部员外郎懿绵、内务府郎中德衡额阿尔萨兰达□阿、员外郎广泰等常川经理，所有利息仍照旧章交库……惟官本如有亏短，即著落该管司员等赔补。①

可见宋德魁经营了不到一年，便因为资金紧张经营不下去了，只好改按发商生息的规矩办理。此例反映了官府典当经营不善，而转化为承包经营，并允许将承包者私人本钱渗入其中，官府仅满足于按原来核定官本钱数收取定额利息的趋势。

关于内务府当铺的意义，韦庆远先生指出：内务府经营皇当，对于朝廷的统治和皇帝本人都有有利和方便之处。皇当对于了解社会上的金融讯息并调节其流通，以具有强大后台的官方金融机构的身份干预社会经济生活，在当时当然是会起到不容轻估的作用，并从这一个角度维护和加强清王朝的统治。另一方面皇帝利用分赐当铺以照顾皇族中某些成员，将当铺利润加惠于身边的侍从警卫人员，以当铺收益顶充某些应由公帑开销的支出，既实惠又灵活，而且并不违背成规定章，当然是很合算的。故此，当时较大量地设置

---

① 《申报》3548号1883年3月2日《光绪八年十二月二十六、二十七日京报全录》。

皇当，皇当在有清中叶曾存在并兴旺过百年左右，乃是有其多方面的需要和条件的，绝不是一种偶然的现象。① 叶志如先生指出，皇室官当的利润主要用于生活挥霍之中，而不是用于商品流通和扩大再生产中，尽管也有少量用于皇商和盐政等商业投资中，但其所获利润，最终仍同样源源流回皇室生活开支中。由此可见，乾隆时期北京内务府官当是属于封建地主阶级皇室经济的一个组成部分，即便在乾隆盛世，也是阻碍社会经济发展的桎梏。② 韦庆远先生主要是针对清政府的财政需求、叶志如先生主要是针对内务府当铺利润的最终去向下结论，都不免偏颇。因为典当主要的业务是抵押借贷，面对的是最一般的客户，而典当的客户又以穷人为主，所以它与一般私典当一样，为社会生产生活提供货币资金的意义还是有的。而且，内务府当铺的利率比较低，剥削比较轻，规模比较大，所以其正面意义在一定程度上还是存在的。

当时官府开办的典当，还有各级军政衙门投资开办的。广西的官府典当不仅开办得比较早，效益也比较好。如雍正十年(1732年)，广西巡抚金鉷奏，“窃照臣标兵丁蒙恩赏给银六千两营运生息一案。先于桂林省城开设当铺一座，及买米置货，贸易生息。自雍正七年(1729年)八月起至八年(1730年)年底止，实得息银五百六十余两，已经咨明户、兵二部在案。雍正九年(1731年)四月内，收回买货之银，又在桂林添设当铺一座，本年一年共计净得息银六百五十余两，连前共实得息银一千二百余两，将来遇有兵丁吉凶之事，遵旨酌量给与济用”。③ 桂林原有一座官府典当，后来又增加了一座，可见经营状况良好。乾隆时还有一座：乾隆二十四年(1759年)，“广西巡抚鄂宝奏：广西赏恤兵丁营运银四万一千两。缘边地无可营运，是以分派各营，专委弁目，开张典当，定以二分

---

① 韦庆远：《论清代的皇当》。《明清史辨析》，中国社会科学出版社1989年版，第119-120页。

② 叶志如：《乾隆时内府典当业概述》，《历史档案》1985年第2期。

③ 雍正《朱批谕旨》第49册，北京图书馆出版社2008年版，第188页。

取息，均匀拨给。行之三十余载，兵民均沾实惠者”。① 这座当铺开了三十多年，也是经营得比较好的一座官府典当。

雍正十一年(1733年)，镶红旗右卫报告，“兹据该将军宗室舍木德处呈称，自雍正十年十一月初一日始，至十一年十月二十九日止，计一年十二个月，将赏赐之二万两投资于布、米、衣、钱、典当五铺……于雍正十一年十二月咨呈前来。臣等详查，册内开列投资所开之布、米、衣、钱、典当共五铺，所有本银二万两，余平银二百八十七两六钱六分。自雍正十年(1732年)十一月初一日起，至十一年十二月二十九日止，共十二个月，共得生息银四千二百七十四两零一分四厘四毫。其中五铺之房租、工食钱及购煤、炭、纸、笔、盘缠等项，共支出之银一千零十两九钱七分六毫解销，实滋生息银三千二百六十三两零四分八厘八毫”。② 即从雍正年间，就有这种官府当铺，以其利润补贴八旗兵丁的红白喜事之用。乾隆时，天津也有这种官府典当，乾隆九年(1744年)，“天津水师满营都统福昌等奏，赏给兵丁滋生银三万两，陆续将本银交库外，现余银八万九千八百余两。经高斌奏请，将钱布油酱等四铺关收，只存典当、估衣、弓箭、染房等铺，皆减为一分五厘息。所存银三万两，交盐运使转交天津殷实商人等，按一分生息。”③这里官府不仅开办当铺，还有其他的商业店铺。远在云南的开化镇，也设立了官府典当：乾隆十六年(1751年)，“开化设有生息当铺二处，因原定以钱一千一百文，作银一两，出入之数与市价高低不一，恐有亏折，概不当钱。兵民不乐赴当，遂至生息不敷。现搭换制钱二千余串，银出银入，钱当钱赎，原本无碍矣，赏赉亦敷”。④ 而四川的

① 《清高宗实录》卷五九五。乾隆二十四年八月下，中华书局1986年版，第635页。

② 《清雍正朝镶红旗档·右卫滋生银额具奏折》，东北师范大学出版社1985年版。

③ 《清高宗实录》卷二百十四。乾隆九年四月上，中华书局1986年版，第753页。

④ 《清高宗实录》卷三九九。乾隆十六年九月下，中华书局1986年版，第259页。

官府典当曾经关停：乾隆三十年(1765年)，“四川总督鄂尔泰奏：川省兵红白事件赏需银，于乾隆二十四年(1759年)奉旨……其重庆、夔州二处，向无民当，营中自行开设，生息充赏，仍令照旧开张……而重、夔二当，本银四万一千九百余两，每年息银仅获五千三四百两，较之钱局悬殊。臣与藩司等悉心计议，不若将营员所设官当概停，其当本银四万一千九百余两，定限于三十一年岁底完缴。此内酌留一万九千余两，交钱局随卯带铸。除归还价本，余息足敷添补赏项之用”。[①] 当时的大背景是，四川省的发商生息银两全面收缩，鄂尔泰奏请把这两座当铺关闭可能是不得已，并不是经营状况不好。把典当的利润与钱局铸钱比，也根本没有可比性。

地方政府除自己投资开办当铺外，也会把那些负欠官款的私人当铺没收充公，如乾嘉时在清江浦，有个徽商汪已山，开了很多当铺，“未及二十年，家遂大落，典肆以负帑入官，汪亦贫悴而死，未至六十也”。[②] 这种当铺承领了官府的生息公款，经营不善就还不起公款了，所以官府就把这些当铺没收充公了。地方政府没收了以后，再把这些当铺顶出去。如胡雪岩衰败后，他的当铺被充公以后，据《申报》报道，“无怪前年胡绅雪岩欲抵各处公款之典招商顶替，人皆裹足不前也。今虽胡绅之典俱有人顶矣，然而生计日绌，不为之曲体下情，典商之困恐未有艾。”[③]官府当铺官府不直接经营，而是顶给商人，可见官府典当的衰落。

清前期，官府开办的典当是很多的，据韦庆远先生说，当时全国范围内，实际上存在一个由官府经营的当铺网，这是一个根植于当时的封建政治体制，与封建官僚政治密切结合的辅助性的财政网络之一。[④] 连在遥远的广西、新疆，清政府也开办了当铺。

---

① 《清高宗实录》卷七百三十五。乾隆三十年四月下，中华书局1986年版，第98页。

② (清末民初)徐珂：《清稗类钞》第七册《典商汪已山之侈》，中华书局1986年版，第3269页。

③ 《申报》4839号《论典业利弊情形》。

④ 韦庆远：《论清代的生息银两与官府经营的典当业》，《明清史辨析》，中国社会科学出版社1989年版，第118页。

在广西，嘉庆四年(1799年)，广西的官员台布奏请在少数民族聚居区开设官当，遭到皇帝的驳斥："试思客民占种土司地亩，重利准折，尚干例禁。今乃欲官为开设典当，岂非朝廷欲贪土司之利，而为此盘剥之事乎？且汉土相安已久，即土司疲乏无力，亦只可听其自为生计，又何必官为过问乎？各省陋习，于地方典当往往勒索当规，今台布欲于土境开典，自系地方官欲藉此需索典规，因以为利，而台布为其所愚，轻于听信……今台布乃欲于土境创设从来未有之官当，种种扰累土民，较之成林尤为纰缪，著传谕严行申饬。"①可见广西地方官欲开官当，其意是要勒索典当的陋规之银，这引起皇帝的警觉，故而遭到朝廷驳斥。

在新疆，嘉庆十一年(1806年)巴里坤、古城、吐鲁番三州地方政府报告官当情况如下：

> 巴里坤官当铺架存当号及使用公费银两，每年造册咨报户部。截至嘉庆十一年底止，共存本利银三万一千九百八十五两一钱零，本银一万六千四十七两六钱零，利银一万五千五百三十七两四钱零。架存衣物当出银三万三百一十九两八钱零，现存银一千六百六十五两二钱零。②
>
> 古城官当铺截至嘉庆十一年底止，应存银二万八千一百四十两四钱零，旧存银二万四千六百七十两八钱零，新收利银三千四百六十九两六钱零，开除一年用过银四千一百一十四两七钱(养赡鳏寡孤独家口众多人等共用银二千九百五十九两五钱，补立倒毙马匹用银一千五十九两二钱，本铺公费银九十六两)，实在现存本利银二万四千二十五两八钱零。③
>
> 吐鲁番官当铺，系满营马甲四百四十四名，每名乞息银三

① 《清续文献通考》卷一百三十六《职官考》二十二，新兴书局1999年版，第8959页。

② 文中数字有误，本银应为16447.6两，以上数字之间的关系为：本银16447.6+利银15537.4=架本30319.8+现银1665.2。

③ 以上数字之间的关系是，旧存24670.8+新收利银3469.6-开除4114.7=实在本利银24025.7，结果只差一厘银子。

千五百五十二两作本。截至嘉庆十一年底止，共存银一万四千六百二十六两零，本银三千五百五十二两，利银一万一千七十四两，新收利银二千一百四十两零，开除用过银二千一百四十四两(养赡鳏寡孤独家口众多人等共用银一千五百六十四两零，兵丁补立马匹银二百四十两，铺中公费银二百四十两)，实在存银一万四千七百二十二两零(架存号物当出本银八千五百九十一两五钱五分，现存银六千一百三十两四钱八分)。[①]

以上吐鲁番官当的三笔支出的总和为1564+240+240=2044两，比开除总数少100两，即开除总数应为2044两，而不是2144两。这样，本银3552+利银11074=14626两，即嘉庆十一年底的总数字。再以14626+新收利银2140−开除2044=实在14722两。实在包括两项，即架本和现银，8591.55+6130.48=14722.03两，最后差三分银子。

在这些官当铺的支出中，养赡鳏寡孤独家口众多人等、兵丁补立马匹本来不是当铺的支出，而是当地政府的支出。这说明这些官当铺可能并不把利润上缴给地方政府，而是由当铺留存，再由当铺直接负担这些财政项目的支出。正是因为他们并不把利润上缴给地方政府，所以吐鲁番官当铺的利银才比本银多出好几倍，这是因为多年没有上缴造成的。

清后期，官府开办的当铺逐渐减少，但出现了另一种官府当铺。这种当铺的资本不是来源于官府拨款，而是来源于社会捐款，如在福建省屏南县，“善同典铺，在学宫左。同治八年，知县程廷耀以育婴经费年久不支，同绅董薛举珍等倡募基本四千余元，设立公典，选董管理，将递年出息提作育资并舍棺于衣之用。光绪间，董事薛凌远移设侯门田，旋举郑霖济接管，仅存本钱二千余元。至民国元年，董事由各社团选举接充。查民国六年册报，存本五千余元。民国十一年，张应清接办，二十年典铺亡”。[②] 这家当铺存在

① 嘉庆《三州辑略》不分卷卷四，嘉庆十年修旧钞本，第578-581页。
② （民国）何树德：《屏南县志》卷七，民国抄本，第150-151页。

了六十多年，并没有因为清政府倒台而歇业，因为它的管理方式比较民主。在陕西绥德也有这样一座当铺："汤敏，字树斋，安徽旌德县人……敏劝地方(陕西绥德)捐资五六千缗，禀设质库一所，以所获为课读之资。"①在陕西韩城县的古柏书院，也附属一座当铺："古柏书院：师君彦公，里之好义者也。尝捐资置质库，凡邑中大小试，皆取其息以资之。尤有志于书院之兴复，而惟虑独立之不能支也。"②这种当铺就像现在的附属企业，附属于那些用钱的事业单位。在这种当铺里，同治年间福建省南安府利用社会捐款开办的当铺记载得最详细，现将其章程摘录如下：

质铺章程：前此南安开当铺者两家，乱后封闭。知府黄鸣珂念民瘠苦，到任后即筹款开设，未数月署任吉安府而去。此铺以资本无多，亦歇业。(同治)四年回任后，经画各款公项，仍开设之以济民困。并先借资数千以为之倡，陆续捐老民、育婴、书院一切等费，均入质铺，为数已万数千吊，从此以后可以永远开设矣。然章程不先立，恐生弊端，今将章程开列于后：

丨质铺仿赣州之例，一切公项借入其中，取息一分二厘。文武官有钱入铺者，亦照公项取利。文武官无钱不准空借，并不准以少押多，违者禀府县察究。

丨质铺皆公项，免其领帖而开设。承领之绅士亦必身家殷实者，方准充当。兹议城乡共三人总其事，具领借结，上即书三人之名，不得统以某质铺为名，一人亏空，三人追偿，庶可无弊。

丨质铺取利，照例二分五厘，计期十六个月。若赀本宽裕，再改二十四个月为限期……

① (民国)宋伯鲁：《续修陕西通志》卷七十，民国二十三年铅印本，第4545页。

② (民国)宋伯鲁：《续修陕西通志》卷三十八，民国二十三年铅印本，第2465页。

| 质铺虽取利二分五厘，然公项之利已一分二厘，除请人工钱及火食一切费用，所剩无多。所剩些微，即作此三人劳资均分。每年算账，只算明公项之有无亏空，有亏者即行追赔，另请人管理。有赚者，官不分利也。

(下略)①

原文共有十六条，现只摘录了四条。从章程看，这家质铺的资本是从社会募捐的，但因为这是集几笔生息款投资设立的，所以不好说它是附属于某一官府机构的，而是属于几家机构的。这家质铺没有自己的字号，也不请领当帖，由承领公款的那三个人以个人的名义负责，他们承担的责任是无限的。官府对公款监督很严，每年正月由当地的正派绅士去清算账目，财务必须公开，可见质铺内部权力很小。资金紧张时，他们也可以借入外债，官府并不过问。因为生息公款的利率较高，所以官府免除了他们的税金和规费。净利润由承领公款的那三个人支配，官府不再参与分配，即官府只收取公款的利息。

民国时期，为了救济农村金融，政府仿照典当的做法，设立了一些向农民贷款的机构。据罗炳绵先生研究，当时设立的这类机构共有四种，即各省农民贷借所、贫民借本处、特种借贷组织、公营典当。前三种机构都走向了典当的旧路，以农民贷借所影响最大。

其他地区的还有，1936 年，中国农民银行在福州设立了一家农民抵押贷款所。② 1932 年 3 月，山东省政府投资 32 万元，在济南开设了一家裕鲁当。1934 年 6 月，重庆市政府投资 32.9 万元，开设了七家公营当铺。1932 年，山西省在大同、忻州、崞县、洪洞等四县开设了晋益、晋忻、晋原、晋平、晋洪等七家当铺。1930 年，福建省民政局开设了一家官当，名“贫民贷用所”。抗日战争

① (清)黄鸣河:《南安府志》卷三十二《新造录》，同治七年刊本，《中国方志丛书》，成文出版社 1975 年版，第 2812-2813 页。

② 黄鉴晖:《中国典当业史》，山西出版集团山西经济出版社 2006 年版。

时，福建莆田县设立了一座官府典当："三十一年奉令设立公典局，附于圣路加医院，以院长余文光主其事。"①这家典当是附属于圣路加医院的。江西吉安地区也设立了官府典当："典质亦民间金融，赖以调剂。满清末叶，本城当铺多至五家，赎期利率悉遵部章，乡民利赖。民国以后逐渐停业，二十二年市立银行，就高峰坡开设平民公典，藉以便利穷黎。然利率过重，每月一分九厘，赎期太促，过十个月即限满无赎，与从前当铺规例不同。"②江西吉安的平民公典可能是隶属于银行的，但条件比清末的当铺还苛刻。在云南省盐丰县，也出现了这样一座当铺："现由劝学所创设一公当，名曰利民，住城内旧井大街。每当物一元，收利二分，按月计算。"③在伪满占据东北时期，也出现了这种当铺，如在辽宁省海城："当商，俗称当铺，公济当系满洲中央银行附设大兴公司之支号。其余当商民有营业质当物品，接济贫民，十八个月期，二分五厘生息。"④民国时期出现的这些官府当铺，大多是隶属于某一事业单位的。民国以后的所谓"公典"，并不一定表示其资本属于政府，或者国家，而是由政府法律对一部分典当铺更为严格地规定其业务开展、利率高低，使这些典当具有一定的公益性质，从而减轻一部分剥削。当然也可以说，这与自咸丰年太平天国冲击下，典当受到较大冲击之后，面对下层群众的生活需要，官府吸收商本，劝谕"试开公典"设立的典当铺也可以说是一脉相承的。从而区别于清代前期以来以官府直接投资设立的典当铺。

关于官当设立的意义，《申报》曾刊文，在与商当做比较的背景下言："贸易之中倡设典当，而穷民有济急之用。然以富商经营重利盘剥，则贫者用千文已需加利，月数十文积至数百文，是以千数百文抵千文之用，虽以为便而实见其苦矣，故官当不可不设也。

---

① （民国）石有纪：《莆田县志·经政志序》，民国抄本，第2594-2595页。

② （民国）李正谊：《吉安县志》卷十二，民国三十年铅印本，第634-635页。

③ （民国）郭熙：《盐丰县志》卷四，民国十三年铅印本，第239页。

④ （民国）陈荫翘：《海城县志》卷四，民国二十六年铅印本，第822页。

官当之外又有商当，而其息必仿官当。今之贸易者所谓官利几厘，即官当之息数也。官利虽有多寡而大要不出一分之外，而当息必至二分，已过于官利矣。经营之人通用洋银并无质物，而当必取。质衣裳杂物值十者当其四五，金银珠宝值十者当七八，往往不能增一二，是当规又严于官利矣。东南未灾以前，当商定利亦在几厘至一分而已，夫此几厘至一分者，虽曰商开，无异官设，谓之便，谁曰不然？若同治以后，当利每以二分为率，更有未纳帖照不以当字书招而混为质押者，其息至三分而其期止六个月、八个月不等……夫京师尚有官当，而外省不尽设立……外省既无官当，而京师官当以御史所奏，断难如内务府所议，竟不复设，但仅令京师贫民得赴官当而外省民当不行变通办理，则民间之受累者犹不加少，安得各省均设官当乎，又安得各省民当皆减利而加限乎？”①可见，《申报》在这里很为官府典当的衰落而惋惜，因为比之商当它确有不可替代的积极作用。但可能积极作用也非常有限，民国年间的陆国香先生认为：“在目前官家与公家虽亦不无出资设立，如鲁省当局与粤省当局之鼓吹与提倡，然其为数之微，究属杯水车薪，不若私营典当之为多也。”②

① 《申报》1099号《论官当》。
② 陆国香：《中国之典当》，《农行月刊》1936年3卷5期。

第 三 章

中国私人典当业资本的形成

典当的经营要有高大坚固的库房，要有一批精通鉴定、货币、书法的工作人员，所以开典当所需的本钱比其他行业多。大型典当都是社会上的富豪贵族投资设立的。典当业的合伙经营也十分盛行，典当资本相当大的部分是来源于合伙，合伙常在二人以上，多至十多人甚至数十人。

在论述典当资本以前，还需要区分几个相关的概念。首先是架本，架本是中国旧时典当业对当铺全部当本总和(即当铺放款总金额)的专称。因相当于架本的在押物多置放在当铺仓库木架之上，故名。因计量单位不同，亦称架本银、架本钱。所以架本是所有当物的总值，相当于其他行业存货的总值。在当铺的资产负债表上，它属于资产类，应该列示在资产负债表的左方。正本，是财东的合约投资，亦称原本、股本，每股一百、数百、一千至两三千或几千两不等，可按股分红，但无股息；副本，又称护本，是财东除正本外又存放在商号的资本，只得利息，不参加分红。① 正本和副本都

① 张正明：《清代晋商的股俸制》，《中国社会经济史研究》1989 年第 1 期。

属于所有者权益，列在资产负债表的右方。借本，亦称揭本，是借入的资金，属于当铺的负债，列示在资产负债表的右方。在这几个名词里，只有“架本”属于资产，应列在资产负债表的左方；其余的都属于负债或所有者权益，应列在资产负债表的右方。

第一节 历代贵族官僚资本对典当业的投入

战国、秦汉以至清代，社会财富主要表现为三种形态，一是国家财税贡赋，二是地主阶级地租，三是商人利润及放款利息。典当业作为货币资本的重要形态，是社会财富转化的结果。如果说，封建社会前期，以国家土地所有制为主，手工业也是以官府手工业为主，那么社会财富形态就主要表现为国家财税贡赋的转化形态，如封君、贵族、官僚占有社会财富的主要部分，利用其社会地位将大量人口占为依附人口，采取奴隶制的、农奴制的办法剥削他们的剩余劳动。国家则采取建立田制的、并以国家名义分配给百姓耕作的办法，占有耕地的大部分。而自中唐，尤其是宋代以后，原有的国家田制崩溃了，门阀士族阶级式微，庶民地主占有社会的大部分土地。他们主要以非人身依附的办法，召集佃农以租佃制的办法进行生产经营，占有社会财富。以地租的再消费为主体，社会商品货币经济因此得到了空前的发展，商业资本积累明显增加，社会商品化、城镇化得到发展。明清时期继续了这一历史发展趋势，尤其是明中叶以后，专业化商人出现，日用品的长途贩运得到发展，专业化市镇在全国兴起，全国范围内的产业化分工得到了发展，商品经济、商业资本向内地、向边疆地区进展，于是商人财富大增。以下按封君、贵族官僚与地主、商人两种情况，对社会财富向典当业的投入问题做一个大致的论述。应该指出的是，贵族官僚虽多数属于地主、商人阶级，但他们都有特殊身份，具有政治特权，为社会各阶级所特殊关注，故而这里将他们分开论述。当然二者之间也是互相转化的，如地主阶级、商人阶级会因为读书出仕而成为官僚，而贵族往往数代之后，子孙不肖，他们会失去其身份与特权沦为普通地主商人甚至平民。这里依据的是其社会身份与财富的最初来源。

如前所述，典当业起源于汉代，虽然在文献记载中，抵押借贷的记载比较常见，但不论是贵族官僚还是商人地主，是否开设了质库等典当业机构，则无确证。至唐代以后，这一局面就大大改观了。首先，唐代前期、中期实行均田制，商品经济虽不发达，但官僚、贵族开典当的记载也不少见，甚至引起朝廷重视，而试图加以干预。如帮助唐玄宗夺位而有功的太平公主，本是女皇武则天的女儿，不仅权势熏灼，家中积累的财富更是惊人，“田园遍于近甸膏腴，而市易造作器物，吴、蜀、岭南供送，相属于路”。后因谋废玄宗失败，被赐死于家，“籍其家，财货山积，珍奇宝物，侔于御府，马牧羊牧、田园、质库，数年征敛不尽”。其所私之胡僧惠范，“惠范家产亦数十万贯”。[①] 可见，质库是其家财产存在的重要形式之一。唐后期至五代，官僚贵族开办质库之事引起朝野重视，如唐武宗会昌五年(845 年)有赦文言：“如闻朝列衣冠，或代(世)承华胄，或在清途，私置质库、楼店，与人(民)争利……”[②]五代后汉时，李元懿上奏指出：节度使刘铢“臣在任时，奉刘铢文字，放丝三万两，配织绢五千匹，管内七县，大抵如是。及征收在赋税之前，督责抑凌，借役户民，多造店磑碨典库，请朝廷指挥，许人论告”。[③] 可见，刘铢不但将蚕丝强制放贷给民户为之织绢织绸，而且还设立商店、碾硙、典库，为之谋利，与太平公主一样，建立了一个田产、商业、高利贷资本三位一体的剥削体系。五代后汉节度使慕容彦超“为人多智诈而好聚敛，在镇尝置库质钱，有奸民为伪银以质者，主吏久之乃觉。彦超阴教主吏夜穴库垣，尽徙其金帛于他所而以盗告，彦超即榜于市，使民自占所质以偿之。民皆争以

---

① 刘昫：《旧唐书》卷一八三《武承嗣传》附太平公主，中华书局 1975 年版，第 4739 页。

② (清)徐松：《全唐文》卷七八《会昌五年加尊号后郊天赦文》，山西教育出版社 2002 年版，第 820 页。

③ (清)徐松：《全唐文》卷八五六，李元懿《上六事疏》，山西教育出版社 2002 年版，第 5294-5295 页。

所质物自言，已而得质伪银者”。①

宋代官僚贵族开质库亦是其家庭经济体系的重要组成部分，如北宋末，金军攻东京，靖康元年(1126 年)闰十一月十五日，“张师雄诣都堂，论当用厚赏重罚以激励将士”。主张除重赏金银匹帛外，亦须恤其饥寒，故而“请括在京质库户，每家出备十人绵袄、绵裤、绵袜、衲袄、衲袜，除鞋外，并不得用麻”。“师雄亦开质库，愿先信于众人，出备二十人衣装”。② 前述杨存中曾施给径山寺庄一座，其中便有解库。南宋淳熙十一年(1184 年)七月二日，右正言蒋继周言：“乞明诏诸军将佐于屯驻去处，自今后并不许私置田宅、房廊、质库、邸店及私自兴贩营运。从之。”③可见诸军将佐在驻屯之处私置田宅、邸店、质库，引起了朝廷关注。在元代有些质库是由官府赐给高级官僚的，如文宗至顺元年(1330 年)正月“乙亥，赐燕帖木儿质库一”。④ 明代东南一带有的官宦世家，不但书香传家，而且善于货殖，家财殷富，如浙江乌程人董份，“富冠三吴，田连苏湖诸邑，殆千百顷。有质舍百余处，各以大商主之，岁得子钱数百万。家畜僮仆不下千人，大航三百余艘，各以号次听差遣”。⑤ 还有著名的文人兼货殖家王世贞，据有人观察：“王元美(世贞)祖曰质阉公，官至侍郎。父曰思质公，官至都察院右都御史，兼兵部右侍郎。元美席(袭)有先业，其家亦巨万。新蔡张助甫者，元美友也。一日客元美家，时岁将终矣，诸质舍算子钱者类造账目呈览。主子钱者舁簿白元美曰：‘已算明。’元美问曰：‘几何?’曰：‘今岁不往年若也，三十万耳。’元美颔而收之。助甫归以

---

① (宋)欧阳修：《新五代史》卷五三《慕容延超传》，中华书局 1974 年版，第 1716 页。

② (宋)徐梦莘：《三朝北盟会编》卷六十七《靖康中帙》，上海古籍出版社 2008 年影印本，第 508 页。

③ 《宋会要辑稿》刑法二之一二二，中华书局 1975 年版，第 6556 页。

④ 《元史》卷三四《文宗纪》，中华书局 1976 年版，第 750 页。

⑤ (明)范守己：《御龙子集·曲洧新闻》卷二。《四库全书存目丛书》集部第 162 册，齐鲁书社 1997 年版，第 703 页。

语方允治，允治大骇”。[①] 董份和王世贞应是明代最著名的例子，可代表江南地区高层官绅家族经营典当业的典型。就明代以来的情况看，除江南外，北京也是此类官僚贵族典当集中的地方。

韦庆远先生指出，早在内务府典当出现之前的康熙年间，那些皇子们就开着当铺，如第四子胤祯(即其后的雍正皇帝)、第八子胤禩、第九子胤禟、第十子胤䄉、第十四子胤禵等人，都广收货财，积极扩大自己的经济实力，作为攫取更显赫的政治地位，甚至夺取大位的物质基础。当然，其中亦包括开设当铺在内。最突出的是第九子胤禟，此人以贪黩好货、饶有家财闻名，在康熙诸子中是拥资最厚的，他曾受康熙的赏赐，接收了权臣明珠多年搜刮而来的数百万两家财，包括明珠派人经营的典当业在内。胤禟甚至与西洋人穆敬远密议过，要在北京到西宁必经之泾县开设铺子，作为运转财物资金和讯息的中间站[②]。雍正在登上皇位后，也并不讳言，自己在藩邸时，曾拥有若干座当铺，并曾将其中一座赏赐给自己的舅舅——一度受到雍正特殊宠任、与年羹尧并称为“年隆”的隆科多[③]。他最亲密的弟弟、雍正朝功勋最著的怡亲王胤祥，临死时透露：“皇上所赏当铺及我之产业，已足敷尔等之用。此历年所赏俸银，可仍旧缴进，以备皇上赏赉之需。”[④]他虽然没有说明雍正皇帝赏给他具体是几座当铺，但曾经赏他当铺则是确定的。可见，雍正和他的一些有权势的兄弟们，在康熙后期即多有开设典当以牟利的。[⑤]

---

① (明)范守己：《御龙子集·曲洧新闻》卷二。《四库全书存目丛书》集部第162册，齐鲁书社1997年版，第703页。

② 《雍正朝汉文朱批奏折汇编》，雍正四年五月，果郡王允礼奏，江苏古籍出版社1991年版。参见韦庆远《明清史辨析》，中国社会科学出版社1989年版，第77页。

③ (清)允禄：《世宗宪皇帝上谕八旗》卷三，文渊阁《四库全书》第413册，第57页。

④ (清)允禄：《世宗宪皇帝上谕八旗》卷八，文渊阁《四库全书》第413册，第196页。

⑤ 韦庆远：《论清代的“皇当”》，《明清史辨析》，中国社会科学出版社1998年版，第77页。

康熙皇帝的这些儿子们，都是宗室贵族，也是全国最大的地主阶级的重要组成部分。

清代，不论满汉，官僚家庭开当铺的现象非常普遍。这种现象从清朝初年就颇引人关注，如清初三藩之一的耿精忠，“康熙己酉(1669 年)，耿藩设质库于各邑，重息剥削，人民苦之。(赖)机与邑绅梁梦渭等呈请诸台司革除”。[①] 耿精忠本是前明的降将，靠镇压农民起义而被封为异姓王，叛乱之前势力很大，开的当铺很多，重利剥民。后来官僚开当铺的现象就更多了，像徐乾学、明珠、和珅、福长安、琦善、李鸿章、袁世凯等，可以说是其中著名的代表。其中，最有名的是和珅和李鸿章。和珅富可敌国，不仅自己有当铺，就连他的家人也有当铺。关于和珅的家产，有多种说法，这里且采用保守的说法：“当铺十处，本银八十万两，号件未计……籍珅之家人刘全、刘陔、刘印、胡六家，除金银外，当铺八座。”[②] 李鸿章家里的当铺也很多，“中兴功臣之富者，惟合肥李姓为最。兄弟六人，一、二、四房，皆约数百万，而不得其详。三房则知之确。分爨时，析为五，每有见银三十五万两，田产、典铺在外。六房早卒，遗寡妻幼子，兄弟五人，合银二百万两与之。而五房极富，家中田园、典当、钱庄值数百万不算。就芜湖而论，为长江一大市镇，与汉口、九江、镇江相埒，其街长十里，市铺之七八皆五房创造，贸易则十居其四五。合六房之富，几可敌国……若杨玉科、席宝田、刘铭传诸将皆数百万。其余百万者，未可数。”[③]据沈孝纯回忆，李鸿章家族在安徽各县开设典当达八九十家之多，还在乡村开设滚当，作为支店。[④] 这些贵族官僚除按时领取政府的俸禄、

---

① (民国)王维梁：《明溪县志》卷十四，民国三十二年铅印本，第 642 页。

② (清)佚名《殛珅志略·查抄和珅家产清单》。《笔记小说大观丛刊》4 编，新兴书局有限公司 1981 年版，第 5678、5700 页。

③ (清)欧阳昱：《见闻琐录·后录》卷二。转引自李文治《中国近代农业史资料》第一辑，三联书店 1957 年版，第 24-25 页。

④《近代中国典当业·安徽典当业述往》，中国文史出版社 1996 年版，第 312 页。

拥有大量田产、店铺外，还有着其他人没有的政治特权，他们是官僚、地主、商人三位一体的。他们的收入里除政府的俸禄外，还有剥削农民的地租。他们就是把这些享用不尽的收入投向典当的。

清代官僚贵族开典当的情况，在小说《红楼梦》里有生动的反映。《红楼梦》里薛宝钗家里就开着多所当铺，他哥哥薛蟠犯了罪被官府抓起来，薛姨妈对薛宝钗说："京里官商的名字已经退了，两处当铺已经给了人家，银子早拿来使完了。还有一个当铺，管事的逃了，亏空了好几千两银子，也夹在里头打官司……前两天还听见一个荒信，说是南边的公分当铺，也因为折了本儿收了。要是这么着，你娘的命可就活不成了。"①看来薛家的当铺不止一座，也不是在一地。

当然，这些大官僚是不会亲自出面开当铺的，他们一般是派家奴领取资本开张经营典当，这样比较隐蔽，以免招致舆论的谴责。如明代曾任首辅的徐阶，就派了这样一个人去当铺："犯人一名孙五，即孙用，供年四十五岁，直隶松江府华亭县人……将田产等项值银一千五百余两，进献徐府，充为家人，改名徐五。徐府随给银二万余两，在原籍开张典当铺面，违禁多取，以图专利。"②徐阶竟派了一名在逃犯去开当铺，结果还是被他的后任高拱查获。清康熙二十八年(1689 年)，许三礼参劾徐乾学："又布商程天石新领乾学本银十万两，在大蒋家胡同开张当铺，其余银号、钱桌发本放债，违禁取利，怨声满道。"③徐乾学派了一名布商去给自己开当铺。

不仅官僚投资典当，就是官府里那些层次较低的幕僚，也有投资典当的：据《申报》记载：光绪二十二年(1896 年)，湖南省幕僚任骥即任小棠，又名任子龄，"入长沙府幕兼管臬幕，遇事把持，擅作威福……据华光庭等佥称，任骥伙开典当，省城只隆庆典，入

① （清)曹雪芹、高鹗：《红楼梦》第一百回《破好事香菱结深恨，悲远嫁宝玉感离情》，中华书局 1987 年版，第 1402-1403 页。

② （明)高拱：《高文襄公集》卷十七《覆巡城御史王元宾缉获钻刺犯人孙五等疏》，明万历刻本，中国基本古籍库，第 210 页。

③ （清)蒋良骐：《东华录》卷十五，清乾隆刻本，齐鲁书社 2000 年版，第 227 页。

本钱一万串，又先后存银五千两、存钱二千串；乾升德、福瑞和等典共存银一万两、存钱一千五百串；鼎裕、鼎隆、五福、同仁等典共存银五千两，大有豫盐号存银六千四百两，均系八厘行息，实无盐票；又益阳县城通裕质当入本钱三千串，岳州府城公济典入本钱八千串，存银一千两；人和典入本钱二千串、存银二千两；华容县城公和典入本钱六千串。至阜隆钱铺系徐渤独开，并未与任骥合伙，仅来往数内尚存银七十八两八钱二分……综计各典共入任骥本钱二万九千串、又存钱三千五百串，共钱三万二千五百串；各典号共存银二万九千四百七十八两零，通共银钱并计约合银五万六千余两”。① 这个任骥只是长沙府的一名幕僚，在多年管理刑狱的事务中收受贿赂，竟窃取了大量钱财，从而投资典当。据说官员们的长随，也有开典当的，如“武进刘煦堂刺史，官直隶昌平州。时有司阍王诚者，顺天人，自言其曾祖已当长随，积赀钜万，家有质库八所。”②文中的司阍可能是夸耀自己的祖先，但也不是不可能。

第二节 地主商人阶级财富向典当业的转化

普通地主、商人质库、典当之设立亦极常见。唐德宗时，曾因用兵于两河，军费紧张，卢杞等人主张强制借商，所谓“商贾储钱千万，听自业；过千万者，貣其赢以济军”。而且“又僦柜、质舍、居贸粟者，四貣其一”。③ 结果仅得到不足二百万贯，而长安社会经济秩序为之崩溃。在扬州有神秘富商王生，号王四舅，“匿迹货殖，厚自奉养，人不可见，扬州富商大贾、质库酒家得王四舅一字，悉奔走之”。④ 可见，长安、扬州商人开设质库谋利数量一定

① 《申报》8325 号 1896 年 6 月 22 日《光绪二十二年五月三日京报全录》。

② （清）钱泳：《履园丛话》卷二十一《长随》，中华书局 1999 年版，第 568 页。

③ 欧阳修：《新唐书》卷二百二十三下《奸臣·卢杞传》，中华书局标点本第十册，第 6353 页。

④ （唐）李肇：《唐国史补》卷中，文渊阁《四库全书》第 1035 册，第 439 页。

不少。

宋代不立田制，地主阶级拥有的土地更加惊人，开张典当的人就更多了。北宋韩琦说："今兼并之家例开质库、课场。"[①]这些"兼并之家"，就是大地主，"例开质库"就说明他们开质库已是常例了。宋代地主商人开设质库之普遍，出乎人之意料。北宋末年郑望之与金人谈判时，说到东京的情况："若谓民间富庶，缘京师四方客旅买卖多，遂号富庶，人家有钱本，多是停塌、解质、舟舡往来兴贩，岂肯闲著钱买金在家顿放。"[②]所谓"停塌"应是旅馆、货栈、牙行之类行业，可以为商客服务，而"解质"则无疑是开设解库、质库了。北宋东京及南宋的临安质库相当多，如临安"融和坊北，至市南坊，谓之'珠子市'，如遇买卖，动以万数。又有府第富豪之家质库，城内外不下数十处，收解以千万计"。[③] 质库开设者平日被称之为"质库户""库户"，靖康元年(1126年)，东京被金军围困，闰十一月二十一日，"是日，根括金银尚未敷数，又诏：质库户金银并拘入官"。[④] 绍兴十年(1140年)七月，临安大火，著名商人裴老"有质库及金珠肆在通衢，皆不顾，遽命纪纲仆分往江下及徐村，而身出北关，遇竹木砖瓦芦苇椽桷之属，无论多寡大小，尽评价买之"。[⑤] 在建康府，南宋时曾有人统计了城市居民的部分财产状况言："在城江宁、上元两县，有房廊之家，少者日掠钱三二十千。及开解库、店业之人，家计有数十万缗者，营运本钱动是数万……句容县有房廊及开解库，店业之家，富者家计不过

① (清)徐松:《宋会要辑稿》食货四之二七，中华书局1957年版，第4859页。

② (宋)徐梦莘:《三朝北盟会编》卷二九，《靖康中帙》，郑望之《奉使录》靖康元年正月八日，上海古籍出版社1987年版，第214页。

③ (宋)吴自牧:《梦粱录》卷十三《铺席》，中国商业出版社1982年版，第106页。

④ (宋)丁特起:《靖康纪闻》。《续修四库全书》第423册，上海古籍出版社2002年版，第295页。

⑤ (宋)洪迈:《夷坚志·再补》《裴老智数》。又见《宾退录》。按：此商之全名文中未见，中华书局2006年版，第1784页。

五、七千缗……其日掠房钱一百五十六文足。”①可见此地富商通过开解库、店业及出租房屋积累了殷厚的财富。南宋前期，朱熹曾在浙东办理救荒之事，到任日，发现各州皆荒歉，“典质则库户无钱，举贷则上户无力，艺业者技无所用，营运者货无所售”。②

到明清时期，随着商品经济的发展、货币资本的积累，就是那些名不见经传的中小地主，都有开当铺的。明代后期，“长兴臧尧山先生之父开典于城门内，偶至典中，值一乡人赎典物者与家人小忿争。臧翁不直其人，其人逞忿，以手扑翁面者再。家人欲痛辱之，翁不许，反送其人至门，安慰而别”。③ 这个臧尧山先生就是当时的一家小地主。据姚世锡说，“先高祖分产无多，幸高祖母史太淑人奁资稍丰。高祖勤苦操家，中年渐充裕，开一典铺于甘棠桥，取息极薄。人有称贷者，无弗应。以产求售者，必苦劝其耐守……一生专用纹银出入，从无二戥，斗斛权衡，均平不苟”。④ 姚世锡是明末清初人，他的高祖无疑在明朝。这些都是中小地主经过长期勤苦经营，积累了资本开设典当铺的例子。

明代商人转而经营典当业的例子亦是常见的，有徽商李大鸿，“爰以贳事盐策，盐策之大贾，佥侈僭靡常，公垂首戒掌计曰：闻贾由积纤而巨者，未闻委约趋侈而不反丧故有也。诸掌计奉命惟谨。又出母钱为质于姑孰者二，姑孰距江宁不三舍而遥”。⑤ 这是由盐商而兼营典当业。“维扬萧姓，世业鹾商。翁以好士，挥霍数

① （宋）周应合：《景定建康志》卷四十一赵时侃《申豁和买役钱疏》，文渊阁《四库全书》第489册，台湾商务印书馆1983年版，第511页。

② （宋）朱熹：《晦庵先生朱文公文集》卷十六《奏救荒事宜状》，四川教育出版社1997年版，第654页。

③ （明）李乐：《续见闻杂记》卷十。《续修四库全书》第1171册，上海古籍出版社2002年版，第726页。

④ （清）姚世锡：《前徽录》。《笔记小说大观丛刊》16编5册，新兴书局有限公司1979年版，第2715页。按：此例作者已至清初，但其祖上应是明代。

⑤ 婺源《三田李氏统宗谱·恩授王府审理正碧泉李公行状》。转引自《明清徽商资料选编》第五章，黄山书社1985年版，第324页。

万金，家以中落，郁郁而亡。其长子希圣自幼得与诸名士游，熏陶入学，由甲科入馆选，转部郎而膺外任。初为云南大理太守，奉太夫人，并携其幼弟希贤赴任。”希贤无意之中，得墨绿富矿，因而致富，当时其母与兄已归乡，希贤乃携银回原籍，时乃明末，希贤乃以其所得银，“仍配盐业为商，以其余分设质库，广置田宅”。[①]此例因开矿而致富，为使财富保值，这个萧希贤把开矿的收入投资盐业，并设立典当，置办田产。可见在明代商人看来，典当与土地剥削一样，是一种比较稳定得利的行业，是商业资本利润转化的途径之一。

这一趋势清代以后更加明显，以下仅举三个由地主商人转化而来的开设多家典当的例子。[②] 如邓嘉辑记载：江苏省上元县李氏家族，“故巨族，以资雄于乡。由里门至京国，不持资而行，沿途巨区各镇皆设有质肆，足供往来。”[③]再有，“山西灵石县杨氏，巨族也，以豪富名，在京师开设当铺七十余所，京中人呼之为当杨。墨林太守尤以侠著，慷慨慕义，挥手千金，无少吝，甚喜接纳寒士，有广厦大庇之意。”[④]清末《申报》详细记载了一位山西商人在江南各地设典的例子，光绪九年(1883年)，“于是父子谋定于江宁、苏州、武昌各开二典，于扬州开四典，挈眷僦住扬州。每典先发本银二十万两，其长子于上科登贤书，次子已久捐两淮运判。今已遣长子回晋专选典伙来南，一切照西典古法，以杜亏帐、放火、伙遁、害主之患，不用一外人。现于扬州城内买地造屋，百堵皆兴，大约岁底即可开张。此风一传，即有富绅、巨贾、小贩、盐帮趾错于

---

① (清)吴芗厈：《客窗闲话》卷一《萧希贤》。《笔记小说大观丛刊》第一编2册，新兴书局有限公司1967年版，第1106、1109页。

② 也可能只是在多家典当中持有股份，一般来说，独资开设多家同类店，投资风险是相当大的，加上当时合开当相当盛行，还是合伙开设的可能性最大。

③ (清)邓嘉缉：《扁善堂文存》卷下《亡室李宜人权厝铭并序》，光绪二十七年刊本，第17页。

④ (清)王韬：《遁窟谰言》卷一《江楚香》，大达图书供应社1931年版，第8页。

门。翁谦抑逾恒，酬应悉协，有言及财者，翁则云另有财东，我不过受重托为总管而已”。[①] 此例中这位山西商人在江宁、苏州、武昌、扬州共设十典，每典资本定为二十万两，则总资本达二百万两。不过，资本的大部分是山西另外财东的，此“翁”虽也应该投了资，但不占主导地位。当然，这些钱财也可能就是他的，他说另有主人，是一种自谦的说法。

明清白话小说中颇能见到此类将经商所得投入典当业的例子，如《醒世恒言》载：“内中单表西洞庭有个富家，姓高名赞，少年惯走湖广，贩卖粮食。后来家道殷实了，开起两个解库，托着四个伙计掌管，自己只在家中受用。”[②]他把贩卖粮食的收入投资到典当。还有的小商人，因为经商赚了钱，也会投资典当业。如清代前期小说《世无匹》记载：金守溪先以摇船为生，偶买两担生铜，后被云南客人认出为金，卖出而发财，“从此发迹，就在城中买了宅子，开了典铺，收买奴仆”。[③]《儒林外史》记载小典商毛二胡子资本的来历言：“且说这毛二胡子先年在杭城开了个绒线铺，原有两千银子的本钱；后来钻到胡三公子家做篾片，又赚了他两千银子，搬到嘉兴府开了个小当铺。”[④]这金守溪和毛二胡子，就是经商赚了钱而投资典当的。小说《林兰香》里的任财主：“只作买卖，四五十年以来，走川广，贩云贵。如今典当亦有，烧锅亦有，又放加一账官利债，以此无人不知任财主名目。”[⑤]这个任财主也是经商积累了财富才投资典当的。

还有些人是意外发了财而开典当的，如南宋时，“京师人鲁

---

① 《申报》3802号1883年11月21日《巨商开典》。

② （明）冯梦龙：《醒世恒言》第七卷《钱秀才错占凤凰俦》，人民文学出版社1956年版，第136页。

③ （清）娥川主人：《世无匹》第二回《干白虹潦倒醉乡，金守溪浮沉利海》，春风文艺出版社1983年版，第17页。

④ （清）吴敬梓：《儒林外史》第五十二回《比武艺公子伤身，毁厅堂英雄讨债》，人民文学出版社1993年版，第600页。

⑤ （清）随缘下士：《林兰香》第五回《说火灾木氏知因，误药性燕媛抱恙》，远方出版社2001年版，第28页。

時，绍兴十一年(1141年)，在临安送所亲于北闸下。忘携钱行，解衣质于库，见主人如旧熟识者，思之而未得。退访北关税官朱子文，言及之，盖数年前所常见丐者也。其人本豪民，遭乱家破，与妻行乞于市。使三子拾杨梅核，椎取其实以卖。少子尝见一白鼠聚核下，归语父。父戒曰：明日往捕之，得而货于禽戏者，必直数百钱，勿失也。迨旦，母与偕至故处，果见鼠，逐之。及涌金门墙下，入穴中而灭。母立不去，遣子归，取锸斸地，深可二尺，望鼠尾犹可见。俄得一青石，揭去之，下有大瓮，白金满中。遽奔告其父，父至，不敢启，亟诣府自列，愿以半与官，而乞厢吏护取。府主从其言，得银凡五千两。持所得，即日鬻之，买屋以居。而用其钱为子本，遂成富家，即质库主人也”。① 明清的白话小说、笔记小说里这样的例子颇为多见，如《警世通言》里的宋小官因为偶尔发现了盗贼所遗的财富发了财，开了当铺；《客窗闲话》里有一篇《小王子》，说江东有个徐君，开药铺，无意中救了一个乞丐。后来，徐君与人合伙到关东贩大豆，中途遇险，船只漂流到朝鲜，被朝鲜小王子搭救。没想到这个小王子就是当年的乞丐，小王子送给徐君大批的大豆。徐君运回家乡，出卖后发了一笔财，改开当铺。

《西湖梦寻》记载：明代后期，杭州西湖边有个姓吴的新安人，家里很穷，被人瞧不起，“一日早起，拾得银簪一枝，重二铢，即买牛血煮之以食破落户。自此经营五十余年，繇徽抵燕，为吴氏之典铺八十有三”。②《风流悟》里的何九缸，开井掘出九缸银子开了当铺；《清风闸》里的乞丐皮奉山，因得窖藏发了财而开了当铺；《七剑十三侠》里的徐鸣皋，在花园里开挖池沼，结果挖出七八十瓮银子，因而开了二三十家当铺；《夜谭随录》里的袁翁，在一家当铺里当破衣服受到侮辱，回家被荆棘挂住破衣服，竟从荆棘下面发现了很多银子，因而开了当铺。因为古代多使用金属货币，如白

① (宋)洪迈：《夷坚乙志》卷十一《涌金门白鼠》，中华书局1981年版，第376-377页。

② (清)张岱：《西湖梦寻》卷五《西湖外景·芙蓉石》，中华书局2007年版，第227页。

银、铜钱等，为财富保值，多有窖藏钱银的习惯，长此以往，逐渐形成了一种货币崇拜，所以在小说等文学作品中大量出现掘藏致富的故事，就是这种崇拜的重要表现。而投入典当，则只是其中这种收入再经营的形式之一。这种积累财富的方式有很大的偶然性，也反映了当时人们对典当的一种负面认识，即开当铺要很多本钱，一般人要不是发了横财，是不可能开设的。

不少人还将通过非法途径、或者灰色途径得来的钱财用于开设典当，以下亦主要以文人笔记小说及明清白话小说材料举一些实例。有的是赌博赢了钱，投资到典当的：南宋《夷坚志》记载："钤辖葛钥之子，富于资财，拉吴博。吴仅有千钱，连掷获胜，通宵赢过百缗，葛不能堪。明日复战，浃辰之间，所得又十倍。吴由是启质肆，称贷军卒，不数年利入万计。"①有将局骗、盗劫等不义之财投资典当的，明代中后期有小韩者，杭州人，少年美丰姿，善书算，母死流落无家，"一日，偶立于陕商盐店之下，见有算簿在案。店中人不娴算术，前后昏错，致主人翁屡叱之。韩遂代为布算一局，从容下筹，甚有条贯"，于是得到这个盐商器重，视同己出。盐商死后，韩反用计骗害此富贾遗孀荆娘，得其财，自此，"广张典库，纵畜少艾，遂为杭城富人"。② 明末"常熟董华岩者，其内弟为巨盗，被收。密呼董曰：我有藏镪若干，可亟取以脱我。董取之而佯报曰：无有也。则又嘱曰：尚有某二处，可急往迹之。董即呼其子敬岩，悉发为己有，而置毒物于饷，杀其内弟。自是家渐饶，广开质库"。③ 这个董华岩杀了他的小舅子，得了钱财投资典当。还有更可笑的，明代白话小说《型世言》记载：南直隶江阴县术士胡似庄，卖妻而去，后在为官的邻居徐侍郎那里打抽丰，得银二千，一路盘算道：有心这样快活，索性在扬州做三百两不着，

---

① (宋)洪迈：《夷坚支丁》卷九《盐城周氏女》，中华书局1981年版，第1037页。

② (明)《猃园》卷七《小韩负心报》。《续修四库全书》第1267册，上海古籍出版社2002年版，第640页。

③ (明)毛晋：《虞乡杂记》引《思闻录》。《丛书集成》初编第3157册，第206函。

讨二个小，两个丫鬟。县里吴同知房子要卖，倒也齐整，也得八百。还又张小峰他有田八十亩，央我做中出卖，没有主子，好歹回去买了。衣服、首饰、酒器、动用家伙，也得三百。余下一千，开个小小当儿。”①他用打抽丰的收入投资典当。清代中后期小说《刘公案》记载：姜宽说：“大哥(李琼)话也有道理，但有一件，想当初你只个财主，也是从绿林中来的，如今你有六十余座当铺，算你这一辈子过得了。”②这李琼从前是个绿林好汉，把杀富济贫得来的收入投资典当业。

郑小娟指出，典当业与其他盐、茶、木等原生性商业行业不同，它是寄生性或次生性商业行业。当前者繁荣之后，典当才能够兴起，典当的启动资金多是前者经营中的利润溢出。而典当在借贷的同时还收取抵押品，是一种稳妥的放贷方式，所以其他商业部门多余的资金就会流向典当业。③ 此说除寄生性这一点还需再加探讨之外，所说典当业为“次生性行业”是颇有道理的。

第三节　清代典当业资本数量暨典当铺规模分析

前人判断典当大小的标准，多以资本数量为标准。开办典当的启动资金不仅是其他行业利润溢出的部分，还代表一家典当最初的规模，所以研究这个问题还是很有意义的。这里首先界定一下概念：第一，这里的启动资金是典当的所有人最初投入的资金，不包括负债和后来的留存收益，更不是典当的架本，即这个数字相当于现代会计的实收资本。第二，资本数额为单个典当的实收资本，不是某个典当资本家所投入的多家典当的资本总和。以下的研究即遵循这两条标准进行。

---

① (明)陆人龙：《型世言》第三十一回《阴功吏位登二品，薄幸夫空有千金》，远方出版社2001年版，第406页。

② 《刘公案》第十八回《请李琼激怒草上飞，访恶迹冤魂诉冤状》，远方出版社2001年版。

③ 郑小娟：《徽州典商在明清徽商发展中的作用研究》，厦门大学2008年的博士学位论文，第30页。

我在《明清高利贷资本》中也按这个标准作了一个大概的估计：在明代，资本在百十两至三、五百两或一千两左右，可以说是小型典当铺；而一千两以上至数千两或一万两以下可以说是中型典当铺；万两以上乃至三万或三万以上则可以说是大型典当铺了。

而清代前期典当业的资本规模则大致可划分为以下五类：

微型当铺：数十两→二三百两

小型当铺：三百来两→一二千两

中等当铺：二千来两→一万两左右

大型当铺：一二万两→三四万两

巨型当铺：五万两以上。①

据我近年读到的文献，尤其是民间契约文书看，清代至民国初年典当业规模的上限还可放大一些。也就是说，大型典当与巨型典当还可更大一些，大型典当至十万两，而巨型典当则可至十万两以上，当然达到二十万两者则相当罕见。以下将历代所见典当铺资本规模的记载列表如下(表 3-1)：②

表 3-1 **历代典当原始资本一览表**

编号	时间	地区	启动资金	归属	文献出处
1	南宋淳熙十四年(1187 年)	不详	铜钱 100 贯	不详	《庆元条法事类》卷八十
2	南宋后期	福建泉州	官会 15000 贯	官府	《西山先生真文忠公文集》卷九
3	淳祐(1241—1252 年)	不详	铜钱 500000 贯	不详	《数书九章》卷十二

① 刘秋根：《明清高利贷资本》第一章第二节，社会科学文献出版社 2000 年版，第 78 页。

② 清代以前各代材料见拙著《中国典当制度史》，清代以后稍有补充，上海古籍出版社 1985 年版，第 33-44 页。

续表

编号	时间	地区	启动资金	归属	文献出处
4	淳祐	不详	甲库 49380 贯 乙库 370300 贯 丙库 246800 贯	不详	《数书九章》卷八十
5	嘉定五年(1213 年)	建康府	铜钱千缗	寺院	《景定建康志》卷二十三《庐院》
6	嘉熙戊戌(1238 年)	广西全州	铜钱 400 贯	寺院	《粤西金石略》卷十二《本寺创库库本公据》
7	开庆元年(1259 年)左右	太平州	铜钱二十六万	官府	《宋史》卷四一一《牟子才传》
8	度宗时(1265—1273 年)	浙东	官会十万楮	官府	《宋史》卷四二一《常楙传》
9	南宋末	韶州	铜钱一万贯	不详	《定宇集》卷九
10	南宋	不详	270 贯、100 贯、1100 贯	私人	《名公书判清明集·户婚门·库本钱》
11	元至元三十年(1301 年)	大都	钞五千锭	官府	《元史·百官志》
12	明后期	临清	银二千两	西门庆	《金瓶梅词话》第二十回
13	明末	平江路	银一万两	私人	《豆棚闲话》第三则
14	明末	江阴	银一千两	私人	《型世言》第三十一回
15	清初	青州	银数千至一万两	私人	《资治新书》二集卷十三
16	清初	云南	一二百金	私人	《滇南新语》
17	康熙时	京师	银十万两	私人	《东华录》卷四四
18	雍正时	南京	银十万两	私人	《姑妄言》第二十回

续表

编号	时间	地区	启动资金	归属	文献出处
19	雍正六年（1728年）	京师	银一万两	官府	《朱批奏折》
20	雍正七年（1729年）	京师	丰和当，银四万两	官府	《内务府奏销档》允禄奏折
21	雍正九年（1731年）	广西	三座，银一万六千两	官府	《宫中档雍正朝朱批奏折》19辑592页
22	雍正十年（1732年）	兴化、泉州	两座，银一万八千两	官府	《宫中档雍正朝朱批奏折》20辑217页
23	雍正十年（1732年）	江宁	银3500两	官府	《宫中档雍正朝朱批奏折》19辑592页
24	雍正十一年（1733年）	京师	银二万两	官府	《内务府奏销档》额附策凌奏折
25	雍正十二年（1734年）	甘肃	银二万两	官府	宫中档雍正朝朱批奏折》22辑875页
26	乾隆十三年（1748年）	京师	银二万、二万五千、五万两不等	官府	《内务府奏销档》三和奏折
27	乾隆十六年（1751年）	不详	银4195两	私人	刘建民收藏清单
28	乾隆时	湖南	银数千两	私人	《湖南典铺减息案》乾嘉道湖南典商办理减息案呈词
29	乾隆时	山东文登地区	小当几百两，大当几千两	私人	光绪《文登县志》
30	乾隆二十九年（1764年）	京师	恩露当10000两 恩吉当20000两 万成当50000两 丰和当50000两 恩丰当17000两	官府	《内务府奏销档》

续表

编号	时间	地区	启动资金	归属	文献出处
31	乾隆四十一年（1776 年）	福建	大当数千金，小当千余两	私人	《福建省例·当税例》
32	乾隆四十五年（1780 年）	湖北天门	银 7000 两	私人	《湖北天门熊氏契约文书》之五
33	乾隆四十七千（1782 年）	不详	银三万两	陈辉	《清高宗实录》
34	乾隆五十二年（1787 年）	涿州、容城、新城	三座，钱十八万串	和珅	《内务府来文》
35	乾隆五十三年（1788 年）	不详	银 3600 两	私人	《乾隆五十三年两益当清单》
36	乾隆五十八年（1793 年）	村镇	银千余两	私人	《东华续录》乾隆卷四七
37	乾隆时	山东栖霞	数千金	林准	光绪《栖霞县志》卷三下
38	嘉庆四年（1799 年）	不详	三座，银七千两	私人	《宫中杂件》
39	嘉庆十六年（1811 年）	山西沁源县	钱 7000 串	王加恩	《嘉庆十六年王加恩立分伙书》
40	道光六年（1826 年）	湖北天门	银 36000 两	私人	《湖北天门熊氏契约文书》之五
41	道光二十一年（1841 年）	不详	银 15500 两	私人	《道光十九年宝盛义四德堂清单》
42	道光二十五年（1845 年）	沁州	钱 8800 千文	私人	《沁州万亿当合同》
43	同治七年（1868 年）	台湾	9800 元	私人	《台湾私法债权编》第一章
44	同治八年（1869 年）	不详	钱 93600 千文	私人	《同治九年铁岭东关天顺当清单》
45	光绪四年（1878 年）	不详	银 26000 两	私人	《光绪四年恒升大记当铺清单》

续表

编号	时间	地区	启动资金	归属	文献出处
46	光绪六年（1880 年）	东南	二三十万金	私人	《申报》2715 号
47	光绪九年（1883 年）	江宁、苏州、扬州、武昌	银二十万两	私人	《申报》3802 号《巨商开典》
48	不详	福建泉州	银 18000 两	李润堂	《清稗类钞》五册《农商类》
49	光绪三十年（1904 年）	天津	8000 元	私人	《天津商会档案汇编·典当业》
50	光绪三十三年（1907 年）	台湾	6000 元	私人	《台湾私法商事编》第四章
51	不详	台湾	3200 元	私人	《台湾私法债权编》第一章
52	光绪三十四年（1908 年）	不详	12000 千文	私人	《光绪三十四年侯冀村裕庆协记万金总账》

（表中所引，《湖南典当减息案》及清单、分伙书、合同均为刘建民所藏，未一一注明，书末列有目录）

各个历史时期的计量单位并不相同，同一种计量单位，不同时代的购买力也有很大差异，所以要对以上数字进行分析，是很困难的。同时我们也要对这些数字的来源进行分析，那些算术书、白话小说，甚至报纸上的记载，动辄白银几十万两，夸大的成分很大，所以不可尽信，不如清单、账册、档案中的数字可靠。通过观察这些数字，最大的也就是白银十万两，规模巨大的内务府当铺，其启动资金也是几万两，更不用说私人当铺了。至于十万两乃至二十万两以上的典当铺，没有那么大的典当市场可以让这种超大型典当谋利，其资本是不容易运转的，结果只能是把巨额资本闲置起来，商人当然是无利可图的，所以不会那么做。

据刘建民先生收藏的清单，乾隆十六年（1751 年）的一家山西商人当铺，原本是 3480 两银子，还有护本 715 两，应是一家中型当铺。乾隆五十四年(1789 年)的两益当，原本是 3600 两银子，也是一家中型当铺。

清后期的情况应有了进一步发展，宝盛义记道光二十一年(1841 年)的原本是 15500 两银子，应是一座较大的当铺。恒升大记光绪四年(1878 年)的原本是 26000 两银子，也是一座较大的当铺。天顺当同治八年(1869 年)的原本是 93600 千文，合银子大约五万两。义盛长记光绪二十年(1894 年)的原本是 10500 两。

当铺的原本就是当铺的资本金，与其他数比较，这个数字是比较稳定的，一般都是整数。如山西商人开的裕庆当的原本最稳定，从光绪三十四年(1908 年)到民国二十年(1931 年)，原本一直是 12000 千文。它有三个出资人，是管理比较严格的一家当铺。有的当铺的原本也不是固定的，前后有变化。如永承当的原本是 35000 千文，咸丰元年(1851 年)的清单上原本降为 34000 千文；宏盛当的原本是 8500 千文，后来下降为 7565 千文；成章当的原本是 18900 千文，后来下降为 6000 千文；当然，典当的原本也有增加的，如义和永的原本是 6500 千文，后来增加到 8250 千文。

1917 年，政府公布了《全国典当业条例草案》①，规定典当的资本至少一万元。这只是草案的规定，还不是正式的法令。这是开办典当的最低资本，实际情况当然要比较高。当时军阀混战，全国并不统一，这些法令难以在全国推行，真实情况不得而知。

民国二十四年(1935 年)，山西大同市的典当情况如表 3-2：

表 3-2　**大同市典当业资本概况表②**　单位：元

牌　号	地　址	开设时间	资本数额	营业额
西晋益当	大西街	民国 22 年	15000	2000
源瑞当	大西街	民国 23 年	4500	22000

① 《典业杂志》，安徽师范大学图书馆藏。无页码。

② 《晋商史料全览·金融卷》，山西人民出版社 2007 年版，第 131 页。

续表

牌 号	地 址	开设时间	资本数额	营业额
源盛当	南门街	民国18年	4400	20000
南晋益当	南门街	民国22年	15000	22000
北晋益当	北街	民国22年	15000	23000
天济当	北街	民国20年	8000	18000
福源当	大庙角	民国15年	8000	18000
宏盛当	东门街	民国14年	4500	17000
青云当	东关	民国12年	4000	15000
平均			8711	17444

通过分析上表可以发现，大同当时资本规模最大的当铺资本是15000元，最小的只有4000元，大小相差明显。其中第一家当铺资本是15000元，营业额只有2000元，而其他当铺都是营业额明显高于资本额，这说明第一家当铺经营不景气。当铺资本规模小，营业额不一定同比例减少，这说明当时大规模的当铺已经难以经营，典当行业普遍不景气。

据《北支经济事情》记载，1939年(日本昭和十四年)天津的典当资本如表3-3、表3-4：①

表3-3 **天津市典业同业公会会员典当资本情况表(华街)**

商号	开业时间	资本金	经理姓名	地址
天聚当	民国4年8月	54000元	郭慎齐	特二区兴隆街
中祥当	民国4年8月	55000元	张星三	河东西方巷
和顺当	民国4年8月	200000元	俞耀川	北门内大宜门口
中昌当	民国4年8月	30000元	张子润	南门内大街

① 转引自李维庆《近现代中国典当业之研究》，南开大学2009年博士论文，第87-88页。

续表

商号	开业时间	资本金	经理姓名	地址
协和当	民国10年6月	60000元	阎玉衡	西头双厂街
天兴当	民国13年10月	60000元	胡亚滂	河东郭庄子东议大街
裕和当	民国19年2月	40000元	原德庵	东门外磨盘街
福顺当	民国20年8月	40000元	仝迂东	建物大街
福源当	民国20年9月	60000元	封静	南门西
福祥当	民国21年10月	100000元	杨润齐	西北城角
裕生当	民国21年12月	40000元	王端宸	西北城角
太和当	民国19年7月	40000元	陆荫南	河北大街
万成当	民国19年12月	40000元	乔厚巷	南关大街
同福当	民国20年6月	40000元	汪春齐	小关大街
同和当	民国21年7月	40000元	张志青	南门西
德华当	民国21年8月	40000元	尤锡九	西门内大街
同聚当	民国9年11月	65000元	文质	鼓楼东
德昌当福记	民国26年4月	20000元	韩荷廷	南市华楼对过
万成当北号	民国26年7月	20000元	温紫宸	河北大街
和祥当	民国20年8月	40000元	陈子安	沈庄子大街
颐贞当	民国23年7月	15000元	胡俊山	河东李公楼
平均		52333.33元		

表3-4 天津市典业同业公会会员典当资本情况表(天津特别区)

商号	开业时间	资本金	经理姓名	地址
公茂质当	民国16年2月	20000元	王子寿	特一区芝众路
汇通质当	民国23年10月	20000元	陈厚齐	特二区十字街北
麟祥质当	民国10年11月	20000元	温耀翔	特三区六维路
天德质当	民国4年8月	22000元	王馨山	特四区一号路
集通质当	光绪32年4月	26000元	李子厚	特二区大马路

续表

商号	开业时间	资本金	经理姓名	地址
同升质当	民国 4 年 4 月	20000 元	汪春齐	特三区六纬路
福祥质当	民国 16 年 9 月	16000 元	林士朋	特二区大马路
德昌华记质当	民国 24 年 3 月	10000 元	尤锡九	特一区福州路
同义质当	民国 22 年 12 月	5000 元	李文轩	特一区下瓦房
聚顺质当	民国 7 年 4 月	10000 元	玉纬堂	特二区十字街西
同聚东当	民国 26 年 4 月	15000 元	文质(甘+奄)	河东地藏(甘+奄)
平均		16727.27 元		

这是日军占领天津时期做的统计，表中的典当字号最晚是民国二十六年七月(1937 年 7 月)开办的，即卢沟桥事变前夕开办的。这一年，即抗日战争前夕，天津又新开了三家当铺。日军占领天津后的二年内，天津没有新开的典当，说明当时典当业的衰落。从以上两份表格可以看出，天津华街的典当资本规模明显比特别区大。在这三十多家大小当铺中，民国四年就开办了六家，可见当时天津典当业出现了一个小小的繁荣。

据伪中国联合准备银行的统计，抗日战争时期北京典当的情况如表 3-5：①

表 3-5 **北京全市典当资本情况表**

编号	典当名称	详细地址	经理	资本(元)	人数	成立时间
1	天顺当	旧鼓楼大街 84 号	刘实甫	15000	9	1934 年 2 月
2	和丰当	赵府街 31 号	谢东洲	10000	8	1939 年 2 月
3	中和当	烟袋斜街 57 号	王秀峰	23000	10	1913 年 11 月
4	阜和当	东皇城根 27 号	李霈田	21000	9	1910 年 5 月

① 《北京典当业之概况》，伪中国联合准备银行 1940 年印行，第 99-102 页。

续表

编号	典当名称	详细地址	经理	资本（元）	人数	成立时间
5	万庆当	南锣鼓巷 3 号	郭润田	14000	8	1913 年 1 月
6	义盛当	黄化门大街 25 号	郭星五	28000	8	1903 年 2 月
7	裕民当	安定门内上街 26 号	沈瑞村	11200	10	1913 年 2 月
8	裕丰当	同上 88 号	王杰庭	7000	10	1912 年 4 月
9	惠昌当	香饵胡同 5 号	石润山	10000	8	1932 年 1 月
10	谦益当	北新桥 56 号	朱时敏	13000	8	1929 年 9 月
11	万源当	东直门内大街 40 号	杜雯倬	10000	10	1927 年 1 月
12	天寿当	东 42 条 3 号	王献墀	10000	8	1923 年 4 月
13	德盛当	同上 42 号	杜印侯	10000	8	1936 年 1 月
14	汇丰当	东 48 条 368 号	乐润芝	14000	9	1920 年 11 月
15	仁和当	魏家胡同 28 号	张少泉	20000	9	1919 年 7 月
16	东恒肇当	东 46 条 107 号	田竹轩	28000	10	1900 年 10 月
17	谦懋当	齐内大街 16 号	徐佩芝	10000	9	1936 年 9 月
18	万和当	同上 32 号	王奎臣	15000	10	1929 年 10 月
19	德丰当	齐内大街 48 号	于士洲	21000	10	1913 年 8 月
20	泰昌当	朝阳门外 253 号	李仲光	18000	10	1935 年 11 月
21	义聚当	灯市口 180 号	李竹生	7000	10	1912 年 5 月
22	德和当	迺兹府 22 号	王少泉	28000	9	1913 年 2 月
23	利源当	东安门内大街 71 号	齐博书	42000	8	1902 年 4 月
24	和善当	王府大街 27 号	任世封	15000	9	1924 年 4 月
25	中兴当	菜厂胡同 1 号	高境明	10000	9	1930 年 10 月
26	瑞和当	东单大街 160 号	陈华卿	14000	10	1937 年 3 月
27	宝成当	东总布胡同 45 号	张云培	10000	9	1919 年 12 月
28	德益当	前炒面胡同 20 号	杨峻峰	10000	8	1936 年 9 月
29	万茂当	闹市口 30 号	邢裕如	10000	9	1930 年 12 月

续表

编号	典当名称	详细地址	经理	资本（元）	人数	成立时间
30	天兴当	关帝庙街 15 号	何寿延	10000	10	1927 年 4 月
31	恒盛当	花市口大街 78 号	孙仲三	21000	10	1903 年 2 月
32	信盛当	崇外中三条 41 号	娄雁南	7000	10	1914 年 7 月
33	祥元当	东茶食胡同 88 号	杜月川	10000	10	1925 年 7 月
34	济通当	三里河 31 号	张仲平	14000	9	1899 年 3 月
35	同兴当	三里河 42 号	高子良	14000	10	1932 年 1 月
36	万盛当	阎王庙街 1 号	高魏符	10000	10	1927 年 5 月
37	同顺当	北芦草园 21 号	李典章	15000	8	1933 年 9 月
38	永庆当	兴隆街 98 号	纪鏖庆	14000	9	1913 年 2 月
39	蚨源当	长巷上三条 45 号	孙宏怡	20000	8	1938 年 12 月
40	广泰当	大蒋家胡同 116 号	刘铭霖	12000	9	1929 年 12 月
41	鼎盛当	协资庙 4 号	邓秀岩	28000	9	1939 年 2 月
42	福和当	煤市街 38 号	王云书	84000	10	1905 年 8 月
43	志成当	樱桃斜街 25 号	白静丞	42000	9	1910 年 4 月
44	同源当	延寿寺街 11 号	张岐山	28000	10	1910 年 11 月
45	天丰当	前孙公园 13 号	谢静庵	10000	9	1918 年 6 月
46	天元当	五道庙 34 号	邢理臣	10000	8	1927 年 6 月
47	万年当	南柳巷 3 号	杜善斋	10000	9	1918 年 6 月
48	天泰当	南柳巷 42 号	段振声	10000	9	1909 年 1 月
49	同义当	板章胡同 4 号	鲁雅轩	30000	10	1902 年 4 月
50	惠盛当	西柳树井甲 15 号	张绍轩	28000	10	1910 年 12 月
51	德成当	同上 43 号	王少辅	14000	9	1900 年 11 月
52	和盛当	骡马市大街 67 号	张晓山	28000	9	1911 年 2 月
53	宝丰当	南横街 18 号	郭承九	10000	10	1937 年 7 月
54	丰聚当	广安门内 351 号	于孟龄	40000	10	1905 年 3 月
平均				18022	9.185	

通过观察上表可以发现，北京资本三万元以上的当铺都出现在清末，民国时期的典当资本明显下降了。这些大当铺都持续到抗日战争时期，经营长达二三十年，可见还是资本雄厚的当铺可持续性强。

当然，以上典当的资本只是典当的所有者最初投入的资本，不包括后来借入的资本和留存收益。研究这个问题是为了明了最初开办典当所需的资本数量，如要判断典当的规模，还得考察典当的负债。

第四章

清代后期以来典当业的衰落

典当也与其他行业一样有其产生、发展、繁荣和衰落的过程。清代后期，中国典当业即面临衰落之势，清末民国相关文献之中，对典当的衰落有颇多关注，以下我们先大致叙述清代典当业兴衰的过程，再对其原因作一大致的分析。

第一节　清代典当业的由盛到衰

清朝从平定三藩之乱以后，到白莲教起义这一百多年里，由于持续的和平稳定和封建政府政策的调整，出现了封建社会的最后一个盛世——康雍乾盛世。当时农业、手工业、商业在历史基础上都获得了一定的进步，资本主义萌芽继续向前发展。由于贸易顺差，境外白银大量流入我国，改善了货币供应，促进了经济的发展。封建政府发商生息制度的建立，也给主要的经济部门提供了充足的资金保障。经济的发展需要金融的支持，典当作为当时主要的金融机构，也获得了前所未有的发展。康熙末年，这种强劲的发展势头就出现了："查康熙五十年(1711 年)前一州一邑当铺止一所，或数所或并无一所；五十年后，以迄于今，旧无当铺之州邑，今皆有数所矣或十数所矣；其旧有一所者，今或至二三十所矣；其旧有数所者，今或至五六十所七八十所矣。"①通过前后当铺数字的对比，我们就可以明显感到典当铺数量的增多。北京城的当铺数量增长更明显，乾隆三年(1738 年)，御史明德奏称："京城大小当铺不下二百余座，每当积钱约三五百串，若统计之，不无十万余串。"②到乾隆九年(1744 年)，大学士鄂尔泰奏称："查京城内外官民大小当铺共六七百座，钱文出入最多。"③如果鄂尔泰的话可靠的话，北京城的当铺发展得可真够快的，五六年间翻了近两番。湖南长沙、善化二县的典当也增长很快："况查乾隆年间，长、善二县典铺只有十二座，居民只有七万余户，今则典铺增至二十五座，居民增至十五万九千余户，生齿日繁，交易日盛，与从前情形迥不相同，何得借口援引?"④从十二座到二十五座，这两个县的当铺增加了一倍。

现在所知的最早的当铺数字，是大名府康熙时的当铺数字⑤。

表 4-1　　康熙大名府当铺一览表

县	当铺数量	当税数量
元城县	5	25
南乐县	2	10
魏县	3	15

① (清)《钱贵之由》，《官箴指要·论今剩语》，河北大学图书馆藏清抄本，无页码。

② 《朱批奏折》，转引自《北京师范大学学报》1978 年第 6 期，《红楼梦的历史背景资料》之三《清代前期的高利贷和典当业》。

③ (清)《高宗实录》卷二百二十六。乾隆九年八月下，中华书局 1986 年版，第 925 页。

④ 《乾嘉道湖南典商办理减息案呈词》，刘建民先生藏。

⑤ (清)陈梦雷：《古今图书集成》第一三九卷《大名府部汇考》七，清雍正铜字本。

续表

县	当铺数量	当税数量
清丰县	2	10
内黄县	2	10
濬县	10	50
滑县	3	15
东明县	1	5
开州	8	40
长坦	7	35
合计	43	215

康熙时大名府就有43座当铺，与《官箴指要》里说的情况大体一致。在偏远的肃州，“原额当铺六十座，自雍正八年起至乾隆元年止，陆续新增一十九座，二共当铺七十九座，每座每岁额征银五两，共征银三百九十五两。”①雍正八年(1730年)，地处西北的肃州有六十座当铺，数字就很可观了。此后五年时间，又增加了十九座，发展速度也是很快的。据乾隆《武威县志》记载，地处河西走廊的武威县，乾隆初年就有274座当铺。② 可见清前期，中国的典当业发展的速度。

日本学者安部健夫根据历朝会典，推算了清代前期典当户数的变化。

① 黄文炜、沈青崖：乾隆《重修肃州新志》第三册《杂税》，清乾隆二年刻本，第161页。

② (清)张昭美：乾隆《武威县志》全一卷，清乾隆十四年刻本，第33页。

表 4-2　　　　清代典当铺户数、典税收入统计表①

地区＼项目＼年代	康熙二十四年(1)典铺户数	康熙二十四年(1)典税数	雍正二年(2)典铺户数	雍正二年(2)典税数	乾隆十八年(3)典铺户数	乾隆十八年(3)典税数	嘉庆十七年以前(4)典铺户数	嘉庆十七年以前(4)典税数	资料出处
直隶	2266	11330	2060	10300	2922	14610	1967	9835	所引依次见：(1)《康熙会典・奏销册》(2)《雍正会典・奏销册》(3)《会典则例・奏销册》(4)《会典事例》按：凡有＊者，表示它是牙、当税之和；另外，本表典税数系笔者根据原表典当铺户数推算而来。
江苏	1507	7535	1470	7350	1935	9675	1333	6665	
安徽	304	1520	421	2105	约 743	3715	887	4435	
浙江	559	2795	598	2990	1006	5030	1072	5360	
江西	38	190	46	230	133	665	335	1675	
湖北	111	555	145	725	517	2585	546	2730	
湖南	42	210	15	75	50	250	138	690	
福建	95	475	115	575	880	4400	1575	7875	
山东	516	2580	585	2925	1351	6755	874	4370	
山西	1281	6405	2602	13010	5175	25875	4695	23475	
河南	237	1185	369	1845	1035	5175	555	2775	
陕西	200	1000	533	2665	1372	6860	1482	7410	
巩昌(甘肃)	406	2030	695	3475	约 543	2715	1625	8125	
四川	0		0			＊1170		＊1486	
广东	130	650	247	1235	115	575	2688	13440	
广西	3	15	3	15	33	165	197	985	
云南	0		0		265	1060	503	2012	
贵州	0		0				2667	8201	
合计	7695	38475	9904	49520	18075	90110	23139	110058	

由表格的数字，我们可以做出清代前中期典当铺数目增加图，见图 4-1：

由此图可见，清代典当户数最多的年份是嘉庆十七年(1812

① ［日］安部健夫《清代典当业的发展趋势》，见《清代史研究》1971 年，日本创文社刊行。

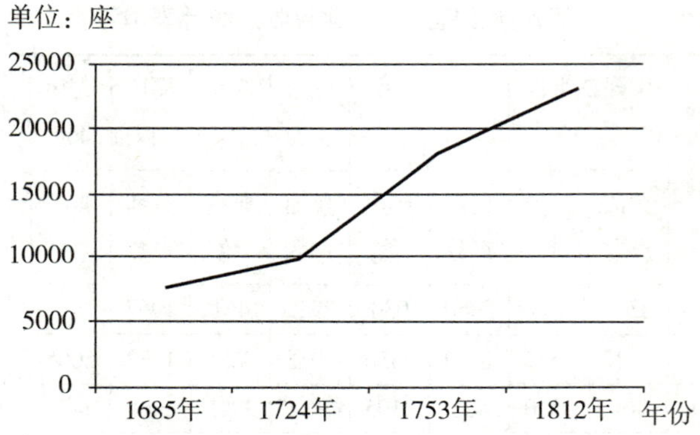

图 4-1 清代前中期当铺数目增加图

年)，共 23139 座。当铺最多的省份是山西，从雍正二年(1723 年)到嘉庆十七年(1812 年)一直高居榜首。从雍正二年(1723 年)到乾隆十八年(1753 年)，是典当户数增加最快的时期，全国的总数几乎翻了一番。清后期的情况，安部健夫先生也进行了统计，但很多省份都是空的，所以只能是不完全统计，不足采信。

下面采用民国元年实业部的统计数字。①

表 4-3 **民国元年全国典当统计表**

编号	省份	典当户数	资本金数额(元)
1	直隶(含北京)	483	6694650
2	奉天省	120	5580410
3	吉林省	152	2651585
4	黑龙江省	30	870080
5	江苏省	431	13965455
6	安徽省	29	1878728
7	江西省	168	2854398
8	浙江省	341	11537654
9	福建省	144	1445325

① 《工商钱当业调查》，实业部民国元年编，第 246-267 页。

续表

编号	省份	典当户数	资本金数额(元)
10	湖北省	128	5217345
11	湖南省	201	2435363
12	山东省	111	3236525
13	河南省	41	1383681
14	山西省	566	3608110
15	陕西省	107	924470
16	甘肃省	175	734593
17	新疆省	13	54805
18	四川省	107	1650704
19	广东省	769	18831511
20	广西省	136	3741038
21	云南省	48	319807
22	贵州省	25	137769
合计		4125	89754006

原表更加详细，各县都有数字。为了节省篇幅，这里省去了。原表还包括一些项目，这里也省去了。这个表格包括的地域还是比较广泛的。全国只有4125家当铺，还不如康熙年间的水平，可见典当业衰落严重。从上表可以看出，典当户数最多的是广东省，最少的是新疆省。江苏省的典当户数比直隶省略少，但是资本金却是直隶省的两倍，可见江苏省典当的资本规模比直隶省大很多。

清后期，尤其是到近代，由于战乱和灾荒及社会经济形势的变化，典当业呈现出衰落的趋势。距离北京不远处的滦州，"境内各镇质库，嘉庆间见于旧志者犹三十余铺，今且不满二十，销于丰，销于俭，莫得而名之矣"。[①] 作者说不出原因。民国时期，滦县的典当也不发达，"滦县当铺，其资本自二万元以至一万元不等，号数约七八千号，利息二分七厘，铺友十人至二十人不等，工资自二

① 王大本等：《滦州志》卷八《封域中 · 风俗》，成文出版社有限公司1969年版，第518页。

百元至数十元不等，概况不甚发达”。[①] 固安县的典当也处于衰落中：“境内商业，向以当商资本为较厚，于金融调剂亦具相当价值。因其营业与他商时间不同，故彼此得互相通融。官民遇有缓急，亦可无坐困之苦。故在官立金融机关未设之前，关系金融颇为重要。清末凡八处，县城、牛驼各二处，知子营(咸置闭歇)、马庄、宫村、骆驼湾各一处。拳乱后只余县城万祥、万生、马庄万增源三处。入民国后，城内万祥及马庄万增源先后歇业，城内万生当于民国二十六年(1937年)停止。”[②]交河县典当衰落得更明显：“按：原先城乡共典当十三座。经咸丰三年(1853年)兵燹，一律歇闭。现新开泊镇德隆当一座，岁纳课银五两。”[③]地处山麓的完县，典当也处于衰落中：“完县僻处山麓，幅员狭小，交通梗塞，地瘠民贫，故商业向不发达。自清末迄今，天灾人祸，相逼而来。民力既竭，商业益形不振。乾、嘉之季，城关尚有当商七家，钱商五家，较大商号不下数十……庚子之乱，完县商业损失颇巨，自是元气大亏，迄未恢复……资本稍厚者，率皆因亏累，前后歇业，当商钱商竟无一家存在。所存者不过小本营生，以为糊口计而已。且多息借款项，以为活动资本，年终即稍有赢余，而息金实占去大半。合全县商户之资本，远不如巨埠之一中商，其凋落衰微亦云甚矣。”[④]这都是河北省的情况。

在陕西省，“案前志，陕省当铺六百座，据财政说明书：西、同、凤、商、延、绥、榆九州府原报、续报当铺一百六十座。即以蒲城而论，乾隆末当铺四十四座，咸丰时增至六十余座。光绪乙巳，李令体仁修县志时，当铺仅五座，其余州县远不逮昔，可想见

---

① 袁棻：民国《滦县志》卷十四，民国二十六年铅印本，第1685页。

② 王尚义：民国《固安县志》卷二《经制志·商业》，民国三十一年刊，江苏古籍出版社1998年版，第97页。

③ 苗毓芳：民国《交河县志》卷二，成文出版社有限公司1968年版，第333页。

④ 彭作桢：民国《完县新志》卷七《食货·商业》，民国二十三年铅印本，成文出版社公司1968年版，第543页。

矣。盖古今寇乱之起，惟当铺损失最巨，亦最先也”。[①] 三原县的情况更明显，李志记载有三十七座当铺，张志上增加到六十七座，乾隆三十年(1765年)达到六十九座，光绪年间只剩下二座。[②]

这些都是北方地区的情况，南方典当也处于衰落中，如沿江城市芜湖，“典业，嘉道间十二三家，光绪间七家，每家架本十余万，利率定章二分，满期二十四个月。宣统间因铜元损折，相继歇业，仅存四家。嗣改用银元较为平稳，改革后因地方数见兵事，一律收歇。民国七年(1918年)，二街开设一家，本年北门内、河南各增设一家，利息加至三分，满期十八个月，俱改典为质云”。[③] 处于富庶的江浙地区的乌青镇，“两镇典业在商业极盛之时，相传有十三家之多，洪杨前犹有七典，本镇严氏、曹氏、沈氏均有当铺，至今存者有一心当、和泰当、元泰当等典，自遭清咸丰庚申之乱，悉数被毁。光绪间有惇泰典，在北栅；丰泰典，在西栅；葆昌典，在东栅；宝生典，在南栅；汇源典，在中市。各典惟汇源典为本镇徐氏开设，其余均为湖州南浔近镇富商来设。惇泰典在清季停闭，民国十七年(1928年)，南栅大火，宝生典被焚，即时停业。十八年(1929年)，本镇遭湖匪洗劫，各典均大受损失，丰泰典因此闭歇，葆昌典勉力维持三载，至二十二年(1933年)力不能支，乃宣告停业。现惟中市汇源一家，亦连年亏耗，因系本镇徐氏所设，顾全贫民起见，力为维持”。[④] 地处边境的云南省腾越州，“小押之流，商本甚微，亦名当铺，领有当帖。旧有六，德武当、永盛当、兴旺当、兴隆当、裕丰当、广盛当。岁各征银四两，现俱不设”。[⑤] 腾越州的典当本来就不发达，光绪时就都歇业了。

---

① 宋伯鲁：民国《续修陕西通志稿》卷三十四，民国二十三年铅印本，第2280-2281页。

② (清)焦云龙：光绪《三原县新志》卷三，光绪六年本，成文出版社公司1968年版，第113页。

③ 余谊密民国《芜湖县志》卷三十五，民国八年石印本，第444页。

④ 卢学溥：民国《乌青镇志》卷二十一《工商》，民国二十五年重修，第906-907页。

⑤ (清)陈宗海：光绪《腾越厅志稿》卷五，清光绪十三年刊本，第327页。

安徽省的情况如下表:①

表 4-4 **安徽省当铺数量前后比较表**

府	县	原设(承平时)	现设(光绪时)
安庆府	怀宁县	18	7
	桐城县	36	8
	潜山县	4	1
	太湖县	4	1
	宿松县	4	1
	望江县	3	0
徽州府	歙县	70	4
	休宁县	41	6
	婺源县	0	0
	祁门县	2	1
	黟县	31	6
	绩溪	64	1
宁国府	宣城县	48	6
	宁国县	19	1
	泾县	75	1
	太平县	37	0
	旌德县	53	0
	南陵县	3	2
池州府	贵池县	12	1
	青阳县	13	1
	铜陵县	10	3
	石埭县	9	0
	建德县	2	1
	东流县	10	2

① 上表数字来源于民国《安徽通志·财政考》，民国二十三年铅印本，第 4068-4070 页。

续表

府	县	原设(承平时)	现设(光绪时)
太平府	当涂县	18	4
	芜湖县	6	4
	繁昌县	24	1
庐州府	合肥县	12	9
	庐江县	14	5
	舒城县	14	2
	无为州	16	5
	巢县	6	2
凤阳府	凤阳县	2	0
	怀远县	3	0
	定远县	7	1
	寿州县	9	2
	凤台县	1	0
	宿州县	6	1
	灵璧县	3	0
颍州府	阜阳县	2	2
	颍上县	2	0
	霍邱县	2	0
	亳州县	4	2
	涡阳县	0	0
	太和县	1	1
	蒙城县	4	0
广德州	广德州	5	3
	建平县	7	2

续表

府	县	原设(承平时)	现设(光绪时)
滁州府	滁州县	3	2
	全椒县	6	1
	来安县	1	0
和州府	和州	11	4
	含山县	6	2
六安州	六安州	17	2
	英山县	1	0
	霍山县	2	0
泗州	泗州	5	0
	盱眙县	4	0
	天长县	1	0
	五河县	2	1
合计		795	112

原书中曾说明，“原设”是承平时的数字，“现设”是光绪年间的数字。从上表可以看出，安徽省典当数量下降了六倍，好几个县都没有当铺。

当然，近代典当业的衰落是不平衡的，其过程也是曲折的。杨勇等学者就指出，太平天国战争以后，在政府的提倡和诱导下，江南的典当业得以较快恢复，民国初年重新兴盛。尤其是1912—1928年，是中国资本主义发展的黄金时期，也是江南典当业最为繁荣和稳定的时期。① 直到20世纪30年代，资本主义国家爆发了严重的经济危机，危机影响到我国，造成了我国各行各业都不景气。不久又发生了长达八年、波及大半个中国的日本侵华战争，给

① 杨勇：《近代江南典当业研究》，复旦大学2005年博士论文，第21页。

中国的典当业造成毁灭性打击。战后，有的地区的典当又有所恢复，但随之而来的四年内战造成了恶性通货膨胀，中国的典当业最终衰落下去。

中华人民共和国成立以后，人民政府取缔了典当，只在有的地区，典当改头换面地存在至“文化大革命”期间。据黄鉴晖先生研究，福州的典当被取缔后，经过人民政府的改造，还曾复业。当时为了解决城市居民生计困难问题，中国人民银行曾发出指示，要求各大城市人民银行，设立小额贷款处，采用历史上典当业抵押放款的方式，低利向市民发放小额贷款。①

常州原来的典当经过人民政府的改造，依然存在了一段时间。1956年4月，常州成立了小额质押贷款处，下设三个分处，简称小贷处。小贷处的业务不断发展，具体情况如下表：

表4-5　**1956—1959年度常州贷款升降明细表②**　单位：元

月份	1956年	1957年	1958年	1959年
1	34778	108900	177905	103266
2	42432	131194	182545	97841
3	50745	183360	209613	109397
4	58200	189234	225274	123414
5	81037	214875	243994	148419
6	87093	230198	253834	185276
7	87980	249262	258886	211536
8	146427	275603	247502	227194
9	221667	261496	215913	210774
10	182686	232280	165940	181588

①· 黄鉴晖：《中国典当业史》第五章《新中国的典当业》，山西经济出版社2006年版，第137页。

② 《近代中国典当业·建国后的常州典当业》，中国文史出版社1996年版，第88页。

续表

月份	1956 年	1957 年	1958 年	1959 年
11	136903	207708	134424	159086
12	105603	183344	113400	158465
合计	1235551	2467454	2428630	1916256

表中的数字很大，说明 1949 年以后典当还是有一定意义的。1956 年 4 月小贷处才建立，表中的数字不是整年的，只是七八个月的合计，所以这一年的数字小很多。1957 年小贷处的贷款数字最大，1958 年略有回落，1959 年下降比较明显。具体到一年，贷款数字最大的是在七、八、九三个月，即夏秋之际，与传统的春当秋赎不同。

第二节 清末民国典当盈利能力的下降

商业银行有一种经营成果指标，即利润率。它是反映银行每一项收入能带来利润多少的指标，其计算公式是：利润率=利润总额/营业收入×100%。它可以衡量银行的赢利水平，利润率高，说明赢利水平高；反之，说明银行损失、浪费严重，应加强管理。①典当是与银行相似的金融机构，我们也可以采用这种方法计算一下。下面利用数份刘建民先生收藏的典当清单，对近代以来几家山西商人典当铺的赢利能力及其与典当铺财务管理的关系作些探讨，可以对清末及民国典当业赢利能力下降的状况有所了解。

其一，恒升大记当铺②。恒升大记光绪四年(1878 年)的总收入是 6499. 1 两，总利润是 107. 83 两，利润率是 1. 66%，这说明这家当铺的赢利能力太低了，实在应该加强管理。

① 《商业银行会计学》第十四章，陕西人民出版社 2004 年版，中国金融出版社 2003 年版，第 478 页。

② 《光绪四年恒升大记当铺年终算单》，刘建民先生收藏。因只有一份，故未列表。

其二，成章当。这家当铺的利润率下降得很明显，管理越来越松懈。其情况如下表：

表 4-6 **成章当历年利润率一览表**①

年　代	总利润	总收入	利润率
咸丰七年	2055 千 750 文	3170 千 516 文	64.84%
咸丰九年	1568 千 397 文	2379 千 790 文	65.90%
咸丰十一年	397 千 70 文	1862 千 692 文	21.32%

其三，宏盛当。这家当铺的费用支出很高，应该严加管理。其情况如下表：

表 4-7 **宏盛当历年利润率一览表**②

年　代	总收入	总利润	利润率
光绪五年	1610 千 580 文	亏 289 千 163 文	
光绪六年	1633 千 598 文	468 千 685 文	28.69%
光绪七年	1210 千 405 文	344 千 155 文	28.43%
光绪七年(修正)	1192 千 972 文	189 千 555 文	15.89%
光绪九年	1284 千 169 文	580 千 878 文	45.23%
光绪十二年	1489 千 626 文	426 千 391 文	28.62%
光绪十三年	1540 千 760 文	600 千 952 文	39.00%
光绪十七年	1430 千 540 文	536 千 587 文	37.51%
光绪十九年	1304 千 73 文	410 千 35 文	31.44%
光绪二十三年	1640 千 479 文	513 千 106 文	31.28%

① 《成章当记清单》。本号清单共有三份，咸丰七年的清单由刘建民先生收藏，另两份见《平太祁经济社会史料与研究》，山西古籍出版社 2002 年版。

② 《光绪五年至二十三年宏盛当记清单》，刘建民先生藏。其中有的年份缺失，有的年份有两份。

其四，元吉公当。这家当铺的支出浪费严重，应严加管理。其情况如下表：

表 4-8 **元吉公当历年利润率一览表①**

年 代	总收入	利润总额	利润率
光绪二十九年	21502 千 250 文	6223 千 130 文	28. 94%
光绪三十年	17294 千 450 文	48 千 600 文	0. 28%
光绪三十二年	20037 千 70 文	409 千 640 文	20. 44%
光绪三十三年	20887 千 930 文	78 千 860 文	0. 38%
光绪三十四年	19168 千 920 文	82 千 850 文	0. 43%
宣统元年	18541 千 320 文	1494 千 750 文	8. 06%

其五、裕庆当。这家当铺的总收入在逐年上升，而利润却起伏不定，利润率呈现出下降的趋势。其中尤其是民国十四年(1925年)，总收入不低，但利润却是最低的，这说明这家当铺的支出巨大，浪费越来越严重。其情况如下表：

表 4-9 **裕庆当历年利润率一览表②**

年 代	总收入	利 润	利润率
光绪三十四年	2793 千 827 文	902 千文	32. 29%
宣统元年	3154 千 702 文	1118 千 480 文	35. 45%
宣统二年	3280 千 256 文	1489 千 940 文	45. 42%
宣统三年	3061 千 278 文	722 千 100 文	23. 59%
民国元年	2619 千 360 文	791 千 700 文	30. 22%

① 《光绪二十九年至宣统元年临邑朱家河元吉公记清单》，刘建民先生藏。

② 《光绪三十四年侯冀村裕庆协记万金总账》，刘建民先生藏。

续表

年 代	总收入	利 润	利润率
民国二年	2691 千 625 文	1132 千 566 文	42.08%
民国三年	3805 千 857 文	854 千 734 文	22.46%
民国四年	4165 千 839 文	2047 千 751 文	49.16%
民国五年	5168 千 996 文	1544 千 259 文	29.88%
民国六年	4065 千 980 文	1467 千 387 文	36.09%
民国七年	4944 千 123 文	1446 千 326 文	29.25%
民国八年	6338 千 622 文	1478 千 719 文	23.33%
民国九年	5707 千 334 文	854 千 208 文	14.97%
民国十年	8260 千 185 文	2325 千 359 文	28.15%
民国十一年	8790 千 995 文	1718 千 933 文	19.55%
民国十二年	9187 千 171 文	1567 千 740 文	17.06%
民国十三年	11844 千 538 文	3178 千 566 文	26.84%
民国十四年	18305 千 360 文	101 千 694 文	0.56%
民国十五年	20639 千 177 文	3447 千 180 文	16.70%
民国十六年	20463 千 785 文	2058 千 960 文	10.06%
民国十七年	22910 千 787 文	4893 千 860 文	21.36%
民国十八年	21808 千 333 文	2332 千 365 文	10.69%
民国十九年	28969 千 543 文	6201 千 447 文	21.40%
民国二十年	64138 千 172 文	亏 40672 千 740 文	

以上当铺除道光年间的永承当以外，大多存在管理松懈、浪费严重的问题，这直接导致典当的利润下降。典当内部存在的这些问题，应该是其处于衰落过程中的一种表现，也是其进一步走向衰落的原因。

第三节 清末典当业衰落的原因分析

关于中国近代典当业的衰落，至少从民国年间开始，即引起学术界的关注。而对其原因的分析，多数提出如社会经济发展加快，物价变动频繁，人们消费观念变化，抵押品如衣服样式变动加速，还有银行兴起，替代了相当大一部分典当的业务等，头绪众多，相当复杂。这里结合清末民国社会、经济等方面的情况，从以下几个方面做一个简单的分析。

一、战乱冲击

自然、社会、政治，包括自然灾害、战乱、苛捐杂税等，这些因素比较明显，影响的也不仅是典当业，而是所有经济部门。以下以战乱为例，对此做些论证。近代史上对典当打击最大的战乱有以下几次：

第一次是太平天国运动。太平天国运动声势浩大，持续十四年，波及大半个中国。参加太平天国运动的主要是贫苦农民、手工业者，他们痛恨重利盘剥的高利贷，于是制定了取缔典当的政策。由于这是他们的一项政策，与兵匪抢劫不同，所以运动波及之处，典当无不关门歇业。据王天奖先生说，太平天国奖掖和保护商业的政策并不是漫无边际的，它只以有利于民生者为限。对于那些长久以来残酷地剥削人民的商业高利贷资本，如典当商、盐商等，则予以打击。因此，在革命政权之下，对于这些于国计民生有害无益的商业高利贷资本，就不仅不列于奖掖保护之列，而且予以打击。太平天国军队所至，几乎毫不例外地都要封闭典铺，没收赃物浮财，具体事例举不胜举，结果“大江南北，自军兴以来，典当之存者百无一二”。① 二十多年以后，湖北依然没有恢复过来：“光绪十一年(1885 年)，又奏准湖北自军兴以后，各当铺荡然无存。”②太平军

---

① 王天奖：《太平天国的商业》，《文史哲》1962 年第 2 期，第 34 页。

② 《皇朝续文献通考》卷四十七《征榷考十九·杂征》。《续修四库全书》第 816 册，上海古籍出版社 2002 年版，第 247 页。

对那些声誉好的当铺，还是不破坏的，如在江宁李光裕的典铺，“嗣是凡遇水旱，常捐重赀，以为诸富人倡，前后计输三十万有奇。咸丰三年，粤贼警，诸质库皆闭，而李氏典独如故，贫民赖以济，至今称之”。① 太平军占领嘉定后，“贼至迎入，而馆于质库。贼呼质库执事人，令其照常早开晏闭，不许半日即闭，并令其承办红布绸缎、洋枪、火药等物。日不暇给，又软禁合当之人，不得行动”。② 太平军进入当铺后，并没有杀人抢劫，也没有查封，只是勒索了一些物品，便让当铺照常营业。再如，“昔年嘉定各当，按月取利一分几厘，秦氏另开便民一当独取一分，民间称为义当。咸丰三年红巾陷嘉定时，此当居然保全，可见便民义举虽在会匪尚且敬重。秦氏至今科第不绝，未始非此当之阴功也”。③ 咸丰三年(1853 年)，太平军刚刚占领南京，不可能进攻嘉定。文中的红巾，可能是受太平军影响而起义的小刀会。这说明太平天国并不是盲目地取缔典当，而是有一定的目的。

甚至有的太平天国领导人便出身于典商，如副军师北王韦昌辉，“昌辉即韦正，改今名。年约三十余，身材瘦小，白面高颧，须眉疎秀，颇知文义，阴柔奸险。广西郁林州博白县人，素业质库兼饶田产，富甲一邑。洪秀全倡乱，所过富室一空，掘土数尺。昌辉惧，献银数万，入伙封为北王”。④ 从文中看，韦昌辉出身地主阶级，还开当铺，他参加太平天国运动是被运动的声势所吓。此外还有，殿前丞相正总典库吴可亿，“可亿广西老贼，年约三十余，身面俱长，广额微髭，素业质库，家饶赀财。庚戌年，洪逆倡乱，举室从贼。壬子九月，洪逆等大署伪官，封可亿为典圣库，职同将

① (清)蒋启勋：光绪《续纂江宁府志》卷十四之三，《中国方志丛书》，成文出版社 1970 年版，第 221 页。

② (清)潘钟瑞：《苏台麋鹿記》卷下，《续修四库全书》第 446 册，上海古籍出版社 2002 年版，第 105 页。

③ 《申报》7175 号 1893 年 4 月 14 日《后先媲美》。

④ (清)张德坚：《贼情汇纂》卷一《剧贼姓名》，文海出版社 1972 年版，第 72 页。

军”。[①] 他参加太平天国运动比较主动。他的副手夏官正丞相周胜坤，“周胜坤业质库，与吴可亿罄家赀助逆，故皆伪封，典圣库。凡获财帛，令胜坤、可亿守藏之，而胜坤独勇力敢战”。[②] 吴可亿、周胜坤出身典商，参加太平天国运动后，奉命管理圣库，即担任财务官员。

第二次是八国联军入侵，给北京、天津等地的典当以沉重打击。据官员报告说，“上年兵燹后，京城内外及大、宛地面税当二百零二座，多被抢夺，其未被抢及被抢未尽者，只余十座”。[③] 参加抢劫的也不光是洋人，据仲芳氏记载：“二十七日，合京城当铺二百余家，钱铺三百余家，俱被匪徒勾结洋人抢劫无遗。”[④]中国的匪徒们也与洋人勾结，参与了抢劫，而且这种浩劫不限于京城。据当商自己说：“嗣值庚子之变，京津两处各当典被抢者不一而足。商与族人朋合之业，资本为之一空。以典商而论，原入资本大钱八万有奇，并借外生息共有十四五万之谱。而数年以来，上架不多，开除不少，外号所借之款，有经数年而不能归还者。以账目计算，不为不足，而综核实数，亏空已逾大半，是以原入资本，虽实若虚，每逢上架之期，现钱缺乏，周转甚难。况广宗经兵荒以后，时事孔艰，地面生意俱形滞塞，而商典赔累尤为特甚。”[⑤]

第三次是辛亥、壬子之变，也对典当打击很大。辛亥革命产生的震动本来主要在南方，革命爆发前，南方有的地区就发生了饥民暴动，如浙江宣统三年(1911 年)八月十三日，“又闻湖州安邑下昂镇地方，自邻近之洛舍、菁山二处发现打抢绅富，遂受影响。本月初三日起，四乡到处鸣锣，联络左近共二十三庄乡民，于初五日到镇……初八日，二十三庄灾民居然连队到镇，典当被围，有先锋中

---

① (清)张德坚：《贼情汇纂》卷二，文海出版社 1973 年版，第 177 页。

② (清)杜文澜：《平定粤匪纪略》附记一，文海出版社 1973 年版，第 1000 页。

③ 《步军统领衙门、顺天府、五城御史会奏折》，刘建民先生藏。

④ (清)仲芳氏：《洋兵进京逐日见闻记略》《庚子记事》，中华书局 1978 年版，第 36 页。

⑤ 《光绪二十七、二十八年介休典商冀家呈文留底》，刘建民先生藏。

三仇哨长之师船同被捣毁，军装劫失，掳去兵丁三人……该典当幸赖防兵围护得力，尚未遭劫，惟当门毁损而已。然灾民以打当不果，遂迁怒防营，以致先锋营、飞划营师船共被用石击伤五艘，被拔之兵士三人业已押回矣”。① 参加暴动的不是土匪，而是饥民。在浙江杭州，“宣统三年(1911年)十月十四日，典商进退维谷，杭垣民军散勇滋扰典当业已多次，众商不得已禀请暂停，致酿纠众围轰、伤毙无辜情事。虞标统先后拿获多起，送交军政府，概被保释。致十二日上午，竟有纠集大队百余人或二百人，围攻江干及候潮门内过军桥各典，甚至善兴典之大石槛轰成三段，每家各被索去洋三四百元不等。某典见机俟若辈拥入时，即称伙友逃散，质物一概奉璧。另备小洋二百角，求诸君曲谅赏收云云。众兵默然，当场匀分而散”。② 军政府因为军饷不继，竟纵容士兵抢劫。在苏州，“商店居户之被劫者，自阊门越城至山塘南豪渡僧桥上下两塘大街均挨户抢掠，银洋货物掳毁一空。马路口晋丰典当先撞大门不开，乃从隔壁煤炭店内攻入，将饰房、包房各物搬取无遗，后又灌浇洋油付之一炬。闻该当架本计有二十万之谱，今已具禀呈报。此外各店损失，一时尚未开报”。③ 在四川，宣统三年(1911年)腊月初六，“巡防军之罪状，成都于十八夜巡防兵变时，南门外有某当铺老陕(成都当业皆秦人经营)，见有叛兵数十来铺抢劫，因即避于门外。俟该叛兵等入内后，即用洋油登屋放火，将该叛兵等全数烧毙，无一得免者。事后拨出尸身二三十具，远近闻之莫不称快。有大股叛兵得赃后连夜逃赴简州，又将简州城内之商号当铺抢劫，幸经该邑乡团极力抵御，民间损失尚少……自遭变后，民间经济无不困难，富者一变而为贫苦，小康者一变而为极贫，虽有衣履无处典质，金融机关不能复活，典当全行倒闭。市面如此，恐终有不了之势也。”④民国元年(1912年)，袁世凯为了拖延南下就任总统，竟

① 《申报》13885号1911年10月4日《浙属饥民纷纷暴动》。
② 《申报》13946号1911年12月4日《新杭州种种》。
③ 《申报》14045号1912年3月30日《要闻一·苏州兵变警耗二》。
④ 《申报》13987号1912年1月24日《川省兵燹记》。

指使部下叛乱，北方的典当也受到沉重打击。

民国时期连年内战，灾荒频繁，又遇到持续八年、漫延大半个中国的抗日战争，典当业从此一蹶不振。

二、金融变动

清后期由于对外贸易逆转，多次战败赔款，中国白银大量外流，发展经济所需的资金不足。清政府灭亡以后，生息款大部分被收回，典当业所需资金不足，银根紧缩，典当融资困难。白银外流还引起银价上涨，清政府征收赋税又只收银子不收铜钱，无形中加重了对人民的剥削。同时清政府为了对外赔款，也不得不加重对人民的剥削，导致人民生活困难，民生凋敝，只当不赎，甚至当无可当，典当资金周转不开，只好关门歇业。如清末芜湖的一家当铺呈文说："具报告书：同福典经理人汪钺，窃以开设典铺，贫民转移因之是赖。今觊水灾浩大，市面孔慌尤甚曩昔，典质者几与山阴道上应接不暇，小典为谋公益起见勉力支持。自武汉起义，各省响应，频闻金融机关为之闭塞，而典质者仍倍于前，赎取者寥寥无几，来往既不流通，敷出复增百倍，资如山积，难保终倾。"①清宣统二年(1910 年)，武昌的情况也是这样："鄂垣典当共有八处，近因年荒物贵，民生日蹙，持物质当者多，赎取者少，以致各典资本全流于外，不能收回；而市面银根又异常吃紧，各典周转欠灵，日昨遂有晋丰、保康二典止当候赎，一面赴首县署呈报歇业"。②

一方面典当当出的资金收不回来，另一方面典当融资又很困难，资金周转不灵。典当即使能够借到外债，利率又很高，几乎与赎当的利率持平，最终导致亏损。如光绪八年，在浙江温州："至于城内各行业清淡异常，惟典当生意甚好，求质者几立无隙地。有一当因资本不足，甚至典押房产以应付，计押得洋三千元，而四日

---

① 《典业杂志·同福典因兵士强当报告司令部书》，安徽师范大学图书馆藏。

② 《申报》13431 号 1910 年 6 月 30 日《鄂垣典商困难之一斑武昌》。

立尽，其情可想见矣。”①典当本是抵押贷款的机构，现在竟从外面抵押贷款，可见问题之严重。

清末，有的地方政府要求典当交回生息款，典当不得不从其他途径借款，利率更高：光绪二十七年(1901年)，邢台

> 具禀为赔累异常、碍难遵办、恳恩矜全以苏商困事。窃顺属频年饥馑，加以兵荒，乡间民不聊生。去岁自春以来，无论贫富，当者到处接踵而来。直至七月间，各当铺以钱地两尽，无力支应，始一律止当，满望秋冬回赎。讵于八月保定府遭乱，时局尤艰，贫者糊口不遑，不能回赎……不得已俱向外一分五厘揭借抵还，此项业已开报东家。复蒙札谕，将前交之项变还为借，以七厘行息。原本提如未提，仍照旧行息等因……就令抵偿七厘，尚在二分三厘之多，是以公同商议，实在无法再与东家开报，不得不将商等苦情，沥陈禀渎……则商等感沐鸿恩，不啻再造矣。②

这家当铺借款的利率高达一分五厘。官府竟要将典当所偿还的生息款项变为借，③ 并索取七厘利息，简直是趁火打劫。民国时期，沙市的一家典当信稿里说：“附报我号生意，较去岁颇佳，时下每日净出钱肆百串之谱，至此已上架本六万之数，得票利一千五百余串。照今年流水，颇为称善。惟系沙市银根奇紧，月息一分四五，加之缴费数倍，曩昔恐其徒劳无益耳……民国三年更遭土匪抢劫壹万余缗，股东成本已折十之二三，四、五两年成本微少，银根又紧，若逢生意畅旺，汇借月息一分五六。如半年转票，长年扯一分八厘之多，加之钱价亏折，百物高贵，年终清算，入不敷出。”④

① 《申报》3352号1882年8月31日《温郡荒象》。

② 《光绪二十七、二十八年介休典商冀家呈文留底》，刘建民先生藏。

③ 此处所谓“借”，即将典当上交之款当即转变为生息之款，并且利息为七厘。

④ 《民国四年为市典当东伙往来信稿》，刘建民先生收藏。

借款利息高达一分八厘，赎当的利率可想而知。总之，资金市场的情况如何，典当融资的难易，也会影响到赎当的利率。当时典当举借的外债利率高达一分三、一分五，虽然勉强维持，但要支付高额利息，无异于饮鸩止渴，最终利润无几。

近代中国银两制度崩溃以后，各种银元、铜元在市场上流通，甚至还有各种纸币，升降无常，风云难测。虽然有的店铺也能火中取栗，牟取额外收入，但稍有不慎，引火烧身，鸡飞蛋打。如民国十九年(1930 年)，晋钞贬值，导致山西很多当铺亏损严重。晚清时期由于国外资本主义金融制度的进入以及中国被动进入国际市场，使得世界性的金融风暴波及中国金融市场。如 1860 年、1871—1873 年、1878—1879 年、1883 年四次金融风潮，1897 年股票风潮、1910 年橡皮股票风潮为代表的数次金融风暴对传统金融行业产生了巨大的影响，造成典当业的流动资金来源缩减，周转不灵。①

鸦片战争以后，西方的殖民者开始在通商口岸设立银行，对中国人民进行掠夺。当时第一家外国银行是英国的丽茹银行，不过总行不在中国。1865 年，英国的汇丰银行成立，总行就在中国。其他西方国家也群起效尤，陆续在中国成立银行，如美国的花旗银行、俄国的道胜银行、日本的正金银行等。后来，一些先进的中国人也开始模仿西方，投资建立自己的银行。1897 年，中国人自己建立的第一家银行——中国通商银行成立了。1908 年，清政府又筹设了户部银行。这些银行都开展了诸如吸收存款、信用贷款、汇兑结算等业务，大大挤压了典当的业务空间。面对这些新式金融机构的竞争，传统典当业观念保守，管理落后，根本无力与之抗衡，最终不得不衰落下去。

三、抵押物品更新加快

此外，近代西方国家的商品大量流入中国，导致中国的产品迅

---

① 阴若天《晚清时期典当业研究》，河北大学 2011 年硕士论文，第 10 页。

速跌价。同时风气日开，服装样式更新迅速，贬值加快。典当收当的过期服装二年以后迅速贬值，销售迟滞，无利可图。光绪初，直隶大名府就是如此："今年估衣实在迟滞，察听衣店生意，去年家家存货赔折，所以今年客少。福盛客来如要不卖，恐其再无别客。现已五月，概无透雨，只得因时出售，期盘货本大钱一千六百余吊，所剩二、三盘随后再定。咱典二三盘估衣，八月廿六日仍售与汤阴福盛衣店，照前六钱贰分。银庄彼时钱盘一千八百二三，合贯利一分贰厘有余。"①这反映出典当铺过期的当物很难出售，已经出售的才贯利一分贰厘，利润有限。此种趋势，民国可谓变本加厉，如

> 北京典当率以十八个月为满期，现在妇女衣服每年改变式样，经十八个月以后之衣服式样已违时尚，无人问津，价值锐减。及实在出售，亦难得以善价。且质料脆弱，亦不若昔日之坚固。至于金银首饰，因金银价格上下不定，典当人员又缺经济常识，自不能应付今日之环境，典当致受意外损失。例如金价上涨，当户可随时赎取，决不能使满期不赎。而金价下落，当户可听其消当。盖当物在未满期以前，典当又不能自由处分也。以前满当货物售价，大概较当本加一二成，满货数额亦较为多，故典当能从此售货中得相当之余利也。在民国二十二三年间，受社会不景气之影响，全国物价暴落，北京亦不能例外，故满当货物售价常照当本打七八折不等，非仅利息不能收回，即当本亦受重大损失……典当期满，货物积压至五六月，向来值在数千元者，今值数百元而已，此点为典当业致命之打击。如不设法救济，斯业只有日趋衰落。②

可见到了民国年间衣服样式变化加快，物价波动不常使典当穷

① 《同治十二年正月恒裕典东伙往来书信》，刘建民先生藏。

② 《北京典当业之概况》第三章《北京典当业兴衰及现状》，伪中国联合准备银行 1940 年版，第 72-74 页。

于应付，从而无法经营，趋向衰落。

四、典当业经营走向保守、固执，与社会经济发展脱节

以上都是近代典当衰落的外部原因，至于内部原因还很少有人关注。中国典当业在用人上比较保守，徽典多用与自己有血缘关系的，山西商人多用与自己同乡的，还要有人推荐和担保。这样他们选拔人才的范围太狭窄，其他行业、地区的优秀人才根本进入不了他们的领域，一个行业发展到固步自封、抱残守缺的地步，其衰落也就不可避免了。同时典当内部人员等级明显，升迁完全论资排辈，平庸的人只要不出大错，就能稳步晋升；真正的优秀人才不知熬到什么年月才能得到重用。这种浓厚的封建保守性导致典当在近代以后衰落得更为明显。

典当由于用人不当导致衰败的例子也不少，如在成都“有王文俊者，性便佞阴贼。其先家武林，因女弟媵某宦依之来蜀。某宦之友彭氏悦文俊，使主质库……彭氏死，子幼，质库之赀归文俊”。①王文俊本是个谄媚小人，骗取了典商彭氏的信任，掌管彭氏的当铺。彭氏死后，儿子很小，他便把彭氏家产据为己有。小说《九尾龟》描写了章秋谷的父亲重用了一个伙计名徐齐甫，本来是个当铺里头管账的小伙计。章秋谷的父亲去世以后，他先是侵吞了一笔存款，章秋谷忙着办丧事，也没理会他。徐齐甫胆子越来越大，后来竟又故意放火，把典铺烧了，把别人家典的东西，拣贵重些的金银珠宝都暗暗地搬回家去。等到火熄之后查账，典铺里头的六万银子本钱一卷而光不算，外面还欠一万几千银子。这个徐齐甫不仅骗过了章秋谷的父亲，还把其他的东家都骗了，结果给当铺造成了重大损失。而那些东家受了骗之后，都自认上当，谁也想不出个办法惩治一下徐齐甫，以致让骗子得手之后还逍遥法外。②

---

① （清）李玉宣：同治《重修成都县志》卷十五，巴蜀书社 1992 年版，第 634 页。

② 张春帆：《九尾龟》第一八九回《吞存款市侩昧良，萎慈萱北堂弃养》，内蒙古远方出版社 2001 年版，第 1220-1222 页。

典当业的服务态度冷漠高傲，常常受到社会的讽刺和诟病，如《申报》登载：

> 典当中之伙友相传曰朝奉，初不知其命名之意，人有面目冷落语言尖刺者，每以朝奉譬之。盖开典商者，虽亦将本就利，无异于各项经营，而衣饰作抵限期取赎，其操纵固在于我。而且物有估价，无须饶舌，来者多系急不待缓之人，不必有所迁就。即便典铺林立，或亦有顾而之他。而凡有朝奉，无不以此等面目相向者。人即见而惯之，因亦忍而置之。①

这是说典当的伙计说话尖酸刻薄，将来难以改从他业。更有甚者，还有典伙将当物暗中偷换，以次充好。如在上海：

> 典当质铺以及小押店等，惟沪上为最多。押店月期甚短，其利较大，不肖之徒时有掉包情事。若当铺则堂堂正正，未闻有此种弊端，有之自某当始。本月初有浦东人某氏，赴南市某当铺赎取银钏。当伙令学徒入内查检，良久不出。该氏催促至再，并无原物。旋经柜伙调处，赔还银钏一双。该氏不与计较，取之而去。至前日下午，该氏复至该当铺，声称所当银钏共重三两五钱，前日尔所赔者只重三两，缺少五钱，理应补偿。当伙一再辩论，该氏不服，申申怒詈，良久始去。②

典当的财务管理松懈、浪费严重，企业产权不明晰、财产控制不严，也是近代典当业衰落的原因。如《歙事闲谈》引俞曲园樾《右台仙馆笔记·许翁散财》一则记载："许翁，歙县人。余尝见之于故人汪镜轩座上，盖即汪之妻父也。家故巨富，启质物之肆四十余所，江浙间多有之，至翁犹然。翁为人极厚悫"。许家子弟中有三四不良之辈自奉奢靡，后出游至外地典肆，频繁取钱浪费。主者不

---

① 《申报》2655号1880年9月20日《和说》。

② 《申报》7421号1893年12月16日《典伙舞弊》。

堪，以书达于翁。许翁自已觉得不能约束，乃写信告诉各地典当，让他们关闭字号。主者不愿，乃下令自管事以下至各位伙计，将典当资本或千金，或二千金全部散给。初定数时未定人数，议定之后，发现四十余当铺，达二千多人。故而“其十数世之积，数百万之资，一朝而尽”。此例除了说明徽州典当像其他字号一样，因为家族内部产权观念不明，企业容易受到家族内部人的冲击，也说明作为财东的许翁对于典当的管理、控制是无力的，这才导致了宗族子弟的胡作非为。①

① （清）许承尧：《歙事闲谈》第17册，转引自《明清徽商资料选辑》，黄山书社1985年版，第166-167页。

第五章

中国典当业资本组织方式的演变

随着典当业的形成及发展，资本聚集、资金筹措越来越重要，一定的条件下甚至成为制约典当业发展的瓶颈。中国典当业资本组织方式在近代以前主要是独资、合伙两种，近代以后也出现了典当公司之类的资本组织方式。但与其他商业金融业相比，公司制的应用却显得迟滞与缓慢。以下分几个方面对这三种情况做长时段的论述。应该说，如在近代，典当资本组织方式的运行，其背后必有相应的法律体制为之支撑、调节，但在传统中国，却从未见有此类法律规定，直至清末才有所谓的《公司律》。也就是说，绝大部分的中国典当业资本组织演变历史，是在只有相应的习惯法及风俗的前提下运行的，本文的论述也就只是一种经济史性质的论述。

第一节　典当业资本组织方式：独资

因为政府拨给、个人施舍及自身经济体系所得收入，早期佛教寺院聚敛了大量的钱财，而那时候典当的规模较小，所需的资金也有限，一所寺院就有财力开办一座长生库。后来出现了官府典当，官府的财力更加雄厚，不仅可以开办一处典当，而且可以开办多处。官僚、贵族也是一样，他们都有财力独自开办典当。这种典当几乎都是独资的，投资人只有一个，利润也归一人。这种典当所有权和经营权合一，自负盈亏。同时，佛寺、官府、贵族、官僚不同于平民，有一定的政治特权，社会资本也十分雄厚，故而他们独资设立典当的可能性要大一些。庶民地主商人所设质库、当铺合伙的可能性要大得多，但也有独资设立的可能性，尤其是在资本规模较小时，更是如此。如《夷坚志》里记载的裴老、祝大郎等所设立的典当，甚至于得藏神之助而得了一笔银子开质库的鲁畤等都应是一种独资典当业，这些典当铺都不小。元末明初罗贯中所撰《三遂平妖传》载，“其中有一员外，家中巨富，真个是钱过壁斗，米烂陈仓。家中开三个解库，左边这个解库，专当绫罗缎匹，右边这个解库专当金银珠翠；中间这个解库，专当琴棋书画古玩物。每个解库内，用一个掌事，三个主管”。① 这是一个财东独资开设三家当铺。清代，有刑事案例集记载：“缘马应鳌籍隶菏泽县，嘉庆十一年间马应鳌同许廷信共领濮州人马万春之父马金彪资本，在定陶县陈家集开设长春号当店。十四年间，马应鳌因店内当本缺乏，凭中尉甫清、井大纪转向在菏泽县开设当店之山西太平县人卫锡盛铺伙吴泽功揭借卫锡盛铺内制钱五千串，言明每岁利息制钱五百五十串。”② 从所述内容看，这两家都像是独资设立的当铺。在广东，“赵德馨籍隶番禺县，寄居始兴县地方，与该县属职员赖家桂素相交好。嘉庆二十三年(1818年)，赖家桂开张万升号当铺。雇赵德馨在当管理银钱出入，并雇朱锡仓、张胜园、胡德宣分管货物，均与该当商赖家桂平等相称，并无主仆名分。赖家桂并未住宿当铺，每年亲往

① 罗贯中编次《三遂平妖传》一卷第一回《胡员外典当得仙画，张院君焚画产永儿》，浙江人民美术出版社2019年版，第2页。按：“东京”“解库”之类系宋元旧词，而由本回所述内容看，则更似明代，如社会用银之普遍，便是重要一例。

② 《雪心案牍》第五册，嘉庆二十三年《菏泽县生员马应鳌京控伊典内揭借卫锡盛钱文请免赔偿一案》，清刻本，第70页。

盘查银钱数目，历无亏短”。[①] 可见始兴县赖家桂所开当铺应是独资的。甲午战争中，因军纪败坏被处决的淮军将领卫汝贵冒领、克扣兵饷，拥资数十万，开设典当谋利。据官府严查，至少五河县之允泰、邳州之允祥，睢宁县之允仁、允隆、泗州之允升五典均系卫汝贵所开。其中“允泰典：实存架本并现钱三万八千串零，典屋一所，市房二所；允祥典：实存架本并现钱四万八千串零，典屋一所；允隆典：实存架本并现钱五万二千串零，典屋一所，市房一所；允升典：实存架本货物并现存借出银钱约值十万串，典屋市房各一所，通共约计钱二十八万余串，房屋十所。又宿迁县开有同升、永升二典，卫汝贵前曾入股伙贸，嗣于光绪十四年(1888 年)、十九年(1893 年)，先后拆出，将股本抽回，归并周家谦等独贸”。[②] 这里所述合伙、独资典当之界相当清晰，卫汝贵开设五典，但另有同升、永升二典，卫汝贵只是入股，后来先后抽本，而改由周家谦等独资。

至于那些乡村典当，如清代姚世锡先祖所开当铺，“先高祖分产无多，幸高祖母史太淑人奁资稍丰。高祖勤苦操家，中年渐充裕，开一典铺于甘棠桥，取息极薄”。[③] 至于光绪《文登县志》所载那些小地主甚至农民所设小当就更只能是独资了，所谓“百年以前，文、荣尚属一县，其时典肆不下二百，凡乡里小有之家，有闲舍二区、识字一人，则于其家开设小当，赀本二、三、四、五百千不等，未有及仟钱者。至城市大当，始以仟计，亦不过二、三千而止”。[④]

---

① (清)朱杕：《粤东成案初编》卷二十二，《扰害诈骗下·当铺伙伴侵用银钱以赎作典照诈欺财物计赃科罪》，清刻本，第 108 页。

② (清)张之洞：《张文襄公奏稿》卷三十六，《查抄卫汝贵家产折》(光绪二十一年三月三十日)，《续修四库全书》第 510 册，上海古籍出版社 2002 年版，第 702 页。

③ (清)姚世锡：《前徽录》，《笔记小说大观丛刊》16 编 5 册，新兴书局有限公司 1979 年版，第 2715 页。

④ (清)李祖年：光绪《文登县志》卷三下《邑人林培玠记典肆始末》，凤凰出版社 2004 年版，第 62 页。按：此条所言“未有及千钱者”，所说资本规模实在太小，可能其中“钱”字为衍文。

这都是小规模的典当，所需资金有限，所以都是独资的。

第二节 典当业资本组织方式：合伙(一)

随着商品经济的发展，社会上的资金需求开始扩大，典当资本也需要扩大规模，于是合伙的典当出现了。至于合伙的定义，从经济学角度看，合伙企业是由两个以上的企业主出资经营形成的企业，在企业中，每个人分担一部分资本，合伙经营、共享收益、共担风险。作为企业制度，它是独资企业向股份公司过渡的一种中间状态。合伙典当的出现，需要几个条件：第一，典当市场的扩大，所需资本增加，个人资本不足，不得不寻求与人合伙。第二，政府相关法律的完善，对民间契约形成了保护。第三，民间会计的发展，减少了财务作弊，给商人们长期合作创造了条件。

我国最早合资做生意的例子，是春秋时的管仲和鲍叔牙。他们是亲密的知己，合伙做生意自然没有问题，但如果生意大发展，成员一增加，能不能维持下去就很难说了。宋元时期随着商品经济的发展，合伙做生意的例子就更多了。最初的合伙是在家庭成员、朋友之间进行的，彼此互相了解，互相信任，不至于发生纠纷。① 合伙开当的例子宋代就有了，南宋某些地方存在的由寺院长生库进行的“斗纽”资本便是一种合伙资本组织形式，嘉泰元年，有臣僚进言：“臣闻有丁则有役，有田则有赋，有物力则有和买。今有物力虽高而和买不及者，寺观之长生库是矣。臣询其故，始因缁流创为度增(僧)之名，立库规利，相继进纳，固亦不同。今则不然，鸠集富豪，合力同则，名曰斗纽者，在在皆是。尝以其则例言之：结十人以为局，高下资本，自五十万以至十万，大约以十年为期。每岁之穷，轮流出局，通所得之利，不啻倍徙，而本则仍在。初进纳度牒之实，徒遂因缘射利之谋耳。乞行下诸州县，应寺观长生库并令与人户一例推排，均敷和买，则托名僧局、门(斗)纽财本以罔

① 刘秋根：《明清高利贷资本》，社会科学文献出版社2000年版，第19页。

市利者，亦将无所逃矣，从之。”①

仔细分析以上材料可见，这是一种类似于后代民间合会中的轮会，带有合股经营性质的资本组织方式。它具备了作为合股制资本组织的主要特征：第一，资本分为若干股(自 10 万至 50 万)，自愿入局，根据资本多少分配红利；第二，有专门的经理人员(由财东“轮流出局”)，有较稳定的经营规则(“合力同则”)等，反映出宋代商业、典当业中合股制经营可能已经开始流行。但这种“斗纽”组织的资本表面看来也不是来源于寺院长生库，而是社会上的“富豪”，但既然是由长生库来“鸩集富豪，合力同则”，则长生库本身也应是股东之一，它也参与了“斗纽”的谋利，并参与了利润分配。

明代以后合伙典当则似乎盛行起来了，如在明末，有判例集记载：“郭之垣、张素行皆所谓鸮集泮林者也。先是，之垣窥里民秦杲之耄与其侄秦梦日之稚，而皆饶于赀也，遂诱以合伙开当，令两人各出三百金为母，而己一庄贮货，亦虚算银三百两。夫银有盈缩，庄无动摇。庄在而货将焉往，货毕而庄又焉往？两人固已坠其云雾中矣。亡何管、鲍不终，子母均析，此庄岿然独存。非三人鼎分物乎，乃之垣雄居不吐，且先发讼端也。”②秦氏父子与素无往来的郭之垣合伙开当，秦氏父子各投入了三百两银子，郭之垣以自己的房产入股，也折价为三百两。后来当铺经营不善，秦氏父子投入的银子赔光了，郭之垣的房产没有变化，仍是他自己占据。这样的诉讼是合伙店铺财产与个人财产分不清造成的，郭之垣既以自己的房产入股，他的房产以后就是合伙店铺的，不再是他个人的，即秦氏父子也有份。如果经营不善合伙解散，秦氏父子也应分得那房产的一部分才公平。当然这是合伙失败的例子。《初刻拍案惊奇》也记载：“原来是徽州程朝奉，就是金朝奉的舅子，领着亲儿阿寿，

---

① (清)徐松：《宋会要辑稿》食货七〇之一〇二，中华书局 1957 年版，第 6421 页。

② (明)张肯堂：《䓫辞》卷五《郭之垣》。杨一凡《历代判例判牍》第 4 册，中国社会科学出版社 2005 年版，第 342 页。

打从徽州来，要与金朝奉合伴开当的。”①这两个合伙人不仅都是徽州人，还是亲戚。明代合伙契约范文应该也能说明典当合伙的情况。契约范本如吕希绍记载：“立合约人 窃见财从伴生，事在人为，是以两同商议，合本求利。凭中见各出本银若干，同心揭胆，营谋生意。所得利钱，每年面算明白，量分家用，仍留资本，以为渊源不竭之计。至于私己用度，各人自备，不得支动店银，混乱账目。故特歃血定盟，各宜苦乐均受，不得匿己维己。如犯此议者，神人共殛。今欲有凭，立此合约一样两纸，存后照用。”②

清代以后，文献中的相应记载大为丰富，如在江西上饶地区，有康熙十二年的合伙合同：

> 立合同人朱六吉、孙贞吉，今于广信府铅山县河口镇，二家均买龚宅屋一所，改造并装当架、柜台等项，二宅辨认不在行本之内，外合本开张朱元亨字号典铺生意。二面议定，本、领各出一股均做，每年得利，除本典典税、房租、辛力、伙食一应使用，仍存利银二人均分，不得多寡不公之事。如有欺隐者，听凭中友公论无辞。开张之日，公立总簿二本，各执一本，入本登簿，递年存算。今恐无凭，立此合同一样二张，各执一张，永远存照。
>
> 康熙十二年(1673年)四月 日，立合同人朱六吉、孙贞吉。
>
> 中友：韩少山、朱顺之、李九畹、徐子雯、李君明。
>
> 代书：范天锡。③

这家当铺的合伙合同没有规定出资多少，从合同中所言“本、领”就是指出本及领本之意，即出资者及经营者之意。二家共同出

---

① (明)凌濛初：《初刻拍案惊奇》卷十《韩秀才乘乱聘娇妻》，上海古籍出版社1982年版，第167页。

② (明)吕希绍：《新刻徽郡补释士民便读通考》。转引自《明代社会经济史料选编》(中)，福建人民出版社1980年版，第275页。

③ 南京大学历史系藏《康熙孙氏文契簿》。转引自王裕明《明清徽州典商研究》图版13，人民出版社2012年版。

钱买了他人房宅开当铺，但规定此钱不折成股份，且未规定一股是多少。这实际上只是规定了二人的出资比例，然后得利二人均分。另外，在山东，嘉庆二十年(1815 年)左右，“胡殿魁即胡清源，籍隶惠民县，与昔存今故之阳信县人朱惠圃素相交好，朱蕙圃与监生刘文澜即刘学渠向在县城伙开宏盛号当店生理”。① 在广东，嘉庆二十三年(1818 年)左右，“关能举、麦庸帼均籍隶三水县，向在英德县属吴嘉珍、杨坤戴等天成当铺帮工，并无主仆名分，该当铺账目尚系吴嘉珍一人经理，其余伙商杨坤戴等均未在当居住。嘉庆二十三年(1818 年)六月，吴嘉珍因家事带同工人黄亚德回家，即将当务交托关能举、麦庸帼代为经管”。可见，此家天成当铺属于吴嘉珍、杨坤戴合伙，而由股东之一的吴嘉珍负责经营。② 在台湾地区，有一份同治七年(1868 年)的合伙契约规定道：

> 同立合约字邹开记、蔡泰记、李品三、杜顺德、邹登记、陈深记、林添记、林克记、王金庆，盖闻猗陶致富经营，不乏芳规；鲍管知心贸易，自有成约。兹我同人，芝兰夙契，胶契相孚，爰居今而则古；既合券以联财，自宜宏兹大业，固厥新基。匾曰德源，合共七股，得利就母均分，计本银七千元……爰立合约字一样九纸，各执为信。股分条目标明于后：
>
> 丨公议：举王迁记当事，在店总理各事。公议：得利十员抽一员，以作全年辛勤谢劳。
>
> 丨议：本店生理必须在架充足，方准开支；得利闲时不得预支，须待年终结算明白，照股分支，各宜自守规约。
>
> 丨议：本店伙不能荐人，恐不能受唤用，多生情弊花费。
>
> 丨议：各股伙如欲抽本别图生理，不得私退外人承坐；

① 《雪心案牍》第九册《武定府嘉庆二十五年分，惠民县革生胡殿魁京控前署县孙参令等勒借银两一案》，清抄本，第 82 页。

② (清)朱橒：《粤东成案初编》卷二十一，《扰害诈骗·当铺工人窃获银两，事后放火烧簿掩饰，以致延烧屋物，照谋财放火尚未抢掠例拟斩监候》，无页码。

务先期通知当事及诸股伙，许抽方抽，毋得自便。

丨议：股伙不得向店内暂移银钱使用；如有急需，必须别处移挪……①

将其中出资情况列表如下：

表 5-1　　台湾德源典资本构成情况表

编号	股东姓名	原本银(元)	添本银(元)	添本和原本之比
1	邹登记	1000	400	40%
2	邹开记	1000	400	40%
3	蔡泰记	1000	400	40%
4	李品记	1000	400	40%
5	陈深记	1000	400	40%
6	林添记	500	200	40%
7	林克记	500	200	40%
8	杜顺德	500	200	40%
9	王金庆	500	200	40%
	合计	7000	2800	40%

这份契约是同治年间的，其资本银共七千元，合共七股，每股一千元，后来的添本，也是按股份的比例添的。股份不得自由转让，如果转让须得到其他股东同意。对股东也有限制，不得随便到店里借支。店里的总经理就是当事王迁记，他权力很大，他的收入是利润的十分之一，即他拥有十分之一的股份。相对以上所引各例，这可能是一座发展程度较高的合股当铺。

有的官僚也与别人合资开当铺，“并讯据琦善家人王福供称：

① 《台湾私法债权编》第一章第二十二《合股字》。《台湾文献丛刊》第079种，台湾银行经济研究室印行，第60-61页。

天津大沽地方，有义和当铺一座，道光四年(1824年)间，我主人本制钱两万串，与山西人岳泉等伙做，铺内系岳泉管事；又于五年(1825年)间，与山西人陈宝书在宁河县北河地方伙开全和当铺一座，我主人本制钱两万串，陈宝书在当铺管事；六年(1826年)间，又与山西人曹流得在盐山县属羊二庄地方伙开时和当铺一座，我主人本制钱两万串。以上三处，俱系我出名，写立公中合同”。①

有的地方官府典当也与别人合资，如雍正十年，江宁驻防兵丁恩赏“生息银共二万两，所开当铺一座，本银三千五百两；合伙典当银六千五百两。米铺两处，本银四千两。布铺一处，本银三千两。柴场一处，本银一千两。又油盐店三处，钱店二处，共本银二千两”。②

可见，当时既有官府与商人合资开当，也有官僚与商人合资开当铺，更多的是商人与商人之间合伙开当。由于官商之间并不平等，官府与商人合资的现象并不常见。直到清末洋务运动时，清政府才采用官商合办的形式开办了一些近代民用企业。这本与典当业无直接关系，但是否有某种制度上的借鉴呢？倒是个值得我们思考的问题。

第三节　典当业资本组织方式：合伙(二)

典商积累了巨额资本，就要传给子孙。有的典当商人已经注意到了这个问题，如山西晋城的典商柳氏，明万历庚辰年(1580年)间就告诫子孙说：“其内外事务，仍照旧规办理，生意房产不许瓜分也。应观山右富室，惟太平尉家最为绵邈，详究其故，并无他术，不分财也。其余人家，或数十年一变，七八年一变，或五六年一变，甚至三四年一变，此无它，皆不善继述故耳。总之，家道之败，败于分产，分产之由，由于听妻子之言”。他总结了分家的教

---

① 《道光鸦片战争专题档案史料》，中国第一历史档案馆藏。

② 《雍正朝汉文朱批奏折汇编》第二十二册，《署两江总督尹继善奏覆料理江宁驻防兵丁生息银两摺》，江苏古藉出版社1991年版，第82页。

训，于是告诫子孙不可分家。至道光四年(1824年)，经过二百四十多年，他们终于维持不下去了，“吾家数年以来，疏于料理，日益繁费，又兼生意赔累，银票赔数，以致浮记长支，家中使用尽属本金，已将阳、沁四典本金耗至十无一二，言念及此，甚为寒心”。柳茂源于是忍痛分家，但又规定：“至于商邱生意，年终得利，照本分拨入账。俟三年结算，时有余者，收作本金，长使者本内扣除，断不得乱搅提本。”①可见由于人口繁衍，家族越来越大，要想维持下去是很困难的，于是分家不可避免。

如果一个典商有多个儿子，那么他一生积累的资本就有重归分散的可能，因为中国实行的是诸子平均分配制。为了避免这个悲剧，他们发展出了一种家族合伙制。王裕明认为，徽商典铺亲族合伙形态在明代占主导地位，清代亲族之间的合伙仍十分盛行。②

明崇祯二年(1629年)徽州典商程虚宇立给其三子的分家书是这样的：

孟房实授本银并铺基开于后

| 分授本银壹万两。

| 还附本利银贰万柒仟陆佰捌拾壹两贰钱贰分。

| 找贴银壹仟伍佰玖拾两。

三共银叁万玖仟贰佰柒拾壹两贰钱贰分。

| 坐安庆绣衣坊铺典本在银壹万零陆拾贰两零捌分贰厘。

| 坐安庆绣衣坊铺屋地银伍佰两。

| 坐黄州府前铺典本在银柒仟柒佰柒拾玖两陆钱陆分肆厘。

| 坐广济孝义坊铺典本在银捌仟柒佰伍拾捌两捌钱肆分

① 《河东柳氏家训碑》，《晋商史料全览·晋城卷》，山西人民出版社2006年版，第557-558页。

② 王裕明：《明清徽州典商研究》第六章，人民出版社2012年版，第300页。按：说亲族合伙设立典当铺非常普遍是可以的，但是否占有主导地位则值得探讨。

贰厘。

｜坐安庆枞阳门铺典本在银柒仟玖佰叁拾贰两壹钱柒分捌厘。

｜坐家中铺典本在银肆仟贰佰叁拾捌两肆钱伍分伍厘。

六共银叁万玖仟贰佰柒拾壹两贰钱贰分。

仲房实授本银并铺基开于后

｜分授本银壹万两。

｜还附本利银壹万陆仟壹佰零贰两叁钱陆分肆厘。

二共银贰万陆仟壹佰零贰两叁钱陆分肆厘。

｜坐安庆府巷口铺典本在银壹万壹仟壹佰贰拾肆两伍钱贰分贰厘。

｜坐楚省审院坡铺典本在银壹万壹仟肆佰陆拾壹两伍钱壹分捌厘。

｜坐家中铺典本在银贰仟柒佰壹拾陆两叁钱贰分四厘。

三共银贰万陆仟壹佰零贰两叁钱陆分肆厘。

季房实授本银并铺基开于后

｜分授本银壹万两。

｜还附本利银伍仟捌佰壹拾贰两陆钱玖分壹厘。

｜找贴银壹仟两。

三共银壹万陆仟捌佰壹拾贰两陆钱玖分壹厘。

｜坐九江府前铺典本在银壹万叁仟肆佰柒拾壹两四钱叁分四厘。

｜坐家中铺典本在银叁仟叁佰肆拾壹两贰钱伍分柒厘。

二共银壹万陆仟捌佰壹拾贰两陆钱玖分壹厘。①

图5-1中各房典铺数目不包括家中典，家中典是三房共有，却

① 《徽州千年契约文书》(宋元明编)第八卷《崇祯二年休宁程虚宇立分书》，花山文艺出版社1992年版，第305-315页。

无法标出。

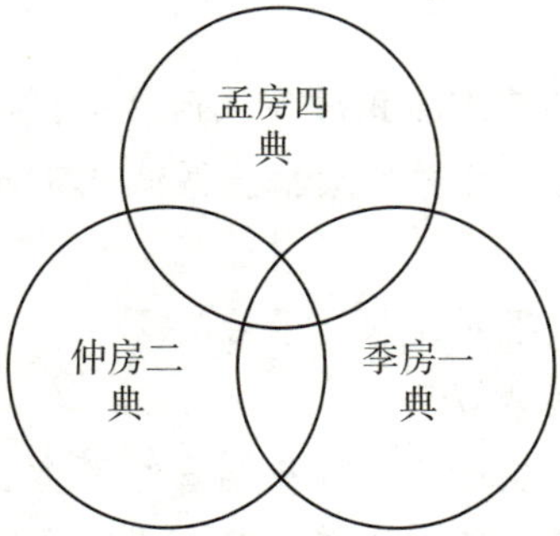

图 5-1　典商程虚宇分家图

通过上图可以看出，程虚宇虽然把外边的当铺分给了自己的三个儿子，股份各不相属，但家中典当却是三房的交集，三个儿子都有份。这座家中典就是一座合伙的当铺，可能也是程氏典当家族的一个内部协调机构，一旦遇到重大变故，三房族人就在这里协商一致，共同应对。这样既鼓励了有才能的儿子发挥自己的积极性，赚取属于自己的财富，同时又保留了一个共同组织，处理共同事务，一定程度上避免了因分家而造成的财产分散被人兼并的悲剧。

郑小娟指出，程虚宇这次分家，并没有把全部财产分给子孙，只分了不足三分之一，大部分仍然留在自己手中，以后再选择适当的时机把其余的大部分财产交给儿子们。这次分家，程虚宇坚持了三项原则，即第一，起点均等的原则，三个儿子的分授本银都是一万两；第二，量力授本原则，其附本银各不相同，是长辈或亲友赠送的礼俗银两；第三，量绩授本原则，其找贴银各不相同，是平时参加家庭管理得到的补贴。①

乾隆十六年(1751 年)，徽州典商黄家家产做了这样的划分：

炽、炜、焯奉继母命，请伯父、叔父暨诸堂叔复立清扒阄

① 郑小娟：《15—18 世纪的徽州典当商人》，天津古籍出版社 2010 年版，第 203-213 页。

分合同。弟炽等兄弟三人不幸幼孤，蒙伯父匡扶，经今一十三载。前于乾隆四年腊月父逝后，已凭诸叔祖、伯父、叔父及诸堂叔将阄分兆隆典业彻底清查，伯父名下合得一半，炽父名下合得一半，其典屋与伯父均业。又伯父手创有朱家角兆豫典业，但炽父四股之一，伯父四股之三。二典所存本银曾经分析，立有合墨，各执一纸为凭。今奉继母命，复将二典所存资本除去历年支用仍存本银，并父遗田产及续置嘉善屋宇，恳伯父、叔父暨诸堂叔复行分扒，以便炽兄弟等各人名下自行支给管业……今将兆隆典合得一半，计银壹万零叁佰零伍两柒钱零五厘，内扒贮捌佰两，每年支利捌拾两，以为汪氏孺人养赡之需，仍该存本银玖千伍佰零伍两柒钱零五厘，兄弟三人均分，炽名下分授本银叁千壹佰陆拾捌两伍钱陆分捌厘，炜名下分授本银叁千壹佰陆拾捌两伍钱六分八厘，焯名下分受本银叁千壹佰陆拾捌两伍钱六分八厘……其兆豫典存本银叁千叁佰捌拾贰两叁钱六分，除去朱家角屋价并枫泾正屋、顶首、栈屋、赵屋，共悬本壹千壹佰陆拾贰两九钱四分七厘，除仍存贰千贰佰拾玖两四钱一分三厘。内扒出伍佰两与炽名下，承长该分资本，除此仍该存本银壹千柒佰拾九两四钱一分三厘，并前高检、富菊各客本一并存众，以为扦葬风水祭祀婚嫁等事，有余不足，均分均补。①

表 5-2 黄炽兄弟与伯父分家表

	兆隆典	兆豫典
伯父	一半	三股
黄炽兄弟	一半	一股

黄炽等兄弟三人与其伯父共有两座当铺，分别是兆隆典和兆豫

① 《乾隆十六年黄炽等立阄分合同》。《徽州千年契约文书·清民国编》第8册，花山文艺出版社1992年版，第499-500页。

典。乾隆四年他们分过一次，兆隆典平分，黄炽兄弟得一半，伯父得一半；兆豫典伯父得四分之三，黄炽兄弟得四分之一，并没有简单地各分一座当铺，而是形成了一种你中有我、我中有你的互相交叉的状况，从而使财产难以分散。这次分家，黄炽、黄炜、黄焯平分了兆隆典的一半，并从中给母亲拨出 800 两养老之资，即 (10305.705-800)÷3=3158.568。黄炽又还得了兆豫典的 500 两。兆豫典里黄炽兄弟的分额 1719.413 两(3382.36-1162.947-500=1719.413)，并没有从中提出，而是作为兆豫典的客本，供伯父经营使用。其枫泾正屋等固定资产分给了伯父，伯父因此应给黄炽兄弟 624.9 两银子，这笔银子只是取出了 24.9 两兄弟三人均分，其余的 600 两也是作为客本，供伯父经营使用。这样，他们的份额便以客本的形式转化成了所有权，而没有分割财产。郑小娟指出，这是所有权的划分，并不分割财产，避免了资本重归分散。①

据汪庆元先生研究，徽州典商汪左淇兄弟四人开了德新、协和、怡和、敬义四座当铺，总资本近 197270 千文。道光二十五年(1845 年)兄弟四人分家，大房分得 55247 千 830 文，二房分得 41134 千 34 文，三房分得 44362 千 585 文，四房分得 56524 千 940 文。他又指出，徽商资本的分与合，是由市场条件决定的。资本分析后，一旦出现了商机，即重组经营。汪左淇兄弟分家后的次年，就又合开盐典。②

据王裕明的《明清徽州典商研究》的图版 17，有一份道光十九年垲记阄书，也是一个典商家庭的分家书：

> 隆泰典本分得一半，本银壹万陆千零零贰两壹钱叁分玖厘。
>
> 恒裕典本分得一半，本银壹万柒千壹百玖拾陆两玖钱伍分玖厘。

---

① 郑小娟：《15—18 世纪的徽州典当商人》，天津古籍出版社 2010 年版，第 220-227 页。

② 汪庆元：《汪氏典业阄书研究》，《安徽史学》2003 年第 5 期。

泰丰典本分得一半，本银陆千叁百捌拾两零肆分伍厘。

恒隆典本分得一半，本银陆千零肆拾叁两壹钱叁分贰厘。

长隆典本分得一半，本银肆千陆百玖拾柒两贰钱柒分。

长兴典本分得一半，本银柒千叁百零柒两柒钱陆分陆厘。

润元衣庄本分得一半，本银伍千伍百伍拾柒两伍钱贰分壹厘。

以上总共实得本银陆万叁千壹百捌拾肆两捌钱叁分贰厘。①

这个徽商名胡元熙，共有六座当铺，一座衣庄。他有两个儿子，名积堧、积垲，这是积垲的分家书。值得注意的是，积垲分得的家产没有完整的，都是分得一半。可以推测，积堧的分家书与此区别不大，也是都分得了一半。所以我们搞不明白各个当铺、衣庄的归属，只知道两个儿子各得一半。这样实际上就明确了两个儿子各自所占的分额，而又不分割财产，从而避免了因分家而导致家产分散而被人兼并，演变成悲剧的可能性。

实际上，山西商人里亲族合伙也不少。如乾隆三十一年(1766年)的某山西典商的分家阄书：

留自己夫妇养老银壹仟两整，每月要利银壹拾两整，以为日用之费。

长子赐爵分本银捌佰两整，作为壹俸。

二子赐位分本银捌佰两整，作为壹俸。

三子赐禄分本银捌佰两整，作为壹俸。

四子赐权分本银捌佰两整，作为壹俸。

五子赐贵分本银捌佰两整，作为壹俸。

日后所得利息，除过出利、家中公费并内外劳经银两，许按五股均分。

① 《道光十九年垲记阄书》，《明清徽州典商研究》图版17，人民出版社2012年版。

这是一份山西典商和五个儿子之间的分家阄书，是采用亲族合伙的形式。乾隆三十一年(1766年)五个儿子所得分额都一样，都是八百两作为一俸。过了两年，又发生了变化："当日同众亲长公议，将爵等兄弟五人每人分到资本银捌佰两整，作为银股贰俸，爵位禄权兄弟四人每人人力作为壹俸。日后天赐获利，照依银人拾肆俸均分，众人务必同心协力，不许私心瞒昧，怠惰偷安，则财无不发，利无不增矣。在中亲长田廷赐、任超舆、武敬承。"①这次分家，不仅有银俸，还出现了人俸。其中四个儿子有人俸，一个没有人俸。这个没有人俸的儿子可能年龄最小，还没有参加商业经营活动，所以他只有银俸，而没有人俸。

嘉庆年间也有一份这样的阄书：

> 立分伙约人王加恩，所生四子良卿、良臣、良相、良宰，俱已长成婚配。因年老衰弱，不欲经理，将家内产业请同家长俱已分拨，有分单可证。惟有在沁源县大南川开设恒裕当生理，四子默体亲意，俱不分拆，故立合伙，将父之本钱壹千串整作为贰股，兄弟四人每人入钱本壹千伍佰串整作为叁股，各亲随人力一股。以上人银共作壹十捌股，日后获利按股均分。又议定每年人力各使钱伍十千整，再有嫁娶修造之事，五十千之外，许在铺内借钱壹百千整。一帐之期，长除短补，各出情愿，不得反悔。自立合伙之日，再不许在铺生息私财，免生角口。如有利己私心，人股不得，罚银壹百两整。恐口无凭，立约为证。
>
> 该批五年之内与良卿、良宰捐纳监生起结银两在铺中使用。②

可见，其家产分配分为两个部分：首先是家中"家内产业""分拨"，主要应是家中田产、房宅之类，且是按诸子平均的方法分配

① 《乾隆商人清算册》，刘建民先生藏。

② 《王加恩同四子的分家书》，刘建民先生藏。

的。其次，则是对设于沁源县的恒裕典股份的分配(如图 5-2)。这里四子不但未得到相应的财产，还得拿出一千五百串入股，将典当改成合伙典当。可见，从家产继承的角度言，这实际上是将家产分割转变成了家族合伙。这家当铺并没有因为这次分家导致资产分割，反而因为四个儿子的重新入股而规模扩大了，诸子由此次典当股份分配到的似乎只有父亲所开典当的市场等无形资产了。

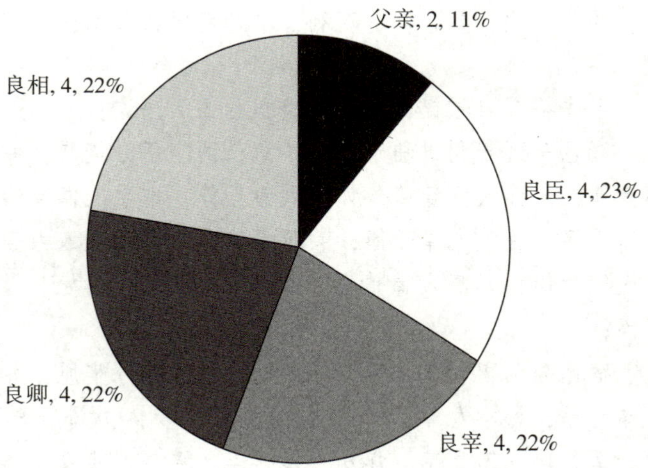

图 5-2　晋商恒裕当分家图

山西典商家族分家书所见到的典当股份分配继承，主要形式还是采取以上所说的“分家不分业”的形式，分开的只是所得利润相应份额的所得权。

道光二十年(1840 年)，一家赵姓山西商人是这样分家的：

今将所有湖南、介邑生意典号贰拾壹处，共计银人俸股贰拾玖俸五厘，统至道光十九年终，总算本利银叁万捌千肆佰捌拾两零贰钱贰分九厘，当与母亲公驳出奉养银壹千两正，其余按四股均分，每股应分银玖千叁佰柒拾两零零五分柒厘贰毫。惟内有四号入本宗项，当时未便抽出，故作公项留后生发，特为提明，以备后鉴。计开：

三宁康记入本纹银叁千两正，作为银俸一俸；

永升福记入本纹银贰千伍佰两正，作为银俸一俸；

聚美和记入本纹银贰千两正，作为银俸贰俸，随公人俸壹俸；

元茂公记入本纹银叁千两正，作为银俸壹俸，随公人俸五厘。

以上四号共入本纹银壹万零伍佰两整，银人共计六俸五厘，共为公项，异日发达获利，本息仍照四股均分。

今先将各典号银人俸股所坐积利银两分讫：

寰已分到积利银陆千柒佰肆拾伍两零伍分柒厘，并三宁人俸壹俸，永升人俸壹俸，如泉人俸壹俸，中孚人俸壹俸，恒茂人俸壹俸，益茂人俸壹俸，荣茂人俸壹俸，如霑人力壹俸，祥发人俸壹俸，广茂人俸壹俸，丰茂人俸壹俸，共计人俸壹拾壹俸；

宿已分到积利银陆千柒佰肆拾伍两零伍分柒厘，并聚美和人俸壹俸，松华人俸壹俸，从心欲人俸壹俸，履升典人俸壹俸，萃升典人俸壹俸，祥发人俸壹俸，福茂人俸壹俸，共计人俸柒俸；

覲已分到积利银陆千柒佰肆拾伍两零五分柒厘，并思德人俸壹俸，丰茂人俸壹俸，益升典人俸壹俸，从心欲人力壹俸，临福敦人俸壹俸，共计人俸伍俸；

肯分到积利银陆千柒佰肆拾伍两零五分柒厘。

以上房地生意及各房家具，当日凭中概按四服分讫，日后各执各业，别无异论。兹遵慈命，特立此分阄四张，各执一张，存据。

壹样分阄四张，各执壹张，永远存照。

道光二十年三月十二日立分阄文约人赵炳寰、赵炳宿、赵覲堂、赵肯堂公立。

今将二十一典号所坐银人俸积利各宗，详列于左，以备查阅：

三宁康记银人贰俸，共本利银捌千贰佰叁拾捌两五钱柒分贰厘，除屡年支用过银叁佰两，除支用净坐积利银柒千九佰叁拾捌两伍钱柒分贰厘；

永升福记银人贰俸，共本利银陆千贰佰五拾陆两叁钱柒分捌厘，除屡年支用过银叁佰贰拾两，除支用净坐积利银五千玖百叁拾陆两叁钱柒分捌厘；

聚美和记银人四俸，净坐本利银肆千肆佰玖拾五两零捌分；

如泉涌记人俸壹俸，净坐积利银捌佰零玖两捌钱零五厘；

中孚堂人俸壹俸，共积利银陆佰伍拾两零零柒分叁厘；

益升典人俸壹俸，共坐积利银壹千叁佰柒拾柒两捌钱伍分九厘，除屡年支用过银贰佰两，除支用净坐积利银壹千壹佰柒拾柒两捌钱五分九厘；

思德人俸壹俸，共积利银捌佰叁拾柒两柒钱玖分捌厘；

松华人俸壹俸，共积利银壹千肆佰贰拾叁两玖钱壹分，除屡年支用过银肆佰捌拾两，除支用净坐积利银玖佰肆拾叁两玖钱壹分；

从心欲记人俸贰俸，共积利银柒佰贰拾陆两捌钱柒分陆厘；

恒茂长记人俸壹俸，共积利银贰千零陆拾捌两柒钱零玖厘，除屡年支用过银壹佰陆拾两，除支用净坐积利银壹千玖佰零捌两柒钱零玖厘；

丰茂人力贰俸，共积利银贰千捌佰伍拾伍两玖钱伍分玖厘，除屡年支用银贰佰肆拾两，除支用净积利银贰千陆佰壹拾伍两九钱伍分九厘；

……

元茂公记银人壹俸伍厘，共本利银叁千陆佰捌拾贰两零贰分，除屡年支用过银壹佰两，除支用净坐积利银叁千伍佰捌拾贰两零贰分。

以上二十一典号，除历年支使，净统计入本并积利银叁万捌千肆佰捌拾两零贰钱贰分玖厘。①

关于“积利银”，据刘建民先生收藏的《立账簿头绪》的清单旧管第二项，有“某年至某年积利若干，此照万年总账每年天赐获利总共登来”。可见，积利银应是历年应分未分的利润合计数字。

现把这份阄书的内容做成以下两表：

表 5-3　　晋商赵氏家族分家表

产权	积利银(两)	人俸(俸)
养母银	1000	
公项	10500	1.5 俸
赵炳寰	6745.057	11 俸：三宁、永升、如泉、中孚、恒茂、益茂、荣茂、如霈、祥发、广茂、丰茂各一俸
赵炳宿	6745.057	7 俸：聚美和、松华、从心欲、履升、萃升、祥发、福茂各一俸
赵觐堂	6745.057	5 俸：思德、丰茂、益升典、从心欲、临福敦各一俸
赵肯堂	6745.057	
合计	38480.228	24.5 俸

表 5-4　　赵氏家族各典积利银及所占人俸统计表

编号	存处	积利银(两)	人俸(俸)
1	三宁康记	7938.572	1
2	永升福记	5936.378	1
3	聚美和记	4495.08	2

① 《赵炳寰等四人的分关文约》，刘建民先生藏。

续表

编号	存处	积利银(两)	人俸(俸)
4	如泉涌记	809.805	1
5	中孚堂	650.073	1
6	益升典	1177.859	1
7	思德	837.798	1
8	松华	943.91	1
9	从心欲记	726.876	2
10	恒茂长记	1908.709	1
11	丰茂	2615.959	2
12	益茂	2273.14	1
13	履升	328.54	1
14	萃升典	482.01	1
15	荣茂华记	636.781	1
16	祥发	634.08	2
17	如霈润记	1511.024	1
18	广茂	395.56	1
19	福茂	534.54	1
20	临福敦记	61.515	1
21	元茂公记	3582.02	0.5
	合计	38480.229	24.5

通过分析以上表格可以发现，四个儿子的银俸都是一样的，都是9370.057两，而人俸则有多有少，最小的赵肯堂还没有人俸。而程虚宇的分家阄书里，分授给四个儿子的本银都是一万两，而附本利银、找贴银的数目则各不相同。所以这两个不同地区典商分家书所反映的分家制度均是诸子平均分配的办法，所不同的是，程虚宇分家阄书中是附本利银、找贴银，而山西典商赵家的则是人俸，这就把家族合伙和股俸制结合起来，因而更加制度化了。后来股俸制发展到所有权和经营权分离，典当的所有者不参与日常的经营管

理，就更不会导致典当资本因为分家而分散的悲剧了。从以上材料来看，家族合伙广泛存在于晋商和徽商当中，与地域没有关系。

当然，家族合伙如果操作不当，也会发生问题。陕西凤翔府“道光二十年(1840年)二月二十四日，审得扶风县民范纯熙控张建烈等一案。缘范纯熙之祖范凤鸣于乾隆年间出资七千两，开设晋顺当铺，张建烈之父张乃仓领本营运，历系以钱一串作银一两。嘉庆十二年(1807年)年间，范凤鸣长子范凌霄在铺经理，后来范氏兄弟食指浩繁，将资本分作十分。范周易、范周锡、范班、范黄氏陆续将本利抽回。十二年，范九霄、范登霄、范维希、范平娃亦陆续抽去本利，俱经范凌霄清算付给。道光十五年范纯熙欲行出伙，凭众算明，本利共银一千四百余两。除去开销各项，只应找钱一千二百串有奇。因念伊父子在铺有年，情愿多给钱三百余串，共给钱一千六百串，给范纯熙收受出伙，马晋升书写合同为据。道光十七年，范纯熙复在该铺借钱二百串，范鹤霄借钱三十串，范九霄、范登霄闻风而来，纷纷告借，该铺不肯付给，以致讦讼”。① 这家合伙当铺，不仅把原来的资本分为十分，造成股权分散混乱，而且还随便抽回，随便借支，显示出了家族合伙的弊端。②

在经济史上，家族企业无疑占有一定的地位，它利用血缘关系，比较容易地筹集到企业的起动资本。但这种企业如果要长期存在、发展下去，尽量减少领导人的更替带来的震动，就需要一种比

---

① 《府判录存》卷三。《明清法制史料辑刊》第一辑第19册，国家图书馆出版社2008年版，第383-384页。

② 还有一种家庭成员之间的合伙典当，与以上因为继承财产而形成的典当铺合伙是不同的。“福建水师提督李润堂延钰既致仕，遂侨居泉州。年七十五岁，犹有九妾，生子十八人，女二十三人。九妾各出私蓄二千金，于泉郡东门内合设一当，名九如。各妾每轮值管理一月，余及闰月所得子钱，则充当中公用，故其让利常至九月，盖逐月争期多当也。其名九如者，亦取《左传》如夫人之义耳。”这是典型的家庭成员之间的合资，成员之间同出资本，轮流管理，既不需要订立契约。这种轮流管理的方式看似公平，但因为典当行业比较专业，不是每个妾都具备这方面的知识，所以未必适合典当管理，故而也相当罕见。

较理性的制度安排。家族内部要想分家并不分产，合伙也不失为一种较好的选择，所以历史上的实例也为现在的家族企业提供了经验。

第四节　典当业资本组织方式：合伙(三)

以上对典当合伙制的源起、大致发展历程、家族成员合伙、官府典当与商人的合伙、典当股份的转让等问题作了初步的论述。实际上从其资本组成看，典当合伙制可以划分成不同的类型：一是货币资本之间合伙，包括个人、字号、堂号之间以不同数量的货币资本组成合伙。二是货币资本与劳动资本之间合伙，即货币资本所有者与劳动者之间合伙，即劳动力资本化，或简单说来，就是东家与伙计合伙。前者，伙计领固定工资，负责经营。而后者，则在领取固定工资的同时，伙计以其劳动及能力得到一定的股份，从而参加字号的利润分配。对于典当而言，尤以后者运用最广，发展程度最高。虽然此类资本组织方式在东西各国皆有应用，但也正是此类组织方式最为体现中国传统合伙制的特点，值得在这里专门加以论述。因相关材料以明清两代最为丰富，这里便以明清尤其是以清代材料为主加以论述。

这种合伙制宋元时期就出现，明代已经很普遍了，王士性记载："平阳、泽、潞豪商大贾甲天下，非数十万不称富，其居室之法善也。其人以行止相高，其合伙而商者，名曰伙计。一人出本，众伙共而商之，虽不誓而无私藏。"①这里未说明"出本"之人与"众伙"之间的具体关系，他们可能是一种以借贷资本形式出现的领本经营，就是说，伙计借领本钱，出去经营，一段时间后，连本带利偿还，而这个利是事先规定好的。这就是如材料下半段要说伙计不能及时偿还时，其家人甚至子孙"更焦劳强作以还其贷"的原因。但也可能是如这些伙计与"出本"人之间是一种合伙关系，即伙计领本经营，得利之后，按商定的比例分配利润，如《金瓶梅》所载

① (明)王士性：《广志绎》卷三，中华书局1981年版，第61页。

西门庆与其伙计韩道国等人那样。《金瓶梅》记载:“那韩道国坐在凳上,把脸儿扬着,手中摇着扇儿,说道:学生不才,仗赖列位余光,在我恩主西门大官人做伙计,三、七分钱,掌巨万之财,督数处之铺,甚蒙敬重,比他人不同。”①此虽为吹嘘之词,但反映了当时商业经营者与东家之间的关系。而所谓的“三七分钱”进一步股份化,则发展成了股俸制。

在这种合伙制发展的过程中,尤其以山西商人将它发展得最为充分,在典当业中应用得也最为广泛。总括山西典当业中这种合伙制,大体有以下两种情况:②

第一种情况是银钱股股东同时占人身股。如有山西典当合伙约云:

> 立合同合(衍文)生理约人等,兹因志同道合,情愿在南阳镇设立大恒当一所。众东伙议定,共入资本钱三千三百吊整。自立之后,务须同心协力,拮据经营,天赐获利,计股均分,倘有私弊,神明鉴察。自若生理赚失不等,各按天理,此系情愿,并无异说。恐无后据,立此合同六纸,各执一张存证。
>
> 今将人钱俸股开列于后
>
> 张辅清入资本钱一千吊整,铺内身力三厘。

① (明)兰陵笑笑生:《金瓶梅词话》第三十三回《陈经济失钥罚唱,韩道国纵妇争锋》,人民文学出版社2000年版,第386页。

② 当然那种没有人股银股分离的合伙制在山西商人中也是存在的,如刘建民先生藏《乾隆叁拾柒年张柄等三人合伙开当约》便反映了这种类型的合伙制。合伙约言:“立合伙合同人张柄、许本曜、许长茂,因为彼此意气相投,情愿各出资本合伙生理。计开:张柄打出本银贰佰伍拾两,本曜打出本银伍佰两,长茂打出本银贰佰伍拾两。三人共本银壹千两整,入与陕西河州陆合当许长春名下托张柄照管。自合伙之后,有利照资本多寡均分,有害亦照依资本多寡均认,各无异说。恐口难凭,立合伙合同一样三张,各执一张,永远存证。乾隆叁拾柒年拾月初九日,立合伙合同人张柄、许本曜、许长茂。”

任宏有入资本钱八百吊整，铺内身力三厘。

苏福兴入资本钱五百吊整。

任士太入资本钱四百吊整。

郑福蛟入资本钱肆佰吊整，铺内身力壹厘。

靳殿玺入资本钱贰佰吊整，铺内身力伍厘。

说合人：程玉仁、李安珠。

高康晋书。

大清同治十三年(1874 年)二月初六日　　　　大恒当第肆号立。"①

这家当铺的东家共有六人，有身股的竟有四人。其中靳殿玺所入的本钱最少，而他占的身股最多；张辅清入钱股最多，占身股三厘。这说明在店铺的所有权和经营权还没有完全分离时，张辅清可能参加了管理，是所有合伙人中对店铺控制力最大的股东。而郑福蛟、靳殿玺可能原本是当铺里占身股的伙计，后来把自己微薄的积蓄也投入到当铺的资本里。

有时候一部分人股、身股由占有银股、钱股的股东占有，但是拥有两种股份的股东并不一定参与典当的经营之事，而是单纯为了占有一定的人股身股，使两种股份之间保持数量的平衡，并因此保持股份利润分配的平衡。如有一份乾隆年间的当商分家书，所记年代是乾隆三十一年(1766 年)至五十二年(1787 年)，一开始只有"京中""家中"股份，至三十九年(1774 年)开始，除"京中""家中"外，又谈到"绵盛"的股份；乾隆四十六年(1781 年)，除了"铺中"，还有了"绵盛义记""元茂丰记""京德昌"股份；乾隆五十一年(1786 年)则除了"绵盛义记""元茂丰记""京德昌"股份外，又谈到"介邑本铺"。实际上"京中"等于"京德昌"，"铺中"等于"介邑本铺"。那么，此家用于分家的股份包括"绵盛义记""元茂丰记""京德昌""介邑本铺"四种。而其分家的共有五房人，其中乾隆三十一年(1766 年)至三十二年(1767 年)是长子赐爵、二子赐位、三

① 《同治十三年张辅清等立大恒当合约》，刘建民先生藏。

子赐禄、四子赐权、五子赐贵；而乾隆三十四年(1769年)至五十二年(1787年)则变成“用”“拔”“颁”“衡”“贵”。[①] 看来只有赐贵在乾隆三十四年(1769年)以后还存在，其他四子则应是换成了他们的儿子。在分给五房的股份中便有四家含有人俸，在分家书的乾隆三十三年(1768年)部分说：“当日同众亲长公议，将爵等兄弟五人每人分到资本银捌佰两整，作为银股贰俸，爵位禄权兄弟四人每人人力作为壹俸。日后天赐获利，照依银人拾肆俸均分”。乾隆三十四年(1769年)，出名股东变了，其股份情况变成为：“用银人叁俸，应得利银壹佰叁拾贰两”，“颁银人叁俸，应得利银壹佰叁拾贰两”，“衡银人叁俸，应得利银壹佰叁拾贰两”，“贵银贰俸，应得利银捌拾捌两”。[②] 就是说前四房的股份均有一俸是人俸，而人俸与银俸一样参与利润的分配。这里四房的股份中都有人俸，显然应该是那种由股东占有，未必参与典当经营的人俸。

第二种情况是：人股身股与银股钱股完全分开，资本所有者与经营者完全是不同的人，也就是说所有权与经营权分开。如有山西典商合伙约言：

> 计开
> 张贻绪入资本钱贰仟肆佰仟，作钱股壹俸伍厘。
> 张贻绩入资本钱贰仟肆佰仟，作钱股壹俸伍厘。
> 张贻祖入资本钱贰仟肆佰仟，作钱股壹俸伍厘。
> 公合堂入资本钱壹仟陆佰仟，作钱股壹俸。
> 谨身堂身股壹俸
> 白丕显身力壹俸
> 惠寿身力壹俸。
> 道光二十五年(1845年)贰月初二日。[③]

---

① 此分书一开始记载了五房所应分的银四千两，即每房各分得八百两，在此后的清算单中，此四千两是每年都必须存在的。

② 《乾隆商人清算册》，刘建民先生藏。

③ 北京晋商博物馆藏《道光二十五年张贻绪等沁州万亿当合同》。

这家万亿当的出资人有四个，前三个可能是兄弟。其中规定，一千六百吊铜钱为一俸，但公合堂不像一个人，更像一家店铺。与上述大恒当比，此当是股东只占有钱股，身股三俸全部由伙计占有，表明资本的所有权与经营权是分离的。光绪三十四年(1908年)的裕庆当的情况也是如此，其合伙约云：

> 侯东秀堂资本钱陆仟吊整，作为钱股叁俸。
> 庞思忍堂资本钱肆仟吊整，作为钱股贰俸。
> 梁裕厚堂资本钱贰仟吊整，作为钱股壹俸。
> 阎肇楠人力股捌厘。
> 宋文元人力股陆厘。
> 魏国良人力股伍厘。
> 张维勤人力股叁厘。
> 以上统共钱人股捌俸贰厘，日后仰蒙天赐获利，按钱人股均分。所有本铺架利梯架家倨(具)，俱系财东填讫，与众伙无干。众伙倘有高升未宜者，按上年清单、本年应支核计清结。此乃各出情愿，不得争竞。立此合同一样四张，财东各执一张，铺存一张，永远为据。
> 中人侯子和、梁心如。①

这家当铺的钱股股东姓氏各不相同，可能突破了家族的藩篱。那些堂有可能是某一商人家庭，也可能是某家商业字号，故而也可能是店铺之间的合伙。伙计们各自持有的身股也多少不一，反映了内部人员之间是根据经营能力、年资得到不同的身股，而不是平均分配。

第三种情况是，两种情况的人力股在典当股份中均存在，而经营之事主要由纯粹占人力股的伙计完成，但也允许其他占有人力股的股东到铺中办事，即负责经营。有一份道光年间的合伙约说：

---

① 《光绪三十四年侯冀村裕庆协记万金财源账》，刘建民先生藏。

立生意合同约人马鸣鸾、马鸣鹤、周西兴、马抡才、索味道，今在静乐县任家村合伙设立涌泉永字号，开当铺杂货生理，每钱本四百千文作为一股。马鸣鸾仝子马安兴垫本钱一千四百六十千文，作三股六厘五毫；鸣鸾仝子安兴随人力一个作立一股，西兴人力作立一股，味道人力作立一股，抡才人力作立七厘。以上钱本人力共作为七股七厘，后日天赐获利，按股均分，同心协力，各秉天良，自有神佑。恐后无凭，立合同约存照。

计开：财东人力不到铺办事，每年作工钱十千文。每一人一年回家二次，出盘用钱二百文。每一厘一年禁支使钱二千文，如有多支使者，每一千罚钱二千。下股分一厘，有回家过一月不来者，罚神烛一斤。过两个月不来者，下尽股分逐出铺外，决不容情，慎之慎之，以免后悔。

道光九年新正吉日　立

郭维泰、马凌月、王永兴、段昌泰知见。

表 5-5　**涌泉当资本构成表**

编号	股东名	股本数量	股份种类及数量	其他
1	马鸣鸾仝子马安兴	垫本钱 1460 千文	作三股六厘五毫	
2	马鸣鹤	公中垫本钱 140 千文	作三厘五毫	
3	鸣鸾仝子安兴		随人力一个	
4	西兴		人力作立一股	
5	味道		人力作立一股	
6	抡才		人力作立七厘	
	总计	钱人股共七股七厘	其中人力股三股七厘。	“财东人力不到铺办事，每年作工钱十千文”

此涌泉永记典当杂货铺最早设立于嘉庆后期，当时只是典当铺，从嘉庆二十二年（1817 年）至道光二十年（1840 年）共有合约、推约五份。至道光九年（1829 年）再次整理股份，设立这家典当兼杂货铺。由此约可见，共有钱股四股、人股三股七厘，其中财东占有人力股一个。总的说来，人股所占比重是比较高的。其中最有意思的规定是："财东人力不到铺办事，每年作工钱十千文。"此规定的意思应是：如果占有人力股的股东不从事具体经营之事，则每年必须出工钱十千文，才能得到与人力股相关的收入。说明财东占人力股也是要到铺中办事的。

这种合伙制不仅流行于山西本地，山西商人在其他地区也是采取这种合伙制形式，直至清末以后还是如此。如光绪九年（1883 年），某西商"于是父子谋定于江宁、苏州、武昌各开二典，于扬州开四典，挈眷僦住扬州。每典先发本银二十万两，其长子于上科登贤书，次子已久捐两淮运判。今已遣长子回晋专选典伙来南，一切照西典古法，以杜亏帐、放火、伙遁、害主之患，不用一外人。现于扬州城内买地造屋，百堵皆兴，大约岁底即可开张。此风一传，即有富绅、巨贾、小贩、盐帮趾错于门。翁谦抑逾恒、酬应悉协，有言及财者，翁则云另有财东，我不过受重托为总管而已。语云长袖善舞，多财善贾，其翁之谓欤！"①这位巨商本是山西人，他到长江流域开典当，采用"西典古法"，即山西商人的股俸制。可见，山西商人的股俸制传播到了长江流域。直到民国时期，西方的公司制已经在中国登陆，《公司法》也已制定，山西有的当铺还实行这种合伙制，如民国十六年（1927 年）在山西灵石县开张的裕庆当，便是一例。②

后来，这种合伙更加制度化，形成了影响深远的股俸制。王裕明认为，股俸制形成于乾隆、嘉庆年间，不迟于道光年间。③ 实际

① 《申报》3802 号 1883 年 11 月 21 日《巨商开典》。

② 张建朋：《晋商裕庆当账簿研究——以会计史为中心》，《会计之友》2012 年 10 月上。

③ 王裕明：《明清徽州典商研究》，人民出版社 2012 年版，第 386 页。

上，我觉得可能要早得多，从文献记载上看，至少康熙年间就相当成熟了，如有山西商人分家书首先记载了霍惟光、朱奎光、郭禹门、郭焕章从康熙六年(1667年)左右至雍正八年(1730年)左右陆续投入资本、分利的情况；其次又以简称的方式叙述了“霍”“朱”“浪”“文”“泰”“又”等股东入资本、添资本、顶资本的情况及利润分配的情况，① 其中有两段载：

> 雍正四年五月初九日清算在前一年
> 霍总本银三百一十六两。
> 朱总本银二百二十五两。
> 浪总本银二百五十五两，泰顶本银一百八十两。
> 文顶本银一百八十两，又立本银二十两。
> 银人共总本一千一百七十六两。
> 连余共出利银五十一两五钱四分。
> 除过官使岷州来折了提饭银四十六两九钱六分半，
> 实余利银四两五钱七分半，分完。
>
> 雍正五年二月初二日清算在前一年
> 霍总本银三百两。
> 朱总本银二百两。
> 泰总本银一百两，人顶本银二百两。
> 文顶本银二百两。
> 银人共总本银一千一百两。
> 共出利银九十五两五钱一分一厘。
> 除过官使金子折了，房钱银一十五两五钱，实余利银八十两九钱五分，七八六……②

① “十一月十六日开当，至五十九年二月初一日清算在前”，可见，就是一份典当清算单，但作为一份清单，实在是相当杂乱，可以说是一份零星记载资本投入、利润分配情况的账单。

② 《康熙雍正年间某典当本利清算册》，刘建民先生藏。

此清算册可疑之处甚多，如此两段，每六笔或五笔总本银各都达到了最终总数的和。但第二段中有“人顶本银”，而第一段中却没有，但最终却都是“银人共总本”。如这里“银人”是指银股、人股的话，那么，“人股”又何来呢？有可能包括在本银之中，而一起被统计起来，未专列人股多少。如若如此，这是一家股东也占有人股，并负责经营的典当铺。说明康熙、雍正年间典当中这种类型的合伙制，暨股俸制基本形成了。

其他地区的商人有时也采用这种类型的合伙制，如由湖北天门熊氏家族文书可见，湖北天门地区早在乾隆年间就出现了这种合伙类型的典当，有乾隆四十五年(1780年)的合伙契约说：

> 立合同人熊国豫、章开元，因意气相投，合伙在彭市河开立同泰典铺，请帖商名章同泰。当日，熊出本银三千两，章出本银四千两，议定以五百两作一股，共计银分十四股为本金分受。又人分一股，为典内管事分受。一切店租、客俸、伙食、杂项，俱在公支销开账，眼同结算，不得私有支借。
>
> (下略)①

此契表明，开设于彭河市的同泰典，银股、人股的比例是14∶1，每五百两为一股，规定“人分一股，为典内管事分受”。这里不知其经营方式如何，但总的说来，其人股所占比例相当的低。

道光年间，湖北天门地区的此家典当合伙又有了发展：

> 立合同字人安益源典、熊笃叙堂、安义盛号，今因熊笃叙堂于道光六年(1826年)十二月顶买天邑北关安隆裕典铺生理，更名熊玉祥，请帖开张。适值熊、安两家意气相投，当年凭中说合两家合伙。熊笃叙堂出本银二万四千两，安义盛号出本银二千两，益源典出本银一万两，共成典本岳口平纹银三万六仟

① 张建民：《湖北天门熊氏契约文书》五—001《合开典铺合同》，湖北人民出版社2014年版，第797页。

两整。三面言定，以银二仟两为一股，合成银分十八股，熊姓十二股，安姓六股。另立人分六股，以备管事者之俸，俸之大小，随材酌定。俟得利之日，按股分派。至每年所得毛利，除官费、房租、伙食、杂用、众伙客俸在公支销外，东伙不准擅自私用。

……

丨典帖交熊笃叙堂收存。

丨银分十八股外，立人分五股，熊姓上班人分二股，笃叙堂督办典事人分一股，安姓上班人分二股。又另立一股，以备典伙有老成稳妥者，随材酌与承顶，或半股或三四厘不等，均在此一股内分派。由此类推，宁缺勿滥，总不得逾人银二十四股之数。将来得利，除典内伙食、客俸、官费、房租以及原买家具，并逐年添补家具，一切杂用外，按股分利……至上班伙计，或有去留，未便载入合同，另立人分账存典，以凭清算……

丨将来如有不愿合贸，抽提本银者，所有典存当货架本，无论时价、贯利、折头之高低，俱照原顶贯二元银，每两作口平纹银九钱四分。现存钱，照原顶钱价，每串作口平纹银八钱七分扣算。

丨伙计沾受人分大小，东家公同酌定，必须其人老成稳妥、鼎力办事，不得徇私滥顶，亦不准开立空分。

(下略)①

这是一种很有特色的合伙制。整个典当规条把人股分为两种，一是东家享有的"上班人分二股"、"督办典事人分一股"，后者由熊家享有，表明熊家在此家典当中因为占有最大的股份，故而对典当控制力亦是最强的。二是所谓"客俸"应是指伙计的工资，除此之外，办事得力、老成的伙计还会得到二、三厘到半股的"人

① 张建民：《湖北天门熊氏契约文书》五—047《合开典铺合同》，湖北人民出版社 2014 年版，第 810-811 页。

分”。这些少数伙计享有的“人分”，不应理解为工资，即“客俸”一样的东西，而是伙计以其劳动对资本利润的分割，是一种劳动力股份。

还值得注意的是：这家典当中的人分主要由出资者熊家、笃叙堂、安家分受，作为所谓“上班股份”及“督办典事人分”，共四股，伙计只占一股。这表明这家典当经营权与所有权未分离，股东控制经营，与以上山西商人的所谓“西典古法”形成了鲜明的对比。

道光十四年(1834年)，这家合伙的典铺因为生意不景气解散了，也立了一份字据：

> 立分拨字安益源典、安义盛号，自道光七年(1827年)正月起，熊笃叙堂出典本汉票色纹银二万四千两，益源典、义盛号出典本汉票色纹银一万二千两，合伙顶买天邑北关隆裕典架货，新开玉祥典。原期永远兴隆，利害与共，不料三年水灾，典贸亏折，益源、义盛两号不愿合贸，请凭安尔让、孙梅承、程元恺、潘宗玉、宋景元、曹皇秩等说合清算，以十三年终为止处，令开除聚昌号陈福安等塌账，俟日后收得若干，按股摊分。信当四折扣钱，田价五折扣钱，现存钱并外借钱、谷、麦等俱作八折纹银扣算。外将玉祥典本当架货交付熊笃叙堂承受，照合同所载，原议每串架本九四折纹银、贯二加利，凡属玉典一应货物、银钱、会票、家具，缮载清单，俱系熊府垫银摊分。所有益源、义盛两号当日所入典本纹银一万二千两，以及人银八股应分贯利，一并收清。自抽本以后，玉祥典架货并具、架号等件，俱付熊府管业，将来生意利害不与益源、义盛两号相干。
>
> (下略)①

这是一份合伙解散的合同，两位撤出的股东虽然没有抽出原来

① 张建民：《湖北天门熊氏契约文书》五—069号《合开典铺合同》，湖北人民出版社2014年版，第819页。

购买玉祥典架货并具架号等的价钱，但也没有承担经营中所导致的其他亏损，所负责任带有有限性质。最大的股东熊笃叙堂垫银摊分，承担了损失，这是值得我们注意的。这就是说，对典当的控制权越大，其所承担的清偿责任也相应地要大一些。

至于一家当铺的身股最高可以占到多少，以及与钱股的比例，各地并没有统一的规定，下面利用上引材料中的规定做成表格进行观察：

表 5-6 **典当人股所占比例一览表**

编号	年代	当铺名称	地点	本股/人股	人股比例	资料出处
1	1789 年	章同泰	湖北天门	14/1	6. 67%	《湖北天门熊氏契约文书》五—001
2	1811 年	恒裕当	山西沁源县	14/4	22. 22%	刘建民先生藏《嘉庆十六年王加恩立分伙书》
3	1829 年	熊玉祥	湖北天门	18/6	25%	《湖北天门熊氏契约文书》五—047
4	1834 年	丰乐典铺	湖北天门	10/3	23. 08%	《湖北天门熊氏契约文书》五—072
5	1845 年	万亿当	山西沁州	5. 5/3	35. 29%	北京晋商博物馆藏
6	1896 年	悦来当	山西忻县	5/2. 5	33. 77%	《晋商史料全览 · 金融卷》
7	1908 年	裕庆当	山西	6/2. 2	26. 83%	刘建民先生收藏
8	1927 年	裕庆当	山西灵石县	10/3. 2	24. 24%	刘建民先生收藏

通过以上表格可以发现，人股在总股份中所占的比例高低相差很大，但超过 30%的是少数，大部分在 20%~30%之间。这个数字越大，当铺的伙计分到的利润越大，因而积极性越高。

据刘建生先生研究，这种股俸制的山西当铺，每年分红和工资的发放办法是：除财东分得半数或六成之外，其余半数或四成则由身股人员按各自所占比例分配。① 这就是说，财东所分得的利润是优先的、固定的，与人股是不平等的。当然因为人股不断增加，故而强制规定，东家所占利润不能低于人股，以免影响投资者的积极性。下面我们以清末民国时的裕庆当为例来验证一下。这家当铺从光绪三十四年(1908 年)开张，一直持续到民国二十年(1931 年)，共二十四年。它的钱股每年都是六俸，人股总和却是上升的。它每三年分配一次利润，不留剩余，最后一年因为亏损严重才没有分配。我们把其中的数据做成表格观察一下：

表 5-7　　裕庆当历次利润分配表

年　代	人股比例	人股分配利润	应分总利润	人股占比
宣统二年	2. 2 俸,26. 83%	941 千 820 文	3510 千 420 文	26. 83%
民国二年	2. 7 俸,31. 03%	821 千 286 文	2646 千 366 文	31. 03%
民国五年	2. 7 俸,31. 03%	1380 千 24 文	4446 千 744 文	31. 03%
民国八年	3. 4 俸,36. 17%	1588 千 752 文	4392 千 432 文	36. 17%
民国十一年	3. 7 俸,38. 14%	1868 千 500 文	4898 千 500 文	38. 14%
民国十四年	4. 1 俸,40. 59%	1968 千文	4848 千文	40. 49%
民国十七年	4. 4 俸,42. 31%	3520 千文	10400 千文	33. 85%

通过以上表格可以发现，除最后一年因为阎肇楠、魏国良等人病故，没有完全按比例分配外，其他六次都是严格按照人股所占比例分配利润的。即人股与钱股在分配利润时是平等的，钱股并不享有优先权。而且，这家当铺的钱股一直都是六俸，还越来越分散，而人股的数字却是不断上升的，因而所分配的利润占的比例也是上升的。这说明当铺的伙计随着工龄的增长，顶上的人股越来越多。

这种合伙的特征是所有权和经营权完全分离，出资人只按比例分配利润，不干预店铺的内部事务，只是进行监督。出资人所负的责任是无限的，而顶身的伙计们所负的责任与出资人并不一样，产

① 刘建生：《山西典商研究》，山西出版集团 2007 年版，第 132 页。

生了有限责任的萌芽。[①] 由于财东不干预当铺的日常事务，对经理高度信任，所以形成了一种有效的激励机制，使经理感到强烈的荣誉感和归属感，从而以最大的努力来经营典当业务，如同为自己办商号这样经营商号。优秀的代理人不仅可以节约代理成本，而且可以作为管理专家为委托人创造或抓住一些事前想不到的收益或机会。这很好地解决了委托代理问题。[②]

第五节 典当业资本组织方式：公司

近代西方的股份有限公司制度进入中国，尤其是光绪末《公司律》颁布之后，各类公司如雨后春笋般建立起来。因为不许退股、有限清偿的优越性，[③] 这种公司发展很快，但在典当、钱庄、票号等金融领域却步履维艰。如在天津，光绪三十年(1904年)，

> 具禀商人义济有限公司执事王芝山、赵云翔、总理刘禹臣、副理陈秉璋等，禀为当铺止典，以难通融，集股创立义济有限公司，质物周转，恳恩申详立案，以资开办而济困乏事：窃因天津县商人郑士庄向在咸水沽地方开设源庆当，历有年所，接济困乏，商民称便。惟大直沽、白塘口、咸水沽向系当铺四家，自遭庚子焚掠，惟余源庆当一家……商等不忍坐视，

---

① 刘秋根：《中国古代合伙制初探》第七章《明清合伙制的变迁》，人民出版社2007年版，第361页。

② 刘建生：《山西典商研究》第四章，山西出版集团、山西经济出版社2007年版，第137页。按：据《晋商史料全览·字号卷》(山西人民出版社2007年)记载：襄垣连家开办的德昌当，也是这样一座当铺。这座当铺的股本有一万吊，分为五股，兄弟四人各认一股，房主以门面出租认半股，楼角底亲戚认半股。当铺生意由楼角底黄姓亲戚任大掌柜，其下人员各有顶身股二厘至一股不等。一股每年可预支六十吊，三年一结账，分红时扣除预支款。当铺经营的好坏直接关系到个人所得，以顶身股为纽带，全部员工形成了一个牢固的利益共同体。顶身股与年俱增，年代愈久，分红愈多，因而中途跳槽的员工很少。

③ 《公司律》所言“无限公司”实与合伙无异。

遂于势迫计穷之时，而筹通权达变之术。邀集京津各商，凑妥股本洋八万元，即以源庆当改名曰义济有限公司，质物通融。拟先试开五年，其质物期限，则斟酌大当小押之间，而以十二个月为满，逾期不赎，变为卖价。利息则照当铺旧章，官利三分。至应纳课款，则悉照当行旧例，访之舆情，均符众望。此不过暂时接济，倘未至五年期限而有富商大贾可以独立承请开当铺者，商等将资本收齐，情愿退让。所有一切办法，均照有限公司章程，至当行一切条规，俟有复开当铺者再行遵办。商等不敢居见义勇为之名，只欲成济困救乏之举，此系权变一时，接济一方，至他处当铺，市面通行，商民殷实，不难周转，均不得援此为例。①

这里说得很明白，是因为经营上有了困难，才把源庆当改为有限责任公司，是权宜之计。民国二年(1913年)，天津的一家典当公司又改回传统的经营方式："为声明备案事：窃商由前宣统二年(1910年)十一月，承永益成众债主公举，组织益成当公司，原议人力推转，进退准可自由，当经呈明在案，以宣统三年(1911年)八月为开办期。不料自承任此席，旋经津市奇滞，银根奇紧，难于推转，惟奈于众债主公举，不得不勉为其难。孰想转年正月十四日复重有兵匪之变，地面荒乱，直接间接大受影响，勉强支持，迁延至此，欲进不能，欲退不得，千思无奈，惟有商同永益成之众债主即益成当之众股东，当将各股票有现出售者，另觅财东收买，借期财力推转，较胜人力……现已布置就绪，更改益成当为同盛当，至于内容章程，随立合同为据……惟同盛当由商一人担负责任，所有益成当公司新旧各事，自当均由张品三一人清理，概与商及同盛当

---

① 《天津商会档案汇编·典当业·商民陈秉章、王芝山集资八万元筹设义济典当有限公司文及商部准予立案札》，天津人民出版社1989年版，第711-712页。

无干。为此呈请备案存查，伏祈会宪电鉴施行。”①这可能是因为我国近代工商业还不发达，平均利润还没有形成，所以对典当的投资是很不稳定的，所以那种不允许退股的西方股份公司难以实行。再有，中国近代还没有保险制度，典当遇到灾难，只能自己承担损失，有限责任便难以赔偿当户的当本。但有了保险制度以后，典当便可以把损失转嫁一部分给保险公司，有限责任也不影响其信誉。

但在苏南地区，新式的典当公司还是得到很大发展。在李国俊的毕业论文里，有一张统计表，我们转引如下：

表 5-8 **光绪 32—33 年苏南典当公司注册表②** 单位：万元

典当牌号	合资人	资本	注册日期	地址
祥泰兴典业无限公司	袁幼记、刘念记	2.0	32—1—24	阳湖漕桥镇
济和典无限公司	汪赞纶等四人	5	31—1—28	阳湖焦溪镇
恒源典无限公司	万梅记等四人	4.8	32—2—8	武进奔牛镇
源乡典合资无限公司	朱骏才等六人	5.0	32—5—20	武进县
济源分典合资无限公司	朱骏才等六人	3.2 万两	32—5—25	武进魏村镇
永济典无限公司	恽季记等三人	3.0	32—2—30	武进卜戈桥
义昌典无限公司	陈梁等六人	5.8	32—2—8	金坛县
仁昌典无限公司	查笏堂等五人	6.0	32—2—8	金坛县
溥源典无限公司	万梅记等四人	5.0	32—2—8	金坛县
阜兴典无限公司	喻乾荣等九人	4.0	32—2—8	金坛吕城镇
济大典合资无限公司	盛复、复颐记	4.0	32—5—20	苏州
同源典合资无限公司	陆曜珍等四人	3.0	32—5—25	吴县东渚镇

① 《天津商会档案汇编·典当业·商民边秀岩等禀陈益成当公司遇难后改为同盛当请予备案文》，天津人民出版社 1989 年版，第 725-726 页。

② 李国俊：《近代苏南典当资本经营分析》第二章，苏州大学硕士论文 2004 年版，第 35 页。

这些典当股份公司都是无限责任的，与西方近代的股份有限公司不同。

民国时期出现的这些典当股份公司，大部分不是主动学习西方先进制度，而是因为典商资本力量薄弱，无力独资开办典当，不得不与人合资。同时它们的责任也多是无限的。

第六章

中国典当业资本的积累和大小典当的分野

古代商业、金融业在不少情况下，清算时会将所有的利润全部分配给股东，或者还包括一部分伙计，只留原本再继续经营，如明代后期的合伙合同范本所言便是："是以两同商议，合本求利，凭中见，各出本银若干，同心揭胆，营谋生意。所得利钱，每年面算明白，量分家用，仍留资本，以为渊源不竭之计。"①但传统企业并不完全如此，有的字号赚取了利润，并不吃光分尽，而是提出一部分来扩大经营，同样典当铺也是如此。这部分没有分配给股东的利润，依旧存在典当里，就成为一种资本积累。这个数字越来越大，积累得越来越多，典当的规模也就越来越大，在现实社会也就有了大中小典当铺的区别。尤其是清代以后，针对典当铺大小的不同，国家又制定了不同的政策，于是典当大小的分野更为分明，更引起社会关注。

---

① （明）吕希绍：《新刻徽郡补释士民便读通考》。转引自谢国桢《明代社会经济史料选编》下，福建人民出版社 1980 年版，第 275 页。

第一节 典当资本的积累

那些经营良好的当铺，赢利是惊人的，明代后期，张允治访王世贞(字元美)，“元美席(袭)有先业，其家亦巨万。新蔡张助甫者，元美友也。一日客元美家，时岁将终矣，诸质舍算子钱者类造账目呈览。主子钱者舁簿白元美曰：已算明。元美问曰：几何？曰：今岁不若往年也，三十万耳。元美颔而收之”。① 王世贞家的当铺一年的利润是三十多万，还不是最好的年景，就把方允治吓了一跳，可见这个数字是很大的。当然，我们无法得知是三十多万两银子呢，还是三十多万贯铜钱。如果当商并不把所有的利润都分光，那么剩余的利润便形成典当的新资本，这样当商的资本就会越来越多，形成资本积累。

王裕明研究徽商典当资本的积累时，对《万历收支银两册》进行了详尽研究，万历十六年资本数为 8879.35 两，万历四十一年上升到 27153.322 两，年增长率为 4.4%。②

典当自身资本的积累，一般反映在清单的“旧管”部分。开张第一年是不存在这一项的，从第二年开始，旧管部分就会出现一个新项目，它没有固定的名字，有的叫“旧积余利”，有的叫“旧公积余利”，有的叫“增本银”等，都是分配剩下的利润，相当于现代会计的留存收益。我们要分析一家当铺资本积累的情况，就要观察这个数字。下面我们利用刘建民先生收藏的清单对此加以观察。

表 6-1 **宏盛当历年留存收益一览表** 原本：8500 千文

年 代	留存收益	利 润
光绪五年	46 千 773 文	亏 289 千 160 文

① (明)范守已：《御龙子集·曲洧新闻》卷二。《四库全书存目丛书》集部第 162 册，齐鲁书社 1997 年版，第 703 页。

② 王裕明：《明清徽州典商研究》第八章，人民出版社 2012 年版，第 405-406 页。

续表

年代	留存收益	利润
光绪六年	46千773文	468千685文
光绪七年	515千458文	189千555文
光绪九年	2246千300文	580千878文
光绪十二年	813千862文	426千391文
光绪十三年	2千653文	600千952文
光绪十七年	2275千303文	536千587文
光绪十九年	199千400文	410千35文
光绪二十三年	1千216文	513千106文

宏盛当光绪五年(1879年)亏损了289千160文，但这两年的留存收益没有下降，可见东家弥补了亏损。光绪六年(1880年)的利润468千685文加上留存收益46千773文，正好等于次年的留存收益515千458文，可见光绪六年(1880年)的利润没有分配。光绪十三年(1887年)的留存收益很少，可见以前的利润被分配得所剩无几。光绪二十三年(1897年)也是这样。由于这家当铺的清单缺失很多，没有连续性，所以难以发现规律。

表6-2 **元吉公当历年留存收益一览表**

年代	原本	留存收益	利润	提取	剩余
光绪二十九年	40300千文	9194千470文	6223千130文	555千500文	14862千100文
光绪三十年	37180千文	13054千40文	48千600文	无	13102千640文
光绪三十二年	37180千文	9106千730文	409千640文	367千960文	9148千410文
光绪三十三年	37180千文	9148千410文	78千860文	500千	8727千270文
光绪三十四年	37180千文	8727千270文	82千850文	1400千文	7410千120文
宣统元年	36660千文	无	1494千750文		1494千750文

这家当铺的资本在下降。表中的剩余应为下一年的留存收益，

但光绪三十年的留存收益数字比上一年的剩余小，可见提取利润并不是正常的利润分配，而是个别股东抽股和个别伙计离职分配给他们的利润，除此以外还应有利润分配。到宣统元年彻底没有了这一项，可见把利润都分光了。这一年的利润是1494千750文，没有分配，可见还要接着经营。

清末民初的裕庆当，光绪三十四年(1908年)开张，持续到民国二十年(1931年)，严格按照每三年一次分配利润的规矩，每次都分光，这个项目也就三年一清零，没有留存收益。

表6-3　**天裕当历年留存收益一览表①**

年　代	利　润	留存收益
民国五年	1619千529文	1619千529文
民国六年	1724千747文	3344千276文
民国七年	1006千792文	4351千68文
民国八年	2503千581文	2253千181文
民国九年	3025千550文	5278千731文
民国十年	3780千146文	9058千877文
民国十一年	4519千214文	13578千91文
民国十二年	4308千935文	4308千935文
民国十三年	3656千818文	7965千753文
民国十四年	2081千442文	10047千195文
民国十五年	1182千695文	11229千890文
民国十六年	8933千396文	8933千396文
民国十七年	1549千683文 亏损393元9角6分7厘	10483千79文 882元2角3分2厘
民国十八年	1099元9角1分4厘	无
民国十九年	1782元6角7分4厘	无

① 《民国四年至民国十八年天裕当记清单》，刘建民先生藏。

表6-3中数字的关系是，本年留存收益加上下一年的利润，等于下一年的留存收益。如果不相等，就是那一年分配了利润。通过分析上表可以发现，民国七年(1918年)的留存收益加上八年的利润，与八年的留存收益不等，可见民国八年分配了利润，不过还剩2253千181文。民国十二年(1923年)的利润与留存收益相等，可见上一年又把利润都分光了。同理，民国十五年(1926年)又把利润都分光了。最后两年是一年一分，不再有留存收益这一项。可见这家当铺是四年一次分配利润，只有民国八年(1919年)的那次没有分配完，其余几次都分配光了。这些当铺都没有意识到资本的积累。

当然，也有的当铺注意到了这个问题，如永承当道光十五年(1835年)盘点时原本为35000千文，总资产为43867千230文。下面把永承当历年资本积累的情况做成表格观察：①

表6-4 **永承当历年资本积累一览表** 单位：铜钱

年份	利润	积累	累计
道光十五年	1355千650文	补以往亏欠	
道光十六年	2213千440文	补以往亏欠	
道光十九年	8千380文	8千380文	992千290文
道光二十年	1112千430文	1112千430文	2104千720文
道光二十三年	4003千580文	4003千580文	15610千850文
道光二十四年	6078千470文	328千470文	15939千320文
道光二十五年	4618千160文	1743千160文	17682千480文
道光三十年	4155千920文	4005千740文	26912千360文
咸丰元年	5025千400文	2183千320文	29095千680文

通过分析上表可以发现，这家当铺直到道光二十四年(1844

① 参见永承当清单，刘建民先生藏。有的年份的清单没有，所以这个表不完全是连续的。

年）年底经营状况转好了才开始分配利润，这年分配了5750千文。道光三十年（1850年）只分配了150千文，咸丰元年（1851年）分配了3842千80文。到咸丰二年（1852年）盘点时，未分配利润积累到29095千680文，总资产也上升到83770千930文，与原本快持平了。也就是说，这家当铺的总利润数字已经超过了原本。再比如，河南邓州一带的恒升大记，原本是二万六千两银子，从同治八年（1869年）到光绪三年（1877年），八年的时间里积累的利润有8743两。

与永承当同时的三义当清单，在旧管部分有一项名“增本银”，它也是当铺的留存收益。

表6-5　　三义当历年资本积累一览表

年　份	原　本	增　本	利　润
道光五年	7000两	1121.735两	713.302两
道光十五年	7150两	2578.336两	1334.904两
道光二十五年	6750千文	3953千510文	残缺
道光二十六年	6750千文	6664千200文	238千810文
道光二十九年	3750千文	1176千20文	640千90文
道光三十年	3750千文	1816千110文	1188千240文
咸丰四年	6750千文	783千370文	37千900文
同治二年	9600千文	2963千640文	1967千910文

三义当的清单，缺失很多，以致不能连续观察分析。但通过以上断断续续的几份清单，仍能看出这家当铺资本积累很快，道光二十六年（1846年）的增本几乎与原本持平了。此后三义当的原本、增本都下降很多，典当的规模减小了很多。

随着典当资本的积累，那些资金雄厚的当铺也开始了对外投资。上文提到的永承当，就给广聚当投资了一万二千千文，广聚当很有可能就是永承当兼并的或投资的一家当铺。同治九年（1870年）铁岭的天顺当也给天德当投入了35000千文，给天德店投入了

15000千文，这两家店铺的收入也列在天顺当的会计报告上，可见他们都是天顺当的分号。治隆当同治九年(1870年)的清单上有：

| 存入永顺当本钱二万四千吊。
| 存入永庆当本钱一万二仟吊。
| 存入治恒当本钱三万吊。①

这些数字比较巨大，又都是整数，不像是借贷关系，很可能是治隆当旗下的三家分支机构。这些分支当铺都有各自的字号，这说明他们可能原来是独立的，后来被治隆当兼并了。这说明在典当业发展的过程中，也不可避免地出现了竞争和兼并，小当铺被迫接受了大当铺的投资，成为大当铺的附庸。

第二节 典当业的联营

有的典商同时开着很多当铺，这些当铺分布很广，如何管理是很重要的。郑小娟在研究这个问题时，称之为“准集约连锁化”的经营方式。她认为，现代典当业普遍以集约连锁化作为做大做强之路。所谓集约连锁化，是指经营典当的众多门店，通过一定的联结纽带，按照一定的规则，组成一个联合体(最典型的就是组建股份制有限责任公司)。联合体下设众多子公司，实行统一连锁经营。各级公司在各层次聚集着优秀专业人才，联合体通过实施集中化管理和标准化运作，使复杂的典当活动简单化，以提高经济效益，谋取规模效益。② 她的这个概念有些超前，我国历史上的典当业没有发展到这个高度，但传统典当业是否开展了联营呢？应该说，不论是属于同一典商所有的典当之间，还是属于不同典商所有的典当之间，至少从明代后期开始，联营还是相当常见的。

---

① 《同治七年铁岭南门口治隆当清单》，刘建民先生藏。

② 郑小娟：《15—18世纪的徽州典当商人》，天津古籍出版社2010年版。但在论证其管理方式时缺乏具体的实证性研究，第69-70页。

在明代，除以上所举王世贞之外，还有著名的大官僚董份，也是著名的典商，“董尚书(份)富冠三吴，田连苏湖诸邑，殆千百顷。有质舍百余处，各以大商主之，岁得子钱数百万。家畜僮仆不下千人，大航三百余艘，各以号次听差遣”。① 这位董份有一百多座当铺，一年利润是好几百万，让大商人给他管理。明代的徽州府歙县“海阳多上贾，艳草市诸孙，诸孙比屋素封，艳处士从理。处士父曰玄积，受贾而饶……(因父命，释儒而贾)处士即次雪上，②修故业而息之，什一取赢，矜取予，必以道，以质及门者踵相及，趋之也如流。慎择掌计若干曹，分部而治，良者岁受五秉，次者三之，又次者二之。岁会则析数岁之赢，增置一部，递更数岁，又复递增凡百。以质剂起家，宜莫如处士”。③ 这里是讲，明代著名的徽州孙姓典商选拔优秀的会计、掌柜加以管理，资本积累很快，最终以其典当的利润开设新典达到一百余座。“迨祖母及尊人先后即世，门以内事无大小悉赖北堂综理，门以外事无巨细悉籍从祖维持。典业则择贤能者委之，因材授事，咸得其宜。尝语任事者曰：祖宗创业艰难，吾惟守此不坠而已，幸勿苛刻，以失吾家忠厚风。”④这些典商的管理是相当成功的。

以上诸例中的数家、数十家甚至一二百家当铺，其连锁经营的结成，主要是因为这些典当皆由一家当商所有，他可能有共同的资本及相似的管理方式与理念，财东对典当铺的控制也是比较严的，尤其是经营人才的选用方面更是如此。还可能在财东的统一安排中，在市场布局方面也会有一些考虑，选择的应是那些商业繁华、业务较多的商镇或城市。

清代各例情况基本也是如此，如“江之炜，号葵峰，晋江人。

---

① 范守己：《御龙子集·曲洧新闻》卷二。《四库全书存目丛书》集部第162册，齐鲁书社1997年版，第703页。

② “雪上”在湖州，因有雪溪而得此名。

③ (明)汪道昆：《太函集》卷五十二《南石孙处士墓志铭》，黄山书社2002年版，第1096-1097页。

④ 《休宁西门汪氏大公房挥佥公支谱·明经栋公传》。张海鹏《明清徽商资料选编》第三章，黄山书社1985年版，第163页。

康熙三十五年举人，雍正十一年由嘉定令升任。州故无当铺，时被祲后，贫民缓急不便，之炜谋请苏郡巨当，分开州境，至今民赖之。”①江之炜在太仓请开的当铺与苏州的巨当，就是联营关系，但具体联营方式还看不出来。这是康熙时代联营的例子。但在以后的实例中也能发现这些联营逐渐紧密化的某些表现。如：嘉庆年间，陕西渭南有贺士英，

> 世居渭南南原之坳底村……公以家事倚兄弟，而以一身总理诸质库……初仅有质库二，后岁岁增设，增至三十处，散布于渭南、临潼、蓝田、咸宁、长安数百里之间。每月必遍历诸处，乘一骡，随健足一人。六十后易以小车，至七十乃乘肩舆。来去无定期，亦不以道里为次，人莫能测。每至一处，察司事者神色，即知库中近日事。徐视架上衣物，检阅记载簿，诘司事者曰：有外侮乎？有内变乎？某与某忿争乎？某也惰，某也嗜饮，某也狙诈，不可任。某物价不平，某项记载轇轕，宜厘正。司事者不能隐，告以实。公小留，为筹画之，遣者遣，罚者罚，朴实能任事者于应分赢余外，别出己赀奖之不少游移。司事者惧且奋，一饮食，一出入，一眠起，人人心中各有一主人翁。虽公去已远，犹时时劝诫，不知其何时奓户而入也。②

这个典商的巡查方式没有规律。正因为没有规律，伙计们不知道他什么时候来，才随时都要小心谨慎。这位贺达庭应是典当经营老手，而且善于观察，可以说是一位精通心术的心理专家。故而其家的当铺管理良好而无弊病，他不用查账，但效果比查账还要好。

也有的联营当铺则是定期查账，《妙香室丛话》记载了北京某贵族官僚之家与典当经营管理相关的一个故事。

---

① （清）王昶 嘉庆《直隶太仓州志》卷十。清嘉庆七年刻本，第713页。
② （清）路德：《柽华馆文集》卷五《贺达庭墓志铭》。《续修四库全书》第1509册，上海古籍出版社2002年版，第445-446页。

金华韩生，贫甚，有屋售于堂叔。叔在京为贵家司典铺，颇饶裕，每岁寄数十金赒给之……一岁逼除，雨雪纷霏，逋欠交积，室中悬釜待炊……至京见叔，亦不敢遽有所求，惟瑟缩苦寒，叔暂令买老羊皮蔽体。适典主人拥卫出行，遇雨于道，求停辔之地。从者曰："某典近在里许，可往宿也。"主人素贵倨，向未尝一至。众闻其来，咸侧足悚息以迎。命合典俱出见，皆袍服甚都，狐裘锦带，环主如云。生以酸寒，厕足其间，自顾布衣弊甚，面目枯槁，缯纩无温，不敢仰视，主人略问数语而去。典中旧例，以朔望至府交帐，叔如期往。帐本交进良久，不发出，传语曰："前所见生员，可速偕来。"叔疑其有所忤也，踌躇不已。至则命进叩谒，谓之曰：典中人皆华服趾高，其浮薄之态可见，尔叔尤甚，想管典数十年，侵蚀多矣。今以管钥帐本交汝，念系读书人，必能朴素自安，办事必诚悫无欺，可小心任之。生拜受出，至典，则同伴之人竞来称贺，敬受约束。叔亦笑颜相向，曰：典事汝必未谙，可仍交我办理，汝安坐读书，每年奉银若干。惟交帐一往何如？生亦甚以为然。由是每往必蒙主人青盼，并更发本数十万，约偿息甚微。①

这个典商应开设了多家典当，他采取的方式应是一种包利式的领本经营办法，即以定期交纳固定利率的办法，发出本银，由经营者领取进行经营，每月都要查两次账，即在初一和十五。总之，一商多典的现象很普遍，但具体的管理方式各不相同。

清末的胡雪岩开了二十多座当铺，"杭州城内典当四家，广丰、公和、广顺、成大；杭州城外典当一家，泰安；海宁硖石镇典当一家，万和；德清城内典当一家，公顺；德清新市镇典当三家，恒牲、庆余、同庆；龙游城内典当一家，庆生；石门城内典当二

① （清）张培仁：《妙香室丛话》卷十四《俞漱阖先生杂记》。《笔记小说大观丛刊》27编9册，新兴书局有限公司1979年版，第5887-5888页。

家，裕大、大亨；桐乡石门湾典当一家，大生；归安双林镇典当一家，大成；镇江城外典当一家，祥泰；海宁城内典当二家，义慎、裕丰；仁和塘栖镇典当一家，公义；衢州城内典当一家，余庆；金华城内典当一家，源生；湖南浏阳典当一家，乾利；上海典当四家，大和、悦来、裕丰、丰裕。”①他具体是怎么管理的，还不得而知。与他同时同地，还有一家典商，“杭垣清和坊巷内公济典，克复后首先开设，典主于各省码头皆有当铺，计共四十余处，而以此典为各当之总汇。兹于阜康闭歇后，亦即停止。”②这是以其中的一座当铺为总部，管理各处当铺。

李国俊研究这类问题时，提出了联号经营的概念。他给联号经营的定义是，由相同或相关字号的同一类商业中多个店铺组成的一个资本关系密切的商业集团。出资者以个人、家族集团为主，兼收其他投资者参与经营。判断一些店铺是否为联号经营，最主要的是看其与投资人的关系，即联号以股东之投资关系为归宿。联号经营的店铺，大抵可自“牌号”之题名推测其关系，这个概念还是适合我国历史上的实际情况的。如盛宣怀家的典当。

表 6-6 **盛宣怀家族联号典当表(1878 年)③**

“济”字联号	“大”字联号	其他
济昌(吴县山塘)	大德(长洲陆巷)	恒丰(武进)
益济(吴县)	大德分(长洲湘城)	同人(江宁)
济成(常熟)	信大(常熟)	肇广(汉口)
济兴(昭文)	大正(昭文老吴市)	信成(武进)
济丰(武进)	滋大(上海宝善街)	
济恒(阳湖)	益大(金匮安镇)	

① 《申报》4031 号 1884 年 7 月 4 日《亏短备抵各项清单》。

② 《申报》3840 号 1883 年 12 月 19 日《发封典当》。

③ 李国俊：《近代苏南典当资本经营分析》，苏州大学 2004 年的硕士论文，第 31 页。

续表

"济"字联号	"大"字联号	其他
济顺(金匮南门)	均大(江阴青旸镇)	
济大(吴县西城桥)	阜大(江阴后塍镇)	
允济(无锡长安桥)	裕大(江阴华墅)	
复济(宜兴和桥)	肇大(仪征)	
济美(江阴)	广大(蕲州)	
济平(嘉定南门)	久大(苏州吴县)	
济平分(嘉定西门)		

联号典当不仅在经营上统一行动，还可以互相协作，互通有无，实现内部的资金自由流通，提高抵御风险的能力，在竞争中胜出。

这些兄弟当铺之间的关系，据清末崇明典商说："查市面向章，款项往来，须凭牌号，即一人分开数店，各有牌号，即各立账目，断无甲店取银，而用乙户牌号之理。"①即这些当铺都各立账目，在财务上是独立的。

据甘启源、张炳如等回忆，清末北京的当商刘禹臣，身负十八家当铺的全盘业务管理权，是这样管理的：在家里设了一个管理处，称为公事房。公事房由各当铺抽调职员，掌握接收各当铺日报、月总，管理各当铺职员任免登记事项。由于各当铺业务发展总不平衡，需相互调剂余缺，每日调拨金银数目日增，刘禹臣便在东、西恒肇当铺的两边，各开设一个银号，字号仍称东、西肇，作为十八家当铺的金融调剂机关。根据刘的旨意，各当铺把每日结余的现金除保留定额周转金外，一律送往银号存储，周转不灵时向银号借贷。这样，他的当铺从不向其他银号借贷，不使肥水流入外人

① 《崇明致泰典被纯泰庄朦控上各宪诉禀》，《典业杂志》，安徽师范大学图书馆藏。

田，同时使他经营的典当全盘营业有盈无亏，从而得到股东们的赏识。①

民国时期山西襄汾人乔书田，中学毕业后就经营当铺。短短二十多年，他便把典当行业发展到晋南各县，拥有当铺几十个，资金几十万现洋。南到风凌渡，北到太原，每隔二三十里就有一座他家的当铺，乔书田当铺之所以兴隆，皆由管理得法。就吴村当铺而言，每逢年节，凡守店且业绩显著者，都给予丰厚的待遇，还赠予核桃、红枣、柿饼、花生、糕点、肉类等礼品。但对违规或手脚不干净者决不姑息。②

清代常见名之曰“代当”的典当经营，它与所代典当之间也可以说是一种联营关系，“淮扬一带有所谓代步当者，大都资本无多，而开在村镇。既收各质物后，自度当本不能周转，则又将各物汇当于城中大典，故扬人又名之曰“接典”者。按，接典亦奉宪示出票，并非小押可比。日前扬城内同益大典被焚，计有接典七家，平日所当之物亦称为祝融氏收去。然人之当于接典者，现仍持钱赎物，虽告以同益被焚而人皆不允，谓我但在汝家质物，汝店并未失火，同益之焚与我何干？因是纷纷吵闹，黠者串诈、愚者捐生、武人聚殴、文人兴讼，计已不一而足。各接典主知势不能支，理无可辩，尽有倾家荡产而仍不得了结者。现俱赴扬，谋之同益大典，而同益惟执一例字相抵。闻近数日内，沙头接典刘姓夫妇服洋烟而死，上有老亲下有幼子，亦所不顾；陈家集接典陈姓，投河救起后，夜间复自缢而死，其妻旋亦自缢，并无子女，竟致断祀。”③从《申报》的报道看，代当因为资金有限，所以收到当物后，再转当到大当铺。因为没有法律规定他们的权利和义务，所以同益典遭受火灾后，代当无力赔偿，同益典不愿意赔偿，倒霉的只能是代当和

① 《记北京当商刘禹臣和他经营的西恒肇当铺》，《中国近代典当业》，中国文史出版社 1996 年版，第 104 页。

② 《晋商史料全览·临汾卷》《商界人物》之《乔书田》，山西人民出版社 2006 年版，第 96 页。

③ 《申报》2812 号 1881 年 3 月 3 日《贻害小典》。

当户。从《申报》的报道看，出了事故以后双方都不承负债务，代当与正式当铺之间的关系是松散的，只是一种简单的合作关系。在霸县也有相似的现象："沿前清旧例，典当铺为官商领有部帖，准其专利以便穷民。至于距铺较远地方，则招商立转当局(俗名押当铺，又名小押)，亦照此法办理。惟收当货品，过五日则将货品送官当铺，与典当同。货品主回赎，即将官当铺票据给之，令其自理。盖官当铺为直接典当，转当局为间接典当也。"①霸县的转当局可能比淮扬一带的代当规范一些。

潘敏德认为，代当就是典当的分公司或代理店，它有许多不同的名称，如代当、代步、接典、转当儿、转当局、捎脚处等，均是指此。通常典当都设于商业活动较为频繁、交通便利的城市或市镇中，虽然有城当也有乡当，但偏远的地方往往会因路途遥远而无法利用典当周转。典当为提高自己的贷放率扩张营业，故于偏远地区设立代当。同时部分开设在乡区的典当因资本规模太小，无法承做所有业务，故在财务上必须依赖资本雄厚的典当为其融通，这是产生代当的主要原因。

依照资本形态的不同，代当可分为本代和客代两种。本代在资本上完全由本号供给，类似于大公司的分公司。其内伙友、经理均由本号派出，牌号亦与本号相同，利率和满当期限与普通典当无异，只是收当物品中的贵重物品需送往本号保存，以策安全。其人员较本号大约少四五人之谱，取赎时当客先付赎金取得一证明，再由转当内栈司前往本典内挑货，前后需数日方可收到当物。客代则因本身铺内资金不足，无法承担一切业务，因此便和资本雄厚的当铺发生附属的关系。每年和资本雄厚的典当订立合同，约定每年移交货本若干，至于经营所需之款项可随向本号支取。每逢月终清结一次，所取利息按股分配。有时本当还会派人至代当中监督其营业。这种方式有些类似保险业中的再保险或代理商性质。还有一种近似于介绍处或服务处的代当称为转当局或捎脚处。转当局的资本很小，仅有数百元至千元之谱，每日营业结束之后，便立即将当得

① 刘廷昌：民国《霸县新志》卷四，民国二十三年铅印本，第 279 页。

之物转当入本典，并不与本典分配利息，仅收取当价的10%为脚钱。由于代当是分号，不必缴税，故非法小押藉着代当的名义营业。① 如撇开非法小押不论，代当与接受其当品再典当的大典当之间也应属于一种联营关系，是一种业务上的联营关系。

总而言之，历史上的典当业出现了集团化趋势，一个典商投资经营着多家当铺，但其经营方式由于资料不足还需要进一步研究。从现存的材料看，典当之间的联营关系，主要还是一种松散型的集团，它们之间并未因此组成一个独立的企业或其他实体，参加联营的典当大多是独立企业，但联营对典当业业务的经营乃至资本的扩大都是有益的。

第三节 典当大小的分化

在典当业发展的过程中，其规模出现大小之分是自然而然的。同时政府为了便于管理，也要把典当按规模区别对待。具体到一家当铺，其规模也不是固定不变的，而是不断变化的，经营得好规模就会越来越大，否则规模就会越来越小。

划分大小典当的标准是很复杂的，和当时的会计水平有关。只有会计上能够正确区分资本和资产的时候，才能找到划分大小典当的正确标准。资本反映的是当铺开始时的投资，是不变的；资产反映的是时下的规模，是不断变化的，所以历史上为了便于操作，多以资本为标准划分当铺的规模。但这个标准不能反映不断变化的实际情况，所以还是以资产为标准合适。但就是以资产作为划分的标准，因为早期并不把房子等固定资产计入，所以很多数字仍然是不完整的。②

因资本规模的大小不一，典当铺、典当字号也有大中小之别。

---

① 潘敏德：《中国近代典当业之研究》第三章，台湾师范大学历史研究所1985年版，第149-150页。

② 本文论述仍以“资本”为主，因为传世文献材料中所述似乎都以“资本”规模。

就宋元情况看，有十万贯以上的大型质库、典库、抵当库，也有数千贯以上的中等质库，也有小到数百贯的小质库。就明清而言，有五万两至十万两以上的大型典当，也有数万、一万至五、六千两的中型典当，还有一、二千两乃至数百两的小型典当。典当资本规模的大小有城乡之别，如大中城市、著名商镇可能大、中型当铺更多一些，中小城市、商镇，乃至乡村，则中、小型当铺更多一些。在乡村之中，一些当铺资本只有一、二百两，经营规模相当狭小，有时甚至只在农忙等特殊时段进行经营，这就只能说是一种微型典当了。这一点，清代当商及官府认识也是很深刻的。如乾隆年间，湖南的典商说："矧湖南僻省，尽属微商小典，资本不过数千，其中尚有领借公本，合伙共贸，非若北直、江浙地方大商巨典，资本数十万，日出数千金，即取息虽微，而转运甚速，以彼一日出入，不啻商等一年之贸迁。夫商等有限资本，每票少者分钱许，多则数钱，两许纵多，亦不过数十两及百两上下为止。可怜经年累月，受尽辛勤，所获几何？"①

但在雍正年间政府要求典当铺必须领帖经营之后，所谓大小典当的分野便被附予了另外的含义，表现在：因为领了帖便被视为合法当铺，便要承担当税，要依照政府对于业务的规定进行经营。相对而言，凡领帖经营者就应该是那些规模较大者，因为对于小微型当铺而言，如果领帖，向官府交税，并依官府政策法规经营，其利润空间便会降低不少，故而多数当铺是不领帖的。正因为如此，他们被视为非法典当。与此相适应，各级政府在制订与典当经营有关的条例时，有时也考虑典当资本的大小。因为要想让典当既能得利，又不至于剥削太厉害，从而引起社会的非议与反抗，大中小典当区别对待是有必要的。这样大小典当之别更有了此方面的含义。

在经营过程中，资本又该如何计算呢？潘敏德研究这个问题时，把典当的资本分为两类，即股本和流动资本。流动资本包括六项，即政府生息款、善举生息、股东垫款、传统金融机构之放款、

① 《乾嘉道湖南典商办理减息案呈词》，刘建民先生藏。

银行之放款、商家垫借款。① 这实际上把负债也包括进来了，但还有一项没包括进来，即典当自身的资本积累。那些经营多年的大型典当，分配利润的时候并不一定分光吃尽，还会从利润里提取一部分作为基金，以扩大经营。这一部分也应该是典当资本。

也就是说，典当应该以总资产数量为标准来判断规模大小。根据现代会计的恒等式，资产=负债+所有者权益，所有者权益里就包括资本和留存收益。而资产是指由企业拥有或控制的，能以货币计量的经济资源，它包括土地、房屋、存货、债权、有价证券、现金等，列示在资产负债表的左方；而资本是所有者的投资，不包括负债，列示在资产负债表的右方。从资产所包括的具体内容看，以这个标准来判断典当规模的大小还是比较合适的。因为当铺的资产里包括了负债，所以以这个标准划分大小当铺的数字就应该比前文的数字大。

这个标准从明代就出现了萌芽，如明末徽州典商程虚宇的分家阄书。

表 6-7 典商程虚宇当铺资产一览表②

编号	地　址	归　属	架本(两)
1	安庆绣衣坊	孟房	10062. 082
2	黄州府前	孟房	7779. 664
3	广济孝义坊	孟房	8758. 842
4	安庆枞阳门	孟房	7932. 177
5	安庆府巷口	仲房	11124. 522
6	楚省审院坡	仲房	11461. 518
7	九江府前	季房	13471. 434

① 潘敏德：《中国近代典当业之研究》第五章，台湾师大历史研究所1985年版，第283页。

② 王钰欣、周绍泉：《徽州千年契约文书·宋元明编》第八卷《崇祯二年休宁程虚宇立分书》，花山文艺出版社1992年版，第305-313页。

续表

编号	地　　址	归　　属	架本(两)
8	家中典	三房共有	10296.036
	合计		80886.275

这是程虚宇给他三个儿子的分家单，每一份项目都相同。每一份分家单都分成两部分，第一部分是列举出他儿子分得的财产的来历，第二部分的典本，数字比较零碎，明显不是典当开张时的投资，应是当铺里的架本。有的还列出了铺屋地银，即当铺的房屋价值。所以这些内容都是资产的内容，而不是资本，而第二部分就是资产的总和。汇总这三份分家单，我们可以计算出他的这八座当铺的总资产有 80886 两银子，平均每座有一万多两。

就目前笔者所掌握的资料看，研究当铺的资产规模，最好的资料就是当铺编制的清单。这种清单大多是四柱式的，其中“实在”的总数，往往就是当铺的总资产数字。这里根据刘建民先生所藏的晋商清单，举两例如下，以便我们能够体会一下清单中典当铺资本规模的大概情况：

其一，最早的晋商当铺清单，是乾隆十六年(1751 年)编制的，现将其“实在”部分节录于下：

一宗现存银五百四十八两八钱。
一宗现存钱八十三万九千九百五十。
一宗现存架本银一千八百零九两七钱四分。
一宗现存房东支银一百零五两。
一宗现存外帐本银一千零九十二两。
一宗现存众支银五百六十二两七钱二分。
一宗现存缺支银二十五两。
一宗现存请会入买骡本银九十五两。
一宗现存永盛号本银八百二十七两五钱四分。
九宗共存银五千九百零五两七钱五分。

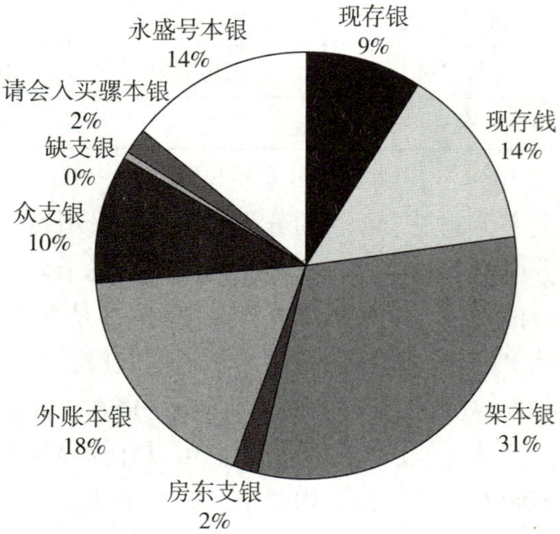

图 6-1　乾隆十六年某当资产构成图

其中第二项，应为铜钱 839950 文，即 839 千 950 文。这里虽然没有提到银钱比价，但把以上九宗合计，直接相加就能得到 5905.75 两，即 839 千 950 文铜钱折合 839.95 两银子，这是以一千文铜钱折合一两银子来算的。前三项不用解释。第四项房东支银一百零五两，实际是当铺支付的房租，可以扣除。众支银是当铺内部人员借支的数字，发薪水时还要扣除，所以是一种应收款项，也是资产。缺支银含义不明。请会应是当铺加入了当地的一个会，给会里买了一头骡子。最后一宗是存永盛号的银子，也可以说是永盛号借当铺的银子，与外账本银含义一样，都是别的字号的借款，都属于资产。总之，它最后的结果主要是当铺的资产。

其二，乾隆五十四年(1789 年)两益当的资产规模还要大，节录如下：

一宗现存银伍仟伍佰壹拾伍两零贰分。

一宗现存钱壹仟贰佰九拾叁千四佰六拾文。

一宗现存架本银壹仟九佰四拾四两壹钱。

一宗现存架本钱四仟六佰四拾壹千九百贰拾文。
一宗现存棉花本银壹仟壹佰四拾七两叁钱。
一宗现存外借本银四拾七两。
一宗现存外借本钱七佰壹拾八千六佰文。
一宗现存会银贰拾两。
以上八宗以每两合共现存银壹万伍仟叁佰贰拾七两四钱，九扣实银壹万叁仟七佰九拾四两六钱六分。
一宗现存众支银六佰贰拾两。
一宗现存家居银四拾两。
以上三宗共现存实银壹万四仟四佰伍拾四两六钱六分。
一宗除借外本银贰千两。
一宗除借外本钱贰仟八佰串。
除清该外，
原本连新旧缺支实存铺内银九仟六佰伍拾四两六钱六分。

这里虽然有两种计量单位，但不用换算也可以汇总，即也是以一千文铜钱折合一两银子来计算的。清单里那个 14454.66 两，就是两益当的总资产数字。扣除两项负债后还有 9654.66 两，这是净资产数字。

据王裕明的《明清徽州典商研究》的第八章，有一份清单——《乾隆五十八年(1793 年)正月立资本盘单》，记载了徽州典商胡学梓的八个当铺，现将其数字做成表格：

表 6-8 **胡学梓的当铺一览表** 单位：两

编号	地址	字号	本银(两)
1	郑村	恒升典	74288.659
2	岩镇	恒裕典	68163.795
3	屯溪	恒兴典	43795.883
4	屯溪	隆泰典	41678.757
5	屯溪	恒源典	39931.162

续表

编号	地址	字号	本银(两)
6	万安街	裕丰典	47627.482
7	渔镇	恒隆典	12843.639
8	龙湾	彩丰典	22879.671
平均			43901

胡学梓这八座当铺，典本总计351209两银子，平均每典43901两，是现在所见的清前期规模最大的私人当铺之一例。他的家产被传说得更大："吾黟胡贯三者，巨富也……所设典业，自徽州至江西沿途皆有。东伙到江西省，宿于内，免住旅馆。据闻家资以典业计之，当时约有三百六十万……有一日茶亭中遇见一路人同行，互通姓氏住址。其人得知贯三先生住西递村，问：胡贯三是尔何人？曰：本家也。其人又问曰：家资究有若干？曰：三十六万。其人闻而诘之曰：胡所开当铺已有数百万，何得云三十六万？贯三向说典业非其所有，其所有者，造桥修路用去之三十六万，是其真家产也。度量明达可想而知。"①胡贯三原名胡学梓，在传说中他的家产应是被夸大了很多。

前文乾隆十八年(1753年)内务府清查民人刘裕泰入官的五座当铺，据该员等呈称："为请旨事，本年十月十二日，据步军统领衙门咨称，民人刘裕泰入官万春等当铺五座，现有架本银钱共计十二万三千九百三十八两六钱零，再铺面房并住房共五百四十七间半，奏准咨交内务府查收办理等因，咨送到臣衙门，臣等当即派委郎中昌躅等详细查收去后。职等查得刘裕泰入官万春当铺五座，现有架本银一万七千八百四十九两八钱二分，架本钱十万四千七百一十四千二百九十文，每千合银六钱，共值银六万二千八百二十七两五钱七分。现存银一万一千九百二十五两四钱二分，现存钱五万二

① (清)余鲁卿：《经历志略》杂记十一。转引自王裕明《明清徽州典商研究》附录，人民出版社2012年版，第524页。

千二百二十六千五百二十文，每千合银六钱，共值钱三万一千三百三十五两九钱二分八厘。以上五当架本银钱，并现存银钱数目，共十二万三千九百三十八两六钱零，均与原奏数目相符。”①

这里列举的架本、现银、现钱都是资产的内容，而不是资本，最后的结果就是这五座当铺的流动资产。但在乾隆年间，以每千铜钱合六钱银子，明显存在问题。据彭信威先生研究，康熙四十一年，清政府恢复了每文铜钱一钱四分的重量，称“大制钱”；同时还铸造了一种七分重的轻钱，称为“小制钱”。大制钱每千文作银一两，小制钱每千文作银七钱。京师以小钱为主，外省以大钱为主。② 文中的钱应该就是这种小制钱。小制钱原本规定千文值银七钱，现在却按六钱计算，可见小制钱也贬值了。刘裕泰那五座当铺，架本银共 80677.39 两，现银、钱合计共银 43261.348 两，两项合计共银 123938 两。如果再把 547 间房折合成银子，规模也很大。

有的内务府属下的当铺的房屋，也能看出值多少银子。据乾隆二十九年(1764 年)，内务府奏报：

> 恩露当，原架本银一万两，自雍正九年至乾隆二十九年，共交过利银四万二千两，内陆续垫交过不敷一分利银六百四十七两九钱六分，除置买开设当铺房一所，计二十九间，用过银八百两，现在实存架本银八千五百五十二两四分。
>
> 恩吉当，原架本银二万两，余平银九百九十五两九钱六分三厘九毫。自乾隆十年至二十九年，共交过利银四万七千两，除置买地基、装修房间，用过银二百十三两六钱六分。现在实存架本银二万七百八十二两三钱三厘九毫，官房一所计三十六间。
>
> 万成当，现在实存架本银五万两，利银三百四十五两六

① 《内务府奏销档》乾隆十八年十二月内务府奏，故宫出版社 2014 年版。转引自《北京师范大学学报》1978 年第 6 期，第 77 页。

② 彭信威：《中国货币史》第八章，上海人民出版社 1958 年版，第 524 页。

钱。官房一所，计三十二间。

丰和当，现在实存架本钱五万两，利银七百九十四两八钱六分。官房一所，计四十七间。

恩丰当，原架本银一万七千两，余平银三百七十二两七钱。自乾隆二十九年七月至十一月，共得过利银九十七两三钱一厘五毫五丝九忽。除置买开设当铺房一所，计二十七间，用过银二千三百九十九两一钱八分，现在实存架本银一万五千七十两八钱二分一厘五毫五丝九忽。

以上五当，通共本利银十四万九千六百六两四钱二分五厘四毫五丝九忽，内除恩露、恩丰、恩吉三当，置买房间地基并装修，垫交不足一分利银，共用过银四千六十两八钱，现在实存本利银十四万五千五百四十五两六钱二分五厘四毫五丝九忽。①

表 6-9 **内务府五当资产规模表**

当铺名称	原本	加项	减项	剩余	房屋(间)
恩露当	10000		1447.96	8552.04	29(自置)
恩吉当	20000	995.9639	213.66	20782.3039	36(官房)
万成当	50000	345.6		50345.6	32(官房)
丰和当	50000	794.86		50794.86	47(官房)
恩丰当	17000	470.001559	2399.18	15070.821559	27(自置)
合计	147000	2606.425459	4060.8	145545.625459	171

原文中有的词语，含义不明，但它们之间的关系如上表。其中的加项是合并余平银和利银计算出来的，减项是合并垫付不足一分利银和置买房产银计算出来的。恩露当上交过的四万二千两利润和恩吉当上交过的四万七千两利润可能是它们的利润就是这么多，所

① 《内务府奏销档》，故宫出版社2014年版。转引自《北京师范大学学报》1978年第6期，第78页。

以交出这两笔款项对原本没有影响，也不参加运算。而垫付不足一分利银其实是那一年当铺的净利润率不到一分，而内务府却要求他们按一分上交，这样他们便不得不动用原本支付。

从上表可以看出，内务府开办这五座当铺，开始共投入了十四万七千两银子。到乾隆二十九年，内务府从中共提走了八万九千两银子的利润。到乾隆二十九年这五座当铺共有流动资产145545.625459两银子，房屋171间。其中的171间房有两种来源，一种是自置的，如恩露当的29间房，花了八百两银子；恩吉当的地基、房间，共花去二百十三两六钱六分；恩丰当的27间房屋花了二千三百九十九两一钱八分，共3412.84两。另一种来源是官房，恩吉当、万成当、丰和当的115间房屋是官房，没有价钱，所以其统计也是不完整的。

比较刘裕泰的五座当铺和内务府的五座当铺，流动资产是内务府的当铺多，固定资产是刘裕泰的当铺多。综合计算，内务府这五座当铺的总资产不一定比刘裕泰的五座当铺大。

清前期的官府当铺，因为要按固定的利润率上缴利润，所以其规模发展不大。民间典当因为大部分都是把利润分光吃净，不注意资本积累，所以其规模发展也不大。而刘裕泰、胡学梓等人的当铺，规模不一定比官府的小，甚至可能更大，但这样的当铺有多少还有待于进一步研究。

这些材料里有一个问题，就是大宗的资产房屋没有折合成货币，给我们的研究比较带来了障碍。但有的当铺也把土地、房屋等不动产折合成了货币，会计核算上走在了前列，显得比较规范了。如道光六年(1826年)三义当清单的实在部分：

存行本银叁仟柒佰陆拾肆两柒钱。
存架本银肆仟陆佰贰拾两零壹钱柒分。
存大账本银贰仟两。
存地价本银肆佰两。
存会本银叁拾两零玖钱。
存房价本银贰佰壹拾伍两。

存屡年身支银肆佰叁拾伍两。
存现银钱壹仟零叁拾捌两捌钱壹分壹厘。

以上八宗共存本银壹万贰仟伍佰零肆两伍钱捌分壹厘。

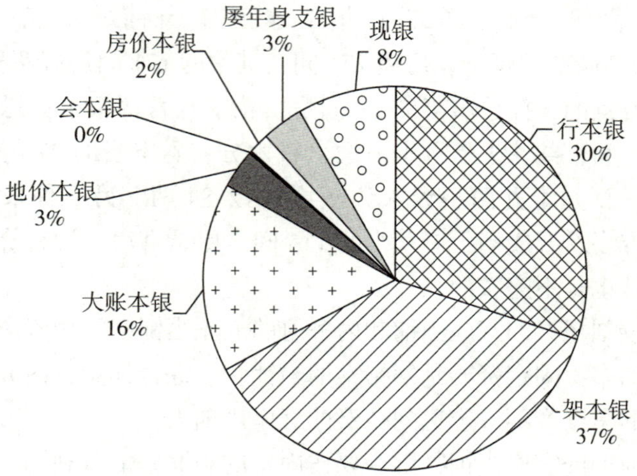

图 6-2　三义当资产构成图

这份当铺的清单里不仅有行本、架本等流动资产，还有地价、房价等固定资产，内容比较齐全。这家当铺到道光六年结算时，总资产就是 12504 两银子，但房屋只有 215 两银子，固定资产所占的比重明显偏低。这可能是当铺开张后置买的房屋，不包括刚开张时占用的房屋，所以这个数字也可能是不完整的。

通过以上几座当铺的比较可以发现，内务府属下的当铺规模要比民间的当铺大多了。后来民间的当铺也有了发展，清末以后，我们在清单中发现了总资产超过十万两银子的当铺：①

| 存架本钱叁万捌仟玖佰柒拾柒仟陆佰文。

① 本银超过十万以上的当铺，在清代前期也是有的，只不过目前民间契约文书资料中尚未见到而已。

｜存东柜架本钱伍万玖仟陆佰柒拾贰千贰佰文。
｜存粮本钱柒仟壹佰贰拾壹仟壹佰玖拾文。
｜存借本钱壹仟捌佰叁拾叁仟正。
｜存现钱壹万肆仟叁佰壹拾捌仟柒佰玖拾文。
｜存外欠兑换钱柒万零壹佰陆拾伍仟肆佰贰拾文。
｜存天德当本钱叁万伍仟文。
｜存天德店本钱壹万伍仟文。
｜存杨永丰支钱贰仟零肆拾捌仟柒佰玖拾文。
｜存李凤翔支钱叁仟陆佰壹拾玖仟柒佰伍拾文。
｜存张若翰支钱肆仟肆佰壹拾叁仟肆佰贰拾文。
｜存田怀玉支钱肆仟伍佰叁拾柒仟壹佰文。
｜高永增支钱贰仟伍佰捌拾肆仟文正。
｜吕宽支钱贰仟贰佰肆拾肆仟柒佰捌拾文。
以上十四笔共存钱贰拾陆万壹仟伍佰叁拾陆千零肆拾文。①

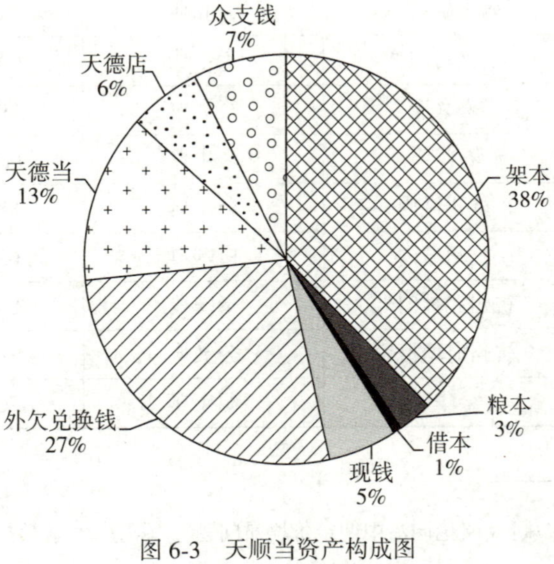

图 6-3　天顺当资产构成图

① 《同治九年铁岭东关天顺当清单》，刘建民先生藏。

这家当铺的总资产有261536千40文，据王宏斌先生研究，同治中后期我国银价再度上扬，银钱比价在1400~1800文之间。① 照这个比价换算，这家当铺的总资产至少也在十四万两银子以上。这么大规模的一座当铺，在民间是不多的。

光绪九年(1883年)，清政府查抄了胡雪岩的家产，其当铺资产如下表：

表6-10 **光绪朝胡光墉当铺查抄记录表②**

编号	所属	当铺名称	架本数额(千文)
1	湖府双林镇	大成典	146，264
2	湖属德清城	公顺典	184，191
3	湖属新市镇	庆裕典	136，680
4	湖属新市镇	恒生典	72，334
5	海宁城	裕丰典	72，030
6	海宁城	义慎典	95，952
7	海宁硖石镇	万和典	81，860
8	嘉兴石门城	大亨典	116，759
9	嘉兴府	裕大典	89，630
10	石门湾	大生典	115，932
11	杭州城内	公济典	88，379
12	杭州城内	广顺典	63，360
13	杭州武林门外	泰安典	83，261
14	杭州府塘栖镇	公义典	107，141
15	金华府	源生典	76，330

① 王宏斌：《略论同治中期银价增昂问题》，《河南大学学报》1988年第1期。

② 转引自阴若天《晚清时期典当业研究》，河北大学硕士论文2011年，第16-17页。

续表

编号	所属	当铺名称	架本数额(千文)
16	衢州城	余庆典	63，441
17	衢州府龙游城	庆生典	58，025
18	苏州府黎里镇	悦来典	90，019
19	镇江府	裕丰典	86，428
20	镇江府	祥泰典	46，614
21	镇江府	丰裕典	87，379
平均			93，429

加上湖北兴国州乾生典拼股六成半，计钱七万八千文；湖北德河镇乾泰典拼股五成，计本钱四万千文，湖南乾利典拼股三成，计本钱三万千文，共计典当二十三铺，加上湖北三典的拼股钱十四万八千文，共计本钱二百四十四万七千九百四十八千文。[①] 他的当铺，平均每座的架本不足十万千文。当时银贵钱贱，如果以银子计量，则规模会小很多。当然，这只是计算的架本，还不包括其他各项资产。

清末，有的典当经营不景气，想转手，登广告时也是列举自己当铺的资产规模：如宣统三年，"南通州城内源大典当，架本九万余串，典房七十九间，旁院五十间；又石港镇和祥丰宝记典当，架本六万六千余串，典房七十七间；又刘桥镇安福仁记典当，架本三万余串，典房五十九间；又东台县梁垛镇典房壹所，生财家具俱全，该典东已推抵邮传部接收，并经州尊出示晓谕在案。"[②]这条广告不仅列举了当铺的架本，还列举了当铺的房屋。至于那些债权债务，一般都由原主承担，与接手人没有关系，所以不列举。

以上就是历史上典当的资产规模，由此可见，清后期典当的资

① ［日］大桥式羽：《胡雪岩外传》附录，京华出版社 1997 年版，第 84 页。

② 《申报》13712 号 1911 年 4 月 14 日《典业招盘》。

产规模比前期有所扩大，但还不明显。

第四节 清代典当铺大小区别的法律层面及其与典当业的经营

对于典当铺大小及如何在法律上区别对待的讨论，是从乾隆年间开始频繁起来的。在乾隆中期的福建，在讨论如何根据不同大小的典当制定不同的典当业规条时曾说道：

> 伏查原议章程，本银五百两以上者为大当，五百两以下者为小典，似系专指初开当本而言。若开张年久，积息计本，自必较增……本司遵加筹核，该县府所议当本五千两为率，原未允协。即如原定五百，现增万余，不闻前此地方官查核及此。今若限以五千，亦属有名无实，又安得逐铺稽查，按时盘察，以绝商人之影射，而禁书役之扰累？至于署司所议不拘成数之处，诚如宪谕取利有多寡之不同，年限有久暂之各别，听其随时添设，并不定以限制。是使大小漫无区别，则牟利之徒，无不以小典开报，暗增资本，以收重利，虽称永杜弊端，适足以启滋弊之由，纷争更所不免。本司伏查每年征纳税银，原无大小之分，各省开设当铺，亦无大小之别，惟以当值之多寡，计利息之重轻。①

福建的地方官员本来议定，本银五百两以上者为大典，以下者为小当，但闽县当户郑协、侯官县当户林茂提出不同意见，以为当铺除本银外，资金紧张时还可能会借入资金，所以以本银数量判断典当大小的标准没有实行，可见这个标准行不通。

向官府领帖纳税的当铺是合法的典当，那些不领帖的小押就是非法的，封建政府是严禁的。小押又称私押，多是军流犯开设的，

---

① 《福建省例·当税例》，《民间开张大小典当，分别行息章程》，《台湾文献丛刊》第199种，台湾银行经济研究室，第464-466页。

具有投入少、利润高昂、满当期限短促的特点。① 当然，也有其他人开设的小押："且省垣典当只当衣饰铜锡等物，至一切杂货则皆不能当，是以牟利之徒多有鸠集短本，假托军犯之名私开小押。无物不当，期以一月为满；加一取利，其利即于当本内扣去。凡典钱百文者，只有九十文到手，余可类推，贫民之受其害者不可胜数。且有小押店之地方，小窃必多，以其得物易于变钱也。初则通城不过一二家，而近则上下城各处皆是，贻害无穷，屡经官禁而开者仍多。"②从中可以看出，还有假托军犯之名开办小押的。查禁小押的文献很多，他们举出的理由如下表：

表 6-11　　查禁小押的理由表

编号	时代	理　由	文献出处
1	清	压价多，期限短，利率高，销赃	《切问斋集》卷十四《严禁在配流违例私押示》
2	清	期限短，利率高，销赃	《风行录》卷二《严禁私开小押》
3	清	违禁取利，故押贼赃	《湖南省例成案》卷三十三《严禁私开典押小铺》
4	清	利率高，销赃	《福建省例·当铺大小行息期限》
5	嘉庆	利率高	《湖南典商办理减息案呈词·典帖不准查验呈词》
6	嘉庆	剥削重，销赃	《钦定大清会典事例》卷一千一百六十一
6	清末	重利盘剥，代盗销赃	《步军统领衙门、顺天府、五城御史会奏折》
7	清末	代盗销赃	《大清德宗景皇帝实录》卷五百九
8	清末	有扣头，利率重	《台湾杂咏合刻·海音诗》

① 熊艺钧：《清代军流犯与小押》，《安徽史学》2014 年第 1 期。

② 《申报》3451 号 1882 年 12 月 8 日《新开典当》。

从以上资料看，政府查禁小押的理由，无外乎两项：一为剥削重，条件苛刻；二就是代盗销赃。禁止小押的文献很多，大多没有规定处罚措施，只有乾隆四十八年(1783年)广东韶州府郡守舒明阿规定了详细的惩罚小押的措施："为此示谕阖郡军民及在配军流各犯知悉，嗣后各宜改业营生，毋许私开。其从前当过各物，刻即招主原价取赎，店房交主另租。倘敢愍不畏死，阳奉阴违，仍蹈前辙，一经差拿，或被告发，定将出本土棍自开张起计至破案日止，历年所收本利尽追充公，店房查封入官。其出名之人各重责四十大板，枷号三个月，邻佑地保容隐，一并责处，决不姑宽。凛之慎之，毋违特示。"①从这些措施看，不仅开私押的要惩罚，就是邻居、地保知而不报，也负有连带责任。只有规定了惩罚措施，这些禁令才有可行性。

近代报纸出现以后，经常刊登文章，谴责小押。如《申报》里有一篇文章说得很详细：

> "至于押店则其本钱本属不多，收货尤为不伦，旧帽敝屦兼收并蓄，铜壶锡罐细大不捐，甚至值仅数十文之物，亦可付质，故街头攫得之物无不可以易钱，其事亦极便易，而人之受其害更多矣……独至花烟间与小押店，其所害者皆属贫苦之人居多，此则厉民之尤者矣……近者官宪患民穷财尽，亦欲力为整治……若此等烟妓、小押祸人甚烈而竟置若罔闻，一任其蛊惑贫人收押杂物，以致居于沪渎者民愈穷而财愈匮，不亦大可悯乎？故吾以为妓馆不必尽禁，而烟妓则大可以禁；典当不可概禁，而小押则不容不禁，窃愿与有心世道者一商之也。"②

作者把小押与大烟馆、妓院并列，可见其态度。报纸上代表的是社会的舆论，呼声越高反映的问题越严重。那么小押为什么屡禁

---

① (清)额哲克：同治《韶州府志》卷二十一《经政略》，上海书店2003年版，第424页。

② 《申报》2587号1880年7月14日《厉民之事宜禁说》。

不止呢？

各地禁止的程度不同，如湖南地方官员只是严禁小押的非法行为，并不是一味地取缔小押："乾隆三十六年(1771 年)三月初四日，奉督部院吴批：小押典质微物，为值无多，无非觅蝇头而便贫民，例所不禁。倘违禁取利、知情故押贼赃，事发自有应得之罪。至于安置军流人犯，糊口无资，每多逃窜，官为设法安插，方虑难周，幸而挟有微资，正可听其谋生。若因欲杜销赃之弊，暨追衣物给主，当本充公，不许复开小押，不惟因噎废食，未洽情理，且绝该犯等生路，使不得其所，势必窜逸为匪，转滋事端，应不必禁止。惟通饬各州县留心稽查，并晓谕各小押，毋许违禁取利，知情故押贼赃。如有违犯，照例治罪，永不许复开小押可也。"①资料说得很清楚，乾隆三十六年(1771 年)时，湖南省仍是不禁止小押的，这次也只是禁止其非法行为，并没有取缔小押。到嘉庆时期，湖南的政策也变严了："而市侩无赖棍徒，每有贿嘱衙役地保，违禁开设重利私押，月利五分加一，限期三月半年。愚民便于若质，受其盘剥，苦累甚重。伏思私押藉端朦混，实由各地方给予各当铺本处印帖开设，并非部颁执照。应请敕交各直省，嗣后如有开设私押之处，严行驱禁，倘再有开设者，即治以应得之罪。"②再有开小押者即治罪，政策严厉多了。但是仍有地方官员主张不禁小押，如嘉庆时江苏的地方官员陈文述说，"至小押一项，利重期迫，且销贼赃，经前臬司福示禁在案。惟贫民敝衣破履，典当不收之物，向于小押质当，以济朝夕者，实所不免，是以虽奉饬禁，而私行开设仍复不少。利重期迫，更倍于前，差保狗庇，尤难查察。可否照浙省准开小当之例，期年为满，利不得过二分，庶于贫民有益，于销赃

---

① 《湖南省例成案》卷三十三《户律钱债·严禁私开典押小铺》，《中国古代地方法律文献》丙编第 3 册，社会科学文献出版社 2012 年版，第 319-320 页。

② 《乾嘉道湖南典商办理减息案呈词·后附典帖不准查验呈词》，刘建民先生藏。

亦易稽考。”①文中说浙江省允许开小押，他也想仿行。有的地方官员还鼓励小押：“光绪初，李秉衡知冀州，值大饥，贫民典当，以救一时之急，往往为当商富室勒措大利。公借库帑分给小民，多开小押当，为定立章程。又贷民资本，使作小贸易营生，取保限期，循环抽本，一州之人至不知饥。此法最善，民得息资生而官本仍不亏欠，较之坐耗者万万矣。此赈法死活之别。”②这种小押当是领官本开设的，官府给他们制定了章程，与那些私人小押不同。地方官员步调不一的举措，也是小押屡禁不止的原因。同时查禁小押也要讲究方法，简单的禁止是难以奏效的，如在陕西省洵阳地区：“乡俗贫惰相沿，盖藏绝少，偶有缓急，不能不仰贷于人。尝于听讼之下，析其子母权衡，不仅如贾三倍矣。虽即时改正，而受累已多，因此悬示私押重息者，听其首告，卒无应者，盖虑其后之缓急无告也。倘得一质库，其弊即绝，而招徕无人，亦畏其后之滋扰也。”③材料中说，当地人民之所以不揭发那些非法的小押，就是担心把小押禁绝了，他们以后再有困难就无处借钱了，如果有一座典当铺，那么小押的弊端就可以消除了。这就是说，要想禁止小押，简单查禁是不行的，还应该多多设立正规的、合法的当铺，让正规、合法的当铺与非法的小押展开竞争，利用市场优胜劣汰的法则迫使小押自然消亡。

封建政府虽然三令五申地严禁小押，却没有规定一个关于小押的认定标准，所以这些禁令难免会成为一纸空文。不领帖、不纳税只能是小押没有办理法定的手续，不能算作认定小押的标准。至于其非法行为，虽然应该严禁，但若说所有的小押都有非法行为，逻辑上是以偏概全的，所以非法行为也不能作为认定小押的标准。在没有认定标准的情况下，湖南省乾隆三十六年(1771 年)以前只是

---

① (清)陈文述:《颐道堂集》文钞卷十二《答魏爱轩中丞询问地方事宜》。《续修四库全书》第 1506 册，上海古籍出版社 2002 年版，第 89 页。

② 徐世昌:《将吏法言》卷七《知事四·右栖止流民》,《官箴书集成》第 10 册，黄山书社 1997 年版，第 769 页。

③ (清)邓梦琴：同治《洵阳县志》卷十一，凤凰出版社 2007 年版，第 111 页。

禁止小押的非法行为，而不禁止一般的小押就是合理的了。

据熊艺钧先生研究，清代军流犯在配发期间发生逃亡事件，专管官吏、兼管印官、地保等会受到严厉处分，所以地方政府在对军流犯的管理上不敢弹压太重，往往采取疏纵的策略，通过放松对在配军犯的管理，放纵其不法行为，来缓解他们的生存压力，实现羁縻的目的。军流犯经营具有灰色性质的小押业，便是地方政府施行疏纵策略的一个产物。清中叶以后，吏治腐败，地方政府多与军流犯相勾结，为军流犯经营小押提供支持，并以此来获得好处。①清末的《申报》也指出了这点："从前当铺之外，凡小押质铺皆干例禁，惟军犯私设取重利而糊口，则官衙差保袒庇而不尽禁，所谓瞒上而不瞒下者也，而地方官亦以其事涉龌龊不过问焉。盖小押开设之地，本皆委巷破屋。而收押之物，亦系丛残破损，为官当所不要者。虽有开设而实无侵于官当，故不屑禁之。"②这导致清代的小押屡禁不止，泛滥成灾。

有的地区小押很多，如广东番禺县："共有当八间，按一十三间，押九十一间，小押二十八间。"③从上面数字可以看出，番禺县共有典质机构 140 座，其中小押 28 座，占 20%。上海的小押也很多："虽然减利固为恤民，而尤有为害民间者则莫如小押矣。夫小押所收之物，大都褴褛不堪，非极贫极下之户不能有此。余则小偷扒窃之赃销售其中，本无上等之物，特因有此销赃之处而后民间窃案愈多而匪人愈伙，官宪之所以示禁者本为此耳。各处皆不敢明目张胆开设市廛，惟上海则遍处皆是。尝见其押票有云，每期三分起息，四个月为满。质之于人，则知其所谓期者，以十日为一期也，然则一月三期，每期三分，岂非按月九分利乎？恐别处违禁私开之小押，未有如此大开不禁之小押者也。"④遍处皆是，可见其多。连

① 熊艺钧：《清代军流犯与小押》，《安徽史学》2014 年第 1 期。

② 《申报》3545 号 1883 年 2 月 27 日《论典当放期不如减利》。

③ 丁仁长等：《番禺县志》卷一二。转引自李文治编《中国近代农业史资料》第一辑，三联书店 1957 年版，第 571 页。

④ 《申报》3099 号 1881 年 12 月 15 日《论典当让利便民》。

边远的台湾也有："九抽敢把禁条违，飞去青蚨忽自归；寄语杜陵头白叟，何堪日日典春衣？"其注曰：私典有曰小押者，皆兵卒为之。每质物一百文，只给九十一，谓之九抽；赎时仍满其数，每十日，一百文计息六文。其期限之缓急，以物之高下为差；然无过一岁者。"①台湾地区的小押除利率高外，还像放印子钱那样有扣头。正是这些遍地开设的小押败坏了典当业的名声。

清前期的典当规模多在资产五万两银子以下，五万以上者应较罕见，内务府及个别高级官绅的当铺有超过五万两的。到清后期，相关资料中关于资产五万两甚至十万两银子以上的当铺的记载似乎常见起来了。既然典当的规模是不断变大的，那么认定大小典当的标准就不应该是固定的，而是随着时代的发展不断调整的。福建省乾隆年间制定的认定标准行不通，此后封建政府再也没有制定一个关于大小典当的认定标准。同理，小押也没有制定认定标准，故而也是屡禁不止。

第五节 典当之间的竞争、联合及行业组织

在典当业发展的过程中，同行之间常常出现激烈的竞争，竞争的结果是那些资金雄厚、管理严密、策略得当的当铺胜出，而那些资金单薄、管理疏漏、决策失误的当铺或者被兼并，或者退出。但当铺之间的关系也决不是零和博弈那么简单，为了捍卫共同的利益，不同的当铺也会采取联合行动，以致成立属于自己的商人组织。

一、典当之间的竞争

从明朝中期起，随着商品经济的发展，典当业的繁荣，不同典当之间就出现了竞争，在明代的南京："留都地在辇毂……薪粲而下，百物皆仰给于贸居，而诸凡出力之孔，拱手以授外土之客居者。如典当铺，在正德前皆本京人开，今与绸缎铺、盐店皆为外郡

① （清）《台湾杂咏合刻·海音诗》。《台湾文献丛刊》第28种，台湾银行经济研究室编，第20页。

外省富民所据矣。以是生计日蹙，生殖日枯。”①这是说，南京的典当，正德以前都是本地人开的，此后则被外省人占据了，即本地人在典当竞争中失败了。在泰兴县，“质库，邑内五城门及各镇皆有，虽息权子母，实亦便民。曩多新安贾人为之，近则半出靖邑，亦有土著开设者。”②徽商在泰兴的典当业，遭到靖邑人和本地人的竞争，有所收缩。在山东文登县，本来此乡村及市镇中小当铺极多，自乾隆中期以后，商人得利，积累了资本，回乡设当，其规模比之以前小当，大大增加，于是城市大当与乡镇小当展开了竞争，竞争的结果是大当取胜，小当最终走向衰落。③

李维庆指出，北京的典当业多数不是由本地人开办，而是由山西人开办。咸丰时北京开设的159家当铺中，山西人开办的就有109家，占68.55%。④ 这个说法虽然没有出处，不一定精确，但反映晋商在北京影响巨大还是可能的。清朝末年，山西商人遇到了强大的竞争对手，也就是说，本地商人势力大大增长。

表6-12　光绪三十一年(1905年)北京(内城)典当统计表⑤

编号	内城字号	商人姓名	籍贯	开设住址
1	德顺	周子澄	顺天大兴县人	崇文门内闹市口
2	南恒肇	吴又林	江苏人	东单牌楼北米市路东
3	瑞增	夏周臣 王朝甫	顺天宛平县人 顺天昌平州人	东单牌楼北路东

① (明)顾起元：《客座赘语》卷二《民利》，中华书局1987年版，第67页。

② (清)凌坮等重修嘉庆《重修泰兴县志》卷六《风俗》，清嘉庆刻本，第966页。

③ (清)李祖年：光绪《文登县志》卷三下《邑人林培玠记典肆始末》，凤凰出版社2004年版，第62页。

④ 李维庆：《近现代中国典当业之研究》第一章第三节，南开大学2009年博士论文，第35页。

⑤ 《步军统领衙门、顺天府、五城御史会奏折》，刘建民先生藏。

续表

编号	内城字号	商人姓名	籍贯	开设住址
4	同丰	同福堂	顺天大兴县人	东单牌楼总布胡同
5	泉盛	富锡珹	顺天大兴县人	东安门外菜厂胡同路北
6	和兴	荣安堂	顺天大兴县人	东安门外八面槽路西
7	恒丰	怡爱堂	顺天宛平县人	北新桥南石雀胡同路北
8	震盛	富锡璟	顺天大兴县人	东四牌楼魏家胡同路北
9	同义	戴立堂	顺天大兴县人	东四牌楼十二条胡同老君堂
10	祥福	姚季衡	顺天通州人	朝阳门内大街路北
11	广丰	五福堂	顺天大兴县人	朝阳门内大街路北
12	信成	敬思堂	顺天大兴县人	朝阳门内南水关林驸马胡同
13	和丰	福庆荣	顺天大兴县人	东四牌楼炒面胡同路北
14	华富	李馨亭	顺天大兴县人	东四牌楼马大人胡同路北
15	孚善	善庆堂	顺天大兴县人	东四牌楼马市路东
16	嘉和	齐通甫	顺天宛平县人	隆福寺西口外路东
17	谦益	邵儒臣	顺天大兴县人	东四牌楼隆福寺西口内
18	全益	周辅卿	顺天昌平州人	朝阳门内大街路北
19	祥茂	索耆寿	顺天大兴县人	朝阳门内南小街路西
20	庆丰	李荣	顺天通州人	朝阳门内南小街路东
21	和聚	万和堂	顺天大兴县人	东四牌楼香饵胡同路北
22	松茂	张玉衡	顺天大兴县人	东四牌楼五条胡同东口路东
23	元聚	钰成全	顺天大兴县人	东四牌楼七条胡同中间路北
24	长源	王华臣	顺天大兴县人	东四牌楼十二条胡同横街路东
25	元盛	宋荣堂	顺天大兴县人	东四牌楼汪芝麻胡同东口外路西
26	东恒肇	吴又林	江苏人	东四牌楼北六条胡同
27	万丰	养源堂	顺天大兴县人	北新桥北路东

续表

编号	内城字号	商人姓名	籍贯	开设住址
28	源和	余永昌	顺天大兴县人	北新桥北路东
29	裕丰	娄厚甫	顺天大兴县人	安定门大街路西
30	丰源	福厚堂	顺天大兴县人	安定门内交道口西路南
31	万庆	高华谷	直隶深州人	南锣鼓巷路东
32	阜丰	娄厚甫	顺天大兴县人	南锣鼓巷南头路西
33	恒益	周辅卿	顺天昌平州人	安定门内大街路西
34	庆元	沈松岩	顺天大兴县人	安定门内国子监口外路东
35	富源	李子洲	顺天大兴县人	东直门内大街路北
36	天聚	胡星桥	顺天大兴县人	北锣鼓巷琉璃寺
37	中和	郭宗益	顺天大兴县人	后门外烟袋斜街
38	恒益	李子洲	顺天大兴县人	地安门外三座桥路北
39	宝华	刘春溥	顺天大兴县人	地安门外钟楼后赵府街
40	亿丰	济元堂	顺天宛平县人	地安门外旧鼓楼大街路西
41	宝善	和易堂	顺天大兴县人	地安门内蜡库路东
42	利源	郭廷益	顺天大兴县人	东安门内路北
43	有容	李光绶	山西太原府人	东安门内骑河楼西口路北
44	万泉	纯善堂	顺天宛平县人	阜成门内十八半截路北
45	聚源	余会堂	顺天大兴县人	德胜门大街路西
46	谦益	邵延年	顺天大兴县人	德胜门内果子市路北
47	同兴	邵延年	顺天大兴县人	东四牌楼九条胡同西口内路北
48	聚盛	刘辅臣	顺天宛平县人	德胜门内大街弘善寺口外路东
49	丰盛	富锡璟	顺天大兴县人	西安门内大秤钩胡同路南
50	同和	李珠舫	顺天宛平县人	西直门内大街路北
51	天源	徐月艇	顺天宛平县人	新街口南路东

续表

编号	内城字号	商人姓名	籍贯	开设住址
52	宝丰	袁宝三	顺天通州人	西直门内横街沟沿路东
53	中元	张耀亭	顺天大兴县人	西四牌楼当街庙路东
54	天和	李润田	顺天宛平县人	西四牌楼路西
55	万成	王峻峰	顺天宛平县人	护国寺口内路北
56	西恒肇	吴又林	江苏人	阜城门内锦什坊街
57	北恒肇	吴又林	江苏人	宫门口太平街路南
58	中兴	郭光益	顺天大兴县人	阜成门内锦什坊街
59	玉兴	伍贵善	顺天宛平县人	阜成门内西斜街路东
60	和合	曾槐亭	顺天大兴县人	阜成门内翠花街口路西
61	日丰	邵延年	顺天大兴县人	阜成门内大街路北
62	如泽	吕松泉	顺天宛平县人	西单牌楼西半截碑胡同路东
63	亨裕	广治唐	顺天大兴县人	沟沿石碑胡同口外路东
64	公益	四合堂 李润田	顺天大兴县人 顺天宛平县人	西单牌楼二条胡同
65	天寿	李润田	顺天宛平县人	西单牌楼路东
66	增寿	李万增	顺天大兴县人	西单牌楼炭市路西
67	久隆	曹子瑞	山西汾州府人	西单牌楼报子街
68	天泽	吕松泉	顺天宛平县人	西长安街路北
69	德盛	三之堂	顺天大兴县人	西长安门外路东
70	镒增	王伯岑	顺天大兴县人	前门内兵部洼路东
71	万成	贾手咏 李皓田	顺天大兴县人	宣武门内南闹市口西路北
72	万隆	高华谷	直隶深州人	西单牌楼兴隆街路北
73	惠元	相吉人	顺天宛平县人	德胜门内蒋养房东口内路北
74	信义	李栋年	顺天宛平县人	西四牌楼羊肉胡同
75	亿和	康仪	顺天大兴县人	交道口南路东

续表

编号	内城字号	商人姓名	籍贯	开设住址
76	义盛	娄厚甫	顺天大兴县人	后门内黄化门口内路北
77	丰盛	诒锡堂	顺天宛平县人	阜成门内葡萄园路北
78	钰盛	扶风堂	顺天宛平县人	西单牌楼旧帘子胡同
79	同福	李海泉	顺天大兴县人	崇文门内苏州胡同路北
80	崇兴	马仲三	顺天宛平县人	地安门内大石作南口内路东
81	松裕	王德禄	顺天宛平县人	西四牌楼南大院胡同路南
82	广顺	纯善堂	顺天大兴县人	朝阳门内八大人胡同路北
83	仁汇	异乐堂	顺天宛平县人	东四牌楼驴市胡同路北
84	德茂	周子澄	顺天大兴县人	西直门内半截胡同
85	广德	李兰波	顺天大兴县人	安定门内交道口路北
86	隆丰	松润堂	顺天大兴县人	东四牌楼南路东
87	万利	高华谷	直隶深州人	前门内旧刑部街路北
88	公和	龙剑堂	顺天宛平县人	西四牌楼武定侯胡同路南
89	宝盛	孰德堂 中和堂	顺天大兴县人	德胜门内果子罐胡同口外路北
90	东富源	沈紫臣	顺天大兴县人	东直门内大街路北
91	义丰	娄厚甫	顺天大兴县人	地安门内织染局西口路北
92	天昌	徐月艇	顺天宛平县人	锦什坊街南头学院胡同路北
93	天兴	徐月艇	顺天宛平县人	曹公观后永泰寺胡同路南
94	义聚	娄厚甫	顺天大兴县人	东四牌楼南沟栏胡同西口外路东
95	聚和	李润田	顺天宛平县人	南锣鼓巷井儿胡同东口路北
96	干丰	刘祝三	顺天大兴县人	北新桥二条胡同路南
97	增盛	李昆浦 韩味兰	顺天宛平县人	正阳门内西交民巷路南

表 6-13 光绪三十一年(1905年)北京(外城)典当统计表

编号	外城字号	商人姓名	籍贯	开设住址
1	恒茂	刘贡南	顺天大兴县人	崇文门外中三条胡同路北
2	祥源	耆寿堂	顺天大兴县人	朝阳门外大街路南
3	泰盛	伊勒图	顺天大兴县人	崇文门外木厂胡同路北
4	天源	耆寿堂	顺天大兴县人	花儿市猪营路南
5	复成	如松堂	顺天宛平县人	崇文门外东茶食胡同
6	同顺	朱云亨	顺天宛平县人	崇文门外北芦草园路北
7	德福	李润田	顺天宛平县人	前门外大蒋家胡同
8	长盛	富锡璟	顺天宛平县人	前门外长巷下三条高庙路东
9	济通	刘仲霖	顺天宛平县人	前门外三里河路北
10	兴盛	陈济川	顺天宛平县人	前门外西珠市口路北
11	德成	李莲舫	顺天大兴县人	前门外给孤寺路南
12	广聚	王松泉	顺天宛平县人	前门外十间房南路东
13	同义	王庚臣	顺天武清县人	板草胡同路北
14	公兴	慎思堂	顺天宛平县人	前门外陕西巷
15	承庆	唐辉庭	顺天大兴县人	前门外樱桃斜街路北
16	恒盛	恒德堂	顺天大兴县人	崇文门外小市口东路南
17	仁泽	敬恕堂	顺天大兴县人	宣武门外南横街路北
18	通盛	追来堂	顺天大兴县人	崇文门外关王庙街路北
19	和盛	五福堂	顺天大兴县人	宣武门外骡马市大街路北
20	鼎盛	同和堂	顺天宛平县人	前门外蝎子庙路北
21	和源	曹子功	顺天宛平县人	宣武门外北柳巷路西
22	和兴	崇善堂 宝善堂	顺天宛平县人	前门外五道庙路东
23	通源	李璋	顺天宛平县人	京西八里庄
24	同聚	刘义	顺天大兴县人	海甸西蓝靛厂火器营南门外路南
25	悦来	冯天德	顺天宛平县人	京西门头村街中间路北

续表

编号	外城字号	商人姓名	籍贯	开设住址
26	干泰	李永茂	顺天宛平县人	京西香山四王府村街中间路北
27	同兴	崇善堂 宝善堂	顺天大兴县人	前门外三里河八角胡同口外路北
28	亿源	福厚堂	顺天宛平县人	前门外王广福斜街路西
29	德润	朱佩如	顺天大兴县人	东直门外上关路北
30	广兴	王永福	顺天大兴县人	东直门外东坝镇十字街路北
31	广源	章文泉	顺天宛平县人	孙公园中间路北
32	聚通	敦叙堂 蔡荷初	顺天大兴县人	前门外炭儿胡同路北
33	瑞通	三益堂	顺天宛平县人	前门外南柳巷路西
34	四和	夏周臣	顺天宛平县人	南横街西头路北
35	瑞生	鉴湖堂	顺天宛平县人	宣武门外驴驹胡同路北
36	广恒	贾西瀛	顺天宛平县人	宣武门外大街路西
37	恒德	刘玉臣	顺天大兴县人	宣武门外大街路东
38	海裕	崔立世	山西介休县人	朝阳门外大街路北
39	元成	何学闵	顺天宛平县人	京西青龙桥北路西
40	干元	李燕臣	顺天宛平县人	京西海甸灯笼库路西
41	永祥	永安堂	顺天大兴县人	永定门内路东
42	万泉	乔佩芳	顺天大兴县人	京西海甸城府路北
43	同泽	梁子修	顺天宛平县人	阜城门外关厢路南
44	义兴	王振堂	顺天宛平县人	海甸老虎洞路北
45	德成	周子澄	顺天大兴县人	广渠门内路南
46	裕如	王晓亭	顺天大兴县人	阜城门外大街路北
47	广通	王寿山	顺天宛平县人	德胜门外上清河镇桥北路西
48	恒兴	梁英圃	顺天大兴县人	右安门外南关路东
49	恒肇当东号	刘禹臣	顺天大兴县人	东直门外二里庄路南

续表

编号	外城字号	商人姓名	籍贯	开设住址
50	永盛	焦景芳	顺天昌平州人	前门外延寿寺街北头路西
51	松年	高伯泉	顺天大兴县人	左安门外关厢路西
52	和顺	曹子功	顺天宛平县人	京南黄村镇
53	同丰	李润田	顺天宛平县人	京西北辛庵村中间路北
54	福庆	杨熙珍	顺天大兴县人	东直门外东坝镇西头路北
55	福和	刘宗波	顺天大兴县人	前门外煤市街
56	天德	刘星垣	顺天宛平县人	前门外西柳树井路北
57	宝善	善庆堂	顺天大兴县人	京南采育镇南门外路东
58	永通	焦茂亭	顺天昌平州人	正阳门外兴隆街六条口外路南
59	长茂	刘长润	顺天宛平县人	京西树村中间路东
60	泰和	崇德堂 积善堂	顺天宛平县人	京西琉璃渠村中间路南
61	华裕	黄月亭	顺天大兴县人	正阳门外长巷三条胡同路西
62	丰聚	李新亭 于浚川	直隶深州人	彰仪门内大街王子坟路南
63	万裕	高华谷	直隶深州人	京南采育镇十字街路东
64	天丰	长善堂	顺天宛平县人	宣武门外永光寺中街路东
65	汇丰	娄厚甫	顺天大兴县人	德胜门外上关教场口内路南
66	长盛	刘辅臣	顺天宛平县人	京西长新店街南头路东

表 6-12、表 6-13 统计了清末北京的 163 座当铺，其中 85 座是大兴县人开的，59 座是宛平县人开的，昌平人 5 座，通州人 3 座，武清人 1 座，深州人 5 座，江苏人 4 座，山西人只有 3 座。异地人合伙开了 2 座，所以多出 2 座。可见，大兴、宛平的当商排挤了久踞京师的山西商人。其中，原籍大兴县的当商开的最多，娄厚甫一人就开了 6 座当铺。造成这种局面的原因可能是，北京原来的山西典商在八国联军入侵时损失惨重，一时还没有恢复过来，所以给本地当商提供了发展空间。

至于竞争策略，主要有以下几种：

第一，大当铺依仗其雄厚的资金，扩大市场份额，逼小当铺退出。清初山西平阳(临汾)大当商亢氏，就是用这个策略："某岁，有人于亢氏所居左右设典肆。一日，有以金罗汉典银一千两者，翌日又如之。约三月，资本将完，大惧，叩其故，则答曰：吾家有金罗汉五百尊，此三月间方典至九十尊，尚有四百十尊未携至也。主人侦访之，知为亢氏，与之商，取赎后忽忽收肆去。"①亢氏以其雄厚的资财，逐步挤占那家小当铺的流动资金，最后小当铺没有了流动资金，只好退出。光绪《文登县志》记载：

> 百年以前，文、荣尚属一县，其时典肆不下二百，凡乡里小有之家，有闲舍二区、识字一人，则于其家开设小当，赀本二、三、四、五百千不等，未有及仟钱者。至城市大当，始以仟计，亦不过二、三千而止……乾隆三四十年间，海运通利，商贾越海贸易，获息既多，乃于各市开设大当，本各四、五六千钱不等。意在兼并小当，扬言以二分易三分。乡民狃于其便，且总计二分，亦无大异于三分，莫为所动。又复勾通吏役，关说县令，贪冒者受贿，出示严禁三分，详上谓当商情愿减息。自三分利改，当赎皆无定期。乡间小当，终年不得闭门，钱不足用，一概停止，所余不过七八十座而已……且银价日昂，二、三千之当一概停止，所存不过四五十座而已。邑中大当无可搜罗，仅留其一，以其二移之乡间大市……所余不过二十余座而已。令以停止过多，恐干吏议，乃昂其缴帖之费，非百金不纳。贫商焉措百金，甘输税银五两，有停止十数年，尚纳空税。至道光六年……小当又乘机停止数座，所余遂不及二十焉。邻邑闻知，间有至乡市开设典肆，本皆不下万千，黄县又于各市遍设大当。今虽有当三十余座，而旧规全改……甲午以后，文邑荐饥，十余年间，所存小当，冀收夙债，困守穷

① (清)徐珂：《清稗类钞》七册《豪侈类·乾隆时富人之豪》，中华书局1984年版，第3269页。

庐。有质物者，答以无钱，亦莫与较。大当见人情平善，各减当赀，至海滨贩粮，其利倍蓰。①

这段材料详细写出了市镇大当和乡村小当之间的竞争过程。所言虽是乾隆中后期至清末时代的山东文登县，但应反映了一般情况。大当依仗其雄厚的资金，倡议减当利，把三分减为二分，小当业务量骤然增加，而回赎的利息却不上涨，资金自然周转不开。大当把小当挤垮以后，又抽调资金去做粮食贸易。

第二，利用较低的利率，拉拢当户。早在宋代，袁采就告诫家人，借贷取息贵得中，不可贪求高利息，并对那些取息太高的放贷者从道德上进行了谴责，说他们"不仁之甚"。② 当然，他并不是有目的的，所以还谈不上竞争。在明代中后期的南京，徽商和福建商人就竞争得很激烈，"当铺总有五百家，福建铺本少，取利三分四分。徽州铺本大，取利仅一分二分三分，均之有益于贫民。人情最不喜福建，亦无可奈何也。"③最后徽商降低了利率，取得了当户的欢迎。那些主动减利的当铺，虽然是为了响应政府的号召，但也有策略上的考虑，如明朝后期，徽州人郑莼，"及长公当室，割生业而中分。长公居肆而享其成，次公徙之委巷，益减岁息，且自什一轻之。于是质者填门，即境外子钱家争来集。于是次公倾郡力，足以仆役。其曹人言：公昔近市而今巷居，昔薄息而今滋薄，卒之赢得过当，何术哉？次公笑曰：夫人见利必趋，莼宁讵能与众争利？莼昔为中贾，非近市无以杓之人。乃今藉吾父宠灵，贾道浸广，非岁杀息，有众胡来？息浸杀则众必归，毋委巷以也。"④郑莼之所以

① 李祖年：光绪《文登县志》卷三下《邑人林培玠记典肆始末》，凤凰出版社 2004 年版，第 62 页。

② （宋）袁采：《袁氏世范》卷三《假贷取息贵得中》，天津古籍出版社 1995 年版，第 164 页。

③ （明）周晖：《金陵琐事剩录》卷三。转引自《明清徽商资料选编》第三章，黄山书社 1985 年版，第 156 页。

④ （明）汪道昆：《太函集》卷五九，《明故处士洪桥郑次公墓志铭》，黄山书社 2004 年版，第 1241 页。

主动降息，是因为他的典铺在陋巷，位置不利。为了和位置有利的同行竞争，减利也是一种策略。还有小说记载：在明末时期的广东有杨姓的财主，

> 他放债的规矩，有三桩异样：第一桩，利钱与开当铺的不同。当铺里面，当一两二两，是三分起息；若当到十两二十两，就是二分多些起息了。他翻一个案道：借得少的，毕竟是个穷人，那里纳得重利钱起？借得多的，定是有家事的人，况且本大利亦大，拿我的本去趁出利来，便多取他些也不为虐。所以他的利钱，论十的是一分，论百的是二分，论千的是三分。人都说他不是生财，分明是行仁政，所以再没有一个赖他的。①

他的利率虽然较低，但偿还率高，避免了坏账的风险，也是一种竞争策略。明末清初山东临清的席祯，“质库所入，不责倍称之息于人，人争归人。所赢辄过当，繇此其业数蹶又数起云。临清之破也，悉亡其赀，君恐以累故人之寄橐者，将倒庋还之，绝去什一弗复事。闻者感其意，固请乃止。未几，尽复其所失且倍焉。”②席家在临清开典当铺，不但善于采取低利率竞争策略，而且特别重视保护存款人。乾隆年间，山东“乾隆二十三年(1758年)五月廿一日司批，据阳信县呈详，当铺毕万盛、万聚二商，自愿通年二分起息，永不改为三分，切殷桑梓，殊可嘉尚。仰武定府转饬奖予，并令冬月免其减息。各属有似此者，均饬一体详明立案。其照旧三分行息者，不必强令通年让利。”③

采用减利这个竞争策略，应先发制人，即在其他典当都没有减

---

① (清)李渔：《无声戏》第四回《失千金福因祸至》，内蒙古远方出版社2001年版，第55页。

② (明)吴伟业：《梅村集》卷三三《太仆寺少卿席宁侯墓志铭》，文渊阁《四库全书》第1312册，第346页。

③ 《乾隆朝山东宪规》第三册《当铺通年二分行息应详立案》。《中国古代地方法律文献》乙编第15册，世界图书出版公司2012年版，第652页。

下来的时候，率先减利，才能取得最好的效果。如道光时在陕西，“方伯徐公炘摄抚军时，疾典商之病民也，曰：佗省质物者，月出息不过二分，秦独三分，贫民何以堪之？饬有司劝谕众商，令减息，众商不可。徐公申劝之，仅减冬三月息为二分，佗月仍旧。公闻之曰：此非官力所能强也，吾若减，则众商皆减矣。公质库在省垣者八，公改为终年二分。榜于通衢。于是远近质物者，争赴公质库。不数月，西、同、凤乾、邠五郡四十余州县质库凡八百余，悉改为终年二分，岁省贫民息四十余万缗。”①贺达庭率先把典当的利率减下来，结果赢得了大量业务。同时也说明，在减息的过程中，大典商率先垂范是很重要的。

这种策略通常会引起同行的忌恨，早在乾隆初年，在浙江绍兴，典当因为减利引起了诉讼：“钱氏，庠生王基贞妻，守节五十七年，抚孤立业，以勤苦成家。晚年开典铺，夏帷帐，冬绵絮袄被，任人取赎，不收利。越俗典利三分，氏以二分为节，或不及二分。富绅哗然，致成讼。官不直富绅，得轻减为例，久乃相率效之，俱减利。”②在清末的上海，“昔年嘉定各当，按月取利一分几厘，秦氏另开便民一当独取一分，民间称为义当……今南寻邢氏所开厚生当，每月减取一分四厘，体恤穷民，存心独厚，足与秦氏后先媲美，将来获报自无限量。惟因他当不愿，群起阻挠，恐难持久。”③厚生当减利，受到同行的阻挠。还有的勾结官府，“邢某者，资本家也，其父在上海城内开设一典，减利为一分四厘。然典业部章按月二分起息，若任该典如此减利，他典不能支持。当邀同业在公所会议，同往邢处相商请求，仍改为二分，至再至三不允……邢果上控府藩，控予在所难免。邢禀未批之先，适邓潘宪由沪赴吴淞查看炮台，奉抚台委，上海各官去接在船舱内。交上海县官公文札

---

① （清）路德：《柽华馆文集》卷五《贺达庭墓志铭》。《续修四库全书》第1509册，上海古籍出版社2002年版，第446页。

② 李亨特：乾隆《绍兴府志》卷六十五，《中国方志丛书》，成文出版社1975年版，第1568页。

③ 《申报》7175号1893年4月14日《后先媲美》。

饬内开，邢某减利便民，实属可嘉。著上海县饬该典，仍遵部章，按月二分起息，其余六厘，饬上海县核算，按月向该典收取，以济无物可当之贫民。其他典商有所观感，惠及贫民，更无涯涘矣。后邢某进退两难，只得捐赈济一万两了案。"①邢某让利的幅度太大，引起同行的忌恨，这个策略没有行通。同行的阻挠，说明竞争的激烈。典当主动减利，可以刺激回赎，加速资金周转，增加业务量，最终利润不一定下降，和薄利多销是一个道理。

第三，利用优质的服务来拉笼客户。据《太函集》记载，明末徽商王通保在上海开当铺，因为讲求信誉，生意越做越大。他告诫子弟们，"居他县毋操利权，出母钱毋以苦杂良，毋短少；收子钱，毋入奇羡，毋以日计取盈。"②他的做法分为三个方面：一是不垄断经营，二是钱币使用方面，不以次充好，三是典当利率方面不取过高利息，不以日计息。他因此赢得了顾客的信赖，顾客竞趋其门，连其他州县的人也舍近求远。为时不久，他就由一个财力中等的典商发展成乡里首屈一指的大典商。

小说里这样的例子还有一些，如清代小说《姑妄言》里的宦萼，和小娥结婚后，夫妇二人一心行善，投资十万两银子开了一座当铺，"多的不当，富的不当，专当与穷苦百姓。成两的就不当，只当三钱五钱的，只要一分利息，够房租工银那就罢了。虽不赚钱，却不得折本，穷人却沾了多少恩惠。"③《二刻醒世恒言》里的龙员外也是这样。还有的典商在灾荒年份，当户无力取赎时，效仿冯煖焚券弃债的典故，来换取好名声。他们表面看是在做慈善，其实也可以看作一种竞争策略，放长线钓大鱼。

在地方志里，常把那些主动减典当利率的行为当成善举记载，并予以表彰。现把地方志里的此类记载做成表格：

---

① 余鲁卿：《经历志略·交际六》。转引自王裕明《明清徽州典商研究》的附录，人民出版社2012年版，第515-516页。

② (明)汪道昆：《太函集》卷二十八《汪处士传》，黄山书社2004年版，第598页。

③ (清)曹去晶：《姑妄言》第二十回《受恩百姓男妇感洪仁，积德贤朗父母膺上寿》，内蒙古远方出版社2001年版，第957页。

表 6-14 **主动减利当商一览表**

典商名	减利行为	出 处
江世俊	旋治典于家。万历戊子岁荒，让息不取，饥民赖以存活者甚众	《歙县济阳江氏族谱》卷九
王少荆	有质库三四，听其出入，不甚责息，时时有所施舍	《弇州山人四部续稿》卷三十四
徐养性	开典铺，亦因凶年，令执票取当，本利不计	《安州志》卷五抄本
任吕氏	首倡减质库子钱三分之一	乾隆《浑源州志》卷六
刘帝襄	(乾隆时)乃设二分典于里，由是邑中之典无不二分者，其他善行多类是	道光《渭南县志》卷十七
戴若义	设质库于本村，旧例每月以十分之二为息，义减其四焉	嘉庆《旌德县志》卷八
陈大文	江南质库皆以三分取息，值严寒，有苦无衣者，乃与诸商约，自十月始损其一，正月而复之，遂著为令	道光《会稽县志稿》抄本
杜承节	诸质库议增息，承节正色阻之	道光《会稽县志稿》抄本
沈龙辅	家有质库五，皆减息	民国《崇明县志》卷十二
廖鸿文	邑质库旧取息三分，文减一，贫人便焉	咸丰《资阳县志》卷三第三一卷
胡守哲	咸丰癸丑，岁大歉，贫户质衣襦，力难取赎。守哲以本年应纳之息概弗取收，悉还所质	同治《丰城县志》卷三十九第一九卷
邵吴氏	不数年，又分设和昌、瑞元两质库，即首倡减息，乡里称便	《福建福州武林邵氏族谱·邵母吴太夫人传》
廖明新	其父元清欲以三分典息减作二分，未果早逝。道光辛卯，倡减一分，克成父志，以恤贫乏	光绪《资州直隶州志》第一八卷
江会东	时各市典肆遵例月计子钱三分，会东自设质库，减息三之一	光绪《高州府志》第三九卷

续表

典商名	减利行为	出　处
马玉昆	与族侄敦仁议捐俸金三十万，减息设质库及豆油公司	民国《涡阳县志》第一二卷
林京	邑中东镇墟典铺减息至二分，自京始	光绪《信宜县志》第六卷
程廷献	凡银出入，价有低昂，廷献除其弊	光绪《枫泾小志》第六卷
张琪年	设临时质肆，较之官典息轻惟倍	民国《永泰县志·独行传》
查绍周	开典铺，亦因凶年，令执票取当，本利不计	民国《泾县志》卷十九下
马彪	往时质库出入，子母轻重不齐。彪为画一之例，子概从轻，质五年而三年息	民国《杭州府志》卷一四三
翟文臣	开质库于水东村，不较利息	民国《泾县志》卷十九下

不同典当在竞争的过程中，为了避免两败俱伤，也会通过协商划分营业区域：如清末浙江"顾氏居停南浔有乾裕典，栖塘有春源典，各有架本三四十万，遇有为难之事，委我整顿。因栖塘胡雪岩先生设一典，与春源典邻近，硖石镇胡氏又设一典，亦与顾氏邻近，当由刘贯经先生、高枚虎先生与予设法各处合并对调。当与胡雪岩先生面商定妥立据，各得一镇之营业，议以架本少者付定银。核计顾氏之典价本大，由胡付银一万两，岂知我二次赴杭州栖塘，预备盘货交割，而胡氏典业总管王吉甫先生不允交割……事竟不成。"①顾氏与胡氏的典当相邻，于是达成协议，各得一镇之营业，架本少者付定银。后来胡雪岩又后悔了，所以这个协议最后没有成功。这种区域划分的办法，有时在典业公所的规程中有明确规定，

① (清)余鲁卿：《经历志略·交际一》。转引自王裕明《明清徽州典商研究》的附录，人民出版社2012年版，第512页。

但似乎并不常见。如清末上海典业公所规定："上海典铺甚多，加之质押林立，生意渐分有碍公款。今典业公所集议，以后添设典当，毋许在同业相离一百间之内立号交易。如有违章，公议不准具保。至质铺，本奉宪谕查禁在案，若再在典业一百间之内者，则我同业亦不得不具禀声明也。"①这是规定两个当铺之间的距离，不得低于一百间，否则两个当铺离得太近，竞争太激烈，难以做生意。

二、典当之间的联合及典当业组织

当然，在竞争中也有联合。不同典当为了捍卫共同的利益，采取联合行动的事例，很早就出现了。如乾隆十六年(1751 年)，湖南地方政府要求典当减利，竟有二十九家当铺联合上书，历陈苦情，要求官府收回成命。② 但这些联合只是临时性的，事过就取消了。至于典当行业组织，明朝就有了："其铺行果有典当、布行、杂粮等项，三五百两至千两的，方许编行，其余再不许骚扰。"③这是政府在禁止资本小的店铺编行，而达到三五百两至千两的典当则与其他中小店铺一样，已经被编了行。可见，明代便有了典当组织。当然，这是政府主导的行会，与典商自行建立的商人组织是有区别的。

明清时期，随着商品经济的发展，商人群体的扩大，背井离乡的商人们为了和其他籍贯的商人竞争，便以籍贯为纽带联合起来，互相帮助，共同应对经商过程中的各种困难，这便形成了商帮。因为中国人乡土观念浓厚，落叶归根的思想很深，所以这种商帮不断得到巩固和发展，并有了自己的活动场所，这就是会馆。山西商人的会馆一般称为山陕会馆，也就是说与陕西商人一起建立会馆。徽商的会馆一般称为新安会馆。

后来，这种以籍贯为纽带的会馆又分离出了以行业为纽带的公

① 《申报》7578 号 1894 年 5 月 28 日《上海典业新章》。

② 《乾嘉道湖南典商办理减息案呈词》，刘建民先生藏。

③ (明)沈榜：《宛署杂记》第十三卷《铺行》。《笔记小说大观丛刊》第 35 编第 4 册，新兴书局有限公司 1979 年版，第 106 页。

所，事实上以地缘为纽带的会馆与以行业为纽带的公所是不易区分的。清末民国时期，为了提高典业的竞争力，由同乡同行组成的会馆或公所逐渐合并、改组，组成了同业公会。当商同业公会创始于清中叶，民国时期政府将典业会馆、行社都改称典业同业公会。①

清代山西一些地方成立的“当商总局”，虽是商人自身成立的，但其功能还是与行会一样，主要是为了“协办公事”，如咸丰七年（1857 年），山西崞县成立了当商总局，其规定如下：

设立当商总局，原为协办公事。每年轮派四家办公，周而复始，历年久矣。……即如起解铜息、谷息、商税、费资等项，业有成规……今公议，将一应条规刻之于石，以贻永年，并将一年所注账簿留至总局，以便稽查……

请当帖者，分领铜本银两若干，将银五千两按家数分派。如起解铜息前领者，利费银亦领至上年正月，解息之钱亦起；如起解铜息之后领者，解息之钱不起，利费银即领到本年正月。分领谷本银两若干，将银四千两亦按家数分派，如起谷息之前领者，利费银亦领到本年正月，解息之钱亦起；如起解谷息之后领者，解息之钱不起，利费银亦不领。

缴当帖者，将所领铜本银两若干以月一分算，自上年正月至本年三月，共计十三个月，合利若干。至费银按月每两以二厘算，再将本银、利银、费银三项合总数，每两以七厘补库平银，如遇闰月，即加利费银。

将所领谷本银两若干以月一分算，自本年正月至本年三月，共计十三个月合利若干，至费银按月每两以二厘一毫五算，闰月即加利费银。

至当帖不出三月缴消者，本年即不起解商税之。如有逾限缴帖者，起解铜息、谷息、商税、利费俱照不缴帖者起办。

同川阎庄同益当樊沛宇、阳武村天福当辛正亮、白水村广

① 刘建生：《山西典商研究》第六章第二节《山西典商行会的历史演进过程》，山西经济出版社 2007 年版，第 191 页。

裕当赵殿元、北桥村九升当石墉仝立。石匠郭大亮。

大清咸丰七年岁次丁巳孟秋之月谷旦。①

从材料看，这个当商总局的主要任务是协同当商们和官府交涉，主要是怎样公平地办理官府所要求的各类生息公款以及“请当帖”“缴当帖”的手续活动。从这些规定看，这个当商组织把开当铺的手续和请领生息公款一起办理，当铺关门呈缴当帖，也要把生息的公款结算清楚，而典当经营上的事务则不过问。最后落款的只是崞县的四家典当，可能是崞县领帖经营、并且接受了官府生息任务的只有这四家，也可能只涉及设于县城的典当，而未包括那些开设于乡村的典当。其性质与典当行会有点类似。

松江是徽商聚集区，嘉庆二十一年(1816 年)，徽商在松江建立了自己的组织——崇义堂，主要职责是接济在松江地区的徽商，特别是为在松江病逝而又无力回葬乡里的商人提供帮助，包括提供棺木、停放灵柩、资助运送回乡或者就地进行掩埋，还为徽州故乡提供捐助。至于这个商人组织的经费来源情况，如下表所示：

表 6-15 **松江崇义堂徽州典商捐款表(1908—1918)**② 单位：千文

年　代	典商捐款总数	所有捐款总数	典商捐助比例
1908	220.7	449.9	49%
1909	220.68	450.18	49%
1910	220.68	466.31	47.3%
1911	220.68	454.84	48.5%
1912	220.68	447.35	49.3%
1913	220.68	424.47	52%

① 张正明、科大卫：《明清山西碑刻资料选》续 2 辑 020《崞邑会典所条规序碑文》，山西人民出版社 2009 年版，第 28-29 页。

② 冯剑辉：《近代徽商研究》，山东大学 2008 年博士论文，第 107 页，本表并不完整，仅取总数，没有各典详细数字。

续表

年 代	典商捐款总数	所有捐款总数	典商捐助比例
1914	220. 68	408. 66	54%
1915	220. 68	407. 58	54%
1916	220. 68	397. 77	55. 5%
1917	220. 68	396. 72	55. 6%
1918	220. 68	371. 03	59. 5%
合计	2427. 5	4674. 81	51. 93%

从上表可以看出，典商的捐款总额是比较稳定的，只有第一年是 220. 7 千文，其他十年都是 220. 68 千文，这说明典商的捐款形成了一种比较固定的惯例。典商的捐款占所有捐款的比例，前五年接近一半，后六年超过一半，呈逐年上升的趋势，反映了这个徽商组织在资金上对典商的依赖。捐款总额呈下降趋势，而典商捐款总额一直稳定，则说明其他行业的捐款下降了。此处，虽未明言全是当商所设，但就典当商人所捐占绝对统治地位而言，称之为当商会馆也未尝不可。

北京的当业同业公会成立时间较早，光绪二十八年(1902 年)便制定了诸多的条款。其条款内容相当丰富，表明当业同业公会职能还是相当强大的。这些条款大致包括以下几个方面：第一，叙述了北京市面上各种外在社会不利因素对典当业经营的冲击及典当行业的联合应对的过程，并提出了庚子事变后，典当业损失巨大，官府免除赔偿责任后，官府的生息款项如何处理的问题。

因昔年原有各衙署官款发商生息，由首事当商轮流值年，严查各当分领虚实，以免拖欠官款。后因各当柜外常有无赖匪徒以及宗室觉罗讹诈行凶，强当硬赎，或持凶器，自相伤残等事。种种不法，层见叠出，受害匪浅。故此本行前辈公同商酌，创立公合堂。如一家遇有被讹诈之事，众家帮同经理，嗣后渐见平安。复于咸丰年间，因各种大钱钞票受伤至重，将各当架本取赎一空。旋于同治初年，各当空房缓缓措本，小作生理，已稍见起色。不意至光绪庚子大变，我当行京乡二百余家，尽遭涂炭，不但架货被土匪抢掠一空，即砖石铺面亦被拆毁，东伙均一贫如洗。而领商诸公与铺中经手私债，约有数百万之多，万难抵偿。仰赖国家宽仁厚泽，所有各官署各款发商生息数十万两，概免追究本利，全行豁免。各当欠款数十万两，亦代为补还，实乃出诸意外。现今复开新当，不足百家，殷实甚少，多半集股试办，暂维生理。嗣后各官署若再有存款发商生息，断不敢分领，亦不敢具连环互保。倘该铺本绌亏累，拖欠官帑，应由各该铺自行负责。今即屡蒙尹宪传谕，令当商仍仿旧章，择首事出商，轮流值年。倘有交派本行官事呼唤，以便知照各家。其各号每季应交报效及当税，仍自行办理。①

第二，针对经营过程中与客户的纠纷，即单个典当铺无法应对或应对相当困难的一些事情，由典业公会联合处理的。这些事情有典当者当赎过程中的搅扰、用假银洋钱者、无赖包当硬赎，还有当赎过程中的意外，如因假首饰、假改当票等而形成诉讼者。还有与当铺业务经营无关的各种外部事件，如当铺遇有人讹诈、当铺因他人斗殴连累、当铺被窃、误典贼赃、伙友路上遇劫因而成讼者，另有官府挟制、勒派捐款等，也归典当公会公议处理。

第三，针对处理这些事情过程中所必要的花费、各当铺的态度也有明确规定。如有一条规定：“同行复立公议，原为我行中兴利除害，自宜一秉大公。无论何号，遇事大家帮同经理，不准因有素好与否，因私废公，妄动公款。抑或任意报销，借端补情，一经发觉，公议不认。”

第四，对公会内部运作，如处理事务的程序、如何运用经费，新开字号如何加入公会、各家字号如何轮值、公会公款如何管理、

① 转引自刘建生的《山西典商研究》第六章第三节，山西经济出版社2007年版，第201-202页。

经营，也作了详细规定。如关于经费经管，规定言："公议账上，嗣后如有存款至二百两，可以出放生息入账。按值月十二号之家，不论有用与否，入简抓放。每月随账轮交下家，黑签不必入简。如账上无存款，此月应有领项，按先使之家，挨次撤还之。"

第五，也规定了一些与典当生存、经营相关，但不属于公会职能，或公会无能为力的一些事情。如"各号倘有柜上内外往来交易，原系素识之人，或因短欠银钱账目，及摘借衣物银钱退票等，索讨不还，因此成讼者，公议不管"。

总的说来，北京的同业公会，主要是力图解决各种纠纷，并规定了处理程序，典当营业上的事务及组织机构设置方面则未作规定。

民国以后，典当公会与清末也相当类似，如天津也是山西商人活跃的地区，那里的当业同业公会于 1933 年修订了章程，其内容主要是对典商加入公会、公会组织机构、委员选举办法、经费来源等规定条例并报请党部及政府社会局批准。如第 15 条关于经费规定："本公会经费由入会同业各典号按架本平均摊纳，不分等级，遇有临时费用，由执行委员会召集临时委员大会筹措之。凡收款时均由本公会掣给正式收据。"对典当业经营、管理之事则未作规定。

上海的当商同业公会章程比较简练，仅九条，对组织机构选举及构成规定较简单，仅前两条；而对典当经营却规定得很详细，包括第三、第四、第五三条；对如何应对社会对典当经营的骚扰、应付官府的税捐及生息、限制新典当铺的开设等也有规定，但不如北京那么详尽、琐碎，仅最后四条。这里引用如下，以见典当商公会的全貌。

丨司年以签定次序轮值，惟乡典窎远，向不值年。凡有互商事宜，即由司年开列知单，关照各典齐集公所议事。倘执事公出，须派干友到议。如须乡典集会，先五日发信关照，其有须质业一同集议者，邀同赴公所会议。

丨银钱出入，皆归司年经理，登付清册。每逢正月十三日团拜，公同算账，移交下手。倘有妄付，司年自认。如接手司年甘心徇隐，代认其罚。

丨向来典质洋牌照衣牌减短十文，有时衣牌任意上下，视钱市正价相去悬殊，典牌势难依照，不妨以卡钱洋厘核准，独自增减，即以司年次序，分作司月轮报。倘司月者有失觉察，即由同业关照。凡更换洋牌，必得凭此报条，庶无参差之误。典质洋牌亦须一律，不得或异。

丨宪颁通行定章，收当货件，按月二厘起息。连闰十六月，宽限两月，以十八月为满。各同业务皆遵守，如有私自改章，查出共同议罚。

丨收当物件，照部例原系值十当五，省颁新章金银七八成收当。沪市向来金银首饰早经值十当八，与新章已无不合。即衣件亦照价值十当八居多，此原因质押林立，此弃彼取，不得已而至此。然当价过昂，实属血资有碍，嗣后同业收当，总以值十当八为率。其有自愿贱当者，不在此例。

丨凡城乡各典，倘有被痞棍欺诈事情，关碍大局者，务宜推诚助理，毋相观望。应需使费钱洋，同业公帖一半。若事由自召，概不与闻。

丨上海典铺，星罗棋布，已遍城乡。倘再有新创之典，必须同业集议，基址离老典左右前后一百间外，方可互相具保。以营造尺一丈四尺为一间，一百四十丈为一百间。如在一百四十丈以内，非但同业不能具保，须要联名禀官禁止，以免有碍发存公款。所有费用，共同酌派，受害者应多出一份。

丨沪市向有质铺，除有力之家领帖改当外，其余各质前在息借案内摊认借款，业经报官，奉上宪饬，俟有力后改当。以后无论城乡，如有违章继开质铺情事，应由附近当铺通知司年。同业共同禀官押闭，不能徇隐。

丨捐项原案典业除月捐外，不再加捐。或遇有官府商劝，万无可辞，由典六质四摊派”。①

---

① 天津、上海的材料也转引自刘建生的《山西典商研究》，第204页。

日据时期，台湾地区也设立了典当业同业公会组织，名曰“当店组合”，也制定了章程，共有十九条。其前十一条规定了当店组合的经费来源、人员构成、领导机关等，第十二条至十六条是典当经营上的规定，第十七条至二十四条规定的是典当铺不遵规约、违约金不能按期交纳时的处罚措施。有意思的是：其对典当业经营的限制性、指导性规定，带有官府口气，类似于大陆各省例中对典当业业务及经营所作规定的口气。如：“第十三条当物期限，即限以二十四个月满；第十四条罹天灾盗贼，致使当物失去无踪者，当主不得向营业者强讨原物，而营业者亦不得向当主求取原银；第十五条倘遇腐朽、虫咬、鼠咬等，其任不干营业者事；但营业者不着意，致使当物损坏，其时营业者须早通知当主，当面相谈，照价赔偿，不得强压。”这个组织还对利率高低作了规定。① 可见，这个“当店组合”代行了同业公会部分的职能。其对利息的规定也比之大陆各省及大清律例所定要高得多，有点近似于大陆那些非法设立的“小当”“小押”之类。其对利率的规定云：

“第十二条其利息定额，或高或超，不由组合员自裁。

一贷金十钱以上，壹圆未满，月八分以下。

二贷金壹圆以上，五圆未满，月六分以下。

三贷金五圆以下(上)，十五圆未满，月五分以下。

四贷金十五圆以上，三十圆未满，月四分以下。

五贷金三十圆以上，月二分以下。

但利息一日，即可算作一月，而过月即可算作两个月也。”

据潘敏德研究，广州地区有南番当行会馆，原为南海在城当行会馆及番禺在城典当行会馆(原设流水井)，乾隆二十五年(1760年)合并于城内状元坊内。后典当衰落，押行兴起，民国元年

① 《台湾私法债权编》第一章《债权总论》。《台湾文献丛刊》第079种。台湾银行经济研究室印行，第64-65页。

(1912年)乃改成立南番在城按押行会馆，民国十六年(1927年)联合小押成立广州按押业商业公会，民国二十年(1931年)改为广州按押业同业公会。

典当业同业公会全国各地还有很多，这里不再一一列举。关于他的职能，潘敏德指出了六项：一是保护同业利益；二是与政府办理交涉；三是协调同业之间的纠纷或劳资纠纷；四是代政府向典商征收税金或厘金；五是制订行规；六是兴办慈善事业。① 这与我们以上所举公会章程相似，但也有不符之处。典当公会的详细运作及对典当业的影响、职能等还值得继续关注。

除此之外，还有一种金融方面的联合，但可能是民国年间的事了。如在江浙一些地区，为了应付汹涌不断的金融暗潮和"抢当""挤当"事件，部分有眼光的典当业主联合起来，运用现代金融理念，建立了典当准备库，试办典业自己的银行。这样的措施表明了典当资本营运的近代化转变，他们开办的同类组织有：②

表 6-16　　**江南地区典当银行开办统计表**

地点	名称	开办人	成立时间	注册资本
无锡	典业保善夺标公积会	丁佩君等七人	1924年以前	不详
松江西区	松江典业银行	闵瑞之	1912年3月	10万元
苏州阊门内	江苏典业银行	马隽卿等	1921年9月	100万元
杭州	浙江典业银行	不详	1921年1月1日	100万元

① 潘敏德：《中国近代典当业之研究》第三章，台湾师范大学历史研究所1985年版，第153页。

② 表中资料来源于李国俊的硕士论文《近代苏南典当资本经营分析》第三章，第52-53页。

第七章
典当业资金流通的特点和利润率

前文说过，典当业要有高大坚固的库房，所需资本巨大，为了谋求利润，典当业的资金流通是很重要的。那么我国历史上的典当业在资金流通上有什么自己的特点，与利润又有什么具体关系呢？这个问题非常复杂，本章拟从以下三方面进行论述。

第一节　典当业的资金来源及负债率

与其他行业相同，在典当业的总资产中，除了自己的投资和积累外，还有一部分是负债，负债总额和资产总额之比，就是资产负债率。企业适当借入外债，对其经营是必要的，也是有利的。一般认为，企业的资产负债率在40%—60%之间是适宜的。银行是比较特殊的行业，资产负债率比其他行业高，根据《巴塞尔协议》规定，商业银行的风险资本核心充足率为8%，即银行的资产负债率在92%以下就是正常水平。① 典当业与银行相似，所以其资产负债率

① 章彰：《解读巴塞尔新资本协议》第一章，中国经济出版社2005年版，第3页。

也是可以较高的。那么我国历史上的典当业，都是从什么渠道借债，资产负债率大致有多高呢？

民国时期的陆国香先生总结了当时典当业借债的渠道，即钱庄放款、银行放款、股东垫款、商家借款、公私存款、兼营储蓄、发行兑换券等。① 近年来，潘敏德先生也总结了历史上典当借债的渠道，即政府生息款、善举生息、股东垫款、传统金融机构之放款、银行之放款、商家暂借款等。②

我国历史上盛行的领本经商开典，有些预先规定了利率，其实也是借债。如南宋时期，"及问其开解始末，自庚子年三月为始，节次共领过本钱一千一百贯，每岁收息一分柒厘半。"③这个开解铺的罗居汰领了欧元鼎一千一百贯钱，利率也是事先约定好的，所以就是借债。明代领本开当铺的就更多了，《初刻拍案惊奇》里的张多宝，就领了郭七郎的钱财在京城开当铺。④《生花梦》里说，明代后期"兵弁枭恶，把持垄断，凡客商入境，俱要领本营运，所发之银，除扣头、折色及中金使费，每百止得实银七十两。逐月起利加三，周年之内共盘五百"。⑤ 这是兵弁们强借银子给客商。清代《儒林外史》里的毛二胡子说："我也想来，若是同人合伙，领了人的本钱，他只要一分八厘利息，我还有几厘的利钱；他若是要二分开外，我就是'羊肉不曾吃，空惹一身膻？倒不如不干这把刀子。'陈正公道：'呆子，你为甚不和我商量？我家里还有几两银子，借给

---

① 陆国香：《中国之典当—种类与资本》，《银行周报》1936年第1期。

② 潘敏德：《中国近代典当业之研究》第五章，台湾师大历史研究所1985年版，第288-289页。

③ (南宋)《名公书判清明集》卷九《户婚门·库本钱·背主赖库本钱》，中华书局1987年版，第337-338页。

④ (明)凌濛初：《初刻拍案惊奇》卷二十二，《钱多处白丁横带，运退时刺史当艄》，上海古籍出版社1982年版，第381页。

⑤ (清)古吴娥川主人：《生花梦》第五回(载〈古本小说丛刊〉第一辑)，中华书局1987年版，第795-796页。

你跳起来就是了。还怕你骗了我的。'"①毛二胡子所说的合伙，也是事先约定利率，所以也是借债。清末《夜雨秋灯录》里的赵甲，借了李某的银子去做生意，赵甲归还时，李某之子说："诸公且止，听我一言。赵伯所云，并无凭证，是欲为义士耳。侄虽年幼，亦不能敢取非义财。即亡父果存千钱，以远年债，一本一利，取二百贯足矣，多即非礼，何敢自污？"②李某之子显然也是按放债收取的本利。

从资本构成分析，典当除自有资本外，多通过借款、存款、发行等手段，扩大资本规模。明清时期典当业的借款经营，一般采取两种形式：第一种形式是从典当以外的私人或商铺、银号、账局等借入资金，按当时某一地区或行业借款的习惯性利率还本付利；第二种形式是，如果当铺是合伙制，则有时也由股东在加入的合伙资金以外再加入垫款。这种垫款不计入原来的合伙资金，而是采取向典当放款的形式计算利息，并在结算时归还。③

乾隆年间，一家徽商当铺借入的款项如下：

二月初十，本典一折借朱祀本二百四十五两，九五□九八平，每周加息二八钱。

正月十九，本典一券借张官南本贰千两，九七□钱平，每周一分，外又逐年付利京折一个。

十二月初二，万选号代本典付去银票一纸，借阚翥轩本一千两，九七□平，每周一分。

十二月初六，七四，本典一券借靖江瞿作仁本叁千两。纹□足兑平合□码每百两欠一钱，每周一分。

十二月初一，七四，万选号立票代本典借伏姓字文元足钱

① （清）吴敬梓：《儒林外史》第五十二回《比武艺公子伤身，毁厅堂英雄讨债》，河北人民出版社1993年版，第362页。

② （清）宣鼎：《夜雨秋灯录》三集卷二《赵甲》。《笔记小说大观丛刊》第十一册，新兴书局有限公司1979年版，第243页。

③ 刘秋根：《明清民国时期典当业的资金来源及资本构成分析》，《河北大学学报》1999年第4期。

伍拾万文，立底，每周一分。

十二月十一，七四，万选号立票代本典借盐店汇龙起本一千两，纹色足兑，平合钱法重一十八两一钱，每月二分。

十二月廿一，七四，万选号立票代本典借陆德三足钱伍拾万文，每月二分。

十二月卅，七四，万选立票代本典借居姓本九八钱五十万文。实收九八四十四万三千三百文，内包写利五万六千七百文。

二月十六，八四，本典一券，借朱玉成足钱一百万文，加利息钱十万文。

三月初六，八四，本典一券借张官南本足钱八百千文，每周一分。

三月廿，八四，本典一券借张官南本足钱八百千文，每周一分。

三月廿四，八四，本典一券借张官南本一千两，九六色，每周一分。平合典大码，每大壹欠二分。

九月十二，八四，本典一券借陆德三本足钱叁百文，每月一分。

一月初十，八四，本典一券借周云瞿本贰千两，九五色。①

表 7-1　　乾隆年间某徽典借债情况表

编号	时间	债权人	计量单位	数额	利率
1	一月初十	周云瞿	九五色银	2000 两	未载
2	正月十九	张宫南	九七色银	2000 两	每周一分

① 《乾隆典业文书》。中国社会科学院经济研究所，典当文书第一函，WTXB0823。按：材料中所谓“每周一分”当是讲每周年一分利。按：这是徽州文书。

续表

编号	时间	债权人	计量单位	数额	利率
3	二月初十	朱祀	九五色九八平	245 两	每周加息二八钱
4	二月十六	朱玉成	铜钱	1000 千文	加利息 100 千文
5	三月初六	张宫南	铜钱	800 千文	每周一分
6	三月二十	张宫南	铜钱	800 千文	每周一分
7	三月廿四	张宫南	九六色银	1000 两	每周一分
8	九月十二	陆德三	铜钱	300 文	每月一分
9	腊月初一	伏文元	铜钱	500 千文	每周一分
10	腊月初六	瞿作仁	纹银	3000 两	每周一分
11	腊月十一	盐店汇龙起	银子	1000 两	每月二分
12	腊月廿一	陆德三	足钱	500 千文	每月二分
13	腊月三十	居姓	九八钱	500 千文	包写利 56700 文

这是三年来典当借的外债，没有记载偿还情况。其中借盐店汇龙起的一千两银子、陆德三的五十万文铜钱，月利率都高达二分；借居姓的五十万文铜钱，实收只有四十四万三千三百文，利息已经扣除了，可见当时银根之紧。其中万选号代本典立票借款，那么这个万选号可能就是借款的担保人。① 借款数字最大的是三千两，小的只有三百文，相差悬殊。债权人很多，说明这家典当的信用很好，借款渠道很多。其中最大的债权人就是张宫南，他放款不仅数额巨大，利率还比较低。另外，年底利率有提高的迹象。

在台湾地区，同治七年(1868 年)成立了一座合伙的德源典当，② 其资本情况列表如下：

① 万选号，是当时徽商的一家钱铺(钱庄)。

② 《台湾私法债权编》第一章《第二十二合股字》。《台湾文献丛刊》第 79 种，台湾银行经济研究室印行，第 61-62 页。

表 7-2 德源典资本构成表

编号	股东姓名	原本银(元)	添本银(元)	添本和原本之比
1	邹登记	1000	400	40%
2	邹开记	1000	400	40%
3	蔡泰记	1000	400	40%
4	李品记	1000	400	40%
5	陈深记	1000	400	40%
6	林深记	500	200	40%
7	林克记	500	200	40%
8	杜顺德	500	200	40%
9	王金庆	500	200	40%
	合计	7000	2800	40%

股东的原本共有 7000 元，添本共有 2800 元，添本是原本的 40%。不仅总额是这个比例，就是其中的每一个股东，各自的添本都占各自原本的 40%。这说明股东添本也不是随意的，而是有一定的规则，即与原本保持一定的比例。

清光绪初年，在直隶大名府一带，有一座山西商人开设的恒裕典，经常向一些商家借款："另及信成后，四维堂至典，咱已还过本银三千两，下余四千两仍照七厘转票，诚极还伊本银一千两，达知……启者，今将典借天锡等堂本银二千七百五十两，典该付利银二百三十一两，共银二千九百八十一两，复由支使内除补银十九两，共积本银三千两，已注典账……典中借银二百五十两之项，照谕注宝三堂十月十三日之帐……栾城四维堂借项十月到典，原利转票……二月十七日四维堂送来银三千两，迟写一月作为三月借，月利七厘。"①四维堂和天锡堂就是恒裕典的借款来源，月利率是七厘。

① 《同治十二年正月恒裕典东伙来往信稿》，刘建民先生藏。

在山西钱庄乾盛晋光绪十六年(1890年)的总账上有一些材料:

附开外借花名
永成典借本足纹银叁千两。
全泰典借本足纹银壹千两。
永和森借本足纹银壹千两。
以上各号俱系当铺。
广泰福借本足纹银贰千两。
人和信借本足纹银壹千两。
恒益昌借本足纹银壹千两。
谦裕甡借本足纹银壹千两。
全美成借本足纹银壹千两。
永祥顺借本足纹银壹千两。
仁昌和借本足纹银壹千两。
恒泰贞借本足纹银壹千两。
永丰和借本足纹银壹千两。
以上各号俱系质铺。①

这都是乾盛晋钱庄向典质业放款的记载，当铺总共借了5000两，质铺10000两。这家钱庄不仅向当铺贷款，还向规模较小的质铺贷款，可见其贷款业务是很广泛的。

清末，温州的一家典当因为资金周转不开，竟把房产抵押借款："至于城内各行业清淡异常，惟典当生意甚好，求质者几立无隙地。有一当因资本不足，甚至典押房产以应付，计押得洋三千元，而四日立尽，其情可想见矣。"②典当本是以抵押贷款为主要业务的，现在竟向别人抵押贷款。

---

① 《光绪十六年十一月乾盛晋钱庄沙、镇分庄汇兑总结账》，刘建民先生藏。按：典铺、质铺均是典当业的一种，但二者之间有什么区别，还值得继续关注。

② 《申报》3352号1882年8月31日《温郡荒象》。

乾嘉时期山西洪洞县草集的刘家开当铺有以下规矩：一是只开典当铺，不做别的生意。他们认为，别行生意有赚有赔，获利不可靠，只有典当才是有把握的赚钱买卖。二是资本要少，上架要多，营业盈余为号内公有。这个办法是刘家典当一贯使用的，资本少，由资本得来的盈余也少；上架多，需要的当价也多，超出资本的当价由当铺向东家出息借款支付。由上架得来的盈利，首先要扣去借款利息，归还东家，其余方归号内公有。三是只放内账，不放外账。为了利不外溢，刘家放账只给自己的当铺放账，利率虽小，但决无丢失之虑。如果出放其他行业，间或债务人赔钱倒闭，难免受到连带损失。① 刘家的当铺资金不足时，向自己的东家借款，也要支付利息。山西祁县的复恒当，资金上主要靠银钱行号的贷款支持，如祁县聚中顺、晋恒通、裕记钱庄，都和复恒当有密切的往来关系，收当中资金发生困难，它们就大力支持。而复恒当也最讲信用，银钱行号如遇银根较紧，需要收回贷款时，马上归还，绝不拖延推诿，因而资金周转灵活，业务旺盛……向银钱行号借入的款项，按春、夏、秋、冬四个标期清算利率，一般是月息八厘至一分二厘。私人向当铺浮存款项，在三百元以下者，不出利息；三百元以上者少出一点，至多不过三四厘。②

具体到典当内部的资产负债率，据潘敏德研究，典当的架本数额往往要超过其资本额数倍之多，即典当业的资产负债率是很高的。③ 上面的引文也说，“上架已四倍于本”。但这种情况似乎不是很普遍，如我们从晋商典当铺清单考察，所记载的负债率，除个别情况外，负债率便不是那么高。下举数例加以说明：

第一例：由刘建民先生收藏的《乾隆十六年(1751 年)某当铺清单》载：

---

① 《典当起家的洪洞草集刘家》，《晋商史料全览》(临汾卷)，《商业家族》，山西人民出版社 2006 年版，第 24 页。

② 《山西商人的生财之道》，中国文史出版社 1986 年版，第 69 页。

③ 潘敏德：《中国近代典当业之研究》第五章，台湾师大历史研究所 1985 年版，第 297 页。

一宗原本银三千四百八十两。
一护本银七百十五两。
一宗借贷本银八百四十五两。
三宗共本银五千零四拾两。
……
一宗现存银五百四十八两八钱。
一宗现存钱八十叁万九千九百五十。
一宗现存架本银壹千八百零九两七钱四分。
一宗现存房东支银壹佰零五两。
一宗现存外帐本银壹千零九十贰两。
一宗现存众支银五百六十贰两七钱贰分。
一宗现存缺支银十五两。
一宗现存请会入买骡本银九十五两。
一宗现存永盛号本银八百廿七两五钱四分。
九宗共存银五千九百零五两七钱五分。

这家当铺的原本是3480两，架本是1809两7钱4分，才占原本的52%。这家当铺的负债是845两，总资产是5905两7钱5分，资产负债率是14.31%，是比较低的。

第二例，《乾隆五十三年(1789年)的两益当清单》载：

一宗原本银叁仟六佰两。
一宗旧缺支银伍仟叁佰玖拾叁两贰钱七分。
一宗借外本银贰仟两整。
一宗借外本钱贰仟八佰串。
以上四宗钱以每两合共实银壹万叁仟七佰九拾叁两贰钱七分。
……
一宗现存银伍仟伍佰壹拾伍两零贰分。
一宗现存钱壹仟贰佰九拾叁千四佰六拾文。
一宗现存架本银壹仟九佰四拾四两壹钱。

一宗现存架本钱四仟六佰四拾壹千九百贰拾文。

一宗现存棉花本银壹仟壹佰四拾七两叁钱。

一宗现存外借本银四拾七两。

一宗现存外借本钱七佰壹拾八千六佰文。

一宗现存会银贰拾两。

以上八宗钱以每两合共现存银壹万伍仟叁佰贰拾七两四钱。

九扣宝银壹万叁仟七佰九拾四两六钱六分。

一宗现存众支银六佰贰拾两。

一宗现存家居银四拾两。

以上三宗共现存实银壹万四仟四佰伍拾四两六钱六分。

一宗除借外本银贰千两。

一宗除借外本钱贰仟八佰串。

除清该外，

原本连新旧缺支实存铺内银九仟六佰伍拾四两六钱六分。

从其总数来看，3600+5393.27+2000=10993.27 两，与总数 13793.27 两差 2800 两，与借贷本钱 2800 串一致，可见当时一两银子可以换一串铜钱。所以其架本的银钱两项可以合计为 6586 两，原本 3600 两，不及原本的两倍。其负债总数可以合计为 4800 两，总资产为 14454 两，资产负债率为 33%，不到 40%，是比较低的。

第三例：孔府的一家当铺道光八年(1828 年)的情况如下：

奉天锦州府锦县为呈覆事，道光十三年(1833 年)七月初十日，奉袭封衍圣公府札付内开……奉此卑县卷查此案，先于道光十一年(1831 年)九月二十七日，据孔继潢呈控兴成当赵国祥等勒抗东本……身遵谕前往，查得兴成当以道光八年东伙算清总账起，共存原本钱十万零七千一百吊，欠外借贷、凭帖来往、生息银两、浮存共九万五千三百二十三吊五百七十文，两项共合二十万零二千四百二十三吊五百七十文。本当在存有架本钱一万九千零五十二吊五百文；存欠里来往钱七千二百零八吊六百一十文，存欠里借贷钱七万二千四百九十五吊二百二十文。存兴成隆本钱八千吊，利钱一千三百四十吊；存兴源烧锅本钱二万吊，利钱九千吊；存西柜本钱一万吊，利钱一万零一百三十九吊六百八十文；存有众东支使钱二万三千二百三十四吊九百七十文。存有铺伙除赔项东家承认使出劳金外，欠长支钱一千五百七十九吊一百四十文，存铺垫钱三千三百二十七吊七百五十文，存压租钱三千吊，现存帖钱四百二十三吊一百九十文，通共合钱十八万八千八百零一吊零六十文；净赔钱一万三千六百二十二吊五百一十文。①

其中的凭帖，应是当铺发行的信用凭帖，票到付钱。兴成当的架本是19052吊500文，原本是107100吊，架本不到原本的两倍。负债总额为95323吊570文，总资产为188801吊60文，资产负债率为50.48%，也在正常范围之内。

清后期当铺的清单很多，下面做成表格加以观察。

表7-3 **永承当历年资产负债率一览表** 原本35000千文

年份	负债总额	资产总额	资产负债率
道光十五年	7511千580文	43867千230文	17.12%
道光十六年	8521千40文	45734千480文	18.63%
道光十八年	21966千440文	57958千730文	37.9%
道光十九年	28774千280文	65879千文	43.68%
道光二十二年	7135千290文	57746千140文	12.36%
道光二十三年	3081千950文	59771千270文	5.17%
道光二十四年	3081千950文	58639千430文	5.26%
道光三十年	31335千760文	92398千700文	33.89%
咸丰元年	17833千160文	83770千930文	21.29%

① 《曲阜孔府档案史料选编》第三编第15册，齐鲁书社1981年版，第30-31页。

永承当资产负债率最低年份为道光二十三年(1843 年)，为 5.7%，最高的年份为道光十九年(1839 年)，为 43.68%，都在正常范围。

表 7-4 永顺隆当历年资产负债率一览表

年 份	负债总额	资产总额	资产负债率
同治七年	192285 千 970 文	351443 千 990 文	54.71%
同治八年	268856 千 460 文	418604 千 130 文	64.22%
同治九年	252890 千 650 文	411912 千 510 文	61.39%
同治十年	367621 千 670 文	516669 千 700 文	71.15%
同治十一年	151796 千 960 文	258445 千 490 文	54.86%

这家当铺的资产负债率都在 50%以上，同治十年还超过了 70%，是比较高的。

表 7-5 义和永当历年资产负债率一览表 原本 6500 千文

年代	负债总额	资产总额	资产负债率
同治六年	2823 千 98 文	10774 千 465 文	26.20%
同治十二年	5651 千 227 文	18087 千 607 文	31.24%
同治十三年	6166 千 850 文	19571 千 647 文	31.5%
光绪二年	7593 千 585 文	22980 千 141 文	33.04%
光绪五年	10742 千 642 文	19154 千 341 文	56.08%
光绪六年	7741 千 351 文	13481 千 469 文	57.97%
光绪七年	10475 千 738 文	13725 千 738 文	76.32%
光绪八年	3161 千 164 文	13647 千 298 文	23.16%
光绪十一年	3552 千 798 文	16282 千 639 文	21.81%

这家当铺的资产负债率也不高，多为 20%—30%，最高 70%多。

表 7-6 **宏盛当历年资产负债率一览表** 原本 8500 千文

年　代	负债总额	资产总额	资产负债率
光绪五年	2070 千 488 文	10328 千 98 文	20. 05%
光绪六年	1385 千 509 文	10400 千 967 文	13. 32%
光绪七年	1162 千 963 文	10522 千 576 文	11. 05%
光绪九年	1507 千 51 文	12834 千 229 文	11. 74%
光绪十二年	2999 千 611 文	12739 千 864 文	23. 55%
光绪十三年	4423 千 911 文	13527 千 516 文	32. 70%
光绪十七年	2848 千 153 文	14160 千 43 文	20. 11%
光绪十九年	3500 千 808 文	12610 千文	27. 76%
光绪二十三年	5116 千 462 文	13190 千 784 文	38. 79%
光绪七年(修正)	1342 千 688 文	10547 千 710 文	12. 73%

这家当铺的资本构成里有一项“皇本”，可能是官府的生息款，也是负债。这家当铺的负债率较低，也比较稳定。

表 7-7 **元吉公当历年资产负债率一览表** 原本 36660 千文

年　代	负债总额	资产总额	资产负债率
光绪三十年	22385 千 50 文	75987 千 150 文	29. 46%
光绪三十一年	26298 千 350 文	76580 千 990 文	33%
光绪三十二年	43135 千 720 文	89464 千 130 文	48. 21%
光绪三十三年	39659 千 600 文	85566 千 870 文	46. 31%
光绪三十四年	41223 千	85813 千 120 文	48. 03%
宣统元年	83222 千 270 文	122377 千 20 文	68%

这家当铺只有最后一年资产负债率比较高，高至将近 70%，低亦有 30%左右，其余年份也有 45%以上。

以下十四家典当，其清单所记年份不多，下面将它的一些相关零散信息也估成以下表格。

表 7-8 清单不多的当铺资产负债率表

字　号	年　份	负债总额	资产总额	资产负债率
宝盛义记	道光二十一年	32984 两	48216. 98 两	61. 33%
成章当	咸丰八年	9731 千 200 文	30686 千 950 文	31. 71%
成章当	咸丰九年	13839 千 447 文	34307 千 826 文	40. 34%
成章当	咸丰十一	12911 千 730 文	19250 千 800	67. 07%
治隆当	同治八年	53890 千 130 文	200780 千 860 文	26. 84%
治隆当	同治九年	58851 千 20 文	252608 千 830 文	23. 30%
永顺当		4626. 74 两	8534. 39 两	54. 21%
复兴当		24551 千 850 文	86079 千 690 文	28. 52%
复兴当		8717 千 310 文	86578 千 870 文	10. 07%
天顺当	同治八年	42022 千 290 文	261536 千 40 文	16. 06%
永庆当	同治七年	20496 千 540 文	78769 千 920 文	26. 02%
永庆当	同治十年	15727 千 500 文	81986 千 760 文	19. 18%
恒升大记	光绪四年	7609. 07 两	42450. 82 两	17. 92%
义盛钱局	光绪二十年	26365 千 210 文	153284 千 580 文	17. 20%

以上零散典当铺，资产负债率低至 10%，高至 60%，最多的是 20%～50%。

总结以上情况可见：清代典当业负债率大约在 10%～70%，至于那些低于 10%及其以下的情况应是罕见之例。

民国时期，典当负债率比较高，可以天裕当和裕庆当的清单所记载的情况为例来说明：

表 7-9 天裕当历年资产负债率一览表

年　代	负债总额	资产总额	资产负债率
民国五年	23087 千 878 文	36707 千 407 文	62. 90%
民国六年	27367 千 196 文	42711 千 471 文	64. 07%

续表

年　代	负债总额	资产总额	资产负债率
民国七年	32383 千 673 文	48734 千 741 文	66.45%
民国九年	29871 千 293 文	47149 千 924 文	63.35%
民国十年	27907 千 784 文	48846 千 661 文	57.14%
民国十一年	28240 千 978 文	53699 千 69 文	52.59%
民国十三年	35093 千 825 文	57459 千 578 文	61.08%
民国十四年	47398 千 565 文	67045 千 760 文	70.70%
民国十五年	45909 千 224 文	66739 千 114 文	68.79%
民国十六年	109989 千 626 文	130472 千 705 文	84.30%
民国十七年	15569.816 元	17882.048 元	87.07%
民国十八年	21824.817 元	24354.731 元	89.61%
民国十九年	25210.849 元	30993.523 元	81.34%

这家当铺的负债率本来在 50%～70%，是很正常的。民国十六年(1927 年)以后明显上升，突破 80%，就有点危险了。

表 7-10　　**裕庆当历年资产负债率一览表**　原本 12000 千文

年　份	负债总额	资产总额	资产负债率
光绪三十四年	14097 千 193 文	26999 千 193 文	52.13%
宣统元年	10923 千 891 文	24944 千 371 文	43.79%
宣统二年	14318 千 447 文	29828 千 867 文	48%
宣统三年	13817 千 475 文	26539 千 575 文	52.06%
民国元年	11703 千 925 文	25217 千 725 文	46.41%
民国二年	11832 千 938 文	26479 千 304 文	44.69%
民国三年	13491 千 250 文	26345 千 984 文	51.21%
民国四年	19841 千 160 文	34743 千 735 文	57.11%
民国五年	22256 千 904 文	38703 千 648 文	57.51%

续表

年　份	负债总额	资产总额	资产负债率
民国六年	24816 千 904 文	38284 千 291 文	64. 82%
民国七年	27486 千 904 文	42400 千 617 文	64. 83%
民国八年	32082 千 240 文	48474 千 672 文	66. 18%
民国九年	38298 千 96 文	51152 千 304 文	74. 87%
民国十年	34529 千 824 文	49709 千 391 文	69. 46%
民国十一年	42609 千 460 文	59507 千 960 文	71. 60%
民国十二年	45614 千 480 文	59182 千 220 文	77. 07%
民国十三年	47237 千 547 文	63983 千 853 文	73. 83%
民国十四年	53131 千 425 文	69979 千 425 文	75. 95%
民国十五年	104319 千 760 文	119766 千 940 文	87. 10%
民国十六年	104531 千 900 文	122038 千 40 文	85. 66%
民国十七年	98540 千 185 文	120940 千 185 文	81. 48%
民国十八年	98230 千 812 文	112563 千 177 文	87. 27%
民国十九年	67103 千 50 文	87636 千 862 文	76. 57%
民国二十年	124998 千 80 文	104859 千 152 文	112. 06%

裕庆当营了二十四年，原本只有 12000 千文。民国十六年(1927 年)资产规模扩大到十二万千文，以后逐年下降，可见在民国十六年(1927 年)以前其经营状况是不错的。此后经营状况发生了逆转，到最后一年资不抵债，只好关门大吉。这家当铺的资产负债率是逐年走高的，反映了资金来源充足。这家当铺直到最后一年都有生息款，可见从清代就产生的发典生息到民国并没有完全消失。它的资产负债率民国十八年达到了 87%，已经接近《巴塞尔协议》规定的银行资产负债率不超过 92%的红线。最后一年它超过了这条红线，亏损了两万多千文，只好关门了，可见《巴塞尔协议》的规定还是很合理的。至于这家当铺亏损的原因，可能与当时的政治有关。据刘建生研究，1930 年南北失和，阎锡山败走，晋钞大

幅度贬值，很多当铺都亏损严重。①

通过分析以上表格可以发现，典当业是可以承受较高资产负债率的，但也有一定的区别，并不是所有的当铺的资产负债率都很高。具体到一家当铺，其资产负债率也不是常数，而是不断变化的。若根据《巴塞尔协议》规定的最高资产负债率不超过92%的规定，我国历史上的当铺绝大部分都没有达到这个红线。

第二节 典当的资金运用暨架本、资产比例分析

典当在筹集到资金以后，就要投放出去以谋取利润，否则，把资金存在自己的柜子里永远都不会增值，还要支付利息，是很不利的。典当业的主要投资方向当然是支付当本，以待回赎。当然，当多赎少，典当的利润也难以实现。当本的总额被称为架本，它通常是期末典当库存的当本总额，这个数字是将来利润实现的前提条件，是典当盈利能力的重要数字。当然，因为典当收当时要压价，所以架本总额要比存货的真实价值低。架本与资产总额之比被称为架资比，这个比率越高，反映出典当的流动资金越多，资金运用能力越强，就越能谋取利润。潘敏德研究这个问题时，以架本与资本之比来计算，而其资本中是否包括负债，则难以说明；② 王裕明是计算架本与铺本之比，而铺本的概念更加含糊。③ 所以本书计算的是架本与资产之比，根据会计恒等式，资产=负债+所有者权益，而所有者权益里既有资本，也有利润的积累，所以资产就把他们所说的内容都包括进来了。

研究这个问题，还要利用刘建民先生收藏的典当清单。在清单的“实在”部分，就说明了典当的资金运用情况。如乾隆十六年(1751年)的那份清单：

① 刘建生：《山西典商研究》，山西经济出版社2007年版，第92页。

② 潘敏德：《中国近代典当业研究》第五章，台湾师大历史研究所1985年版，第296-297页。

③ 王裕明：《明清徽州典商研究》第三章，人民出版社2012年版，第132页。

一宗现存银五百四十八两八钱。
一宗现存钱八十叁万九千九百五十。
一宗现存架本银壹千八百零九两七钱四分。
一宗现存房东支银壹佰零五两。
一宗现存外帐本银壹千零九十贰两。
一宗现存众支银五百六十贰两七钱贰分。
一宗现存缺支银十五两。
一宗现存请会入买骡本银九十五两。
一宗现存永盛号本银八百廿七两五钱四分。
九宗共存银五千九百零五两七钱五分。

这家当铺的总资产有 5905 两，其架本是 1809 两，架资比为 30.64%，资金运用能力比较低。

乾隆五十四年(1789 年)的两益当：

一宗现存银伍仟伍佰壹拾伍两零贰分。
一宗现存钱壹仟贰佰九拾叁千四佰六拾文。
一宗现存架本银壹仟九佰四拾四两壹钱。
一宗现存架本钱四仟六佰四拾壹千九百贰拾文。
一宗现存棉花本银壹仟壹佰四拾七两叁钱。
一宗现存外借本银四拾七两。
一宗现存外借本钱七佰壹拾八千六佰文。
一宗现存会银贰拾两。
以上八宗钱以每两合共现存银壹万伍仟叁佰贰拾七两四钱，
九扣实银壹万叁仟七佰九拾四两六钱六分。
一宗现存众支银六佰贰拾两。
一宗现存家居银四拾两。
以上三宗共现存实银壹万四仟四佰伍拾四两六钱六分。

前文提到过，当时一两银子可以兑换 1000 文铜钱，所以这里架本的银、钱两项，直接加就是了，1944. 1 两+4641. 92＝6586. 02

两。资产总额为 14454.66 两，架资比为 45.56%。这家当铺的多种经营，投资方向很多，所以架资比也不高。

道光六年(1826 年)的三义当：

> 存行本银叁仟柒佰陆拾肆两柒钱。
> 存架本银肆仟陆佰贰拾两零壹钱柒分。
> 存大账本银贰仟两。
> 存地价本银肆佰两。
> 存会本银叁拾两零玖钱。
> 存房价本银贰佰壹拾伍两。
> 存屡年身支银肆佰叁拾伍两。
> 存现银钱壹仟零叁拾捌两捌钱壹分壹厘。
> 以上八宗共存本银壹万贰仟伍佰零肆两伍钱捌分壹厘。

架本是 4620.17 两，资产总计为 12504.581 两，架资比为 36.95%。仅次于架本的是“行本”，“行本”还产生“行利”，可能是放贷。孔府的兴成当道光八年(1828 年)的情况：

> 本当在存有架本钱一万九千零五十二吊五百文；存欠里来往钱七千二百零八吊六百一十文，存欠里借贷钱七万二千四百九十五吊二百二十文。存兴成隆本钱八千吊，利钱一千三百四十吊；存兴源烧锅本钱二万吊，利钱九千吊；存西柜本钱一万吊，利钱一万零一百三十九吊六百八十文；存有众东支使钱二万三千二百三十四吊九百七十文。存有铺伙除赔项东家承认使出劳金外，欠长支钱一千五百七十九吊一百四十文，存铺垫钱三千三百二十七吊七百五十文，存压租钱三千吊，现存帖钱四百二十三吊一百九十文，通共合钱十八万八千八百零一吊零六十文。①

① 《曲阜孔府档案史料选编》第三编第 15 册，齐鲁书社 1981 年版，第 31 页。

架本钱是19052千500文，总资产是188801千60文，架资比为10.09%。它的投资方向更多，除典当、放贷外，还投资烧锅，所以其架资比更低。这家当铺的外欠款项共有存欠里往来钱、存欠里借贷钱、兴成隆本利钱、兴源烧锅本利钱、西柜本利钱五项，合计有138183吊510文，占总资产的73.19%，而架本才有19052吊500文，占10.09%，架本所占的比例太小了。架资比低，又没有现金，说明不仅当出业务零落，回赎也很少。回赎是典当实现利润的主要渠道，没有回赎而出现亏损是很自然的。其中的西柜所欠的利钱比本钱还多，这说明这笔外欠款项已经很长时间了，回收的可能性很小。兴源烧锅欠本钱20000吊，利钱9000吊，说明时间也不短了。而这家当铺已经亏损了13622吊510文。正是这些不良投资占用了大量资金，才使得架本不足，因而导致收入下降，陷入亏损的。所以这家当铺亏损的原因不是负债率太高，而是资金使用不当导致的。

我们再以一些当铺的清单为例来研究。

表7-11 **三义当历年架资比一览表**

年　代	架本总额	资产总额	架资比
	5232千920文	15055千460文	34.76%
	6309千170文	15472千980文	40.78%
	6343千710文	17646千330文	35.95%
	8227千520文	16568千550文	49.66%
道光二十七年	6750千640文	15853千870文	42.58%
道光三十年	6250千830文	15517千500文	40.28%
咸丰元年	5567千320文	14392千90文	38.68%
咸丰五年	202千530文	10925千990文	1.85%
咸丰八年	4192千50文	13901千文	30.16%
同治三年	7301千140文	20564千710文	35.50%

这家当铺的架资比大多在30%~50%，只有咸丰五年较低。

表7-12　　**永承当历年架资比一览表**　　原本35000千文

年　份	架本总额	资产总额	架资比
道光十五年	30364千10文	43867千230文	69.22%
道光十六年	30981千250文	45734千480文	67.74%
道光十八年	51353千270文	57958千730文	88.60%
道光十九年	52365千650文	65879千文	79.49%
道光二十二年	34353千220文	57746千140文	59.49%
道光二十三年	36217千10文	59771千270文	60.59%
道光二十四年	35752千710文	58639千430文	60.97%
道光三十年	28386千930文	92398千700文	30.82%
咸丰元年	24680千930文	83770千930文	29.46%

这家当铺的架资比变化幅度很大，在30%~90%。

表7-13　　**永顺隆当历年架资比一览表**

年　份	架本总额	资产总额	架资比
同治七年	55330千700文	351443千990文	15.74%
同治八年	77323千	418604千130文	18.47%
同治九年	73022千100文	411919千510文	17.73%
同治十年	46220千700文	516669千700文	8.94%
同治十一年	52805千800文	258445千490文	20.43%

这家当铺的架资比很低，变化幅度也不大，在15%~20%。

表 7-14 义和永历年架资比一览表 原本 6500 千文

年 代	架本总额	资产总额	架资比率
同治六年	8754 千 9 文	10774 千 465 文	81. 25%
同治十二年	13981 千 457 文	18087 千 607 文	77. 03%
同治十三年	14735 千 704 文	19571 千 647 文	75. 29%
光绪二年	16720 千 423 文	22980 千 141 文	72. 76%
光绪五年	12884 千 605 文	19154 千 341 文	67. 27%
光绪六年	7114 千 573 文	13481 千 469 文	52. 77%
光绪七年	7114 千 573 文	13725 千 738 文	51. 83%
光绪八年	6501 千 353 文	13647 千 298 文	47. 64%
光绪十一年	8496 千 775 文	16282 千 639 文	52. 18%

这家当铺的架资比大多在 50%～80%，只有光绪八年不足 50%。

表 7-15 宏盛当历年架资比一览表 原本 8500 千文

年 代	架本总额	资产总额	架资比
光绪五年	7071 千 300 文	10328 千 98 文	68. 47%
光绪六年	5713 千 750 文	10400 千 967 文	59. 35%
光绪七年	5513 千文	10522 千 576 文	52. 39%
光绪九年	5213 千 100 文	12834 千 229 文	40. 62%
光绪十二年	8494 千 250 文	12739 千 864 文	66. 67%
光绪十三年	8681 千 550 文	13527 千 516 文	64. 18%
光绪十七年	8932 千 300 文	14160 千 43 文	63. 08%
光绪十九年	8130 千 50 文	12610 千 283 文	64. 47%
光绪二十三年	10884 千 650 文	13190 千 784 文	82. 21%
光绪七年(修正)	5513 千文	10547 千 701 文	52. 27%

这家当铺架资比在40%~80%。

表7-16　　　　**元吉公当历年架资比一览表**　　　原本36660千文

年　代	架本总额	资产总额	架资比
光绪三十年	45880千10文	75987千150文	60.38%
光绪三十一年	50547千720文	76580千990文	66%
光绪三十二年	58360千860文	89464千130文	65.23%
光绪三十三年	51680千580文	85566千870文	60.40%
光绪三十四年	64011千770文	85813千120文	74.59%
宣统元年	100771千50文	122377千20文	82.43%

这家当铺的架资比很高，且比较稳定，在60%~80%。

还有一些当铺的清单数字很少，现将一些零散数字做成下表：

表7-17　　　　**复兴、成章、天顺等当架资比一览表**

年代	字号	架　本	资　产	架资比
	复兴当	63065千	86079千690文	73.26%
	复兴当	53264千850文	86578千870文	61.52%
咸丰八年	成章当	17539千500文	30686千950文	57.26%
咸丰九年	成章当	16399千590文	34307千826文	47.80%
咸丰十一年	成章当	14370千990文	19250千800文	74.65%
同治八年	天顺当	98649千800文	261536千40文	37.72%
同治九年	治隆当	69097千600文	252608千830文	27.34%
同治六年	治隆当	50607千800文	200780千860文	25.21%
同治六年	永庆当	1244千400文	78769千920文	1.58%
同治九年	永庆当	21766千800文	81986千760文	33.17%
光绪四年	恒升大记	18586.7两	42450.82两	43.87%
光绪二十年	义盛钱局	14440千260文	153284千580文	9.42%
	永顺当	7765.64两	9507.91两	81.68%

这不是一家当铺的，所以架资比高低相差悬殊，为1%~80%。民国时期以天裕当和裕庆当为例来说明：

表7-18　　天裕当历年架资比一览表

年　代	架本总额	资产总额	架资比
民国五年	21014千580文	36707千407文	57.25%
民国六年	27657千260文	42711千471文	64.75%
民国七年	31231千440文	48734千741文	64.08%
民国九年	32247千760文	47149千924文	68.39%
民国十年	30202千850文	48846千661文	61.83%
民国十一年	29861千980文	53699千69文	55.61%
民国十二年	25129千760文	59037千537文	42.47%
民国十三年	18895千790文	57459千578文	32.89%
民国十四年	22416千340文	67045千760文	33.43%
民国十五年	83318千317文	112848千815文	73.65%
民国十六年	92319千351文	130472千705文	70.75%
民国十七年	12650.19元	17882.048元	70.74%
民国十八年	17082.88元	24354.731元	70.14%
民国十九年	19365.82元	30993.523元	62.48%

这家当铺的架资比与清代当铺比，似乎不相上下，但与裕庆当比，则要低一些，说明典当可能把资金运用到其他业务上去了。

表7-19　　裕庆当历年架资比一览表　　原本12000千文

年　份	架本总额	资产总额	架资比
光绪三十四年	20651千330文	26999千193文	76.49%
宣统元年	17703千250文	24944千371文	70.97%
宣统二年	17559千447文	29828千867文	58.87%
宣统三年	16825千650文	26539千575文	63.40%

续表

年 份	架本总额	资产总额	架资比
民国元年	19262 千 440 文	25217 千 725 文	76. 38%
民国二年	18519 千 580 文	26479 千 304 文	69. 94%
民国三年	17019 千 660 文	26345 千 984 文	64. 60%
民国四年	19587 千 255 文	34743 千 735 文	56. 38%
民国五年	17535 千 610 文	38703 千 648 文	45. 31%
民国六年	21630 千 110 文	38284 千 291 文	54. 99%
民国七年	26219 千 440 文	42400 千 617 文	61. 84%
民国八年	30023 千 210 文	48474 千 672 文	61. 94%
民国九年	31637 千 732 文	51152 千 304 文	61. 85%
民国十年	21390 千 558 文	49709 千 391 文	43. 03%
民国十一年	24719 千 700 文	59507 千 960 文	41. 54%
民国十二年	23148 千 410 文	59182 千 220 文	39. 11%
民国十三年	26054 千 710 文	63983 千 853 文	40. 72%
民国十四年	36327 千 800 文	69979 千 425 文	51. 91%
民国十五年	54802 千 660 文	119766 千 940 文	45. 76%
民国十六年	58667 千 950 文	122038 千 40 文	48. 07%
民国十七年	566686 千 10 文	120940 千 185 文	46. 87%
民国十八年	65463 千 280 文	112563 千 177 文	58. 16%
民国十九年	25882 千 500 文	87636 千 862 文	29. 53%
民国二十年	69947 千 350 文	104859 千 152 文	66. 71%

这家当铺的架资比为40%~80%。

通过分析以上表格可以看出，不同当铺之间的架资比相差很大，大体在30%~80%之间，反映了不同当铺之间不同的资金运用情况。但具体到一家当铺内部，其架资比的变化还是比较稳定的，说明了其资金运用的特点。

典当业的架资比是一个很复杂的经济指数，它与另外两个问题有密切的关系。第一，它与典当的业务量有关系。如果典当业务繁忙，架资比就会很高，否则，架资比会较低。第二，它还与回赎情况有关。如果当铺当出多回赎少，它的架资比就会很高，否则会很低。我们应该对架资比的成因作出具体分析，才能得出正确的结论。架资比高说明典当投入到抵押贷款的资金多。我国历史上的当铺大多是多种经营，那种纯粹的当铺是很少的。每经营一个行业，必然要占用一定数量的资金，所以导致其架资比偏低。投资其他行业的收益都不如抵押贷款的收益稳定可靠，所以架资比高的典当潜在利润才可能高。当然，典当的经营有季节性，春天当多赎少，架资比肯定高。秋天回赎增多，架资比就会下降。

当铺都有高大坚固的库房，其固定资产所占的比例应比其他行业高。但有的当铺，是租的房子，没有自己的房子，如乾隆十六年(1751 年)、五十四年(1789 年)的两益当的清单，都有房租。道光六年(1826 年)三义当的清单里，房价本银 215 两，总资产为 12504 两，所占比例为 1.72%。宝盛义记四德堂道光二十一年(1841 年)的清单里，房价银 2000 两，总资产为 48216.98 两，所占比例为 4.15%。复兴当的清单里房价钱为 8000 千文，总资产为 86079 千 690 文，所占比例为 9.29%。恒升大记光绪四年的清单里，本典房屋银 2000 两，总资产为 42450.82 两，所占比例为 4.71%。元吉公宣统元年(1909 年)的房价为 2000 串，总资产为 122377 串 20 文，所占比例为 1.63%。永庆当同治六年(1867 年)的清单，房屋铺垫钱 20000 吊，总资产为 78769 千 920 文，所占比例为 25.39%。裕庆当光绪三十四年(1908 年)的房价为 800 吊，总资产为 26999 千 193 文，所占比例为 2.69%。这些当铺的固定资产比例大多在 10% 以下，为什么这么低呢？这是因为古代和现代不同，房屋等固定资产并不入账，很多清单里没有开列这一项，并不等于没有房屋。前文刘裕泰的五座当铺，有五百多间房屋，没有折成货币，当然无法入账。否则，这五座当铺的资产规模就大多了。有的清单里开列出了房屋，可能也只是开业以后建盖的，至于开业以前建盖的房屋，则没有包括进去。换言之，这些房屋可能并不是其全部房屋的总值，所以其固定资产所占的比例就偏低了。

在经营上，典当业与其他行业不同，清末的《申报》说："然当商收押物放重利而犹曰折本，何也？此其中亦有故焉。盖别项生意遇有抛盘趸货之时，犹之赌博，然可以一掷千金，亦可以一获巨万。当铺则有定章，从前以三年为满期，近来一年或十四月、十六月不等，本钱既去，押物难变。至于满卖则加利年余，又加年余之开销，则从前十千之货以五千收进，加此二千余已昂至七千余，而出货不过八折，比之别项生意其利有几何哉？故贫民日困，而当商亦不多获利也……故典铺不能便贫民而转以累贫民，不能益富人而转以耗富人也。”①这就是说，典当投资不仅数额巨大，还占用时间长，周转慢，似乎是对富人及穷人都无利益的行业。殊不知穷人生活、生产、工商业者的经营都离不开典当业，正因为如此，虽整体上说，它资本周转慢，但它还算是一个得利比较稳定的行业。故而，如前所述，官僚贵族、富商大贾、地主豪强对典当业无不趋之若鹜，使之成了传统金融行业中起源最早、对于社会经济、城乡人民生活影响最为深广的行业。

第三节　典当业的净利润率初探

典当业的利润，与赎当的利息还不是一个概念。赎当的利息只是毛利，这里说的是扣除各种费用后的净利润。要想搞明白典当的利润，就要先搞明白典当的主要收入和支出。《精选杂信录·当铺立账簿头绪》里的当铺清单范本说得很清楚：

新　收

｜宗票利钱若干（画横码）本年钱价（画码）合银若干，正写。

｜宗估衣利钱（画横码）若干，本年钱价（画码）合银若干，写真字。

｜宗得外利银若干，写真字。

｜宗得外利钱若干（画横码），本年钱价（画码）合银若干，写真字。

① 《申报》第1250号1876年1月22日《论开当》。

丨宗未得利银若干，或得短利银照此式写。至此以上数宗，均照接总账利字登来。

丨宗日足钱若干(画横码)，本年钱价(画码)合银若干，写真字。

丨宗得钱价利银若干，(此照钱换账净赚利登来)，写真字。

以上数宗，共得银若干

开　　除(此内均照接总账上用字登来)

丨宗付外利银若干，写真字。

……(原文可能缺页)

丨宗厨役工钱若干(画横码)，本年钱价(画码)合银若干。

丨宗上年(五二)钱，今照五钱坐亏钱价银若干，写真字。

以上十九宗共除银若干。

丨应除讫　蒙

天赐获利银若干。此系新收内除讫开除净余之项，写真字。①

这是典当铺撰写清单的模本，实际上即是典当铺利润表的范本。其中“票利”就是典当向当户收取的利息，这是典当的主要收入；“估衣利”也称“贯利”，就是当铺处理过期当物的收入；“外利”可能是信用放贷收取的利息；“钱价利银”可能是银钱兑换价波动产生的损益；“日足钱”含义不明。当铺的费用各不相同，这段材料可能有残，说得也不完整，大致有税捐、伙食费、员工薪金、借款利息等。如果是租的别人的房屋，那就应有房租；如果是自己的房屋，那就会产生折旧，当然，历史上的典当还不知道提折旧。

关于这个问题的研究成果颇多，如潘敏德研究了典当业投资人每年自典当投资中获得的利润，晚清保守估计有20%，民国时期

① 《精选杂信录·立账簿头绪》，刘建民先生藏。

则下降为10%；[①] 王裕明研究探讨了徽商典当的赢利能力，提出了铺本净利率、赎本利润率、自本净利率、架本净利率等，计算方法各不相同，令读者不得要领。[②] 各位学者所运用的计算方法是各不相同的，如刘建生等计算典当利润率时，使用的方法前后不一致：他计算民国北京某当铺的利润率时，以利润总额/(架本+现存资本)×100%的公式计算，结果为14.7%；而他在计算清末成章当两年的利润率时，以利润总额与架本之比来计算，又把现存资本从基数里去掉了，结果为9.6%和2.4%[③]；李国俊以利润总额与当本之比为利润率，他计算的南京某典当1930—1934年五年的平均利润率为9.57%，所以他认为典当资本实际获利并不像人们想象的那样高。[④] 杨勇更是避开利润率的计算方法问题而直言利润率，认为清末民国典当的营业额虽然有所发展，但利润率却是下降的。[⑤] 总之，这些研究成果都是在没有统一计算方法的情况下进行的，因而缺乏可比性。

本书以为，典当既然与银行相似，即应以银行的利润率计算方法来计算。根据《商业银行会计学》，银行的利润率有两种，一种利润率是反映银行每一项营业收入能带来利润多少的指标，其计算公式是：利润总额/营业收入×100%。还有一种资本金利润率，反映的是银行所拥有的资本金的赢利能力，其计算公式是：利润总额/资本金×100%。[⑥] 宋代有人专门谈到典当业的利润率问题："用

---

① 潘敏德：《中国近代典当业之研究》第五章，台湾师范大学历史研究所1985年版，第306页。

② 王裕明：《明清徽州典商研究》第三章，人民出版社2012年版，第148页。

③ 刘建生：《山西典商研究》第五章，山西经济出版社2007年版，第175-180页。

④ 李国俊：《近代苏南典当资本经营分析》，苏州大学2005年硕士论文，第68页。

⑤ 杨勇：《近代江南典当业的营业额与利润率》，《江西财经大学学报》2011年第2期，第96页。

⑥ 张淑彩：《商业银行会计学》第十七章《会计分析和会计检查》，陕西人民出版社2004年版。

以典质营运，三年而其息一倍。”①这就是说，开典当，三年的利润即可与投入的资本相等，这明显是资本金利润率，同样，本书在研究典当业的利润率时，也是研究典当的资本金利润率。

资本金利润率的计算基数是资本金，资本金就是所有者一开始投入的本金。与负债不同，资本金是不归还的，其利率也不是固定的，而是与企业的经营效益直接联系，即企业经营效益好，资本金产生的收入也多，否则产生的收入也少。与其他项目相比，企业的资本金数量是稳定的，这种利润率的基数也是稳定的。

与典当的利润有直接关系的是回赎情况，因为只有当户来回赎，典当才能向他们收取利息，从而产生收入。回赎越多，利润越高。当然，只有典当业务繁忙，当出多，回赎才能多。出当情况与利润的关系是间接的，它产生的是潜在的利润，而回赎产生的是已经实现的利润。所以历史上的典当，有春当秋赎的季节性，与春种秋收的道理一样。

关于典当业的净利润率，历史上有两种说法。一种说法是典当业的利润率很高，是第一等生意。明代政府官员刘少彝说：“是质库之最下者，其一岁之入已当上田之十岁矣。顾此则终岁奔走而不给。彼第高枕卧而子母倍息矣，未几，子复为母而又息之矣……是以富室鲜累世之产，而质库多百年之业。当十岁而更版图，一里之中虑无不易其三、四，甚且六、七，而质库无论大小，凡三年必益其一，其甘苦利害较若列眉，岂待智者而后辨哉？”②这是说，典当业比地主、盐商等收入都高。这一状况在明清白话小说里也有反映，明代白话小说《鼓掌绝尘》载：夏虎“一日问主人家道：你这杭州，可有什么赚钱的生意做得么？主人家道：我杭州做生意的高低不等，那有巨万本钱的，或做盐商，或做木客，或开当铺，此是第一等生意，本钱也大，趁钱也稳。其次或贩罗缎，或开书坊，或锡

① （宋）袁采：《袁氏世范》卷一《睦亲·同居不必私藏金宝》，天津古籍出版社 1995 年版，第 24 页。

② 刘世教：《荒箸略·赈之五》，《丛书集成续编》，上海书店出版社 2014 年版，第 52-53 页。

箔，或机坊，或香扇铺，或卖衣铺，本钱极少恰要数千金，外行人不识其中诀窍，便要折本。"①这是小说里的说法，有一定的代表性。既然典当业的利润这么高，那么社会各阶层当然就会争着去开典当："成化以前，谋饔飧者，以兴贩为能……今则市廛以质当相先。"②

另一种说法是，典当的利润远远没有传说中的那么高。如乾隆时湖南的当商们说："楚省开典，非比浙江巨典大商，俱系领本借贷合伙开张，每岁所当不过数千余两，所获之利无几，名为三分，除还过银利、房租、人工、食用诸费之外，所余实在只有数厘之利，养家糊口，赖此锱铢……商等携揭资本，别井离乡，远涉长江洞庭，备尝风波艰苦，抛妻弃子，冀获蝇头。年节除房租、工食等用，通盘彻算，虽有三分之名，而并无二分之实。况系认领本钱，年底结算归还，所余不上分许微息而已……伏思南省田业，每百之产可得租谷十石，其次亦得谷八九石，迩年以来每十金买谷六七石之间，是置田尚有分许之息。今商等远父母、别妻子，奔驰数千之外，觅此蝇头。且前署宪示当质银两，小票照例三分取息。今概议减息四五厘，则实仅得五六厘之利矣，尚不如置产之为愈也。"③按此说法，典商们所得净利润率只有一分左右，还不如地租收入高呢。当然，当时湖南地方政府多次命令他们减息，他们有故意压低利润的可能。

清末，《申报》上刊登文章说："忆湖郡兵燹以前，典铺起息概以一分五厘，七千以上一分三厘，尚有三年之限、六月之留，迨至卖包结算，通扯不过几圆钱而已，开当者无非图其稳当且亦所以便民也。乃今之开当者，则不以便民而以害民。近年以来丝价益贱，多以典质为谋生之计，故每开一典铺资本非二三十万金不可，贫民

① 金木散人：《鼓掌绝尘》第十三回《耍西湖喜掷泥菩萨，转荆州怒打假神仙》，华夏出版社1995年版，第112页。

② 宗元瀚：同治《湖州府志》卷二十九，成文出版社有限公司1970年版，第566页。

③ 《乾嘉道湖南典商办理减息案呈词》，刘建民先生藏。

之多于此可见。现在湖属典当以长年二分四厘起息，各当之赚钱除开销、日用、辛俸及官利之外，其赢余有每年二三万不等者，十年之后其赢余又可开一当铺。”①这篇文章指斥了典当重利盘剥的问题，也提到了典当的净利润率。根据文章的数字，我们可以算一下：花二三十万两银子开一座当铺，每年的利润是二三万两，十年之后就可以再开一座。这就是说，典当的年利润率大约是10%，实际上也不高。

以上两种说法，哪种更接近实际情况呢？实际上，这是一个很复杂的问题，与时间、地域有关系。从时间上说，早期的典当业，典当铺少，净利润率可能就高。后来随着商品经济的发展，当铺开得越来越多，竞争激烈，典当业的利润率会下降。同时资金在社会各经济部门的流动加快，各经济部门之间的利润出现了平均化趋势，典当的利润率也会下降。如清咸丰时，在福建地区，“斯时闽省钱根奇紧，官设铁钱局，定铜铁并用，藉维现状。而市价铁钱千文，仅值铜钱六十，人争以铁钱赎当，省会当商皆因受累歇业。民间无以通缓急，民情哗然。太府急于举商，而殷户率皆裹足，太师母独慨然曰：坐视必乱，家亦遂破，何如毁家纾难，或尚苟免。乃先集资报开德昌税当，人心藉以稍定。而糠灯纸帐，自奉俭约，一如平时。不数年，又分设和昌、瑞元两质库，即首倡减息，乡里称便。”②此事中的主人公吴老太太开的当铺效益很好，就是因为当地只有她这一家，她这家当铺垄断了当地所有的业务。如在山东泰安地区，“泰安当铺，每年上二十余万架子，只容一家，两家即无盈余。故南关一家闭歇最早，光绪十五年后，黄县丁开设普昌典，不久亦倒，惟余文晟一座，可以操奇计赢矣。”③这说明山东泰安县典当业的市场需求很小，如果一家当铺还可以赚到钱，有两家当铺利润率就会下降，甚至发生亏损，导致资本少的一家退出。在这里得

① 《申报》2715号1880年11月19日《劝典当让利说》。

② 《福建福州武林邵氏族谱》，《邵母吴太夫人传》，民国铅印本。

③ 葛延瑛：民国《重修泰安县志》卷三，民国十八年铅印本，凤凰出版社2004年版，第351页。

分清毛利率及利润率，如从空间上说，那些经济发达的地区当铺多，融资渠道多，竞争激烈，毛利率会降低，但利润率并不一定会相应降低，因为虽然毛利率下降，但可能当户赎当率高，资金周转快，所得利润率可能更高一些；反之，那些经济落后的地区，典当的毛利率可能会比较高，但周转慢，所得利润率反而更低一些。

从历史上看，宋代以前缺乏资料，难以说明。南宋人袁采专门谈到典当业的利润率问题时说："若以百千金银计之，用以买产，岁必十千……用以典质营运，三年而其息一倍。"①这就是说，开典当三年的总利润为 100%，一年平均为 33.33%，每月则不足 3%。他说的情况也可以从其他记载得到印证，南宋嘉熙二年，广西全州，"因思山间日用，惟盐为最急，以日而会，所费尤不赀。于是复以其修造之赢余，铢积寸累仅四百缗，创为西库。月收息可十二缗，仅足偿一月市盐之费。"②这是一家佛寺开的当铺，本钱是四百贯，一个月的利润为十二贯，利润率为 3%，比袁采说的稍高。当然，佛寺里的当铺风险较小，又没有官府的差役，所以其利润比社会上的典当利润稍高。南宋末的利润率就有所下降，如在广南东路的韶州，"本州有万缗解库，岁有出息约二千缗。"③即这座当铺的年利润率为 20%，月利润率则不足 2%。由以上所述可见，南宋佛寺当铺的利润率月利达 3%，民间"典质"也是 3 分，官府抵当所则是年利润率 20%，月利不足 2%。

明代这方面的材料很少，难以说明，清代的资料就丰富了，我们可以把当时的典当分为两类来分别研究其利润率。一类是官府当铺。清代的官府当铺很多，形成了一个全国性的网络，其利润率有多高呢？乾隆十九年(1754 年)，庄亲王上奏，"今据各该管当官员将吉庆等十当所得乾隆十八年利银数目呈报前来。查得各当原有成

① (宋)袁采：《袁氏世范》卷一《睦亲·同居不必私藏金宝》，天津古籍出版社 1995 年版，第 24 页。

② (宋)谢启昆：《粤西金石略》卷十二《本寺创库库本公据》。《宋代石刻文献全编》第 4 册，北京图书馆出版社 2003 年版，第 292 页。

③ (元)陈栎：《定宇集》卷九《通守陈公传》，上海古籍出版社 1987 年版，第 278 页。

本银三十一万八千五百六十八两三钱二分四厘九毫，自乾隆十八年（1753年）正月初一日起至十二月三十日止，核计所得利银自九厘三毫至六厘三毫不等，共实得过利银三万六百二十二两四钱五分一厘八毫。”①这十座内务府属下的当铺，本银是318568.3249两，一年的利润是30622.4518两，利润率为9.61%。四川总督鄂尔泰上奏说：“而重、夔二当，本银四万一千九百余两，每年息银仅获五千三四百两，较之钱局悬殊。”②两座当铺本银是41900两，一年的利润不足5400两，利润率仅将近12.89%，鄂尔泰认为这个利润率很低。

乾隆三十三年（1768年），内务府向皇帝报告说：“今据该员等呈称，职等领得额驸拉旺多尔济十年俸银，并缎匹折银，共计银一万六千七百七两五钱八分八厘，于二十九年三月内开设玉成当生息，至三十二年三月初六日止，三年所得利息内，除买房间装修并拨补钱盘外，净得利银四千六百四十二两四分一厘六毫，业经按年呈明，具奏在案。今查自上年三月初七日起，至本年三月初六日止一年，除铺内伙食、劳金、纸笔等项费用外，净得利银二千四百二十九两八钱二分六厘。按原架本合计，每月每两得利银一分零。现在实存本利银二万三千七百七十九两四钱五分五厘六毫，房间装修值银一千八百两，以上统计二万五千五百七十九两四钱五分五厘六毫”。③ 玉成当的本银是16707.588两，三年的利润是4642.0416两，最近一年的利润是2429.826两，合计四年的利润就是7071.8676两，装修房间的那1800两本是资本性支出，不应扣除。这样玉成当四年的利润就是8871.8676两，平均每年为2217.9669两，利润率为13.28%。雍正十年（1732年）广西巡抚金铁报告皇帝说：“窃照臣标兵丁蒙恩赏给银六千两营运生息一案。先于桂林省

① 《内务府奏销档》，转引自《北京师范大学学报》1978年第6期，第77页。

② 《清高宗实录》卷七三五，乾隆三十年四月下，中华书局出版社1986年版，第98页。

③ 《内务府奏销档》，转引自《北京师范大学学报》1978年第6期，第78页。

城开设当铺一座，及买米置货，贸易生息。自雍正七年(1729 年)八月起至八年年底止，实得息银五百六十余两，已经咨明户、兵二部在案。雍正九年(1731 年)四月内，收回买货之银，又在桂林添设当铺一座，本年一年共计净得息银六百五十余两，连前共实得息银一千二百余两。"①桂林的这座当铺本银是 6000 两，一年零四个月之后利润是 560 两，利润率为 9. 33%，就要增设；而四川的两座当铺，利润率近 12. 89%，却要关张，看来二位官员的要求高低相差悬殊。当然，这都是官员们向皇帝报告的利润率，也可能故意压低。

官府当铺享有一定的特权，没有兵灾匪患之虞和差役的烦扰，但因为管理松懈，所以其年利润率没有超过 20%的，也不太高。

同时的民间当铺，利润率有多高呢？据刘建民先生收藏的清单记载，乾隆十六年(1751 年)的那座当铺，原本银 3480 两，护本银是 715 两，都是当商的资本，二者共 4195 两。一年的利润是 646 两 3 钱 5 分，利润率为 15. 41%。乾隆五十四年(1789 年)的两益当，原本银 3600 两，一年的利润是 666. 39 两，利润率为 18. 51%，比官府典当的利润率稍高。

清后期，官府典当就很少了，社会上以私人典当为主。下面以刘建民先生所藏清后期的几家晋商当铺的清单为例，来探讨一下其利润率。②

① 雍正《硃批谕旨》第 15 函，第 6 册，北京图书馆出版社 2008 年版，第 40 页。

② 论述典当业利润率的文章很多，但计算方法各异，以致缺乏可比性。所以本书在论述这个问题以前必须做如下说明：关于普遍存在的多种经营问题，本书以为要想从最后的利润里剔除其他业务所产生的收入及应分摊的费用，是很困难的，所以本书既不剔除那些兼营业务的收入，也没有剔除它们应该分摊的费用，就是混合计算。再有，关于利润计算方法的问题，因为利润计算方法不同，结果是不同的，为了避免分歧，本书仅以原始材料上的数字为准，并没有用现在计算利润方法重新计算。

表 7-20　　永承当历年资本金利润率情况表

年　代	原　本	利　润	利润率
道光十五年	35000 千文	1355 千 650 文	3. 87%
道光十六年	35000 千文	2213 千 440 文	6. 32%
道光十八年	35000 千文	8 千 380 文	0. 02%
道光十九年	35000 千文	1122 千 430 文	3. 21%
道光二十二年	35000 千文	4003 千 580 文	11. 44%
道光二十三年	35000 千文	6078 千 470 文	17. 38%
道光二十四年	35000 千文	4618 千 160 文	13. 19%
道光三十年	34000 千文	4155 千 920 文	12. 22%
咸丰元年	34000 千文	5025 千 400 文	14. 78%

这家当铺的利润率开始很低，道光二十二年后才超过 10%，最终也没有超过 20%，年平均为 9. 12%。

表 7-21　　成章当历年资本金利润率情况表

年　代	原　本	利　润	利润率
咸丰七年	18900 千文	2055 千 750 文	10. 88%
咸丰九年	18900 千文	1568 千 379 文	8. 30%
咸丰十一年	6000 千文	397 千 70 文	6. 62%

这家当铺的利润率明显更低了，年平均为 8. 60%。

表 7-22　　宏盛当历年资本金利润率情况表

年　代	原　本	利　润	利润率
光绪五年	8500 千文	亏 289 千 163 文	-3. 40%
光绪六年	8500 千文	468 千 685 文	5. 51%
光绪七年	8500 千文	344 千 155 文	4. 05%
光绪七年(修正)	8500 千文	189 千 555 文	2. 22%

续表

年　代	原　本	利　润	利润率
光绪九年	8500 千文	580 千 878 文	6.83%
光绪十二年	8500 千文	426 千 391 文	5.02%
光绪十三年	8500 千文	600 千 952 文	7.07%
光绪十七年	8500 千文	536 千 587 文	6.31%
光绪十九年	8500 千文	410 千 35 文	4.82%
光绪二十三年	7565 千文	513 千 106 文	6.78%

这家当铺的利润率很低，没有超过 10% 的年份，年平均为 4.20%。

表 7-23　　元吉公当历年资本金利润率一览表

年　代	原　本	利　润	利润率
光绪二十九年	40300 千文	6223 千 130 文	15.44%
光绪三十年	37180 千文	48 千 600 文	0.13%
光绪三十二年	37180 千文	409 千 640 文	1.10%
光绪三十三年	37180 千文	78 千 860 文	0.21%
光绪三十四年	37180 千文	82 千 850 文	0.22%
宣统元年	36660 千文	1494 千 750 文	4.07%

这家当铺的利润率下降得很明显，年平均为 3.53%。

表 7-24　　义和永当历年资本金利润率一览表

年　代	原　本	利　润	利润率
同治六年	6500 千文	1204 千 612 文	18.53%
同治十三年	6500 千文	4002 千 829 文	61.58%
光绪二年	6500 千文	5828 千 588 文	89.67%
光绪五年	6500 千文	1911 千 717 文	29.41%

续表

年 代	原 本	利 润	利润率
光绪六年	3250千文	2490千118文	76.61%
光绪八年	8250千文	2236千134文	27.10%
光绪十一年	8250千文	4479千841文	54.30%

这家当铺的利润率很高，但这些清单相隔的时间都很长，从光绪五年(1879年)以后，清单上还不再开列以前的利润，所以清单上计算出的利润数字很可能不是一年的，而是几年的累计数字，所以其利润率显得很高。我们以前后衔接的光绪五年(1879年)、六年(1880年)的数字分析一下，光绪六年的利润数字里，可能就包括光绪五年的利润，那么光绪六年的利润实际上就是2490千118文—1910千710文=579千408文。原本是3250千文，那光绪六年的利润率实际就是17.83%。其他年份都没有衔接，所以不能这么计算。

清后期的典当，其资本金虽然不是每年变化，但也有变化。其资本金利润率高低相差悬殊，但超过20%的不多。民国时期，有人曾算过这样一笔账，如果典当投资者以10万元开设典当，照月息2分计算，每年应获利24000元，而事实上典当获得的利息尚不及其半数。这主要由下述原因造成：①资本不能同时当出，总要有一部分闲置，这部分资金通常占总资本的一成；②当物不能全数取赎，满货不能计利息的资金又约占总资本的一成，实际仅有8万元可以计息；③店员的薪金伙食，每年约开支6000元，店员其他各项开支，每年约3000元，典当用房租金及营业用品每年开支也在3000元左右，以上支出约需12000元。那些以自备资本投资典当的商人最后大约可以获得月息8厘，若是借用钱庄款项的投资者，每月须付钱庄利息1分2厘，这样，典商连8厘的月息也得不到。①

① 陈宝宏:《民国时期河南省典当业研究》，河南大学2008年硕士论文，第43页。

表 7-25　　裕庆当历年资本金利润率情况表

年　代	原　本	利　润	利润率
光绪三十四年	12000 千文	902 千文	7. 52%
宣统元年	12000 千文	1118 千 480 文	9. 32%
宣统二年	12000 千文	1489 千 940 文	12. 42%
宣统三年	12000 千文	722 千 100 文	6. 02%
民国元年	12000 千文	791 千 700 文	6. 60%
民国二年	12000 千文	1132 千 566 文	9. 44%
民国三年	12000 千文	854 千 734 文	7. 12%
民国四年	12000 千文	2047 千 751 文	17. 06%
民国五年	12000 千文	1544 千 259 文	12. 87%
民国六年	12000 千文	1467 千 387 文	12. 23%
民国七年	12000 千文	1446 千 326 文	12. 05%
民国八年	12000 千文	1478 千 719 文	12. 32%
民国九年	12000 千文	854 千 208 文	7. 12%
民国十年	12000 千文	2325 千 359 文	19. 38%
民国十一年	12000 千文	1718 千 933 文	14. 32%
民国十二年	12000 千文	1567 千 740 文	13. 06%
民国十三年	12000 千文	3178 千 566 文	26. 48%
民国十四年	12000 千文	101 千 694 文	0. 85%
民国十五年	12000 千文	3447 千 180 文	28. 73%
民国十六年	12000 千文	2058 千 960 文	17. 16%
民国十七年	12000 千文	4893 千 860 文	40. 78%
民国十八年	12000 千文	2332 千 365 文	19. 44%
民国十九年	12000 千文	6201 千 447 文	51. 68%
民国二十年	12000 千文	-40672 千 740 文	

这家当铺的资本金一直都是 12000 千文，是稳定的。资本金利

润率呈缓慢上升的态势，但超过 20% 的年份也不多，年平均为 15.83%。

表 7-26 天裕当历年资本金利润率情况表

年 代	利 润	原 本	利润率
民国四年	1619 千 529 文	12000 千文	13.50%
民国五年	1724 千 747 文	12000 千文	14.37%
民国六年	1006 千 792 文	12000 千文	8.39%
民国八年	3025 千 550 文	12000 千文	25.21%
民国九年	3780 千 146 文	11880 千文	31.82%
民国十年	4519 千 214 文	11880 千文	38.04%
民国十一年	4308 千 935 文	14400 千文	29.92%
民国十二年	3656 千 818 文	14400 千文	25.39%
民国十三年	2081 千 442 文	9600 千文	21.68%
民国十四年	1182 千 695 文	9600 千文	12.32%
民国十五年	8933 千 396 千文	10000 千文	89.33%
民国十六年	1549 千 683 文	10000 千文	15.49%
民国十六年	亏 393.967 元	1430 元	
民国十七年	1099.914 元	1430 元	76.92%
民国十八年	1782.674 元	4000 元	44.57%

这家当铺民国十年(1921 年)以前，利润率是上升的，此后开始下降。民国十五年(1926 年)的利润率很高，引起典当的怀疑，所以民国十六年(1927 年)计算了两次，一次以铜钱为计量单位，利润是 1549 千 683 文，第二次以银元为计量单位，计算结果是亏损了 393.967 元。这说明此时铜钱跌价很多，典当账面有利润，其实已经处于亏损。后两年的利润率依然很高。

至于徽商的资本金利润率，由于缺乏相关的账簿，难以计算。王裕明提出的自本净利率与此相近。他研究的时顺典，乾隆元年自本利润率是 8.0356%，乾隆五年是 8.135%。[①]

当然，以上都是账面上的利润率，实际情况比较复杂：如民国初年，沙市的一家典当，“惟叙铺中生意，去岁架本虽未多上，而得票利颇可，年终净存架本四万三千三百余串，共得票利一万四千二百七十余串。但逢此沧海桑田之世，百物无不数倍高昂，加之去年四月土匪滋扰，表面化费虽属五百串，而内容大受影响，彼时铺中陡下架本壹万数千，沙市钱价吊至四钱五分上下，所以大赔。钱价空倍月息，以致又属入不敷出，两品下地净亏五佰余串，殊属愧赧，有负诸东君之仰望耳”。[②] 这是说，虽然典当收入很大，但因为物价上涨，支出也很大；同时赎当收取的是铜钱，而钱价下跌，典当的收入无形中蒸发很多。两个原因造成典当账面有利润，实际上亏损很大，就像天裕当的情况一样。至于典当经营的困难，有一首歌谣《哀质库》说：“生计艰难迫岁暮，悬鹑衣，叱犊裤，库中不顾质者怒。质者尔勿怒，富民更比穷民苦。一解：约剂求息亦甚微，质库便民如取携，输息而赎三年期，满质而售半载迟。市侩贫且狡，售值何时归？二解：嗟哉质衣库，近作卖衣局。质衣自满仍自鬻，鬻物得钱还待质，挹彼注兹如转毂，沟浍之盈亦易涸。三解：十载两劝赈，输将金千百，待哺方嗷嗷，称货敢不亟？逋券如蝟毛，欲归归未得。幸而稍有赢，先急偿官息。”[③]这里指出了典当经营中死当多、过期当物不好销售、公款利息高等困难。

那种高利润率的私人典当，仅有民国时期山西灵石县的裕庆当一例。它的收入只有票利和估衣利两种，没有任何兼营业务，所以有必要对它进行单独研究。

---

① 王裕明：《明清徽州典商研究》，人民出版社 2012 年版，第 153 页。

② 《民国四年沙市典当东伙往来信稿》，刘建民先生藏。

③ （清）张应昌：《清诗铎》，中华书局出版社 1960 年版，第 923-924 页。

表 7-27 山西灵石县裕庆当历年资本金利润率一览表 单位：元

年份	原本	收入	支出	利润	利润率
1927 年	10000	1708.005	1630.919	77.086	0.77%
1928 年	10000	3543.781	2573.092	970.689	9.71%
1929 年	10000	4247.321	3567.614	679.707	6.80%
1930 年	10000	9498.374	6231.134	3267.24	32.67%
1931 年	10000	2263.39	11843.67	-9580.28	
1932 年	4000	9839.3	6859.12	2980.18	74.50%
1933 年	4000	16907.83	13342.32	3565.51	89.14%
1934 年	4000	17600.46	13238	4362.46	109.06%
1935 年	4000	7416.12	1925.36	5490.76	137.27%

这家当铺可以分为两个阶段研究，前五年为一个阶段，后四年为一个阶段。前五年的利润率与前文所提到的当铺的利润率一样，也是比较低的。1931 年因为阎锡山参加中原大战失败，他开办的山西省银行发行的晋钞贬值严重，导致当铺出现了巨额亏损。此后，这家当铺进行了改组，改组后的当铺资本规模小了，但利润反而上升了，说明内部管理得当了。其中最明显的是最后一年，收入虽然下降了很多，利润却上升了，是因为支出也随之下降了。

总之，我国历史上的典当业的净利润率高低相差很大，这一方面是因为当时工商业还不发达，平均利润还没有形成，所以出现了较大的差距。另一方面，我国近代政局不稳定，战乱不止，当然也会影响典当业的利润率。典当业的净利润率并没有传说的那么高，他们在社会上之所以遭人痛恨，可能是因为典当业总是与穷人打交道，其业务开展又严厉苛刻、不讲情面所致。另外，往往在各行各业都不景气的时候，有些典当却还生意兴隆。如光绪十九年(1893年)，(安徽)“和州一带去岁收成歉薄，民间一岁之资，仰事俯蓄，殊难赡足，以致市上贸易亦甚萧条。年终各店铺收除既毕，将一年开销费用积叠统算，盈余者少，亏折者多，并有耗去本钱无力支持者。惟李源昌典当进出既多，押赎忙碌，年初满盘核计，支去开销外，净余银三万余元，洵属多钱善贾，然乡野贫民之苦于此愈见。”①其他行业都不景气，只有这家当铺一年赚了三万多元，能不遭人痛恨吗？

第四节　典当业的资金融通

典当在我国有悠久的历史，明清时期，随着商品经济的发展，民间社会除了典当以外，还出现了多种其他金融机构，如钱铺、银号、账局、票号等。至近代以后还出现了银行，包括外国资本及中国人创办的银行。② 典当与这些机构不可避免地发生了多种多样的关系，而这些关系大体说来，皆具有资金融通的意义。

典当既然与这些金融机构并存，就难免发生关系。事实上，因为典当产生得比较早，很多大商人、大官僚都同时经营两种甚至更多种金融机构，其中就包括典当。有的商人最初是经营典当的，后来发展到其他业务。如在《典当的兼营业务》一章里就提到，有的典当就经营存放款业务，如三义当的行本钱，永承当的人前本钱，就是典当放出的款项。光绪初年，在山西忻州西关李兴业开办了一家兴业钱庄，是以印发帖子、存贷汇总、典当为主的综合性商号。民国初年，钱庄由兴业之孙李天泽接替承办，其重孙李正泰协助其父天泽共同经营，并将兴业钱庄商号更名为“天泰当”。③ 这说明典当与其他金融业务关系非常密切，一家商号很可能既办典当业务，又办其他金融业务。

典当商人如果资金充足，就可能会以一部分资金去开设另外的金融机构。如清代大贪官和珅，“通、蓟地方当铺、钱铺资本十余

① 《益闻录》1249号《和韵传飞》。

② 当然至少唐宋时代也不只质库（包括长生库、抵当库）这一种金融机构，如唐代的柜坊、宋代的榷货务，学术界也有不少论著认为它们也是金融机构。

③ 《晋商史料全览——忻州卷》，山西人民出版社2006年版，第277页。

万，与民争利，大罪十九”。① 和珅除了开设当铺外，还开设了钱铺。后来以经营票号而闻名天下的乔致庸，在他爷爷乔贵发时就开设了当铺、估衣铺钱铺等。② 平遥的冀家，也是既经营票号，又开当铺："具禀当商冀通盛，为资本不足、赔累日深、恳恩转详准商歇业事……商自咸丰年间，在山西平遥县开设乾盛亨汇号一座，前数年生意平妥，虽无大利，亦无大害。迄今十有余年，屡次赔累，业已垫资本十余万金。至光绪二十五年(1899 年)冬，由外间所汇之款有到期不能交纳者，一处窒碍，则各处不能流通，遂因此歇业，统计亏空有四十余万金。……嗣值庚子之变，京津两处各当典被抢者不一而足。商与族人朋合之业，资本为之一空。以典商而论，原入资本大钱八万有奇，并借外生息共有十四五万之谱。而数年以来，上架不多，开除不少，外号所借之款，有经数年而不能归还者。……况广宗经兵荒以后，时事孔艰，地面生意俱形滞塞，而商典赔累尤为特甚。”③这段禀文上半部分，谈的是票号汇兑，下半部分谈的是典当，既谈了北京的典当，也谈了直隶广宗所设典当情形，可见，冀通盛既开了当铺，又开了票号。

前文提到江浙地区的胡雪岩，开办了二十多座当铺，“光墉藉官款周转，开设阜康银肆，其子店遍于南北，富名震乎内外，佥以为陶朱、猗顿之流。官商寄顿赀财，动辄钜万，尤足壮其声势。江浙丝茧向为出口大宗，夷商把持无能与竞，光墉以一人之力垄断居奇，市值涨落，国外不能操纵，农民咸利赖之。”④富可敌国的李鸿章，家里也是这样：“中兴功臣之富者，惟合肥李姓为最。兄弟六人，一、二、四房，皆约数百万，而不得其详。三房则知之确。分爨时，析为五。每有见银三十五万两，田产、典铺在外。六房早卒，遗寡妻幼子。兄弟五人，合银二百万两与之。而五房极富，家

---

① （清）梁章钜：《归田琐记》卷五《和珅》，上海古籍出版社 2012 年版，第 71 页。

② 《山西商人与金融史论》，经济管理出版社 2008 年版，第 256 页。

③ 《光绪二十七、八年介休典商冀家呈文留底》，刘建民先生藏。

④ （清）刘体仁：《异辞录》卷二，山西古籍出版社 1996 年版，第 85 页。

中田园、典当、钱庄值数百万不算。就芜湖而论，为长江一大市镇，与汉口、九江、镇江相埒。其街长十里，市铺之七八皆五房创造，贸易则十居其四五。合六房之富，几可敌国。”①清末山西襄汾的刘向经家，农、商企业全有，如本村的糕点杂货铺、木器厂、董村粉坊、世昌当铺、永兴隆钱庄、正泰合绸缎店、新绛的永昌正钱庄、汾城的永德泰钱庄、荣兴昌洋货铺、临汾的永庆昌盐店、天津的津恒昌银号、山东的正立当当铺、济南煤油公司、南阳的恒昌永银号、郑州的郑恒昌银号、驻马店的驻恒昌银号、汝南的汝恒昌银号、赊旗县的赊恒昌银号、潢川的恒昌当铺、开封的两益昌杂货店等，从商业企业到金融行业都具备了相当的实力。② 这些当铺与那些票号、钱庄等既然是一个人投资的，那么它们在资本上就是相通的，资金在这些当铺、钱庄之间通畅地流动。

更重要的是典当与这些金融机构之间的资金、资本借贷关系及货币汇兑、兑换关系。

首先，资金、资本借贷关系。典当在资金不足时，向钱庄、票号借入资金是很普遍的。如日升昌清江浦分号咸丰二年(1852年)的总结账上写道：“丰兴典二年四月初五日借去本平库宝银四千两，(年七厘，对年还)，裕泰典二年四月二十三日借去本平库宝银一千两(月六厘，十二月还)。”③丰兴典和裕泰典都向日升昌清江浦分号借了银子。清末山西张兰镇有一家乾盛晋钱庄，后来也兼做票号，向典当放款的规模更大：

> 附开外借花名
> 永成典借本足纹银叁千两。
> 全泰典借本足纹银壹千两。
> 永和森借本足纹银壹千两。

---

① (清)欧阳昱：《见闻琐录·后录》卷二。转引自李文治《中国近代农业史资料》第一辑，三联书店1957年版，第24-25页。

② 《晋商史料全览·临汾卷》，山西人民出版社2006年版，第69页。

③ 黄鉴晖等《山西票号史料》，山西经济出版社2002年版，第618页。

以上各号俱系当铺。
广泰福借本足纹银贰千两。
人和信借本足纹银壹千两。
恒益昌借本足纹银壹千两。
谦裕甡借本足纹银壹千两。
全美成借本足纹银壹千两。
永祥顺借本足纹银壹千两。
仁昌和借本足纹银壹千两。
恒泰贞借本足纹银壹千两。
永丰和借本足纹银壹千两。
以上各号俱系质铺。①

这么多典当都向乾盛晋借银子，这说明当地的典当与这家钱庄的借贷关系很密切，绝大部分金额都是一千两，可能已经形成了某种固定的借贷关系。

另外，民国复兴当的清单里，也有"除该外本利印子钱五百叁拾千文"，② 即这家当铺向印局借了印子钱。

外国人在通商口岸设立银行以后，那里的典当也有借款的："津城之称富户者，动曰东韩西穆，而长源号杨氏、涌源号郑氏，亦以财世其家。郑氏之力虽不敌杨，然家产亦值数十万金，且无败家浪子，安常处顺，当绳绳继继，传之奕禩不失为富家翁。不知何故，去岁竟不能支持，拟以房产地业以及典当数家，商借洋款四十万金，迄无成议。今岁遂以各业抵归杨氏"。③ 天津的郑氏典当，因为经营困难，打算向外国人抵押借款，没有成功。

其次，货币兑换、汇总关系。典当因为运用大量的铜钱，故而天然地与钱铺关系密切，要随时大量兑换铜钱。所以这些金融机构

---

① 《光绪十六年十一月乾盛晋钱庄沙、镇分庄汇兑总结账》，刘建民先生藏。

② 《年代不详复兴当清单》，刘建民先生藏。

③ 《申报》7304号1893年8月21日《浮云变幻》。

如果经营不顺，就会影响到典当。在大名，光绪某年“去腊廿五六日大名街面钱缺，滞塞不通，挤关钱铺四家，南关雍和号关门，南关绅士保出，应承今年发钱，咱典收存钱帖京钱四十七吊。龙王庙重德号关门，龙王庙绅士保出，应承今年发钱，咱典收存钱帖京钱十五吊。南街元兴公关门，元兴公系重德值月字号，大名堂公不准伊歇业，今年许开，素与咱典往来，账净欠京钱三百六十余吊，倘若开门，还可成钱。此三家俱未定妥，三项未撇。南街裕兴和关门，当时被抢，一无所有，咱典收存钱帖京钱五十八吊，难望发钱，年终撇出。此是世时所赶，人力无可如何。”①这些钱铺都发行钱帖，恒裕典持有钱帖，本是可以向这些钱铺兑现的。现在这些钱铺关门了，恒裕典的钱帖自然不能兑现了，因而造成了损失。

票号、银行产生以后，典当也可能去汇款，它们之间便产生了业务关系。“贵典……所询兑平之款，刻因军务未定，尚未赐做，然各有相厚之家，岂能一概杜绝？宝号兑项，自应效劳，惟交期务请稍宽，按济收银之日，迟三月在平交银，兑费别号日前收过，均系每千七十两。弟等因与宝号多年相交，从减至再，按每千照五拾两照算，望祈尊裁示下，以便遵办是祝。”②这是1895年山东济南的一家票号分号写给一家当铺的信，从信中看，这家票号答应给当铺汇款，但因为军务未定，不能按时汇到平遥。至于汇款的手续费，一般是汇款金额的7%，为了照顾老客户，按5%收费。

这家当铺又打算九月再往平遥汇三千两，“并云宝号九月间有汇平银叁千余金，询汇费可否照旧年之式，若按现在行市，收平之款，每千两非叁拾两不可。与宝号多年相交，原不敢以行市较论，即照旧规，有何不可？自应遵命。惟交期一层，或冬月初五日系冬标，或冬月底，望祈尊裁。如汇冬标，请贵伙定赶九月初一二日到省，成标定汇何期，尚望随覆信示知，以便预报平号，务祈照办为祝”。③ 同是从山东济南汇到平遥，为什么收费标准不同呢？可能

① 《同治十二年正月恒裕典东伙往来信稿》，刘建民先生藏。
② 《光绪二十一年济南某当王记信稿》廿一年五月初，刘建民先生藏。
③ 《光绪二十一年济南某当王记信稿》廿一年五月初，刘建民先生藏。

因为时间要求不同，上一笔汇款要求时间短，这一笔从九月汇款，十一月才到，时间比较从容，所以收费较低。

有的当铺还委托票号收款再转汇，（清光绪时，山东）“缘敝典前在本籍汾境借贷一宗，系三月初十日期拟定清还。今有曲阜孔宅兑到贵处瑞生祥宝号济平宝银贰千两，兹着小价谨特兑去银信一书，趋谒台阶，伏乞宝局凭信赴该号即刻照数兑收，即恳汇兑平邑曲平宝银贰千两，期以三月初五六日至平取银。弟自知此次交银取银，日期甚为迫近，但因借贷日期所限，不得不然。此事本当预行函商，奈无鸿便，未获如愿。且私心窃计者，忝与宝号多年契交，谅蒙鉴原，汇费一层，自必照旧，是荷。惟汇兑平邑者系曲平所欠平银，祈注敝典之账。再者汇项亦毋庸较砝，祈阁下核算清楚，与平邑宝号达信叙明可也。所立汇票，系汾阳小相村公茂当曲平宝银贰千两壹张，即交小价孔宪贺手带回为妥”。① 这家汾阳的当铺先是委托济南的这家票号去瑞生祥宝号代收款项，然后再汇给他。票号后来复信说：“寄来瑞生祥壹信，嘱敝号执信向该号收济平足银贰千两，立票会平等因，当即向伊收回遵谕，会至平遥县，三月初六日交银。虽无砝码，照旧报平，万无含糊。今将立就曲平宝银贰千两会票壹张，交贵纪随函带回，伏望查收。所有会费及补平两项，共合济平足银伍拾六两柒钱叁分。”②票号照办了，并核算了手续费和两种天平的差额，向当铺收取。

有的当铺嫌票号手续费高，也会讨价还价，“敬启者，敝典有汇兑平遥银两，拟于拾月前半月赴省交银，期至十一月下旬到平邑宝号取银，约在三四竿之谱。惟汇费一层，前数年敝东每嫌其重，现今敝执事星西在籍，弟元暂行代庖，负质庸愚，仰维仁台俯念与敝典多年交谊，定蒙照拂，望祈格外垂青，应如何较前减少之处，伏候钧谕。”③票号怎么答复的呢？“承示有汇平遥之款三四竿，拟于十月送省等因，荷蒙关顾，弟等同深感佩。惟令减少汇费一节，

① 《光绪二十一年济南某当王记信稿》廿一年五月初，刘建民先生藏。
② 《光绪二十一年济南某当王记信稿》廿一年五月初，刘建民先生藏。
③ 《光绪二十一年济南某当王记信稿》廿一年五月初，刘建民先生藏。

查昔年规矩，敝号在此收银，迟两月平号交银，汇费每千廿六两，前数年屡次争减至廿两，日期只一月余天，已经数年成为长规。即山西如何艰紧，敝号亦不敢再加。前手立规，弟手改章，不但弟面无光，即以山西年年冬间银紧利大，核算已属万分艰苦。然宝号多年赐光，既承来信商办，弟若固执不应，何以对数十年交情？伏望宝号至期来省，面为商办可也。”票号说出了自己的难处，希望与当铺面谈。

由于材料有限，典当与其他民间金融机构的关系还不太清楚，以上只是初步探讨了三个方面，其他方面还有待于新材料的发掘。

无论是借贷关系也好、兑换汇兑关系也好，都与资金融通有密切的关系，而资金融通是典当扩大资本、扩展业务的重要手段。

第八章

中国典当业的基本业务

典当铺的主要活动就是收取抵押品，放出贷款，再收回本利，发还抵押品这样一个循环往复的过程。在这个过程中，典当铺不仅收回本钱，还要收取利息。当然，典当铺还要把那些过期没有人回赎的抵押品出卖，但这不是他们主要的活动。所以，我们要研究典当业，就要先从典当活动的第一步，也就是它们的基本业务——收取当物，即抵押品开始。

第一节　当物的种类和收当的规则

一、当物的种类和演变

典当是动产抵押，历史上的抵押品多种多样，千奇百怪，种类繁多，以下先对历代典当业所抵押物品种类做些罗列，以见历代典当业物品种类之大概。其中南北朝时期各例，虽然可以肯定是动产抵押，但是否专门的典当业机构，如长生库所进行的抵押，还不敢完全肯定。①

表 8-1　　南北朝至明清时期典当物种类表

时代	编号	质押者	当物种类	资料出处
南朝齐	1	褚渊	“白貂坐褥”“巾帻犀导”“黄牛”	《南齐书》卷二三
南朝齐梁	2	甄彬?	“一束苎”“五两金”	《南史》卷七十
梁	3	庾诜	“书”	《梁书》卷五一
北魏	4	李元忠	“两褥”“金蝉”	《北史》卷三三
	5	羊敦	“衣”	《魏书》卷八八
唐前期	6	卫娘	“绢”	《吐鲁番出土文书》第五册阿206号墓文书《唐质库账历》
	7	尹娘	“黄布衫”	
	8	杨二娘	“故白小绫领巾”	
	9	张元爽	“故白布衫”“故白布头巾”	
	10	口阿四	“小绫衫子”	
	11	李四庆	“故紫小绫袷帔子”	
	12	马四娘	“故白绫衫子”“铜镜子”	
	13	刘娘	“绿线”“破黄絁裹”	

① 当然这种可能性自汉代就具备了，如此所述，汉代社会上的动产抵押借贷便盛行了。

续表

时代	编号	质押者	当物种类	资料出处
唐前期	14	王玄敬	“故缦紫红小缬袂裙”	《吐鲁番出土文书》第五册阿 206 号墓文书《唐质库账历》
	15	何山刚	“故白布衫”	
	16	曹阿金	“故白布裙”“白毡”	
	17	宋守慎	“故檀碧小绫袹複”“故蓝小绫袂裙”“故绯小绫袂裙”“故缦衵”	
	18	杨娘	“故襤衪履”	
	19	刘元感	“极碎白布衫”	
	20	杨金刚	“白练”	
	21	崔基	“故绯罗领巾”“故白练”	
	22	李元礼	“细细末珠”	
	23	王爽	“故破白绢衫子”“破缦青单裙”	
	24	口口姊	“白练汗衫”“故绯絁被表”	
	25	王团仁	“故青絁单裙”	
	26	董元	“麄了麻鞋”	
唐中期	27	杜甫	“春衣”	《曲江二首》
	28	商人(?)	“粟麦”	《旧唐书·德宗纪》
五代	29	?	银	《五代史补》
北宋前期	30	?	“伪白金”	《长编》卷一百零二
	31	中外官吏	“告身及南曹历子”	《宋会要辑稿·刑法二之二》

续表

时代	编号	质押者	当物种类	资料出处
北宋中后期	32	盗贼	"书数卷"	《后山丛谈》卷四
	33	?	衣服	《丹渊集》卷三
	34		金银	《宋会要辑稿·职官》二七之一七、二四
	35		"银绢米麦"	《宋会要辑稿·食货》三七之一八、一九
南宋初	36	军人	"衣"	《鬼董》卷五
	37	?	"黄银"	《泊宅编》卷六
	38	农民	"农器""蚕具"	《渭南文集》卷三四
	39	商人	"金银匹帛"	《建炎以来系年要录》卷八六
南宋后期	40	文天祥	"金盌"	《文山先生文集》卷五
	41	?	"金钗"	《夷坚支癸》卷八
	42	鲁畤	"解衣质于库"	《夷坚乙志》卷一一
	43	米商	"米"	《宋会要辑稿·食货》五八之二二
	44	蜀僧	"簑衣"	《草木子》卷四
南宋后期	45	宗室	"宗室钱米历"	《庆元条法事类》卷八十
	46	士兵	"弓弩箭凿"	《宋会要辑稿·刑法》二之一三三
金大定	47	?	"金银"	《金史·百官三》

续表

时代	编号	质押者	当物种类	资料出处
西夏天庆	48	兀女浪粟	“袄子裘”	《敦煌资料》第一辑《契约文书》附《西夏典契十五件》
	49	?	马毯	
	50	康[ ]	旧皮毯[毬]	
	51	吃[ ]	旧皮毯[毬]苦皮	
	52	夜贺尼	旧皮毯[毬]	
	53	?	白帐毡	
	54		旧皮毯[毬]	
	55		马毯	
	56		皮毬	
元	57	即力嵬尼	“银牌”	《元典章》卷二九
	58	军人	“金银符”	《元史・刑法二》
	59	朱忠瑞	“衣服”	《通制条格》卷二七
	60	姚起	“珠翠银器”“衣服”	
	61	熊瑞	“珍珠”“玳瑁统子”“金银”“匹帛衣服”	《元典章》卷二七
	62	和尚	“褊衫”	《元曲选・花间四友东坡梦》
	63	张屠	“绵袄”	《元曲选外编・小张屠焚儿救母》
	64	?	“赤焦金”“好珍珠”“簇新的衣服”	《元曲选外编・施仁义刘弘嫁婢》

续表

时代	编号	质押者	当物种类	资料出处
明中后期	65	“贫民”	“衣服物件”	《皇明条法事类纂》卷二十
	66	?	“随身衣服”	《警世通言》卷二六
	67		名画	《客座赘语》卷八
	68	祝允明	“白员领”	《古今谈概·佻达部》
	69	?	“珠宝金银首饰”	《警世通言》卷一五
	70		“半新半旧的绸衣”	《醒世恒言》卷三
	71		“儒巾”“儒衣”	《二刻拍案惊奇》卷三
	72	赵六老	“夏衣”	《二刻拍案惊奇》卷一三
	73	懒龙	“锦被”	《二刻拍案惊奇》卷三九
	74	?	“新好罗绮衣裳”	《见只编》卷下
	75	唐伯虎	“友人衣”	《唐伯虎全集·佚事》卷二
	76	乡民	“絮衣”“道袍”	《漱华随笔》卷四
	77	僧人	书法作品	《二刻拍案惊奇》卷一
	78	白皇亲家	“螺钿大理石屏风”“两架铜锣铜鼓”	《金瓶梅词话》四十五回
	79	?	“金头面”“镀金钩子”	《金瓶梅词话》九十五回
	80	贝喜	“金子”“几件首饰”	《十二楼》
	81	张姓	“龙袍数事”	《续书堂明稗类钞》卷一六
	82	农民	以米质银	《天下郡国利病书》卷八四及万历《秀水县志》等
	83	马贩子	“马一匹”	《豆棚闲话》第三则
	84	穷民	“铁锅”	
	85	邝露	古物：琴、剑、炉、钵之属	《鲒琦亭集·外编》卷一七

续表

时代	编号	质押者	当物种类	资料出处
清前中期	86	农民	“衣物米麦”	《明清苏州工商业碑刻集》第九目第121及122
	87		“麦花豆”	
	88	商人	“丝”	《儒林外史》第五二回
	89	?	“幛”“絮布衾袄”	《不下带编》卷一
	90	农民	“铜铁器皿”“布褂棉裤”	《内务府来文》嘉庆五年十月十六日
	91	?	“衣饰”“帐”	《巢林笔谈》卷二
	92	旧家子	“夏衣”“冬衣”	《养疴客谈》
	93	士兵	“腰刀”“头盔”“弓箭”	光绪《大清会典事例》卷七一一
	94	乡民	“金瓦”	《清稗类钞·豪侈类》
	95	富豪	“金罗汉”	
	96	穷民	“敝衣残襦”	《挹奎楼选稿》卷一
	97	?	“米豆丝棉木器”“书画”“金银玉铜铁铅锡各货”“兵器”“貂鼠猞猁狲等衣服、皮端罩、朝衣”“金银器”	光绪《大清会典事例》卷七六四《刑部·户律·钱债》
	98	居民	“些小衣饰器皿”	乾隆十年正月朱批奏折
	99	农人	“典衣”	《见闻近录》卷三
	100		“好衣付典、粗大者质谷”	《柈湖文集》卷三
	101		以米质银、以衣质米	《锡金识小录》卷一
	102	家人	“皮箱二只”	《北东园笔录》初编卷五
	103	乡人	“首饰数事”	《印雪轩随笔》卷三

续表

时代	编号	质押者	当物种类	资料出处
清后期	104	城乡居民	“绸布衣服”“金银首饰”“羽绒呢皮货”“铜锡器皿”	《津门杂记》下
清后期	105	城乡居民	“棉絮被褥袄裤”	《申报》光绪二年十二月初二日
清后期	106	城乡居民	珍珠、宝石、金银首饰、绸绢	《典务必要》
清后期	107	城乡居民	衣服、皮毛、土产、日用杂货、金银首饰、珠宝玉器、古玩礼器、名人字画、穿用摆设诸种器皿、绸绢皮货	《当行杂记》
清后期	108	城乡居民	共有五项： (一)估衣：包括男女各式衣服、伶人戏衣、衣料被褥等 (二)首饰：金银、珠、石，镶嵌各种首饰 (三)铜锡：铜、锡质器皿：如铜锣、镇纸、洋车零件 (四)钟表 (五)杂项：古董、字画、碑帖、家具、日用瓷器、皮箱、洋车等	《北京典当业之概况》第一章第六节

由上表可见：历代典当物品的种类是十分丰富的，包括当时人们生产、生活方面的各种用品、工具。除了具体物品有时代性的差异之外，大体上分为以下四类是恰当的：第一类是衣服织物，包括衣、裤、巾、裘、帐、被、帛、丝绸、棉等；第二类是金银珠石、首饰头面、古玩字画、碑帖等；第三类是各种器皿、工具、铜锡、瓷器皿、家具、摆设及农具、蚕具等；第四类是米、麦、粟、豆等各种粮食。其中尤以各种衣物最为常见，数量最大，这一点直至民国时期的典当业还是如此。陆国香先生分析20世纪30年代中期山西

省典当物品种类时说："山西当铺押入当物之种类，以衣服为大宗，金银首饰次之，农具木器又次之，其余各种物品则不甚普遍。"①

当物在各个时期的演变及分布规律大致有以下几个方面的特点。

第一，时代性差异。中国古代前期后期不同，主要表现在随着商品经济的发展及商业资本的积累，商品性质的物品在整个典当物中所占比例大大增加。尤其宋代以后，因粮食商品化的进展，使暂时质当米麦粟豆以便扩大商业营运资本规模成了常规；除此之外，流通过程中的丝、棉花等商品也经常进入典当。商品性典当物的增加是封建社会后期区别于前期的一个重要特点。

另外，我国典当业从诞生到被政府取缔，经历了封建社会、半封建半殖民地社会两个社会形态。在这个漫长的发展历程中，虽然社会经济发展缓慢，但还是从境外流入了一些产品，尤其是从明末清初开始，美洲的产品开始进入我国，同时西方国家的一些器物也进入我国，所以有的典当铺里便出现了自鸣钟、鼻烟壶等，而这些物品不可能出现在唐宋时期的典当铺里。同时由于商品经济的发展，商品化进程的加快，大约从宋代开始，当物中商品化特征越来越明显，作为商品的农产品、手工业产品开始进入典当。

第二，季节不同，典当物品亦不同。春天天气暖和，农民及城市贫民多将冬衣、帐席送当，冬天又多将夏衣如裙、汗衫等送典，所以质库、当铺中，春夏多冬衣，秋冬多夏衣。另外，古代以农业为主，这是一种岁入经济，所以典当物的季节性还与不同季节不同的手工业及农产品有关系，如夏秋谷物收获，当铺中便多有豆麦米粟等谷物及棉花；春夏则多丝、茶等，这一点在中小城市、市镇及农村表现尤为明显。

第三，城乡当物亦迥然不同。乡村中多为日常衣物、小饰器皿乃至农具、谷物，而城市尤其是大都市典当，则多有珠宝、金银及高级衣饰。

---

① 陆国香《山西之当质业》，载《民族》四卷六期，1936年版，第957页。

第四，不同阶级、阶层的典质者其当物也不同，如弓弩箭凿无疑只有士兵、军官才能具有，告身、南曹历子、朝衣之类则只有官吏才有可能拥有，而高级衣饰、珠宝等也非富商大贾及达官贵族所不能置办。而如上引唐质库账历中的日常衣物应该都是城市贫民拿来典当的，故而这种城乡差异也更多地反映了阶级、阶层的差异性。

当物种类繁多，品种、质量又极复杂，因此对它的辨别是一项极具技术性、需要异常小心谨慎的事情，尤其是遇到那些贵重的珠宝金银物品时更是如此。这在以下章节中会有专门论述。

生产工具是生产资料，典当也比较常见，因为生产工具与生产活动相联系，而在以上表格中举例不多，这里专门探讨一下。乾隆时，在福建省连江县，“任兆松，字□□，号尘亭。乾隆四十一年夏，饥，青黄不接，民鬻衣饰殆尽，争持耒耜入质库。子钱家以无所容，谢之，众嗷嗷然。兆松谕商出钱，自以署中空屋令其庋阁，民赖以安。”①这家当铺收的农具太多了，可见当地盛行农具典质。中国社会科学院经济研究所收藏的《刑部抄档》里有两段：嘉庆十一年(1806年)二月十二日山东青州府临朐县于智殴伤于志身死一案记载：铁镢头一把，当京钱二百文。② 嘉庆十三年(1808年)十二月九日广东恩平县冯亚安等行窃黄湖绸家银衣一案记载：锄耙七张，当得铜钱九百文。③ 这是两条以农具质钱的材料。因为农具是农民的劳动工具，所以他们是很不愿意典当的，有一首歌谣《质锄犁》说得好：“质锄犁，无异质我身，身老犹可鬻，锄犁一质何以生？饥肠隆隆，卖尽儿子，他无长物只有此。质库钱空不复质，归荷锄犁泪如水。”④有的地区，农民还质当耕牛，有一首歌谣《质牛

① (清)李菶：嘉庆《连江县志》卷五，嘉庆十年刻本，第673页。

② 中国社会科学院经济研究所收藏《刑部抄档·嘉庆十二年一月二十二日巡抚山东等处地方长龄题》。

③ 中国社会科学院经济研究所收藏《刑部抄档·嘉庆十五年九月十三日东阁大学士宗室禄康等题》。

④ (清)张应昌：《清诗铎》卷十五，中华书局出版社1960年版，第468页。

行》说得清楚："谷皮食尽人无粮，屠牛或可充饥肠。持刀向牛牛涕滂，泣告主人泪承眶。今年不耕种，来岁力待用。舍身饱主人，牛心痛复痛。主人食尽无可求，饿死必以身殉牛。牛救主人难自谋，觳觫不已多烦忧。牛逢葛卢相告语，又逢丙吉知其故。此间不少多牛翁，象犀金玉满质库。既有子母牛，不计子母钱，试驱惇九十，各质钱三千。砺角古城下，啮草荒亭边。邑人之灾殊可怜，禴祭之福降自天。春风吹转绿满田，家家赎牛左右牵。一声牧笛歌喉圆。"

在赵连发的《中国典当业述评》里有一张农具抵押的表格，反映了近代典当业农具抵押的情况，引用在下面：

表 8-2　　民国绥远十九家当铺经营农具抵押种类表

编号	农具种类	全年抵押件数	每件质值(单位圆)比例
1	锄	9240	0. 11
2	犁	15140	1. 20
3	耰	463	0. 30
4	锹	456	0. 932
5	铁耙	505	0. 28
6	绳卸	317	2. 52
7	锄草刀	2870	0. 64
8	车轮	294	0. 88
9	耙	618	1. 40
10	抓	321	0. 20

附注：全年当入农具共有件数：30224 件。19 家当铺一年对农民放款总额估计：369000 元。①

二、收当规则

当铺在收进当物的时候，也不是漫无限制的，有些物品是不能收的，否则要负法律责任。这些规定有：

① 赵连发《中国典当业述评》第十章，石室出版社 1978 年版，第 152 页。

首先，军用、御用物品不允许当铺收当。北宋大中祥符六年(1013年)三月丁未，“时巡卒三人，因寒食假质军装赌博，既不胜，遂谋以五鼓未尽，伺击陌上行人。弃尸河流，取衣物贸易，以赎所质。”①这三名士兵之所以要抢劫，就是要用钱赎回当出的军装，以免被上司发现，同时也说明当铺收进军装是违法的。南宋嘉泰“四年(1204年)三月九日，枢密院奏，步军都虞侯李郁言：街市铺户典当质库，辄将弓弩箭鑿之属公肆出卖收当。乞下所属，重应罪赏约束，但系军器，不许收当出卖，从之。”②这就是说，当铺收进兵器是违法的。

当时不仅收当兵器违法，就是收当政府的公文也违法：“绍圣三年(1096年)正月二十七日，兵部请应蕃官去失付身告敕文书之类……其货卖典当并受买典当，各以违制论，许诸色人告，赏钱二百贯，以犯人家财充。”③可见当时收当这些公文，不仅当出的官兵要挨罚，就是收当的当铺也要受到惩罚。元朝时政府规定：“诸管军官，辄以所佩金银符充典质者，笞五十七，降散官一等，受质者减二等。”④军官们佩戴的金银符不许典当，当然当铺也不许收进。

清政府规定：“又题准：凡旗下民人，不许质当兵器及貂鼠猞猁狲等衣服、皮瑞罩、朝衣、金银器皿等物，违者治罪。其收当之人，计赃坐以窃盗罪，免刺，至死者减一等。十二年题准：除兵器不准典当外，其貂鼠猞猁狲等物，对明各主，方许典当，违者俱照例治罪。”⑤这里不仅不允许收当兵器，貂鼠猞猁狲等衣服、皮瑞

---

① (宋)李焘《续资治通鉴长编》卷八十，大中祥符六年，中华书局1992年版，第1820页。

② (清)徐松：《宋会要辑稿》刑法二之一三三，中华书局1957年版，第6562页。

③ (宋)李焘：《续资治通鉴长编》卷四六六，中华书局1993年版，第11140页。

④ (明)宋濂：《元史》一〇三《刑法》二《职制》下，中华书局2011年版，第2625页。

⑤ (清)光绪《大清会典事例》卷七六四《刑部·户律·钱债》，《续修四库全书》0809册，上海古籍出版社2002年版，第419页。

罩、朝衣、金银器皿也要查明原主才允许当铺收当。① 并且，清政府还规定了对违法当铺的处罚措施，以盗窃罪论处。清代的宗室辅国公崇尚，在当广州将军时，“署内蠹有关帝庙，兵士一人司香。大除夕见之，讶问：胡尚不归？兵士白以僻债。问所逋几何，曰四五缗耳。乃解身上袍与之，命付质肆。袍乃四开衩者，肆主不敢质，询知为将军物，馈银十两，以袍还之。兵士明日白将军，将军笑曰：昨我适乏耳，另取银偿还焉。”②当铺不收四开衩的袍子，那是因为他们知道，四开衩的袍子是为了方便骑马而制，加上又认出了是将军所穿，所以他们不敢收当。

总之，历代封建政府都规定，当铺不允许收当兵器、军装等军用物品。所以，在小说《七剑十三侠》里，周湘帆道：仁兄（柳叶舟）何不当铺中质了几两银子，后日便可赎取。那人道：无如这兵器不要的，所以踌躇。③ 可见当铺不收兵器，已是一般的社会常识。

此外，那些涉及皇家隐私的御用之物，更不允许当铺收当。如明代“北京城外某街有张姓者，土豪也……复以小嫌怒一徽人，其人开质库者。张遣人伪以龙袍数事质银，意似匆遽，嘱云：有急用，故且不索票，为我姑留外架，晚即来取也。别使人首之法司，指为违禁。袍尚存架，而簿无质银者姓名，遂不能直，立枷而死。”④这就说明，当铺是不允许收当龙袍的。至于御用的其他物品，虽然没有直接的证据证明当铺不许收当，但从这一事例可以推知。明代还出现了一种不正常现象，在万斯同的《明史》里记载，正德时，“京师女子宴会出游，好赁蟒服于质库。乘车去，苐不避

---

① 一般情况下，各类皮张及其制品是可以用于典当的。

② （清）长善：《驻粤八旗志》卷二十四《杂记》，《续修四库全书》第860册，上海古籍出版社2002年版，第198-199页。

③ （清）唐芸洲：《七剑十三侠》第三十六回《杨小舫穷途逢义友，周湘帆好侠结金兰》，齐鲁书社出版社1993年版，第98页。

④ （明）冯梦龙：《增广智囊补》卷二十七《杂智部·狡黠土豪张》，《笔记小说大观》21编6册，新兴书局有限公司1979年版，第4042页。

呵。殿视其衣，交龙灿然，误以为命妇云”。① 当铺里有蟒服，是从哪来的？这段离奇的记载，也出现在吴伟业的《绥寇纪略》里："京师妇女宴会出游，好赁蟒服于质库，乘车去，弗不避呵。殿视其衣，交龙灿然，乱上下之序，溷淆无别。台谏以为言，然终莫能禁”。② 不仅与万斯同的说法一致，措词也出入不大，看来是真的。这一现象是当时社会的不正之风，正德皇帝秉性乖张，行为荒唐，自然导致法度废弛，才出现了这种现象，蟒服也出现在当铺里。

近代，有的地方政府也制订了一些专门法规，如清光绪二十八年(1902年)二月十三日，上海有典当相关诉讼云：

> 前者汇通洋行出店王阿荣将行内枱毯私自取出，至宏济、恒济等各质铺质钱花用。嗣经包探李星福将王拘获，吊出原赃解案，请谳员张柄枢司马讯明，判王责五百板，押捕房一年。旋因捕房以各质铺不应收当外国物件禀请司马，饬传讯夺。昨经司马饬传恒济、宏济、晋元、允昶、仁昌等五家到案，讯判当经各质铺延请担文律师到堂声辩。各质典遣伙供称，此项枱毯沪上各广东人家以及各大菜间均有，不仅洋人所用，典伙作为洋布单被收下，其所印洋字以为洋布牌号，并不知其字义……并非形迹可疑之人，更不能辨其是否窃来，亦更难谓其违章。③

这就是说，在上海的租界里，巡捕房规定，当铺不能收当外国物件，否则以误收贼赃论处。这当然是个无理规定，各当铺虽然赢了这场官司，却被迫向善堂捐款一百二十五元。光绪三十四年(1908年)宁波鄞县曾规定："甬郡各典当典质货物……若烟赌各

① (清)万斯同：《明史》卷四十志十四《甘露》，清抄本《续修四库全书》第324册，上海古籍出版社2002年版，第568页。

② (清)吴伟业：《绥寇纪略》卷十二《服妖》，景印文渊阁《四库全书》第363册，台湾商务印书馆2012年版，第1066页。

③ 《申报》10387号1902年3月22日《英美租界公堂琐案》。

具，无论金银铜锡一概不准收当。各典商以此项章程颇碍营业，特邀请董事在商务局会议，拟向县主要请改章。”①这就是规定，当铺不得收当烟具、赌具。

以上规定都是政府制定的，执行起来是有强制力的，实际上，民间还形成了一些惯例，值得我们注意。这方面我们看到一些零星的记录：明代白话小说《豆棚闲话》记载：“兴哥拜完客，回到铺中坐着。忽见一人牵着匹马，进门道：在下是个马贩子，贩了二十匹马来，马价都是百金一匹的。遇着利钱迟钝，众马嗷嗷，只得将一匹来宝铺，当五十两买料，卖出依旧加利奉赎。兴哥心中爱着骏马，一眼看了就笑起来。那伙计道：开口货从来不当，出去，出去！”（兴哥却奉百金而去）②那名伙计说，“开口货从来不当”，可能就是民间形成的惯例。开口货就是动物，需要花钱饲养，有了病还要医治，不仅费用高，还有风险，所以典当不愿意收。

清朝末年，芜湖的同福典规定：“九、古玩玉器、军装号衣一概不当。十、机器风琴一切玩戏之物，一概不当。”③其中军装号衣一项是政府的禁令，自不必多说。机器、风琴是外来之物，既难以估价，又难以保存，当铺自然也不愿意收当。而古玩玉器当铺不收，则有点不好理解了，可能与这家典当的朝奉辨别能力太低，故而不敢当，以免上当有关。

以上这些民间多年形成的惯例，要求各当铺自觉遵守，是没有强制力的。

三、当物的鉴定、估价

当物种类繁多，品种质量又极为复杂，辨别其真假就是一项技术性很高的工作了。只有能够分辨当物的真假，才能对当物进行正确估价，假当物一般都是那些金银珠宝、首饰头面等贵重的物品，

---

① 《申报》12725号1908年7月4日《鄞令新定典当质物章程宁波》。

② （清）艾衲居士：《豆棚闲话》第三则《朝奉郎挥金倡霸》，上海古籍出版社1983年版，第27页。

③ 《典业杂志·芜湖同福典当价细则》，安徽师范大学图书馆藏。

收当时一旦粗心大意，以假当真，以次充好，会给当铺带来严重的损失，小当铺甚至因而破产。所以分辨当物的真假是直接关系当铺利益的头等大事。

我们观察那些质库、典当误收假货的例子，可谓教训惨痛。五代时，“(慕容)彦超尝令人开质库，有以铁胎银质钱者。经年后，库吏始觉，遂言之于彦超”。[①] 宋宣和七年(1125 年)朝廷专下诏书处理官营典当——抵当所的经营问题：“抵当人户不许计嘱合干人将有铜锡银尽赴官中抵当，却致亏损官。”[②]

明末，徽州府歙县有汪泰宇，“喜骨董书画名迹，售者厚给之。宛上有质库，广物常接踵。堂计者尼之，公曰：世间何物不伪，独靳此屑屑乎？坐是遂折阅家落，然没齿不悔也”。[③] 汪泰宇喜欢古董字画，他的当铺收当时却不辨真假，竟因此而败家。再有，“嘉兴某典肆中，一日，有青衣辈数人，袍服整洁，侍从皆小艾，入肆，问有朱提几何。答曰：若有物质，不拘多寡，具质之，奚必问资数也。其人去，移时，舁一筐至。延入之，启视，皆黄金所制金器，灿烂耀目，约值不啻万金。对肆人而言曰：此乃某府之物。缘主人有要需，欲质银三千。肆人知若府之有是物也，允其质而如数书券，平金交讫。既去，细视之，乃银胎而金衣也，然已无及矣。肆中定议，凡质伪物而亏其本，摊偿于肆中执事人……肆主亦以赔金数多，不能令其枵腹从事，因念彼以伪物诳金，必不来赎，乃生一计，令各执事不许声张，命另书伪券，密弃诸途，俾行路者拾之，必将利其中之所赢，而具资以赎焉，则嫁祸于人矣。早起，有某生赴市拾焉……归即凑三千金与生，生加子金，依券赎回，载而鬻诸五都之市，历视数家，俱曰伪金，竟无售主……某生计鬻以肥家，今倾家不足以偿贷，号哭而回……因从其言，回家携

① (宋)陶岳：《五代史补》卷五《慕容彦超铁胎银》，《五代史书汇编》第五册，杭州出版社 2004 年版，第 2525 页。

② 《宋会要辑稿·职官二七之二三》，中华书局 1957 年版，第 2948 页。

③ (清)吴肃公：《街南文集》卷十六《汪泰宇公合葬墓志铭》，清康熙二十八年吴承励刻本，中国基本古籍库，第 213 页。

其伪金，听其所为。携生同登小舟，行一昼夜，其人先登岸入门……盖即向当质金之家也。异进质物，验视无讹，谓生曰：子之累不少矣。设筵款待留数日，计偿质及子金外，又赠资斧遣之归，生于是得无苦。不数日，前青衣者忽携资持券，至某肆中取所质物。肆中大惊，肆主无策可解，愿受罚赔，丧资数万乃完其事，肆中资本一空"。① 这家浙江嘉兴的当铺误收一筐假金器后，又写了一张假当票去骗别人。一名书生拾到当票后来赎当，结果赎回的是假金器，上了大当。而那个当假金器的人再次持票来赎当时，当铺无物奉还，只能赔偿真金器，结果当铺因而破产。

当然，掌握了丰富鉴定经验的典当朝奉也不是那么好骗的，如清末的辛三就是这样一位高手：清光绪三年(1877 年)腊月十三日，"闻津郡东门内某当铺，开已有年，其当家曰辛三，向在京师，固当行中之矫矫者。咸、同间，京师易用大钱，典当十关八九，辛三遂来津重理旧业。近忽有朱轮绿□辚辚而来，车箱中端坐一人，蓝顶花翎，气豪特异。仆则旁跨车沿，形容磊落。到当下车，随换小帽，仆擎衣包、帽盒尾随于后……仆人即将衣包内之貂褂两件递阅，只见皮毛深厚，颜色滑泽，里用大红缎子灿烂如火。店伙啧啧称羡，辛三斜睨久之曰：皮片固佳，色亦匀称，此皮肆不可多得之件，想系颁自天家，仰蒙恩赏者也。惜小当本钱亏短，不当大票，有方台命耳"。此"显者"乃至另外一家典当铺典之，则成功质钱而去。回报辛三，辛三曰："君误矣，皮系细碎拼袭，板用胶纸粘成。谓子不信，请以皮板割开，当见庐山真面。柜伙疑信参半，谓适已奏刀，毫无所见，君得无有误乎？坚挽辛三至典，重割验视，则四围寸许系属整皮，余俱细碎不堪，外附皮纸，内涂以胶，与辛言若合符节"。② 在这则故事里，狡猾的骗子骗不了经验丰富的辛三，却把另一家当铺骗了。

关于鉴物方法，王裕明教授从相关书籍里总结了三种：第一，

---

① （清）慵讷居士：《咫闻录》卷九《嫁祸自害》，《笔记小说大观》2 编 6 册，新兴书局有限公司 1978 年版，第 3511-3512 页。

② 《申报》1759 号 1878 年 7 月 15 日《胶版貂褂》。

根据当物本身属性鉴别，就是根据当物的形状、颜色、气味、发出的声音来辨别。第二，借助外物鉴别，主要是借助水、火、光等来鉴别。不同的当物遇到水、火、光，会有不同的反应，根据其反应来判断真假。第三，提高鉴别者的鉴别能力，才有可能鉴别当物的真伪。其办法包括：

> “十思　举目观颜色，摇声似响钟，伪处无磨路，手扳硬似弓，至巧为青盖，最软是红铜，尾轻头更重，腰细脚丝松，委屈成观勉，湾湾总不同。
>
> 九疑　皮浮防夹弊，骨实断非低，类旧多烧叶，图新不是师，似老痕无老，今时比昔时，声升轻且跳，钻处起砂飞，灰蓝是铜底。
>
> 三番　一任留心便是佳，何论白叟与童孩，虽云二十年来业，三读知珍妙理开。
>
> 四复　眼见色符，必须举手。既折看脚，切勿斜视。正者一两，伪者九钱。金不怕火，银不怕煎。”

这“十思”“九疑”“三番”“四复”就是一些经验总结，王裕明解释说，“十思”是从正面强调真实当物本身的色、形、声、质等属性，并以此来鉴别当物的真伪；“九疑”是从反面论述赝品的特征，以此来同真实当物对比，从而可以鉴识当物的真伪；“三番”就是告诫鉴别者要小心谨慎，仔细端详，反复查看；“四复”是指鉴别者要从不同角度、不同方位对当物进行全面观察，有时还要借助辅助水、火等。① 他所说的第三种方法，比前两种层次更高，明显不是一类。

近代，上海有的当铺还使用了一些新方法来鉴别当物，据《申报》光绪二十一年（1895 年）十一月二十日记载：“姑苏访事友人函称，本月十五日有一妪，老态龙钟，行至城隍庙桥西首可大典当，

---

① 王裕明《明清徽州典商研究》第一章《典业类书》，人民出版社 2012 年版，第 32 页。

在身畔摸出银练一条，向柜上质钱。柜伙秤得一两余重，正欲写票付钱，旋将此练再三审视，滴以药水辨别真伪，知是铜质而喷银者。遂将此练扣住，细加诘问。老妪答以受人之托，既系铜质，还伊原物可也。该伙定欲扣留，嘱妪同本人来取，以伪物于市面攸关，不得不认真查究，以警将来云云。老妪无可如何，悻悻而去，以后不知所终。"①光绪二十二年（1896 年）二月初八日，（苏州）"胥门内三多桥裕源典当，于去冬某日被匪人蒙混，当入铜练一根，计本钱一千四百文。嗣因随处留心，防其再混。本月初三日下午，来一十七八龄之女奴，手持衣包一个，内计破衣六件；又银练一根，粗而且长，秤之约重二两许。典伙查姓详加阅看，以银色较滞，不无可疑，当将外国药水试验，立现铜质。当将衣包等一并扣住，查问该女奴来历"。② 这两则故事里提到，当铺伙计鉴别当物时使用了一种药水，这应是从外国引进的新的鉴别当物的方法。

典当鉴定当物的方法还引起了科学界的注意，如清末的科学技术书籍《格物中法》中就记载了典当里用的鉴定黄金的方法："当铺试金法：以发一端系金，入于水中，其又一端系于衡盘，平其分两。又置金于衡盘，平其分两，计差若干，而知其金内含银若干。其法甚准，名之曰水秤。"③所以典当中鉴定当物的方法有多少科学性，就成了很有意义的问题。

四、值十当五

确认当物真实无疑以后，就要对当物估价。一般说来，当物的估价总要低于其实际价格，当铺才不至于亏损。一般认为，当铺估价时要考虑以下三个因素：一、当户赎当的可能性。如果当户赎当的可能性大，其当物估价就可以较高，反之亦然。一般说来，商业店铺出于资金周转来抵押贷款，赎当的可能性要比那些为生活所迫而典当的贫民大，所以典当对他们的当物估价也较高。二、当物死

---

① 《申报》8159 号 1896 年 1 月 4 日《伪物被扣》。

② 《申报》8232 号 1896 年 3 月 21 日《虎阜春云》。

③ 刘岳云：《格物中法》第二卷《水部》，清同治刘氏家刻本。

当后是否容易卖出。如果当物死当后容易卖出，则估价可以较高，反之亦然。死当销售的难易程度差异很大，一般说来金银珠宝等奢侈品总比普通衣物容易销售，所以估价可以较高。三、社会经济的盛衰。若社会稳定，经济繁荣，死当容易销售，则估价可以较高；若社会动乱，货币贬值，物价上涨，则估价则应较低。[①] 这是从现代经济学角度考虑，历史上实际情况如何呢？

关于当物的估价，我国历史上有“值十当五”的惯例，那么它是怎么来的呢？很可能来源于佛教经典。前文说过，我国南北朝时期典当机构的起源可能与佛教寺院有关，典当这一行为在佛经里是有根据的：“佛言：若与物时，应可分明，两倍纳质，书其券契，并立保证，记其年月，安上座名及授事人字，假令信心邬波索迦受五学处，亦应两倍而纳其质。”[②]经文里，慈悲的佛陀告诫门徒们，放贷时要“两倍纳质”，这其实与“值十当五”是一个意思，都是要低估当物的价格，只付给当物实际价值的一半。典当之所以对当物压价，就是为了防止死当。因为典当压价，当户如果不去取赎，当户就会吃亏。同时当铺收进当物，又不能马上变卖，而是要等两三年。两三年后，当物肯定要贬值的，变卖也未必有利润。

实际情况可能比简单的“值十当五”复杂，但不论怎么样，当物的实际价值与当铺付给的价值之间肯定是有差距的。这一点宋代的材料中有了明确的记载，北宋天圣二年(1024 年)三月，“乙卯，知成德军永州团练使钱惟济加吉州防御使，留再任。有伪为白金以质取缗钱者，其家来告。惟济密谓曰：第声言被盗，而示以重购，质者当来责余直，即得之。已而果然”。[③] 这里提到的“余值”，就是当物的实际价值与当铺付给的价值之间的差额，但这个“余值”有多少我们就不得而知了。金朝设立的官营典当铺名为“流泉务”，

① 刘建生：《山西典商研究》第四章每一节，山西经济出版社 2007 年版，第 103-104 页。

② (唐)义净译《小乘律·根本说一切有部毘奈耶》第二十二《出纳求利学处》第十九，《乾隆大藏经》第 39 册，中国书店 2010 年版，第 816 页。

③ (宋)李焘：《续资治通鉴长编》卷一〇二，中华书局 1985 年版，第 2355 页。

大定十三年(1173年)规定："凡典质物，使、副亲评价直，许典七分，月利一分，不及一月者以日计之，经二周年外又逾月不赎，即听下架出卖。"这里的"许典七分"就是值十当七的意思，因为这是官营当铺，总应比私营当铺剥削轻一些，所以值十当七。

明以后，值十当五逐渐形成制度。明代小说《金瓶梅》里有一段情节：西门庆和应伯爵"两个正打双陆，忽见玳安儿走来说道：贲四拿了一座大螺钿大理石屏风，两架铜锣铜鼓连铛儿，说是白皇亲家的，要当三十两银子，爹，当与他不当他……(应伯爵劝撺说：)哥，该当下他的。休说两架铜鼓，只一架屏风，五十两银子还没处寻去。西门庆道：不知他明日赎不赎。伯爵说：没的说，赎甚么？下坡车儿营生，及到三年过来，七八本利相等"，于是当了下来①。应伯爵说光一架屏风就值五十两银子，再加上两架铜鼓，最少值六十两银子，而当户只要三十两银子，是符合"值十当五"这一规矩的。明末文人艾南英指出，"抚州当铺其受当也，首饰衣物值一金者止当五钱，满十月不赎，则扣取当物毁卖，是以十月而收合倍之息矣"。② 抚州当铺的估价就是值十当五，在这一点上是遵守了天下通例的。《豆棚闲话》记载："兴哥拜完客，回到铺中坐着，忽见一人牵着匹马，进门道：在下是个马贩子，贩了二十匹马来，马价都是百金一匹的。遇着行情迟钝，众马嗷嗷，只得将一匹来宝铺，当五十两买料，卖出依旧加利奉赎。"③马贩子知道一匹马值一百两银子，但却只当五十两，也是遵守着"值十当五"的规矩。这两个例子都出自文学作品，可见明代这一规矩已经形成，才进入文学作品的。

至清代，这一说法不仅在民间广为流传，还得到了政府认可。"典当银钱，定例值十当五。限满不赎，准将原物变价，归还当

① (明)兰陵笑笑生：《金瓶梅词话》第四十五回《桂姐央留夏花儿，月娘含怒骂玳安》，人民文学出版社2000年版，第586页。

② (明)艾南英：《天佣子集》卷六《三上蔡太尊论战守事宜疏，天下通例与抚州之特例》，清康熙刻本。

③ (清)艾衲居士撰：《豆棚闲话》第三则《朝奉郎挥金昌霸》，上海古籍出版社1983年版，第27页。

本，不甚悬殊。”①这是嘉庆九年秦承恩写给皇帝的奏折，里面提到了典当业的“值十当五”，可见这一说法流传是很广的。法律上也承认这一说法：“凡典商收当货物，自行失火烧毁者，以值十当五，照原典价值计算，作为准数。”②

当然，那些贪婪的当铺并不按这一惯例与法律规定估价，如明成化十八年，礼部等衙门反映：“凡遇当物，估值银一两，止借银三银；值银一钱，止当银三分。”③如江西的当铺：“今本司访闻：各属典铺凡民间典质物件，如价值一两，仅可当银三钱。”④清代《说唐全传》说，落难的英雄秦叔宝在潞州打算把自己心爱的兵器金锏当掉：“当内人看了道：兵器不当，只好作废铜称。叔宝等着要银子，见管当的装腔，没奈何说道：就当铜称罢。朝奉拿大秤来称，两根锏重一百二十八斤，又要除些折耗，四分一斤，算该五两银子，多要一分也不当。叔宝暗想道：四五两银子，做几日吃在肚里，又端的不能回乡，只得说价少不当，拿了回店。”⑤秦琼的两把金锏，只能按废铜作价，当四五两银子，可见当地当铺压价的程度了。典当在开张的第一天，估价与平时不同，小说《红楼梦补》第十九回描写林家的宝聚当开张的第一天，“那一天因是新开铺面，该当八钱的便当一两，该当十两的便当十二两，所以当当的人挨挤不开，自黎明起直闹到巳牌时分，众伙计才得替换吃饭。”⑥即在这一天，为了招揽顾客，典当的估价比平时高。

---

① （清）贺长龄：《皇朝经世文编》卷四十《户政十一·仓储下·劝民间质谷谕》，上海宏文阁，光绪二十四年，第18页。

② （清）光绪《大清会典事例》卷七六四《刑部·户律·钱债》。《续修四库全书》0809册，上海古籍出版社2002年版，第421页。

③ 《皇明条法事类纂》卷二十《违禁取利·债主关俸问不应》，科学出版社1994年版，第874页。

④ （清）《西江政要》卷九《严禁典铺票内楷书字迹，毋许违例巧取重利并愿留取赎定例》。江西按察司衙门刊本，第136页。

⑤ （清）鸳湖渔叟：《说唐全传》第四回《临潼山秦琼救驾，承福寺真主临凡》，上海古籍出版社2010年版，第25页。

⑥ （清）归锄子：《红楼梦补》第十九回《当金锁巧合证良缘，梦宝玉因疑生幻相》，凤凰出版社2011年版，第152页。

清末由于战乱，人民生活困苦，官府为了救济难民，劝开质铺，规定估价比较高。比如咸丰十年(1860年)，湘军刚从太平军手中收复了江西，劝开质铺时规定："典铺向系值十当五，质铺未便比引此式，应照省城官典成规，只按货物贵贱，酌给质价，每号以制钱一千文为率，当物之人不得争竞。如该质铺力量渐裕，愿多给者听。"①

清末芜湖的同福典规定：②

(1)绸皮男装估值七折洋码，一两当洋四角五分。

(2)绸皮女装估值七折洋码，一两当洋四角正。

(3)外国输入之件，年年更新，照上当价，应再作九折看估。

(4)土布乡装估值七折洋码，一两当洋五角正。

(5)足色纹银首饰，每重一两当洋九角正，成色递减。

(6)赤金首饰照进价每一换(即每时值价银一两)当洋一元。

(7)钟表照时下估值，卖出价洋十元当洋四元(此条后奉东示，一概不当)。

(8)铜锡器皿估值时价，按照新旧酌当。

这家当铺估价并没有统一的标准，而是区别处理，有的估价高，有的估价低。王裕明指出，这里遵循了三条原则：一、种类不同，价格不一；二、时代不同，价格不一；三、性别不同，价格不一。③

民国时期的杭州典当，对当物估价一般都采用重量计算和估计计算两种方法：对金银首饰、铜锡器皿及丝棉，因无新旧之别，不愁满货出售，一般都根据其重量而定。而对衣帐、被帐、绸布，则按质定价。其中绸布折价成数较高，照现价六七折；被帐依照现价

---

① (清)李桓：《宝韦斋类稿》卷六《劝开质铺示》，《明清法制史辑刊》第25册，国家图书馆出版社2008年影印本，第235页。

② 《典业杂志·芜湖同福典当价细则》，安徽师范大学图书馆藏。

③ 王裕明：《明清徽州典商研究》第一章，人民出版社2012年版，第26-28页。

值十当五，男式衣服一般五六折，而女式三四折。钟表则三四折。[①]民国时期，山西沁水的典当估价，来货价值一元，一般当半，热货可达六七成，冷货只有三四成。[②] 这是按当物的出手难易程度来确定当价。

总之，近代由于种种原因，当铺估价的比例已高出“值十当五”的民间惯例。而且，因为典当伙计缺乏近代物品的鉴定常识，当出现从外国进口的新物品时，典当便不能鉴定，因而吃亏上当了。小说《二十年目睹之怪现状》第七十五回里说，九死一生(主人公)有一次从上海三井洋行买了五十打表，三块钱一个，打七五折，打算卖出去，结果一个也没卖出去。于是他便拿表去当铺当钱花，当铺以四五两银子一块的价格收当，结果他大赚一笔。[③] 日本三井洋行的手表，只值三块钱，当铺不识货，却以四五两银子收当，结果当然是亏损了。从故事可以看出，不识货的不止一家当铺，而是所有的当铺，可见当时有些典当缺乏近代生活常识。

正因为鉴别当物、估价如此重要，所以典当特别重视这个环节，有的当铺规定：“我们当铺里的成规，凡是足色赤金值十当七，衣服绸缎值十当五。当进来的物件，各人经手都有记号，将来期满落价，如不够本利，要经手人赔。”[④]即典当的伙计要明确责任，不得推诿。

近代以后，典当的抵押贷款业务与当时银行推出的抵押贷款业务，其业务流程也颇为类似：“抵押各物，须经估验也。银行之例，有以抵押为借贷，抵押之物不一，其类或房产单契，或各项货物，均可抵押。然所抵之物，须经精明者估验，确系所值几何。如

① 杨现华：《民国时期杭州典当业研究》，浙江大学 2007 年硕士论文，第 19 页。

② 《晋商史料全览 · 晋城卷》，《陵川钱铺银号》，山西人民出版社 2006 年版，第 265 页。

③ (清)吴趼人：《二十年目睹之怪现状》第七十五回《巧遮饰赞见运机心，先预防嫖界开封面》，山东文艺出版社 1995 年版，第 562-563 页。

④ (清)归锄子：《红楼梦补》第十九回《当金锁巧合证良缘，梦宝玉因疑生幻相》，凤凰出版社 2011 年版，第 153 页。

所抵之物值一千两，则借出之款不过五六百两，大抵不外以多抵少，尤须察其所抵之物易销不易销，否则以现银而抵滞货，设前途不即去赎，吾又无路可销，其能免亏折之虞乎？当事者不可不审慎处之也。”①从中可以看出，银行抵押贷款与典当原则上是一致的，只是银行收取的抵押物要经过精明者估验。

五、当物鉴定、估价的相关著述

当铺为了避免上当，也在长期的工作实践中总结经验，撰写出一些辨别当物真假的指导书，供当铺伙计们学习参考。王振忠、王裕明二位教授对此颇有研究，现将二位所提到的此类手册做成表格介绍如下：②

表 8-3 **典当指导书一览表**

编号	书名	成书时间	作者或抄者	主要内容	藏地或版本
1	《至宝精求》	康熙四十五年	郑眉山	珠宝、首饰	哈佛燕京图书馆
2	《看珠录》	康熙年间	汪浩	同上	《续修四库全书》
3	《珠谱》	乾隆年间	徽商	首饰、绸缎、皮货	安徽省图书馆
4	《当行杂记》	乾隆二十四年	不详	珠宝、字画、绸缎、瓷器	《近代史资料》总第 71 号
5	《玉器皮货谱》	道光年间	不详	玉器、皮货、绸料	哈佛燕京图书馆
6	《典业博谈》	同光年间	曾楫舟抄	珠宝	黄山书院收藏
7	《皮货论》	光绪年间	不详	皮货	安徽省图书馆

① 《清经世文三编》卷三十《户政八》，清光绪石印本。

② 王振忠：《清代江南徽州典当商的经营文化》。王裕明：《明清徽州典商研究》，第 20-25 页。

续表

编号	书名	成书时间	作者或抄者	主要内容	藏地或版本
8	《当谱集》	光绪二十四年	不详	珠宝、玉器、毡绒、绸缎、皮货、洋钱、铜锡、瓷器、木材	《中国古代当铺鉴定秘籍》
9	《典务必要》	不详	不详	珠宝、首饰、字画、书箱、绸绢、皮货	浙江省图书馆
10	《银洋珠宝谱》	不详	不详	银洋、珠宝	哈佛燕京图书馆
11	《典业博物》	不详	不详	玉器、翡翠、羊皮	私家收藏
12	《管见集》	咸同以后	不详	珠宝、玉器、皮货、金银	《续修四库全书》
13	《金珠玉石论》	不详	不详	金银、珠宝	安徽省图书馆

此外，刘建民先生还收藏了一些可能为山西典商所撰著或使用的典当规程，现亦介绍如下：

1.《杂书全部》一册，抄本。本书封面记载抄录的时间为道光十年（1830年），序言提到的时间为乾隆癸酉年（1753年），则本书的成书时间当在乾隆年间。在所有同类书籍中，这是时间较早的一部。本书引用了明初曹昭的《格古要论》，又详细介绍了明代的宣德炉和官窑瓷器，说明本书的写作时间可能更早。

据书首程龙的序言说，程龙自己是歙西人，作者汪严安是他的同乡海阳人。据此推断，则作者汪严安很可能就是一名徽商。书中除出现了汪严安外，还出现了一些人名，他们都参与了某部分的写作。现把书中出现的人名以表格的形式列出：

表8-4　**《杂书全部》中出现的相关人名表**

时间	人名	籍贯	篇名	成文地点
	汪严安	徽州休宁		

续表

时间	人名	籍贯	篇名	成文地点
1753 年仲秋	程龙	徽州歙西	序	
1752 年	西亭	休宁县齐云山	珠宝例言	金阊书舍
1752 年	黄靖	徽州歙潭		
1753 年	方熊	徽州歙西灵溪	宝石论	楚阳涤尘草阁
	西亭	休宁县齐云山	跋	

通过上表可以看出，这些人都是徽州人。程龙的序中虽然说本书的作者是汪严安，但却说书名为《指南》，与封面的书名并不一致。表中虽然没有给黄靖列出篇名，但内容是有的："尝阅《博物志》云，珠至三分咸称为宝，矧夫四五分，以至六七分，市肆希有，宇内称奇者乎？盖赋质弥高，则声价弥贵，大抵然矣。然必至足而精，方足以当此也。而又至七分，以身收全美，即为骊龙项下之物，惟贡王家，珍藏帝室，常人何得把玩？然古今既有是宝，亦必有能识之者，吾友西兄经营三吴、往来南北有年，鉴赏颇精，因出其卓识，博采成谱。予尝读之，本末无不悉载，分列精详，不独引蒙第一，而世之专是业者，亦有所本焉，因名之为指南，其谁曰不然？"从黄靖的话看，本书的作者是西亭。从这些情况看，本书可能不是一人一时的作品，而是从几种书中抄出，拼凑而成一书的。

本书与其他同类书籍的不同之处很多，如它没有生意论之类的说教，有一篇目录，这在同类书籍中很少见。目录如下：

从这篇目录，我们就可以知道此书的主要内容。但书中有的篇名与目录中的篇名并不一致，现列表说明。

表 8-5 《杂书全部》目录篇名与内容对照表

编号	目录篇名	书中篇名
1	银器总察	银器看法
2	观试金石	试金石
3	试石用钻	用钻试石法
4	玉名总目	宝石总名
5	各窑出处	附窑地名
6	皮货总目	各色皮货
7	洋货总目	洋货

此外，有的目录中的篇名在书中找不到，但有相关的内容，如古铜铁器、丝货总目、丝货出处三篇。本书前半部分详细，有的总目之下又分若干个细目。而后半部分则比较简略，如洋货、皮货，仅存名目，没有详细介绍。在纺织品中又出现了铜、锡器，越往后次序越混乱。

此外，本书侧重讲鉴别方法，有的方法比较独特，简便易行，如：

(1)“凡看金饰，要辨真假，必用手弹敲，听其声音，响亮者是真，沉哑者是假。

(2)又有一秘法，看辨金饰各项等件，宜将枝茎面底各处细看，用花钳钳起花头枝叶，于石磨三五处，起金星、各处颜色一样者真，反是者假。

(3)倘若白铜假银首饰，磨以七成上下，不能分辨，须用水银擦之石上，其水银吃去为银，不吃为铜。

(4)金银饰磨于石上，次用水银一抹，吃水银者真，不吃水银为假，真铜原形在石上。

(5)凡实金之物，有可疑者，用长头发或细丝将金系吊于水内，上面用戥秤之，方能定准。每金一两下水秤得九五折，淡金九三折，银九折，铜八七折。如分两不对，则假无疑矣。

(6)又一种汉玉，内有红色，赤如朱砂，淡如雄黄，大约赤者世罕有之珍。辨其真伪，以刀针于石上划一下，无痕者真，有者假。以人头发缠于其上，于灯火上烧之，真者发烧不断，假者断。

……

以下还有看汉玉、看水晶、看大理石、看祖母绿的注意事项，这里省。

以上方法，明月重辉法和水中秤金法在康熙年间成书的《至宝精求》中出现过，看祖母绿法和子母绿法、看水晶石法在《典务必要》中出现过，这说明这些书籍之间存在一定的传抄关系，但要分清其源流还是很困难的。当然，书中介绍的这些方法，究竟可信不可信，还需要更专业的人士探讨。这里仅简介如上。

2.《咸丰当谱》一册，抄本。本书封面已失，正式书名不得而知，在序言中提到“咸丰辛亥重订”，故暂定名为《咸丰当谱》，而本书的成书时间可能更早。由其自序可知，本书的作者是一名当铺伙计，他从业的当铺在天津。本书开头也是一番说教，接着有一篇《看衣规格》，再就是介绍金银、珠宝、玉器、古玩、钟表，最后是各地的皮货。这本书里提出，中国典当业的创始人是陶朱公，即春秋时越国的大夫范蠡。由于本书残破，是否有其他内容不得而知。

3.《无名当谱》一册，抄本。本书无序无跋，没有任何线索，所以暂定名为《无名当谱》。本书第一页是一篇信稿，末页文字不通，不知何意，这都与书的主要内容无关。本书依次介绍看葛、皮、毡、呢、绸缎、布匹、珍珠、宝石、玉器、古董等的方法。

4.《当谱全集》五册，民国二十二年(1933 年)田筱贤抄本，品相完好。关于本书的作者，书中自言是“古幽燕山启明辑，转臣订”，其他有关情况不明。此书抄录的时间虽是民国时期，但其中的内容却很陈旧，没有民国时期出现的新鲜事物，所以其成书时期可能更早。第一册有篇名，分别为《生意论序》《生意论》，主要是做生意的经验，教训伙计的说教。第二册先是一篇《准较当谱全集目序》，简单追述了典当的起源，同时又是一番说教；接着简单论述了看皮臊、珠宝、瓷器、玉器、钟表、珍珠的要点。然后介绍各种皮货的产地、特点、估价。第三册接着介绍皮货，此后介绍各种毡、呢、绒等毛料，最后是各种绸缎等丝织品。第四册先介绍锦、缎、纱等丝织品，然后是麻、葛、布等，最后介绍各种珍珠。第五册接着介绍珍珠，然后是珊瑚、宝石、玉器、玛瑙、钟表、金子的成色、银子的碴口、铜锡器皿、古董、璎珞等。此书每一册都介绍不完一类货物，下一册开头接着介绍这类货物，所以前后衔接明显。

5. 舜琴记《当谱》一册，抄本。书中自言"古幽燕山启明辑，瑞堂订"，则本书可能与《当谱全集》有些渊源。本书先介绍珍珠、玛瑙、宝石等，次及铜锡器皿、铜镜、香炉、瓷器、锡器，又介绍珍珠、宝石，接着是皮货、羽绒、绸缎、布匹等。从第 76 页开始，开始分出了卷次，类别比以前更清楚了，抄录的是另一本书，名《新抄各省诸等货物谱》。其书前有目录，卷一名"尺头类"，就是丝绸、麻布等衣料。卷二为皮毛类，卷三为宝纱类。其实这册抄本包括两本书，第二本比第一本整齐。书中还提到了年窑，"系本朝年纲尧监制"。从这句话也可以看出，这本书成书于清朝。

6. 承先堂侯记《当谱》，封面有"承先堂侯记"字样，里面也有"古幽燕山启明辑，转臣订"。本书字迹工整，疑为刻本。本书开头也是一些说教，篇幅很小。本书先介绍皮货，次及毡呢、绸缎等衣料，内容单一。《当谱全集》和舜琴记《当谱》、承先堂侯记《当谱》，都明言是启明编辑的，不仅内容有很多相同之处，文字也诸多雷同，《当谱全集》抄录的时间最晚，内容最齐全。它们应该就是同一本书，可能因为抄录的人各取所需，内容上才出现了差异。有意思的是，这三部书都说，典当业的创始人是陶朱公，即春秋时越国大夫范蠡，这反映了典商自己的认识，给典当的起源研究又提供了一种说法。

7. 怀仁堂景记《当谱一册俱全》一册，抄本。本书无序无跋，作者及成书时间不详。本书先介绍绸缎，次及瓷器、木器、钟表、布匹、皮货、铜器等。书中出现了《杂书全部》里提到的水中秤金法。书中还提到了年窑，“系本朝年纲尧监制”。从这句话也可以看出，这本书成书于清朝，可能与舜琴记《当谱》有传抄关系。

8. 赵步鹤志《各样皮类对本》一册，抄本。本书无序无跋，作者及成书时间不详。本书内容单一，介绍皮货、丝绸等衣料。书中频频出现东口、西口、北口等地名，则本书作为晋商用书的特色更明显一些。

9.《辨物境》六卷，原书未能得见，《南海学政黄氏家谱》里仅有一篇自序：“自撰小序曰：予居质库有年，见夫器物无穷，其名目且不尽知，况敢言真伪之辨？予欲求一善法，以资考镜，而古无专籍，致力未由，因取前人格致之言，分类摘抄，编成六卷，既堪持以自课，或可兼为此中人道也。光绪二十九年七月任恒识。”①从中可以看出，此书成书于清末，作者是任恒。

这些书籍内容大同小异，都是介绍各种当物，尤其以名贵的皮货、金银珠宝为主。如《当谱全集》②第四册中有“论广珠规则”言：

“盖珠子有几等字号，其名新、洋、高、中、玉五个字号，新字为上等，洋字为中等，高字为下等，中字次之，玉字又次之。

看珠子要论颜色高低，有圆有长有楞的，有论百头的，皆要皮紧光亮，此为上等也。有七楞八瓣不成形不透光颜色发黄暗，此是下等品。珠子一名药珠，配药使用。

取珠子叫作蜓人，下海取。此珠出在五龙，广珠洁白紧圆，上对牌个头，每颗其价有等，数有三等数目。

三厘重，银四钱。四厘重，银六钱。

五厘重，银八钱。六厘重，银一两五钱。

七厘重，银二两五钱。八厘重，银五钱(两)。

---

① 黄任恒：《南海学政黄氏家谱》卷十，宣统三年宝粹堂刻本。

② 此书还没有出版，是刘建民先生收藏本。

九厘重，银柒两。一分重，银九两。

一分一厘重，银拾两。一分二厘重，银十二两。

……（以下略）

以上材料讲的都是各种珍珠的情况，当然书里还有其他珍宝的情况，为了节省篇幅，不再援引。

有的典当指导书里不仅详细介绍真货的情况，还会介绍一些假货的情况，两相对比，供典当伙计们参考，如《典业杂志》论述道：

“凡假珠人所共悉，何必多言。但有一种壳珠，内灌以黄腊，映于外面，似觉其真，大都镶于饰上者，须将背后揭起看之，方见其实。又有一种海中之厚歪，四面洗去，中现一珠，但其形圆扁，底下有托或镶帽，花外面只露半粒，此为螺甸，虽真并不值钱。又有珠边时表一图，尽是珍珠镶嵌，此珠尽是半粒，不能作价。又有一种广东来的赛珍珠，此珠滚圆，光白可爱，乃用刀鱼或时鱼鳞在乳钵内擂至极细，如微尘一般，再用胶水调匀，方将假珠下研，细鱼鳞之光，尽占其上，所以光彩之美，易夺人目，须仔细辨之。”①

这本书里还介绍了一些辨别金刚石的办法：

“金刚钻之真赝，非专家不能辨，但有许多良法，足以试验之。顾有时专家遇精美之赝品，亦不能无惑，故非以机械或物理之方法考核之不可。曩者试验之法，无非以之裁割玻璃，能裁者为真，不能裁者为赝。但此法至于今日，已不适用，现所通行者，系以锉刀代玻璃，将怀疑之金刚钻晶克之处，用锉刀擦之，如是试验制造赝品者，绝难幸免，盖真者无论如何锉之，决不能损其毫厘也。此外更有数法效验尤著。

一、以怀疑之金刚钻包于硼砂中，置于热度中烧之，迨其

① 《假珠》，《典业杂志·管见集》，安徽师范大学图书馆收藏。

既热，乃取出，再投于一玻璃管中，此玻璃管中，应预储冷水，苟为玻璃或其他物质制成之赝品，则当投入玻璃管内时，必立时爆碎，如为真品，则游然坠下，自无恙也。

二、以萤石氢酸试验之，苟为真品，决无破绽发现。

……(以下略)

以下还介绍了清水实验法及目测判法，这里从略。

这些书籍大多以抄本流传，刊刻出版的是少数，错讹之处很多，所以要确定它们之间的关系比较困难。

第二节 当物的保管和满当期限

一、当物的保管

当铺收取了当物以后，就要认真保管，以待当户备钱来赎。当物千差万别，妥善保管殊非易事。同时，由于当铺里有很多贵重的奢侈品，是兵匪地痞觊觎的目标，所以当铺的安全保卫工作是很重要的。

典当行对自身的仓储作用、安全保管功能是十分重视的。当铺的库房不仅高大坚固，而且内部通风，光线充足。据小说《珍珠塔》描写，邱六乔带着珍珠塔来到襄阳陈府当铺的门口，"但见陈府上好轩昂，一带砖墙觉甚长，巷门寨栅多坚固，更兼守夜有人防，打从夹巷行将去，周围密密有垂杨。只见写就洋青大当字招牌，悬挂在街坊。进来天井真广阔，石板平铺镜面光，东西对面厢廊内，尽是仓厫大栈房。存仁典当真乡宦，告示层层贴粉墙。多少人家拿物至，拥拥指指闹嚷嚷"。① 再如广东沙面的当铺："岸上中

① （清）佚名：《珍珠塔》第十回《大盗无心当劫珍》，道光二十九年维扬三槐堂刻本。

外房屋鳞比，惟有数楼如壑如城，高逾三丈，询之乃典质库也。”①正因为典当的建筑高大坚固，所以在战争年代经常成为军事据点。太平军进攻湖南长沙时，“更凭履升典铺楼屋高出于城，施枪伤我兵勇，百计毁之皆未得手。兵勇距贼甚近，日则诟谇相及，夜则咳唾相闻。迨后向军门(向荣)来援，入城周视，极言非用大炮不可。于是置炮天心阁最高处，亲身督放。初开三五炮，将典铺高屋立刻毁为平地，凭高之贼被击及覆压而毙者以千计。”②履升典的楼屋比城墙都高，所以太平军把它当成进攻长沙的桥头堡，结果被官军用大炮轰毁。这样的建筑足以对付那些小偷小摸，装备差的土匪也打不进去。

当铺普遍都有防火防盗的规定，如清乾隆时期的泰州《文谟典条约》规定：“火烛之戒，宜时时防范，人人谨慎。平时当包及早印清入楼，毋得延至临晚。若初旬拥忙，不得不点灯搬包，执事者须呆坐楼内照管灯笼。再关门上灯后，柜友不得轻易收票上号，若果紧急不能推却，须一人掌灯，一人执票查货……夜间睡后，房内不准点灯，小心火烛为要。”湖口同吉典规定：“当门晨开晚闭，二鼓上锁，诸友不得擅自出入。遇有紧要事件，须禀明执事，方准开门。”③所以那些喜欢夜里读书的人，当铺便不欢迎：“魏之琇，字柳洲，钱塘人。少孤贫，无遗资于街市。勤十指，操作自给。既而佐生于质库中，昼营所职，夜篝灯读书，为同事所憎。乃展卷默诵，复以灯光逼射为诟。于是卷踢坐帐中，翳灯而阅，膏尽为度。”④他挑灯夜读，有失火之虞，只是受到同事们的责骂，没有把他开除就不错了。

---

① (清)张德彝：《航海述奇》三述奇卷一，北京图书馆1997年版，第233-234页。

② (清)张德坚：《贼情汇纂》卷十一《贼数》，华文书局股份有限公司1969年版，第838页。

③ 转引自王裕明：《明清徽州典商研究》第一章《典业类书》，人民出版社2012年版，第40页。

④ (民国)李格：(民国)《杭州府志》卷一百四十五，民国十一年本，成文出版社，第2770页。

有的典当铺还有更夫巡夜，如清代中期某年“苏州阊门外下津桥，有汪氏典，每夜轮二人支更，夜长苦寂，以象棋消遣。一夕，偷儿入室，见二人对局，恰投所好，从后谛观。见黑棋将败，技痒不可忍，突出指示，遂被执”。① 这家当铺为防止更夫半夜瞌睡，设置了两个人轮流巡夜。据段占高回忆，祁县的复恒当为防止失盗，每天夜间由伙计们轮流值班。从晚上十一、二点钟开始，到次日天明，通宵不准合眼。每隔一小时，还得敲木梆子，在前后院和屋顶上转一圈。掌柜们也轮流巡夜。② 有的当铺还雇有保安人员，“野二，不知始何名，以颀而黝，不操土音，故群呼之为野二。余外祖家全盛时，居青浦之永丰庄。门首置质库，以野二多力，俾司警夜。”③

当铺为了防止衣物虫吃鼠咬，卷包时要放入樟脑丸；为了防止衣物霉烂，每年要组织两次大规模的抖晾，但不能晒。遇有生虫，要采取措施，严重的要找人修理，但一般不能使用萘等药物。抖晾必须按类依次进行，不能遗漏。还要组织两次盘点，称为“对点”，每对一次，需要十天到半个月，以后再分组汇总，与架本核对。④ 据《典业须知》上说得更细：

> 至于皮货，有布包，内须衬纸，怕走风虫蛀，取时若有虫蛀伤，非但赔钱，口舌不免。即便此货满下，衣客看价不起，此即东人之亏折也。又有颜色绸绫女衣，其滚条之处及领口，均要刮面糊而成。领口总有头油，当时不显，每至霉天即行发出。若不用纸隔好，发斑尽现，取当之人定不肯依，岂不又多

---

① （清）汤用中：《翼駉稗编》卷二《棋癖二则》。《笔记小说大观》32 编 9 册，新兴书局有限公司 1981 年版，第 5309-5310 页。

② 山西省文史资料研究委员会：《山西商人的生财之道》，中国文史出版社 1986 年版，第 72 页。

③ （清）许仲元：《三异笔谈》卷四《斗力斗智》，重庆出版社 1996 年版，第 84 页。

④ 常梦渠，钱椿涛主编：《近代中国典当业》下编《北京典当业内幕》，中国文史出版社 1996 年版，第 78-80 页。

口舌？而满下亦看不起价，此亦东人之亏折也。或颜色衣服裳，应用纸包好，亦不可省。若吝惜纸张小费，而发渍事大，每见颜色之衣，遇有风斑，减价二三两之数，岂非因小而失大乎？总之，视人物如己物，俗云惜衣惜食，不但惜财兼惜福，此之谓也。

这里提出一个原则，即“视人物如己物”，把别人的东西当成自己的东西去尽心保管。特殊物品还要采取特殊措施，如小说《红风传》里说马小用一件衣服当了三百两银子，当铺掌柜吩咐伙计们：“把衣裳放在成字号里，用红绒线吊在梁上，上不连天，下不沾地，用火熏之，恐怕虫咬了扣珠。咬了扣珠，连当铺还赔不起了。”①光绪三年(1877年)腊月十三日，天津某当铺收入两件胶版貂褂，为了防止胶融化貂皮散落，是这样保存的：“无已，觅一轩敞明净之屋，将两褂悬诸空中，务使透风以防潮湿；又专人看守，免虫伤鼠咬。如有脱胶，随手粘完。”②不仅要通风防潮，还要专人看守，直到当户来赎，可真够尽心的。

正因为典当行的仓储安保能力良好，才赢得了社会的广泛认可。有的富商大贾、官僚政客乃至小康之家，经常把自己贵重的物品抵押典当行，他们不是资金困难，而是让典当行替他们保存。③这一点，官府也认可：

具领状当商某人今于与领状事，依奉领得商店典当革职某人衣服。某□蒙差查出送案点验，理宜贮库。弟恐夏天潮湿，皮衣难免损坏，容商领出存架，俟估价之期，再行送案。如有抽换等弊，情愿甘罪，合具领状是实。

---

① (清)佚名《红风传》第三回《卖秀英马小暗算》，远方出版社2001年版，第13页。

② 《申报》1759号1878年1月15日《胶版貂褂》。

③ 刘建生：《山西典商研究》第十章第四节《当业建筑风格比较》，第357页。

批：已经查起在官之物，本不应具领，姑念在库湿燥不时，恐皮衣等掉毛落色，有亏当本，准照数领回存架，俟将来变价之时，仍照票查起。如有舛错短少等弊，惟该是问。①

连官府也承认，放在官府的库房里不如放在当铺里可靠，才批准当铺把皮衣领回去。

当然，典当行采取这些仓储安保措施，是要投入相当的人力、物力、财力的。

二、满当期限

正因为典当行妥善保管当物要付出大量人力、物力、财力，承担巨大的风险，所以典当行都规定了满当期限。当户要在规定的期限内赎回自己的当物，过期不赎典当行就会把当物出售。典当行为了尽快摆脱保管的责任，加快资金周转，总是希望这个期限越短越好；而当户为了能够从容地还本付息，总是希望这个期限越长越好。所以，满当的期限不是任意规定的，而是考虑到双方的利益，在一定习惯、法律的基础上形成的。

不同时代、不同地区的满当期限是不同的，我在《中国典当制度史》第四章里把历代有关满当期限的资料做成了详细的表格，这里稍加补充，引用在下面：

表 8-6 **历代典当业满当期限表**

编号	年代	典当种类及地区	期限种类	资料出处
1	宋绍圣年间（1094—1097 年）	官营抵当库（全国）	法定期限24个月	《建炎以来系年要录》卷八六 绍兴五年闰二月壬申
2	南宋绍兴（1131—1162 年）		法定期限12个月	

① 《乾隆词录》，刘建民先生藏。

续表

编号	年代	典当种类及地区	期限种类	资料出处
3	西夏天盛年间	西夏	3个月	《天盛年改旧定新律令》第三章《当铺门》
4	金大定年间（1161—1188年）	官营质典库（全国）	法定期限24个月	《金史·百官志三》
5	元	私营解典库	市场期限12个月 5个月	《元曲选·看钱奴买冤家债主》
6	元元贞二年（1296年）	私营解库（江西龙兴路）	市场期限24个月 18个月	《元典章》卷二七《解曲金银并二周年下架》
7	元贞三年（1297年）	私营解库（江浙）	市场期限12个月	《通制条格》卷二七
8	大德八年（1304年）	私营解库（江西）	市场期限12个月	《元典章》卷二七
9		私营解库（全国）	法定期限24个月	
10	明成化十年（1474年）	私营当铺（京师）	市场期限3个月	《皇明条法事类纂》卷二〇
11	明后期	私营当铺（苏州）	市场期限12个月	《警世通言》卷一五
12	明末	私营当铺（抚州）	市场期限10个月	《天佣子全集》卷六
13		私营当铺（湖州）	市场期限12个月 24个月	《吴兴旧闻》卷二，引《小谷口荟蕞》

续表

编号	年代	典当种类及地区	期限种类	资料出处
14	清雍正年间（1723—1735年）	私营当铺（江西）	市场期限12个月 24个月	《西江视臬纪事》
15	乾隆（1736—1795年）		法定期限24个月（宽限2个月）	《西江政要》卷九《严禁典铺票内楷书字迹，毋许违例巧取重利并愿留取赎定例》
16		私营当铺（江苏）	市场期限30个月 40个月	
17		私开小押（湖南）	市场期限2月	《切问斋集》卷一四
18	乾隆十七年（1752年）	湖南	商等虽历以24个月为满，届期逾限，仍有情留、押留，约计出贸，亦既两载有余	《乾隆嘉庆湖南典商减息案》
19	乾隆二十九年（1762年）以前	私营当铺（福州府）	市场期限36个月 26个月 24个月	《福建省例》一六《当税例》
20	乾隆二十九年至四十八年(1762—1781年)	私营当铺（福建）	法定期限： 大当36个月 小当24个月	
21	乾隆四十八年以后（1781年）以后		法定期限 概30个月	

续表

编号	年代	典当种类及地区	期限种类	资料出处
22	嘉庆年间？（1796—1820年）	私营典当（黑龙江）	市场期限24个月	《黑龙江外纪》
23		私营谷典（江西）	市场期限12个月	《清经世文编》卷四十秦承恩《劝民间质谷谕》
24	嘉庆年间	小当	期年为满	《颐道堂集》文钞第十二卷《答魏爱轩中丞询问地方事宜》
25	嘉庆年间	宝应县，私人	16个月	嘉庆《重修扬州府志》第四八卷
26	道光年间（1821—1850年）	私营典铺（全国）	市场期限36个月	《宣宗实录》卷四五道光二年十一月
27	道光？	私开小押（台湾）	市场期限12个月	《台湾杂咏合刻·海音诗》
28	咸丰十年	江西	以前为26个月 政府规定为12个月	《宝韦斋类稿》第六卷《劝开质铺示》
29	同治三年（1864年）左右	私营典铺（江苏）	法令期限12个月	《抚吴公牍》卷四七《饬司核减苏省各典当利息议复》
30	同治四年	南安府，官营	先是16个月，后改24个月	同治《南安府志》第三二卷《新造录》
31	同治五年（1866年）	私营	法令期限12个月	《吴煦档案选编》第六辑《吴煦代王子鉴拟遵札试开公典禀》
32	同治七年？（1868年）	私开小押（扬州）	市场期限100日	丁日昌《抚吴公牍》卷三一

续表

编号	年代	典当种类及地区	期限种类	资料出处
33	同治十一年(1872年)	私营典铺(台湾)	法令期限30个月	《台湾私法债权编》页68所引当票
34	同治十二年(1873年)		市场期限12个月	《台湾私法债权编》页69所引凭单
35	光绪初(1875年)	私营典铺(江苏高邮)	市场期限24个月	民国《高邮州志》卷一
36	光绪二年(1876年)	私营当铺(浙江杭州)	市场期限14个月	《申报》光绪二年正月二十五日
37	光绪三年(1877年)	江苏	兵燹以前典当章程,3年为满。后改为18个月	《申报》1756号《质库宜宽期以广财源》
38	光绪五年(1879年)	宁城	当铺禀请改为14个月	《申报》2133号《典当改章》
39	光绪六年(1880年)左右	私营当铺(全国)	市场期限18个月 6个月 4个月	《益闻录》第五八号,光绪六年六月十二号
40	光绪七年(1881年)左右		市场期限18个月	《申报》光绪七年四月十九日
41	光绪八年(1882年)	私营质当(江苏)	法令期限27个月	《益闻录》第一五八号,光绪八年四月十五日
42	光绪八年(1882年)十月	私营当铺(江苏、安徽)	法令期限24个月	《左文襄公全集·奏稿》卷五九《核减典商利息酌定赎限并拟给发官本以恤商情折》

续表

编号	年代	典当种类及地区	期限种类	资料出处
43	光绪十一年（1881年）	上海	18个月	《申报》4528号《上海县示》
44	光绪初年	私营当铺（天津）	法令期限24个月	《天津商会档案汇编》上册页711
45	光绪二十七年（1901年）	私营当铺（京师）	法令期限24个月	《望嵓堂奏稿》卷三《整顿当商章程以重帑款而便民用折》
46	光绪二十七年（1901年）	私营当铺（北京）	政府暂定为24个月，10个月后正式改为36个月	《皇朝经世文新编续集》卷十《商政》
47	清末	私营当铺	政府暂定为20个月，10个月后正式改为30个月	《步军统领衙门、顺天府、五城御史会奏折》
48	光绪三十年左右(1904年)	私开小押代当（天津）	市场期限1个月 3个月	《天津商会档案汇编》上册页711
49		私营典当（天津）	市场期限12个月	
50	光绪三十年（1904年）十二月	私营典当（上海）	典业公所期限18个月	《上海碑刻资料集》193，《典业公所公议章程十则碑》
51	光绪三十二年(1906年)	私营典当（台湾）	市场期限24个月	《台湾私法债权编》页72
52	光绪三十四年(1908年)	苏州	27个月	《申报》12807号《典当赎息仍照旧章苏州》

续表

编号	年代	典当种类及地区	期限种类	资料出处
53	清末	私营典当（台湾）	当铺偿却期限四月，展当店二月	《台风杂记·当铺》
54	民国	私营典当乌青镇	18个月	民国《乌青镇志》卷二十一《工商》
55	民国	资州，私营	27个月，留二月	民国《续修资州志》卷三
56	民国	海城	18个月	民国《海城县志》卷四
57	民国	吉安	10个月	民国《吉安县志》卷一、卷二

通过观察上表可以发现，历代满当期限虽无一定之规，但还是具有以下几个特点：

第一，正式设立的、经官府批准的合法质库或典当铺比那些私自设立的小当小押的满当期限要长。这主要是因为那些小当小押们面对的是小生产者，他们取赎的可能性相对较小。同时小当小押规模小，资金有限，为了减少风险，返还资金，小押只得缩短期限。

第二，金银珠宝等价值较高的物品比那些衣物、工具等当物满当期限要长。这是因为金银珠宝价值较高，不大贬值，容易保存，所以满当期限比衣物、工具之类的要长。

第三，城市典当比乡村典当满当期限长。城市的当户多为贵族、官僚、商人等，他们的当物价值高，信誉好，有一部分可能是为生产经营借贷的，取赎的可能性大。城市当铺规模也比较大，资金比较充足，经得起资金长期占用，所以其期限也比较长。

第四，法令期限比市场期限长。封建政府为维护社会秩序，缓和社会矛盾，一般规定当铺回赎期限比较长。而当铺为了加快资金周转，总是希望当物回赎期限短，这样双方的矛盾就产生了。

第五，清代后期以后，满当期限越来越短，如三四个月乃至一个月的短期限基本上集中在清末数十年。

当物期满，当户无款取赎又不愿意放弃原物，可以用上利的办法，延长取赎期限。上利就是交一部分利息，一般至少要交三个月。当铺在上利期满后，常再多留一段时间，以待取赎。有的当户愿意把全部利息交清，另开新票，期满后不再代为多留。留当是指当物期满后不能即时取赎，当物要在当铺内留存一段时间。这主要是两种原因造成的，一是期满后，当户持当票向当铺申请留当；二是当铺一般是集中处理满期当物，而当物满期的时间却并不相同，一件当物期满后不一定马上就到处理时间，自然形成留当时间。①清光绪九年（1883 年）正月二十，《申报》发文针对延期以便民评论道：

> 虽然宽期，不如减利之尤便也。盖以物质钱，其始不过藉救燃眉之急，以为逾数月而可赎也。迨积日既久，比之他债之登门催索似觉安静，于是幸其时之未至一再迁延，以至于满。机警之人箧有典票，或时取展阅，数期将至而无款取赎，则纳利换票者有之，其竟至于满者大抵遗忘耳。又其甚者，当本既大，加以二分之利，合算已可另制，因而亦有故意不赎者矣……典物之满，既不尽由于期促，则今放期愈远积利愈重，取赎之时不更难乎？其难者即如易放期而为减利，则当户自揣置物之价当不及六七，加利甚微，赎之殊为合算。虽限以十六个月或并减为十二个月，吾知期内自皆争相取赎矣。与其缓期而重利不若轻利而促期，此人情也。且放期不特无益于当户，而且有损于当商……不知加以二十七月之利，将来出货已逾置价，且并不得照置价售出，其暗中亏耗为数亦不小矣……窃意放期以便民，获益有限，不若减利以便民，受惠无穷。②

---

① 《近代中国典当业》上编《综述》，中国文史出版社 1996 年版，第 49-50 页。

② 《申报》3545 号 1883 年 2 月 27 日《论典当放期不如减利》。

这篇文章的意思就是，如果满当期限较长，利息较高，赎回当物花的钱比买一个新的还多，明显会降低赎当的可能性；同时满当期限长，不仅当商的资金长期占用，当物还贬值严重，过期后会更难以出售，所以减利缩期对双方都有利，也有一定道理。但这篇文章忽略了一个问题，就是时间短了，贫民就没有充足的时间攒钱赎当，而那些工商店铺因一时资金不足而借贷，时间短了资金投出去还没有收回，也不会去赎当。

第三节 当赎比例

当赎比反映的是当铺回赎的情况，如果这个数字高，就是说死当的比例小，这对当铺是有利的。如果这个数字低，说明回赎的少，典当的资金就会周转不开，以致关门歇业。一首《停质库》的歌谣说："赎者五，质者十，厚其息，减其直。质者百，赎者一，但有出，无复入。盈千累万称贷益，欲更质之无可质。流民索米嗷嗷集，官吏催赈咄咄逼，欲闭不能势逾亟，谁家豪右拥万缗，金玉服玩盈床茵。棚民耽耽夜斩门，席卷百货无一存。噫嘻，乐岁攘夺尚如此，何况今年饿欲死。"①其中描述的当铺欲罢不能的急切心情是很真实、生动的。

据刘建民先生收藏的恒升大记当铺清单，一年里当出59947千510文，回赎的当本为54413千360文，当赎比为90.77%，即死当的本钱所占不足10%。以下再表列一些晋商当铺当赎比例情况：

表8-7 元吉公当历年当赎比一览表

年代	当本	赎本	比率
光绪二十九年	85641千520文	78862千840文	92.08%
光绪三十年	100194千990文	90879千430文	90.70%
光绪三十二年	130404千70文	116941千360文	89.68%

① (清)张应昌：《清诗铎上》，中华书局1960年版，第464页。

续表

年　代	当　本	赎　本	比　率
光绪三十三年	113521 千 530 文	115615 千 610 文	101. 84%
光绪三十四年	123830 千 350 文	105882 千 870 文	85. 51%
宣统元年	148676 千 180 文	106988 千 170 文	71. 96%

这家当铺的当赎比很高，光绪三十三年(1907 年)竟然超过了 100%，即回赎的本钱超过了当出的本钱，这是有更早的当户来赎当。

我国古代是农业社会，农业生产有很强的季节性。典当业既然与农业有关，其经营也有一定的季节性，具体表现就是春当秋赎。刘建民先生收藏的一些典当账簿对此有生动的证明：

合盛当月结账，具体年代不详，连续记载了这家当铺十年里每月的当赎情况。现抽取其中三年的资料做成表格：

表 8-8　　**合盛当四年当赎情况一览表**

月　份	当　出　本	回　赎　本	利　息
正月	331 千 10 文	231 千 800 文	66 千 619 文
二月	379 千 490 文	995 千 796 文	168 千 883 文
三月	381 千 540 文	470 千 260 文	98 千 886 文
四月	503 千 440 文	356 千 460 文	69 千 405 文
五月	862 千 990 文	486 千 360 文	130 千 13 文
闰五月	358 千 880 文	361 千 920 文	76 千 10 文
六月	284 千 280 文	338 千 374 文	81 千 263 文
七月	345 千 335 文	318 千 685 文	90 千 202 文
八月	426 千 560 文	687 千 95 文	89 千 623 文
九月	383 千 670 文	337 千 610 文	58 千 850 文
十月	356 千 856 文	376 千 853 文	63 千 550 文

续表

月 份	当 出 本	回 赎 本	利 息
十一月	375 千 700 文	367 千 10 文	76 千 780 文
十二月	1935 千 959 文	714 千 40 文	135 千 924 文
合 计	6925 千 710 文	6042 千 263 文	1206 千 8 文

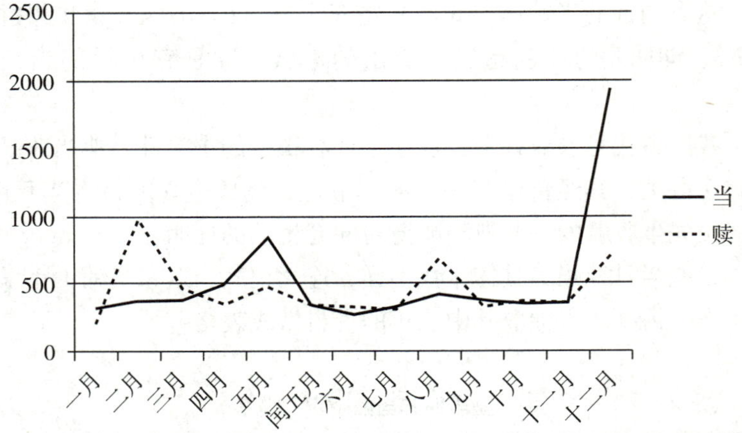

表 8-9 **合盛当九年当赎情况一览表**

月 份	当 出 本	回 赎 本	利 息
正 月	439 千 540 文	391 千 650 文	71 千 935 文
二月	774 千 530 文	1355 千 130 文	243 千 908 文
三月	453 千 670 文	649 千 393 文	111 千 854 文
四月	599 千 932 文	644 千 40 文	104 千 965 文
五月	742 千 280 文	418 千 80 文	66 千 218 文
六月	573 千 30 文	422 千 760 文	53 千 578 文
七月	1816 千 60 文	291 千 482 文	56 千 302 文
八月	1122 千 100 文	1845 千 910 文	301 千 537 文
九月	717 千 550 文	603 千 786 文	68 千 106 文

续表

月 份	当 出 本	回 赎 本	利 息
十月	584 千 570 文	480 千 770 文	69 千 843 文
闰十月	717 千 350 文	677 千文	76 千 995 文
十一月	1021 千 540 文	766 千 920 文	121 千 327 文
十二月	3658 千 470 文	1290 千 91 文	144 千 564 文
合 计	13220 千 622 文	9837 千 831 文	1491 千 132 文

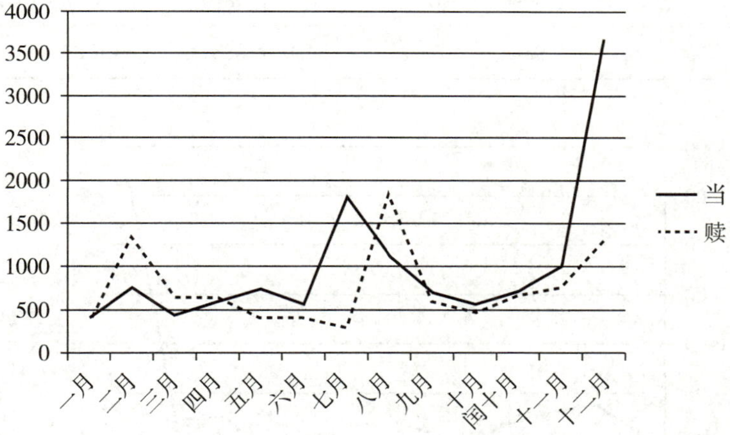

表 8-10 合盛当十三年当赎情况一览表

月 份	当 出 本	回 赎 本	利 息
正月	565 千 500 文	532 千 130 文	103 千 951 文
二月	877 千 130 文	1258 千 620 文	260 千 518 文
三月	794 千 450 文	939 千 810 文	129 千 447 文
四月	665 千 580 文	692 千 570 文	92 千 875 文
五月	337 千 800 文	535 千 740 文	80 千 528 文
六月	514 千 820 文	656 千 280 文	139 千 172 文

续表

月 份	当 出 本	回 赎 本	利 息
七月	491 千 790 文	460 千 230 文	112 千 697 文
八月	590 千 612 文	525 千 630 文	176 千 516 文
九月	407 千 445 文	718 千 770 文	65 千 813 文
十月	759 千 430 文	581 千 60 文	95 千 256 文
十一月	741 千 720 文	697 千 50 文	117 千 861 文
十二月	3096 千 290 文	833 千 98 文	136 千 419 文
合计	9842 千 567 文	8430 千 888 文	1511 千 53 文

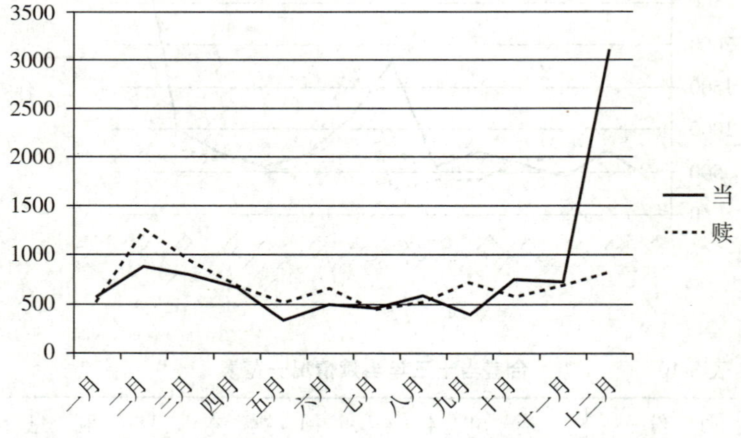

这三张表格，两张有闰月，一张没有闰月。通过分析其中的数字可以发现，当出本最多的月是腊月，回赎本最多的是二月和八月。腊月要过年了，正是人们消费的时候，贫民只好典当。二、八月是换季的时候，二月要换单衣，八月要换棉衣，而衣服都在当铺里，必须赎出来，所以取赎的高潮在二、八月。

下面再以宣统年间的三和当为例来证明。据山西平遥侯冀村的裕庆当清单记载，民国初年的银钱比率是一两银子合一千二百五十文，所以这里也按这个比率换算。

表 8-11　　三和当宣统三年(1911 年)当赎一览表

月　份①	当　出　本	回　赎　本	利　息
正月	1295 千 650 文	1498 千 750 文	155 千 620 文
二月	1570 千 600 文	2095 千 500 文	287 千 260 文
三月	1594 千 230 文	1673 千 760 文	201 千 270 文
四月	1567 千 950 文	1473 千 200 文	183 千 200 文
六月	1469 千 650 文	1679 千 300 文	135 千 190 文
闰六月	862 千 650 文	1495 千 160 文	240 千 10 文
七月	1167 千 220 文	1100 千 610 文	200 千 720 文
八月	1410 千 200 文	1254 千 720 文	195 千 90 文
九月	1888 千 800 文	1388 千 700 文	168 千 672 文
十月	701 千 700 文	708 千 810 文	105 千 780 文
十一月	1005 千 320 文	684 千 700 文	91 千 10 文
十二月	3658 千 770 文	2263 千 480 文	239 千 150 文

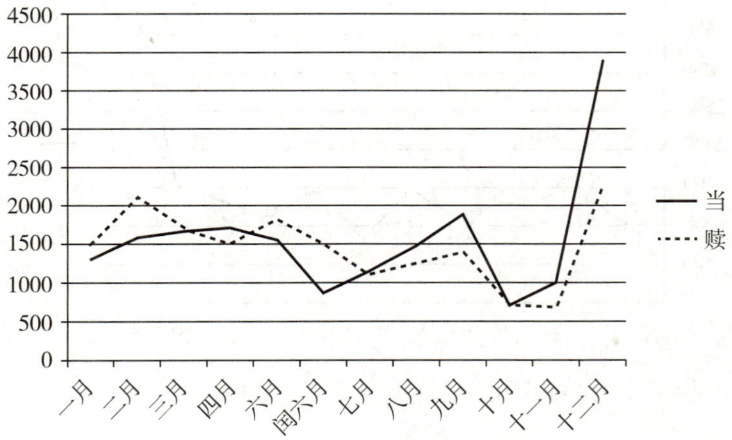

① 史料原缺五月的，所以表里没有五月的数字。

表 8-12 三和当民国二年(1913 年)当赎一览表

月 份	当 出 本	回 赎 本	利 息
正月	847 千 790 文	1031 千 650 文	149 千 380 文
二月	1317 千 470 文	1961 千 980 文	288 千 835 文
三月	1232 千 400 文	1344 千 60 文	206 千 800 文
四月	1299 千 700 文	1474 千 780 文	203 千 720 文
五月	1110 千 410 文	796 千 830 文	93 千 680 文
六月	1458 千 885 文	1068 千 800 文	167 千 960 文
七月	833 千 80 文	938 千 985 文	136 千 290 文
八月	1475 千 200 文	1244 千 740 文	204 千 430 文
九月	1078 千 480 文	1228 千 350 文	167 千 740 文
十月	1312 千 20 文	1094 千 190 文	149 千 790 文
十一月	1557 千 750 文	1490 千 340 文	297 千 415 文
十二月	3880 千 680 文	2610 千 630 文	295 千 62 文

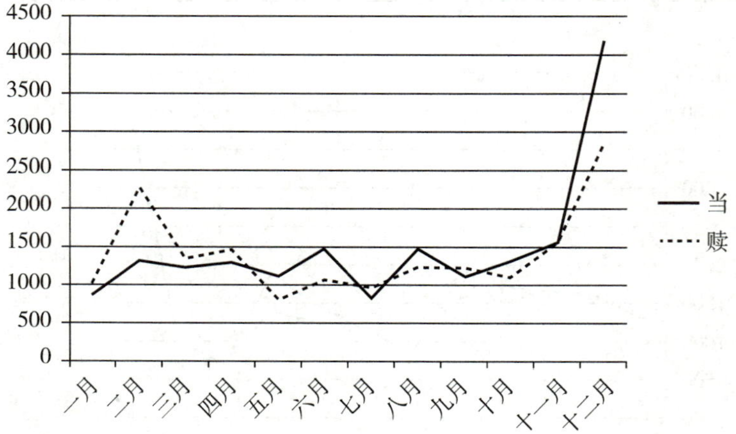

这家当铺的当赎高峰期都在腊月。季节性也不太明显。

影响当户取赎的因素也很多，如利率的高低、当户的收入，等等。但也有一些社会因素，如有晋商当商信记载：

> 民国四年(1915 年)，沙市，“顺报铺中生意，自风潮发生，日来取赎颇多，每天除出净进钱五百串之谱，至初十日净存架本六万二千一百七十串，共得票利二千二百十串……顺报铺中生意，自风潮发生，日来取赎颇多，每天除出净进钱五百余串，另具五合单青照……日来谣风渐息，是以我号赎取颇少，前两日进钱七八百串，十八日除出净进钱三百余串。现在春收大为减色，但不知后首上架如何耳……本拟早为致函奉慰，无奈自风潮发生后，赎取颇涌，每日除出净进钱八九百串，旬日之内，陡下架本万串之数，以致迟口于兹，祈原谅为感……兹叙新市自四月间被土匪蹂躏后，四乡人心惶恐，以致各商务寥落之至。及我号生意，取多当少。嗣后军队驻新，渐渐人心才安。进七月以来，我号上架颇好，逐日净出钱三四百串，刻下实存架本六万五千串之数，得票利五千三百串之谱。”①

这是民国四年(1915 年)，袁世凯称帝那一年，荆沙地区社会不稳定。通过材料可以看出，社会不稳定，人们担心典当被抢，于是抓紧时间取赎。社会稳定下来，人们不用担心了，自然也不急于取赎了。

天气变化有时也会影响取赎，如在某地，民国年间有典当信件言及民国四年沙市的当铺经营：

> 兹叙铺中生意，前日陡起北风，赎取颇佳，是日进钱五百余串此数，日来天道温和，每日净进钱叁百串之谱，另具五合单青电……迩来天道乍变，取赎较先颇多，每日净进钱五百串之数……顺报号中生意，当赎平和，每日净进钱二百余串，皆因天道温和所致。刻下实存架本六万串，得票利六千六百串之数……附报这几日天气温和，以致当多取少，逐日当三百号上

① 《民国四年沙市典当东伙往来信稿》，刘建民先生藏。

下，取四百余号，净进钱壹百余串，另具五合单青照……兹叙铺中取赎，数日内甚为起色，每日取一千一百余号，当二百余号，净进钱一千五百余串。是日天气晴朗，复又松跌，取六百五七号，当一百六七号，净进钱五百余串，另具五合单青览。①

这是九月，天气变冷，人们要穿棉衣，但棉衣在当铺里，必须赎出来。"所幸者数日内天气温和，取赎颇佳，逐日只出钱二百余串，不然，铺存之钱早已用尽矣。"②这是春天，气温上升，人们要换单衣，单衣也在当铺里，必须赎出来。总之，换季的时候，就会迎来取赎的高潮，也反映了当赎转换的频繁。

第四节 过期当物的处理

典当行保管的当物，最后有两个结果，一是被原当户赎回去，二是期满后被典当行出售。这两个结果，当然是被当户赎回去更有利。因为当户来赎当，典当行就会按既定的利率收取利息，收入是可靠的；而期满后出售，结果要依行情而定，有盈有亏，收入是不确定的。所以典当行还是希望当户把当物赎回去，期满处理是不得已的。当铺低价收进当物，过期后再卖出去，看似不等价交换，但因为当铺并不能立即出售当物，而是在期满后才能出售，那时候当物肯定要贬值，所以当铺压低当物的价格实际上是预防当物将来贬值。只有当铺压价的幅度大于当物期满后贬值的幅度，当铺出售当物才有利可图。

宋代官营的抵当所，大量过限不赎的当物，被官府自己消费掉了，但这不是常规做法。崇宁元年(1102年)八月二十七日，太府少卿郑仅言：窃见朝廷岁用金不少，每下诸路和买，不免搔扰，欲乞应内外抵当库出限不赎金，更不估卖，并赴元丰库送纳，以备朝廷支用。所有抵当本钱如有缺少，却于内外户部右曹所隶封桩钱内

① 《民国四年沙市典当东伙往来信稿》，刘建民先生藏。
② 《民国四年沙市典当东伙往来信稿》，刘建民先生藏。

应副。俟金稍有余，即依旧估卖，从之……四年六月三十日，江南东路提举常平司奏：抵当库出限不赎银等，承朝旨依抵当金法更不估卖，赴大观库送纳。政和元年(1111 年)“三月一日，诏：诸路抵当出限不赎金银珠子并有匹绫罗绸绢，令起发赴大观西库送纳，其元当本钱却于本路诸司封桩钱内拨还”。[①] 官府征用了这些过限不赎的当物，但并不是白用，还拨还了本钱。从郑仅的进言可以看出，官府征用这些过限不赎的金银只是因为官府存金不足，不是惯例，惯例是估卖。北宋东京有的民营典当铺的处理方式很特殊：“街东皆酒食店舍、博易场户、艺人勾肆。质库，不以几日解下，只至池闭，便典没出卖。”[②]这是宋代质库进行的一种临时性的典押放贷，故而不按当时一般规则办事。不过把过期不赎的当物出卖已是通行做法，官府征用只是临时变通。当时法律规定：“诸负债违契不偿，官为理索……其收质者，过限不赎，听从私约。”[③]听从私约，就是听从双方的约定，并没有指明具体处理方式。金代官营的典当铺明确规定：“许典七分，月利一分，不及一月者以日计之，经二周年外又逾月不赎，即听下架出卖。”[④]

明代典当对满货的处理，大多是典当铺自己变卖的，一般人经常从典当铺里买现成的衣服穿，明代小说有不少此类记载，如《醒世恒言》记载：卖油郎秦重，在和自己的意中人相会时，“且歇三日生理，到典铺里买了一件见成半新不旧的绸衣，穿在身上，到街坊闲走，演习斯文模样”。[⑤]《二刻拍案惊奇》记载：权学士因为得

---

① (清)徐松：《宋会要辑稿》职官二七之二〇、二三，中华书局 1957 年版，第 2544-2546 页。

② (宋)孟元老：《东京梦华录》卷七《三月一日金明池琼林苑》，中国画报出版社 2016 年版，第 173 页。

③ (宋)《庆元条法事类》卷八十《赏令》，黑龙江人民出版社 2002 年版，第 903 页。按：此条包括质库的“收质”，也包括一般抵押借贷中的“收质”。

④ (元)脱脱：《金史》卷五十七《百官志三》，中华书局 1975 年版，第 1323 页。

⑤ (明)冯梦龙：《醒世恒言》第三卷《卖油郎独占花魁》，人民文学出版社 1987 年版，第 57 页。

到了理想中的妻子，结婚时，“到当铺里赁了一顶儒巾、一套儒衣，准备拜堂”。① 可见当时的当铺，不仅出售旧衣物，还租赁。有的当铺还会把过期不赎的旧衣服批发给小贩，让小贩去销售。据小说《型世言》记载：苏州阊门外开酒店的周于伦，父周楫开大酒坊。隆庆间，父殁，生意不似先日，改了辣酒店，娶南濠南货店钱家女儿掌珠。其母盛氏让于伦出去做事，“与人商量，道买了当中衣服，在各村镇货卖，只要眼力，买得着，卖时也有加五钱……便将银子去当中斛了几注，收拾起身”。② 可见当时也有了专门贩卖典当过期衣服的商人，但是否形成了一个专门的行业，依目前资料还不能肯定。所以连清人也认为直至明末都没有卖估衣者，如乾嘉时代的李光庭说：“若衣服饮食，不鬻于市，指已做成者而言也。即以林亭论，昔年无卖估衣者，今则不但外来之商贩，即质库之不能出脱者，亦零星卖之矣。”③此处所谓“林亭”指顾炎武，他认为；在他以前没有卖估衣者，就应在清代前期以后才有估衣铺了。

到清初，这种专门机构——估衣铺出现了，各地因此还建立专门的行会，至雍正年间还领有牙帖。雍正十三年（1735 年）的律例说：“惟估衣行给有牙帖，每年纳有牙税，应听其安分营生，仍照五年编审例，清察换帖。”④

反映乾隆年间情况的《歧路灯》载：“至于平日所着之裘袍弊衣、内人之锦袄绣裙，不过在义昌典内、通兴当中占了日、月、盈、昃四个号，估衣铺里，卖与赵、钱、孙、李之几家。”⑤此时，

---

① （明）凌濛初：《二刻拍案惊奇》卷三《权学士权认远乡亲，白孺人白嫁亲生女》，人民文学出版社 1996 年版，第 67 页。

② （明）陆人龙：《型世言》第三回《悍妇计去孀姑，孝子生还老母》，春风文艺出版社 1998 年版，第 39 页。

③ （清）李光庭：《乡言解颐》卷三《人部 · 商贾》，中华书局 2006 年版，第 46 页。

④ （清）《大清会典则例》卷十八《吏部 · 清察牙行》，清文渊阁《四库全书》第 620 册，第 390 页。

⑤ （清）李绿园：《歧路灯》第八十一回《夏鼎画策鬻坟树，王氏抱悔哭墓碑》，中州书画社 1980 年版，第 780 页。

估衣买卖成了社会上的一项普通的生意，开估衣铺的也越来越多。清代学者郝懿行记载：

许氏者，招远人，曰珠、曰琳、曰管兄弟三人。俱敦朴，管尤长厚有士行，起田畴，权子母积财十余万……于都城外东珠市口领估衣局，先是局规：凡主计者，一局之人皆受节制，而管当其选，虽兄与弟一无违言焉。方是时都中百货充盈，富商大贾不可胜数，估衣旧分两市，东市为大，天未明便趋市，旬当货物，谓之出摊。管常坐摊为都守……估衣凡五日一庙会，经两会辄一取贯钱，管每会罢，计算所得，大有赢余，亦不知所自来，久之即不复为计算矣。①

郝懿行(1757—1825年)生活在乾隆至嘉庆年间，由其口气看，所记至少应反映乾隆中期以来的情况。此条反映了估衣形成行业的诸多内情，如在北京，有了专门的估衣店——“估衣局”，而估衣行的银钱结算，则采取两个庙会结算的办法。估衣行很重视类似庙会这种商业集中进行的市场。这许家是地主阶级出身，但兼营高利贷，积累资本之后，在北京从事典当、金融及估衣等行业，而且是全家从事此业，而估衣是其家族行业之一。

清代乾隆十四年左右，“据厢黄旗骁骑校徐元荣等呈称，据本旗生员陈来选呈称，生在(奉天城)鼓楼南路两义顺估衣生理，赊得郭瑾宝济堂估衣银七百一十七两五钱八分、郭廷秀源通当估衣银四百八十一两四钱七分、源祥当估衣银三百六十五两五钱七分。生于十月二十四日呈明在案，今将银两凑齐，生于十一月二十四日，在同仁号，有将军衙门委官佐领阿眼同照数收完，并不缺欠”。②陈来选是个生员，有一定的功名，还在奉天城开了这家估衣铺。当

① (清)郝懿行：《晒书堂集》文集卷五《许瑄遗事》，清光绪十年东路厅署刻本，上海古籍出版社，第375页。

② 《黑图档》部来档，乾隆十四年十二月，转引自韦庆远《明清史辨析》，中国社会科学出版社1989年版，第269页。

铺把期满的衣物赊销给估衣铺，而不是现金交易。光绪年间总兵卫汝贵除开当铺外，还设立了允隆衣庄。① 这些估衣商人多被称之为衣客，因经常来往，与当铺形成了一些不成文的交易规矩。估衣铺：以出售寿衣、寿帽、寿靴为主，兼营估衣行销。其货源大部分来于当铺“死号”。每逢二、八月，从当铺买回死号，便按衣服质量分别整理。“丝绸、绫缎之类行销于西路、南路，皮毛及盘金绣花之类行销于京津。”②从此可以得知，当铺每年分春、秋两次，向衣客发卖估衣。有的衣店承买当铺的估衣，因为钱不够，也立下欠条：

> 立交单字人杨恒新衣店，今议到增祥典春盘月、盈、辰、昃、宿、列六字架货一并在内，当面言定，每串当本捌五折九九典钱扣算，又外每串加小贯伍文。其钱现交五佰串，下除陆续付还，定期本年八、九两月一概交清，其钱包送宝典。恐口无凭，立此交单为据。
>
> 中人李文略、胡秉廉。
>
> 经手汪燮芝
>
> 道光十三(1833)年二月二十四日恒新衣庄立。③

这是增祥典铺春季的一次出售过期当物，衣店现钱不够，于是给当铺打的欠条，还找了两个中人。每串当本八五折，看来典铺亏了。

民国四年(1915年)，沙市，“至衣庄生意，门市仍属清淡，就系监邑龚毓卿并周市宗姓，二家贩去四百余串之货，均系归现。毓卿下欠卅余串，已定本底结楚。至此日生并提庄，共售钱七百串之

① (清)张之洞：《张文襄公奏稿》卷二十三《查抄卫汝贵家产折》。续修《四库全书》第510册，上海古籍出版社2002年版，第702页。

② 《汾阳县志资料》第4期。转自史若民等《平祁太经济社会史料与研究》二《平遥当商留存文稿》，山西古籍出版社2002年版，山西古籍出版社2002年版，第542页。

③ 张建民：《湖北天门熊氏契约文书》5—064号，湖北人民出版社2014年版，第871页。

数。若小贩源源而来，衣庄可有望焉。”①由此可见，估衣的销售，既通过衣庄零售，也批发给小贩，而且小贩的销售量可能更大。

典当行出售当物，加价20%或30%，即贯二或贯三，与赎当比较，哪个结果有利呢？我们可以最一般的情况算一下：假如有一件当物原值100元，按通行的值十当五的惯例当了50元。通行的月利二分，二年后期满，赎当要花多少钱呢？利息 $50\times24\times0.02=24$ 元，再加上本钱50元，赎当时当铺要收74元。从这个计算结果我们也可以推知，如果二年后当物贬值25%，出售与赎当就是持平的，即当铺出售当物和赎当获得的收入是一样的；如果当物贬值超过25%，出售就不如赎当获得的收入多。所以当物二年后的贬值率25%就是权衡等候赎当还是出售当物的临界点。而出售当物，当本加价20%或30%，售价就是70元或80元，贬值率在20%到30%之间，与临界点相差不远。也就是说，当铺按这个价格出售过期当物，与赎当的收入大体是持平的。如清末的元吉公当铺，处理过期当物的收益情况就与以上论述大体一致，现据刘建民先生收藏的清单做成表格：

表8-13 **元吉公当历年处理过期当物一览表**

年份	估衣利	估衣本	收益率
光绪二十九年	1701千690文	5155千830文	33.00%
光绪三十年	1417千960文	4647千850文	30.50%
光绪三十二年	973千660文	5124千510文	19.00%
光绪三十三年	1192千410文	4586千200文	26.00%
光绪三十四年	1461千400文	5616千290文	26.20%
宣统元年	1616千10文	4928千730文	32.79%

这家当铺处理估衣的情况比较稳定，最好的年份是光绪二十九年(1903年)，收益率达33%；最差的年份是光绪三十二年(1906年)，收益率只有19.00%。其他年份都在这两个数字中间，比上文

① 《民国四年沙市典当东伙往来信稿》，刘建民先生藏。

论述的一般情况略好。这说明当时过期当物还比较容易处理。

但实际情况经常是，当物的估价经常高于“值十当五”的惯例，而出售过期当物的利润经常不到贯二，所以出售当物实际上不如赎当对典当行有利。如光绪初年，直隶大名一带：“今年估衣实在迟滞，察听衣店生意，去年家家存货赔折，所以今年客少。福盛客来如要不卖，恐其再无别客。现已五月，概无透雨，只得因时出售，头盘货本大钱一千六百余吊，所剩二、三盘随后再定。咱典二三盘估衣，八月廿六日仍售与汤阴福盛衣店，照前六钱贰分。银庄彼时钱盘一千八百二三，合贯利一分贰厘有余。”①这反映出典当铺过期的当物很难出售，已经出售的才贯利一分贰厘，利润有限，远不如赎当有利。

据刘建生先生研究，山西当商习惯于春秋两季各出一次当，出卖时采取两种办法：第一，滚架子，即照号簿照抄出死当的物品，计算原当价格，加价20%或30%不等；第二，按件论价。如出售前，本店员工看到有可买的当物，可以获得优惠，按照低于卖货投标的价格，先行选购。② 第一种方式获得的利润，在当本的20%~30%。如光绪初，直隶大名，“所有典中去年应出三盘估衣，系卖一年通贯，不料南乐廉兴号衣客不顾脸面，出了两盘，将秋盘剩下。及至腊月廿三日，伊又来典商量下年估衣。照此衣客实为可笑，答伊明年估衣不必再提，即出倍利亦不共事。衣客无须说也，实在理亏，恳情了结秋盘③，不要事已如此，只得互换定约了结两清”。④ 从典商的这段通信中可以看出，因为南乐廉兴号买了两盘，剩了一盘，就惹得这个典商很不高兴。这就是说，按照惯例，一旦衣客同意买进，就要把当铺这次所有的出当货物全都买下，不能买一部分剩一部分。徽商出售过期当物的方式也与此类似，现以民国

---

① 《同治十二年正月恒裕典东伙往来信稿》，刘建民先生藏。

② 刘建生：《山西典商研究》第四章第一节，山西经济出版社2007年版，第107-108页。

③ 所谓“秋盘”，即为秋天销售商品所定的某类商品价格。

④ 《同治十二年正月恒裕典东伙往来信稿》，刘建民先生藏。

初年(1912年)安徽地区泰记衣庄的三份承单为例说明:

> 立承单泰记衣庄今承到,
>
> 同福宝典春盘应卖字号共五个,当面言明,照本九三折扣算、外加使费、并不提衣等项,每元加洋七分,订定现兑、不作押包,货物荣枯一概照印,如有伪饰当面剔下。开印之日先交明纹三千两,照市作价,其余之款,俟货印清,如数照兑,恐口无凭立此承单存照。
>
> 又
>
> 立承单泰记衣庄今承到
>
> 同福宝典本年秋盘满货字号共六个,三面言定,照本每元加贯利一角二分,连使费在内一概兑现,不作押包,货物荣枯概行印受,如有伪饰当面剔下,开印之日先交明文三千两,其余俟货印清,如数照兑,共银扣洋每元照市加二厘五毛扣算,订定阴历八月十六日开印,遇期听典另卖,此据,壬子年阴历七月二十二日 立承单泰记衣庄。
>
> 凭中 程瑞珊①
>
> (第三份略)

这三份承单记载的交易细节更详细,衣庄除支付货价外,还要支付一些其他名目的费用,如使费、不提衣等。衣庄可以把假首饰从货物中挑出。开印的时候衣庄要先支付个整数,其余款项待算清后再补。最后一份承单衣庄还要支付定金。

表8-14 同福典处理过期当物表

编号	当铺名称	货号	货价	杂费	整数
1	同福	春盘五个字号	当本九三折	每元加七分	3000两

① 《典业杂志·泰记衣庄承单》,安徽师范大学图书馆藏。

续表

编号	当铺名称	货号	货价	杂费	整数
2	同福	秋盘六个字号	当本每元加一角二分	无	3000 两
3	同春	春秋两盘八个字号	照当本	每元加六分五厘	龙洋 8000 元

通过表 8-14 可以发现，第 1 份承单当铺亏损，但收取的杂费略高。第 2 份承单当铺贯利较高，但没有杂费。第 3 份承单不赔不赚，杂费也居中。由此可见，当时典当出售估衣的利润很多到不了贯二，是很低的。

民国时期，有的地区还是照这种办法销售，民国四年(1915 年)，沙市“惟衣庄之事，十五日怡成和之伙胡姓，执信到铺，谈叙一切，有意购办。是以将我号所存棉夹单衣捲，一并购定。我号之货，已按五百六而定，聚义之捲按六百而贯，共计本利二千零六十余串，言明不日交钱下货。至此元捲尽已脱销，所存俱系架货，务祈遇便，与大诚典道知，是妥”。① 典当遇上这种主顾，就幸运多了。当然，这种大批量的出手过期当物，买家如果不仔细，出现纠纷就难免了，如清末在沙市，“前在宝典搅扰数日，多谢多谢。启者，小记出回之货，才开贰捆，内有章字贰佰六拾九号牌，牌上四件，打开只有三件，祈典查看老账，看老账是何衣服，当本若干，速赐明示。再者，来往账上有某人兑用过钱若干，宝典尚未登账，望祈一并过账，来往相对，此达”。② 这个估衣商从当铺一次买了很多过期当物，没有一一检查，结果回去以后才发现有的当物牌上的件数与实际件数不一致，最后又写信交涉。

到近代，风气日开，服式日新，服装贬值很快，出售当物更加不利。典当铺对服装更新非常敏感，据《申报》报道，宣统二年(1910 年)，“剪发之风日甚一日，势难中止，与其剪后而不免有易

① 《民国四年沙市典当东伙往来信稿》，刘建民先生藏。

② 《清末沙市典商尺牍》，刘建民先生藏。

服之举，何如使人人剪发而服饰照旧，则于各贵行血本所关甚大，望贵东伙一律剪发而不易服，风气自开，渐成习俗，可永无易服之事，是各贵行之善自为谋莫要于此，幸弗迟误为盼”。① 这是清朝灭亡前，社会上流行剪发易服。典当铺担心易服后，他们收当的那些旧衣物就更难以出售了，所以他们两害相权取其轻，同意剪发，不同意易服。

最后，我们根据刘建民先生收藏的当铺清单，研究一下民国时期处理过期当物的收益。

表 8-15 **民国时期山西灵石县裕庆当历年处理过期当物一览表**

单位：元

年份	处理估衣本钱	收入	收益率
民国十六年	325.4	200	61.46%
民国十七年	800.9	155	19.35%
民国十八年	3169.05	300	9.47%
民国十九年	2090.75	407.55	19.49%
民国二十年	234.75	120	51.18%
民国二十一年	1111.2	228	20.52%
民国二十二年	990.5	204.25	20.62%
民国二十三年	8836.7		
民国二十四年	1860.8	372.16	20%

通过分析上表可以发现，这家典当历年处理过期当物的收益率高低相差很大，说明处理过期当物的收入很不稳定。民国十六年(1927 年)就有过期当物出售，可见这家当铺开业的时间更早，否则不会有过期的当物出售，这一年处理过期当物的收益率最高。民国二十三年(1934 年)处理的当物最多，取得的收入最少，可能是

① 《申报》13627 号 1911 年 1 月 12 日《典当衣庄小押各行同鉴》。

这一年处理过期当物产生的收入太少了，伙计们自己支配了，没有入账，正好收回本钱的可能性不大。

当时，有的城市还有买卖旧货的市场，典当铺便雇佣人手带着过期的当物去出售。清乾隆四十年(1785 年)，“王翁，以缎肆起家，人呼为缎子王。翁京师旧家子，习书算，少孤露，遂流为丐……庙市者，隆福、护国诸寺各有市，百货云集，典肆缣帛之属，期满弗赎，别有人售于市。市列摊职此者，月俾数金酬其劳。翁司此，和气迎人，售速而利三倍”。① 文中隆福寺、护国寺就有这样的市场，王翁就是受当铺雇佣而出售过期当物的。据李国俊研究，近代苏南地区，已经出现了专门的估衣销售市场，上海成为全国高级满货销售中心，苏州也有好几处估衣销售地。②

由杨现华的硕士论文所论可见：杭州典当通过自设衣庄出售满货，对民国前期杭州典当业的平稳发展起了积极的推动作用。他统计了杭州的部分衣庄，做成了表格，现引用在下面：③

表 8-16 **1931 年杭州部分典当衣庄数据表**

编号	店名	人数	资本(元)	营业额(元)	备注
1	永　济	7	5000	30000	永济典设
2	裕　隆	15	5500	28000	裕隆典设
3	同　济	8	2000	28000	同济典设
4	聚　源	14	3000	28000	聚源典设
5	裕　通	7	4000	20000	裕通典设
6	同　吉	11	2000	20000	同吉典设
7	善庆祥	11	3000	20000	善庆典设

---

① (清)陶梁：《蛙阶外史》卷二《缎子王》。《笔记小说大观》2 编 2 册，新兴书局有限公司 1978 年版，第 9-10 页。

② 李国俊：《近代苏南典当业资本经营分析》第三章《近代苏南典当资本的运作》，苏州大学 2005 年硕士论文，第 47 页。

③ 杨现华：《民国时期杭州典当业研究》，浙江大学 2007 年硕士论文，第 24 页。

这些衣庄的名字与所属典当保持着一致，说明典当非常重视自己的商号品牌。

总之，近代估衣销售的渠道更多了，也更畅通了。典当铺只有及时把过期的当物销售出去，才能尽快收回被占用的资金，再投入到收益更高的方向。所以估衣业与典当业的关系很紧密，是典当业资金得以顺利循环的重要一环。

当然，也有的当铺并不把过期的当物出售，而是做慈善："宋国祥，字履吉，弟国祐，字天吉。兄弟承先业，立质库于汉上。典中立规，以先一年十一月朔起，次年十月晦止，凡布绵袄裤无论男女大小，限满未经赎取者，概不许鬻于市。每岁冬寒，令董事者率典众，计簿所存，如数检出，运至廊下。男者东，女者西，小者无论男女杂陈庭下。自地而层累之，以至于檐。命厮役左右侍，中设一席，兄弟同座。启门，寒无衣者老少接踵入，男举东者与之，女举西者与之，小儿举庭下者与之。暮无人始闭门，或三四日，或五六日，以衣尽而止。行之数十年，家中落，不悔也。"①这兄弟二人经常把自己当铺里过期的衣物送人，最后家业衰败，说明这种慈善行为偶然做一次还可以，如果当成经常的业务大规模地去做，当铺是吃不消的。

第五节 通货运用的制度

我国历史上任何一个时期都不是只有一种货币，而是通行两种或两种以上货币。在典当的早期阶段南北朝时期，货币流通并不太广泛，当时的货币除铜钱外，还有谷帛。在封建经济高度发展的唐代，有的地区还以绢作为一般等价物。宋代随着商品经济的发展，实物货币终于被淘汰，但宋代除铜钱外，还有铁钱，后来又出现了纸质的货币——交子和会子。明清时期白银开始广泛进入流通领域，但民间小额交易还离不开铜钱。后来，美洲银元流入我国，因为价值比铜钱高，又不像银子那样分辨成色、称量重量，所以很快

① 侯祖畬：民国《夏口县志》卷十五，民国九年刻本，第827页。

在我国流通起来。当然还有纸币，除大明宝钞、顺治宝钞、咸丰官票之外，至少康熙后期开始，民间纸质票帖大量运用，从而极大地改善了货币供应。

清前期，因为对外贸易顺差明显，境外白银大量流入我国；同时因为清代前期人口猛增，城乡居民的小额商品交易及赋税交纳均须铜钱，铜钱的需求量大增，所以这个时期出现了银贱钱贵的现象。后来因为鸦片输入，对外贸易发生逆转，我国白银大量外流，造成了银贵钱贱的局面。清末五十多年，因为铜价上涨，铸钱亏损，官局停止铸钱，因而导致市面上铜钱减少，引起铜钱价格上升，银价回落。① 这对发展经济是不利的，但有的店铺也利用这个机会，为自己牟取更大的收益。而封建国家为了维护自己的统治，也会制定各种货币政策，这样店铺和政府之间便形成了一种矛盾斗争互动关系。一方面，店铺要适应封建政府货币政策的变化，为自己谋取最大的收入；另一方面，政府也不会完全漠视店铺的利益诉求，而是在平衡各种利益后，不断地修改、完善自己的货币政策。在这种互动中，由于典当业的银钱交易频繁，所以表现得比较活跃，对于交易货币交易市场影响相当大。

典当收进当物，要支付当本，赎当时要收回本利，如果从当到赎的时间内两种货币的比价发生变化，即使数字计算得完全正确，典当也会产生额外的收入或亏损，这种现象早在北宋时就产生了。北宋时期有的地区是铜钱和铁钱并用户。

> 河东用钱，铜铁二品均等，铁钱轻又盗铸者多，诏变其法，以铁钱三当铜钱一。百姓夺货失业，市井喧噪。经略使郑公集众官谋之，君曰：小民失职无聊，宜使人往慰之耳。郑公使兵马都监谢云行出谕之，民因求见太尉。既入，郑公捕其唱率者，将刑戮之。百姓皆哭，君曰：民以无聊故愿见公，公重困苦之，众怨且怒，将不可解。郑公乃止，君又曰：兼并之家典质钱旧出十，乃今偿三十，何厚幸也？而贫民失业，又两倍

① 吕臻：《清代钱价的历史演变》，中央党校 2005 年硕士论文。

输，此其所以患新法之变耳。今使以旧数偿，虽不利兼并之家，可以悦众。从之。①

从中可以看出，政府规定三个铁钱当一个铜钱用，赎当时当户便要支付三倍的铁钱，这对质库是明显有利的。当然，当户受的剥削会大大加重，所以发生了民变。并州知州皇甫鉴力劝经略使郑戬，为了平息民愤，还是以原来的比价赎当，典当最终也没有占到便宜。北宋时期由于财政紧张，经常滥涛铜钱，崇宁年间又铸造当十大钱。后来因为通货膨胀，又把当十大钱改为当三流通。

崇宁初，行当十大钱，秤重三小钱。后以币轻物重，今令东南改为当五钱，轻于东北。私铸盗贩不可禁，乃一切改为当三，轻重适平，然后定。是时内帑藏钱无算，折阅万亿计。京师一旦自凌晨，数骑走出东华门，传呼里巷，当十改为当三，顷刻遍知。故凡富人无所措手，开封府得旨：民间质库，限五日作当十赎质。细民奔走趋利，质者不堪命……有巨豪善计者，至官限满，自展五日，依旧作当十赎质，大榜其门，朝廷闻而录赏之。②

典当以当十大钱支付当本，赎当时以当三收回，肯定会大赚一笔，当然当户会吃大亏，所以当户都争着在大钱贬值前赎当。

纸币交子、会子出现以后，由于没有足够的担保，其信用很低，贬值是不可避免的，③ 赎当时发生的纠纷会更多、更复杂。所以当时政府规定："独有民户典买田宅，解库收执物色，所在官司则与之参酌人情，使其初交易：元是见钱者，以见钱赎；元是官会

① （宋）刘攽：《彭城集》卷三十八《故朝散大夫尚书虞部郎中致仕上骑都尉皇甫君墓志铭》，文渊阁《四库全书》第1096册，第371-372页。

② （宋）朱彧：《萍州可谈》卷二，上海古籍出版社2012年版，第40页。

③ 政府有时投入铜钱回收纸币，以提高其价值，即对铜钱的比值，当时称之为"称提"。但政府掌握的铜钱往往有限，效果不是很佳。

者，以官会赎；元是钱、会中半者，以中半赎。自畿甸以至于远方，莫不守之以为成说。"①当户在质钱与赎当之间的时段内，会子很可能贬值，如果典当以会子支付当本，赎当时要铜钱，典当就会大赚一笔，而当户就会吃大亏。

政府为了平衡典当与当户双方的利益，才制定了这样的规定。所以，当与赎必须使用同类的货币，便成为后代奉行的规则。乾隆十六年(1751 年)，"开化设有生息当铺二处，因原定以钱一千一百文，作银一两，出入之数与市价高低不一，恐有亏折，概不当钱。兵民不乐赴当，遂至生息不敷。现搭换制钱二千余串，银出银入，钱当钱赎，原本无碍矣，赏赉亦敷。"②典当业自身也采用这个规定，如光绪二十一年(1895 年)宿松县的同昌典规定，"当货应制钱银洋各从其便，钱当钱赎，银当银赎。银钱出入概以曹(漕)平足色，制钱足百为准。当钱当银，悉听当户之便，不得稍有抑勒，以免争较"。③ 清末庆王奕劻整顿北京的典当业，规定："一律无论用银、用钱、用大小银元，均以满足数目计算，不得有九八扣名目。当银以银赎，当钱以钱赎，当银元以银元赎，毋得折抵，两有吃亏。"④

至于纸币，流通得时间长了便会破烂，从而引起纠纷。元杂剧《施仁义刘弘嫁婢杂剧》记载：刘弘祖宗以来所积家财万贯，家开解典库，由刘弘之妻侄王秀才掌管，刘弘本意是要"赈人之贫波，周人之急"，但王秀才掌管解典库，"去那解典库中，治下许多的弊病"，表现在业务经营的方方面面，其中之一便是：典时将烂钞

---

① 《名公书判清明集》卷之九《户婚·取赎》《典买田业合照当来交易或见钱、或钱会中半收赎》，中华书局 1987 年版，第 311 页。

② 《清高宗实录》卷三九九，中华书局 1986 年版，第 259 页。

③ 《光绪二十一年宿松县下仓埠同昌典榜规》。转引自王裕明《明清徽州典商研究》第一章，人民出版社 2012 年版，第 42-43 页。

④ 甘韩辑：《皇朝经世文新编续集》卷十庆王等《商政·拟奏整顿当商章程》，光绪乙未石印本，《近代中国史料丛刊》第 79 辑，文海出版社 1951 年版，第 797-798 页。

强揣与人家，赎时却强要“料钞”；其次，将赤焦金化作“淡金”。[1]清代当铺不但使用，还发行纸钞，如在黑龙江地区：“乾隆初年，呼兰通用纸帖，向来用银，以银贵质重难于剖析，制钱既缺，遂藉纸帖为交易。自后烧锅有帖，当铺有帖，小本商户亦往往有帖，帖皆用钱，亦谓之花帖。”[2]因为银子价值太高，不适合小额交易，制钱又短缺，所以黑龙江地区的当铺使用了纸帖。清代多数钱帖制作比较简陋，又在票面随便书写使用情况，故而污损问题当亦存在，当然典当是否拒接、或者强制塞给典户，则还缺乏材料证明。

当赎使用同类货币，还是不能解决问题，因为当时的银子种类很多，成色高低不一，“昔年典铺中当物者，分文皆纹银，今亦有不足色者，且用层色搭头矣；细丝之外，巧立名色，有吹敲、青丝、水丝、水工、茶花、橘汁、披白、飞白、紫盖、火盖、半盖、紫搭三钎、钓铜、钓铁，糁沙、糁铜、竹叶煎饼、吹灰煎饼，虽不足色，勉强可用。近日有以药煮铜，名曰兑头，俨然细丝，而下炉即化为乌有。每见乡人卖货物，妇女卖绵纱者，往得赝物，惟有痛哭而已。”[3]银子的种类竟这么复杂，成色也是参差不齐，吕臻的论文里列出了一个总标准，即纯银(100%)、足银(大于等于 99%)、纹银(大于等于 93%)、标准银(大于等于 90%)。而且，银锭、银块的铸造，政府不加干预，顺其自然。[4] 可以想象，当时银子是多么复杂的货币。

典当利用银子成色高低，牟取重利的现象非常普遍。以至于在明代小说中有相当多的记载。据明初成书的《三遂平妖传》反映：

---

① 《元曲选外编》第三册《施仁义刘弘嫁婢杂剧》，页 808。按：其他的弊病还包括：(3)把“好珍珠”写作“他蚌珠”；(4)一领“簇新”的衣服，昧着黑心，在“解帖”上写成是“原展污了的旧衣服”；(5)解典库规矩是五日一过，便须一个月利钱。王秀才便以各种借口拖延至第五日，以取一月利钱等。引文中凡带“”者皆为原文。

② (民国)张伯英：《黑龙江志稿》卷二十一，民国二十一年本，黑龙江人民出版社 1992 年版，第 976 页。

③ (明)李绍文：《云间杂识》卷六，中华书局 1991 年版，第 27 页。

④ 吕臻：《清代钱价的历史演变》，中央党校 2005 年硕士论文。

"又有曾在解库内吃过亏的，便道出戥轻、入戥重、假纹出、真纹入，世间只有当典当的欺心，只愿一个个像胡家老儿现世受报"。①稍后的徽商卫朝奉在南京开典当也是这样，"初到南京时，只是一个小小解铺，他却有百般的昧心取利之法。假如别人将东西去解时，他却把那九六七银子，充作纹银子；又小小的戥子称出，还要欠几分兑头。后来赎时，却把大大的天平，兑将进去，又要你找足兑头，又要你补勾成色。少一丝时，他则不发货。又或有将金银珠宝首饰来解的，他看得金子有十分成数，便一模二样，暗地里打造来换了。粗珠换了细珠，好宝换了低石"。② 娇大户在苏州开典当，使用这样的手法剥削当户，"你自开解库，为富不仁，轻兑出重兑入，水丝出，足纹入。兼将解下的珠宝，但拣好的都换了自用，又凡质物值钱者才足了年数，就假托变卖过了，不准取赎。如此刻剥贫户，以致肥饶"。③

清初，"金坛当质铺俱系徽商，典利三分，银水戥头，几及五分。"④银水戥头，就是典当上下其手的名词。有的当铺的剥削手法更明目张胆："纹银使用，此是正理是王法。乃今之世，刁为低假成色，曰逼火、曰铅丝、曰吊铜、曰摆锡者种种，各色无不为之。乡村人货卖一物，皆用是成色与之，其完官赎当，又须倾过而后可，小民其何以堪之？今当铺中亦以此成色与之，及其赎取也，又欲勒其加增，此真无人心之甚者。"⑤这里的当铺不仅在银子的成色、戥子上耍心机，有时还直接让赎当的当户添加，剥削手法更明目张胆。

---

① (明)罗贯中，(清)冯梦龙：《平妖传》，吉林文史出版社1998年版，第14页。

② (明)凌濛初：《拍案惊奇》卷十五《卫朝奉狠心盘贵产，陈秀才巧计赚原房》，人民文学出版社1991年版，第250页。

③ (明)冯梦龙：《警世通言》第十五卷《金令史美婢酬秀童》，人民文学出版社1956年版，第206页。

④ (清)计六奇：《金坛狱案》，《中国野史集成续编》第27册，巴蜀书社2000年版，第719页。

⑤ (明)姚舜牧：《来恩堂草》卷十五《论事编》，明刻本。

那么，典当因为不同货币比价升降产生的损益，是怎么计算及进行会计登记的呢？据刘建民先生收藏的《立账簿头绪》里说：

> 典铺出进繁多，自有一定钱价，其资本充足者，更有坐钱价以留后日地步。然不明升垫之法，则于何处措手？今开列于左：凡作钱价，或原以六合钱，今要下为五钱几分；或原以五合钱，今要下为四钱几分，总要明递坐之法。如系银本，将旧管所列借外钱，先以原钱价合银，再以今钱价合银，从原钱价所合之项下，除讫今钱价所合之项，下余之项名为应升。将新收所列各钱款，亦照前算，下余之项名为应升。将开除所列各钱款，亦照前算，下余之项名为应垫。将实存所列各钱款，亦照前算，下余之项亦为应垫。打上应垫若干，除讫应升若干，净应垫钱价银若干。若是钱本，则将旧管所列借外银若干，即以今坐钱价若干合钱，再以原钱价合钱，从今坐钱价所合之项，除讫原钱价所合之项，名为应垫。将新收所列各银款，亦照前算，下余之项亦为应垫。将开除所列各银款，亦照前算，下余之项名为应升。将实存所列各银款，亦照前算，下余之项亦为应升。打上应垫若干，除讫应升若干，净应垫钱价若干。其项或从所得钱价利内暗扣，或从开除末撇除，均是通法。

历史上的典当，在交易的过程中，广泛使用两种以上的货币，其比价变动就会带来收益或损失。这与现在计算汇总损益的方法是一致的，应升相当于汇兑损益的贷方，应垫相当于汇兑损益的借方。从中可以看出，在钱价下降的情况下，典当记账区分了两种情况，一种是以银子为记账单位的典当，另一种是以铜钱为记账单位的典当，计算方法相反。应升就是升值，应垫就是贬值。两类不同的账户，计算方法是相反的，其中旧管和新收属于一类，计算方法一致；开除和实在又属于一类，计算方法一致，而两大类的计算方法恰好相反。下面把文中谈到的现象做成表格，更容易明白。

表 8-17 **钱价下降产生的损益表(银本位)**

科目种类	数字变化	文中名称	与汇兑损益对应方向
旧管	下降	应升	贷方
新收	下降	应升	贷方
开除	下降	应垫	借方
实在	下降	应垫	借方

表 8-18 **钱价下降产生的损益表(钱本位)**

科目种类	数字变化	文中名称	与汇兑损益对应方向
旧管	上升	应垫	借方
新收	上升	应垫	借方
开除	上升	应升	贷方
实在	上升	应升	贷方

具体到一家当铺而言，只能有一种记账单位，即只能有一种本位币，不可能两种都用。所以一家当铺只会用到上面一张表格，不会用到两张。

典当与当户之间因为银子成色，时常发生纠纷，《申报》记载了两个例子，其一：光绪元年(1875 年)，在宁波，

> 宁之芳嘉桥有王姓者，一贫澈骨，四壁萧条，逋负之多几如山积。近以天气渐寒，夜殊瑟缩，特多方借得洋银一元，向典铺赎取棉被。典伙以来洋成色稍次，令之掉换，王谓此洋亦系友人从某典而来，何得挑剔？因是彼此争闹，而路过者亦闻声入视。内有张姓者，王本欠伊一元，屡索无归，今见王与典伙争执，便上前问曰：银色究竟如何，且拿来我看。乃甫及上手，便谓赎当虽不可，而还账却可，我收去矣。言毕往外飞跑，王追之，已去远不及，惟浩叹而已。①

---

① 《申报》1081 号 1875 年 11 月 3 日《赎被》。

其二，光绪九年(1883年)，

练军亲兵四棚分扎镇宪署旁。上月初九日，有亲兵某甲以衣服数件，在大南门内某当铺质洋三元，又钱数百。厥后该兵将洋蚨托人看视，始知其中有一铜洋。该兵遂往调换，而柜伙答以经手之人他出，明日方能返典，汝欲换洋，须明日再来。及至次日，该兵复往换洋，而经手之伙初犹抵赖不认，继因言语矛盾，方以好洋对换。该兵不胜忿忿……而柜伙以其当面詈骂，竟诬以白日抢劫，遂即纠同伙友并出栈等数十人将该兵围住乱殴，遍体皆伤。该兵回署禀明镇宪，恳请验伤。张军门见此情形，饬弁往查。其时该典主已悉伙友理亏，遂邀某钱庄出为理处，先将该兵挂红用舆送回驻所，一面延请医生医治，一面许以酒筵服礼。其事遂寝。①

可见，此次纠纷还引起了斗殴，差点因此出了人命血案。

面对典当轻出重入、上下其手的情况，封建政府开始干预。康熙四十二年，苏州规定："其当赎银色，若纹出纹归，在典商倾熔固易，而小民零星取赎，□□不便。今等量以九八颁给，较准官法，出入一体，则轻出重入，银色混淆之弊，似可永绝矣。"②湖南也有这样的规定：

当铺之肥进瘦出、按日加三宜禁也。当铺之设，原为穷民之家通融缓急，每月加三起息，限满变价作本，此定例也。近查各属当铺，名曰加三，除本月之外，有一日二日零期者，亦算一月扣利。旦出银不过九四、九五，每两必轻三分、二分；进银则要十分足色，每两必重秤三分、二分。是名虽加三，实则加四、加五，牟利剥民，甚属违例。该府宜出示严加禁饬，

① 《申报》3790号1883年11月9日《东瓯琐志》

② 《明清苏州工商业碑刻集》第九目《金融典当业·常熟县议定典铺取息等事理碑》，江苏人民出版社1981年版，第187-188页。

> 嗣后须银色戥头，出进如一。其扣算月日，有过十日之外者方许索利，不及十日者不许节算，庶使无计穷民，得免一分尅扣，即省一分物力也。①

黎平府规定："为此示仰该当商等知悉，自示之后，该铺所当各物，务须遵用足九八银色，出进一律，毋得再以低潮银色行用。其有日前当出低潮之银，取当时准以每两折净九八银扣算取赎，毋得刁难措勒。如有阳奉阴违，一经查出，定行按律提究不贷。各宜凛遵，毋违。"②这都是规定，典当银子的成色，出入要一致。

有的地方规定得更进一步，连称量银子的戥子都要管制。如在湖南，"典当出入一两以下，概用满串钱文，不许扣抵；一两以上听用库平纹银，其银色戥头，毋许高下轻重。责令各州县较准制戥二把，发给称用"。③ 这是由官府下发较准的戥子，强令典当使用。江西则禁止典当进出使用不同的戥子，乾隆十四年(1749 年)，"两江总督黄廷桂奏：江右省城典铺质物，皆用银，不用钱，缘用银则平色出入，易于巧取。应令一两以外者仍用银，一两以内者均用钱。再典铺多用两戥，应行禁止。得旨：不如听民便之为妥耳。且各省因用钱不用银而钱贵矣，今江西又勒令用钱不用银，则钱不愈贵乎？但禁其两戥剥利者可也"。④ 清代全国所用的称量银子的平码有一千多种，主要有库平(政府税收)、漕平(漕粮折色)、广平

① 吕肃高：乾隆《长沙府志》卷二十二《政绩檄谕知府条规》，成文出版社有限公司 1976 年版，第 543 页。

② (清)常恩：《安顺黎平府公牍·道光二十七八年安顺黎平府告示稿·为严禁行使低潮银两事》。《明清法制史料辑刊》第一辑，第 21 册，国家图书馆 2008 年影印本，第 209-210 页。

③ 《湖南省例成案》卷三十三《户律·钱债·违例取利·典当每年十二月初十日起至正月初十日止一月以二分息向赎》。《中国古代地方法律文献》丙编第 3 册，社会科学文献出版社 2012 年版，第 299 页。

④ 《清高宗实录》卷三五二，乾隆十四年十一月庚戌，中华书局 1986 年版，第 13 册，第 860-861 页。

（对外贸易）、关平（海关税收）、公码平（市场汇兑）五种。[①] 如果政府不把这些平码统一了，只是规定典当出入不得用两戥，实际上等于一纸空文。因为当户赎当时，没有人注意到典当前后使用的戥子的不同，即使当户意识到了这个问题，恐怕也难以记得典当当初使用的戥子是什么样的。再说，两把戥子之间的差别，一般人也难以看出来。有的地方官针对典当银钱运用，规定银钱比价，“彭家屏，字乐居，一字青原，河南夏邑人。康熙六十年进士，乾隆六年，由湖南按察使擢江西布政使。时江西私钱盛行，荇叶鹅眼，贯长不盈二尺，民患苦之……质库违禁渔利，痛惩其尤者，大书市门，金一两，准钱一缗。及质毋阻，行列郡，以为式”。[②] 因为历史上的典当的当户主要是穷人，对穷人支付以小额的铜钱为主，所以规定了银钱比价，就降低了典当对穷人的剥削。道光年间，针对有的典当因为银贱钱贵只准当银，希望取赎时银价上升而牟取重利的行为，江苏地方官李璋煜又规定：“嗣后民间典当衣饰什物，无论当本多寡，或银或钱，均听其便，不得于银贱钱贵之时当银而不当钱，抑勒居奇。如敢故违，一经访实，或被告发，本署司定将该典当商人及雇伙一并提案究办，分别治罪。”[③]

清末，银两制度趋于崩溃，货币的种类更多了。光绪十五年（1889 年），两广总督张之洞在广东设厂铸造银元，俗称“龙洋”。龙洋起初在东南沿海通行，后来流传到内地，成为清政府自铸银元的开始。此后各省群起效仿，数量过剩。光绪二十六年（1900 年），李鸿章在广东开始铸造铜元，由于式样精巧，民间乐用，获利极大，各省相继仿造，从而引发了铜元的滥铸。这些各省铸造的银元、铜元，成色、重量都不相同，互相抵制，十分混乱，直至清朝灭亡。[④] 有的地区用钱筹，光绪二十三年（1897 年），“苏垣制钱短

---

① 吕臻：《清代钱价的历史演变》，中央党校 2005 年硕士论文。

② 曾国藩、刘坤一：光绪《江西通志》卷一百二十八，光绪七年刻本。此处所谓“金一两”，应即是银一两，第 10612-10613 页。

③ （清）李璋煜：《视已成事斋官书》卷五《禁抑勒典当示》，《古代榜文告示汇存》，社会科学文献出版社 2006 年版，第九册，第 367 页。

④ 吕臻：《清代钱价的历史演变》，中央党校 2005 年硕士论文。

绌，小民受苦不堪。藩宪聂方伯目击时艰，设法补救，虽经开炉鼓铸，而所出无几，仍不能周转充盈。爰于上月某日，与典业董事潘君济之商，令各典当通用钱筹，似于市面不无小补。潘君唯唯而退，即将宪谕遍传各当铺，概于六月初一日起间用钱筹。现在省城内外大小当铺皆已遵谕通行矣”。[①] 典当通行的钱筹，与民间使用钱帖一样，政府本来是不加以干预的，此处鉴于钱币不足，官府鼓励用钱筹，只能算是无可奈何之举。同时推行官府钱铺发行的钱票，在江西光绪二十八年(1902 年)，布政司晓谕："尔等须知官号钱票系为利国便民起见，嗣后凡有街市交易、买卖货物、取赎典当，务须一律行用，不准刁难阻挠。各该当铺亦不准巧立名色，另补贴水。如愿支取现钱，任听持赴官钱号凭票兑发，决无留滞。"[②]

清末虽有银元、铜元之铸造，亦允许各金融机构、甚至民间商铺发行纸币、钱帖，但同时作为称量货币的银两仍然能用，而银价的大起大落，波动频繁，给中国的进出口业务、外债借贷和偿付等，带来莫大的汇率风险，中国成为世界贬值白银投机的乐园。[③]

面对这种混乱局面，各地典当开始改变习惯，适应所在地货币市场规则，尽量运用本地通用的货币，清江浦的典当本来习用制钱，后来开始采用铜元，光绪三十一年(1905 年)，

> 清江浦典商公济艺、永履祥、暨钱庄盈盛等，联名至总办江北商务淮扬海通海道署中具禀，大旨谓商等在浦开设典当钱庄有年，出入均以制钱为主。近年制钱短绌，苏宁铸造当十铜元以救钱荒，法良意美。惟袁浦市上铜元或有或无或多或少，致钱价长落无定，且与制钱不同，非惟商等典中不用，即各钱庄亦不克通行。现闻江淮巡抚恩宪已奏准在浦设局鼓铸……自此铜元与制钱无异，制钱票可取铜元，铜元票可取制钱，一切

---

① 《申报》8698 号 1897 年 7 月 5 日《行用钱筹》。

② 《申报》10639 号 1902 年 11 月 29 日《维持圜法》。

③ 吕臻：《清代银钱比价研究》，中央党校 2005 年硕士论文。

典当钱庄及钱粮公款皆准用等语。①

可见，他们相信铜元数量充足，币值稳定。宁波的典当开始以银元核算，光绪三十一年，“宁郡典当向章，质典货物进出一律均用制钱，票上填写钱数，洋价长短随时随市而定。现有巨商王月亭开设同大典当，邀集同业拟将进出钱数改作洋数，质物亦以洋数而计。各贫民闻之，现已遍贴谤词，并闻有多人联名禀控当道，谓此事若果议定，必致激成众怨云”。②

过去赎当以制钱计算，现在改用银元，当钱贱银贵之时，当商肯定会大赚一笔，当户肯定吃亏，所以有意见。苏州典商也要求改用洋银估价，光绪三十一年(1905年)，

> 日前苏州府属福泰、同昌等，松江府属鸿裕、恒大等，常州府属济丰、济恒等各典当公禀抚藩臬三宪，略云典铺质物，从前类以银数估价，故质票书几两几钱字样。迨洋元流行，民间往往不用银而用洋，估计当本遂专以制钱为衡。其当本较多之户，率以银洋合钱，而零星质户则仍复用钱。自光绪甲午以来，制钱日缺，钱价渐涨，每洋一元仅止易钱八百数十文，各省鼓铸银角以辅制钱之不足。乃银角日多，制钱仍见其少，由是当赎货物悉以洋元银角使用，折合时价出入已多参差。近来铜元充斥，洋价骤涨，从前当货之时每洋一元合时价八百数十文或九百文者，今取赎时每元作钱一千文矣，作钱一千数十文矣。贵当贱赎亏折匪细……现经商等公同集议，除已经当存之货不计外，嗣后当铺质物概以银洋估价……庶于典商不致有亏，于质户亦并无所损云云。③

① 《申报》11490号1905年4月15日《典商禀请制钱、铜角一律通行·清江》。

② 《申报》11492号1905年4月17日《宁波》。

③ 《申报》11700号1905年11月11日《典商禀请以洋银估价·苏州》。

洋价上涨，铜元跌价，典当为了免于亏损，决定改用银洋核算，但当户要吃大亏。当然，典当改用洋码的过程也不是一帆风顺的，有的典当还观望，

（清末，上海）国家自铸铜元之后，其成本每枚四文几毫。其时洋价每元八百数十文，预料典业之亏耗，恐有歇业之忧。公泰典业，各处之典架本二百万串，后竟亏耗六十万串，以致公泰收歇。当邀同业会议，改为洋码。当时典质七十家，签允者只有九家愿改洋码……余经理四典，架本七十万串，改洋码后，核计约余十余万串。而同业不改洋码者，阖邑亏约七八十万串……他县亏耗破家者甚多。①

上海七十多家典当，当初只有九家同意改用洋码，结果亏损严重。

民国初年（1912 年），湖北沙市一带又出现了纸洋：

纸洋一项，按由旅长所批，铜元当者铜元赎，纸洋当者纸洋赎，可谓平允切当。愚意典质当出，断无纸洋，荆沙典质，即可不用吃亏也……其所最注意者，在纸洋一项，乃三事中之正主也。是以一则曰纸洋定价壹千贰百，遂有奸徒因以为利，当钱三百，来赎时勒找九百云云。再则曰现每典质，每人当赎三百，持三四票者甚众，勒找铜元恃强逞凶，店伙横遭侮辱，已属忍无可忍……他县纸洋有无，是否被害，未知其详，姑且勿论，而我松滋四典，现无此害，为人出笨，代人摊钱，岂非一大憾事乎。②

从材料可以看出，纸洋即是一种纸币，一元纸洋规定换一千二百铜钱。松滋的典当以没有纸洋为由，抵制这个命令。

---

① 余鲁卿：《经历志略·杂记四十三》。转引自王裕明《明清徽州典商研究》的附录，人民出版社 2012 年版，第 559 页。

② 《民国某年正月沙市典当东伙往来信稿》，刘建民先生藏。

第九章

中国典当业的兼营业务

多种经营是我国古代商人的一大特色，典当商人也不例外。为了赚取最大的利润，典当除了经营“以物质钱”这一主要业务以外，还会参与其他一些经营活动，兼营其他的业务。我国古代典当商人兼营的业务主要有谷典、存款、信贷等，其功能是全而混杂的。

第一节 谷 典

所谓“谷典”，亦称“谷当”、“谷押”，据清代辛从益说：“民间向有私开谷押者，贫民得以物质谷，以谷典钱，其事甚便。”①这就是说，谷典业务可从两个方面来看，从“谷押”这个经营主体看，是以物质谷；从顾客方面看则是以谷典钱。谷典在历史上存在的时间相当悠久。

① （清）盛康：《皇朝经世文续编》卷四十三《户政十五·仓储·论官理质谷疏》，光绪二十七年石印本。

一、从以物质米到专门的“谷典”、“谷押”

以物质谷作为一种偶然的抵押借贷行为，至少南北朝时期就大量见诸史籍。① 唐末五代时的敦煌，此类借贷也盛行，有借贷契约云：

其一，“卯年(823年?)正月十九日，曷骨萨部落百姓武光儿，为少年粮种子，于灵图寺便佛帐麦壹拾伍硕，其车壹乘为典。限至秋八月十五日以前送纳足，如违限不纳，其车请不著领(令)六(律)，任寺收将。其麦壹斗，陪为贰斗。如身东西，一仰保人五娘等代还。恐人无信，故立此契，书指(纸)为记”。

(下略)

其二，“巳年(837年)二月六日，普光寺人户李和和为(少)种子及粮用，遂于灵图寺常住处，便麦肆汉硕、粟捌汉硕，典二斗铁铛壹口。其麦粟并至秋八月内纳足。如违限不还，其麦粟(请)[倍]，仍任掣夺家资等物，用充麦粟直。如身不在，一仰保人等代还。恐人无信，故立此契，用为后验”。

(下略)

其三，“癸未年(923年)五月十六日，平康乡百姓彭顺子乏少粮用，遂于高通子便麦两硕，至秋肆硕；便粟两硕，至秋肆硕。只(质)典紫罗郡(裙)一要(腰)。若身东西不在，一仰口承人妻张二娘子面[上]取物交纳。恐为无信，立此文书”。②

这里，第一例以一辆车当了十五石麦子，第二例以铁铛一口当了麦子四石，第三例以紫罗裙一腰当了麦两石、粟两石。这几例谷

① 如以上所引北魏时清官羊敦，生活很俭朴，“遇有疾苦，家人解衣质米以供之”。见(北齐)魏收：《魏书》卷八八《良吏·羊敦传》，中华书局2017年版，第2069-2070页。

② 《敦煌法制文书》契据，《中国珍稀法律典藉集成》甲编第3册，科学出版社1994年版，第918-953页。

典都有保人，利率也不清楚，是发展还不完善的结果。

从宋代开始，这种以物质谷行为更为普遍与常见。如南宋淳熙年间，“岁饥，畿内小民或以农器、蚕具抵粟于大家，苟纾目前，明年皆有失业之忧”。① 文中的大家是否开有质库呢？我们还看不出来。北宋熙宁七年(1074年)，神宗论及市易法时，参知政事冯京说：“开封府祥符县给散民钱，有出息抵当银绢米麦，丧葬之目如此七八种。”②这是说开封府祥符县把应该散给人民的钱，让人民以银绢米麦质当。这当然是官方的谷典，还不是民间当商开展的业务。官府的放贷也采取这种方式经营，应能反映民间这种行为的常见。

而在西夏地区，天庆十一年(1204年)五月，粮商兼高利贷者裴松先后与人发生了九笔粮食典当，其详情如下表：

表 9-1　　　　**天庆十一年裴松收典粮食一览表③**

编号	时间	当户	当物	粮食	利息	期限	证人
1	五月一日		马毯一条、皮裘一领	小麦五斗、大麦一石	加四利、加三利，五斗	八月一日	不详
2	五月二日		皮裘一领	大麦三斗、小麦七斗	加三利、加四利，三斗七升	八月一日	不详
3	五月三日	兀女浪杰	袄子裘一领	大麦五斗	加三利，三斗五升	八月一日	讹静□□
4	五月四日	刘折兀埋	马毯一条	小麦五斗	加四利，二斗	不详	马能嵬、兀哩嵬

① (宋)陆游：《渭南文集》卷三十四《尚书王公墓志铭》，文渊阁《四库全书》第1163册，第568页。

② 《宋会要辑稿·食货》三七之一八、一九，中华书局1957年版，第5457页。

③ 表中资料来源于《少数民族法典法规与习惯法》下《司法文书》。《中国珍稀法律典藉续编》甲编第十册，黑龙江人民出版社2002年版，第627-629页。

续表

编号	时间	当户	当物	粮食	利息	期限	证人
5	五月五日	康吃	旧皮毯一领	大麦七斗	加三利，二斗一升	八月一日	笃屈遏
6	五月六日	吃□□□	旧皮毯一领	小麦三斗	加四利，一斗二升	八月一日	
7	五月七日	夜贺尼	旧皮毯一领、苦皮四张	大麦一石三斗	加三利，三斗九升	八月四日	武屈粟
8	五月九日	夜利那征布	白毡一领、皮裘一领	大麦一石五斗	加三利，四斗五升	八月四日	兀女□□
9	五月一日		袄子裘一领、马毯一条、旧皮裘一领	大麦一石小麦一石	加三利、加四利，七斗	八月一日	不详

以上九个人都从裴松那里质借粮食，可见裴松应是西夏的一位专业的高利贷者，比较经常地进行以物质谷的业务，是否开设了专门的类似“谷典”“谷押”机构，还不敢肯定。这些例子六个有证人，三个没有，各方面规定得都很清楚，比前面的例子有了发展。原文中都说如果过期不赎，“一任出卖不词”，这一点从表面看来，似乎裴松也经营典当铺，故而处理了不赎的抵当品。表中大麦加三利，小麦加四利，表明粮食种类不同，利率也不同。这些例子都是五月借的，八月归还，期限相差不大，计算利息时无须考虑时间因素。

元代、明代也多有这方面的记载，“元至顺元年(1330 年)正月丙子，衡州路饥，总管王伯恭以所受制命，质官粮万石赈之……二月庚戌，茶陵州民饥，同知万家奴、江存礼以所受敕质粮三千石赈之。”①王伯恭、万家奴、王存礼等人都是政府的官员，他们质粮的目的都是为了救灾。而且，他们都是质借的官粮，官粮一般情况下是不允

① (明)宋濂:《元史》卷三四《文宗纪》，中华书局 1976 年版，第 750-751 页。

许质借的，所以他们的行为明显只是权宜之计，不是经常的经营行为。《元杂剧》中有个张屠，因母亲病重，家中乏粮，曾令夫人以衣当米。① 明代还有这种典当行为，如《二刻拍案惊奇》中说，嘉靖四十三年(1564 年)，吴中大水，太湖洞庭山的和尚没有粮食吃，只好以祖传的白居易手抄的《金刚经》去王相国家的当铺里当了五十石米。② 清代收藏家邝湛若，收藏了很多古董，“雍正癸丑年(1733 年)，献艺于仪曹之贾，货不中度，南辕已有日矣。俄而因他事留滞不果，长安米贵，居大不易，于是不能不出其书质之。”③ 他滞留京城，无钱买米，只好以书当米。清乾隆时，在无锡附近，“陈淙，字少南，世业疡医，兼精内科。端午，尤封君晋馈酒二壶，一邻子睹之而笑。少南曰：君饮之乎？捐一壶与之，欣然持去。顷往索壶，已质米八升矣。少南以钱赎之，邻子饮醉，反来索壶，大声诟辱。……人皆服其量”。④ 陈淙的邻居用一把酒壶当了八升米。

在以物质谷行为普遍化的基础上，这种借贷开始走向专业化、稳定化，有专门的机构经营此类借贷。主要表现在，各地积谷之家，主要是乡村中的地主阶级开始设立专门的“谷典”“谷押”来经营这类业务。这种机构在宋代便已产生，如南宋乐清县“绍兴庚子大旱，岁饥，死徙不可胜计。(陈)光庭创东西二仓，节己口腹，聚谷于中，令里人以物质谷，不取其息，春耕则纳质以取谷，秋敛则纳谷以取质，民咸德之”。⑤ 宋高宗绍兴年间没有庚子年，这段

---

① 《元曲选外编》三册《小张屠焚儿救母杂剧》，中华书局 1959 年版，第 716 页。

② (明)凌濛初：《二刻拍案惊奇》卷一《进香客莽看金刚经，出狱僧巧完法会分》，人民文学出版社 1996 年版，第 7 页。

③ (清)全祖望：《鲒埼亭集》外编卷十七《春明行箧当书记》。四部丛刊初编集部第 153 函，第廿一册。

④ (清)黄印：《锡金识小录》卷八《陈淙》，成文出版社 1983 年版，第 481-482 页。

⑤ (明)陈明猷：永乐《乐清县志》卷七《人物·忠义》，天一阁藏本，成文出版社 1983 年版，第 1147 页。

材料记载有误。在《浙江通志》里也有这段材料：陈光庭：《两浙名贤录》，乐清人。嘉熙庚子，大旱岁饥，死徙不可胜计。光庭创东西二仓，聚谷于中，令里人以物质谷，不取其息。秋敛则纳谷而取质，民咸德之。① 这段材料的时间应是南宋嘉熙庚子，即1240年。陈光庭创建了专门质谷的两个仓库，当然他的行为带有慈善目的，不完全是为了谋利，但说它是这种机构的雏形则是无疑的。元明二代笔者目前尚未发现相关材料，但由清代发展的程度看，明代比较多地存在这种机构是可能的。明代的地方官员虽然没有深入探讨这个问题，但有的官员还是支持的，如周孔教就提出："合无示谕令此辈遇有小民衣饰器具，照依常年规则值十当七，不得过为剋估，且托言无本以拒绝贫民。仍着典铺每家赴县具领宪给印信批文，不论远近，令其籴米来家，银米兼当。而其米一照时价高下，苟非腾涌之甚，官府不为限制。如此在开典之家既可以米为本，且可以籴获利，在来典之民不必易米以银，而竟可以物博米。况典之铺多则米之途广，前之当者将尽，后之籴者又来，知众无端，流转不匮，此亦以民济民中更一□也。"②他提出让典当籴米，然后银米兼当，还不是针对专门的粮食典当。

清代以后，"谷典""谷押"在许多地方盛行，并且得到各地文人盛赞，如在江西，道光二年(1822年)，"查江西民间向有谷押之名，贫富均便。应照典铺官为给帖，有谷之家，准开谷押。农民于青黄不接之时，听其将物质谷。秋后以谷取赎，照旧每石加息三斗。由开押之人，刊刷小票，注明付给，赎时将票销算。秋冬农民有谷时，亦准赴押质当银钱，按月加利二分五厘。其取赎衣物谷石，均不得过一年之限。"③从中可以看出，官府是支持这种典当的，所以要发给他们当帖，实际上要规范民间的粮食典当。关于要

① (清)嵇曾筠：雍正《浙江通志》卷一八九，文渊阁《四库全书》第524册，第230页。

② (明)周孔教：《周中丞疏稿》救荒事宜《谕典户以便贫民》，《续修四库全书》第481册，上海古籍出版社2013年版，第246页。

③ 《清宣宗实录》卷三十一，道光二年三月壬申，中华书局1986年版，第33册，第560页。

不要由官府来规范，道光皇帝表态说："江西省所属，向有殷实之户，于青黄不接之时，将余谷听农民质押，以有余补不足。沿行日久，贫富相安。若再另立禁令，官为限制，事涉烦苛，致滋流弊。朕前此历经谕令该抚等，随时体察实在情形，酌量办理。"①即顺其自然，官府不要插手。

在湖南平江县，"平俗：青黄不接时，有将衣物质谷者，春借秋还，其息加二加三不等，谓之源头谷，亦称头谷。本息无欠者，次年仍质如其数。虽时价倍蓰，富户必留以俟之。乾嘉时，比户皆然，合邑不下百万石，故虽饥不为害。近岁军兴，富民有戒心，行者十无一二矣，贫民所以重困也……为富户计，不及典肆远矣。然仍乐为之者，月计不足，岁计有余，岁计不足累岁计之有余。"②可见，李元度对这种经营以物质谷的机构是高度赞赏的。在湖南巴陵县，"巴陵放谷之俗，实为善事。凡乡邻称贷，视其初年谷目，谓之原头谷。嗣是岁以为常，春放秋还，质以衣物，息止三分。(见积储谕)秋收后谷不外流，或更籴入，通有谷之家，无虑数十万石。若乾隆中屡逢歉岁，富民好施，又有减息及预还质物者，风俗加厚，人益不病"。③ 这些地区的以物质谷已经形成了习俗，带有一定的慈善性质，帮助人民渡过了灾年，所以政府也很支持。俞森提出更新的办法，"更有一法，许令民间以物质米，以银取质，悉照时价，银米通融。盖穷民质银，仍多籴米过活。或全要米，或半用银，一听民便。如此则所积之米陆续散出，民受接济之惠，而积米之赀还得花息，商获储峙之利，而官府曾无益此厉彼之令。"④这是让贫民以物质米，以银取赎，等于把粮食赊给贫民，农民归还时要加收利息。总之，以物质米成为救灾做慈善的常用方式，如清康

① 《清宣宗实录》卷四十五，道光二年十一月，《清实录》33 册，中华书局 1988 年版，第 799 页。

② （清）李元度：《天岳山馆文钞》卷四十《杂著 · 平江县志论 · 仓储》。《续修四库全书》第 1549 册，上海古籍出版社 2002 年版，第 620 页。

③ （清）杜贵墀等：《巴陵县志》卷五二《杂识二》，岳麓书社 2008 年版，第 1795 页。

④ （清）俞森：《荒政丛书》卷十下，中国书店 2018 年版，第 342 页。

熙时，太常寺卿王福山的妻子张氏，“康熙五十二年，岁大祲，淑人煮糜粥以赈。行者虑弗能遍，乃设质库，约曰：但有物来质者，以粮代钱给之。至秋成，仍以粮赎，而不计息。一时云集，款门日以百数。是年秋，大熟，斗米不及百钱，人竞赎还故物，而全活者无算。”①张氏一名妇女都知道，开谷典可以救灾，可见谷典的普遍程度。

有的以物质谷还是家族经营的，作为族产存在。在江西，道光时有诉讼案卷记载：

> 案据禀生孙岐、饮宾孙熙等禀称，生族职员孙明捐义田一百五十顷，前已禀明立案。查此项义田，除每丁给领三斗耕种外，每年尚有余谷，并族中急公会、祭会、义学会，共计有谷二千余石。诚恐分借弊生，久囤谷烂，现在合族公议，将谷开设谷当，每石取息二斗，秋后取赎，择族中敦实者四人经理。其事当青黄不接之时，邻里贫民咸得其便，且上年谷价多昂，下年谷价较贱，虽加息二斗民不受累，而族中谷石日积日多，虽有荒年可保无虞……查谷米本贯流通，质押实资接济，耕作贫民当青黄不接之时，如遇窘乏，得将衣物以质谷石，乡田同井有无相通，诚为便民良法。今职员孙明捐置义田之外，复将余谷并各会谷开设谷当，由本族以及邻里睦□任恤，殊堪嘉尚。但谷有定数，焉得人人而济之？倘有无赖棍徒，或恃强勒押，或藉端讹索，不可不严其禁，合行出示晓谕。为此示仰该处军民人等知悉，尔等当知孙职员开设谷当，专为济贫，非以图利。质押物件，听其凭公估计，不得以少当多。每石取息二斗，必须按数付交，不得故意短欠。谷贵之时，自必质押者众，每年总以谷尽为度，更不得强质滋扰。谷石日积日多，丰

---

① (清)陈兆崙：《紫竹山房诗文集》卷十四《通议大夫太常寺卿福山王公元配张淑人别传》，《清代诗文集汇编》，上海古籍出版社 2010 年版，第 174 页。

稔之年可以周急，荒歉之时得以全生。①

可见，“谷典”成了此家族族产保值经营的重要形式，而地方官员对这家谷当也很支持，并制定了不少的防弊、保障措施。当然其利率比一般的谷米放贷要低不少，故而也可以说带有一定的慈善性质。

二、谷典的特点

谷典表面上与当铺业务类似，但与一般的以物质钱还是不同的。关于这一点，嘉庆九年(1804 年)秦承恩作了详细分析，他虽多是美化谷典经营者，并在与正式典当铺经营方式比较的背景下，为谷典叫屈，但就经营制度看，其所言确也有几分道理。秦承恩说：

> 盖质押谷石与典当银钱不同，典商多在城市人烟凑集之区，以银钱为当本，一席之地，即可深藏。富户于乡村僻壤，积谷必建仓廒，方能收贮，又须雇人看守，此不同者一也。典商当本，动逾数万，又系随时取赎。子母相权，利复生利，源源接济，转运不匮。富户以谷为当本，少则百余石至数百石。最多亦不过数千石。春借秋还，每年止能出借一次，此不同者二也。典当银钱，价贱固赎，价贵亦赎，当本可以不竭。质押谷石，价贱则赎，价贵则止。甲年不赎，乙年无本，此不同者三也。典当银钱，以票为凭，不论其人是否认识。钱自数百文，银至数百两，皆听质押。人数逾多，收利逾厚。质押谷石，并不设票，类皆附近农民，肩挑步运，以资日食，可数石至十余石为止。当户若多，当本易竭，此不同者四也。典当银钱，本多利大。既不择人，又不定数。甲年未赎，乙年仍准再当。质押谷石，谷本无多，当户有定。不能减去常年当谷之赵一，转给常年并未当谷之钱二。故甲年还谷之家，即系乙年当

---

① (清)沈衍庆：《槐卿政迹》卷一《开设谷当禁止挟诈告示》。《历代判例判牍》第十册，中国社会科学出版社 2005 年版，第 151 页。

谷之户。且甲年曾当五石，乙年不能加至六石，亦不能减少四石。如赵一还谷之后，乙年不愿再当，应听富户另给钱二质押。又或甲年借谷五石，连利应还谷六石五斗，乃赵一秋后仅止还谷四石。不特并未加利，而且短少原本，是伊既(已)失信于人。所有已还之谷，乙年亦应听富户另给别人，不许赵一藉词再行挟当，此不同者五也。典当银钱，定例值十当五。限满不赎，准将原物变价，归还当本，不甚悬殊。质押谷石，多系粗布方服。变价之时，不能敷本。然穷民所以亦必取赎者，甲年所还之谷，乙年仍可押食，不误春耕，此不同者六也。典当银钱，并无折耗，又系循环出纳，利可生利，故扣月日久暂加三取利。质押谷石，一出一进。既有搬量折耗之虞，又有气面廒底、鼠耗霉变之患。其名加三，其实所得无几。况每年只能出借一次，如甲年正月初一日押谷一石，十二月三十日取赎，只许加利三斗。即五月初一日押谷一石，六月初一日取赎，亦应加利三斗。其故何也？盖押谷系在青黄不接，其价甚贵。取赎必俟秋熟以后，其价(已)贱。故有押谷之时，价值二两以外。还谷之时，其价不及一两。即使照例加三，穷民已经暗亏富户之本。若再扣算月日，不使截长补短，富户岂肯乐从？且恐启射利之徒押谷贩卖之渐，此不同者七也。典当银钱，认票不认人。亲族乡邻，均可代当。惟押谷即至亲密友，亦不可代。如赵一甲年还谷五石，乙年仍须赵一亲身质押，否则伯叔兄弟，冒名代当。及至赵一亲来，谷已无存，最易争执，此不同者八也。典商请帖完税，每年不过数金，刁民无所藉口。押谷之家，谷本无多，受当借谷，出息甚微。刁民因其并未请帖，往往指为私开典当，抢簿挟制，甚至串同书役讹诈，以致富户畏惧。枭而不借，此不同者九也。典当银钱，不分地界，不拘远近，人人可当。惟质押谷石，刁徒往往把持，不许远村之人搬运，其不同者十也。①

① (清)贺长龄：《皇朝经世文编》卷四十《户政十一 · 仓储下 · 劝民间质谷谕》，中华书局 1992 年版，第 994-995 页。

他总结了谷典的十个特点，都是谷典比一般典当铺经营的劣势，所以谷典的利率比典当高。这同时也是从成本方面解释了谷典利率较高的原因，即谷典的这些劣势，使谷典相对于正规典当利率必须高一些。即便如此，他认为，因为粮价的春昂秋贱，即使加利三分，谷典经营者也暗亏了本。但是，实际上如果按月严格计算，他这里说押谷一石，加利三斗，利率达30%。如他说正月借腊月还，十二个月，则每个月利率是二分五，比其他典当稍高。但农民借粮食一般是春借秋还，都到不了十二个月，其实只有半年左右，我们以时间较长的八个月算，月利率就近四分，这就明显比其他典当利率高了，说明剥削率并不低。唯一的劣势可能是资本周转要慢得多，这不利于尽快地获利。

与一般典当业利率比，谷典的利率相对要高一些，于是乎有些典当铺便冒充谷典，赚取高额利润，这引起了官府注意。清末，有的地方官府特别规定：如果典当经营谷典业务，必须与典当其他业务利率一致，"谷典"取专门不能借口的利率。如光绪二十一年(1895年)浙江龙泉县出示晓谕指出："照得江省质铺，照章只准取息二分，与典当并无二致，历经各属遵章办理在案。兹本县莅任，查得泉邑城厢各处质铺均以谷当为名，似质非典，取利甚厚，贫民不无受累。现经本县传集城厢内外开设质当之谷余、鼎丰、乾丰等店会商，谕令遵章减息。当据各该店面禀请，自本年十一月初一日为始，以后按月取息二分，所有各乡现开质铺亦均一律照办。诚恐小民未及周知，合亟出示晓谕……自光绪二十一年十一月初一日起，毋论城乡各处所开质铺谷当，一律照章按月取息二分。"①他整顿典当利率的原因是，有的当铺以"谷当"之名多收利息，所以他规定谷典与其他典当的利率一致。说明官府不认可以上秦承恩所说的一般典当与"谷典"之间经营的差异。

三、典当铺所经营的粮食抵押

粮食抵押就是正规典当铺开始接受商人及农民的粮食抵押，放

---

① 《申报》8198号1896年2月16日《县示照登》。

出款项。从借贷者角度看，这可以说是一种“以谷质钱”，它与所谓“以物质谷”实际上说的是同一类借贷行为，经营主体、客体不同而已。

以谷质钱的现象出现得可能晚一些，前文提到唐代长安的质舍里曾存有大量粮食，就可能是当户以粮食来质钱的。唐建中三年(782年)，两河用兵，政府财政紧张，奸臣卢杞授意政府向长安富商借款，“又僦柜、质舍居贸粟者，四贷其一，仅至二百万，而长安为闭肆。民皆邀宰相祈诉，杞无以谕，驱而去”。[①] 从以上文字可以看出，质舍是存贮了粮食的。质舍中的粮食是怎么来的呢？当然有可能是人户以多余粮食来质钱的，缺粮时再加利赎回去；可见，在唐代，质库是可能进行这种“以谷质钱”业务的，即接受人户粮食抵押，而向他们放出款项，至于是对商人放贷还是对一般城乡居民，则尚未可断定。

南宋庆元元年(1195年)，权两浙运副沈诜说，“今来米价已高，若罢赈粜，窃虑翔踊，惟是在市之米辐凑，庶几其直日平。探闻商贩之家多有积米，藏积碓坊，质当库户，犹欲待价。欲乞指挥尽令出粜，如有藏匿，许人陈首；诏令礼部给降度牒五十道，付沈诜自行措置，斟量支散。余依之”。[②] 这是说当时米价上涨，商人们囤积了米谷，并以之为抵押向质库借贷本钱。而之所以借贷本钱，显然是为扩大经营规模。到明代，甚至有了农民参与，万历年间，在秀水县“迩来富商设米典，佃农将上米质银，别以下中者抵租，虽丰岁辄称歉收，迁延逋负。”[③]这是说佃农把好米质银子花，以粗米交租。农民这么做的目的已经不是为了日常生活，而是有一定的谋取利润的目的。朱国桢在南浔救灾，也采用了这个办法：“一开银之源，人各自私，何以开之？悉招质库，不分主客，告

---

① (唐)欧阳修：《新唐书》卷二百二十三下《奸臣·卢杞传》，中华书局1975年版，第6365页。

② (清)徐松：《宋会要辑稿》食货五八之二二，中华书局1957年版，第5832页。

③ (明)李培：万历《秀水县志》卷一《风俗》。成文出版社有限公司1970年版，第90页。

以……米到即质，质值以十之八九为率。如米价百两，质八十五金。复籴，渐质渐减，减不废籴，大约百金可得三百金之米。在质者本利递增，风闻竞起；在籴者质之利寡，籴之利多，计期取息，百不失一。”①为了筹集救灾的米，先要筹集买米的银子。这就要以米到当铺质银子，一百两银子的米规定质银八十五两；再以质得的银子买米，买到米再到当铺质钱。这样循环不止，就能以较少的银子买到较多的米。显然这应该是模仿质库平常的经营方式，以便救灾资金发挥最大的效应，也说明这种经营方式可以很好地起到扩大资金规模的作用。

清代民间的商人更普遍地采用这种办法融通资金、扩大经营，乾隆九年(1739年)，“安徽巡抚范璨奏：今岁二麦丰收，无藉平粜，惟查囤户，例有严禁。民因米价易昂，不敢粜尽，而又待用银钱甚迫，暂行典质，此亦人情之常。遂有一种射利之徒，避囤户之名，为典质之举。先与富户、当户讲定微息，当出之银，复行买当，赀本无多，营运甚钜。坐视市米缺乏，价值大长，始行赎卖取利，不顾民食维艰，视囤户尤酷。臣现饬行除农民余米无多，质押者听；如数至百十石，概不得质当”。② 安徽的粮食商人为了更多地囤积粮食，就是采用的朱国桢的办法，于是官府开始禁止数额较大的谷典。乾隆十二年(1747年)三月甲辰，陕西道监察御史汤聘奏：“近闻民间典铺，有收当米谷一事，囤积甚多。在典商不过从中射利，而奸商刁贩，恃有典铺通融，无不乘贱收买。随收随典，辗转翻腾，约计一分本银，非买至四五分银数之米谷不止。至米价昂贵时，陆续取赎出粜。小民一岁之收，始则贱价归商，终仍贵价归民，此弊江浙尤甚。不独米谷，每年遇蚕丝告成及棉花成熟，一如收当米谷之法。小民衣食之计，止以供奸商网利之图……并嗣后

---

① (清)汪曰桢：《南浔镇志》卷十九《江南水患异常，旧守荒政可纪疏》。《续修四库全书》第717册，上海古籍出版社2013年版，第344-345页。

② 《清高宗实录》卷二百一十五，乾隆九年四月丁丑，中华书局1986年版，第765-766页。

每季取具各典铺并无囤当米谷等项遵依甘结存案，再犯治罪如律。”①此次以后，官府开始禁止当铺囤积粮食。总之，以谷质银有较重的谋利性质，它虽然能为商人提供一定的资金支持，却也助长了他们囤积居奇的行为，引发米价上涨，所以经常遭到官府的禁止。有的地区，不仅商人以粮食为抵押获得资金支持，就是农户也以粮食为抵押获得银钱来救急：“农民至苦之衷，当米是也。盖平等人家，或有钗环衣服可付质库，而乡农则惟米是赖。一遇缓急，不惜重利而为之，而租赋有所不暇，顾其意原欲交春天暖，则若衣若被皆可抵赎取出，以为口食之资。岂知事不凑手，或丧病盗贼急债等类相遭遂至，无以取赎。一过清明，业已当没，不啻贱价卖之矣。然典当亦不可怨之也，三斗五斗者零星难于粜卖，而有米无钱亦无从度日，故当而能赎者亦不少也。至于今冬之铁搭皆当，其情亦可见矣。”②这段材料虽然说农户以粮食质钱不能取赎是很委屈的，但又说能取赎的并不少，可见问题没有那么严重。

与明代一样，清代典当所承担的为官府购粮的任务似乎更为繁重，以致一些地方成了商人的一项沉重负担，商人甚至因此而破产。如福建地区乾隆以来便开始禁止地方政府向典当摊派采购粮食的任务：乾隆四十一年(1776 年)，福州地区，“卑府莅任以来，见各县详报止当者络绎不绝，随经遍加查访，皆由闽省典铺资本微薄，大当不过数千金，小当只有千余两，本少利微，出息有限。兼之年来当多赎少，赃物顿滞，资本不充。间遇地方官发办倾销，领买米谷，不无奸胥蠹役藉官骗噬，因此半多歇业。而民间贫乏者，亦缓急猝难通贷。现在各典铺纷纷报止，职此之由，卑府查悉弊窦，当经出示严禁，并劝谕开张在案”。③ 得到政府同意。

有的当铺还收当军粮：明代白话小说《石点头》记载：“不数日

① 《清高宗实录》卷二百八十六，乾隆十二年五月甲辰，中华书局 1986 年版，第 737 页。

② (清)姜皋：《浦泖農咨》第六页，清道光刻本。《续修四库全书》976 册，上海古籍出版社 1966 年版，第 217 页。

③ 《福建省例・当税例・永禁当铺领买米谷》。《台湾文献丛刊》第 199 种，台湾银行经济研究室，台湾银行 1936 年版，第 461 页。

间，接连输下几千万缗，尊哥世袭官衔，虽不加贫。公佐白手得钱，积累巨万，从此开起典库。那典库生理，取息二分，还且有限，惟称贷军装，买放月粮，利上加利，取赀无算。”①这里谓“称贷军装，买放月粮”，应是指借债的兵士以军装为押，或者以未到期的军粮为押借贷银钱花费，到军粮发放时由典当铺或其他高利贷者领取，用于买卖。清代收当军粮的行为更常见，以致有人专开此类典铺从事此种活动。嘉庆中期有人上言：“访闻专典兵丁钱粮之山东民人……竟有山东民人，在八旗各衙门附近，托开店铺，潜身放债，名曰典钱粮。以一月之期，取倍蓰之利，每月届兵丁等支给钱粮，该民人即在该衙门首拦去扣算，该兵丁于本月养赡不敷，势不能不将次月钱粮，逐月递典，致被层层盘剥，受亏无穷。”②可见这种业务的发展，不可避免地与普通百姓的生活发生了密切的联系。

第二节　典当铺存款

随着商品经济的发展，资本积累增加，社会上的闲散货币必然增加。这些闲散货币有的被深藏地下，有的则投入了各式各样的经营活动，如购买土地、经营商业等。但社会上的闲散资金往往是分散的，发挥的作用有限，这就需要一种金融机构把它们集中起来，再投入到获利更高的行业，于是存款便应运而生了。我国历史上的典当因为风险较小，获利较高，吸引了大量社会闲散资金，于是开展了广泛的存款业务。

一、私人存款

最早吸引存款的应是佛教寺院。寺院僧众超凡脱俗，受到世人的信任，于是便有人把钱财寄存到寺院里。如北魏世祖入长安，在

① （明）天然痴叟：《石点头》第六卷《乞丐妇重配鸾俦》，吉林人民出版社 2005 年版，第 120 页。

② 《清仁宗实录》卷二二五，第 31 册，中华书局 1986 年版，第 22 页。

一处寺院里发现了武器，于是进一步搜查，“命有司案诛一寺，阅其财产，大得酿酒具及州郡牧守富人所寄藏物，盖以万计”。① 原来这座寺院里有很多富人寄存的财产。据《太平广记》转引《会昌解颐录》说，牛生从河东出发去参加科举，夜宿菩提寺，“僧乃为设火具食，会语久之，曰：贤宗晋阳长官，与秀才远近。牛生曰：是叔父也。僧乃取晋阳手书，令识之，皆不谬。僧喜曰：晋阳常寄钱三千贯文在此，绝不复来取。某年老，一朝溘至，便无所付，今尽以相与。牛生先取将钱千贯，买宅、置车马、纳仆妾，遂为富人”。② 牛生的叔叔在菩提寺里寄存了三千贯钱，由牛生取走了。

另外，唐代长安西市上的柜坊，也常替来往的商人寄存财物，也就是说，他们是比较经常地经营钱财存储业务的。秦晖先生认为，柜坊只提供保管上的方便，或者在主顾为有权势者的情况下，还为其卖官鬻爵之类的非法勾当提供某些说不清的服务，而并不把存钱变为资本周转生利，因此它不但不向存钱者支付利息，相反还要存钱人支付僦值。由于“僦”兼有租、顾二义，所以这种行为既可理解为单纯租用保险柜，也可理解为雇请店方代为保管之责。所以，柜坊的寄存业务与现代存款有本质的区别。

最早的、正式的典当存款出现在宋朝。熙宁四年(1071 年)，北宋政府成立了官方的典当机关——抵当所，过了两年，“十二月十八日，都水监言：乞将本监钱一万五千贯送抵当所出息供用，从之。二十六日，军器监言：乞将本监钱一万九千余贯，依武学例送府司出息供用，从之。二十七日，诏市易司市利钱量留支用外，十万贯并送抵当所出息，准备支充吏禄。其抵当所令都提举市易统辖，罢勾当曹官一员，却置勾当公事二员，专切检校。”③都水监、军器监、武学、市易司都把闲置资金存到抵当所。南宋时，官府开

① (北齐)魏收：《魏书》卷一一四《释老志》，中华书局 2017 年版，第 3296 页。

② (宋)李昉：《太平广记》卷三四八《牛生》，中华书局 1961 年版，第 2759 页。

③ (清)徐松：《宋会要辑稿》职官二七之九，中华书局 1957 年版，上海古籍出版社 2014 年版，第 3743 页。

办的抵当库里也吸收了存款，“嘉熙丁酉(1237年)春二月告成，以(修城)余钱万五千缗，附郡之赡军质库，岁与郡分十三之息，以备整葺。”①这个利率是很高的。

南宋时期，佛寺的质库里有了私人的存款：南宋浙东余姚地区孙子秀，“少家贫，叔祖为浮屠，曰：幸乳岩有精鉴，知公必贵，督教之，且留钱浮屠氏所谓长生库，曰：此子二十岁登第，吾不及见之矣，留此以助费。已，皆果如其言。公待朝散公，泣祭而谢之，钱分文不复取。自是，赤手自奋以至通显”。② 元代，这种业务还在发展，“中书省尝令李留判者市油，桑哥自请得其钱市之，司徒和礼霍孙谓非汝所宜为。桑哥不服，至与相殴，且谓之曰：与其使汉人侵盗，曷若与寺僧及官府营利息乎？乃以油万斤与之”。③ 桑哥无意中说出了元代的官府和寺院都吸收存款并谋取利息的事实。

明中叶以后，商品经济进一步发展，社会上的闲散资金更充足了，典当吸收的存款更多了。如洞庭商人席祯，“质库所入，不责倍称之息于人，人争归人。所赢辄过当，繇此其业数蹶又数起云。临清之破也，悉亡其赀，君恐以累故人之寄橐者，将倒庋还之，绝去什一弗复事。闻者感其意，固请乃止。未几，尽复其所失且倍焉。”④席祯家的当铺里有私人存款——“寄橐”，但似乎还仅限于故人的。崇祯时徽州人陈锡元帮助盐商赵昌祺经营，积累了一些钱财。娶妻后，与妻子谈起生计问题时说：“无恐，我有八百金，贮主人典中。汝日坐啖，亦不过羡余微利耳。”⑤清初文人方苞立遗嘱说：“余身后，除祠规所列经用，计每岁当余二三十金，子孙锱铢

① (元)陈大震：大德《南海志》第八卷。元大德刻本，第88页。

② (宋)黄震：《黄氏日抄》卷九十六《安抚显谟少卿孙公行状》。文渊阁《四库全书》第708册，第1037页。

③ (明)宋濂：《元史》卷二百五《奸臣传·桑哥》。中华书局1976年版，第4571页。

④ (明)吴伟业：《梅村集》卷三三《太仆寺少卿席宁侯墓志铭》。文渊阁《四库全书》第1312册，第346页。

⑤ (清)严思庵：《艳囮二则》。《中国香艳全书》，团结出版社2005年版，第125页。

不得私用。积至百金，即付相信典铺取薄息。至六七百金，则以买上等冲田，不可置杂业。十年后可加良田一倍。”①这是嘱咐子孙把家族祠堂的剩余银两存在当铺里。乾隆年间，广东香山县有个阮亚珠被人害死，他的叔父还觊觎他家的财产，阮亚珠的母亲无计可施。官员张汝霖破案后，便把阮家的财产存到当铺里，让阮亚珠的母亲依靠利息养老，并哺育孙子。② 有的家庭把儿女的零用钱也存在当铺里：“睘州公家规：子孙若非有室不得筦利，所举子女，外家例有所赠，如汤饼钱之类，分毫付质库息之。婚娶后，籍而归焉，计子母数倍……凡聘礼出入，厚不过五十金或三十金，嫁女独厚，以其所息者饶也。”③还有人把偶得的巨款也存在当铺里：“宋应春，字含初，平原人，岁贡生……偶掘地，得白金一罂，寄质库中，需则取用，金尽乃已。”④当时这种现象已经很普遍了，出现在文学作品里，如在小说《绿野仙踪》里，金不换说：“我有几百银子，俱在城内当铺中讨月利，我且去与二哥弄几两盘费来好走。”⑤《歧路灯》里记载的当铺存款更为稀奇：“到了次日，边公自藩、抚回来，谭绍闻接在衙门口跪下，递了一张改过自新、任罚免讯的状子。边公就在轿内撕了说：二堂准其罚银一百两，交于茂昌典铺，一分行息，添出孤贫院口粮二分。”⑥

清代存款的人不仅有一般的商人，官僚也开始把闲散资金存放在典当及其他商业店铺里，这里先举几个高级官僚在典当存款的例

① （清）方苞：《望溪集》外文卷八《教忠祠祭田条目》。《清代诗文集汇编》222 册，上海古籍出版社 2010 年版，第 388 页。

② （清）李暴煜：乾隆《香山县志》第 4 卷，乾隆十五年刻本，成文出版社 1967 年版，第 439 页。

③ （明）丁元荐：《西山日记》卷下《庭训》。《续修四库全书》第 1172 册，上海古籍出版社 2013 年版，第 348 页。

④ （清）成瓘：道光《济南府志》卷五十六，清道光二十年刻本，凤凰出版社 2004 年版，第 3 册，第 83 页。

⑤ （清）李百川：《绿野仙踪》第二十回《金不换闻风赠盘费，连城璧拒捕战官军》，吉林文史出版社 2017 年版，第 91 页。

⑥ （清）李绿国：《歧路灯》第六十五回《夏逢吉床底漏嗽，边明府当堂施刑》，中州古籍出版社 1998 年版，第 470 页。

子。乾隆十一年(1746年)秋，“己酉，又谕曰，白钟山在总河任内办理河工，种种滥用，应赔帑银甚多……又程致中女婿汪绍衣，在清江开当铺，收存白钟山银四万两；又商人程容德，收存白钟山银二万两。又商人程迁益，收存白钟山银二万两，代为生运等语”。[①]白钟山在办理河工时就把四万两银子存在汪绍衣的当铺里。乾隆二十八年(1763年)，“即如折内所称：沈作朋家产，有伊兄沈作梓当铺一所，共银一万三千余两，内沈作朋只有本银一千两等语。沈作朋历任监司藩臬，现据伊子从任所带回银数千余两，交他处典铺生息，置买货物，岂有自己当铺，止存银千两之理”。[②]沈作朋当过多年地方官，把好几千两银子存在别人的当铺里，在哥哥沈作梓的当铺里只存了一千两，乾隆不信，要求地方官严查。当然，官僚把贪赃得到的钱财存在典当里，换个姓名，可能是为了洗钱。

清末大官商胡光镛开了二十九家当铺，吸收了大量存款，有个和尚也到杭州他家的当铺存款：“光墉藉官款周转，开设阜康银肆，其子店徧于南北，富名震乎内外，佥以为陶朱、猗顿之流。官商寄顿赀财，动辄钜万，尤足壮其声势。……有僧以赀五百元存于杭城典肆，肆伙以为方外书名不便，拒而不纳。僧以木鱼敲于门外三日三夜，光墉偶过其处，问故，许之。”[③]清末，有的典当还吸收了外国人的存款，如宣统元年，

> 腊月二十一日，据贵州矿务商局工程师罗克赖函，据称，鄙人因与前使美国钦差崔国因向来交好，知其家道殷实，是以于去年华历七月间，将银一万两存放伊开之汇隆典当内，冀得七厘之息。不料崔钦差今年去世，鄙人即向该典取银，该典管事崔国新未肯付本，仅付一年之息，将存票展期三个月，立本

① 《清高宗实录》卷之二百七十，乾隆十一年七月己酉12册，第562页。

② 《清高宗实录》卷之六百九十，乾隆二十八年七月戊午，中华书局1986年版17册，第752页。

③ (清)刘体仁：《异辞录》卷二。中华书局1988年版，第85-88页。

年八月初一日存票一纸，期至十月底本利一并归还。乃到期专人往取，该典一味推托，意在图赖，本利均不肯付。①

外国工程师罗克赖在贵州矿务局工作，把一万两银子存在崔国因开的汇隆典当内，结果打起了官司。

随着存款业务的开展，有的小家庭便以存款的利息过日子，成为食利者，如前文提到的明末陈锡元对妻子生活的安排，就是用典当存款利息养老婆。类似的例子至清末还能见到，如《申报》报道："据闻妇系杭之钱塘县人，其故夫向为杭府南粮房库书，现已亡故数年。身后所遗住屋一所及租房三间，并有存款四千余金，其三千金分存于三处典当生息，别有洋一千二百元，散存于洋坝头四条巷等三处肉店中，亦按月收息。该妇抚孤守节，藉此度日。"②这个有钱的寡妇就是靠存款利息生活的。

典当吸收了个人存款，自然要开出凭证。清末，有的典当开始开具凭折，如：

丁筱记存款凭折

今收到

丁筱记名下二四曹平银八千两正，言订周年六厘生息，遇闰不增，息不转本，先期支用，作为还本，对周付息，不得预支，凭折支取，两无异说，此据。

光绪二十七年十二月初一日苏同兴公典具。

经收　　苏萱臣

陈雨农存款凭折

今收到

陈雨记名下九八通典钱一千二百串文，言明此款作为暂

① 《申报》12926号，1909年1月31日《关道饬查外人索款案安庆》。

② 《申报》2397号1879年12月31日《朴水告状》。

存，无论久远，概不生息，有事取用先期知会，以便筹措，凭折支取，两无异说，此据。

光绪二十七年十二月二十四日苏同兴典具

经收人　苏萱臣

这是光绪二十七年(1901 年)苏州同兴典给存款户丁筱、陈雨农开具的凭折。存款人可以在需要的时候，持此折支取存款。

典当办理的个人存款规模也是很大的，有一家晋商当铺的存款账上记载如下：

十一年十二月廿四，积谷四百二千零十文，满年八厘，三年利九十六千九十六。

十三年十二月初二，张庚二百八十千文，满年一分，八个月利十八千六百六十四。

十五年十二月初一，卢佩秋一千九百千文，满年一分，闰年加十千。八个月利，加闰月一个，一百十一千，多算一月。①

其整体情况，做成表格如下：

表 9-2　**乾隆晋商某典存款一览表**

时间	客户	存本钱	利率	期限	利息
11 年 12 月 24 日	积谷	402 千 10 文	满年八厘	三年	96 千 96 文
13 年 12 月 2 日	张庚	280 千文	满年一分	八个月	18 千 664 文
15 年 12 月 1 日	卢佩秋	1900 千文	满年一分 闰年加十千	八个月 加闰月一个	111 千文
15 年 12 月 1 日	吴步皋	500 千文	见月一分	九个月 少算一月	45 千文

① 《乾隆典账簿》，中国社会科学院经济研究所藏，典当文书第一函，WTXB0823。

续表

时间	客户	存本钱	利率	期限	利息
16年2月8日	陈春记	1000千文	见月九厘半	七个月	66千500文
16年4月2日	□政氏	500千文	见月一分	八个月	40千文
17年3月19日	周子固	500千文	见月一分	十七个月	85千文
17年11月28日	吴步皋	500千文	见月一分	九个月	45千文
17年12月2日	吴步皋	500千文	见月一分	九个月	45千文
17年12月4日	张同泰	400千文	见月九厘	九个月	32千400文
17年12月10日	程际云	107千文	见月一分一厘	八个月又二十天	19千734文
17年12月10日	尤国昌	1000千文	见月一分	八个月又二十天	85千232文
17年12月10日	洪子安	600千文	见月一分二厘	八个月又二十天	62千400文
17年12月11日	尤国昌	500千文	见月一分	八个月又二十天	42千666文
17年12月14日	正泰号	400千文	见月一分二厘	八个半月	40千800文
17年12月15日	卢佩秋	300千文	见月一分	八个半月	25千500文
17年12月16日	孙耀卿	1000千文	见月一分一厘	八个半月	93千500文
17年12月24日	尤国昌	1000千文	见月一分	八个月零六天	81千600文
17年12月25日	肇庆号	500千文	见月一分	八个月零五天	40千833文
18年1月22日	金泰熊	1000千文	见月一分	八个月零八天	82千664文
18年2月8日	金泰熊	500千文	见月一分	六个月零二十二天	23千666文
18年2月28日	金泰熊	1000千文	见月一分	六个月零二天	60千666文
18年3月9日	允泰昌	英洋500元折530千文	见月一分	五个月二十二天	28.667元，折30千287文
18年4月16日	孙耀卿	500千文	见月一分一厘	四个半月	24千750文
18年4月26日	孙耀卿	500千文	见月一分一厘	四个月零五天	22千917文
18年4月26日	竹记	2200千文	满年八厘	七个月	106千666文
合计		18119千10文			1430千641文

这家当铺吸收的个人存款总额达一万八千一百十九千文，利息总额达一千四百三十千六百四十一文，可见规模之大。其中的允泰昌、正泰号、肇庆号应是店铺存款，可见乾隆年间，部分工商店铺就已经把闲置资金存在当铺里。利率在满年八厘和见月一分二之间，可能有两种计利方式：一种按年计算的，即满年八厘、满年一分等，但按年计算利率的存款期限并不都满整年，以上四笔按年计算的只有一笔的期限到了一年；另一种是按月的，如见月一分、见月一分二等，按月计算的利率比按年计算的利率高，这样按年计算利率的存款支出的利息较少，对当铺是有利的。材料里的存款利率大多是按月计算的。

山西洪洞的刘家当铺，也吸收了一些工商店铺的存款，如在光绪二十一年(1895 年)的一份结账清单上，就有以下记载：

> 李天成存钱四佰文。
> 大蓉合存钱三仟四佰文。
> 万源和存钱一仟一佰陆拾文。
> 万盛兴存钱一仟一佰文。
> 董桂林存钱拾伍仟文。
> 梁晋基存钱贰千文。
> 东垣永存钱四仟八佰文。
> 永顺合存钱五仟八佰九十文。
> 房东存钱三十吊零五佰文。
> 九宗共存钱六拾吊零六佰五拾文。①

材料里的大蓉合、万源和、万盛兴、东垣永、永顺合都可能是工商店铺，但数字都比较小，利率也不清楚。

有的当铺吸收了大量存款，因为不能兑现，或者手续上的差错，以致与顾客之间便发生纠纷。如存折本是存款人支取存款的凭证，有的当铺因为收了客户的存款没有出具凭证，结果发生纠纷，

---

① 《晋商史料全览・临汾卷》，山西人民出版社 2006 年版，第 423 页。

如清末陕西渭南，樊增祥审判当商公牍云："此案阎贺氏供称，向在尔铺寄存三百金，虽无契据，而尔所呈房契、账簿，疑窦亦多。本县为尔息争，不肯加尔以昧赖之名，但勉尔以恤孤之义，情理兼尽，待尔不薄……尔陕人领人资本，胡花浪费者不一而足，何独于本县断银百两，必如此禀命而行……仰仍遵原断，限三日内交银百两，饬领完案，如违责押追比不贷。"①这是一起没有凭证的存款案，樊增祥为了保护弱者的利益，仍断令当铺承认这笔存款，并要求当铺三日内归还存款人。

私人存款虽然零碎分散，但聚少成多，在典当的总资本中所占的比重就不一定低了，如在光绪十年(1884年)，上海，"徽人戴某与本邑吴某股开泰来典，吴昆季三人各出资本一千串，戴亦一千串，各家存项多至万余。然戴亦非殷实之商，惟将开裱画铺之徐某存项千串改作己本。今该当亏本一万串之谱，即行闭歇。核算帐目，除存本无着外，再须找出千余串。吴知戴无力独自担当，徐向索存项，持有存钱手折为凭。吴以并无此项存款为词，徐心不能甘，遂将此项捐于城内善堂，由堂董禀请上海县提追"。② 从这段材料可以看出，这家当铺的资本只有四千串，而吸收的存款多达一万多串，占总资本的70%强，可见存款对典当的重要性。本案的原告徐某，开着裱画铺，他在当铺里的存款就属于当时工商业的存款。再如，光绪某年，"谕：卫荣光奏，特参在籍道员亏倒巨款，请旨革□追究一折。据称福建候补道刘翌宸，曾署盐法道篆务。同治初年回籍，历在江阴、丹阳、溧阳、江宁、扬州等府县开设典铺二十余处，均系他人存项。又在各典私用汇票数十万金，于本年二月间倒闭，共亏欠八十一万有奇，内有公款五万余金"。③ 二十座当铺的资金，都是别人的存款，可见私人存款数量之大。典当把它

① (清)樊增祥：《樊山批判》卷二《批当商刘德胜恳词》，《历代判例判牍》第十一册，中国社会科学出版社2005年版，第89页。

② 《申报》4237号1885年1月26日《存项轇轕》。

③ (清)朱寿朋《东华续录(光绪朝)》光绪五十九。《续修四库全书》383册，上海古籍出版社2002年版，第632页。

们聚集在一起，是有利于自己的资金周转的。

清代不仅私人、字号把闲散资金存放在典当里，有的家族也将经费存放在典当里。如乾隆时，(山西曲沃)“且断令两房各出七千金，立典生息，以为每年祖宗祀墓祭扫门户支应公费，法良意美，至周至备”。[①] 这是把家族祭祀的经费存放在典当里。有的大家族把慈善款存放在当铺里，如道光六年，在宝应县石门，“吾郡石门蔡学博载樾，承其父大令德淳遗命，仿范文正公义庄之法，为田以赡其族人。乃与从弟载坤合出七百万钱，以七之一为祠祀先人。又思田不可遽得，以六百万钱入质库，岁得息钱四十二万。族中之茕独、五十以上者、妇女寡而不嫁者、幼孤无养者、废疾者，计日给米五合、钱十文，青年守节者倍之，冬夏各给以衣帐。敛死者买公地葬之，大小试各有赠获，隽者加厚焉。六十以上遇生辰，各有赠视”。[②] 这个家族存当铺的本金是六百万，一年的利息是四十二万，年利率为7%，这个利率是不高的。

二、民间组织的存款

清代民间组织种类繁多，有宗族组织，有经济互助组织如合会，有行业组织如商会，有秘密社会组织如各会党组织。为维持组织活动，多少都有经费存在，经费的财产形式，有田产、房产、店铺，其物质形式，有实物、货币、契约文书。为了经费的保值、增值，清代社会组织尝试各种办法，有置地、置房收租的，有投资设工商店铺的，有放款谋利的，当然其中有一种相当常见的保值、增值形式，是将这些经费存储于各种工商业、金融店铺之中，取其利作为组织费用。而典当、钱铺、银号等是其存款最为常去的机构。以下举些实例加以说明。雍正十年(1732年)，上海乐工的伙食费，也存到当铺里生息：“兹因乐人工食无实，以致卒为□典□□善信

① 《行氏家族诉讼抄本》，刘秋根藏。

② (清)陆以湉：《冷庐杂识》卷五《义田》，上海古籍出版店2012年版，第183页。

乐助银两，交典生息，以为乐人工食。"①清代民间还出现了很多会，他们也会把经费存放在典当里。如在苏州枫泾镇有状元会，"更有一法，俗名状元会者，约会首十人，每人纠十会，共百位。每位一月交银一两，共百两。连交十月为满，共集千两存当生息，数月后便可取其息以作每月交还各位本银。摇在十次内得者，下月仍交银一两，满十月便不必再交。摇至百次，各本尽收。约八年满，取存当银千两置义田。如此周而复始三四十年，可置田几百亩，作善会根基。"②他们就把经费存放在典当里。民间祭祀神灵，也会把经费存放在典当里，如乾隆十七年(1752 年)，"东山为蒲邑巨观□，其上者为泰岳之神，兴云出雨，灵庇无疆。土人每岁于廿八日献乐报赛，相沿已久。嗣因所费无出，久将废坠，爰公募银二百两付之典商，岁生息银三十金，以为献戏之资"。③ 乾隆四十二年(1787 年)，"乾隆丙辰岁，东神山纠首老先生等十位，因土戏亵神，谋献苏腔，又虑戏资无出，议请封首三十人募银二百两，置租三十三千，每年除纳贡而外，得租三十千以备戏资，诚盛事也。后又有乐善好施者续入十数人，置租公用，俱有碑碣可考。近因天时人事之不齐，神事几至废坠。太值四十一年，首事与同事张纬祖、王端、曹子申等十四人同心协力，遵前人之制，复请封首三十二人募钱二百余千，除费用刻碑而外，净存钱二百千，放之典铺，每年获息二十千。前后共计有公项钱五十千。每岁加戏一天，两社尽心办理，有余则存之公所备用，不足则值年为首按分均摊"。④ 这是把向神灵献戏的经费存放在典当里。

龙华会是佛教的一个重要节日，据说是佛祖的生日，又称浴佛

① 《上海碑刻资料选集·七善信乐输鼓亭工食碑》，上海人民出版社 1980 年版，第 19 页。

② （清）余治：《得一录》卷一《枫泾同善会规条》。《官箴书集成》黄山书社 1998 年版，第 461 页。

③ 《明清山西碑刻资料选》续 1 辑 017《昭兹来许》，山西人民出版社 2007 年版，第 32 页。

④ 《明清山西碑刻资料选》续 1 辑 021《用垂永久碑》，山西人民出版社 2007 年版，第 43 页。

节，为每年农历四月初八日，佛教僧众都要举行隆重的庆典活动。山西忻州地区的龙华会，咸丰二年(1852年)，“龙华盛会，辛年一举，经费在数百千文……是会也，神人共悦，垫会布施之多，几遍四方。而邑人郝怀瑾从乌里雅苏台募化众善银八十两，代州、繁峙众善垫会钱九十六千，更为盛焉。至会圆满，共收垫会布施壹仟捌佰(零)玖千文，除会费壹仟贰佰五十六千，除修庙堤六十六千。垫会愿收者还之，愿仍垫者生息之，共余肆佰八十六千，出贷当、杂两行，预作下会之根基。于乎所接少而所遗多，实因感者诚而应者灵。顾吾喜其会之独盛，而利及会。会也，爰循旧规，刻垫会者之名于石，记垫会者之钱于帐。至旧垫会前碑载明，兹不赘云”。①龙华会也把经费存在当铺和杂货铺里。

我国历史上宗教派系复杂，神灵众多，民间的祭祀活动也很繁盛。这些经费比个人数量大，存放在典当里，也有利于典当的资金周转。

有的文人们结成的文社，也把经费存在当铺里，如同治七年(1868年)，沈玮在太仓州，“又创立娄江文社，捐奉钱付质库，岁入其息，为师弟子修脯之资”。②在山东黄县，“同治八年(1869年)，生员张照荣、职员王崇庆、附贡王宗溥等倡立惜字社，筹钱二百余缗，存当铺生息，雇人拾字纸”。③在江苏松江府枫泾镇，“登瀛小会：光绪十年(1884年)，郁宗蕃募集洋银二百五十圆，存典生息，助里中善籍士子乡试之费。后复募积共洋四百九十五圆，科举停后，其洋改购沪杭铁路苏省股份一百十股。”④这是三家不大的民间组织，都把公款存在当铺里。

典当聚少成多，吸收了大量存款，集中起来就可以投向获利更

---

① 《咸丰二年龙华会碑记》《晋商史料全览·忻州卷》，山西人民出版社2006年版，第540页。

② (清)俞樾：《春在堂杂文》五编卷五《江苏候补知府沈君墓志铭》。光绪二十五年春在堂全书本。《清代诗文集汇编》686册，上海古籍出版社2010年版，第43-44页。

③ (清)尹继美：同治《黄县志》卷三二，清同治十年本，第100页。

④ (清)程兼善：《枫泾小志》卷二《建置》，清刊本，第74页。

高的行业。据朱裕湘回忆，民国初年，浙江宁波有一家慎和当，吸收了大量存款，于是产生了投机倒把、改业图利的心理。经理张正绾先是囤积洋货，时值欧战爆发，洋货断源，货价暴涨，张正绾大发横财，吸收的游资更多了。上海某丝厂受日货人造丝的冲击，丝价暴跌，存货积压，资金周转困难，愿意出高息借款，张正绾于是借给丝厂十万元，约定年底还清。年底农业歉收，银根奇紧，张正绾的当铺及其他店铺资金都不够周转，放出的十万元又收不回来，他只好把老板娘藏在慎和当的房地产契和贵重首饰，偷向上海的中国银行抵押贷款五万元，暂时渡过了难关。次年春米价飞涨，张正绾又从越南西贡进口大米，不料米船沉没，损失很大。张正绾一面隐瞒消息，一面出高息吸收存款。在他五十大寿那天，宾客满门，他不慎走漏了消息，贺寿的宾客都成了讨债鬼，一时发生了提现风潮，慎和当因此而倒闭。慎和当一夜倒闭，产生了多米诺骨牌效应，很多当铺的信用也都随之破产。① 从慎和当的破产事例中，我们可以发现，使用存款固然可以牟取厚利，但一旦信用受到质疑，引起提现风潮，后果非常严重。典当业与其他投机生意相比，获利还是稳定的，慎和当是因为受到其他兼营业务的牵累才破产的。

第三节 政府存款

与个人和民间组织的存款相比，政府存款的种类更多、相关文献记载也更为繁富。前文已经提到，北宋时期都水监、军器监、武学都曾把公款存在抵当所里，是最早的政府存款的记载。明代地方政府有时也把公款存在当铺里，如崇祯时江西有一次修塔，“而贮金于质库，以便鸠集。”②后来修桥，也把公款存在当铺里：“计三桥之费可一百五十金，洒外隍剔湖湄称是，镌广三桥之下可七十

① 《宁波典当业的衰落》《近代中国典当业》，中国文史出版社 1996 年版，第 228-230 页。

② （明）熊明遇：《文直行书诗文》文选卷一《龙华宝塔碑》。清顺治十七年熊人霖刻本。

金，尚存一百三十金，畀质库，贮为通国山水利益之用。”[①]这都是地方官员把工程款存在当铺里的现象。

清政府经常把闲置的公款存放在典当里，支取利息用于某些财政支出项目。由于清代的这一政策并不是权宜之计，而是一项长期坚持的政策，所以它对当时的典当业产生了深远的影响。

一、发典生息制度的始末

这一制度在文献中有不同的称谓，一般叫作“发商生息”“发典生息”等。清朝在中原的统治巩固下来以后，立下赫赫战功的八旗兵丁由于缺乏谋生手段，又生活骄奢，其生计自康熙中后期开始逐渐成了一大社会问题。深谋远虑的雍正皇帝深感简单的救济不是办法，于是开始从各旗库中拨出一笔银两，交由商人营运，其利息作为各旗兵丁喜丧之事的赏项，这就是发商生息制度的由来。后来这项政策又扩展到蒙古八旗、汉军八旗等，范围扩展到全国。以后清代的诸位皇帝都坚持这一政策，并进一步发展。乾隆朝的发商生息便不再仅仅限于赏赐兵丁吉凶之用，公共工程及文教、慈善方面的经费也交由商人营运生息。嘉庆朝还把救济漕丁的经费也交由商人营运生息。道光朝，各级地方政府的行政费以及办公费也交由商人营运生息。其中受领本银最多的省份是四川省，其用途大多是补助四川西部守军的生活费。其次是河南省，其用途大多为办理摊捐或是津贴苦缺州县，江苏是调剂漕丁的生计，浙江是修筑海塘工程，广东是缉捕海盗，东三省是接济旗人生计。太平天国起义爆发后，长江中下游的典当遭到毁灭性打击，所以咸丰朝是发典生息制度的低潮。太平天国运动被镇压以后，发典生息制度再次活跃起来，至光绪朝达到另一高峰。到光绪末年(1908 年)，全国的生息款至少有银子 4031697 两，钱 355102 串文，16900 元。[②] 从同治皇帝以

---

① (明)熊明遇：《文直行书诗文》文选卷二《开浚东湖记》。清顺治十七年熊人霖刻本。注②、注③见中国基本古籍库第 153 页、第 164 页。

② 潘敏德：《中国近代典当业之研究》第二章，台湾师范大学历史研究所 1985 年版，第 15 页。

后，清政府财政困难，拨不出生息款来，又产生了“绅捐生息制度”，即由绅士富商捐资作基金，只运用基金所生的利息。① 即生息款的来源不再是政府拨款，而是民间捐款。当然，其中亦有个人捐款，如在山西夏县，“圣庙学宫士子应试盘费：邑进士张润民，原任河南提学道修补参议道，捐俸六十两，送本县县主，付当铺营放，加二行利。儒学禀膳，生员苏淳捐银十两，付当铺营放，加二行利”。② 再如周济在淮安，“嘉庆丁酉春秋释奠，观礼者逾万人。君又节修脯所入，自输钱二百缗存质库，权子母，为每岁兴舞之用，则复古之盛事也。”③淮安文庙祭祀孔子的钱，就是周济个人捐的，存在当铺里。再如，湖州有个陈君，“陈君来莅兹土，慨然于社学之废，谋所以复之。厘其积弊，复出俸百两，存于质库，取息以供学用。”④这笔生息款也是个人捐的。还有的生息款既有社会捐款，也有政府拨款，如同治八年(1869 年)，在上海“时有裁汰兵五百名，皆老羸及阵亡所遗幼弱，觅食无所者。君为之恻然，与当道各捐廉俸，并拨公帑，集成巨款，取息于质库，月给口粮以资其生，兼为清节堂筹邮鳌费，寒冬则散给贫民衣裤，如是者五稔”。⑤这笔生息款既有官员们的捐款，也有政府拨款。

与政府拨款相比，民间捐款的数字就小多了，乾隆时，在东湖县育婴堂，“先是，前知县李君越倡率，邑绅士乐输白金三十有八两，入质库取息。东邑质库皆绅士之素封者为之，凡十有八典，岁

① 罗炳绵：《清代的银两生息制度和民国后的农民贷借所》，《大陆杂志》第 55 卷第 3 期。

② (清)蒋起龙：康熙《夏县志》卷一，康熙四十七年刻本，第 74 页。

③ (清)丁晏：《颐志斋文钞·周先生传》，《清代诗文集汇编》587 册，上海古籍出版社 2010 年版，第 18 页。

④ (清)王昶：《春融堂集》卷四十七《记·重兴乌镇社学记略》，上海文化出版社 2013 年版，第 837 页。

⑤ (清)方濬颐：《二知轩文存》卷三十二《提督衔记名总兵叶君云岩墓志铭并序》，清光绪四年刻本。

以其息贮诸公。自乾隆癸亥迄己卯，凡十有七年，权子母至四百有奇。”[①]这次捐款，东湖县的绅士们一共捐了三十八两。

清朝灭亡以后，这些生息款的去向如何呢？现在还没有完整的资料，只有一些零星的记录。如北京典当的生息款，“不意至光绪庚子大变，我当行京乡二百余家，尽遭涂炭……仰赖国家宽仁厚泽，所有各官署各款发商生息数十万两，概免追究本利，全行豁免。各当欠款数十万两，亦代为补还，实乃出诸意外。现今复开新当，不足百家，殷实甚少，多办集股试办，暂维生理，嗣后各官署若再有发商生息，断不敢分领，亦不敢具连环互保。”[②]即在庚子之变后，官府在北京典当的存款都不再追究。如光绪三十一年(1905年)，“查安徽各县属皆有各项公款，多寡不等，有数千金者，有万余金及数万金者，悉由民间陆续集成，存储典当生息，每年止用息而不用本，且计息亦甚微。职等公同商酌，分道函致本籍绅耆，将各县公款拨归本省铁路开办之经费，其款愿入股者入股，不愿入股作借，仍均按年给与利息。同一存储生息，于地方公款无所亏损，而铁路为合省人士愿办之举，即职等于本籍公款亦皆非局外之人，函商经管首士腾挪应用，自易为力。计全省五十八州县，每县可拨之公款酌中以四千计之，应共有二十余万金，以为铁路开办之费已有余裕，此筹现有之公款似有著落”。[③] 即安徽的生息款修铁路动用了。上海的生息款，用来救灾了：“八年前苏州亦遇水灾，饿毙不少。其时绅商因乱避住地方，而各业停滞，机织琢玉等工均歇业，一时无人办赈，凄苦情形不堪目睹。焦耀山先生绅商，设法救济，并关照谓予通知，有前清南米余息，系省有公款存放上海各典生息，计库平银一万五千两，须具公呈拨允赈济。再加绅富量力

---

① (清)林有席：乾隆《东湖县志》卷二十六，清乾隆二十八年刻本，第1134页。

② 《北京典当业之概况》第二章。伪中国联合准备银行1940行印行，第54页。

③ 《申报》11581号1905年7月15日《续安徽京官详议兴筑全皖铁路办法呈》。

捐输，即可着手放赈。”①其他各省的情况因所见资料有限，有待今后继续关注。

民国时期，那些来源于政府的生息公款随着清王朝的灭亡取消了，而那些来自于民间募捐来的生息公款还是存在的。而且，有的地区甚至还派发了新的生息款，如在云南盐丰县：民国六年(1917年)“于是征收阅十五月，而竟收足银三千两，折合银币四千五百元，除照章提取办公费外，实有银四千三百八十一元，或存当铺生利，或借商家责息，年年月月纯取子金，禁用母金，由此而教育经济庶有基础之可言”。② 这笔生息公款便是民国以后新派发的。民国时期残存甚至新派的生息公款的存在情况，还有待于进一步研究。

表 9-3 **清代发典生息公款举例表**

编号	年代	地点	生息本钱	利率	用途	资料来源
1	1733	山西	1000 两	一分二厘	晋阳书院	《晋政辑要》卷六
2	不详	湘潭	2500 两	一分五厘	生童膏火	陈宏谋《培远堂偶存稿》卷四十八
3	1747	不详	2350 两	不详	育婴堂	《介轩文钞》卷六《请议育婴堂善后事宜启》
4	1748	歙县	7000 两	不详	紫阳书院	道光《徽州府志》卷三
5	不详	绩溪	5000 两	不详	应试者路费	道光《徽州府志》卷三
6	1752	宁津	300 两	二分	留养局	光绪《宁津县志》卷五《经政·恤政》
7	1754	祁州	140 两	不详	留养局	乾隆《祁州志》卷二

① 余鲁卿：《经历志略·慈善公益五》，转引自王裕明《明清典商研究》的附录，人民出版社 2012 年版，第 559 页。

② 郭燮熙：民国《盐丰县志》卷十一，民国十三年铅印本，第 693 页。

续表

编号	年代	地点	生息本钱	利率	用途	资料来源
8	1751	歙县	30000 两	不详	普济堂	民国《歙县志》卷十五
9	1753	隆平	150 两	二分	留养局	乾隆《隆平县志》卷二
10	1752	钟祥	200 两	一分五厘	兰台书院	《钟祥金石考》卷六
11	1753	定兴	250 两	二分	留养局	光绪《定兴县志》卷二《庶政·宾兴》
12	1754	武强	290 两	二分	留养局	道光《武强新志》卷二
13	1757	山西	500 两	一分二厘	书院膏火	《晋政辑要》卷六
14	1760	建瓯	1100 千文	不详	义学	《东瓯纪略》
15	1761	山西	18000 两	一分	台山行宫庙宇岁修及省城工程之用	海宁《晋政辑要》卷五
16	1764	寿阳	1000 两	一分五厘	书院山长饭费	《寿阳县志》卷五《学校》
17	不详	山西	14245 两	一分	五台各行宫庙宇岁修之用	海宁《晋政辑要》卷五《台山经费》
18	不详	山西	五笔合计 19450 两	一分 一分二厘	普育二堂	《晋政辑要》卷六
19	不详	山西	200000 两	一分	办铜帮费	《晋政辑要》卷八
20	不详	温州	2350 两	一分五厘	育婴堂	乾隆《温州府志》卷六
21	1766	徽州	30000 两	七厘	修谷仓	道光《徽州府志》卷三
22	1781	崞县	5000 两	一分	铜本	《明清山西碑刻资料选》续 2 辑，020《崞邑会典所条规序碑文》
23	1783	湖南	40000 两	不详	社谷息银	《清高宗实录》卷一一七六

续表

编号	年代	地点	生息本钱	利率	用途	资料来源
24	不详	不详	2000两	二分	奋武厅生活	(清)《心政录》卷三
25	1769	安徽	30000两	不详	惠济仓	《顺治—嘉庆朝清实录经济史资料·国家财政编1》第二章《财政收入》
26	1751	大城	200两	二分	留养局	《牧令书》卷十五
27	1753	汾阳	6500两	一分	以充束脩膏火经费	《汾阳县志》卷三《学校》
28	1754	天津	300两	二分	盐山县留养局	光绪《天津府志》卷七《恤政·义举附》
29	1754	天津	100两 230两	二分，一分五厘	庆云县留养局	光绪《天津府志》卷七《恤政·义举附》
30	1754	天津	300两	二分	静海县留养局	光绪《天津府志》卷七《恤政·义举附》
31	1755	天津	500两	一分五厘	青县留养局	光绪《天津府志》卷七《恤政·义举附》
32	1755	天津	277两	二分	南皮县留养局	光绪《天津府志》卷七《恤政·义举附》
33	不详	吴桥	200两	二分	留养局	光绪《吴桥县志》卷四《建置志下·恤政》
34	不详	海门	10000千文	七厘	海门书院	《从公续录》卷一
35	不详	海门	6000千文	七厘	龙门书院	《从公续录》卷一
36	不详	海门	16000千文	七厘	义学	《从公续录》卷一
37	不详	海门	8000千文	七厘	养济院	《从公续录》卷一
38	不详	海门	4000千文	七厘	育婴	《从公续录》卷一
39	不详	无锡	1000千文	一分	育婴堂	《得一录》卷三
40	不详	琼州	550两	不详	义学	《从公三录·琼州府义学章程》
41	不详	惠民	五六百两	一分	宾兴或修城	《宰惠纪略》卷二

续表

编号	年代	地点	生息本钱	利率	用途	资料来源
42	不详	惠民	数万贯	不详	修城种柳	《宰惠纪略》卷二
43	不详	惠民	1100千文	不详	科举试卷	《宰惠纪略》卷五
44	不详	南海	80000两		修堤	《榆巢杂识·武陵赵文恪公事》
45	不详	不详	1000千文	一分	宾兴之费	《敬简堂学治杂录》卷二
46	1800	松江	100千620文	一分	云间书院	嘉庆《松江府志》卷十六
47	1804	永嘉	2800千文	不详	为文士乡、会试旅费	光绪《永嘉县志》卷三五《庶政·永嘉育婴堂碑记》
48	1809	澳门	100000两	一分	前山饷银	《粤东省例新纂》卷四
49	1811	黟县	60000两	五厘	延请山长生童膏火应试路费	道光《黟县志》卷十五
50	1813	不详	20000两	不详	满营应需公费	《清仁宗实录》卷二百七十二
51	1814	江宁	不详	不详	救灾	《程侍郎遗集》卷八
52	1817	松江	7000千文	不详	义仓	嘉庆《松江府志》卷十六
53	1817	元城	400千文	不详	城隍庙	同治《元城县志》卷二《学校》
54	1818年	广西	1000两	不详	修粮仓	《榆巢杂识·武陵赵文恪公事》
55	1820年	山西	200000两	一分	所得息银一半归还原本，一半抵给摊捐款项及留备地方不时之需。俟原借本银全数归还原款之后，存典生息之项永远留存地方公用	《曾国荃全集》第一册《奏疏·筹银生息抵款疏》

续表

编号	年代	地点	生息本钱	利率	用途	资料来源
56	1820年	广东	10000两	一分	南雄差兵口粮	《粤东省例新纂》卷四
57	1820年	崞县	4000两	一分	谷本银	《明清山西碑刻资料选》续2辑，020《崞邑会典所条规序碑文》
58	1822年	不	1200两	一分二厘	生童膏火奖赏之需	《敬简堂学治杂录》卷二
59	1822年	江苏	100000两	一分	藩库耗羡	《东华续录》道光五
60	1823年	松江	3000千文	六厘	备荒	《松江府续志》卷十四
61	1825年	武强	7600千文	一分	萃升书院	道光《武强新志》卷五
62	1824年	梁山	700千文	一分	养济院	刘衡《庸吏庸言》卷下《梁山县新建养济院记》
63	1826年	武强	300千文	一分	修义仓	道光《武强新志》卷二
64	1826年	江陵	3000两	一分二厘	会试举子盘费	裕谦《勉益斋偶存稿》卷一
65	1828年	武缘	1000两	一分五厘	阳明书院膏火	《润经堂自治官书》卷二
66	1828年	思恩	357.53两	一分五厘	惠泉义学	李彦卓《润经堂自治官书》卷二
67	1828年	天津	705千文	不详	沧州义学	光绪《天津府志》卷三十五《学校》
68	1829年	江夏	5000两	一分	会试举子盘费	裕谦《勉益斋偶存稿》卷四
69	1829年	天台	1200两	一分	宾兴之费	顾廷纶《天台日记·通禀劝捐宾兴银数》
70	1830年	襄阳	8000千文	不详	缉捕经费	《林则徐全集》第三册《奏折·筹款生息防守襄堤折》

续表

编号	年代	地点	生息本钱	利率	用途	资料来源
71	不详	广东	不详	不详	书院	《粤东省例新纂》卷四
72	1830年	泰兴	200千文	一分	洒扫学校经费	《泰兴县志》卷十三《学校下》
73	1832年	易县	2000两	一分	树价	《清宣宗实录》卷二百零四
74	1835年	广东	20000两	一分	团练乡勇	《粤东省例新纂》卷五
75	1835年	汾阳	400两 300千文	一分	西河书院膏火、岁修之资	《汾阳县志》卷三《学校》
76	1836年	江夏	6000两	一分	育婴堂	裕谦《勉益斋偶存稿》卷四
77	1836年	襄阳	76000千文	八厘	鼓铸款	《林则徐全集》第三册《奏折·筹款生息防守襄堤折
78	1836年	栾城	3300千文	一分	以备书院生童膏火	同治《栾城县志》卷六
79	不详	栾城	3000千文	一分	龙冈书院	同治《栾城县志》卷六
80	不详	海州	4000两	八厘五	修陶澍的祠	《海州文献录》卷八
81	1837年	重庆	10000两	一分	弥补铜厂耗费	《清代乾嘉道巴县档案选编》上册八《道光十七年四月十四日重庆府札》(一)
82	1837年	榆次	10000两	八厘	为书院膏火	《榆次县志》卷三《学校》
83	不详	寿阳	5000两	一分	铜本	《寿阳县志》卷三《食货》
84	1839年	寿阳	1000千文	五厘	修文昌宫	《寿阳县志》卷五《学校》
85	1839年	平遥	9000两	六厘五分	山长束脩火食银三百两，生童膏火杂费银三百两，余银五十两为历年修补房屋之用	《续修平遥县志·学校》第三册

续表

编号	年代	地点	生息本钱	利率	用途	资料来源
86	1843年	容城	600千文	不详	正义书院膏火之资	光绪《容城县志》卷二《庙祠》
87	1848年	河南	600000千文	不详	修贾鲁河堤	《东华续录》道光五八
88	1852年	邢台	1051千152文	一分	先贤村仓冬防经费	光绪《邢台县志》卷二《建置·学堂》
89	1856年	容城	250千文	不详	为书院敬惜字纸之费	光绪《容城县志》卷三《书院》
90	1867年	杭州	30000千文	一分	善举	《两浙宦游纪略》
91	1868年	唐县	8500千文	八厘	支发里童膏火	光绪《唐县志》卷四《学校·书院》
92	1873年	寿阳	1800千文	六厘	为生童膏火及斋长茶资、院夫工食、礼房纸笔之费	《寿阳县志》卷五《学校》
93	不详	颖州	6270千800文	不详	建造义学	李德林《定颖记事》卷一《岱山寺新建义学记》
94	不详	惠州	3000千文	一分	生童膏火及孤贫口粮之费	《问心斋学治续录》卷一
95	不详	惠州	1525.5两 400千文	一分 一分五厘	普济堂	《问心斋学治续录》卷一
96	不详	惠州	不详	不详	修沟渠和陈文惠公祠	《问心斋学治续录》卷一
97	不详	惠州	1336两	一分	丰湖书院膏火	《问心斋学治续录》卷二
98	不详	惠州	4200两	不详	育婴堂	《问心斋学治续录》卷二
99	不详	惠州	2000两	八厘	义渡	《问心斋学治续录》卷二
100	不详	惠州	140两	不详	祭祀狱中死囚	《问心斋学治续录》卷三

续表

编号	年代	地点	生息本钱	利率	用途	资料来源
101	不详	柴桑	1004千文	八厘	办谷备荒	《柴桑佣录》卷三《禀请提集官本发商办谷备荒》
102	不详	栾城	200两	二分	留养局	同治《栾城县志》卷五
103	1868年	南汇	500千文	一分五厘	同善堂	光绪《南汇县志》卷三《建置志・善款生息》
104	1874年	南汇	2625千170文	不详	尸场经费	光绪《南汇县志》卷三《建置志・善款生息》
105	不详	泰兴	4500千文	一分	丰泰仓	光绪《泰兴县志》卷八《仓法慈善款生息》
106	不详	泰兴	7443千800文	一分	育婴堂	光绪《泰兴县志》卷八《仓法慈善款生息》
107	不详	泰兴	3000千文	九厘	育婴堂	光绪《泰兴县志》卷八《仓法慈善款生息》
108	不详	泰兴	800千文	不详	保节局	光绪《泰兴县志》卷八《仓法慈善款生息》
109	不详	泰兴	3500千文	一分	同仁堂	光绪《泰兴县志》卷八《仓法慈善款生息》
110	不详	泰兴	1000千文	一分	救生局	光绪《泰兴县志》卷八《仓法慈善款生息》
111	不详	泰兴	1800千文	一分	义渡	光绪《泰兴县志》卷八《仓法慈善款生息》
112	1880年	泰兴	3200千文	一分	宾兴经费	《泰兴县志》卷十三《学校下》

续表

编号	年代	地点	生息本钱	利率	用途	资料来源
113	1880 年	泰兴	200 千文	一分	修学校	《泰兴县志》卷十三《学校下》
114	1880 年	泰兴	18528 千文	不详	预备仓	光绪《定兴县志》卷二《庶政·宾兴》
115	1880 年	泰州	9000 千文	八厘	修斜丰港口	宣统《续纂泰州志》卷二《河渠·水利附·水利生息款》
116	1882 年	平遥	3000 两	不详	助书院膏火	《续修平遥县志·学校》第三册
117	不详	平遥	12000 两	六厘五毫	士子乡试资	《续修平遥县志·学校》第三册
118	1884 年	泰兴	3000 千文	一分	公车经费	《续修平遥县志·学校》第三册
119	不详	泰兴	银 2273.6895 两，钱 2300 千文	银二分，钱一分	襟江书院	《续修平遥县志·学校》第三册
120	不详	武进	2000 千文	不详	育婴堂	光绪《武进阳湖县志》卷三《善堂》
121	不详	武进	3000 千文	不详	敬节堂	光绪《武进阳湖县志》卷三《善堂》
122	不详	武进	1400 千文	不详	集义会	光绪《武进阳湖县志》卷三《善堂》
123	不详	武进	钱 480 千文 银 18000 两	不详	保婴保节	光绪《武进阳湖县志》卷三《善堂》
124	不详	武进	5800 千文	不详	给城乡贫民夏间医药	光绪《武进阳湖县志》卷三《善堂》
125	不详	武进	200 千文	不详	给嫠妇贫民寒衣、棺殓、义塾等用	光绪《武进阳湖县志》卷三《善堂》
126	不详	武进	2000 千文	不详	给恤贫民	光绪《武进阳湖县志》卷三《善堂》

续表

编号	年代	地点	生息本钱	利率	用途	资料来源
127	不详	武进	500千文	不详	给养贫民	光绪《武进阳湖县志》卷三《善堂》
128	不详	武进	1000千文	不详	寿安堂	光绪《武进阳湖县志》卷三《善堂》
129	不详	武进	9100千文	不详	给养老废孤寡	光绪《武进阳湖县志》卷三《善堂》
130	不详	武进	1000千文	不详	给养鳏寡孤独	光绪《武进阳湖县志》卷三《善堂》
131	不详	武进	2200千文	不详	给孤寡并寒衣、殓费、义塾	光绪《武进阳湖县志》卷三《善堂》
132	不详	武进	2000千文	不详	给恤贫民	光绪《武进阳湖县志》卷三《善堂》
133	1884年	枫泾	250圆	不详	助里中善籍士子乡试之费	《续修枫泾小志》卷二《建置》
134	不详	吴桥	3700文	一分二厘	书院用	光绪《吴桥县志》卷二《建置志上·书院》
135	1883年	通州	3000两	一分二厘	义学经费	光绪《通州志》卷五《学校·义学》
136	不详	邢台	5350千文	不详	育英书院	光绪《邢台县志》卷二《建置·学堂》
137	不详	邢台	500千文	不详	惜字纸社收拾捡洗字纸、散篓送灰工费	光绪《邢台县志》卷二《建置·学堂》
138	1900年	邢台	3000千文	不详	义仓常年之费	光绪《邢台县志》卷二《建置·学堂》
139	不详	天津	5000千文	一分	书院存款	光绪《宁津县志》卷四《学校志·书院》
140	不详	天津	2400两	一分	书院存款	光绪《宁津县志》卷四《学校志·书院》
141	不详	天津	8000千文	不详	辅仁书院	光绪《天津府志》卷三十五《学校》

续表

编号	年代	地点	生息本钱	利率	用途	资料来源
142	不详	天津	2000 两	不详	青县会川书院	光绪《天津府志》卷三十五《学校》
143	不详	天津	1000 千文	一分二厘	静海县义塾	光绪《天津府志》卷三十五《学校》
144	不详	天津	4000 千文	不详	沧州渤海书院	光绪《天津府志》卷三十五《学校》
145	不详	沣西	2000 两	不详	义塾膏火银	《柏沣西先生遗集》(沣西草堂集)卷六
146	不详	共城	1000 千文	不详	书院经费	《共城从政录·百泉书院岁修纪略》
147	不详	汾阳	300 千文	不详	卜山书院祭费	《汾阳县志》卷三《学校》
148	不详	永嘉	480 千 200 文	不详	助堂婴食用之需	光绪《永嘉县志》卷三五《庶政·永嘉育婴堂碑记》
149	不详	永嘉	3500 千文	一分	恤嫠局经费	光绪《永嘉县志》卷三五《庶政·永嘉育婴堂碑记》
150	不详	泰州	448.5 两	一分	育婴堂经费	宣统《续纂泰州志》卷五《公署义局·善款生息》
151	1898 年	泰州	足钱 1076 千文 九七六钱 650 千文	一分	育婴堂经费	宣统《续纂泰州志》卷五《公署义局·善款生息》
152	不详	泰州	470 两	一分	普济堂经费	宣统《续纂泰州志》卷五《公署·义局附》
153	不详	泰州	1490 千 625 文，英洋 180 元	一分	普济堂粥厂经费	宣统《续纂泰州志》卷五《公署·义局附》

从以上表格看，这项制度实行得是非常广泛的，但却是不平衡的。其中东部沿海地区的生息公款多，而东北、西北地区很少。在这些款项里，以慈善和教育两类公款为主，利率高低相差很大。当然，以上表格是长时段大范围的，具体到某一地区的某一笔生息公款，可见下表：

表 9-4　　**泰州普济堂生息款一览表**

序号	典主	银子成色	数量	年利息	利率
1	张恒章	995	169.621 两	20.354 两	月息一分
2	丰豫公	995	75.2 两	9.024 两	月息一分
3	李德成	995	75.2 两	9.024 两	月息一分
4	王积庆	995	150.4 两	18.048 两	月息一分

通共收典息银 56 两 4 钱 5 分。

表 9-5　　**泰州普济堂粥厂生息款一览表**

序号	典主	本钱种类	数量	年利息	利率
1	周丰豫	978 串钱	375 千文	37 千 500 文	10%
2	载裕厚	978 串钱	928 千 125 文	93 千 2 文	10%
3	刘元益	978 串钱	187 千 500 文	18 千 360 文	10%
4	周丰豫	英洋	180 元	18 元	10%

共收钱 148 千 838 文，洋 18 元。

表 9-6　　**泰州清节堂生息款一览表**

序号	典名	本钱种类	数量	息钱	利率
1	樊汉恤恒泰	足钱	958 千 956 文	115 千 75 文	月息一分
2	邱恒泰	998 串钱	727 千 273 文	87 千 273 文	年息一分二

续表

序号	典名	本钱种类	数量	息钱	利率
3	邱恒泰	976 串钱	90 千	9 千	年息一分
4	樊议王具庆	足钱	1173 千 243 文	147 千 789 文	年息一分二
5	王具庆	976 串钱	60 千	6 千	年息一分
6	小纪王积庆	足钱	300 千 865 文	36 千 104 文	年息一分二
7	王积庆	998 串钱	134 千 950 文	16 千 194 文	年息一分二
8	王积庆	998 串钱	182 千文	21 千 840 文	年息一分二
9	王积庆	976 串钱	60 千文	6 千文	年息一分
10	姜堰刘元益	足钱	905 千 251 文	108 千 630 文	年息一分二
11	刘元益	976 串钱	60 千	6 千	年息一分
12	曲塘戴裕厚	998 串钱	920 千 454 文	110 千 454 千文	年息一分二
13	戴裕厚	976 串钱	105 千	10 千 500 文	年息一分
14	海安许源	998 串钱	375 千	45 千	年息一分二
15	海安许源	976 串钱	75 千	7 千 500 文	年息一分
16	塘湾李三和	976 串钱	30 千文	3 千	年息一分
17	本城周丰豫	998 串钱	1090 千 909 文	130 千 900 文	年息一分二
18	本城周丰豫	976 串钱	60 千	6 千	年息一分
19	本城邱恒泰	976 串钱	60 千	6 千	年息一分

总共生息本折足钱 8422 千 691 文，利息折足钱 879 千 11 文。

以上三份表格都是泰州的慈善公款，三笔公款的利率并不一致。具体到同一笔公款，其利率也不一致。如清节堂的公款利率，以足钱和 998 串钱计量的，利率是年息一分二，而以 976 串钱计量的却是年息一分，其原因不明。

二、生息款的特点

清代的发典生息制度实行得时间长，从雍正初年直至清朝灭亡；范围广，它不是局限于某一地区的制度，而是在全国实行的。

那么这么一项重要制度，有什么特点呢？

第一，种类多。清代的生息款种类是很多的，前人已经注意到的有各衙门办公费、工程款、教育款、慈善款、粮食储备款等。光绪十八年(1892年)五月，山西文水县三十六家当商向藩宪所领的息本银两之甘结上，记载的生息款名目便有：

具连环互保甘结当商义昌当张泰昌、利源当麻利源等今于互保甘结事：依奉结得商等原领奉发

满营驻防兵丁公费	息本银	一六〇〇两
津贴满营公费并加增官学薪水	息本银	七〇〇两
铜本公用	息本银	四〇〇〇两
台山公用	息本银	二〇〇〇两
操演速战阵	息本银	一〇〇〇两
社义息谷变价	息本银	三〇〇〇两
台山弁兵	息本银	一〇〇〇两
普育二堂	息本银	二〇五〇两
晋阳书院肄业生童膏火	息本银	三〇〇两
晋阳书院膏火成本银	成本银	二〇〇两
粥厂项下	息本银	二八〇两
抵补摊捐	息本银	四〇〇两
抵补摊捐	息本银	一〇〇〇两
故员柩费	息本银	一二〇〇两
岁科两考棚费	息本银	四〇〇两
令德书院经费	息本银	二〇〇两
巡辑经费	息本银	二〇〇两
筹备公用	息本钱	一〇〇〇串文
标太三营加赏精兵	息本钱	八〇〇串文
计共	息本银	一九五三〇两
		一八〇〇串文

每月按以一分并一分二厘，及按年一分生息不等，通年应缴息银二千三百七十五两二钱，息钱二百串文；遇闰加息银一

百九十两六钱，息钱一十千文。均系商等承领，匀给三十六家营运，所有以上息本银钱俱备实存在当，本管县并无擅自提用亏抑情弊，所具甘结是实。①

这份甘结上开列的生息款名目，竟有十九项，可见当时生息款种类之多。其中绝大部分我们都可以推知其用途，下面考证一下台山公用和铜本公用、抵补摊捐这三个名目。关于台山公用，乾隆二十一年（1756年），“经前抚臣明奏请，动司库闲款银一万四千二百四十五两零发当商一分生息，每年可得息银一千余两，为台山行宫庙宇岁修及省城工程之用。奉到朱批，照此办理可也，钦此。又乾隆二十六年（1761年），经前抚臣鄂奏请，将修理台山各庙宇余剩银四千一百二十六两零交商营运，一分生息，以为台山岁修工程及省会公用之需。奉到朱批：览，钦此。以上二项共本银一万八千余两，每年所得息银以备修理台山报部工程之用。② 从上文可以看出，所谓“台山公用”实际上是五台山上的行宫、庙宇每年的修缮费。

关于铜本公用，海宁说，“山西省宝晋局现在安炉六座，每年鼓铸约需用铜十万八千斤，钱局现有铜三十三万斤，每年额定买铜十万斤，每铜一百斤价脚银一十四两，共铜十万斤共需价脚银一万四千两……原举系曲沃县商人周澍、周逵两商领办，按年交局。”③即铜本公用就是清政府为铸钱而采购铜的经费。关于这笔经费的发典生息情况，海宁说，“查各商预凑帮费，除用去外尚存银二十万九千六百余两，内提出银二十万两发典承领营运，按月一分纳息，即以所得息银作为办铜帮费……各属典商承领铜本钱二十万两，按月一分营运，应交银两系按月计算，无闰之年应收银二万四千两，

---

① 陆国香：《中国典当业资本之分析》，《农行月刊》三卷五期，1936年4月。

② （清）海宁：《晋政辑要》卷五《台山经费》。《官箴书集成》第五册，黄山书社1998年版，第617-623页。

③ （清）海宁：《晋政辑要》卷八《办铜事宜》。《官箴书集成》第五册，黄山书社1998年版，第738页。

遇闰之年应收银二万六千两。"①即从这笔经费里提出了二十万两，交由五十多个县的典商营运生息。

关于抵补摊捐，据刘伟先生考证，摊捐亦称摊派，是一种州县政府的办公费。凡关系一省公事用度，例不能销，则科之州县也。即上级政府把关系全省的办公费转嫁到州县一级政府支出。② 抵补摊捐应是州县政府专门拨出一笔公款存在当铺里，以利息来支付上级政府的摊派。最后一项筹备公用，也可能是一笔政府办公费。

关于第五项"操演速战阵"，应是军队训练的一笔费用。据陆以湉说，"速战阵"是杨遇春发明的，"近世名将以崇庆杨忠武公遇春为第一，才勇既伟，知遇亦隆……在固原任二十余年，每营简练精壮三百名，以抬炮列前，继以鸟枪，十人一长，习进步连环枪，以次弓箭、刀、矛、喷筒、火弹，层层护之，用马队翼于左右。署其名曰速战阵，天下称劲旅焉。"③可见速战阵当时是很厉害的，所以才在清军中广为操演。

政府生息款名目之多已如上述，具体到一家当铺是什么情况呢？下面引用一份当铺的清单来说明：

> 道光二十一年(1841年)新正算二十年总账禧利开后
> 　旧　　管
> 原本银壹万伍仟伍佰两。
> 借外人本银贰万陆仟叁佰伍拾两。
> 借普济堂生息银叁佰陆拾两。
> 借缉匪经费生息银叁佰两。
> 借苦缺差费生息银陆佰两。
> 借军费生息银壹佰陆拾两。

---

① (清)海宁：《晋政辑要》卷八《办铜帮费》。《官箴书集成》第五册，黄山书社1998年版，第743页。

② 刘伟：《晚清州县的办公经费与公费改革》，《安徽史学》2013年第3期。

③ (清)陆以湉：《冷庐杂识》卷二《杨忠武公》，中华书局1984年版，第66-67页。

借盐店歇业普济堂生息钱肆佰千文。
借菊潭书院生息钱贰仟叁佰千文。
众东伙坐入银贰仟伍佰壹拾肆两。①

这家当铺承领的生息款有普济堂经费、缉匪经费、苦缺差费、军费、菊潭书院经费五项，从微观层次证明了生息款名目之多。其中第三项是普济堂的生息公款，第七项也是普济堂的生息公款，二者的区别是，第三项是这家当铺直接承领的，而第七项本是盐店承领的，盐店歇业以后转给当铺了。据王丽研究，将官缺按照收入状况和治理难度等因素划分为优缺(亦称肥缺)和苦缺，一直以来仅是一种非公开的、私底下的算计，清政府一直是十分反对的。但到道光朝，向中央报批州县苦缺却成为一项制度。正式成为苦缺后的州县所能得到的直接好处是，少交一些摊派费用，获得一些津贴作为办公费用。②

第二，数额琐碎分散。有的政府的生息款，数额很小，如上文那份甘结里，巡缉经费、令德书院经费、晋阳书院膏火成本银，才有二百两。那二十万两的办铜帮费，是这样发当生息的：

七千两的县只有一个，即榆次。

六千两的县有四个，即阳曲、太平、长治、平遥。

五千两的县有十二个，即太谷、徐沟、临汾、曲沃、汾阳、介休、凤台、高平、寿阳、忻州、崞县、绛州。

四千两的县有十二个，即太原、文水、襄陵、洪洞、长子、襄垣、潞城、永济、盂县、安邑、闻喜、绛县。

三千两的县有八个，即孝义、阳城、猗氏、沁州、平定州、代州、解州、夏县。

二千两的县有十九个，即祁县、浮山、翼城、屯留、黎城、壶关、临县、永宁州、临晋、朔州、榆社、五台、平陆、芮城、稷

---

① 《道光十九年宝盛义记四德堂禧算清单册》，刘建民先生藏。
② 王丽：《清道光朝苦缺制度探微》，《历史教学问题》2013 年第 5 期。

山、河津、霍州、灵石、赵城。①

一笔公款竟发给五十六个县的当商承领，可见其分散。还有数额更小的，如乾隆四十七年，在虞乡县，“知县妥允将修祠余银三十两，亲付本城当铺两家，每年取息备物具仪，祭节孝祀。”②三十两银子，还分存两家当铺。再如咸丰二年(1852年)十二月廿四日，“巴县正堂祥为牌谕事。案奉前府宪林札，发倡捐银五十两，发交各当商，每两每月一分生息，以作年底加增孤贫口粮之需，历经遵办在案。兹据当商张广泰、张元泰呈缴，本年分计十二个月，九二色银六两，按照市价易钱十二千零五十二文，九十二名口孤贫分摊，每名口应领钱一百三十一文。”③只有五十两银子，还交给两家当商营运生息，可见当时生息款的零碎。

道光十七年(1837年)，四川宁远府向所属各县的典商发放铜本生息款时，其数量很有讲究：

> 藩宪发下宁远府属银一万两
> 江北该领银一千一百一十一两一钱一分
> 巴县该领银五千一百八十五两一钱八分
> 合州该领银七百四十两零七钱四分
> 涪州该领银七百四十两零七钱四分
> 江津该领银三百七十两零三钱七分
> 荣昌该领银三百七十两零三钱七分
> 永川该领银七百四十两零七钱四分
> 綦江该领银三百七十两零三钱七分
> 长寿该领银三百七十两零三钱七分④

---

① (清)海宁:《晋政辑要》卷八《办铜帮费》,《官箴书集成》第五册，黄山书社1998年版，第744-745页。

② (清)崔铸善:《虞乡县志》卷五，光绪十二年本，第302页。

③ 《清代四川巴县衙门咸丰朝档案》第6册《财政金融·巴县正堂罗祥庆为散给捐经当商生息银两事申》，上海古籍出版社2011年版。

④ 《清代乾嘉道巴县档案选编》上册八《当铺、钱庄、高利贷·道光十四年五月十日刘广泰等领状》(一)，四川大学出版社1989年版，第103页。

除巴县承领了5185.18两外，江津、荣昌、綦江、长寿四县承领的数量都是370.37两，合州、涪州、永川三县的数量都是740.74两，是上一类数字的两倍；而江北县承领的数字是1111.11两，是第一类县份承领的三倍。这就说明当时宁远府下属的这九个县是分等级的，第一等级的是巴县，承领了一半多；第二等级的是江北县，承领了1111.11两；第三等级的有合州、涪州、永川三县，是第二等级的三分之二；第四等级的有江津、荣昌、綦江、长寿四县，承领的生息款是第二等级的三分之一。当然，这种等级的划分标准，现在还不是很清楚。

当时就有官员注意到这一点，如林则徐道光十八年(1838年)上奏折说："目下襄河防汛，最为急切需要，合无仰恳天恩，俯准援照襄阳缉捕经费成案，移拨济用。惟查十六年发典局钱同所得息钱，共八万七千七百六十余串，为数尚觉畸零，臣等拟与司道再行设法筹措，量为捐补，凑足十万串之数。如仍发交各属典商，未免散无统纪，拟令盐道于克襄，发交汉岸盐商汇总生息，按月八厘，每年可获息钱九千六百串。"①他这里指出发典生息公款散无统纪，所以把防汛款改发盐商承领生息。政府之所以把生息款搞得这么零碎分散，可能是防止"把鸡蛋都放在一个篮子里"产生的风险。

第三，生息款的利率高低不一，相差悬殊。这些生息款既然都是政府公款，其利率就应该一致，至少应该接近，其实不然。据王裕明研究，这些存款利率高低不等，较低的为月息六厘，较高的为月息一分五厘，甚至达到一分八厘或二分，其中以月息一分或年息一分居多。② 他这一说法只是一个粗略的说法，其实如果长时段观察，政府的生息款的利率也有下降的趋势，只是不太普遍。如在山西寿阳，"书院，创建于明万历二十五年(1597年)……乾隆十八年(1753年)，知县张淑渠捐银三百两。二十年(1755年)，知县李伯

---

① 《林则徐全集》第三册《奏折·筹款生息防守襄堤折》，海峡文艺出版社2002年版，第23页。

② 王裕明：《明清徽州典商研究》第三章，人民出版社2012年版，第122-126页。

鏼捐银五百两。二十九年(1764 年)，知县梅廷猷捐银二百两。三项共银一千两存当商，每月一分五厘生息，为山长修膳之资，皆有碑记。又道光十九年(1839 年)，重修文昌宫，拨入布施钱一千贯，存当商，按月五厘生息。同治十二年(1873 年)，重修文庙，拨入布施钱一千八百贯，存当商，期年六厘生息，为生童膏火及斋长茶资院夫工食礼房纸笔之费，各有碑记"。① 乾隆年间生息款的利率是一分五厘，道光年间为五厘，同治年间为六厘，我们虽然不明白其具体情况，但这个地区生息款的利率下降却是再明显不过了。

生息款利率的下降，与典当赎当时的利率下降，应是互为因果的。在利率一章里论述过，清政府曾采取各种措施要求典当赎当的利率下降。赎当的利率下降了，典当的收入便减少了，自然就会希望费用下降。存款利息就是典当的一种费用，典当当然希望存款利率也下降。反之，当生息款利率下降了，典当的费用下降了，典当才愿意减利放赎。浙江温州的典商就曾提过这种要求，"典当隆冬让利，其大概已列前报，兹闻温郡各典商联名具呈，称温州向无减让之例，实难仿照苏省章程。况城内五当均有公项存放生息，如四项质物可以让利放赎，则存当公项亦须免利。"②他们的这个要求也有道理，政府不能光要求贷款利率下降，其存款利率也应该下降才对，否则典当就吃亏了。清末的《申报》以浙江情形为例，代表当商的利益，刊登文章说：

> 各公项发存生息之款如故，不以今昔之利源迥别而肯稍为变通也。鄙意以为欲苏典商之困，莫如先减公项之息，闻浙省公项存款中，竟有以周年一分四厘四，令典商出具领纸，按季输息者。试思以招商集股之典，谁不□将本求利？而必欲令公项存款中，赔累输息如此之巨？无怪前年胡绅雪岩欲抵各处公款之典招商顶替，人皆裹足不前也。今虽胡绅之典俱有人顶矣，然而生计日绌，不为之曲体下情，典商之困恐未有艾。典

① (清)马家鼎：光绪《寿阳县志》卷四《学校》，清刊本，第 113 页。

② 《申报》3161 号 1882 年 2 月 15 日《让利续闻》。

商一困，实民生之利弊攸关。①

有的地方官员意识到了这点，便把生息款的利率也降了。早在乾隆十五年(1750年)，湖南常德就有官员把生息公款的利率降低："惟是常郡典铺，先有奉发公项，例取分五厘行息。今思比照责偿，犹恐取盈一时，或难为继，不若减为分二厘。计本八千七百五十金，终岁可获息一千五十金，于事未为扰，于用无不赡，庶几可垂久耳。"②常德知府雷畅把朗江书院的生息公款利率从一分五厘降到一分二厘。清后期这样的例子就更多了。如在光绪时，江西九江，"兹据前情，复查卑县自慎和质铺歇业后，至今乏商承开。虽经各前县设法招徕，无如通盘计算，有租金、人工、赔息种种耗累，致皆观望不前。浔地出产甚稀，民情瘠苦，全赖质铺以通缓急，本年秋收歉薄，贫民称贷无所，往往甘受私押重息而不辞，是开质铺一层尤为浔地当务之急。惟利薄用昂，既不可增息病民，若不将官息酌量轻减，实不足以鼓舞商情。合无仰恳宪恩，批准照详办理，实于地方商务两有裨益"。③ 引文最后说得很清楚，九江地区民贫，人民生活依赖典当，而典当的收入小费用大，如果不把生息款的利率降低，典商是没有积极性的。左宗棠任两江总督时，曾对生息款的利率规定了上限："以有由地方官发此生息公款，无论何项，放息无过一分，一切陋规概行裁革。"④光绪十六年(1890年)，张之洞在两湖地区也曾把生息款的利率降低，"旋据武汉两府江汉两县禀覆，各商业经遵谕，无论公典、当铺一律减为二分取息。凡在五月三十日以前所当者，仍照旧式计息取赎，自六月初一

---

① 《申报》4839号1886年10月4日《论典业利弊情形》。

② (清)应先烈：嘉庆《常德府志》卷十五，清嘉庆十八年刻本，第826页。

③ (清)钟体志：《柴桑傭录》卷四《详请酌减官息招商开质以便贫民》。《明清法制史料辑刊》第一辑第34册，国家图书馆出版社2008年版，第427-432页。

④ 《左宗棠全集·奏稿》卷五十九《奏为核减典商利息酌定赎限拟发官本折》，上海书店1986年版，岳麓书社2009年版，第145页。

日为始，一律改为二分收息。所有存典生息地方公款、原备善后各项经费，前本九厘或一分生息，兹亦体恤商情，减取五厘。但此项原系地方要款，所短之数甚巨，惟有将现办土捐善后经费一项，作为弥补。各典即经减利，嗣后各项捐输亦宽免十年，以示体恤，现已出示晓谕，永远奉行矣。”①政府要求典当减利放赎，就随之把生息款的利率也减下来，比那些简单、粗暴的行政命令有效得多。

生息款的利率虽然也出现了下降的态势，但普遍到什么程度，还有待于进一步研究。

虽然不同种类的生息款的利率高低相差悬殊，甚至同一笔生息款分发给不同的典商，其利率也是不一致的。前文泰州普济堂、清节堂的生息款，有的利率就有差距。再比如清光绪十六年(1890年)善后局的生息款，其利率也有差距：

> 蔚泰厚本银一万五百两，按月五厘生息。
>
> 源丰润本银七千两，按月五厘生息。
>
> 当商何和兴本银一千五百两，按月八厘生息。
>
> 当商刘即成本银三千两，按月八厘生息。
>
> 当商林宜春本银二千两，按月八厘生息。
>
> 当商林通兴本银二千四百两，按月八厘生息。
>
> 当商陈厚森本银二千两，按月八厘生息。
>
> 倒商邬鼎裕本银一千二百两，按月八厘生息，现已倒闭歇业。
>
> 倒商阮恒源本银二千四百两，按月八厘生息，现已倒闭歇业。
>
> 倒商林宝丰本银二千两，按月八厘生息，现已倒闭歇业。
>
> 共发帑本银三万四千两。尚存善后局本银六千两，息银三百八十余两。②

---

① 《申报》6192号1890年7月17日《减利惠民》。

② 《光绪十六年善后局报单》，《徽州千年契约文书·清民国编》第3册，花山文艺出版社1992年版，第182-183页。

材料里前两笔数额较大，利率为五厘；后八笔数额较小，利率为八厘，也采用了与赎当利率一致的差额利率制度。由此可见，按本钱大小实行的差额利率制度，并不仅限于赎当，可能通行于多个环节。

三、生息款的管理

政府公款办理生息的程序是，一般先由官府将款项摊派到所在各典当，典当向官府具立甘结，领取息折营运，定期向官府交纳利息，再由官府将息钱用到有关事项上去。① 有的地方政府并不直接把生息款派到当商那里，而是通过民间组织去办理，如在湖北，“此项本银原由江夏县出具印领，责成典总传集殷实典商当堂发交，取具该商领状，呈府备案。或该商于数年、数十年后，生理不无赢亏，遇有歇贸者，该县随时查明报府更换。”②即湖北地区有个民间组织为典总，负责办理生息款。咸丰七年(1857 年)，山西地区成立了当商总局，也负责此事：“设立当商总局，原为协办公事。每年轮派四家办公，周而复始，历年久矣。且□年□头，理宜各秉公心，毋得含糊办事。倘有疏虞，悔之无及。即如起解铜息、谷息、商税、费资等项，业有成规”。③ 即当商总局就负责办理生息款，并且订有“成规”。

典商向地方政府立的领状如下，道光十四年(1834 年)，四川巴县，“本城十三家当商刘广泰、张洪升等，今于大老爷台前，为领状事，实领得商等遵奉恩札承领宁远府发来重属生息银五千一百八十五两一钱八分，每两每年一分行息。其息银以夏秋二季完缴，批解重庆府银上纳，听候宁远府移取以作各铜厂耗折之费。商等奉札，于本年五月初九日赴辕，实领得银五千一百八十五两一钱八

---

① 刘秋根：《中国典当制度史》第三章《中国典当业业务的种类》，上海古籍出版社 1995 年版，第 118-119 页。

② （清）裕谦：《勉益斋偶存稿》卷四《捐助会试举人盘费详》，《清代诗文汇编》579 册，上海古籍出版社 2010 年版，第 105 页。

③ 张正明、科大卫：《明清山西碑刻资料选》续 2 辑，020《崞邑会典所条规序碑文》，山西人民出版社 2009 年版，第 28-29 页。

分。遵照发来原封，协同工房当堂转准钱砝码二逼过硃铃印，一付存库，一付存典，每年以夏冬二季，按六个月一次，照算缴息。空间不虚，领状是实。”①至于典商立的甘结，见前文引用的文水县当商立的那份连环互保甘结。典当领到生息款后，还要立息折：道光时浙江温州地区的太平宗文书院的生息公款，要求“每典各立息折，注明每月八厘息，专为岁歉支取，补凑米价，不得挪移他用。各典亦不得徇情滥付，亲画花押并盖本典图章，交下届总董恃为凭信。如典业有增减更替，则更存本，宜重行摊派。而先有总收票报明存本，不必更换，但更换各典息折以归简便。其前有存典收字，缴还本典，换填息折，并将息册注明，免致歧误。设米价异常昂贵，息钱不足补凑，仍不准动支原本。由总董筹捐抵款，于交代之际具列捐户钱数，凭下届总董藉以仰成。谅幽有息神，亦必俾尔昌炽。”②当商按时向地方政府呈缴了生息款的利息，有的地方政府还要向当商签发凭证，如道光十七年(1837年)，在四川省巴县地区，“为给票事。案据本城当商刘广泰、张宏升等呈缴宁远府解到银五千一百八十五两一钱八分生息钱，自道光十七年五月初九日具领生息起，十一月初九日止，共缴照原封砝码本利银二百五十九两二钱五分九厘到县。据此合行给票，存票为照。”③可能这种凭证没有专门的称谓。

当商承领了政府的生息款，如果出了问题，是负有责任的，如在陕西盩厔县，“此案前日据盩厔曾令禀报到司，当以事涉离奇，批饬西安府委员守提人证、卷宗到省，听候本司亲讯。兹据尔当商等禀控前来，查此项生息本银，由各属发商领运，领有领状，交有交状，何得因户书持一谕帖提取，即将二千五百两之巨款概交其手？况尔等既与衙门因公来往，近在同城，得谕以后亦应赴署查询

① 《清代乾嘉道巴县档案选编》上册八，《当铺、钱庄、高利贷·道光十四年五月十日刘广泰等领状》(一)，四川大学出版社1996年版，第103页。

② (清)张振夔：《介轩文钞》卷二《院堂善后事宜状》，清同治刊本。

③ 《清代乾嘉道巴县档案选编》上册八，《当铺、钱庄、高利贷·道光十七年十二月十二日巴县存票》(一)，四川大学出版社1996年版，第103页。

明确，方可具状交纳，何得私授户房，别无交状？况提银在冬月，解银在腊月，彼时大半本银提去一月之久，而息银仍照四千六百两计利解省，岂非怪事？"①樊增祥指示，把案件卷宗调到省城审理，不让当商回盩厔县。这就是说，当商简裕太因为承领的生息款被户书违法提取而吃了官司，当然是不愿意的。

如果典当关门歇业了，承领的生息款怎么办呢？清末陕西蓝田县，"该敬信当早经停门止当，早应令其缴帖交银，乃止当四年官本依然生息，则县署陋规依然按季交纳可知。今年措齐官本禀恳清交，而前任胡令并不批示，直至该令到任始行转禀请示前来……仰即讯如所恳，将该当原日领运之议银一千六百八十余两、铜钱五千余串发交德元、贞寿两家分存生息，原帖缴销，勿许再索丝毫房费，违者重处。"②文中敬信当关门歇业了，政府也没有把生息款收回，而是转交德元、贞寿两家承领，即一笔生息款并不因为承领的典当关门而取消，而是改由其他当商承领，还要继续下去。

清代面对这些种类繁多、零碎分散的生息款，是怎么管理的呢？这一制度虽然是从上而下推行的，但当时并没有制定一套全国通行的管理办法，各地都是依照自己的实际情况进行管理的。这些地方性的法规，都明确了以下几项原则：

一、保本原则。即生息款的本金一般不动，平时支用的只是它的利息。在发商生息制度创立之初，雍正皇帝就曾下谕令："雍正七年(1729年)三月戊午，又谕，朕为在京八旗兵丁悉心筹画，其家若有吉凶之事，需用之费，无所取办，一时拮据，实为可悯。特给内库银两，令王大臣等营运生息，以备兵丁一时之用……其本银永远为存公生息之项，不令缴还。"③这里明确规定，本银不用缴还，把利息用来赏给兵丁吉凶之事。地方官员们制定的章程也是这

① (清)樊增祥：《樊山政书》卷九《批盩厔县当商裕大等呈词》，《官箴书集成》第10册，黄山书社1998年版，第184-185页。

② (清)樊增祥：《樊山政书》卷十五《批蓝田县孙令培恩禀》，《官箴书集成》第10册，黄山书社1998年版，第324页。

③ 《清世宗实录》卷七九，雍正七年三月戊午，中华书局1986年版，第8册，第37页。

么规定的，光绪时戴杰在山东陵县对各项生息银是这么规定的："《劝办义学章程》：经费宜严查核也。凡劝捐银钱、施捐田地或交商生息，或置产纳租，均责令公正首事自为经理，一面报县立案，不准侵吞挪移。至于生息之项，不准该商私允挪借。倘经查出，即责令该商着赔，以垂永久。《宾兴经费章程》：交当商生息制钱一千千文，以光绪元年四月为始，每月一分生息，三年共得息钱三百六十千文，有闰之年再得息钱十千文为阖邑乡会试士子卷费，无论正署一体经理，其本钱永不得支取。或当商年久歇业，准将本息缴县，另交妥商接手，不准官绅挪借。"①戴杰这里明确提出，宾兴经费的本银不得支取，平时花费的都是其利息。有的地方官把这项规定写进官箴里，"至于生息之项，该管州县发给银两取具，该商领结仍发给该商印照，并明白晓谕。如后任有提用挪借者，许该商持谕告阻。若该商私允挪借，即责令该商著赔。"②徐栋规定不仅不准官员挪借，承领的典商也不准挪借，否则令典商赔偿。褚英也在官箴里写道："州县绅商所存公项生息银两，无论多少不可轻易提用，缘此项公款，皆因有事公捐生息以作义举善事者也，一经提用，则将立法初意废弃，义举善事一朝断绝，岂非招怨之道？"③

地方政府虽然制定了各种规定，但侵吞、挪用生息款本银的现象还是时有发生。在江苏高邮县，育婴堂的生息款有一万二千贯，(道光)"二十七年详定立案勒石，嗣后堂费只支典息，不支本钱，亦不准别用公项动拨。又经邑绅王敬之禀请存典生息，不置田产，准予立案。咸丰九年夏，李德生典闭歇，缴还堂本一千五百二十三千八百零七文，经知州胡海平拨用未还。现今存本一万四百七十六

---

① (清)戴杰：《敬简堂学治杂录》卷四，《官箴书集成》第九册，黄山书社1998年版，第88-90页。

② (清)徐栋：《牧令书》卷十六《义学条规》，《官箴书集成》第七册，黄山书社1998年版，第367-368页。

③ (清)褚英：《州县初仕小补》卷下《公项生息》，《官箴书集成》第八册，黄山书社1998年版，第772页。

千一百九十三文，永远生息”。[1] 这笔生息公款不得挪用，把规矩都刻在石碑上以示郑重，但过了十二年，知州胡海平就拨用了，可见问题的严重性。胡海平拨用的时间是在承领公款的李德生当铺歇业缴回了公款，还没有找到新当铺时，这时公款就在官府手里，最容易被挪用。有的地方官员意识到这个环节容易发生挪用，便采取了措施。如道光三年(1823年)，山东巡抚琦善规定：“现据当典七家，共领书院之本。或日后有一家歇业者，即将所领本钱自行分给余典生息，不必缴还县署复行分给。此批亦勒石入碑，后一并晓示可也。”[2]这是规定，原来的当铺关门以后，不必把生息公款交回官府，而是直接交给新当铺承领。他想堵住这个漏洞，还把这个规定刻在石碑上，以示郑重。以上都是因公务动用的，只要事后补足就可免于刑罚。

也常见因为私利而动用生息公款的，如山西壶关县壶林书院的生息公款就是如此，“乡耆秦学珍慷慨乐施，捐纹银一千两，又历年积利银六百四十两，并交当商，按月一分五厘生息，每年得利银二百九十五两八钱一分四厘，四季支交。嘉庆戊辰，邑令汪因念前项生息不敷，与贡生王长龄等续捐元银一千七百一十两零，除书院一切花费外，净余纹银一千零六十两零，发当商按月一分二厘五毫生息，每年得利银一百五十两零，夏冬两季支交。二宗每年共得利银四百五十两零，向系署内经管。自嘉庆八九年后歇业，当铺交付本金，致有亏短失去，十二铺本金共三百三十余两，经邑绅禀催在案”。[3] 秦学珍捐了一千两，王长龄等又捐了一千七百多两，再加上花不完的利息，这笔生息公款该有三千两上下，结果只剩下三百三十两，可见被侵吞了多少。而且，这笔生息公款是在原承领公款的当铺歇业缴回公款时被侵吞的。在浙江，“胡璞安投案诉称，在杭省同吉典当为经事。我当本有杭藩司拨存海塘经费生息之款，旋

---

① (清)龚定瀛：光绪《再续高邮州志》卷一，清光绪九年刊本，第107页。

② (民国)周自齐：《单县志》卷四上，民国十八年石印本，第533页。

③ (清)茹金：道光《壶关县志》卷三，清道光十四年刻本，第143页。

有陈生甫到来，带有太平县申请台州府转详藩司请将此项银两提取八千两之文凭。当时信以为真，交付现洋一千零八元，并汇票十纸，计洋九千元。并有张子云书信担保。旋因陈逗遛杭省，知其诳骗，因此来申守获。现在汇票均已止付，惟陈身畔仅搜获现洋三十四元，金戒指二只，银表一只，求请讯究。陈生甫供称，台州府临海县人，此次至杭省同吉当汇取银洋，系台州府总书张保初所托，文凭亦是张交与找。所取现洋以五百元留在张处，余已购办金饰及一切费用，所剩无几。"①陈生甫受台州府总书办张保初所托，从胡璞安的当铺里支取了海塘经费就挥霍一空，最后被逮捕，移送台州府治罪。

清后期，这些生息款被侵吞之事亦常见于文献，咸丰元年，宗稷辰上奏说，"若生息项下，为款极繁。近如直隶之水利营田，远如浙江之海塘节省，以及各省之经费，非不年年具有收欠报销，然臣闻本多侵蚀，利更涉茫。其所报收皆由那转，甚至有并未发商，虚存领结，不入于官手，即入于吏手，相因成习，暗中已成巨亏，所得实不能偿所出。臣以为此后量度情形，全收本银，弱其利息，则上不与之争利，下亦无由侵公，较为有益而无损其盐务。中调剂帑利。设为加价等弊，皆可尽杜。"②他建议把本银全部收回，取消发商生息的制度，可能皇帝没有批准。

可见，在生息银钱的运营管理过程中，因为种种的侵蚀行为，保本原则虽为官府社会所认可、维护，但也经常受到严重的考验。

二、专款专用。生息款的利息都有规定的用途，不允许随意支用。如琼州的义学规定，"筹银五百五十两发典生息，作府义学经费。自七年正月初一日为始，息银尽归义学开支，嗣后无论何衙门一切公事，均不得藉词动用"。③ 还有一些类似的规定，如光绪时

① 《申报》6378 号 1891 年 1 月 19 日《诳银移解》。

② （清）宗稷辰：《躬耻斋文钞》卷四《奏议类上 · 崇实去伪疏》，清刊本。《清代诗文集汇编》576 册，上海古籍出版社 2010 年版，第 234 页。

③ （清）戴肇辰：《从公三录 · 琼州府义学章程》，《官箴书集成》第八册，黄山书社 1998 年版，第 300 页。

的潮州义渡，“捐存银二千两，发给在城当商轮流生放，按月八厘起息，每月共得息银一十六两，以充渡夫工食，无论何项紧急公事，一概不准动用，以垂久远。”①这规定得都很清楚，生息款的利息是有规定的用途的，无论任何公事都不允许动用。但实际情况如何呢？既然本银都难免被挪用，利息还保得住吗？皮之不存，毛将焉附？

这些生息款的利息既然都有规定的用途，不允许更改，那么是不是用钱单位就可以直接到存款的当铺里随便支用其利息呢？答案是否定的，那还要通过什么中间环节呢？乾隆时河南巡抚雅尔图奏报说，“为此仰司官吏照牌事理，即于粮道库贮充公银内借动银二千两，分发各属当铺营运，按月二分起息。该管州县按季收取，解贮司库，听标营陆续支领，为武生饭食教师廪给之费。该司先将发银日期报查毋违等因，除行布政司动银二千两分发各属当商营运，按月二分起息，按季解司，听标营陆续支领外，合即饬遵”。② 这是规定由地方官员按季从当铺里收取利息，存在布政司，再由军队陆续支领。

广东的前山饷银生息时规定：“本省澳门地方添设前山等营控制外夷，所需兵粮自嘉庆十四年(1809 年)间奏明，由洋商捐银十万两以备生息支应……定于每年正、四、七、十等月由州县催商按季汇缴，依期批解司库，造报支给。各商迟误、州县垫解，典业停歇，并由州县查明，本息缴清归接项之商营运、转输。如无接项，即将本银匀发各商分领，连原本一并输息，不使停旷。”广东的养赡闲散生息款规定：“满汉八旗闲散人数日增，粮难遍给……将藩库扣存兵丁马价项内借银一万两，发交广州府转发典商，每两一分生息(永远生息、毋庸提本、遇闰加算)，每月得息银一百两，按季提取贮库，随同月饷发给余兵养赡，仍造入兵马奏销册内报

---

① (清)张联桂：《问心斋学治续录》卷二《义渡章程》，《明清法制史料辑刊》第一辑第 30 册，国家图书馆出版社 2008 年版，第 406 页。

② (清)《心政录》卷三《为经理奋武厅资费以收实效事》，《中国古代地方法律文献》乙编第 10 册，世界图书出版公司 2009 年版，第 612 页。

销。”广东的南雄差兵口粮的经费生息时规定：“此项嘉庆二十五年至道光六年(1820—1826年)，共存本息银一万五千六百两，除将本银还款外，存银五千六百两，以六百两收贮司库，以五千两发州，照旧交商生息，按季由州移解南雄协等支用，余银解司贮备。”同治时，在广西廉州地区，戴肇辰规定，“凡支付本利钱，首事禀明府县，由府谕知该典商照发，首事及县不得擅自取付，府中亦不得藉词谕支。如不遵章程支付，该典商毋庸发钱，违者着赔。所有各项用款，责成绅士彭元辅等随时请领支用，年终将收支数目汇册申缴存案，一切均不假书吏之手，以免滋弊。除饬该绅等赶紧收齐捐款，以凭发典生息外，所有议定章程理合列折禀请大人察核”。① 这里规定的虽没有中间环节，但要想支用生息款的利息，先要请示府县，由知府通知当铺发放。而且，利息的支取，指定绅士彭元辅负责。在福建南安县，

> 丨质铺每月开销，书院照本府所定之数，由监院学长领出发给，一月一清，不得短少。
>
> 丨质铺每月养老民之费，定期十五日传老民亲身到铺自领，不得再由经历分给，亦不得他人代领，以杜侵渔虚冒之弊。其老民报名，即由该质铺查实禀府，必足四十名之数，每名每月九百文。所余二吊四百文，以为老民身故棺殓之费。
>
> 丨质铺每月养女孩之费，亦定期十五日，该民等怀抱女孩到铺，孩领每口五百文，守兵之女四百文，二十个月后停止。其余之钱，年底算清，又作本以期久远。②

总之，生息款利息的支用有两种方式，一种要通过地方政府统一收取，由用款单位支用；第二种不通过地方政府，由用款单位向

---

① (清)戴肇辰：《从公续录》卷一《分拨书院、宾兴、义学、孤儿院及育婴等事捐款由禀》，《官箴书集成》第八册，黄山书社1998年版，第271页。

② (清)黄鸣珂：同治《南安府志》卷三十二《新造录》，清同治七年刊本，成文出版社1975年版，第2743页。

地方政府请示，再由地方官员向当铺下发支放通知。而且越往后，第二种方式越多，这样地方政府既能从繁琐的事务中抽出身来，又能杜绝衙门里那些小吏们的侵吞挪用。

官府是如何监督那些生息款的呢？一种如山东东平州龙山书院那样，“发商钱项，月利八厘四毫，季首提用，概不准书吏经手。用时该绅开条，加书院戳记，往商提息。该商携红簿缴纳，呈堂过朱加戳。年终众绅同商汇算，年共用息若干，余存典铺若干。如无戳记致有错误，该商赔补，该绅商如有挪展亏欠等情，禀官追究”。[①] 即由绅士们查账、清算。第二种是官府下达支放通知，先向官府领取凭证，再凭此证支取，这种凭证有联票、有支条。如高邮淮海书院“存典铺生息足钱三千贯，一分生息。自乾隆四十七年三月初一日起，有典商黄信茂、汪德大、黄存恕、戴德裕、朱怡发领状存案。官设联票，每季着书院司年执票支息，放给膏火。有印发联票而无司年经手及有司年经手而无官印联票，俱不准典铺支发。”[②]这里的联票就是官府下达的正式支放通知。当然，这里没有说明白，这种联票有几联，但可能至少有两联，一联由书院作为入账凭据，一联由当铺作为入账凭证。这种联票是一种比较严密的方法。而同一县的珠湖书院则采用了支条，“书院存贮典铺足钱共三千串，由各监生捐存生息，为正课生童膏火之资，期于永久。此项钱文董事不能擅支，官亦不得借动，每于季末，支息书院董事具有支条，禀官用印，送典存据，方可支给。若董事虽有支条而无印信，及虽有支条印信而无董事亲身到典者，俱不准支给。倘有私自挪用动此项钱文者，即许在院生童公禀查办”。[③] 这种支条由书院董事出具，再由官府盖印，最后才到当铺支取。如果一笔生息公款发给多家当铺生息，则由其中一家负责把利息收齐，如在新城县，“义学经费，由魏姓捐银一千八百两，本县捐廉二百两，合成二千

① (清)左宜似：光绪《东平州志》卷八《龙山书院规条》，清光绪七年刻本，第576页。

② (清)冯馨：嘉庆《高邮州志》卷一，清嘉庆二十五年刻本，第295页。

③ 嘉庆《高邮州志》卷五，清嘉庆二十五年刻本，第787页。

两之数，分存同顺、天裕、阜成、公益、万庆、天新、新合各当铺，议明一分起息，无论有闰无闰。每月十八日由董事凭折，即在本城同顺当内，取利银二十两，分作四处义学修金，每处按月五两，市平足色，不折不扣。城外各当铺均于每月十八日以前，将利银交存同顺当内候取，各毋延误”。① 这笔公款发给七家当铺生息，由其中的同顺当负责收取利息，义学就从同顺当支取。当然采用联票、支条的方式管理生息公款是很少的，大部分是由官府派人到典当查账。

有的地方政府对生息款管理得很松懈，以致官府的某些人员乘机套取国家的生息款，如清同治年间，湖北荆州府的书办杨春生，“同治二年(1863 年)五月，荆州知府张松坪太守丁忧，余奉檄署荆州府。七月二十日到任，荆州府库中有发典生息银八万两外，又存有按月所收关税堤费及各典所归息银。然此库非同藩、粮两库，有库官经理，每一收放结总封闭，荆州则书院膏火、养济院、普济堂经费及各官庙庙祝工食等项，由库垫发，俟年终各典归清息银总结，均由库书经管。每新任接篆，传库书具结，称库中存银若干实存在库，并无亏短。如有差误，惟库书是问等语，新旧交代即凭此结，并不查库……宜都旧有典当歇业，曾派存生息本银，当即缴还，要取回领状。杨春生将此项干没，造假领状存案，换抽真领状退归该典，而又有他典缴来之款。前余三任某公时，杨春生另冒一典铺名目，具假领状来领，某公批准，盖用图章”。② 荆州府官员办理交接，只是听银库人员汇报，并不亲自盘点，这就给那些仓库人员营私舞弊留下了机会。杨春生就是仓库的一名书手，他钻了这个漏洞，假造领状，套取生息款。但如此重罪，最终杨春生也未受严责。

总之，生息款的管理制度虽然制定得很完备，但执行得不太严

① 张雨苍、王树楠：民国《新城县志》卷三，民国二十四年铅印本，第 95 页。

② （清）周乐：《宦游纪实》卷上《记荆州府库款仓谷两事始末》，《明清法制史料辑刊》第一辑第 28 册，国家图书馆出版社 2008 年版，第 91-96 页。

格，以致这项制度逐步遭到破坏。

四、发典生息制度的利弊

政府把公款交给当商去营运，以其利息弥补一些正式财政支出不能满足的项目。典商支付了利息，等于获得了政府的长期借款，经营资金就更加充足了，所以这应是双赢的策略。但实际情况如何呢?

这个问题需要分两方面来说明，一方面是对政府是否有利，即政府收入了多少利息，够不够用；另一方面是对典商是否有利。先说第一方面，乾隆元年发商生息制度实行不久，乾隆元年(1736年)四月，“戊子，谕内大臣海望，广储司每年所收八旗滋生利息银两，往往不能尽用，徒存于库……寻议内务府八旗满洲蒙古汉军兵丁，先后总共支领过滋生银一百十万两，每月应支利息银一万一千两，每年总得利息银十三万二千两。内除汉军于明年正月起赏给恩赏银外，八旗满洲蒙古包衣三旗，约计应需银七八万两。羡余之银，仍尚有二万余两。照此数核计，应赏事件十八款，俱予加增定议。俟命下之日，请即由本年交纳利息银两内动用，年终汇题八旗照原议支赏银两数目奏闻，汇题羡余银两存库。从之。”材料开头乾隆便说，八旗的滋生利息银两花不完，存在仓库里，要好好调查一下。调查结果，是剩余了二万多两银子。这说明，当时政府收取的利息是很多的，预计的花销根本用不了那么多银子，可见这项制度对政府的意义。当然，这是经过雍正十多年的铁腕统治才出现这个局面的。乾隆七年(1742年)，乾隆皇帝下旨说：“世宗宪皇帝轸念兵丁贫苦，酌发帑金分定各该标营营运生息，俾缓急有赖，兼以利济商民。请嗣后每年所得息银，除赏给外，余剩存贮司库，不准复行作本生息。其直隶、山西、湖广三省之外属协营未及编赏，及河南之外属各营兵丁未曾赏给者，查四省皆有以息作本之银，已经充裕，应令该督抚提镇等量为通融，一体分给。”①从材料看，乾隆

① 《清高宗实录》卷一六四。乾隆九年四月上，中华书局1986年版，第75页。

想收缩发商生息制度，其原因就是所得的利息已经充裕了，可见这个制度对封建国家财政上的意义。当然，清后期这项制度也弊端丛生了，才有宗绩辰取消发商生息制度的上书。

第二方面，即这项制度对典商们如何呢？这项制度的主要问题是，政府只考虑自己的需求，不考虑典当的需求，其生息款的强制性比较强，不论典当愿意与否，都必须接受。如果典当没有资金需求，也必须承领生息款，不仅要支付利息，还要承担生息款被侵吞、挪用的责任，甚至还会吃官司，典当当然是不愿意的。再加上生息款种类繁多，零碎分散，一家当铺要承领好几项，是很纷扰的。这是与官府打交道，有了纠纷也难以说出是非来，典商只能忍气吞声，任官府宰割，心有怨言是难免的。再说，生息制度执行时也产生了一些弊端，封建政府层层侵吞，生息款到达典商手中时经常不能足额足色。① 于是有的典商对生息款产生了抵触情绪。

早在乾隆年间，湖南的典商就对政府的生息款产生了抵触情绪。当时湖南地方官员要求典当减息，典商们竟提出要缴回生息款："典商刘体仁等，为商力难支，恳缴公项事。切南省典铺云云同前，惟有先将各案生息本银呈缴，免贻后累。除将原奉盐宪及由两县发交银两径赴禀缴外，所有原奉宪辕，饬发玉皇阁、育婴、普济、义渡各案本银共四万六千六百二十七两三钱，商等现已措备，乞赐兑收，发还领状。至未解本年冬季息银，商等仍当照数完解。来年正月以后，息银请即停止解缴。"②他们的要求当然没有得到政府批准，不过其抵触情绪还是很明显的。乾隆四十八年(1783 年)，湖南巡抚刘墉的折子也反映了这个问题，"又谕：据舒常奏，湖南平粜谷价赢余银两，经前抚臣颜希深奏请，拨借银四万两，交长沙府属典商生息。又经前抚臣刘墉奏，将此项银两仍应提回，为采买之用。另将社谷息银拨出四万两，交商取息。但前项银两，尚未提回，若又将社谷息银交商，各商均有不欲承领之意，而经手各员亦

① 罗炳绵：《清代的银两生息制度和民国后的农民借贷所》，《大陆杂志》第 55 卷第 3 期。

② 《乾嘉道湖南典商办理减息案呈词》，刘建民先生藏。

虞多发，以致日后亏折。请将现存司库社息银两，停发典商等语。各省存公款项，交典商生息，名色本不应有。但闻商人等，向俱乐于承借官项，以其轻于民间之三分利息也。今湖南省典商，何以有不欲承领之意？而经手各员，又虞多发以致亏折，是否实系商力疲乏，不愿领银？抑系经手之员，意存那借，是以详请停发耶？该督所奏尚未明晰……寻奏：查系商力单薄，不能两项并运，恐致停搁，是以请免给发。又查社谷息银，现存司库，无经手挪移情弊。"①乾隆一直都以为典商很愿意承领生息款，结果刘墉上奏说不然，乾隆大为不解，下令调查，结论是商力单薄，不能承领两项。

清末山东的地方官向典当派发生息款时，使用了这样的语气："据该商等所禀，息本过多、历叙苦累各节，虽系实情，惟此项谷价，系奉抚宪饬变发商生息，其势不敢不遵。泰安地近山陬，除盐当而外别无可靠之富商巨贾可以分任。盖公款之所以必存诸盐当两商者，无非取其殷实可靠，况此系积谷变价以备荒歉，更非寻常公款可比，势不能存诸泛泛之商铺，以致遇有荒歉提本不易。该商既在泰邑经营，即须担任此义务，倘本地商人不肯承领，又岂能发诸邻商？试问款将存于何处……官利有限，只要善权子母，竭意经营，决不致十分赔累，不过无大沾润，白替公家多操一分心耳。"②这简直是央求典商承领生息款，可见典商的抵触情绪到了什么程度。有的地方官也知道，生息款派发得太多了，典商有情绪，而在清末陕西地区，"卷查各该当商领运各公款银两至十三万之巨，诚宜停止续发，以恤商困。经前藩宪陶批，准所有续发款项一律改发邻封，自应遵照办理。惟此次已故中衡常宅养赡银八百两，事属孤寡待哺之资，若发给邻县，未免取携不便，是以本县从权劝导，名为领运，实则暗积阴功……其领运常宅一款，只此一遭，后不为

① （清）《清高宗实录》卷一一七六。乾隆四十八年三月上，中华书局1986年版，第755-756页。

② 庄纶裔：《卢乡公牍》卷二《当商郝文晟等禀批》，《官箴书集成》第九册，黄山书社1997年版，第580页。

例。案经本县批定，该商等放心可也。”①樊增祥也知道生息款太多了，于是向典商保证“只此一遭，后不为例”。

有的典当因为经营不善，向地方政府提出了缴回生息款的要求，如咸丰八年(1858年)在重庆巴县，“当商王元泰、刘广泰等今于台前，为缴还原本恳恩立案事。情商等遵即将原领汪慎徽所捐字水书院生息原色本银二百一十两，如数呈缴案下。以前利息俱已缴清，今蒙札提秋后复还，商等遵谕曷敢多渎？但先年开设十三典，皆因生意亏折，暂次歇业者六家，今仅存七典，每典约领生息本银万金之谱，每年赔累。兼之浮费浩繁，屡经亏折，力实难支，秋后恳将此项另为安治，俾商等少为赔垫”。② 最终，巴县地方官同意当商缴回生息款的要求，这种现象在整个清朝是不多的。

王裕明指出，社会存款对典当经营是一把双刃剑，对资金周转固然十分重要，但因时有异，若过分强调其正面作用，则失之偏颇。③ 这当然是有道理的，但我以为，要想说明这个问题，还需计算典当支付的生息款利息在其总支出中的比例。据刘建民先生收藏的典当清单记载，晋商三义当道光五年支付的生息款利息是16两，这一年的总支出是1056.584两，比例为1.51%，比例并不高。宝盛义记道光二十年的生息款利息是213.6两银子，铜钱326千文，银钱比价以1500文计算，两项合计最多500两银子。这一年的总支出是9265.78两，比例为5.40%。恒升大记光绪四年(1878年)支付的生息款利息是650.77两，这一年的总支出为6391.27两，比例为10.18%。

很多当铺的清单并没有为生息款的利息单独立项，还有的清单有的年份有，有的年份可能是并入了其他的项目，所以难以准确统计。清末民国的裕庆当虽然也把这笔支出和行费合并计算，但始终

---

① (清)樊增祥：《樊山批判》卷四《批当商刘德胜呈词》，《历代判例判牍》第十一册，中国社会科学出版社2005年版，第154页。

② 《清代四川巴县衙门咸丰朝档案》第八册《财政金融》，上海古籍出版社2011年版，第381页。

③ 王裕明：《明清徽州典商研究》第三章，人民出版社2012年版。

有这一项，所以可以据此做一份统计表。

表 9-7 裕庆当历年生息款利息一览表

年代	生息款利息和行费合计	总支出	比例
1908 年	403 千 610 文	1891 千 827 文	21. 33%
1909 年	461 千 841 文	2036 千 222 文	22. 68%
1910 年	428 千 374 文	1790 千 316 文	23. 93%
1911 年	439 千 596 文	2339 千 178 文	18. 79%
1912 年	247 千 732 文	1827 千 660 文	13. 55%
1913 年	142 千 319 文	1559 千 59 文	9. 13%
1914 年	165 千 382 文	2951 千 123 文	5. 60%
1915 年	143 千 69 文	2118 千 88 文	6. 54%
1916 年	182 千 714 文	3624 千 737 文	5. 04%
1917 年	183 千 997 文	2598 千 593 文	7. 08%
1918 年	213 千 851 文	3497 千 797 文	6. 11%
1919 年	286 千 440 文	4859 千 903 文	5. 89%
1920 年	179 千 987 文	4853 千 126 文	3. 71%
1921 年	251 千 976 文	5934 千 826 文	4. 25%
1922 年	286 千 906 文	7072 千 62 文	4. 57%
1923 年	303 千 935 文	7619 千 431 文	3. 99%
1924 年	423 千 922 文	8665 千 972 文	4. 89%
1925 年	625 千 606 文	18203 千 666 文	3. 44%
1926 年	1146 千 54 文	17191 千 997 文	6. 66%
1927 年	1175 千 594 文	18404 千 825 文	6. 39%
1928 年	796 千 918 文	18016 千 927 文	4. 23%
1929 年	1063 千 669 文	19475 千 968 文	5. 46%
1930 年	1044 千 690 文	22768 千 96 文	4. 59%
1931 年	7062 千 644 文	104810 千 912 文	6. 74%

从表中数字可以看出，清朝的灭亡导致生息款的利息大幅下降，在支出中所占的比例也下降很多。后来，这笔支出又有了反弹，由于这个项目还包括其他一些费用，所以不能断定是不是生息款利息的反弹。即使这个项目包含了典当其他的支出，从上表仍可以看出，在典当的总支出中，这个项目所占的比例最高不过25%，仍然可以承受。

总之，典当支付的生息款利息在总支出中所占的比例不算太高，在可以承受的范围内。清政府的发典生息制度虽然有各种缺陷，但其正面作用还是比较大的，对当时典当业的发展起了重要的促进作用。历史文献中总是不经意地记载一项制度的负作用，而其正面作用是潜在的，没有人注意。光绪八年十月，左宗棠任两江总督时，整顿典当，徐州一带的典商反映有困难，“嗣徐州典商以地方瘠苦，其民间质当，每号不过数百文，细者絮布，粗者农具。房屋虽广，不敷堆积；伙友非多，不敷应用。且又春当秋赎，一年只得数月之息，沥陈苦况，呈上江宁藩司，详请仍照旧章办理。且安徽之太和、阜阳、寿州、泗州各典商以前情径来臣处具禀，臣体照所陈典商为难情形……允其酌发官本，不取利息，饬由地方官查明各典近年当本若干，核数发给。遇有开歇交替之际，由典呈缴以重要款。现已据安东一县禀请，发给怡通公典本款。经臣批准，酌发银二万两，于盐票报效款内动发，不取利息。其应如何分年拨还，或竟以停歇之际归还原本，均不取息，饬有司议详候酌。续有请者，当一律照准，期商民两得其平。”①官府给典商们发放了无息贷款，使典当渡过难关，可见官款的意义。辛亥革命前后，武昌的典当资金周转不开，竟要求借官款维持，就说明了这个问题：“鄂垣典当共有八处，近因年荒物贵，民生日蹙，持物质当者多，赎取者少，以致各典资本全流于外，不能收回；而市面银根又异常吃紧，各典周转欠灵，日昨遂有晋丰、保康二典止当候赎，一面赴首县署呈报歇业。首县李大令以典当与贫民关系甚巨，值兹米贵人心不

① （清）朱寿朋：《东华续录》光绪五十，《续修四库全书》383册，上海古籍出版社2002年版，第531页。

靖，小民持物无处质押应急，必生意外之变，亟应设法维持。爰会同总商会禀准鄂督，拨银二万两发交该两典生息，作为官本以资接济，刻该两典已领款照常交易矣。”①此时的生息款已经成了典当的救命稻草。武昌起义爆发以后，形势更加严重，典当还是依赖官款，如在苏州“各典当亦因此搁浅。凡当钱至数两以上者，即被却不当。连日人心惶惶，大有不可终日之势。日昨商会总理尤先甲、协理吴理杲，同典业董事潘祖谦，均赴抚辕谒见程中丞，面陈市面危急情形，可否商请拨借官款维持市面。中丞已允许由藩库借给现洋四十万元，发各典当具领应用；并拨借现洋十万元，给裕宁分局以资流通，均由商会担保。”②这都说明了官府的生息款对典当的意义。

综上，清代的发典自息制度的主要问题并不在于给典商造成的经济负担，而是它的强制性，不考虑典当的资金需求。再有就是它数额零碎分散，给典当带来很多麻烦。

第四节 信当与信用放款

典当放贷，一般按照“值十当五”的规则，即抵押品的价值是贷款数目的两倍。但也有特殊情况，那就是信当。所谓信当，据《清稗类钞》所说：“质业中有所谓信当者，所质金额，不必果得原物之半值也。但有人为之保证，即可取信于长生库，如愿以得之。”③即信当并不按“值十当五”的规矩提供价值两倍的抵押品，而是提供价值较低的抵押，或者没有抵押品，也可以获得数目较高的贷款。但信当有一个条件，就是要有人担保。

信当出现在什么年代，目前已无法断定。从一些资料看，宋元时期就可能出现了与之相似的现象。如北宋时期，“熙宁中，王和

① 《申报》13431号1910年6月30日《鄂垣当商困难之一斑·武昌》。

② 《申报》13900号1911年10月9日《鄂垣革军之影响种种》。

③ （清）徐珂：《清稗类钞》十一册《棍骗类·假质券》，中华书局1984年版，第5456页。

父尹开封，忽内降付下文字一纸云：武德卒获之于宫墙上，陈首有欲谋乱者姓名，凡数十人。和父令密究其徒，皆无踪迹，独有一薛六郎者居甜水巷，以典库为业。和父令以礼呼来，至廷下。问之云：汝平日与何人为冤？薛云老矣，未尝妄出门，初无仇怨。再三询之，云：有族妹之子沦落在外，旬日前忽来见投，贷貣不从，怒骂而去，初亦无他。和父云：即此是也。令释薛而追其甥，方在瓦市观傀儡戏，才十八九矣。"①薛六郎在甜水巷开当铺，他的外甥来借钱，他不可能向他外甥索要抵押，所以这是信用放款。当然，他并没有借给他外甥钱。西夏的法律规定："典当时，物属者及开当铺者二厢情愿，因物多钱甚少，说本利相等亦勿出卖。有知证，及因物少钱多，典当规定日期，说过日不来赎时汝卖之等，可据二者所议实行。此外典当各种物品，所议日限未令明者，本利头已相等，物属者不来赎时，开当铺者可随意卖。若属者违律诉讼时，有官罚马一匹，庶人十三杖。"②法令中提到的物少钱多的情况，即是信当。元曲里说，陶侃年幼时家贫，但好学多才。一天朝廷派范逵来招贤，陶侃家无钱招待，便以一信字从韩夫人当铺里借了三五贯钱。③ 当然，韩夫人是看重陶侃将来必成大器，所以才不要抵押品就把钱借给陶侃。明朝末年，卫朝奉在南京开了一家当铺，也曾借给陈秀才三百两银子，三分起息。卫朝奉虽然真正的目标是准折陈秀才的房产，但借银时却没有索要陈秀才的抵押品。④

清代信当的记录就多了，孔府档案里就有雍正五年(1727 年)十二月二十七日的一份借约云："立信当约李辉西，因账目不凑，今将自己银笺(簪)一根当于益德店，当银五十两。于杨光弼言过，

---

① (宋)王明清：《挥麈录·录》卷六，中华书局 1961 年版，第 152 页。

② 史金波等：《天盛改旧新定律令》卷三《当铺门》，法律出版社 2000 年版，第 186 页。

③ 《元曲选外编》第二册《晋陶母剪发待宾杂剧》，中华书局 1959 年版，第 570 页。

④ (明)凌濛初：《初刻拍案惊奇》卷十五《卫朝奉狠心盘贵产，陈秀才巧计赚原房》，人民文学出版社 1991 年版，第 150-165 页。

三分起利，日后本利回赎。恐后不明，立约存证。”①李辉西的一支银簪根本不值五十两银子，却当了五十两银子，就是信当。再如“宋玉兰，籍隶山西介休县，自乾隆四十三年(1778年)间在该县旧店集表兄冀培瑛当铺生理。嗣因与店伙不睦，经冀培瑛弄出，宋玉兰即在该县城内自行开设放账钱铺。后因浪费耗折资本，于嘉庆九年间，乘表兄冀培瑛来店算账，即向冀培瑛借银一百两。至十一年间，又向借京钱三百千，十三年又向借一百五十两，尽行花费。五十五年春间，又向借贷。冀培瑛因其屡年借贷未还，不允再为借给。”②宋玉兰是冀培瑛的表兄，向开当铺的冀培瑛借钱，前两次都借出来，第三次没有借出来，这都没有抵押品。“屠士元，吴江八斥人，多巧艺，工雕镂人物。织造海望荐入内府，于罘罳锲五百罗汉，精细绝伦。后放酒自废，还里，尝以桃核刻一舟，入质库得十金。及赎归，蹴碎之。乾隆中卒。”③屠士元以桃核刻了只小船，就从当铺里当出十两银子，也可能是信当。也有信当失信的，清末，天津，有商人信云：“启者，所有兄台当物一票，已经三年，将临年下号之期。原初兄台信当定赎，不过暂缓一时。前言倒利，至今未见原票，亦无拨来利息。想兄台仁德君子，必不失信。前言诚恐耽至明年利息三分，亦得兄台本利清完，以复原初之信。至日祈兄来亦赶紧办理是幸。”④这家当铺因为当户提供的当物价值较低，属于信当，才写信催当户来赎，希望收回本利。

有的官吏也仗势从当铺里强当，为法律所禁止。如在道光十六年，“寻奏，讯明朱维翰及熊道钤，各因批解钱粮紧急，无银垫解，先后用印封书箱，向部民谢元泰当铺押借银两。朱维翰兼受程仪番银六十圆，已革典史沈成因购线拏犯，亦向谢元泰强索番银四

① 《曲阜孔府档案史料选编》第三编第15册《李赞臣控李瑚一案经过及供词》，齐鲁书社1981年版，第65页。

② （清）张五纬：《讲求共济录》卷三《历任堂断》，《明清法制史料辑刊》第16册，国家图书馆出版社2008年影印本，第259-260页。

③ （清）李铭皖：光绪《苏州府志》卷一百一十《人物·艺术》下，成文出版社1970年版，第2587页。

④ 《光绪十年为商十要》，刘建民先生藏。

十圆，均请按律问拟杖流。下部议，从之。”①这是向当铺勒索，仗势欺人。

有的典当还对一般工商业店铺作信用放款业务，这有利于那些店铺的资金周转，从而对经济发展产生了积极的影响，下面专门论述。早在明朝末年，一家徽商染店的查算账里有如下记载：

| 存还钱典本银伍佰陆拾两，该利贰拾柒两。

| 存还钱典本银伍佰两，该利贰拾肆两。

| 存还千户所典本银叁佰伍拾两，该利拾贰两陆钱。

| 存还千户所典本银叁佰陆拾两，该利肆两贰钱。②

“存还”就是欠其他人的钱的意思，钱典、千户所典可能就是当地的两家典铺。染店欠下典铺的钱，很有可能就是在自己资金周转不开的时候，向典铺借贷的银子。下面把这家染店向典铺借贷的数字做成表格，进行分析：

表 9-8 **万历程氏染店历年借贷典当资本情况一览表** 单位：两

年代	典当资本	总资本	比例
万历二十一年	1770	6155.084	28.75%
万历二十二年	2270	9020.944	25.17%
万历二十五年	1000	7020.02	14.25%
万历二十六年	660	8034.29	8.21%
万历二十七年	100	7930.382	1.26%
万历二十八年	790	11988.649	6.59%
万历二十九年	314.4	7272.052	4.32%
万历三十年	1040	8576.647	12.13%
万历卅一年	420	8588.624	4.89%
万历卅二年	1290	8404.51	15.35%

① 《清宣宗实录》卷二百九十二。道光十六年十二月，中华书局 1986 年版，第 521 页。

② 《徽州千年契约文书》宋元明编第八册《万历程氏染店查算账簿》，花山文艺出版社 1992 年版，第 81-82 页。

从中可以看出，这家染店每年都欠典铺的银子，可见向典铺借贷已经不是偶然现象，而是经常现象。有的年份典铺的资本竟占到染店总资本的近30%，可见当地典当业对工商业发展的意义。

清代这样的例子也有不少，如前文提到宋玉兰开放账钱铺，就曾向他亲戚的当铺借了两次银子。孔府投资的锦州兴成当，道光八年(1828年)“存兴成隆本钱八千吊，利钱一千三百四十吊；存兴源烧锅本钱二万吊，利钱九千吊；存西柜本钱一万吊，利钱一万零一百三十九吊六百八十文。”①文中的兴成隆、兴源烧锅都是工商店铺，兴成当把钱借给他们，利息数字很大。当时兴成当已陷入严重亏损，这些工商店铺可能是很久以前从兴成当借的钱，多年积累利息才这么高。道光十一年(1831年)，湖北天门的熊元绍向增祥典借钱，立的借据如下：“立借钱字人熊元绍，今凭保借到增祥典内青钱九九九通二十串，三面言定，加三行息。限至次年四月本利交还，不得短少。恐口无凭，立此借字为证。”②熊元绍为了借到钱，虽然没有提供抵押品，但立下了字据，还找了保人，可见当铺向外贷款是很谨慎的。同治十三年(1874年)，在广东茂名县“据该县职妇陈董氏遣抱赴府，呈称氏夫陈昌东在城内开设怡来、怡成找换染坊油榨等项生理，共计货本银八千余两。铺中向无接捐，通街共知，其生意一切交孙文祥管理。腊初向新丰当谭恩祥借钱七百六十千文，另凭单五纸，该银系七十七两，钱五百余千。”③陈昌东曾做染坊、榨油坊等项生意，他死后这些都交给孙文祥管理。孙文祥向新丰当借钱七百六十千文，这也是典当向工商业信借的例子。

湖北天门熊氏家族开着兴祥、玉祥、增祥三座当铺，向外放款很多，做表格进行观察如下：

---

① 《曲阜孔府档案史料选编》第三编第15册，齐鲁书社1981年版，第30页。

② 张建民：《湖北天门熊氏契约文书》5—054号，湖北人民出版社2014年版，第814页。

③ （清）张联桂《问心斋学治续录》卷一《讯结茂名县职妇陈董氏控职员谭恩祥诬指捐项移县封产案禀》。《明清法制史料辑刊》第一辑第30册，国家图书馆出版社2008年版，第149页。

表 9-9 兴祥典历年放款一览表

年代	借款人	数量	利率	归还期限	文献编号
嘉庆六年十二月	郑封五	元银 58 两	一分二厘	次年冬月	008
嘉庆七年九月十六日	陈君佩	元丝 300 两	二分	对年	009
嘉庆十年三月二十一日	张昆田	元丝 1200 两	八厘	次年三月	015
嘉庆十三年四月三日	熊秉衡	纹银 200 两	一分五厘	次年二月对日	018
嘉庆十四年三月十五日	熊秉衡	纹银 100 两	一分五厘	本年腊月对日	019
嘉庆十四年五月一日	胡西林	九九钱 200 串	一分五厘	本年九十月	020
嘉庆十七年一月十七日	刘海树	纹银 1200 两	一分二厘	对年对月	023
嘉庆十七年十二月二日	谭蔼堂	纹银 2400 两	八厘	三年	026
嘉庆十八年五月二十四日	谭蔼堂	纹银 1300 两	一分	三年	028
嘉庆十八年十月二十八日	陈循本	纹银 100 两	一分六厘	次年四月	030
嘉庆十八年十二月十一日	孙梅臣	青钱 30 串	一分	次年	032
嘉庆十九年二月一日	陈时亮	元丝 750 两	五厘	对年	033
嘉庆十九年二月二日	陈作仁	元丝 400 两	八厘	本年秋季	036
嘉庆十九年二月二十六日	陈时亮	元丝 500 两		每年还 100 两	037
嘉庆二十一年五月十三日	周梦草	九九钱 2500 串	五厘	嘉庆二十六年到期	038
嘉庆二十三年三月一日	陈恒新	九九钱 300 串	一分一厘	本年十月	039

续表

年代	借款人	数量	利率	归还期限	文献编号
嘉庆二十三年十一月一日	陈恒新	青钱 300 串	一分一厘	次年三四月	040
嘉庆二十四年四月一日	陈恒新	青钱 300 串	一分一厘	冬月还清	042
嘉庆二十五年十月五日	金笏山	纹银 500 两	一分二厘	明年对月	043
道光八年十一月八日	同昌钱庄	京平纹银 187.5 两	二分	来年	045
道光十一年六月十二日	陈良庆等	九九钱 2000 串	一分	本年十月	053
道光十二年七月二十六日	王鹿坪	九九钱 50 串	一分二厘	次年冬月	058
道光十二年十二月二十日	别崑墟	九九钱 20 串	二分	次年秋	062
道光十二年十二月二十五日	熊爱周	九九青钱 10 串	二分	次年冬月	063
道光十四年三月十日	杨望亭等六人	九九钱 240 串		秋收	070
道光十六年三月二十四日	鄢新畬	纹银 20 两	一分五厘	本年六月	076
道光二十年八月五日	刘学纯等六人	九九钱 40 串		次年全完	078
道光二十三年六月七日	熊海南	九五三钱 28 串	一分二厘	下秋	089
道光二十四年十一月十一日	张小楼	纹银 800 两	九厘	次年三四月	095

续表

年代	借款人	数量	利率	归还期限	文献编号
道光二十五年十二月二十一日	毛聚泰	九九钱150串	一分六厘	次年秋收	100
道光二十五年十二月二十四日	廖有熺	纹银7两	二分	丙午年秋收	102
道光二十七年十二月二十八日	金沆	九九钱150串	一分五厘扣	次年对月	107
道光二十八年十二月二十六日	程合盛号	九九钱140串	一分五厘	次年	111
道光二十九年十二月二十一日	谭邦治	青钱10串	一分五厘	次年	117
道光三十年十一月二十日	黄连元	纹银1000两	一分二厘	次年对日	118
咸丰元年四月	徐旭光	九九钱100串	一分二厘	对年	120
咸丰元年五月二十四日	陈吉庵	纹银1000两	一分	九月	122
咸丰二年十月十三日	龚肇封	青钱110串	分半		127

兴祥典的放款很多，借款的不仅有个人，还有六人合借的，还有同昌钱庄等。这里不排除有向工商业放款的可能。程合盛号的借款还以一盒金器抵押，计重八两一钱五分。其中也有少数借款没有利息，如陈时亮借的那500两元丝银，约定五年还清，每年还100两，没规定利息。杨望亭等六人合借的那240串九九钱也没规定利息，刘学纯等六人合借的40串九九钱也没规定利息，原因不详。大致上借的钱越多，利率越低，不过也不是绝对的。

有的借款人届时不能归还借款，也要立下欠字："立欠字人刘永成，因前此曾借熊兴祥宝号本银甚多，除还过银两及房产、衣服、绸货抵偿外，尚欠元银四千九百七十两。实因生意淡薄，一时不能归结，无奈请中罗杰堂太爷、刘笃庵老爷等再三恳情求宽，所欠之银自嘉庆十九年(1814 年)底起，以作十年，陆续楚结本银。自蒙允情之后，再不得短少。恐口无凭，立此欠字一纸存证。言定每年还银五百两正，作十年还清。① 这里的刘永成显然是一个生意人，所以他的借款就是工商业借款。由于不能按时归还借款，他的房产、衣服、绸货都抵偿了债务。

当然，不能按时归还的不止他一人，现把其他的例子做成表格：

表 9-10　　兴祥典不能按时归还的借款户情况表

立欠条时间	欠款人	数量	条件	文献编号
嘉庆十八年七月十六日	龚茂盛等	青钱 80 串	让息，三年归还	029
嘉庆十九年二月二日	春和钱店	纹银 150 两	止利，五年归还	034
嘉庆十九年二月二日	春和钱店	纹银 3000 两	止利，五年归还	035
嘉庆二十年十月十五日	董建章	九九钱 750 串	让利，三年归还	044
道光十四年十一月二十二日	周翰如	九九钱 1700 串	分六年还清	071

这些借款人重新立欠条时规定的条件一般都是免除利息，再规定归还的时限。只有最后一名周翰如，没有要求免除利息。

光绪年间，河南邓州一家晋商当铺的清单里有以下的记录：

实　在

丨宗在架本钱三万六千四百四十四串五百一十，五一合银壹万捌仟伍佰捌拾陆两柒钱。

丨宗恒丰贞借本银壹仟玖佰柒拾陆两正。

丨宗义发祥借本银壹仟叁佰捌拾叁两贰钱。

① 张建民：《湖北天门熊氏契约文书》5-027，湖北人民出版社 2014 年版，第 804 页。

丨宗源顺号借本银壹仟玖佰柒拾陆两正。

丨宗全福泰借本银玖佰捌拾捌两正。

丨宗蔚兴祥借本银玖佰捌拾捌两正。

丨宗同心镒借本银玖佰捌拾捌两正。

丨宗祥丰亨借本银玖佰捌拾捌两正。

丨宗新顺镒借本银玖佰捌拾捌两正。

丨宗源一号借本银玖佰捌拾捌两正。

丨宗泰丰德借本银壹仟玖佰柒拾陆两正。

丨宗恒普发该银柒拾叁两贰钱玖分。

丨宗复亨谦该承认还祥发长该本银贰佰柒拾陆两陆钱肆分。

丨宗复亨履该银壹佰贰拾捌两肆钱叁分。①

文中恒丰贞、义发祥、源顺号、全福泰、蔚兴祥、同心镒、祥丰亨、新顺镒、源一号、泰丰德、恒普发、复亨谦、复亨履共十三家店铺都欠这家当铺银子。除义发祥、恒普发、复亨谦、复亨履四家的情况可能不同外，其他九家店铺借银子的数额是很值得研究的。其中借 1976 两的有三家，借 988 两的有六家，而且 1976 两是 988 两的两倍，这是什么意思呢？这可能是这家当铺向外信当的时候，是以一千两为单位，月利率为一分二，一千两一个月的利息就是 12 两。当铺向外信借的时候，就把一个月的利息扣除了，所以就剩下了 988 两。由此可见，这家当铺的信借规模是很大的，还形成了自己的惯例。

光绪二十二年(1896 年)正月初五，“石门县长生库掌柜某甲，素与杭垣联桥直街某衣庄伙某乙相友善。去岁杪乙生意清淡，将皮、棉、夹三种绸衣运至石门，向甲典当约一千五百余金。说者谓乙所典之衣已获一分利息，较出卖尚得便宜也”。② 某甲与某乙是朋友，所以这是典型的人情当。山西大同的晋益当有时还办信当，

① 《光绪四年恒升大记当铺清单》，刘建民先生藏。

② 《申报》7471 号 1894 年 2 月 10 日《段桥残雪》。

多在限底对他们还信得过的一时周转不灵的一些商铺给予临时借款，办法是：由借款户将质物(多为不动产契约)自置匣内估价加封，当铺不再检验即给予贷款。此类店铺因一时失信于银钱业，在街面上告贷无门，为不堵塞这条唯一能渡难关的路，过限后千方百计迅即归还。据当事人谈，信当虽不常办，既办的从未丢过账。①

据刘建民先生收藏的清单，有民国德聚当、天裕当的清单，给信当专门立了项，比较详细、系统地记录了德聚当的信当情况，下面做成表格二种并作简单分析如下：

表 9-11　　**德聚当信当一览表**

年代	信本	架本	信利	票利
民国六年	130 千文	6522 千 880 文	18 千文	373 千 126 文
民国七年	300 千文	12440 千 400 文	12 千文	1000 千 604 文
民国八年	100 千文	17769 千 35 文	10 千 500 文	1519 千 876 文

通过以上表格可以看到，信本与架本相比，是微乎其微的。信利与票利相比，也是不成比例的。可见这家当铺的信当规模是很小的。

表 9-12　　**天裕当历年信当一览表**

年代	信本	架本	信利	架利
民国五年	9900 千文	21014 千 580 文	354 千 514 文	3846 千 314 文
民国六年	7000 千文	27657 千 206 文	603 千 580 文	3804 千 237 文
民国七年	6585 千文	31231 千 440 文	671 千 223 文	5128 千 644 文
民国八年	7020 千文	32310 千 460 文	567 千 396 文	6169 千 711 文
民国九年	5501 千文	33247 千 760 文	597 千 483 文	5634 千 84 文
民国十年	4705 千 500 文	30202 千 850 文	603 千 61 文	6800 千 992 文

① 《晋商史料全览 · 大同卷》，山西人民出版社 2006 年版。

续表

年代	信本	架本	信利	架利
民国十一年	6768 千 500 文	29861 千 980 文	610 千 556 文	7411 千 565 文
民国十二年	15395 千 50 文	25129 千 760 文	残缺	残缺
民国十三年	15242 千 750 文	18895 千 790 文	2090 千 139 文	7456 千 403 文
民国十四年	19022 千 750 文	22416 千 340 文	2507 千 792 文	6022 千 339 文
民国十五年	残缺	残缺	3037 千 190 文	7335 千 445 文
民国十六年	4688 千 500 文	83118 千 317 文	3566 千 257 文	11061 千 199 文
民国十七年	2131 千 600 文	92319 千 351 文	1651 千 260 文	16061 千 956 文
民国十七年	292 元	12650. 19 元	未载	未载
民国十八年	1522 元	17082. 88 元	159. 6 元	3232. 907 元
民国十九年	5357 元	19365. 82 元	366. 87 元	4112. 859 元

通过分析上表可以发现，天裕当不管是信本还是信利，都在上升。民国十二年(1923 年)以后，这种趋势尤其明显。民国十七年(1928 年)计算了两次，一次是以铜钱为单位计算的，一次是以银元为单位计算的。改元以后，信当上升得依然很快。

工商店铺在资金周转不开时，凭借自己的信用向当铺借款，这是有利于工商业发展的业务。当然对典当业经营也是有利的。

第五节 钱票发行

早在民国时期，陆国香先生便指出：当铺向日享有发行之权，为官厅所默许。迨后，省银行为推行其本行纸币发行起见，禁止当铺发行。民国十九年(1930 年)晋钞落价后，政府又特准当铺有发行之权，准其发行资本三倍之兑换券，于是乃重行印发兑换券。[①]那么山西典当发行的这种兑换券起源如何，有什么特点呢？

① 陆国香：《山西之当质业》，《民族》四卷 6 期，1936 年，第 956 页。

明清以来，我国的金融机关除当铺外，又兴起了账局、钱庄、票号等。这些金融机关之间的业务分工并不十分严格，是互相交叉、互相影响的。① 当铺像钱庄那样发行钱票，也就不足为奇了。众所周知，由于商品经济的发展，我国早在唐代就出现了“飞钱”，宋代出现了世界上最早的纸币“交子”，清代的这种兑换券与之也有一定的渊源。清人自己已有论述：“我邑常昭城市中钱铺用票，乾隆、嘉庆间，此风大行，十千、百千，只以片纸书数，即可通用。辗转相授，穷年不向本铺点取，日积而多，存贮盈万。该铺以此钱营谋生息，蜃楼海市，计亦良得……若乡镇店口，多小本钱营，福命甚薄，艳钱铺之谢利，竟出百文钱小票通用。嘉庆十五六年此风最盛，颇为乡里害，而其败立见。”②从郑光祖的话中我们可以知道，直到乾嘉时期，这种兑换券才开始盛行起来，实际上可能要早一些。

至于这些兑换券的种类与特点，道光十八年(1838 年)山西巡抚申启贤上奏说：“晋省行用钱票，有凭帖、兑帖、上帖名目。凭帖系本铺所出之票，兑帖系此铺兑与彼铺，上帖有当铺上给钱铺者，有钱铺上给钱铺者。此三项均系票到付钱，与现钱无异，无庸禁止。此外有别项铺户并非钱店所出之帖，亦曰上帖。又有年节被债逼索，自行开给钱票，盖用图章，以为搪账地步。俗名壶瓶帖，言其装入壶瓶，并无实用，民间亦不甚流通。又期帖系易银时希图多得钱文，开写迟日之票，期到始能领钱。以上三项均非现钱交易，应请禁止。”③他说所谓“凭帖”“兑帖”“上帖”这三种票到付钱，竟与现钱没有区别，可见就是一种纸币，比债券流通性更强。典当发行这些票据，还是有利于自身营业的，“清乾、嘉年间，山西商人在长江各埠开设的四五百家典当，皆自出纸票，作现生息，因而

① 刘秋根：《中国典当制度史》第三章《中国典当业业务的种类》，上海古籍出版社 1995 年版，第 126 页。

② (清)郑光祖：《醒世一斑录》卷二《人事·福命有一定之限量》，续修《四库全书》第 1139 册，上海古籍出版社 2002 年版，第 661 页。

③ 《中国近代货币史资料》第一辑上册《胪陈钱票不能禁止及山西钱票流通情况折》，中华书局 1964 年版。

有效地扩大了资本。每当资本只有四五万，而上架却多达二十余万。流通资金绰有余裕，无须向人借贷。”①可见典当通过发行钱票，有效地扩大了资本。所以有人认为这是有利的新生事物，“溯查钱票自乾隆年间畅行以来，流通京外，实为裕国便民之良法也。且诸物由各省贩运至京，京师各物转贩他省，此来彼往，关税由此收纳。”②

既然钱票与现钱没有区别，那么它肯定会进入流通领域，在市场上自由流通。除商人商号使用之外，城乡居民在日常生活中也开始大量使用。如清道光时，在福建，“廖仪卿又言：其家旧在城北之夹道坊，对门江西人开茶食店。一日，有人装束类衙署长随者入食，食毕匆匆出店。主人敛食器，则案上遗一小布包。解视之，当票二纸，钱票五百余千，密怀入内。少顷，其人踉跄至，遍觅上下，颜色沮败，谓主人曰：我本某公馆家人，今晨本官付我皮箱二只，命我质钱。我在长生当店中质得钱五百四十千，并当票包在白布手巾中。忙遽遗此，求主人赐还，没齿不敢忘德。”③从以上材料推测，那个家人包里只有当票和钱票，而没有现钱，但他自己却说有现钱五百四十余千，可见他所说的现钱与钱票是一回事，即当铺是以钱票来支付当本的。典当发行的钱票一开始就可能是这样进入流通领域的。

这种钱票只凭信用发行，又没有担保，在流通过程中很可能会折价，因而发生纠纷。如光绪时的淮军将领、甲午战争中因军纪败坏而被处决的卫汝贵，家里开了很多当铺、衣庄，“允升典前曾分设允隆衣庄，出有钱票，凡当取及民间交易率皆用之。该衣庄被火后，除已收回外，散在民间票钱计尚有九千六百六十串。一闻允升抄没，凡执有是票者，无不疑惧，纷纷求取，不得不准其赎当，取

---

① 《山西商人盛衰记》，山西商业学校版。

② 《鸿胪寺月卿祥泰奏请借库帑开设银钱号折》，咸丰三年四月初三日。自第一历史档案馆编《清代档案史料丛编》第十一辑，中华书局 1984 年版，第 50-52 页。

③ （清）梁恭辰：《北东园笔录》初编卷五《拾遗不还》，《笔记小说大观》第一编第八册，新兴书局有限公司 1978 年版，第 4808 页。

钱悉数收回以顺舆情，而免滋事”。① 卫汝贵家发行的钱票本来信用很好，流通也很广泛。他被抄家后，那些钱票持有者担心钱票作废，所以都来兑现，由此可见发行钱票发生纠纷是难免的。所以当时很多人对此并不赞成，如前文的郑光祖。有的官员开始禁止："为禁用飞票以杜讼源事。照得民间行使钱票，犹古交会钞法遗意，其便取携，兼资流转，此不当禁者也。惟出票之家，必属殷实铺户，方能行之无弊。乃郡属地方有行使飞票名目，亦曰手票、腰票，以素无执业不商不贾之人，随意裁片楮，书写钱数，盖用不知谁何之印章，文字模糊，辗转行用，视同左券。其实出票之人，多系信手书成，并无抵项，或被人逼迫，暂应亟需，及至十索九空，遂至酿成控案。本府莅任以来，见积牍中粘连废票，不一而足，而博徒之赌债，蠹役之赃钱，十居七八，相沿恶习，实肇讼端，不可不严行禁绝……合行示仰阖郡商民人等知悉，自示文到县之日起，所有以前用出飞票，速即自行清理，或尽数归偿，或改立借券，或兑换真正钱票，限至咸丰元年开印之日止，一概撤销，以杜胶葛。嗣后商民交易，永不准再用飞票……其银号钱店及别项殷实铺家，向来行使刻板钱票，照旧行用以从民便”。② 他虽然发布了禁止的告示，但还是将银号、钱铺及各殷实字号店铺所发钱票与所禁"飞票""手票""腰票"之类严格区别对待。这里没有明确说明是否有当铺所发之票，但由其广泛言之，应该是包括在内的。

清末民初，禁止钱票的呼声开始强烈起来，有些是单纯整顿市场，维持经济秩序，有些则是在银行得到较大发展的前提下，禁止非银行机构发行银钱票。如在湖南，光绪三十年(1904 年)，"各埠市钱店不准私出钱票，免致以倒闭，为渔猎地步，贻害商民。各典当亦不准私出钱票，以无税之纸币规取重息。"③在南京，清末，

① (清)张之洞：《张文襄公奏稿》卷三十六《查抄卫汝贵家产折》，续修《四库全书》第 510 册，上海古籍出版社 2002 年版，第 703 页。

② (清)贾臻：《退崖公牍文字》卷二《河南府任》，《明清法制史料辑刊》第一辑，第 24 册，国家图书馆 2008 年影印本，第 139-142 页。

③ 《申报》11389 号 1904 年 12 月 29 日《再续湖南邓沅专造国家纸币以扩充银行之事宜条陈》。

"江督批桃源县禀云，查银钱纸票关系币政，前准度支部咨，奏定银行通行则例，须有银行性质之行号，报部核准注册，始能在纸币法律未经颁布以前，暂时发行市面通用银钱票。是无银行性质之店铺及未经报明注册者，自不得发行纸币。今众典商会拟，请该镇同裕典内附设之锦兴隆衣庄，即用其牌号代出一千文足铜元票两万张，核与部章不符。且典铺出立钱票尤易滋生弊端，招取物议，所请断难准行。如虑市面瘠苦，必须银钱票往来周转，尽可知照商会，酌令殷实商号筹备现款，赴清江裕宁分局照购银钱票行用，藉以维持市面……至宿票即系宿迁典当所出，亦系违例，并由该道移曾徐州道饬县查明，责令出票各典当赶紧全数收回，嗣后不准再由典当出票，以符定章。倘宿邑亦无合例钱庄可以出票者，应亦设法购备裕宁官钱票，俾便行用。"①政府担心民间发行的纸币不能保值，自己发行了官票，希望以此来代替民间的钱票，同时也不将典当看成是"银行性质之行号"，故而不准其发行钱票。民国时，在湖北沙市，有山西典商信稿言；"惟小票一节，上峰正在严禁，似乎又难从权。嗣后陈星翁与本市绅首冯姓者，相率与伊等开会复议，若不竭力维持，各质万难再贸……小票尚可勉行，然而该典等自出，恐其兑换复有争论，不若仍立商会名目，将数目议定，每典不过壹万五仟串之数，令该典等自出票费，商会另立兑换处照兑，每年出点薪水而已，始为定局。即催我号开门复贸，所以公同择定，于十七日开张应当……兹叙托同心福在汉所做小票，至今还未带回，屡次谘问，准云尚得几天，铺存渐渐无几，令人甚为焦灼。至于官票亦其紧要，是日下地净存官票二千二百之数，前该同心福六百。伊云一二日内亦要紧用，难以迟缓。若除此项，只存一千六百耳。见信速即带现官票三贰仟为要……再及，所印小票于廿三日又印来三百、一万五四贰张，笔下铺存现台票四千串。两次所来一二三百，小票共存有九千串之谱。再及，共来一二三百小票，四千

① 《申报》13085号1909年7月10日《淮北滥出纸币之限制·南京》。

九百余串。今又托星翁再印二百、一百、一万、二万张,① 贰共计数五千串，大约可以够用。”②这里先说因货币匮乏，典当与绅首议定发行“小票”之事，中间又说到“小票”印好之后，还是不够使用而要求增印之事，可见钱票对典当经营是多么重要。

为了增加读者的感性认识，下面引用一张清嘉庆年间山西省典当发行的钱票：

图 9-1 嘉庆美兴当钱票

这是嘉庆二十二年(1817 年)美兴当店发行的钱票，持票人为

① 所谓“一百、二百、一万、二万”指发行一百、二百文两种“小票”共一万、二万张。

② 《民国三年沙市某典当东伙来往信稿》刘建民先生藏。信稿最后一段中的数字，原文是苏州码，录入时改成了通用的数字。其含义还不太明白，估计是钱票的面值。

王董。它是印刷的，有固定的格式。但数字是手写的，可见有的钱票并没有固定的面值，而是根据持有者付钱数字填写。

第六节 货币买卖

中国历史上货币的复杂，前文言之甚详，此不赘述。典当除了在当赎过程中，利用不同货币之间比价的变化来牟取额外收益外，还会直接参与货币的买卖，利用差价赚取额外收益。这两个问题虽然密切相关，其实也有区别，前一个问题是在当赎过程中发生的，而货币买卖则是独立的业务，与当赎没有关系。

前文说过，中国古代从来就没有一个单一货币的时期，所以很早即发生了货币的兑换业务。尤其是明代中期以后，白银货币化过程完成，社会上大额交易用银，小额交易用铜钱。生活在社会底层的人民日常交易大多是小额的，所以其收付更多的是铜钱，但政府收税却是用银，人民为了交税，不得不把铜钱兑换成银。这种“不完整的平行本位制”促使民间铜钱与白银交易的盛行，货币兑换甚至从其他经济部门独立出来，成了一项有利可图的专门职业。但典当毕竟与钱庄、钱铺不同，货币兑换并不是它的主营业务，所以它也只是在时机有利的时候偶然出手。据《醒世姻缘传》记载，朝廷因为折十钱行使不便，便采取以折十钱援例纳监的政策来回收，从而引起折十钱涨价。财主狄宾梁想给儿子狄希买个监生，便花了二百两银子从当铺买折十钱，当铺从而赚了一笔额外收入。① 当然，文中的典当可能并不是有意这么做，只是偶然好运，但有意炒作的例子也是有的。明初规定，唐宋古钱与本朝铜钱并行，于是有人便乘机煽动，以图厚利：“日者鹾价忽腾，钱法顿滞。不知其所自起，蚩蚩之氓，负载入市……旦所得钱，暮不能为用……一夫倡言，千人附和，虽有厉禁，视若弁髦，无何，有客来买前钱以一当

① (清)西周生：《醒世姻缘传》第五十回《狄贡士换钱遇旧，臧主簿瞎话欺人》，齐鲁书社 1980 年版，第 649-661 页。

三，捆载而去，此所谓垄断之术，奸人之雄也。”①这里所谓的客，就包括当铺。明朝末年，户部尚书侯恂说得很清楚：“奸商当铺因而为奸，每于通衢关隘，倡言某钱盛行，某钱不行，转相煽弄。既贵卖其所积以图目前之利，又贱收其所弃以图他日之利。时而私钱得与官钱并价，此其所积者多而欲出也；时而私钱二三文折官钱一文，此其所收者少而欲入也。若辈操其利权，钱法受其壅滞。”②可见当铺已经直接参与了这种金融投机行为，在货币市场上兴风作浪、垄断居奇、牟取暴利。

清前期银贱钱贵是很明显的，所以囤积铜钱便能赚取一定的收益。同时典当因为与社会底层人民来往较多，也必须要储备一定数量的铜钱才能周转。“至于当铺多则屯钱多，其情势有可明推者。查康熙五十年(1711 年)前一州一邑当铺止一所，或数所或并无一所；五十年后，以迄于今，旧无当铺之州邑，今皆有数所矣或十数所矣；其旧有一所者，今或至二三十所矣；其旧有数所者，今或至五六十所七八十所矣。每开一铺，其大者必屯钱数千缗，然后开张，次或五六百缗，又次或二三百缗，极少亦百缗而止。开张之后，又必陆续收钱，必不肯以铺中之钱出卖殆尽，若钱剩十分之二三则止当矣。”③文中说得很清楚，一家当铺最少也要囤积一百多缗铜钱才能运转，大当铺的需求就更大了。社会上的当铺数量也比过去多了，囤积的铜钱当然就更多了。典当的经营有季节性，一般春当秋赎，所以典当在春天总是缺乏铜钱，秋天赎当的多，铜钱也比较充足。如果典当囤积的铜钱多了，卖出去就会有一定的收益。“往者商钱惟盐店为盛，积之既多则载于省会发卖，今则诸家当铺争易之矣；往者集会既毕，客商将返，钱必稍贱。今皆为贩客所易，钱反贵矣；往者试棚既毕，文宗起马，钱必稍贱，今皆为贩客

---

① (明)黄似华：万历《汝南志》卷二《建置志·村市》，转引自《明代社会经济初探》，人民出版社 1986 年版，第 180 页。

② (清)孙承泽《春明梦余录》卷三十八《户部四宝泉局》，北京古籍出版社 1992 年版，第 670 页。

③ (清)《官箴指要·论今剩语·钱贵之由》，河北大学图书馆藏清抄本，第 118-119 页。

所易，钱反贵矣；至问其贩于何处，则系整收当铺之银，陆续交钱也，钱之贵一由于此，而议者不察，犹以为奸民销钱为器所致。”①文中指出，以往倒卖铜钱的是盐商，现在是当铺，当铺成了各地银子、铜钱交易的枢纽机关。当然，有时因为看不准风向，囤积铜钱导致亏损的情况也是有的。“(康熙)至十二年(1673年)，甲寅四月，闻八闽之变，三吴钱价顿减，初犹五六钱一千，后直递减至三钱。积钱之家，坐而日困，典铺尤甚。有司虽严禁曲喻之而不可挽。十五年以后，封疆渐宁，钱价以次渐长。十七八年之间，每千价银又兑至八钱七八分及九钱二三分。”②

清前期因为钱贵银贱，导致有的店铺囤积铜钱，而囤积铜钱导致铜钱更贵，这是一个恶性循环。因为社会下层需求较多的是铜钱，铜钱价格居高不下肯定会影响他们的生活，从而引起社会动荡。清政府为了维护自己的统治，开始采取措施稳定钱价。首先，清政府提高铜价，鼓励洋铜进口，同时改善滇铜的生产和销售，使滇铜产量大增，解决了铸钱的原料问题。③其次，限制、打击典当等店铺囤积铜钱的投机行为。北京率先规定典当使用铜钱的限制，乾隆三年(1738年)，内务府总管海望上奏：“应请小当照依该御史所奏，六钱以下仍准当钱，六钱以上只许当银。其架本充裕之大当，一两以下准其当钱，一两以上只许当银。在各铺当钱当银均可获利，并不致有亏商本。但当钱既减，则各当所存钱文亦可不必照依前议多为积贮，应令大当只许存钱三四百串，小当只许存钱一百串，其余概令发出市卖，俟将来钱价平减，奏闻停止，仍听银钱兼当。”④这是分别大小当铺，规定了两个数字，大当铺是一两，小当铺是六钱。在这个数字以上的交易，必须用银；在这个数字以下，才允许用钱。同时也限制典当囤积铜钱。同时，清政府也利用典当

① (清)《官箴指要·论今剩语·钱贵之由》，河北大学图书馆藏清抄本，第119页。

② (清)叶梦珠《阅世编》卷七《钱法》，中华书局2007年版，第195页。

③ 吕臻：《清代银钱比价的历史演变》，中央学校2005年的硕士论文。

④ 《朱批奏折》，转引自《北京师范大学学报》1978年第6期，《红楼梦的历史背景资料》之三《清代前期的高利贷和典当业》。

的这种职能来投放或回笼货币，来达到平抑钱价的目的。乾隆二年(1737年)，户部和提督衙门联合上奏，“工部现有余钱八万串，请于京师内外，当铺赎当钱文，令各官局将兑收银两酌量给各当铺存贮，钱文之多寡，照依市价，公平易出，以为官局轮换之资。将来交春之际，各当铺须钱，仍许向各官局兑换以作资本。”①但田懋认为这只会有利于不法的当商，所以进行了批驳。乾隆九年(1744年)十月，大学士鄂尔泰又提出一个与之相似的计划，大约八条：“京城各当铺，宜酌量借给赀本银，收钱发市流转。查京城内外官民大小当铺，共六七百座，钱文出入最多。现在平减钱价，各当铺如得官借赀本，收钱上市发卖，在当铺既多添赀本，而在市逐日又多添钱文发卖，两有裨益。应将京城各当铺，无论官民，每大当赀本丰厚，应派给银三千两，听其营运。将所领银两，存留作本，每一日交制钱二十四串，运送官局，上市发卖。每制钱一串，加钱十文为局费。其卖出银，仍交各当铺收回作本。至于小当赀本，原有多寡不等，有情愿借银者，准赴局具呈。查明现有架本，酌量借给。所缴钱文并卖钱易回银两，俱照大当一例办理。再借给大小当铺赀本约银五六十万两，核算每日可收钱数千串，须设公局收贮，派员经理……京城各当铺现在积钱，宜酌钱数送局，一并发市。查京城当铺六七百座，每于秋冬之际，存贮钱最多。此项虽系各当铺营运之赀本，以济小民一时之缓急，但堆积过多，未能流通，转于民用不便。现在钱价昂贵，议开官钱局平价。而开设之始，钱尚不能充裕。在各当铺时当冬令，正值闲贮之际，应将京城内外大小当铺，无论官民，每大当一，彻出制钱三百串；小当一，彻出制钱一百串，俱自行运送官局，交局员发卖，陆续易银给还”。② 这项政策的效果不得而知，却也可见鄂尔泰已经无意识地把典当当成了国家货币政策的执行部门。福建地方官员的办法更直接，“今访闻闽

① (清)贺长龄：《皇朝经世文编》卷五十三《钱币下·平钱价疏》，中华书局1992年版，第1337页。

② 《清高宗实录》卷二百二十六，乾隆九年十月壬子。中华书局1986年版，第924-925页。按：这里只引用了与典当经营相关的两条。

省州县，将数钱及一两以上之粮银，亦令花户赍钱完纳，甚将钱粮积至数千贯之多，始发牙铺或发典商，勒令领钱易银，且有多收少发、扣尅情弊”。① 这是直接从当铺以钱易银，让铜钱进入流通领域。

清后期，由于对外贸易逆转，白银外流，银贵钱贱，典当囤积铜钱便亏损严重，“咸丰初，粤逆鸱张，命将征剿，饷需匮乏。廷议铸大钱，以裕日用，有当千、当五百、当百、当五十、当十、当五共六等。当千以红铜为之，其大小、轻重仿佛如南宋‘嘉定元宝’折十钱，其余皆青铜，分两以次递减……京城通用当十钱，外省仅能搭用，即如吾苏民间卖买，二成当十，八成制钱，譬如一物本值八十，则非百钱不售，其二成大钱，直同赘瘤耳……惟质库向以制钱典者，今以搭成取赎，大为亏折。”②同时，货币种类更多、更复杂，银铜比价变化无常，风云难测，扑朔迷离，典当虽然竭力避免由此带来的亏损，最终也难以逃脱厄运。

从典当兼营的这些业务来看，它不只是“平民的借贷机关”那么简单，而是功能比较齐全的金融机关。它不仅与小生产者的再生产及社会各阶层的生活消费有关，而且与工商业的资金周转密切关联。当然，典当的这些功能不是一产生就具备的，而是逐步产生和丰富起来的，同时完全具备这些功能的典当也只是少数，但也说明以往学者对典当在历史上的重要性认识是不够的。近代有的典当也适应新形势，开展了一些新业务，也是值得注意的。如阴若天指出，晚清淮军将领刘铭传开的继勋典当，兼营了很多业务：

汇水。即客商将现银交来，从指定地点取款，汇水的比例是1%。

贴水。客商将现钞换取银票，在外地通用；少量的现钞，“零换整”“整换零”。贴水高低没有惯例，全是根据当时使用情况和市

---

① 《福建省例·征收小户钱文不许转发典商易换章程》，《台湾文献丛刊》第199种，台湾银行经济研究室，第1153页。

② （清）沈守之：《借巢笔记》，江苏省立苏州图书馆1940年版，第3页。

场上的信息行情出发，双方面议。如果当铺银根过紧，有时甚至倒贴。

利息。当铺根据自己银根的松紧以及物价的涨跌情况来制定利息的高低。一般利息为1%—3%。

放款。一种是经济担保放款，借款人自找经济殷实客户或信用可靠人担保，到期不还由承保人(店)归还。一种是经济抵押放款，以金银珠宝或者商品作抵押。一种是商店存折往来户包括中小商店约折。贷款以后，每日情贷款要缴，年终一次结算。放款特点是短期，一般为三个月，最长半年收回。

存款。分定期与活期两种。定期没有档次，都是一种利息，利息的高低也视银根紧与否而定，一般按放款利息的三分之二。活期按放款利息的四分之一。[①] 这家当铺经营的业务最为齐全，很多都是银行的业务，所以传统的典当也开始向现代银行转变。当然，最终完成这种转变的典当还是很少的，大多数典当都在近代的内忧外患中业务逐步萎缩，最终还是难以为继了。

第七节 典当兼营业务所得收入匡估

历史上典当的兼营业务大体上就是以上所论述的那几种，但它们能给典当带来多少收入，在总收入中占多大比重，还没有具体的研究。下面利用刘建民先生收藏的一些典当清单，做一些统计。本书以为，票利和估衣利是典当的主营业务收入，其他的收入都是兼营业务收入。

乾隆五十四年(1789年)的两益当，其收入情况如下：

| 宗得票利银贰佰九拾九两六钱伍分。

| 宗得票利钱七佰九拾四千七佰伍拾文。

---

① 政协椒江市委员会文史资料研究委员会编：《金寨文史资料》第五辑，第151页。转引自阴若天的硕士论文《晚清典当研究》，河北大学2011年的硕士论文。

| 宗得估衣利钱叁佰伍拾千零贰佰文。
| 宗得外利银四佰六拾七两七钱壹分。
| 宗得外利钱壹佰四拾七千贰佰四拾文。
| 宗得丝利银壹佰贰拾伍两贰钱七分。
| 宗得小麦利银壹拾叁两叁钱捌分。

……

以上十五宗钱以每两合(一千)共实银贰仟九佰零八两九钱贰分七厘。

这家当铺一年的总收入是2908.927两，票利、估衣利合计收入为1444.6两，占49.66%。其余都是兼营业务所产生的收入，所占的比例超过一半。

清后期的典当清单很多，做成表格如下所示：

表9-13　　三义当历年主营业务收入一览表

年代	主营业务收入	总收入	比例
道光六年	848.516两	1769.886两	47.94%
	1220千850文	2268千730文	53.81%
	1150千710文	2678千810文	42.96%
	1205千540文	2514千360文	47.95%
	1071千600文	2316千100文	46.27%
道光十六年	1219.4两	2708.96两	45.01%
道光二十六年	1169千670文	2534千90文	46.16%
道光三十年	1236千620文	2625千150文	47.11%
咸丰元年	1249千970文	2463千840文	50.73%
咸丰五年	25千560文	823千360文	3.80%
咸丰八年	160千440文	1038千800文	15.44%
同治三年	1881千230文	3646千180文	51.59%

这家当铺的票利、估衣利总计所占的比例，只有 3 年超过了 50%，最低的一年才占 3. 80%。由此可见兼营业务产生的收入所占的比重是很大的，在 9 年里都超过了主营业务。

表 9-14 **永承当历年主营业务收入一览表**

年代	票利估衣利合计	总收入	比重
道光十五年	7176 千 960 文	7531 千 500 文	95. 29%
道光十六年	8083 千 360 文	8395 千 500 文	96. 28%
道光十八年	6270 千 910 文	7345 千 30 文	85. 38%
道光十九年	8453 千 300 文	9189 千 490 文	91. 99%
道光二十二年	7616 千 670 文	9555 千 100 文	79. 71%
道光二十三年	10040 千 120 文	11103 千 200 文	90. 43%
道光二十四年	9207 千 340 文	10250 千 200 文	89. 83%
道光三十年	12982 千 980 文	15220 千 900 文	85. 30%
咸丰元年	10845 千 830 文	13393 千 50 文	80. 98%

这家当铺的收入以票利和估衣利为主，兼营业务收入所占无几。

表 9-15 **成章当历年主营业务收入一览表**

年代	票利贯利合计	总收入	比重
咸丰七年	2501 千 490 文	3170 千 516 文	78. 90%
咸丰九年	2176 千 601 文	2379 千 790 文	79. 44%
咸丰十一年	1362 千 349 文	1862 千 692 文	73. 14%

这家当铺的收入也是以票利和估衣利为主。

表 9-16　　永顺隆历年主营业务收入一览表

年代	票利估衣利合计	总收入	比重
同治六年	19957 千 860 文	21477 千 630 文	92.92%
同治八年	26522 千 770 文	29598 千 500 文	89.60%
同治九年	26002 千 110 文	27461 千 830 文	94.68%
同治十年	26638 千 870 文	27308 千 590 文	97.55%
同治十一年	18970 千 130 文	20228 千 20 文	93.78%

这家当铺的兼营业务收入所占无几。

表 9-17　　宏盛当历年主营业务收入一览表

年代	票利估衣利合计	总收入	比率
光绪五年	1606 千 80 文	1610 千 580 文	99.72%
光绪六年	1525 千 375 文	1633 千 598 文	93.38%
光绪七年	982 千 400 文	1210 千 405 文	81.16%
光绪七年(修正)	982 千 400 文	1192 千 972 文	82.35%
光绪九年	815 千 690 文	1284 千 169 文	63.52%
光绪十二年	1287 千 800 文	1489 千 626 文	86.45%
光绪十三年	1314 千 620 文	1540 千 760 文	85.32%
光绪十七年	1080 千 920 文	1430 千 540 文	75.56%
光绪十九年	1223 千 200 文	1304 千 73 文	93.80%
光绪二十三年	1453 千 840 文	1640 千 479 文	88.62%

这家当铺还是以票利和估衣利的收入为主，但个别年份如光绪九年(1883 年)、光绪十七年(1891 年)则兼营业务收入亦占有一定

的比例。

表 9-18 元吉公当历年主营业务收入一览表

年代	票利估衣利合计	总收入	比率
光绪二十九年	15126 千 190 文	21502 千 250 文	70. 35%
光绪三十年	15210 千 420 文	17294 千 450 文	87. 95%
光绪三十二年	19257 千 160 文	20037 千 70 文	96. 11%
光绪三十三年	19630 千 740 文	20887 千 930 文	93. 98%
光绪三十四年	17309 千 300 文	19168 千 920 文	90. 30%
宣统元年	16838 千 200 文	18541 千 320 文	90. 81%

这家当铺也是以票利和估衣利为主要收入，兼营业务收入所占无几。

民国时期，以裕庆当为例来说明：

表 9-19 裕庆当历年主营业务收入一览表

年代	票利、估衣利合计	总收入	比例
光绪三十四年	2108 千 90 文	2793 千 827 文	75. 46%
宣统元年	2288 千 630 文	3154 千 702 文	72. 55%
宣统二年	2485 千 750 文	3280 千 256 文	75. 78%
宣统三年	2067 千 49 文	3061 千 278 文	67. 52%
民国元年	1794 千 527 文	2619 千 360 文	68. 51%
民国二年	2105 千 634 文	2691 千 625 文	78. 23%
民国三年	3166 千 540 文	3805 千 857 文	83. 20%
民国四年	3025 千 170 文	4165 千 839 文	72. 62%
民国五年	3326 千 381 文	5168 千 996 文	64. 35%
民国六年	2525 千 205 文	4065 千 980 文	62. 11%
民国七年	2926 千 190 文	4944 千 123 文	59. 19%

续表

年代	票利、估衣利合计	总收入	比例
民国八年	3514 千 586 文	6338 千 622 文	55. 44%
民国九年	3343 千 562 文	5707 千 334 文	58. 58%
民国十年	5221 千 855 文	8260 千 185 文	63. 22%
民国十一年	3537 千 299 文	8790 千 995 文	40. 24%
民国十二年	4666 千 838 文	9187 千 171 文	50. 80%
民国十三年	4285 千 230 文	11844 千 538 文	36. 18%
民国十四年	5117 千 719 文	18305 千 360 文	27. 95%
民国十五年	11991 千 946 文	20639 千 177 文	58. 10%
民国十六年	8965 千 985 文	20463 千 785 文	43. 81%
民国十七年	11124 千 564 文	22910 千 787 文	48. 56%
民国十八年	11268 千 328 文	21808 千 333 文	51. 67%
民国十九年	18549 千 196 文	28969 千 543 文	64. 30%
民国二十年	21506 千 690 文	64138 千 172 文	33. 53%

这家当铺的票利、估衣利合计所占的比重有缓慢下降的趋势，即兼营业务收入所占的比重有缓慢上升的趋势。24 年里，兼营业务收入所占的比重只有 6 年超过了票利、估衣利的合计，可见这家当铺的收入还是以票利和估衣利为主，但兼营收入也有了比较重要的地位，最高达 70%多。

表 9-20　　　　**天裕当历年票利收入一览表**

年代	票利收入	总收入	比例
民国五年	3846 千 314 文	4248 千 325 文	90. 54%
民国六年	3804 千 237 文	4489 千 467 文	84. 74%
民国七年	5128 千 644 文	6189 千 837 文	82. 86%
民国八年	6169 千 711 文	6737 千 107 文	91. 58%

续表

年代	票利收入	总收入	比例
民国九年	5634 千 84 文	6324 千 651 文	89. 08%
民国十年	6800 千 992 文	7624 千 53 文	89. 20%
民国十一年	7411 千 565 文	8472 千 121 文	87. 48%
民国十三年	7456 千 403 文	9546 千 542 文	78. 11%
民国十四年	6022 千 339 文	11371 千 987 文	52. 96%
民国十五年	7335 千 445 文	15081 千 705 文	48. 64%
民国十六年	11061 千 199 文	23563 千 594 文	46. 94%
民国十六年	16061 千 956 文	24566 千 73 文	65. 38%
民国十八年	3232. 907 元	5062. 95 元	63. 87%
民国十九年	4112. 859 元	7156. 285 元	57. 47%

这家当铺的清单上没有估衣利。通过以上表格可以发现，这家当铺的票利收入有下降的趋势，即兼营业务的收入有上升的趋势，民国十五年(1926 年)、民国十六年(1927 年)还占到了总收入的一半以上。

通过分析以上表格可以看出，典当的兼营业务带来的收入在总收入中所占的比重不高，这些典当还是以票利和估衣利为主要收入。民国时期典当的兼营收入有上升的现象，说明当时传统的当赎业务已经衰落了，典当不得不谋求新的发展方向。

第十章

中国典当业利率

当户赎当的时候，既要把当本还给典当行，还要向典当行支付利息。这个利息就是典当行的主要收入，它直接关系到典当行的利润。典当行向当户收取的利息是计算出来的，它是当本与利率之积，其中当本是大小不定的，每一票的当本都可能不同；而利率是个常数，它在某个时期、某个地区是稳定的。赎当利率太低，当铺入不敷出，固然是不利的，但利率太高，当户不来赎当，造成死当太多，也是不利的。由于历史上的当户主要是广大贫民，所以这个数字不仅关系到典当行的利润，还关系到下层阶级的生活。

赎当的利率是一个非常复杂的问题，为了更好地研究这个问题，应把它与典当行的利润率、存款利率相区别。这三个概念虽然有着密切的联系，但还是有本质的不同。首先，典当行的利润率是它的净利润与投入的资本的比率，它是经常变化的，不仅每一家典当行都可能不同，就是同一家典当行不同时期的利润率也是不同的。而赎当的利率实际上是典当行的毛利率，它是既定的、比较稳定的。其次，历史上的典当行是吸收存款的，它要支付利息，这个利息实际上是典当行的一种费用，而赎当时的利息是典当行的主要收入。二者记账方向相反，其比率当然也不同，一般是赎当的利率比存款的利率略高。只有分清了这三个概念，我们才可能正确使用材料，从而得出正确的结论。

第一节 历代典当业利率演变趋势

本节首先概述历代典当业的利率演变趋势，分析其特色，再对历代影响利率演变的因素作几个方面的探讨。

一、典当业利率的演变趋势和特点

中国古代典当业利率非常复杂，为了便于研究，我在《中国典当制度史》中列了一张历代典当业利率表，现略作补充，引用如下：

表 10-1 **历代典当利率表**

编号	年代	地点	资料摘要及考证	资料出处
1	唐	全国	凡质举之利，收子不得逾五分	《唐六典》卷六《比部郎中》
2	宋元丰二年二月	诸州县	听以金银物帛质当，收息勿过一分二厘(官府典当)	《宋会要辑稿·食货》三七之二七
3	元丰五年十一月	东京	京师置四抵当所，许以金帛质当现钱，月息一分(官府典当)	《宋会要辑稿·职官》二七之一三
4	绍圣三年	全国	王雍言：召人户供质当举钱，岁取息二分为抚养(官府典当)	《宋会要辑稿·食货》六一之六二
5	政和元年	全国	检校库抵当放贷，“岁收二分之息。”(官府典当)	《宋会要辑稿·食货》六一之六二

续表

编号	年代	地点	资料摘要及考证	资料出处
6	绍兴四年	南方	始令诸路依旧质当金银匹帛等，每贯月收息三分(官府典当)	《建炎以来系年要录》卷八六
7	乾道、淳熙时	南方	袁采以为，质库适中的利率为“自二分至四分”，但当时“典质之家有月息什而取一者”(私人典当)	《袁氏世范》卷三
8	金大定十三年	北方	民间典质，利息重者至五七分。官置典库，“月利一分。”	《金史·百官志》
9	南宋庆元	南方	诸以遗孤宗室钱米质当……而每月取利过四厘者。(按：宋人文献中单独说××厘者，与××分等)	《庆元条法事类》卷八十
10	南宋	湖湘	湖湘乡例，成贯三分，成百四分，极少亦不下二分(私人典当)	《名公书判清明集·户婚门·库本》
11	南宋	南方	在库本钱五十万贯，月息六厘半(私人典当)	《数书九章》卷十二《累收库本》
12	南宋	南方	私人质库，月息二分二厘(私人典当)	《数书九章》卷十八《推求典本》
13	南宋	南方	三库息例，万贯以上一厘，千贯以上二厘五毫，百贯以上三厘(私人典当)	《数书九章》卷十八《推求本息》
14	元大德六年	淮安	孔胜不系出名解典正库，系违例加一取息，暗解诸人衣服(私人典当)	《通制条格》卷二十七《解典》
15	大德八年	大都	在京典库有每两二分者(私人典当)	《元典章》卷二十七《解典》
16	明	全国	凡私放钱债及典当财物，每月取利并不得过三分，年月虽多，不过一本一利	《大明律集解附例》卷九，《大明会典》卷一六四

续表

编号	年代	地点	资料摘要及考证	资料出处
17	成化十年	北京	奸顽之徒，倚财为势……凡遇当物……每银一钱自起利息二三文者有之，备还不敷，未及二三月被算本利对合（私人典当）	《皇明条法事类纂》卷二十
18	弘治时	广州	当铺里面，当一两二两，是三分起息；若当到十两二十两，就是二分多些取息了（私人典当）	（清）李渔《无声戏》第四回
19	弘治以后	江阴	徽人所为者，典铺也……彼之取什一二之息者，犹有所济（私人典当）	《此木轩杂著》卷八
20	明后期	吴兴	修故业而息之，什一取赢……以质及门者踵相及（私人典当）	《太函集》卷五十二《南石孙处士墓志铭》
21	明后期	北方	下坡儿营生，及到三年过来，七本八利相等（私人典当）	《金瓶梅》第四十五回
22	明后期	不详	那典库生理，取息二分，还且有限（私人典当）	《石点头》卷六
23	明末	抚州	自南北两直隶至十三省，自认周年取息二分……抚州按月三分入息（私人典当）	《天佣子全集》卷六
24	明末	金陵	福建铺本小，取利三分四分；徽州铺本大，取利仅一分二分三分（私人典当）	《金陵琐事剩录》卷三
25	明末	湖州	湖郡典息，向例十两以上者，每月一分五厘起息；一两以上者，每月二分起息；一两以下，每月三分取息（私人典当）	《吴兴旧闻》引《小谷口荟蕞》
26	明末	金坛	又金坛当质铺，俱系徽商，典利三分，银水戥头，几及五分（私人典当）	《金坛狱案》
27	清	全国	凡私放钱债及典当财物，每月取利并不得过三分，年月虽多，不过一本一利	《大清律例新修统纂集成》卷十四

续表

编号	年代	地点	资料摘要及考证	资料出处
28	清	全国	凡民间私放钱债及典当财物者，每月取利并不得过三分。如借、当银一两，每月止许加利银三分，年月虽多，不过一本一利	《清律例会通新纂》第四册卷十三《户部·钱债》
29	顺治五年	全国	凡放债之人，每银一两，止加息三分，不许多索及息上增息	光绪《大清会典事例》卷七六四
30	清初	湖州	巡抚金公断定，概以一分五厘起息(私人典当)	《吴兴旧闻》引《小谷口荟蕞》
31	顺治时	金坛	乡绅王、冯等与典商商定，两外二分五厘，两内则仍三分(私人典当)	《金坛狱案》
32	顺治十三年	苏州	当银一钱，取利三厘(私人典当)	《明清苏州工商业碑刻集》第九目
33	清前期	长沙	近查各属当铺，名曰加三……实则加四加五，牟利剥民(私人典当)	同治《长沙县志》卷十九
34	清前期	青州	利则四分，以至六七分，甚至八分者。后官府规定，止许三分起息，不得加增毫厘，按日计月(私人典当)	《禁令百则·严禁违旨背律等事》
35	康熙时	平湖	自徽商黄成山控县令景贞运后，息增至三分，贫民嗟怨。后赵恭毅公申乔抚浙，题请分半起息，立石永为定例(私人典当)	光绪《平湖县志》卷二十五
36	康熙三十一年	泰州	于泰州坡子坊开天成典铺一座……票写四分行息(私人典当)	《清代档案史料丛编》第五辑
37	康熙四十二年	常熟	起息一节，恪遵宪行，每两及钱数，概行二分，设多递减，诚为两平(私人典当)	《明清苏州工商业碑刻集》第九目

续表

编号	年代	地点	资料摘要及考证	资料出处
38	康熙时	湖南	名曰加三，实则加四(私人典当)	赵申乔《自治官书》卷九《禁当铺违禁取息示》
39	康熙时	台湾	其开张当铺者……亦竟违例取利五六分不等。后官府规定，取利毋过三分(私人典当)	《重修台湾府志》卷十
40	康熙时	南京	(宦萼)兑出十万金来做本，一分行息，专当与穷民小户(私人典当)	《姑妄言》第二十回
41	雍正十三年	江西	江西臬司要求私人典铺“行息仍照二分”(私人典当)	《西江视臬纪事》，《清史资料》第三辑
42	乾隆七年	澄江	或索五六分之息，而每月结算，瞬息之间已子过其母(私人典当)	《澄江治绩续编》卷二
43	乾隆时	湖南	遵照定例三分行息，并无违禁(私人典当)	《湖南典铺减息案》
44	乾隆时	北方	查直隶、山东、河南等处典铺，俱系三分行息(私人典当)	《湖南典铺减息案》
45	乾隆十六年	湖南	凡一两以下至十两，以二分五厘行息；其自十两以上至百两，均以二分行息；惟皮褐衣服仍以三分行息(私人典当)	《湖南省例成案》卷三十三
46	乾隆二十年	崇明	庐属质库，向取二分息(私人典当)	光绪《崇明县志》卷十七《杂志》
47	乾隆二十三年	山东	官府规定：如有二分行利之当铺，俱照旧通年二分起息，冬月免其减利……不得借冬月减利改为三分起息(私人典当)	《乾隆朝山东宪规》第一册

续表

编号	年代	地点	资料摘要及考证	资料出处
48	乾隆二十四年	广西	是以分派各营，专委弁目，开张典当，定以二分取息(官府典当)	《清高宗实录》卷五百九十五
49	乾隆时	无极	每月行息，少者四、五分，多者六、七分。 官府规定：请于十二月、一月，凡民间赎取衣物，减利一分	乾隆《无极县志》卷末附录
50	乾隆时	福建	有一种名曰“私当”，三月为限，加一起息	《福建省例》
51	乾隆二十九年	福建	有行息二分、三分及二分四厘不等。政府统一规定：如当大仍应以行息二分、限期三十六个月为满，小典行息二分四厘、限期二十四个月为满，通饬各属画一(私人典当)	《福建省例·当税例》
52	乾隆三十九年	福建	政府修订为：如本银在五百两以上者，概照大当行息二分，限期三十六个月为满。如在五百两以下者，悉照小典行息二分四厘，限期二十四个月为满	《福建省例·当税例》
53	乾隆四十八年	福建	政府又修订为：银三两、钱三千以上、二分行息、三十六个月为满；银三两、钱三千以下、二分四厘行息、二十四个月为满(私人典当)	《福建省例·当税例》
54	乾隆三十一年	江西	遵循定例，加二取息(私人典当)	《西江政要》卷九
55	乾隆三十五年	浙江	至当本一两以内二分起息，一两以外分半起息，十两以上一分起息，五十两八厘起息(私人典当)	《成规拾遗》下《典当取息》

续表

编号	年代	地点	资料摘要及考证	资料出处
56	乾隆五十七年	湖南	私开小押，违禁取利……每月加三取利，又定二月为期	《切问斋集》卷十四
57	嘉庆九年	江西	典当银钱并无折耗……加三取利(私人典当)	《清朝经世文编》卷四十
58	嘉庆时	黑龙江	无论典钱若干，概三分息(私人典当)	《黑龙江外纪》
59	嘉庆时	陕西	他省质物者，月出息不过二分，秦独三分 后经巡抚徐炘劝谕，“改为终年二分”(私人典当)	《陕西通志稿》卷三十四
60	道光时	新会县	当铺每月起利五分，并不注明当票，又轻出重入，潮出纹入	道光《新会县志》第七卷
61	清前期	建瓯	瓯俗典铺起息，比省会重三倍有余。如当钱三十五千，一月该利八百七十五文，省会五十两，八厘起息，一月只合二百八十文(私人典当)	《过来语》
62	道光时	资阳	质库旧取息三分，(廖鸿文)文减一，贫人便焉(私人典当)	咸丰《资阳县志》卷三《人物列传·行谊》
63	咸丰十年	江西	只准照依典铺，每月取利二分，不得援照谷当多取	《宝韦斋类稿》第六卷《劝开质铺示》
64	同治时	江苏	苏省典铺，从前取利以二分为率，当期以三年为满。自匪扰克复后，先经变通章程，招开公典，取利三分，一年为满。续经饬据前署司议定，自[同治]八年份起，当本三十两以上者减为二分四厘，十两以上者减为二分六厘，十两以内者减为二分八厘，仍以十二个月为满，详经批准饬遵(私人典当)	《抚吴公牍》卷四七《饬司核减苏省各典当利息议复》

续表

编号	年代	地点	资料摘要及考证	资料出处
65	同治时	江苏	照当本按月三分起息，连闰扣足十二个月为满月外，让利五天。如在三十五天之内取赎，只照一月算利，以昭公允(私人典当)	《吴煦档案选编》第六辑《吴煦代王子鉴拟遵札试开公典禀》
66	同治时	益阳	每月五分，十月为满(私人典当)	《同治票号通信》
67	同治时	高邮	兵燹之后，典商长利为三分。(李)履清与同人控诸大吏，因得减为二分，贫民便之(私人典当)	《三续高邮州志》卷四《笃行》
68	光绪时	大名	自札到之日起，至年底止，原利三分减去一分，以贰分取赎(私人典当)	《恒裕典信稿》
69	光绪二年	杭州	岂知其利已有三分，为从来兴当所无者，故行不数年，即减为按月二分四厘矣。上年以当皆亏本，又公议改为按月二分起息，期以十四个月为满……故杭之绅商如裕通典，现已减至按月一分六厘起息，成大典现已减至按月一分四厘起息，皆自本年元旦为始，期限仍十四个月，抚恤贫民不可谓为不至也(私人典当)	《申报》1169号《杭典减息》
70	光绪四年	湖北	质押取利五分也。近因各商加本，革去质字改为典当，□亦减至三分(私人典当)	《申报》1773号《典当减利》
71	光绪四年	宁津	又广劝设义当，息准三分，期限一年(私人典当)	《李忠节公奏议》序
72	光绪四年	苏州	兹闻各典铺业已议定，期以两年为满，利自二分至一分六厘，盖视当本之多少而别轻重也(私人典当)	《申报》1912号《典铺新章》
73	光绪六年	江苏	利则二分为最少，等而上之有二分四厘者，有二分八厘者，有三分者(私人典当)	《申报》2640号《读宝山令晓谕典铺示书后》

续表

编号	年代	地点	资料摘要及考证	资料出处
74	光绪六年	湖州	忆湖郡兵变以前，典铺起息概以一分五厘，七千以上一分三厘(私人典当)	《申报》2715 号《劝典当让利说》
75	光绪七年	天津	平时利息，绸布衣服金银首饰每两二分，哔叽羽纱绒呢皮货每两三分，十两以上则仍二分，若钢锡器皿无论十两内外概系三分(私人典当)	《申报》2789 号《善政被阻》
76	光绪八年	安徽	皖垣典当向来按月取息二分五厘，以十八个月为满。两江总督左宗棠规定，按月只准二分起息，以二十八个月为满(私人典当)	《申报》3193 号《当铺减息》
77	光绪八年	扬州	扬州自发贼乱后……利则三分，期则二十个月。两江总督左宗棠规定，利止二分、期则二十七个月(私人典当)	《申报》3282 号《减利便民》
78	光绪八年	两江	江西、江苏、安徽所属各典，无论抵当衣饰器具，凡资本一两，一律每月取息二分，连闰二十四个月，仍留余限三个月，凡二十七个月为满。凡遇隆冬及灾歉年分，毋庸再议减息(私人典当)	《左宗棠全集·奏稿》卷五十九《奏为核减典商利息酌定赎限拟发官本折》
79	光绪九年	松江	松境典息久经一律二分，且有好义之典体念小民困苦，于二分之内酌量减让，自一分八厘减至一分四厘，均于票上加有红戳(私人典当)	《申报》3519 号《典铺定章》
80	光绪十六年	湖北	典铺多取息三分，惟公典二三家以二分五厘取利。湖广总督张之洞规定，凡在五月三十日以前所当者，仍照旧式计息取赎，自六月初一日为始，一律改为二分收息(私人典当)	《申报》6192 号《减利惠民》
81	光绪二十七年	北京	(私人典当)当本银不及一两钱不及一吊者，三分取利；一两以上至十两，取息二分五厘；十两至百两，取息二分；百两以上，取息一分五厘。大个钱十千至百千，取息二分五厘；百千至千千，取息二分；千千以上，取息一分五厘，不得任意增减(此系庆亲王规定)	《皇朝经世文新编续集》卷十《商政·庆王等拟奏整顿当商章程》

续表

编号	年代	地点	资料摘要及考证	资料出处
82	光绪三十年	天津	查直隶天津当铺向章，当本在津钱一千文以上，按二分取息，一千文以下按三分取息。其余各属或当本十千以下按三分取息，十千以上按二分取息。或不分当本多寡，有按常年二分取息者，有按常年三分取息者，虽办理未能划一，总不得逾定例三分之息、三年之限。庚子之后，以三分取息，两年为满。光绪三十年后，改为三分取息(私人典当)	《天津商会档案汇编·典当业·商民陈秉璋、王芝山集资八万元筹设义济典当有限公司文及商部准予立案札》
83	光绪三十二年	海宁	长安与硖石城镇各典均加息至二分收算，而袁花闰生典仍取分六，斜桥厚成典则分八，同是一州之典取息不符(私人典当)	《申报》11872 号《海宁绅士上浙抚禀并批》
84	光绪三十三年	宁波	各典当向章按月二分起息，现有同大当东王月亭发起拟再加收，鄞县高大令以典当加利有累贫民，因即向之驳阻(私人典当)	《申报》12167 号《不准典当加利宁波》
85	光绪三十三年	常德	常德府典当一业，向系援质当成例，每月以三分加息取赎。旋经前府尊某太守示定减为二分五，商民莫不称便。现在张琛午太守为体恤贫民起见，议令再为酌减，定为每月二分。而各当商则以近来百物昂贵，日用加繁，尚欲禀请规复三分(私人典当)	《申报》12180 号《当商闭门要求加息》
86	光绪三十三年	北京	自庚子之变，典铺被劫无存。次年经留京王大臣会同步军统领、顺天府五城集议，招商设典便民，暂准月息三分，并声明俟市面大定即规复二分之旧，奏明在案，迄今六年矣(私人典当)	《申报》12526 号《请减典当利息北京》
87	光绪三十四年	江苏	惟向例民间质物在五千以上一分八厘起息，十千以上一分六厘起息，现准不论多少，自五月十六日起，一律改为二分起息，以恤商艰(私人典当)	《申报》12698 号《典当一律二分起息苏州》

续表

编号	年代	地点	资料摘要及考证	资料出处
88	清末	台湾	私典有曰小押者，皆兵卒为之。每质物一百文，只给九十一，谓之九抽；赎时仍满其数，每十日，一百文计息六文(私人典当)	《台湾杂咏合刻·海音诗》
89	清末	台湾	一贷金十钱以上，壹圆未满，月八分以下； 二贷金壹圆以上，五圆未满，月六分以下； 三贷金五圆以下(上)，十五圆未满，月五分以下； 四贷金十五圆以上，三十圆未满，月四分以下； 五贷金三十圆以上，月二分以下； 但利息一日，即可算作一月，而过月即可算作两个月也(私人典当)	《台湾私法债权编》第一章《债权总论·当店组合规约》
90	清末	天津	平时利息，绸布、衣服、金银首饰，每两二分；羽纱绒呢皮货，每两三分，十两以上则仍二分。若铜锡器皿，无论十两内外，概系三分(私人典当)	《津门杂记》下《减当利》
91	清末	高邮	共计五典，利俱二分，期二十七个月为满(私人典当)	《三续高邮州志》卷一《实业》
92	民国初年	沙市	典商组织请愿，希望典当利息恢复三分，没有成功(私人典当)	《民国商人信》
93	民国	无极	当铺皆三分，每腊月上宪多行文，以隆冬度岁，此一月内赎者酌减一分，赎者如鹜(私人典当)	民国《无极县志》卷四《风俗志·礼俗》
94	民国	山西	至取赎之利息，按月或一分半或二分或二分半利息之法，均以月算。逾月未过五日者，仍以一月计算，至六日则必取两月之息，俗称月不过五。亦有月不过十者(私人典当)	《商业尺牍全编·与友人言开设当铺》。《平祁太经济社会史料与研究》，山西古籍出版社2002年
95	民国	滦县	二分七厘	民国《滦县志》第一四卷

上表所载均指典当铺的赎当利率，与各种各样的私债利率相比，典当的利率不论是种类还是变化幅度，都还是规范的。它既不像有的高利贷那样，提前从本金里扣除一部分利息，也不像借印子钱那样，一次借多次还烦扰太多，当户只要交上抵押品取得借款后，什么时候归还自己决定，只要不出期限就行。这就是典当比其他私债进步的地方。这主要是因为历史上的当户主要是广大贫民，他们的生活依赖典当，所以对典当的利率很敏感，典当利率如果上升太多，会引起他们的反抗。而那些工商业者因为一时资金短缺而典当，如果典当的利率高于他们的利润率，他们就会亏损，是不会典当的。同时封建政府为了缓和阶级矛盾，也对典当的利率多方面干预，这对典当利率也起到相当的平抑作用。

从前表材料可以发现，中国古代典当业利率的演变整体上呈缓慢下降的趋势。唐以前的情况由于缺乏材料，不得而知，从唐至清，历代封建政府都规定了典当利率的上限。虽然法律规定与实际情况有一定的差距，但总是有一定的经济根据，从某种程度上反映了社会现实。唐代规定的典当利率上限是月利五分，宋代是四分，明清是三分。并且，历代封建政府又规定，不管典当期限多长，利息不得超过当本，不得利上加利。社会上的实际情况虽然千差万别，但反映出的趋势还是与法律规定大体一致的。

形成这个趋势的原因是多方面的，主要有两方面的因素：第一，这是商品经济的发展造成的。随着商品经济的发展，商业资本的积累越来越多，投入典当的资金越来越充足，典当铺开设得越来越多，同业竞争也越来越激烈，从而导致典当利率下降。同时随着商品经济的发展，消费型借贷占的比重下降，生产经营型的借贷越来越多。这种以生产经营为目的的借贷不仅数额比较大，赎当的可能性也比消费性质的典当大，从而导致死当的可能性下降，典当的风险也下降，最终导致典当利率下降。再者，随着商品经济的发展，资金在社会各行业之间的流动加快，从而导致各行业的利润出现平均化趋向，典当业的利润受到其他行业的制约，其利润率也会下降，最终导致赎当利率下降。第二，典当业利率的下降，还与封建政府和社会各种力量的干预有关。历史上典当业的利率是一个很敏感的问题，经常引发社会各阶层的关注。历代封建政府为了缓和社会矛盾、维护自己的统治，都很关注这个问题，经常采取各种措施来限制典当业的利率，这在清前期非常明显。而当时的士大夫阶层，有时也会代表下层贫民的利益，要求典商减利，甚至还会进行激烈的斗争。在各种力量的参与、博弈下，典当业的利率整体上呈现出下降的趋势。

近代，由于社会动荡，经济凋敝，有的地区典当业的利率又出现了反弹的现象。太平天国运动使江南的典当业受到毁灭性打击，所以清政府在恢复发展经济的时候，允许某些重灾区的典当三分行息："苏省典铺，从前取利以二分为率，当期以三年为满。自匪扰克复后，先经变通章程，招开公典，取利三分，一年为满。续经饬据前署司议定，自[同治]八年(1869 年)起，当本三十两以上者减为二分四厘，十两以上者减为二分六厘，十两以内者减为二分八厘，仍以十二个月为满，详经批准饬遵。"①在太平天国刚刚被镇压以后，江苏省的典当实行过三分行息，但到同治八年(1869 年)又减下来。"一、现遵新章，照当本按月三分起息，连闰扣足十二个月为满月外，让利五天。如在三十五天之内取赎，只照一月算利，以昭公允。期满不赎，应听变卖，庶资本虽少可得辘轳转运。"②这是 1866 年，太平天国被镇压不久，典当实行三分行息。在湖南常德，典当利率更高："兹无意中在兆昌廷遇得咱乡洪善村罗启元兄闲谈，据伊云常德所属沅江县邹家窖，旧系介邑罗景春典房屋。去冬奉抚院札饬，照商开质，月息六分，八月当满。候有充开大典，即行封闭。现在益阳人开设，每月五分，十月为满。"③这也是暂时现象。

有的典当也提出增利，"李履清，字金波，邑诸生，居临泽

① 丁日昌《抚吴公牍》卷四七《饬司核减苏省各典当利息议复》。转引自李文治《中国近代农业史资料》第一辑，三联书店 1957 年版，第 571 页。

② 《吴煦档案选编》第六辑《吴煦代王子鉴拟遵札试开公典禀》，江苏人民出版社 1983 年版，第 197 页。

③ 《同治票号通信》，刘建民先生藏。

镇……同治时，兵燹之后，典商长利为三分。履清与同人控诸大吏，因得减为二分，贫民便之。”①典商们的增利行为没有成功。如光绪二十六年(1900 年)四月，“松江访事友人云，国家定例：开设当铺，准按月取息二分。松郡各当铺前曾分别酌减，以广招徕。至近年物力艰难，势难支拄，以致全丰等铺相继闭门。今春各当铺执事人会议酌加，冀免折阅，然仍不敢过二分，且将当本较多者略为减让。世职徐安邦等恶之，历禀华、娄两县署，请饬仍照前章。两县主尚未核示，而张子虞太守已奉檄下车，徐等遂又联名禀诉。太守批示曰：卷查各典当质衣饰等物，每月取息二分，以二十七个月为满，系于光绪八年奉前督宪左定章通饬遵照。嗣于十一年间，经前藩宪李核减各属典铺质当赎期，详奉督抚宪批准，仍以十八个月为满，其二分之息并未议减，来禀所称历来按照当本多寡分别取息，乃该典商等自愿减让以广招徕，并非由官所定。今典票加盖红戳，当本五千以内仍照例取息二分，不得谓之盘剥。该职等率请示禁，似未明悉例章”。② 松江的当铺因为物力艰难，为了避免亏损，要求加利，但也不敢过二分。

庚子之变后，北京典当业损失惨重，庆亲王奕劻等上奏朝廷：“新开税当，无论何项货物，应以三十六个月为期满。今格外体贴商情，拟定以三十六个月为限满，当本银不及一两钱不及一吊者，三分取利；一两以上至十两，取息二分息五厘；十两至百两，取息二分；百两以上，取息一分五厘。大个钱十千至百千，取息二分五厘；百千至千千，取息二分；千千以上，取息一分五厘，不得任意增减。唯现当兵燹后，商力或有未逮，准其于十个月内暂用三分行息，二十四个月为限满，以资周转。扣至明年十月底止，一律遵照前开章程办理。”③这是规定，十个月之内，典当的利率是三分。但

---

① 胡为和：《三续高邮州志》卷四《笃行》，《中国地方志集成 · 江苏府县志辑 47》，凤凰出版社 2012 年版，第 425 页。

② 《申报》9714 号 1900 年 5 月 4 日《洞悉民情》。

③ (清)甘韩辑：《皇朝经世文新编续集》卷十《商政 · 拟奏整顿当商章程》，光绪乙未石印本。

这只是权宜之计，一年以后还要恢复旧章。天津也出现了相似的现象："又据详称，当商董事李安邦等禀称，津邑当铺章程，凡当本津钱在一千文以内者，遵例三分取息，在一千文以上者按二分取息。各典因兵燹之余，元气未复，请一律改归三分等情，先后详请饬令，自光绪三十年(1904 年)为始，改为三分取息各在案，此直隶近年办理质铺之变通情形也。"①这家当铺也声称是权宜之计。在宁波，光绪三十二年(1906 年)也出现了相似的现象："甬郡各典当向章按月二分起息，现有同大当东王月亭发起拟再加收，鄞县高大令以典当加利有累贫民，因即向之驳阻。"②官府不同意典当加利。

因为官府总是不同意，光绪三十三年(1907 年)常德的典商竟采取了联合行动："常德府典当一业，向系援质当成例，每月以三分加息取赎。旋经前府尊某太守示定减为二分五，商民莫不称便。现在张琛午太守为体恤贫民起见，议令再为酌减，定为每月二分。而各当商则以近来百物昂贵，日用加繁，尚欲禀请规复三分，故日前已约齐同业，一律暂为停闭，且俟议定月息再行照常开市。"③报纸上没有登载当商们此次行动的结果如何。民国初年，沙市典商也有这样的行动，有山西介休典商信稿载：

> 荆沙所办涨息之事忽焉中变……各典会议恐其日久生变，暗中又将副会长竭力吹嘘，求伊急速议决，宣布为妥。该等于十六日一仝进城，面见自治、知事、旅长，穷迫速布，不然定于一体止当。自治等应允，会议后复信各典，昨日又在传行，今早进城，仍然一伴赴及自治讨信。正在谈话之际，忽焉接到沙市自治公事陈与，大众一看，联名数十位，满腔与上级自治及典商反对之词。内中所云，典质生意三分取息，朦胧穷民数

① 《天津商会档案汇编·典当业·商民陈秉璋、王芝山集资八万元筹设义济典当有限公司文及商部准予立案札》，天津人民出版社 1989 年版，第 113 页。

② 《申报》12167 号 1907 年 3 月 8 日《不准典当加利·宁波》。

③ 《申报》12180 号 1907 年 3 月 21 日《当商闭市要求加息·湖南》。

百余年，幸有前清张督、赵督深明大义，体恤穷民，先减二分半，然后一体减为长年二分。而今生意典商为聚，并且裁去各项陋规，所省不在微数，此乃不免听其沙市滥员滥绅，希图饱食数百金，煽惑此事。典质人心不足信，然鼓吹而欲再想朦害穷民，复涨三分取息，断难任（认）可。前辞一概取消云云……六月十九续笔。①

这次行动没有成功。袁世凯称帝失败以后，荆沙地区的典当又组织了一次加息行动，“兹叙是月中旬，本市绅首并商董陈星翁由城返新，云及在铺俞允加息三分，诚难如愿。皆因去岁首城典质，均办此举，而省会反对者颇形踊跃，概不赞成，以致风传各县办公绅首贤愚不等，迷入其彀者居其多数，监城商会同事诸公互相柄凿，碍难划一，求息之事，竟成望梅止渴。”②但仍未成功。

在苏北盐城县，也发生过类似的事件：“县境旧有典铺八家，在城内及湖垛者各二，在伍祐上冈沙沟冈门者各一。旧例月息二分，二十五月满赎。光复后各典议加息为二分五厘，一时舆论大哗，群起争之，讦控连年，迄未有效。”③看来典当的这次加息成功了。

总之，清末民初典商们发起的这些加息行动，大多以失败告终。官府虽然也有一些加利的规定，但都是权宜之计。由此可见，典当利率的下降是大势所趋，这些加利行动只是一个小小的旋涡，因而不可避免地会失败。陆国香先生总结了这次利率反弹的三个原因：第一，前清当铺大多有政府存款，这些存款利率低。进入民国后，公款由政府收回，典商资金不足，只好揭借本钱。这些从市场上借得的本钱利率很高，典铺为了避免亏损，不得不提高赎当的利率。第二，开支加重。进入民国以后，社会生活费用增进，当铺职

① 刘建民先生藏《民国四年沙市典当东伙来往信稿》。

② 刘建民先生藏《民国四年沙市典当东伙来往信稿》。

③ 林懿均：民国《续修盐城县志稿》卷四，民国二十五年铅印本，第191页。

员薪水及其他铺面费用都在增加，而赎当利息是典当的主要收入，为了避免亏损，当商自然要提高利率。第三，摊派浩繁。民国以后，军阀割据，内战不止。各地军阀们为了筹集军费，自然会拼命搜刮，当铺承担的苛捐杂税也随之增加。当铺为了避免亏损，自然也会提高赎当的利率。① 他说的虽然是山西的情况，其实也适合全国。

二、影响典当业利率的因素分析

典当业的利率非常复杂，当然，不同地区、不同类型的当铺，其赎当的利率也不同，因而表现出了各自的特点。我在《中国典当制度史》中曾总结典当利率的五个特点，即城市典当利率低于乡村，官营典当利率低于私营，法定典当利率低于市场典当利率，合法的大规模的典当利率低于那些小规模的、非法的典当利率，经济发达地区的典当利率低于经济落后地区。这里分社会因素、政府因素与典当行内部因素三大类，分别作些集中分析：

第一，社会经济因素。如果社会稳定，经济发展态势良好，物价平稳，典当业的利率也就稳定。否则，社会动乱，物价上涨，典当行的利率不如通货膨胀率高，账面上有利润，实际上是亏损，最后不得不提高赎当的利率。同时社会动乱，风险上升，典当行为了保管当物，不得不采取各种保安措施，其费用当然也会转嫁到当户身上，引起利率上升。再者，经济繁荣，当铺开设多，同行竞争激烈，赎当的利率也低；否则，利率则较高。最后，资金市场运行健全，典当融资容易，借款利率低，其赎当的利率也低。否则，典当资金周转不开，不得不高利借贷，其支付的利息作为典当的费用，自然也会转嫁到当户身上。

第二，政治法律因素。历史上政府为了缓和社会矛盾，经常调整典当行的利率，主要是劝说典当减利、让利，这是个直接因素。同时典当还吸收了大量政府的生息款，生息款的利息实际上是典当行的费用，这个利率的变化也会引起赎当利率的变化。再者，政府

---

① 陆国香：《山西之当质业》，见《民族》1936 年 4 卷 6 期。

向典当征收的税捐如果增加，典当为了盈利，也不得不调高赎当的利率。民国《太湖县志》上说："而其最无情理者，则莫如典捐，典铺既抽息二厘，又加当户取息二厘。试思民穷无法，始出质易钱。当铺既取二分，官家又取二厘，当商更须加抽缴费花销，而贫民处处受困，能有生理耶？"①这说明了当铺为了把官府捐税转嫁到当户头上，提高赎当的利率的道理。

第三，典当业的内部因素。典当与其他金融机构不同，它贷出钱款收取抵押品，就要妥善保管。为此典当不得不修建高大的库房，雇用很多仓库保管人员及保安人员，支出的费用当然比其他金融机构高。典当为了谋利，就会把这些费用转嫁到当户身上。所以典当管理的宽严和效率的高低，就会与其费用直接相关，从而引起赎当利率的变化。

当然，以上三方面的因素所起的作用是不同的，也不大可能同时起作用，乾隆时期社会稳定，政府多方面调整利率，这时政府因素就是主要因素；而清末社会不稳，物价上涨，社会因素就成了主要因素。不过，很多外部因素都会影响典当行的费用和承担的风险，进而转化为典当行的内部因素，所以典当行的内部因素才是影响其利率的恒久因素。

第二节　历代典当业的利息制度

中国典当业历史悠久，在长期经营过程中形成了独具特色的管理制度，利息制度就是其中的一方面。这些制度初始都是民间惯例，后来有的得到了政府的认可，不同程度地形成正式法律；有的制度只是民间惯例，但只是比较固定而已。

一、差额利率制度

所谓差额利率制度，即当本不同，利率也不同，一般当本越大，利率越低，反之则越高。这一制度，可能南宋时期就很普遍

① 高寿恒：民国《太湖县志》卷二十，民国十一年铅印本，第731页。

了："湖湘乡例，成贯三分，成百四分，极少亦不下二分。"①可见当本越大，利率越低。当时的数学书里也以这个规则设例题："问：三库息例，万贯以上一厘；千贯以上二厘五毫，百贯以上三厘。"②可见这是个通行的惯例，连数学家都知道。到明末清初，这个惯例还进入了文学作品，影响进一步扩大："弘治年间，广东广州府南海县，有个财主姓杨……只是他放债的规矩，有三桩异样：第一桩，利钱与开当铺的不同。当铺里面，当一两二两，是三分起息；若当到十两二十两，就是二分多些起息了。他翻一个案道：借得少的，毕竟是个穷人，那里纳得起重利钱？借得多的，定是有家事的人，况且本大利亦大，拿我的本去趁出利来，便多取他些也不为虐。所以他的利钱，论十的是一分，论百的是二分，论千的是三分"。③ 此例，杨百万有慈善之意，故而其所定规则也与社会主流规则不一样。清代乾嘉左右，在上海近郊珠里，"当铺起息，十两以上按月一分四厘，五两以上按月一分六厘，一两以上按月一分八厘，贫民当不满两者，独按月二分。木器当利之外，加取一分，谓之出仓钱(系管仓人私索)"。④ 清末，这一惯例在边远的台湾地区也能见到实例：

> 第十二条 其利息定额，或高或超，不由组合员自裁。
> 一 贷金十钱以上，壹圆未满，月八分以下。
> 二 贷金壹圆以上，五圆未满，月六分以下。
> 三 贷金五圆以下(上)，十五圆未满，月五分以下。
> 四 贷金十五圆以上，三十圆未满，月四分以下。

---

① (宋)《名公书判清明集》第九卷《户婚门 · 库本钱 · 背主赖库本钱》，中华书局 1987 年版，第 338 页。

② 秦九韶《数书九章》卷六下《推求本息》，文渊阁《四库全书》第 797 册，台湾商务印书馆 2012 年版，第 506 页。

③ (清)李渔《无声戏》第四回《失千金福因祸至》，远方出版社 2001 年版，第 55 页。

④ (清)周郁滨：嘉庆《珠里小志》卷三《风俗》，上海社会科学院出版社 2005 年版，第 27 页。

五 贷金三十圆以上，月二分以下。

但利息一日，即可算作一月，而过月即可算作两个月也。①

清末，庆王奕劻等整顿北京的典当业，也是采用的差额利率："新开税当，无论何项货物，应以三十六个月为期满。今格外体贴商情，拟定以三十六个月为限满，当本银不及一两钱不及一吊者，三分取利；一两以上至十两，取息二分息五厘；十两至百两，取息二分；百两以上，取息一分五厘。大个钱十千至百千，取息二分五厘；百千至千千，取息二分；千千以上，取息一分五厘，不得任意增减。"②

差额利率制度，还有一种表现形式，这就是：当物的种类不同，利率也不同。如乾隆时期湖南的典当业："兹据长沙府议称……以一两至十两照旧三分行息，其自十两至百两均照二分行息；皮褐易于损伤仍照三分行息，俱以二十四个月为满。"③长沙府就考虑到皮褐类的当物因为不易保存，所以赎当时的利率较高。谷当的利率也较高："谷当按月取利三分，系出入皆谷，贵当贱赎，是以取利稍重，俾资津贴。质铺出入本息，均属制钱，只准照依典铺，每月取利二分，不得援照谷当多取。"④清末天津的典当利率就是这样的："天津县属城乡典当，凡四十余家。每年冬有减利之则，由藩司出示，惠及贫民。平时利息，绸布、衣服、金银首饰，每两二分；羽纱绒呢皮货，每两三分，十两以上则仍二分。铜锡器

---

① 《台湾私法债权编》第一章《债权总论·当店组合规约》。《台湾文献丛刊》第079种，台湾银行经济研究室印行，第64页。

② （清）甘韩辑：《皇朝经世文新编续集》卷十《商政·拟奏整顿当商章程》，光绪乙未石印本。

③ 《湖南省例成案》卷三十三《户律钱债·典当每年十月初十日起至正月初十日止，一月以二分息向赎》，《中国古代地方法律文献》丙编第3册，社会科学文献出版社2012年版，第288页。

④ （清）李桓：《宝韦斋类稿》卷六《劝开质铺示》，国家图书馆出版社2008年影印本，《明清法制史辑刊》第25册，第234页。

皿，无论十两内外，概系三分。”①羽纱绒呢等当物的利率比金银首饰、绸布衣服等当物高。

封建政府对此是认可的，顺治时即开始，康熙中后期比较普遍的各级地方政府发起的典当减利行动，也是按照差额利率执行的。如在浙江湖州府，有“童国泰，字仲甫，读书不得志，以民生利弊为己任。湖郡典商质库息钱旧分三等：十两以上者每月一分五厘，一两以上者每月二分，一两以下者每月三分。贫民衣饰有限，每票不及一两者多；隔一二年，本利科算，不能取赎，每多没入。国泰控之当道，与典商结讼十三年，莫能胜，身陷缧绁；有啗之以利者，志不少变。后巡抚金公轸恤民瘼，准行审勘断定，概以一分五厘起息，自是贫民阴受其福。”②浙江湖州典当业本来是有这个惯例的，童国泰屡讼不胜，说明官府对此是认可的。后来巡抚金公又改为一律一分五厘的利率，赵申乔任浙江巡抚时，还把一分五厘的利率刻在石碑上，希望当商永远遵守。这才有了变化。③

在湖南，乾隆时期：“本司酌议，除辰州府之生息银两原非商本，既向系一分五厘行息，应仍照旧外，其长、衡、常、澧各府州县属典铺，应请以奉文之日为始，凡一两以下至十两，以二分五厘行息；其自十两至百两以上，均以二分行息；惟皮褐衣服仍以三分行息。至取赎之限，应请仍照前详，俱以二十四个月为满。”④总的说来，左宗棠整顿典息以前，东南各地大多采用差额利率。《申报》所记各地典当的差额利率制度更为细密：

---

① （清）张焘：《津门杂记》下《减当利》，《笔记小说大观丛刊》第 2 编第 4 册，新兴书局有限公司 1978 年版，第 2508 页。

② （清）周学濬：《乌程县志》卷十七《人物六》，清光绪刻本。转自《中国近代农业史资料》，第 92 页。

③ 同治《湖州府志》卷九十五《杂缀》，同治十三年刊本，第 7084-7085 页。

④ 《湖南省例成案》卷三十三《户律钱债·典当每年十月初十日起至正月初十日止，一月以二分息向赎》，《中国古代地方法律文献》丙编第 3 册，社会科学文献出版社 2012 年版，第 288 页。

"光绪七年(1881年)以前，川沙厅同泰、义成、同和、同豫四典，当本三十千以内一分八厘，三十千以外一分六厘。南汇县公益、元源两典，当本五千起一分八厘，二十千起一分六厘，四十千起一分五厘。信昌、鼎生、均和、仁发、仁和、德和六典均六千起一分八厘，二十千起一分六厘，四十千起一分五厘。同昌典五千起一分八厘，十五千起一分六厘，五十千起一分五厘，一百千起一分四厘。公生典五千起一分八厘，十五千起一分六厘，三十千起一分四厘，同升典八千起一分八厘，三十千起一分六厘，五十千起一分五厘。信泰典十千起一分八厘，二十千起一分六厘，四十千起一分五厘。永裕典十千起一分八厘，二十千起一分六厘，五十千起一分四厘。公安典六千起一分八厘，二十千起一分六厘，四十千起一分五厘，一百千起一分四厘。会隆、恒隆、元昌、泰顺四典均二十千起一分八厘，五十千起一分六厘，一百千起一分五厘。同兴、同源、洽和、仁裕均五千起一分八厘，二十千起一分六厘，四十千起一分五厘。此外各县典铺莫不好义减让。"①

表10-2　　《申报》所载各地差额利率一览表②

编号	利率档次	一分四厘	一分五厘	一分六厘	一分八厘
1	同泰、义成、同和、同豫			三十千以外	三十千以内
2	公益、元源		四十千起	二十千起	五千起
3	信昌、鼎生 均和、仁发 仁和、德和		四十千起	二十千起	六千起
4	同昌典	一百千起	五十千起	十五千起	五千起
5	公生典	二十千起		十五千起	五千起

① 《申报》3519号1883年2月21日《典铺定章》。

② 《申报》3519号《典铺定章》。按：编号1为川沙厅，余为南汇县。

续表

编号	利率档次	一分四厘	一分五厘	一分六厘	一分八厘
6	同升典		五十千起	三十千起	八千起
7	信泰典		四十千起	二十千起	十千起
8	永裕典	五十千起		二十千起	十千起
9	公安典	一百千起	四十千起	二十千起	六千起
10	会隆、恒隆 元昌、泰顺		一百千起	五十千起	二十千起
11	同兴、同源、 洽和、仁和		四十千起	二十千起	五千起

表中所载的利率情况，虽然都符合差额利率的精神，但各当铺之间的差别很大，并没有形成统一的做法。当然，也有几家当铺做法一致的情况，这说明他们之间进行了商议，实现了局部的统一。这些典当的利率，多的有四个档次，少的有二个档次，以三个档次的最多。档次少了不方便，多了又太麻烦，可能是以三个档次为最适合。

关于差额利率实行的标准，一般来说是根据所当银钱额的大小，大额者则利低，小额者则利高。但清代中期福建省典当业的差额利率制度的实行却走了一段弯路，一开始以当大当小为标准，"如当大仍应以行息二分、限期三十六个月为满，小典行息二分四厘、限期二十四个月为满，通饬各属画一，遍行晓谕，遵照奉行"。① 这实际上是先区别典当的规模大小，再分别赎当的利率高低，大当铺利率比小当铺低。但典当的大小怎么确定呢？乾隆三十九年(1784 年)规定："应请嗣后凡有开张典当，如本银在五百两以上者，概照大当行息二分，限期三十六个月为满；如在五百两以下

---

① 《福建省例》《当税例 · 当铺大小行息限期》，《台湾文献丛刊》第 199 种，台湾银行经济研究室，第 458 页。

者，悉照小典行息二分四厘，限期二十四个月为满”。①以本银五百两为界，五百两以上的算大当，五百两以下的为小当。但因为确定典当的资本比较麻烦，所以到乾隆四十八年又规定，以当本多寡为标准：即“无分大小，概以当本多寡，酌定利息重轻。银三两、钱三千以下，二分四厘行息、二十四个月为满。银三两、钱三千以上，二分行息、二十六个月为满。”这是以当本银三两、钱三千为限，限上的利率为二分，限下的利率为二分四厘，这个规则与其他地区的差额利率制度的精神是一致的。

总之，典当业的差额利率制度是一项通行很广泛的制度。至于其原因，是因为当本大的业务，可能是生产经营性质的借贷，赎当的可能性大，死当的可能性小，所以其利率较低；而当本小的业务，可能是那些消费性借贷，当户是缺衣少吃的贫民，因而赎当的可能性小，风险很大。同时典当的办公费并不会因为当本大小而有区别，破衣烂衫与金银首饰比，当本很小，当铺为之付出的保管费、办公费不一定低；利率如果很低，收入可能还不如费用高，所以其利率才较高。这一制度虽然符合经济学的理论，却是不符合道德的。因为当本小的当户多是那些贫民，其赎当的利率反而较高，反映出典当对平民百姓的剥削较重，所以是不公平的。《无声戏》里广东那个姓杨的财主就是感到这不公平，所以他把这个制度反着用，即当本越大，利率越高。这可能反映了当时人们及创作这部小说的知识分子对典当、借贷利率水平高昂现状的一种抗议。

二、月不过五制度的形成

古代典当一般是按月计利的，但是当户不可能都在正好一个月那一天才取赎，那么不足一个月的利息怎么计算呢？直到宋金时期，那些零星的利息还是按日计算的：“许典七分，月利一分，不

---

① 《福建省例》《当税例·开张典当分别本银行息限期》，《台湾文献丛刊》第199种，台湾银行经济研究室，第459页。

及一月者以日计之。"①这是金代官营典当赎当时的利率，规定得很清楚。元朝便有了改变，如在元杂剧《施仁义刘弘嫁婢杂剧》里说，财主刘弘的典当铺里规定，五日一过，便须一个月利钱，管事的王秀才便以各种借口拖延至第五日，以取一个月利钱。② 这就是"月不过五"这个惯例的开始。

明清时期，这种以日抵月的利息计算方法逐渐形成了制度。如明末清初，在山东青州。"本道宦辙所至，阅历颇多，大约大典取利不过半分及二分而止，即小当亦利不过三分。赎必按月满月之后，再逾五日方作两月算，即逾月四日仍算一月，此天下之通例也。独尔青州不然，利则四分，以至六七分，甚至八分者。更于票上不写月息若干，以便恣意横索。及于取赎之期限更为迫促，辟如此月二十五日来当，至下月初五来赎，不过十日耳，辄以前月之五日作一月，复以后月之五日作一月，十日之内而收入两月利钱。又皆八分起息，此较明火执仗(杖)劫掠取财者岂有两样?"③这里不仅提到"月不过五"是天下的通例，还提到青州典当的特别做法。而在常熟县，康熙四十二年，"今据议以月之二十五日起，直至又次月初十日上，统计四十五日，止取一月之利。卑职平情计两□□，于月之二十五日起，至又次日计四十日，取一月月不过五之旧例，商言可免重叠苛刻也，民亦无亏，甚属妥便。批饬勒石永遵。"④这说明到康熙时，"月不过五"这种做法正式得到了官府的认可。金匮县的做法更具体："嗣后当赎，务必恪遵详定规条，总以三十日为一月，扣算扣足一月之外，所余零日，五日以内，不许加利；十日以内，许收半月之利；十日以外，方许收一月之利；旋

① (元)脱脱：《金史》卷五十七《百官志三》，中华书局1975年版，第1320页。

② 隋树森编：《元曲选外编》第三册《施仁义刘弘嫁婢杂剧》，中华书局1959年版，第810-812页。

③ (清)李渔：《禁令百则·严禁违旨背律等事》，《中国古代地方法律文献》乙编第1册，世界图书出版公司2009年版，第355页。

④ 《明清苏州工商业碑刻集》第九目《金融典当业·常熟县议定典铺取息等事理碑》，江苏人民出版社1981年版，第187-190页。

当旋赎者，亦许收半月之利。”①康熙时在扬州，“质库相沿，书票有月无日，无论久近，必取一月息。(陆)师辞其岁馈，令视他处月让五日。”②当票上不写日期，原是为了多计利息，湖州人陆师到扬州做官，下令都按月不过五计算。

在湖南，官府要求当商，过十五日方取一月之利，引起当商们的抗议：

> 今改四十五日只取一月之利，人情取巧，必届期取转票，一年只得八个月之利，是奉明减之外，又复暗减……历来取息，凡一月零五日赎者，只取一月之息。一月零六日赎者，照两月取息。若初次质当，五日内取赎者，取一月之息。相安日久，各省皆然。兹据湘阴职员毛之榘建议，五日内按日照算。伊讵知一月零五日赎者，已让息五日。且当百文者，月只取利三文，若按日算利，不惟当数十文者不能算利，即当百文，五日只有利五毫，五日不能算一文；当二百文者，四日只有八毫，四日不能算一文；当三百文者，三日只有九毫，三日不能算一文；当四百文者，两日只有八毫，两日不能算一文。由五日至九日者，一日只得五毫至九毫，一日不能算一文。若值年终减息一分之时，不惟一日至数百者五日内又难算利，即当一千文者，日反得利六毫六丝。毫不成文，则五日以内取赎者，自数十文至数百文及以一千文者，多少更难核算。倘新例一开，城中狡狯之徒从中取巧，势必将数件一票可当者，勒分写数票。游手樗蒲之辈，旋当旋取，旋抵旋转，人俱效尤，商等无利可取，狡徒有利可营。③

① 《江苏省明清以来碑刻资料选集》十二《金融类·金匮县规定当赎时期及利息碑》，三联书店 1959 年版。

② （清）宗源瀚：同治《湖州府志》卷七十《陆师》，同治十三年刻本，成文出版社 1970 年版，第 1317 页。

③ 《乾嘉道湖南典商办理减息案呈词》，刘建民先生藏。

依当商所言，这样的规定对典当不利，而只对那些游手之人有利，故而坚决反对。浙江规定："但省会每十个月让利一个月，其起息总以扣定三十五日方准取利一月，如系上月二十五六日质当，至下月初七八日取赎，为期不过数日，不得滥取两月之利。"①

清末，这一制度仍在实行，并且更加定型。如太平天国运动被镇压后，江苏省劝开典当，规定："现遵新章，照当本按月三分起息，连闰扣足十二个月为满月外，让利五天。如在三十五天之内取赎，只照一月算利，以照公允。期满不赎，应听变卖，庶资本虽少可得辘轳转运。"②

综上所述可见，"月不过五"的制度在各地的做法并不相同，有一日、五日、十日等几种，但不过五日所见更多、更普遍。这个制度简化了计算过程，因为在古代只有简单的计算工具，按日计算要浪费很长时间，而在业务繁忙的典当铺是行不通的，所以才有了"月不过五"之制。

此外，当天入当，当天取赎，典当也要收一个月的利息，称"即取。"巧日，在"一逢六、二逢七、三逢八、四逢九"时，遇六七日时，典当向当户多收一个月利息。巧日以内的利息由典当入账，多收的部分由典当员工支配。"本日即取及巧日两利，均归柜上经手人独受，过六日经手人得，一天七日归东，是谓之巧日。"③

三、让利制度

典当业得利主要依赖取赎，为了鼓励取赎，加快资金周转，典当形成了让利制度。所谓让利，即在一些特定的时候，部分地降低或免除典当利息。作为一种偶然发生的个人行为，其起源是很早的，如前文提到元杂剧中的那个财主刘弘，开的典解库，托王秀才

---

① 万维翰：《成规拾遗》下《典当取息》，《中国古代地方法律文献》乙编第13册，世界图书出版公司2009年版，第159页。

② 《吴煦档案选编》第六辑《吴煦代王子鉴拟遵札试开公典禀》，江苏人民出版社1983年版，第197页。

③ 《典业杂志·湖口同兴典规章》，安徽师范大学图书馆藏。

掌管。王秀才在典解库重利盘剥，被刘弘发觉，刘弘以为自己命运不济、老年无子都与此有关，所以把解典库关闭，全部无利放赎。他这次的行动只是关门以前的行为，算不上正常的经营活动。明代“世俊公字智千，天性谨厚。承父资生殖，因人器使，以里役征收听之伯兄仪，以家人食指任之叔弟传，以力学显扬期之季弟伯，而己则壹意服贾，拮据不怠，少恢先业。初于北关溪上列廛，旋治典于家。万历戊子岁(1588年)荒，让息不取，饥民赖以存活者甚众。”①他这次让利是为了救荒，也不是正常的经营活动。

清代不仅个人偶尔的让利越来越多，典当业的让利还形成了制度，得到了官府的认可，有一定的强制性。典当让利，一般是在年底，但各地的期限及让利程度并不相同。在直隶无极，“如一年之中腊月一月，为穷民赎取冬衣、御寒度岁之期，措费艰难，省一分即蒙一分之惠。直隶岁底减一分之息，听民赎当，然各处不同，有行者，有不行者，请于十二月、一月，凡民间赎取衣物，减利一分。”②这里规定，让利的时间是十二月、一月这两个月，让利一分。在广东，嘉庆时规定：“百鞠溪先生总制两广时，为质库立约法。岁自十月朔始，至除夕止，凡质者皆减息赎。息三分则减一分，二分息者减五厘，以一分五厘行息者减其三，于是赎者多迟至十月，谓其息之减也。如是者已有年。”③这里规定，让利的时间是十月、十一月、十二月三个月，利率高的让多，利率低的让少。有的地方的规定是跨年的，“为此仰府属典商及军民人等知悉，自本年十二月初十日起，至次年正月初十日止，凡有赎当者，均于定例取息之内让减一分，正月初十以后，仍照利行息。小民自应知其情让，不得视为常例。”④这里规定让利的时间是从腊月初十至次年的

---

① 《歙县济阳江氏族谱》卷九《明处士俊公传》，转引自张海鹏《明清徽商资料选编》第三章，黄山书社1985年版，第165页。

② (清)黄可润：乾隆《无极县志》卷末附录，清刊本，第428页。

③ 王廷瑶：《宦游纪略》卷下，《官箴书集成》第6册，黄山书社1998年版，第30页。

④ 《告示集·劝谕典商酌减利息》，《中国古代地方法律文献》丙编第15册，社会科学文献出版社2012年版，第316页。

正月初十日，让利一分。光绪初在大名，“接阅典函，内云咱铺于十月减息，及大郡钱价等情，均已备悉。今年典中减息，十月十贰日蒙县接札传谕，自札到之日起，至年底止，原利三分减去一分，以贰分取赎。按藩台告示，是十月初一日起，三个月减息。遵县传谕，自十月十三日减息矣。兹报咱典于十月十四日减息二分，至年终。”①在天津，“当铺于入冬后让利，一以便贫民，一以收当本，原是两得之举。天津城厢内外典当共有四十余家，向系仲冬望日起，三分者减作二分，二分者减作一分五厘。今年缘被水灾，穷民更难卒岁，是以直藩任方伯详奉督宪批准，直属各当今年预期让利，自十月初一日起，三分者让作一分八厘，二分者让作一分四厘。至腊月初一日起年终止，一分八厘者复让作一分四厘，一分四厘者让作一分二厘，故凡属贫民同声感泣。”②清末山东，政府与典当经营者商量隆冬减息之事，言：“敬启者，为贵典隆冬减息一节，只因抚台大人札饬藩司，本年减息无论三分二分，均照历城四个月减息一分五厘办理，不顾商力之厚薄，地方之丰歉，通省一律刊刷告示，永为定例，不准各州县率请更张。此案始终情形，谅已早入洞鉴，敝房伙友俱为束手。随即竭尽心力，婉托各处主政，许以重资，始克延前半月，截后半月，仍归三个月，至正月十五日为止。”③似乎是因为典当有些消极抵抗，县政府多次劝谕，但最后作出妥协，由让利四个月改为三个月。

有的地方并不规定让利的具体时间，如乾隆时凌焘在江西发布告示言：“照得典铺酌让利息，原经本司会议，除行息仍照旧二分外，如有当物期满一年取赎者，让利一月；二年取赎者，让利二月，久经通行并颁示饬遵在案。兹届岁暮，民间典取倍于平时，诚恐法久禁弛，全再通示晓谕，仰典商人等知悉，务遵详定成规，期满一年，让利一月，二年让利二月。戥头银水务要出入一例，毋得

① 《同治十二年正月恒裕典东伙往来信稿》，刘建民先生藏。

② 《申报》2411 号 1880 年 1 月 14 日《辜负宪恩》。

③ 《光绪二十一年济南某当王记信稿》，刘建民先生藏。

恣意苛剥。”①太平天国被镇压下去以后，李桓在江西省劝开当铺，也是这样规定的：“典铺当物，一年期满，让利一月，二年者让利二月。今质铺既定一十二个月为满，如届十一个月以外取赎者，亦应让利一月。”②

有的地方的让利，是有选择性的让利，即有的当物让：“尔典商人应自二月初一日起，至四月三十日止，凡贫民所质锄犁及一切农用器具，宜各按每月三分之利，让减一半听其取赎。有能止取当本不取利息者，地方官立加优奖。夫不病农即以惠商，本府非有所偏也。倘农民有过短钱文强赎生事者，地方官亦即提案惩处。”③裕谦这是规定，当铺春天要对赎农具的当户让利。在宁波，

> 为此示仰各质护各典当遵照，凡布棉袄布棉裤布棉被及絮胎四项，在本年以内质当当本在二千文以内者，自十一月十六日起至十二月十五日止，在此一月限内取赎，只行将利全让。上年质当者，将上年之利照付，次年之利一律让免。其丝棉棉绸及别项衣物等一概不让利。此系大宪体恤贫民德意，此后自十一月十六日起至十二月十五日止，照此遵行。过此一月限期及未到十一月半取赎，著均不准让。④

这里规定对布棉衣、布棉被等，在二千文以内者，将利全让，这是照顾贫民的利益。典当以多衣著称，现规定棉衣、棉被让利，对贫民也有好处。

清末，有的当铺借口生意不景气，要求年底不再让利，地方政府多不允许，

---

① （明）凌焘：《西江视臬纪事》卷四《示当铺》，续修《四库全书》第882册，上海古籍出版社2002年版，第134页。

② （清）李桓：《宝韦斋类稿》卷六《劝开质铺示》，国家图书馆出版社，2008年影印本，《明清法制史辑刊》第25册，第235页。

③ （清）裕谦：《勉益斋偶存稿》卷八《救灾有福说》，清刊本。《清代诗文集汇编》579，上海古籍出版社2010年版，第310页。

④ 《申报》3097号1881年12月13日《当铺让利》。

如光绪时，在湖北，“鄂省所属各典当，往年冬季俱行减利，但此时并无大当，惟有质押取利五分也。近因各商加本，革去质字改为典当，息亦减至三分，所以近年冬季同业公议具禀藩宪，以生意艰难，恳请冬不减利等情，业经在案。去岁黄孝一带亦遭旱灾，目击灾黎苦况，深为可悯，是以潘方伯念切民生，谕各典当所有腊月内凡遇一切棉袄絮被棉裤等物，当本在贰串左右，不拘先后时日，以二分行息。如非御寒之物，仍照平时三分取息。倘有殷富之典当冬季业已自先减取二分及二分半者，不在此腊月议减之例云云。”①

光绪八年(1882年)，左宗棠任两江总督时，普遍调低了赎当的利率，因而取消了年底的让利：“臣因酌中定议：江宁、江苏、安徽所属各典，无论抵当衣饰器具，凡资本一两，一律每月取息二分，连闰二十四个月，仍留余限三个月，凡二十七个月为满。凡遇隆冬及灾歉年分，毋庸再议减息。”②稍后关外的兴城县，也采取了与左宗棠大体一致的做法：“宁远州……各镇当铺例定月利二分，惟本城三当月利三分，由来已久，不知始于何年，创自何人……我楚卿陈老父台莅任，目睹兵燹余生，颠连困苦，痌瘝身切，抚字心劳，适奉大宪批令，再行察夺情形，妥议详覆。前议本城十冬腊三月，减为二分，与外镇常年二分尚不一律，未为允协。我父台深痛军兴以后，民力拮据，议定自二十二年正月起，无论城镇当铺，均一律二分起息，每值十、冬、腊三月，亦无庸再行议减。”③

总之，让利虽说是一项制度，也得到了政府的认可，但各地的做法差别很大。对当铺而言，年终正是赎当的高峰季节，他们让利

① 《申报》1773号1881年12月13日《典当减利》。

② 《左宗棠全集·奏稿八》光绪八年《奏为核减典商利息酌定赎限拟发官本折》，岳麓书社2009年版，第145页。

③ (民国)恩麟、王恩士：《兴城县志》卷十五，民国十六年铅印本，第875-876页。

好像减少了收入，但刺激了当户的赎取，总的收入不一定减少，还加快了资金周转，和薄利多销是一个道理。道光二年(1822 年)，在江苏沛县，典当因为年终减利，竟与当户打起了官司："又该处当铺每至十二月初一日起，至除夕止，当本在五两以内，让利一日。袁欣祖于是年冬间，将衣被等物先后在相思义、宋德陞二典分当钱文，至次年二月二十四日持票取赎，该典照例按月算利。袁欣祖欲图让利未允，心怀不甘"官府审后判言："有：并未违例取利之典商相思义宋德陞均免置议。"①袁欣祖可能是搞错了典当年终减利的含义，以为只要是年终当出的货物，无论何时取赎典当都让利。官府判定典当没有错，只有在年终取赎才让利，袁欣祖是无理取闹。

最后提一下复利。复利的本钱不是固定的，而是上期的本利之和，即把上期的利息也变成本钱而生利。这也是封建政府禁止的，"顺治五年(1648 年)定。凡放债之人，每银一两，止加息三分，不许多索，及息上增息。并不许放债与赴任之官及外官放债与民，如违，放者、借者俱治重罪。又议准。买卖人所放银两，有年远利浮于本者，照律追取一本一利交完。"②文中的息上增息，就是复利，封建政府对此多加严禁，如乾隆七年(1742 年)蔡澍常州府江阴县发布告示：

> 乃澄邑有等嗜利之徒，往往乘人之急，或将八九折之数而勒写实银，或索五六分之息，而每月结算，瞬息之间已子过其母。倘至期未楚及还不足数，又将所欠利银积算作本，遂至利上盘利，久之计所还之数已数倍于本而本银仍在。迨至精疲力竭无可措偿，田房子女听其准折，本图救目前之急，反致罹后

① (清)韩文绮：《韩大中丞奏议》卷五《审拟沛县民袁欣祖京控疏》，清道光刻本，中国基本古籍库，第 117 页。

② 光绪《大清会典事例》卷七百六十四《刑部》，《续修四库全书》第 809 册，上海古籍出版社 2003 年版，第 419 页。

日之殃。兴言及此，殊堪痛恨。①

文中的“利上盘利”即是复利。那么典当里有没有复利呢？据明代的小说里说是有的，“吴公佐白手得钱，积累巨万，从此开起典库，那典库生理，取息二分，还且有限，惟称贷军装，买放月粮，利上加利，取资无算。不五年间，遂成盐城大户，声达广济故乡。”②文中利上加利就是复利。吴公佐的典当收取复利，可能不在赎当环节。清乾隆年间也有这样的记载：“缘身于四十九年(1784年)揭到肖皮口恒和典京钱七十千，至五十年还过本钱七十千，下欠利钱二十二千，扶起出息。身原许将祀银办完之后，即再凑钱还伊账目，身于五十二年又揭到伊钱十五千，八分行息。身实情急，曾已将官地一亩五分折兑本利清还，只撇五十利钱。今身不论利上加利，情愿归结，并非抗债不还。不意恒和典，暗呈右堂，票出锁拿。”③材料里的债务人本来已经把本钱五十千文还过了，只欠二十二千文的利息，这利息也要“扶起出息”，可见恒和典也有复利。根据以上材料，典当里是有复利的，只是不在赎当环节广泛应用，即有一定的应用范围。

晋城也有个别当行，进行高利盘剥，其方法是“出门三声炮，回头一圪照，二鬼来把门，月月得上号”。也就是说，当出一元钱，出门就得丢下三角，到门口得扣除一角，再给看门的两角，最后只剩下四角，每月仍按一元钱计息。④

---

① (清)蔡澍：《澄江治绩续编》卷二《严禁重利告示》，《明清法制史料辑刊》(第一辑)第13册，国家图书馆出版社2008年影印本，第53-54页。

② (明)天然痴叟：《石点头》第六卷《乞丐妇重配鸾俦》，春风文艺出版社1998年版，第152页。

③ 《曲阜孔府档案史料选编》第三编第15册《征追孔庙郓城屯祀田佃户抗欠田租(二)4113之13，郓城屯庄头禀控典当放高利贷及呈请锁拿事》，齐鲁书社1981年版，第84页。

④ 《晋城当铺钱庄和银号》《晋商史料全览·晋城卷》，山西人民出版社2006年版，第252页。

第三节　政府、社会对典当利率的干预

典当业是一个关涉各个社会阶级、阶层的行业，尤其是与下层百姓关系更为密切，不但与城乡人们生活消费、生产流通密切相关，有时更会引起社会骚乱与不安。故而封建政府对典当业的开设、歇闭、业务开展，均有细密条法规制，对于典当利率尤其如此。

首先，封建政府的法律及政策持续而繁密。

前文说过，历史上典当业赎当的利率不仅直接关系到典当铺的利润，而且还关系到千家万户的生活，所以社会各阶层对它都非常敏感，其敏感的程度超过了我们现代人的预料。如嘉庆时期的广东：

> 百鞠溪先生总制两广时，为质库立约法。岁自十月朔始，至除夕止，凡质者皆减息赎，息三分则减一分，二分息者减五厘，以一分五厘行息者减其三。于是赎者多迟至十月，谓其息之减也，如是者已有年。嘉庆二十一年(1816年)九月晦，某方伯忽揭示，改令毋许减息，悉复如旧。守令未之知也。十月朔日，余方从祭文庙，忽家人有云，民间聚无赖，将尽劫质库。事且急，余趋出，则已填塞里闬，声鼎沸矣。讯之，知以新禁减息之故。余立趣两县，遣人分诣各质库，令仍减息。即回署饬吏揭示，援向议减赎，遍示街巷，俾咸识。复飞骑分驰各路，命遵前约。时人情汹汹，自辰至午而后定。省城内外共质库一百八十余所，半日中已毁其四矣……将方伯新示撤回，众始安堵。①

仅仅因为年终不再减息，就引起了人民的骚动，可见典当业赎

① (清)王廷瑶：《宦游纪略》卷下，载《官箴书集成》第6册，黄山书社1998年版，第30页。

当的利率多么重要，如果处理不好后果是非常严重的。所以在封建社会，不仅各级政府官员采取措施进行干预，封建知识分子也积极参与，各种社会力量共同作用，参与到这一历史行动中。

封建政府为了维护自己的统治，缓和社会矛盾，经常出台各种措施，干预典当业赎当的利率。清前期政府对典当业赎当利率的干预，我在《清代典当业的法律调整》一文中曾指出：从康熙时期开始，历经雍正、乾隆、嘉庆三朝，各地各级封建政府普遍发起了一场针对典当业的减利行动。

那么封建政府都采取了哪些措施呢？首先，通过立法的形式，规定了典当取利的上限，并规定了惩罚措施，如唐代规定："凡质举之利，收子不得逾五分。出息债过其倍，若回利充本，官不理。"①宋朝初年政府规定的利率上限还是很高的："每月取利不得过六分，积日虽多不得过一倍。"②后来政府规定的这个上限又降低了，"诸以孤遗宗室钱米历质当，或因举债预借买所请钱米，而每月取利过四厘者，赏钱以钱主家财充。"③元代的利率整体上比较高，但中后期也表现出了一定程度的下降趋势。至元十九年(1282年)，元政府也规定，放贷月利不过三分。④ 明代法律规定："凡私放钱债及典当财物，每月取利并不得过三分，年月虽多，不过一本一利。违者笞四十，以余利计赃，重者坐赃论，罪止杖一百。"⑤这就规定了惩罚措施。当时还规定，允许受害人上告："今后敢有仍

---

① (唐)李林甫：《唐六典》卷六《比部郎中》，文渊阁《四库全书》第595册，台湾商务印书馆2012年版，第73页。

② (宋)窦仪：《宋刑统》卷二六《公私债务·官吏放债》，中华书局1984年版，第411-414页。

③ (宋)谢深甫：《庆元条法事类》卷八十，黑龙江人民出版社2002年版，第903页。

④ 刘秋根：《论元代私营高利贷资本》，《河北学刊》1993年第3期。

⑤ 《大明律释义》卷九《户律·钱债·违禁取利》，《续修四库全书》第863册，上海古籍出版社2002年版，第81页。按：所谓"质举""典当"既包括典当业的抵押借贷，也包括不是典当业，而是私人或其他金融机构经营的抵押借贷。

前故违禁例取利，在外许被害之人赴合干上司告理；在京赴锦衣卫、巡捕官处，并五城兵马司具告，提拿究问禁革。就将所当物件，官估价值，除每月起利三分外，余物给主。将所犯之人，参送法司，治以重罪。”①这里不仅规定了受害人有上告的权利，还规定了受理的政府部门。清代继承了明代的这些规定，并做出了详细的解释：“年月虽多，不过一本一利，谓本利皆未还而积至年月久远者也。若年年纳利，本钱未还，不得统计已还之利而算一本一利也。”②这就对一本一利做出了详细解释。户部的解释更详细：

> 放债典当，以通缓急之用；取利之中，有相济之义，然必有乘人之急而网利无度者；亦必有迟欠违约负赖不还者，故立此禁限也。凡民间私放钱债及典当财物者，每月取利并不得过三分。如借、当银一两，每月止许加利银三分，年月虽多，不过一本一利。如借银一两按每月三分取利，积至三十三个月以外则利钱已满一两，与本相等，是谓一本一利。虽年月之多不得复照三分算利，即五年十年亦止还一本一利，此债当取利之禁限也。③

这些解释避免了各种误解，提高了执法的准确性。清末，政府制定了新法律，改变了违禁取利的惩罚措施：“凡私放钱债及典当财物，每月取利并不得过三分，年月虽多，不过一本一利，违者处四等罚，以余利计赃，重于四等罚者，罪止十等罚。”④这次变法，违禁取利的标准没有变化，只是惩罚措施变了，从野蛮的笞、杖改成了较为文明的罚款。

---

① 《皇明条法事类纂》卷二十《违禁取利·债主关俸问不应》，《中国珍稀法律典籍集成》乙编第四册，科学出版社1994年版，第874页。

② 光绪《大清会典事例》卷七六四。《续修四库全书》第809册，上海古籍出版社2003年版，第416页。

③ 《清律例会通新纂》第四册卷十三《户律·钱债》，文海出版社1964年版，第1340页。

④ 《大清现行刑律》第十一卷《钱债》，清宣统二年排印本。

封建政府采取的措施还有以下几种：

第一，皇帝颁布谕旨劝导。因为典当赎当及私人放贷利率非常重要，作为王朝最高统治者，皇帝有时也会下旨劝导典当铺及私人高利贷者减利。如雍正八年(1730年)，皇帝上谕言：

> 民间借贷一事，所以通彼此之有无，济一时之缓急，意本善也。乃有贪利营私之徒，往往乘人匮乏，勒索重利……此种盘算薄恶之俗，若不晓谕化导，遽以官法绳之，恐转阻其借贷之路，非所以为便于穷民……凡有借贷银钱米谷者，加二加三起息，尚属情理可行，若太多则诚为富不仁矣。著地方有司，将天理人心时时训谕所属之人，以化其残忍刻薄之习，可以转移贪风，可以止息也。如有无籍棍徒，因朕此劝导之训谕，或借端图赖，或生事强借，以扰害良善温饱之家者，尤当加以重惩，不可宽贷。①

这里虽然说的是一般的借贷利率，但无疑其中也包括了典当放款的利率，其劝谕也可谓全面细心，既要求放款之人讲天理，适度少取利息，也警告借款之人不许耍赖强借。道光皇帝于道光元年(1821年)十月却做出了与其祖颇为不同的谕令："乙巳，河南道御史牟惇儒奏请定当铺行息限制，以便贫民。得旨，此事在地方有司随时调剂，出示晓谕，原属应为之事。若朝廷之上通行饬谕，屑屑以典当利息锱铢必较，成何政体？所奏毋庸议"。② 迂腐的道光皇帝对由政府限制典当利息高低一事竟不屑一顾，远不如他的曾祖雍正皇帝务实。

第二，省级政府会根据各地的实际情况，制定通行全省的省

---

① (清)张培仁：同治《平江县志·诏谕·富户借贷银米毋取重息谕》，《中国地方志辑成·湖南府县志辑8》，凤凰出版社2012年版，第264、265页。

② 《清宣宗实录》卷二十五，道光元年十月乙巳，中华书局1986年版，第451页。

例，如湖南、福建等省。一般情况下是以典商呈请为缘由，经府县呈请，藩司、臬司斟酌，报巡抚批示，再修改，再报批，两三个回合之后再作决定。

表 10-3　　　　乾隆初湖南典当法定利率情况表

地点	方案	原典当利率情况
长沙府	一两至十两　三分 十两至百两　二分 皮毛　　　　仍三分	
衡阳府、衡阳县	一两至十两　　二分 十两至一百两　一分六厘 百两以上　　　一分二厘 皮衣　　　　　二分五厘	
常德府	数钱、一两至十两　二分五厘 十两至五十两　　　二分二厘 五十两至一百两　　二分	
辰州府	月息一分五厘	仅郡城有二当 承恩当：月息一分五厘 雄飞当：月息一分五厘
澧州府	统以二分五厘	每月三分
桂阳州	（仅一典，已告退）	
最终方案	一两以下至十两　二分五厘 十两至百两　　　二分 皮褐衣之类　　　仍三分	

湖南布政使周人骥乾隆十六年（1751 年）首先提出了减息的要求，命令长沙府结合自己的情况提出具体的方案。长沙府提出了自己的方案后，布政使又命令衡阳、常德、辰州、澧州、桂阳五府参照长沙府的情况，结合自己的实际，各自提出意见。最后布政使综合所有这些情况，制定了减息的方案：“一两以下至十两，二分五厘；十两至百两，二分；皮褐衣之类，仍三分。”

表 10-4 **福建地区乾隆年间典当法定利率表**

地点	乾隆二十九年前所定	乾隆二十九年方案	乾隆三十九年方案	乾隆四十八年方案
福州府闽清县、侯官县	月三分、二分，三十六月为满			
福州府长乐等县	月三分、二分四厘 二十四、二十六月为满			
福建		私当：三月为满，加一取息，禁之	私当：三月为满，加一取息，禁之	
福建		大典：二分，三十六月为满 小典：二分四厘，二十四月为满	定：本 500 两以上为大典。本 500 两以下为小典。利率仍前	初定：小典本至 500 两即照大典改息限 再定：银三两、钱三千以下，二分四厘；二十四个月；银三两，钱三千以下，二分行息，二十六月为满，不论资本大小 最终：行息照前，满限统为三十个月

福建省的减息起因于乾隆二十九年(1764 年)典商韩朝海新开了一家当铺，月利率三分，期限三十六个月。福建地方官员感到利率重，于是要求典当区分大小，大当铺利率二分，小当铺利率二分四厘。为了增强可行性，乾隆三十九年(1774 年)，福建地方官员又制定了区分大小典当的标准，资本五百两以上为大当铺，利率三分；资本五百两以下为小当铺，利率二分四厘。乾隆四十八年(1783 年)，福建地方官员又取消了原方案，规定按当本大小分别取利，当本在银三两、钱三千以下，按二分四厘取息；当本在这个

数字以上，按二分取息。福建典当的减息方案经历了近二十年，才确定下来。以上各级政府条例，如朝廷讨论则推行全国，有时还会修入会典，这样就成了正式法律条文。而在布政司、巡抚一级即省一级讨论过的，则会修入各省省例，成为一种地方性法规。

第三，有的地方政府，尤其是府县两级，经常会颁布榜文、告示，劝令当商减利。这种文献很多，列表如下：

表 10-5 各地劝谕典当减利文献一览表

年代	地区	作者	篇　名	出处
清初	青州	周擽园	严禁违旨背律事	《禁令百则》
康熙	台湾	高拱乾	为严禁重利盘剥以培海疆元气事	《重修台湾府志》卷十
康熙	阳信县	不详	严禁专利碑记	康熙《阳信县志》卷十
康熙	灵寿	陆陇其	禁违禁取利示	《三鱼堂集》外集卷五
康熙	不详	陆陇其	禁重利示	《三鱼堂集》外集卷五
康熙	章丘	佛伦	劝改恶俗条约	康熙《章丘县志》卷十
康熙	湖南	赵申乔	禁当铺违例取息事	《自治官书》第九卷
康熙	湖南	喻成龙	总督喻成龙檄谕知府条规	乾隆《长沙府志》卷二十二
康熙	常熟	不详	常熟县议定典铺取息等事理碑	《明清苏州工商业碑刻集》
乾隆	澄江	蔡澍	严禁重利告示	《澄江治绩续编》卷二
乾隆	宁夏	张金城	劝商	乾隆《宁夏府志》卷二十
乾隆	直隶	方观承	劝谕当商减利听赎农器示	《赈纪》卷七
乾隆	浙江	万维翰	典当取息	《成规拾遗》下

续表

年代	地区	作者	篇 名	出处
不详	江西	凌焘	示当铺	《西江视臬纪事》卷四
道光	不详	裕谦	救灾有福说	《勉益斋偶存稿》卷八
光绪	辽宁	苏成龙	永定当铺二分利息碑文	民国《兴城县志》卷十五
不详	不详	不详	劝谕典商酌减利息	《告示集》
不详	不详	不详	重利滚剥	《告示集》

从上表可以看出，清前期地方官员发布的减息文告比清后期多，可见清前期的减息斗争比清后期激烈，到清后期这场运动基本上结束了。

这些文告虽然都是劝谕减利的，但各有针对，各有侧重。有的文告针对所有放债之家，谈论的问题很多，没有重点，如高拱乾在台湾发布的文告。那些专门针对典当的文告，只是谈论某一方面的问题，重点比较突出。喻成龙在湖南发布的文告，主要是禁止典当轻出重入的舞弊行为："当铺之肥进瘦出，按日加三，宜禁也。当铺之设，原为穷民之家通融缓急，每月加三起息，限满变价作本，此定例也。近查各属当铺，名曰加三，除本月之外，有一日二日零期者，亦算一月扣利。且出银不过九四、九五，每两必轻三分、二分；进银则要十分足色，每两必重秤三分、二分。是名虽加三，实则加四、加五，牟利剥民，甚属违例。该府宜出示严加禁饬，嗣后须银色戥头，出进如一。其扣算月日，有过十日之外者方许索利，不及十日者不许节算，庶使无计穷民，得免一分克扣，即省一分物力也。"①方观承在直隶，曾发布文告劝谕典商减农具的利率："民食全赖农田，耕作必资器具。乃村民每际农隙，辄取犁锄半价赴

① （清）吕肃高：乾隆《长沙府志》卷二十二《政绩·檄谕知府条规》，成文出版社有限公司 1976 年版，第 545 页。

质。质及犁锄，其贫可知，而犹以为轻而易赎也……尔当商人等，嗣后于贫民所质犁锄及一切农用什物，宜各按每月三分之利，让半听赎。有再能多让少取者，地方官酌量嘉奖。"①这篇文告只是谈到农具的利率，不涉及其他当物。裕谦在湖北省也发布过这样的告示。还有一篇来历不明的告示，只是劝谕典商年终减利："为循例劝谕典商酌减利息以广任恤事。案奉护抚部院通牌开，照得典商质物便民缓急，计本行息，原有常经。而酌盈剂虚，尤当义让。瞬届岁暮年寒之候，贫民取赎衣物，自较平时为多……合行出示晓谕，为此仰府属典商及军民人等知悉，自本年十二月初十日起，至次年正月初十日止，凡有赎当者，均于定例取息之内让减一分，正月初十以后，仍照利行息。小民自应知其情让，不得视为常例。"②这些有重点的文告，比那些宽泛的说教更有可行性，更方便执法。

府县一级则常有刻石勒碑之举，这也应该算是地方性法规。如前文提到赵申乔在浙江湖州，就把典当赎当的利率刻在石碑上；康熙时"我湖典铺，自徽商黄成山控县令景贞运后，息增至三分，贫民嗟怨。后赵恭毅公申乔抚浙，题请分半起息，立石永为定例。"③康熙四十二年(1777 年)，江苏省常熟县也发布了这样的条例："今据里耆李日辉等连名具复前来，切查起息一节，恪遵宪行。每两及钱数，概行二分，设多递减，诚为两平。而如质当六七分不等者，尤属至苦贫民，再以少让，量以一厘计算，亦属至当。"④这里规定了当物价值高低规定以二分之息为中心的等差利息，且注意到了对

① (清)方观承：《赈纪》卷七《捐输谕禁·劝谕当商减利听赎农器示》，清乾隆刻本，第 137 页。

② (清)佚名《告示集·劝谕典商酌减利息》，《中国古代地方法律文献》丙编第 15 册，社会科学文献出版社 2012 年版，第 315-316 页。

③ (清)彭润章：光绪《平湖县志》卷二十五《丛记》，成文出版社有限公司 1975 年版，第 611 页。

④ 《明清苏州工商业碑刻集》第九目《金融典当业·常熟县议定典铺取息等事理碑》，江苏人民出版社 1981 年版，第 187-189 页。

贫苦穷民的照顾。①

在所有这些文献里，只有万维翰在浙江规定得具体："为此仰县官吏，文到立即遵照指饬，确查各典取息让利事宜是否照省会成例递相减让，即行据实详覆出示晓谕。并令各典胪列规条，刊刻木榜，竖立各典门首，以便商民遵守，毋许暗中多索重利剥民。务于票内注明，当银填银，当钱填钱，饬取遵依甘结，按季通送院司各衙门察核，并将竖立榜式送候查核，此饬。乾隆三十五年二月廿九日行。"他既要求官吏严查，又要求典商作成木榜公示，还要求在当票上写明。

第三，有的地方官对率先减利的当商通令嘉奖。如乾隆二十三年(1758年)五月廿一日，山东布政司指出："当铺毕万盛、万聚二商，自愿通年二分起息，永不改为三分，切股桑梓，殊可嘉尚。仰武定府转饬奖予，并令冬月免其减息。各属有似此者，均饬一体详明立案。其照旧三分行息者，不必强令通年让利。"②徐藩司就令武定府对阳信县当商毕万盛、毕万聚兄弟下令奖励。

有的地方官员为了减当利，竟采用了很粗暴的手段，如蒋士铨的《质肆平》写道："官街蒯卒大索人，质肆昼闭市侩奔。械之厅事脱布裤，方伯怒骂吏朴臀，不仁者富剥我民，按簿示罚民欣欣。失重失轻权异衡，一正铢两毫厘分。金准一两钱一缗，反质勿阻其有遵。大书警诫悬肆门，持钱入肆来纷纭。小儿襁褓妻钗裙，负归茅屋传公恩。君不见一牒遄邮十三郡，万世西江著为令。"③诗中的官

① 其中说到利率高低言："每两及钱数，概行二分，设多递减，诚为两平。而如质当六、七分不等者，尤属至苦贫民，再以少让，量以一厘计算，亦属至当。"对此颇易生歧，实际上，此段就是按所抵押物品价值定利率高低，即白银每两至一钱，利率为二分，如果价值再高，则递减；但如是抵押物品价在一钱以下，则要求再稍微降低一点，如"贫民"只当六、七分的，则再减一厘之利。

② 《乾隆朝山东宪规》第三册《当铺通年二分行息应详立案》。《中国古代地方法律文献》乙编第15册，世界图书出版公司2012年版，第652页。

③ （清）蒋士铨：《忠雅堂文集》卷十一《豫章乐府词十首》，《清代诗文集汇编》第356册，上海古籍出版社2010年版，第551页。

员把违禁取利的当商抓起来，怒斥责打，还要罚款。当然，这只是一首诗，其中反映的情况不一定真实。

封建政府采取的这一系列措施都程度不同地发挥了作用，所以到乾隆、嘉庆时期，典当业赎当的整体利率有了下降。如果康熙年间的利率调整有些还仅限于将利率稳定在三分这一律典所定利率水平的话，那么，乾隆年间以后的减利调整则绝大数是将利率在三分的基础上，再往下降五厘至一分或一分五厘，甚至二分。虽然各地因商品经济、商人货币资本进入的程度不一，各地典当利率的水平并不统一，从以上所述情况看，江苏、浙江似乎水平要更低一些，湖南、江西、山东、福建等似乎要高一些。但可以肯定的是，其利率水平应该是受到了相当的平抑，虽然《大清律例》所载法定利率仍是三分，但在多数地方法规之中，大体应降到了两分左右，有些达到两分以下，低至一分五、一分。①

其次，社会上要求典当减息的斗争持久，有时很激烈。

当然，减息的过程也不是一帆风顺的，而是充满着矛盾和斗争。因为典当利率涉及作为社会绝大多数的中下层老百姓，是一个很敏感的社会问题，吸引了社会各阶层的关注。其中，一些关心民生的知识分子，痛恨那些为富不仁的当商，往往成为这种斗争的先锋。清顺治十八年(1661 年)，在江苏金坛县：

> 金坛当质铺俱系徽商，典利三分，银水戥头，几及五分。诸生则控之县，求减恤民。诸商敛银八百庑允，浼王、冯二绅。王则为酌之曰：两外二分五厘，两内则仍三分。诸生复叫号于通衢曰：求减典利为贫民也，贫民有两外之典乎？王、冯等又深恶之矣。诸生之出言竖议，大约多在乡绅意，复不肯扬善隐恶，事盖非一端也，元黄而水火矣。乡绅通吏胥，每思觅一事以难之。会海寇退，两丹绅衿多罹于法。因念若以此网罗之，不但可以箝其口，而且可以绝其影矣。先发于新海防，指

① 刘秋根：《清代典当业的法律调整》，见《中国经济史研究》2012 年第 3 期。

其名者，蒋、蔡、于、周等十生……斩四十八人、绞一人、流徙十四人，共六十三人。此顺治十八年辛丑七月十三事。①

金坛县的书生们参与、领导了这次减利运动，引起了当商们的仇视，他们竟勾结劣绅与地方政府，诬称那些书生与海盗有牵连，制造了这起特大冤案。在浙江湖州，“童国泰，字仲甫，读书不得志，以民生利弊为己任。湖郡典商、质库息钱旧分三等：十两以上者每月一分五厘，一两以上者每月二分，一两以下者每月三分。贫民衣饰有限，每票不及一两者多；隔一二年，本利科算，不能取赎，每多没入。国泰控之当道，与典商结讼十三年，莫能胜，身陷缧绁；有啗之以利者，志不少变。后巡抚金公轸恤民瘼，准行审勘断定，概以一分五厘起息，自是贫民阴受其福。”②其中的失意书生童国泰不屈不挠，与当商们打了十三年官司，最后身陷牢狱，可谓这次斗争中的英雄。在浙江平湖县有个赵瞻侯，“公去任，众商贿嘱宪司，经承具呈府县，将谋翻案。绅士无一起而挠之者，独山阴赵瞻侯侨居我湖，不惮劳怨，遍控各宪，始得仍遵赵例，瞻侯一人之力也”。③ 这个赵瞻侯为了维护赵申乔的减息定议，独自一人与当商们打官司，最后取得了胜利。乾隆某年，祝忻由部郎出守安徽庐州，“庐属质库，向取二分息，忻命减如江苏质库例。诸商不从，曰：如必减息，愿上计簿归官办。盖将以罢市挟持也。忻即扬言：遣人分往直隶、江苏各银号支借数百万为赀本。忻固巨富，诸商知不能相难，遂各听从，庐民德之”。④ 清末还有这样的英雄人物：“李履清，字金波，邑诸生，居临泽镇……同治时，兵燹之

① （清）计六奇：《金坛狱案》，《中国野史集成续编》第27册，巴蜀书社2000年版，第719-720页。

② （清）周学浚：光绪《乌程县志》卷十七《人物六》，上海书店1993年版，第760页。

③ （清）彭润章：光绪《平湖县志》卷二十五《丛记》，上海书店1993年版，第611页。

④ （清）林达泉：光绪《崇明县志》卷十七《杂志》，清刻本，第19页。

后，典商长利为三分。履清与同人控诸大吏，因得减为二分，贫民便之。"①在江西省万年县，"柴轶群，号三省，上门人……性豪侠，郡试，遇典铺有违禁取利，抱不平，鸣之官。典铺惧，啖以金数百，不受。太守曲得其情，出示严禁，弊为革。至今贫人典者，称道不衰。"②

清末，上海等比较发达的地区的报纸上经常登载一些典当减息的消息。光绪七年(1881年)四月，《申报》上刊载了一篇无名氏写的代贫民要求当商减息的文章：

> 顾自兵燹后，经各省贤有司劝设典当质押以济灾黎，不得已变通旧章，倍利加息以广招徕。当是时，利息虽增，固不知其为重轻也。今者升平日久，到处争开典当，原其利息已属减轻，而视夫嘉道年间若相倍蓰。近闻大市银利不过六七厘起息，而今典当仍以二分，按月计算年半为期，较之昔时以三年半为满一分三五厘起息，何其相去若是之远耶？③

这篇文章实际代表了最普遍的社会舆论。《申报》是中国近代最有影响的报纸，在一定程度上代表着社会舆论。这家报纸上连连登载典当减息的消息，可能反映了当时人们对典当利率上升的不满及降息的期待。

当商们是不甘心利率下降的，他们会采取种种办法，阻止、拖延减利运动。如上文所述金坛冤案及浙江童国泰案便是明证。以下再举些例子：第一例，早在乾隆初年，在浙江绍兴，"钱氏，庠生王基贞妻，守节五十七年，抚孤立业，以勤苦成家。晚年开典铺，夏帷帐，冬棉絮袄被，任人取赎，不收利。越俗典利三分，氏以二

---

① 胡为和：民国《三续高邮州志》卷四《笃行》，《中国地方志集成·江苏府县志辑》47，江苏古籍出版社1991年版，第425页。

② （清）项珂：同治《万年县志·人物志总论》，同治十年刊本，第1204页。

③ 《申报》2816号1881年5月16日《代贫民交邀求典当减利书》。

分为节，或不及二分。富绅哗然，致成讼。官不直富绅，得轻减为例，久乃相率效之，俱减利。”①绍兴地区的典当，竟因为减利打起了官司，可见问题的严重性。

第二例，乾隆十六年(1751 年)，湖南地方政府感到当地典商的利率很高，要求典商减息。二十九家典商竟联合起来，向当地政府抗议：

> 长、善典商张有孚等，为商民一体籲恩循旧事。南省招商自雍正年间照例三分取赎，月不过五，腊始减息，各守旧规，相安日久。后屡议更改，蒙各宪俯念南省情形，详定照旧，乾隆十六年、四十八年、嘉庆十七年成案可查。去冬奉藩宪出示减息，旋以逾期十五天作一月，此念切穷黎，商等曷敢稍挠？泣思离乡远贸，非伙凑资本即领本认息，原与江浙巨商难比。况此地春夏赎少当多，往往加利借贷应贫民之急，若遭岁歉设凑尤多，况普济、育婴各款生息五万有奇，岁息七千余，年终(房)租、食用、工价、办公一切耗繁……是名虽三分实只分许。乾隆年间两次减息，奉议停止。十六七年奉饬按日行利，四十五天算两月，均奉各府恩议详，月不过五仍照旧章，至今无异。前署藩宪未查前案，出示减息……去冬勉强至今，实在力疲拮据，商分血本剥蚀，不过赤身归家。再四思维奏明公项侵亏，必罹罗干咎，商等只有歇业，缴公归里……抚宪巴批：前据署藩司详议，隆冬减息两月，业经批饬遵行在案，似应循照办理。②

从他们的呈文中可以看出，这次减息斗争从乾隆十六年到嘉庆二十一年(1751—1816)，持续了六十多年还没有停止。前三次当地政府都无可奈何，不了了之，可见斗争的复杂和艰难。当然，当

① (清)李亨特：乾隆《绍兴府志》卷六十五，成文出版社 1975 年版，第 1568 页。

② 《乾嘉道湖南典商办理减息案呈词》，刘建民先生藏。

商们想出的花招是很多的，如上文的湖南典商们，为了达到抗拒减息的目的，竟威胁提出缴还生息款，罢典归乡。

第三例，在山东，乾隆年间山东省政府曾讨论典当减息问题，“蒙批，当铺冬月减利一分，原加惠穷黎，长山县南北通济二当，向系通年加二起息，因有冬月减利之举，遂改为三分起息，是穷民未得冬月减息之惠，而反受通年加利之累，殊非历年晓示饬遵之意。”①山东的当商们借年终减息为二分的机会，竟把平时赎当的利率升到三分，如此明降暗升，真是狡猾。

第四例，在浙江温州，“典当隆冬让利，其大概已列前报，兹闻温郡各典商联名具呈，称温州向无减让之例，实难仿照苏省章程。况城内五当均有公项存放生息，如四项质物可以让利放赎，则存当公项亦须免利。”②温州的当商们竟借口没有年终减息的先例，还提出如果赎当利率下降，那么生息款的利息也要下降的要求。典当减利是清朝各级政府关心之事，故而引起了小说家的注意，据小说《儒林外史》记载，厉太守派季苇萧到安徽省五河县调查典当重利盘剥的问题，虞华轩告诉他：“这是太公祖极大的仁政，敝县别的当铺原也不敢如此，只有仁昌、仁大方家这两个典铺，他又是乡绅，又是盐典，又同府县官相与的极好，所以无所不为，百姓敢怒而不敢言。如今要除这个弊，只要除这两家。况太公祖堂堂太守，何必要同这样人相与？此说只可放在先生心里，却不可漏泄说是小弟说的。”从虞华轩的话可以看出，只是因为两家当商与府县官员关系密切，以致知府不采取减利行动，这证实了典当减利行动的社会阻力之大。

正因为典当减息的阻力这么大，有的典商想减息却望而却步，如在四川省资州地区，清后期“州中质库例息三分，自其太翁名华公欲以二分利贫者，恐为他人所忌而未果。君毅然行之，以成太翁

---

① 《乾隆朝山东宪规》第一册《当铺常年二分起息，冬月免其让利通饬》乾隆二十三年三月东抚阿批司详。《中国古代地方法律文献》乙编第15册，世界图书出版公司2012年版，第609页。

② 《申报》3161号1882年2月15日《让利续闻》。

之志，于是近邻典肆亦皆二分。”①廖晓岚的父亲就想把自己典当的利率降下来，但因为担心同行的阻挠而没有做，直到廖晓岚才实现了父亲的愿望。上海的当商们则更有办法：据《申报》记载，清末上海，“典当减利乃是义举，何意上海城内之厚生当减取一分四厘，他当不允，将其当主扭控县署，竟以违章发押。”②厚生当减利了，其他当商竟联合起来，把他扭送到县衙，控告厚生当违章。还有暗设圈套者，如同在上海有“邢某者，资本家也，其父在上海城内开设一典，减利为一分四厘。然典业部章按月二分起息，若任该典如此减利，他典不能支持。当邀同业在公所会议，同往邢处相商请求，仍改为二分，至再至三不允……邢果上控府藩，控予在所难免。邢禀未批之先，适邓潘宪由沪赴吴淞查看炮台，奉抚台委，上海各官去接在船舱内。交上海县官公文札饬内开，邢某减利便民，实属可嘉。著上海县饬该典，仍遵部章，按月二分起息，其余六厘，饬上海县核算，按月向该典收取，以济无物可当之贫民。其他典商有所观感，惠及贫民，更无涯涘矣。后邢某进退两难，只得捐赈济一万两了案”。③ 邢某自减典当利率，遭到了其他当商们的嫉恨，坠入了他们的圈套。

总的说来，这场减息运动的发展是不平衡的，东部沿海地区是风起云涌，而广大内地则表现得很平静，其中湖南的减息运动竟持续六十多年，便是证明。这应与经济因素有关，沿海地区经济发达，生产经营性的借贷多，资金需求量较大，而减息的要求也比较强烈；而内地经济落后，主要是消费性借贷，当户们的资金需求较少，减息的要求较弱，且力量比较分散，所以不仅其减息运动悄无声息，而且不易取得成功。

---

① （清）刘炯：《资州直隶州志》卷二十八《诰封中宪大夫晓岚廖公奠序》，巴蜀书社 2017 年版，第 212 页。

② 《申报》7171 号 1893 年 4 月 10 日《求减典息》。

③ 余鲁卿：《经历志略·交际六》。转引自王裕明《明清徽州典商研究》的附录，人民出版社 2012 年版，第 515-516 页。

第十一章

中国典当业的经营管理体制

我国的典当业起源很早，在漫长的发展过程中，形成了与其他行业不同的因而是独具特色的管理体制。当然，由于各地的风俗习惯、社会环境不同，典当的管理体制也有差异，所以形成了所谓的秦晋帮式、徽帮式、宁波帮式、绍兴帮式、广东帮式等，各有特色。本书对各帮式的同异不详细讨论，仅分人员管理、仓储管理、会计管理三部分做一个历时性的探讨。

第一节　典当内部人员管理

典当作为历史上构成比较复杂的金融机构，其人员管理相当重要，尤其是那些规模宏大、人员众多的典当，甚至可能因为管理不善而亏损甚至倒闭。我们从其劳动形态谈起。

一、典当的劳动形态演变

典当的早期阶段，规模很小，业务量也小，还不需要太多的劳动者。出资人与劳动者合为一体，没有分工，其劳动形态为个体劳动。他们有时也雇用一两个帮手，但那是临时的，并不影响其个体性质。这种典当多为家庭经营，内部人员就是一家。如北宋时期，“贡父曰：前于曹州，有盗夜入人家，室无物，但有书数卷尔。盗忌空还，取一卷而去，乃举子所著五七言也。就库家质之，主人喜事，好其诗不舍手。明日，盗败，吏取其书，主人赂吏而私录之。”①这家质库只出现了主人一个人，很明显主人也亲自上柜台，所以其劳动形态是个体劳动。再如南宋时期，木工周宝“过赤山，见军人取质衣于肆，为缗钱十余，所欠者六钱。而肆主必欲得之，相诟骂。宝为之解纷，视箧中才余五钱，为代偿。而主者又必欲得一钱，宝亦大恨怒。”②这家质肆也是肆主亲自干伙计的工作，是个体劳动。元杂剧中也有一些这样的例子，如财主刘弘的当铺，就交给他的内侄王秀才掌管。③ 刘弘与王秀才是亲戚，王秀才的工作是不讲报酬的，所以是个体劳动。明末卫朝奉在南京，一开始也是开了这么一家小典铺，“却说那卫朝奉平素是个极刻剥之人。初到南京时，只是一个小小解铺，他却有百般的昧心取利之法。”④他的那些取巧的手段，也只有他自己劳动才能使用。

个体劳动是历史上广泛存在的劳动形态，即使到工业革命以后也没有完全消失。我国历史上的个体劳动也是这样，到现在一直存在。至于典当中的个体劳动，一直到清代在偏远的乡村还是存在的。“百年以前，文、荣尚属一县，其时典肆不下二百，凡乡里小有之家，有闲舍二区、识字一人，则于其家开设小当，赀本二、三、四、五百千不等，未有及仟钱者。”⑤这样的典当对人员的要求

① （宋）陈师道：《后山谈丛》卷五，中华书局2007年版，第70页。

② （宋）沈氏：《鬼董》卷五，《丛书集成新编》第八三册，新文丰出版公司2008年版，第72页。

③ 《元曲选外编》第三册《施仁义刘弘嫁婢杂剧》，中华书局1959年版，第810页。

④ （明）凌濛初：《初刻拍案惊奇》卷十五《卫朝奉狠心盘贵产，陈秀才巧计赚原房》，上海古籍出版社1982年版，第246页。

⑤ （清）李祖年：光绪《文登县志》卷三下《邑人林培玠记典肆始末》，凤凰出版社2004年版，第62页。

很低，只要有识字的一人就可以了，可见就是个体劳动。这种小型的典当无疑也包括了那种非法的小押、私押等。

在个体劳动的典当里，也有货币资本在活动，当然也有可能获利。但是因为这种劳动是自己的，有的甚至劳动场所与家庭都在一起，其劳动力无法计算。同时这种典当的收支与家庭的收支合为一体，财务上不能单独核算，所以其盈亏情况是很难说清楚的。一旦典当的资本规模扩大，业务量增加了，这种个体劳动就不适应了，必然要采用另一种劳动形态。

我国历史上有很多典当是贵族、官僚开办的，他们是封建势力的代表。封建社会是等级社会，社会关系的一个明显特点便是人身依附。这种依附关系最明显的表现就是社会上大量存在的奴婢、部曲等，奴婢、部曲的来源除国家赏赐、购买之外，也多有农民因为生活困苦，被迫投靠。那些官僚、贵族开办的典当里，便广泛存在这种人员，他们的劳动就可称之为“依附劳动。”

这种依附劳动，在官营及寺院典当中普遍存在。武周的贵族太平公主家就有很多当铺，她失势后，“籍其家，财货山积，珍奇宝物，侔于御府。马牧羊牧、田园、质库，数年征敛不尽。”①她家的当铺里，很可能就以依附劳动为主。唐中期以后，均田制遭到破坏，自耕农减少，庄园农奴制盛行，依附劳动也随之增长。“如闻朝列衣冠，或代承华胄，或在清途，私置质库、楼店，与人争利。”②这些世代享受富贵的人家开办的典当里，无疑是存在依附劳动的。

宋代以后，租佃制逐渐取代了庄园农奴制，人身依附关系开始减弱，但典当中还是存在依附劳动的。“绍兴十年(1140年)七月，临安大火，延烧城内外室屋数万区。裴方寓居，有质库及金珠肆在通衢，皆不顾，遽命纪纲仆，分往江下及徐村，而身出北关，遇竹

---

① (五代)刘昫：《旧唐书》卷一八三《武承嗣传·附太平公主》，中华书局1975年版，第4740页。

② (清)徐松：《全唐文》卷七八《会昌五年正月三日加尊号后郊天赦文》，山西教育出版社2002年版，第497页。

木砖瓦芦苇椽桷之属，无论多寡大小，尽评价买之。明日有旨，竹木材料免征税，抽解城中，人作屋者皆取之。裴获利数倍，过于所焚。”①文中的“纪纲仆”一词，最早出现于《左传·僖公二十四年》：“秦伯送卫于晋三千人，实纪纲之仆也。”杨伯竣先生解释说，“纪纲仆”就是得力的臣仆。② 后来这个词也出现过，意思变化也不大。可见南宋时期，裴老的质库里还是有臣仆这种依附劳动的。

明清时期，人身依附关系虽然进一步减弱，但在典当里还是存在臣仆们的依附劳动的。“张芹者，先君之管典铺仆也，忠勤端亮，生平无伪言，无遽色……即主人支用浮于所付，亦必曲为营办，以赴公家之急。以故典中赀尽，而芹之产亦无存焉。”③张芹就是这样一位奴仆。当时的小说里也记录了一些这样的人，如“此时他家有个家人叫做沈实。他也是本县宋江口人，父亲沈俭，也是沈家家人。他从小在沈阆书房中伏侍。沈阆见他小心忠厚，却又能干，自己当家后，把一个当铺、前后房产，还有隔县木山，俱着他掌管。”④明代大才子唐伯虎为追求华学士家的美婢秋香，也曾扮成穷汉，投到华学士府为奴仆，被赐名华安。后来华学士府家的当铺主管死了，华安就代管了一个多月的当铺。⑤ 华学士与原当铺主管的关系虽然不甚清楚，但华学士与华安之间就是主奴关系。很多人发财后开典当，都要购买奴仆，（宋金）“其它都变卖，不下数万金。就于南京仪凤门内买下一所大宅，改造厅堂园亭，制办日用家火，极其华整。门前开张典铺，又置买田庄数处，家僮数十房，出

---

① （宋）洪迈：《夷坚志再补·裴老智数》，中华书局1981年版，第1784页。

② 杨伯峻：《白话左传》，岳麓书社1993年版，第86页。

③ （明）沈瓒：《近事丛残·张芹》，广业书社1928年标点本，第105页。

④ （明）陆人龙：《型世言》第十五回《灵台山老仆守义，合溪县败子回头》，春风文艺出版社1998年版，第219页。

⑤ （明）冯梦龙：《警世通言》第二十六卷《唐解元一笑姻缘》，人民文学出版社1984年版，第418页。

色管事者千人。又蓄美童四人，随身答应。”①(金守溪先以摇船为生，偶买两担生铜，后被云南客人认出为金，卖出而发财)“从此发迹，就在城中买了宅子，开了典铺，收买奴仆。”②因骤富，怕人弄他，只得搬至仁寿村住，也不开典，以造酒为生。他们这些人发了财，开当铺买奴仆，可见他们的典当里是存在奴仆们的依附劳动的。

在清代内务府开办的典当里，这种奴仆的依附劳动还是很普遍的。清前期内务府开办了二十多座当铺，每新开一座或从犯罪官员那里接收一座，内务府都要选拔一批人去经营管理。其中除去管理的是朝廷官员外，其余但任具体工作的，“其典当铺面上一切需用之人，即于兵差内，择其家之余丁堪任事者，分别充用。准照该雇工人价，按月发给。”③据韦庆远研究，这些兵差都是正黄、镶黄、正白等所谓上三旗的人丁。上三旗兵差都是皇帝亲自带领的兵丁，当时被称为包衣。所谓“包”，是旗籍的名称，原是满语家的意思，“衣”是满语虚字“的”，故此包衣在满语里就是家的意思。可见这种当铺里是存在这种奴仆的依附劳动的。当时的大贵族、大官僚开办的典当里，也多使用奴仆劳动，如原户部尚书福长安开办的三座当铺，其中“广泰当本银七千两……系家人达哈里经营；永祥当，本钱三万八千二百零吊，系家人杨值经营；永春当，本钱四万八千吊，系家人额腾额经营。”④大贪官和珅家开办的当铺，也使用了他的家人，“据郭友德呈称：窃身前在和(珅)府服役时，乾隆五十六年，经主人发出京钱十八万千文，折大制钱九万串，令身同王平承领滋生。身等禀明主人，在涿州、容城、新城开设恒太、恒兴、恒

---

① (明)冯梦龙：《警世通言》第二十二卷《宋小官团园破毡笠》，人民文学出版社 1984 年版，第 330 页。

② (清)娥川主人：《世无匹》第二回《干白虹潦倒醉乡　金守溪浮沉利海》，《古本平话小说集》下，人民文学出版社 1984 年版，第 401-402 页。

③ 《雍正朝汉文朱批奏折汇编》第 32 册，江苏古籍出版社 1991 年版，第 237 页。

④ 《内务府来文》嘉庆四年三月。转引自韦庆远《明清史辨析》，中国社会科学出版社 1989 年版，第 156 页。

庆当三座。”①郭友德、王承平等人就是和珅的奴仆。

综上所述，这种奴仆的依附劳动主要存在于官僚、贵族开办的大型典当里。这些官僚、贵族本身是封建势力的代表，他们开办的典当自然也受到封建人身依附关系的影响。但是随着资本组织方式的进步，这种劳动形态也开始变化，主要表现在依附关系的松弛、经营者与劳动者之间的分离，这就为雇佣劳动关系的形成创造了条件。

我国很早就出现了零星的雇佣劳动，如《史记·陈涉世家》记载，“陈涉少时，曾与人佣耕”。可见从秦汉时期，我国农业中就有雇佣劳动的现象。至于典当中的雇佣劳动，可能到宋代才被文献所记载。北宋中期“王介甫知鄞县日，奉行赦书节文，访义夫节妇，得三人。其间一人可采：姓童，为人主典库，谓之判子。家中养疏属数口，奉寡姊，承顺不违。甥不事家业，屡负人债，辄为偿之而不以告姊。”②王安石访得的那个姓童的义夫，就在当铺当雇工，以工资养家。南宋时的寺院开办的当铺里，也出现了雇佣劳动，“公曰：以缗钱为贡士库□，钱物相推以取□焉，可乎？今虽寡鲜，姑绵□于此□而大之，则俟后之君子。于是置□□设□藏，募市民之能经干者主之，月收其息而积之，岁终则会而稽之。大比则通三岁□□之息□□而给之。凡库之区画，具载规约。□□就绪，人咸德□公”。③ 南宋时期典当的雇佣劳动现象已经出现在法律典籍里：“若甲出钱一百贯，雇倩乙开张质库，营运所收息钱，虽过于本，其被雇倩之人系藉本因而营运，况系主家出本雇人，或凭倩开张质库及所收息利，既系外来诸色人将衣物、金银、匹帛抵当之数，其本尚在，比之径借取利过本者，事体不同，即不合与私

① 《内务府来文》(清)《和珅当铺典押房地》，转引自《北京师范大学学报》1978年第6期《红楼梦背景资料之三清代前期的高利贷和典当业》，第81页。

② (宋)江休复：《江邻畿杂志》，《笔记小说大观》第22编第2册，台湾新兴书局1978年版，第670页。

③ (宋)谢启昆：《粤西金石略》卷十二唐麟《太守刘公创置融州贡士库记》，新文本出版社1982年版，第12578页。

债一例定断。”①这就说明当时典当里的雇佣劳动已经是普遍现象了。元曲里有个贾老员外，他家开办的当铺里，雇佣了一个落难的书生陈德甫记帐，每月馆俸一贯钞。② 贾老员外给陈德甫的工资就是一月一贯钞，即以货币工资的形式。

明清时期，人身依附关系进一步减弱，失去土地的农民逐步摆脱了身份的束缚，自由地迁徙和选择职业，所以雇佣劳动更加普遍，在一些经济发达的地区出现了资本主义萌芽。同时，典当中的雇佣劳动也更加普遍，经营管理者与一般劳动者有所分离，前者多被称为“总管”“掌柜”“执事”等，后者多被称为伙计。“西门庆自从李瓶儿过门，又兼得了两三场横财，家道营盛，外庄内宅焕然一新，米麦陈仓，骡马成群，奴仆成行……又打开门面二间，兑出二千两银子来，委付伙计、贲地传开解当铺。女婿经济只要掌钥匙，出入寻找，不拘药材。贲地传只是写帐目，秤发货物。傅伙计便督理生药、解当两个铺子，看银色，做买卖。潘金莲这楼上堆放生药，李瓶儿那边楼上厢成架子，阁解当库衣服首饰，古董书画，玩好之物，一日也尝当许多银子出门。陈经济每日起早睡迟，带着钥匙，同伙计查点出入银钱，收放写算皆精。”③在西门庆家的当铺里，傅伙计便是雇佣来的，他的职责是管理生药、解当两个铺面，看银色，做买卖。另外，在江苏太湖西洞庭山有富户高赞，“少年惯走湖广，贩卖粮食。后来家道殷实了，开起两个解库，托着四个伙计掌管，自己只在家中受用。”④高赞开的当铺里，也雇佣了四个伙计。清乾隆四十年(1785 年)左右，京城有个王翁，“以缎肆起家，人呼为缎子王。翁京师旧家子，习书算，少孤露，遂流为

① 《庆元条法事类》卷八十《申门·随敕申明》，黑龙江人民出版社 2002 年版，第 905 页。

② 《元曲选》四册《看钱奴买冤家债主》，中华书局 1958 年版，第 1597 页。

③ (明)兰陵笑笑生：《金瓶梅词话》第二十回《孟玉楼义劝吴月娘，西门庆大闹丽春院》，香港太平书局 1982 年版，第 529-530 页。

④ (明)冯梦龙：《醒世恒言》第七卷《钱秀才错占凤凰俦》，人民文学出版社 1956 年版，第 136 页。

丐……王翁去为典肆佣职，炊爨洒扫，以勤慎，颇为肆主所倚。”① 王翁也是典当的这样一位雇工。

典当业内部的雇佣劳动者，从法律上说，他们是来去自由的，但也受到不少的制度约束。据刘建生教授等人研究，山西典商所用员工，须具备两个条件：1. 必须为山西人。这样既减少风险，又惠及同乡，将就业机会留给同乡人。职员既然都是山西人，一旦出现作弊问题，老板很容易找到他的家族追究。2. 必须有家道殷实的人担保。保证人责任重大，如无特殊关系，并不易找。如果保证人破产，失去担保的资格，或者自己要求撤保，被保证人必须迅速另找，否则有被停职的可能。② 有的地区外人进入典当，必须有人推荐，而推荐者则有担保之责，这就是所谓的荐保制度。如，有介休典商信云：“启者，有堂侄某人，向在某号学习有年，缘素性迂直，自辞出铺，客岁在沙质铺办事。今春质铺歇业，来舍托觅生理。兹值铺中乏人，其人或内外账目，或取柜或杂办，均可适用。吾兄如有意提携，祈即附一回音，当即着伊来铺就理职事。至于账目银钱意外之虞，有弟承担。”此信向人提出了推荐自己堂侄去某典当铺任职的请求、介绍了被推荐者的能力、及个性，也表示了愿意担保的意思。还有一封推荐在典当任职的信说：“陋荐族孙某人，承概允侍立左右，应当亲身赴送宝典，奈俗务羁绊，弗克如愿。既在同寅，谅不见责。今即命伊持书自为叩谒，听其指示。其人平素和众，办事无不竭力，且专心谋管账，一切可托，伏祈录用。”此信应该是典当铺已经接受被荐者、已经去任职的情况下写的。如此所示推荐者与这家典当的掌柜关系应该更加亲近，以至明确地提出了让被推荐者当会计的要求。当然，这种推荐也有被驳回的，如有典当铺的回函称：“启者昨接华函下颁，捧诵之余，实感关照。盛情举荐某人素知练达，但小铺目今新进铺者五六人矣，兼

① （清）陶梁：《蜨阶外史》卷二《缎子王》。《笔记小说大观丛刊》第2编第2册，台湾新兴书局1978年版，第673-674页。

② 刘建生：《山西典商研究》第四章第三节，山西出版集团2007年版，第134-135页。

之当头清淡，日当百有余号，实无用人之处。方命之愆，谅不我责。”①如果被推荐人有作弊行为，推荐人也负有连带责任。光绪二年(1876 年)，在上海南汇县，“昨有小东门外同茂押店主朱兰安控陈子云于法，公廨称前年陈有胞姪名大成荐来学业，迄今三年，不谓大成于去岁，逐渐在包房偷窃衣物变卖。去岁底有人赎押，遍查不着，故于新正初三日起盘，至初七日照簿细查，有缺货计洋五百余元。大成自觉不能藏匿，随即逸去。即信致子云，于十三日来沪，故请追究，陶公讯得陈子云在南汇典当为业，所有大成偷窃衣物，必须宽限寻觅，方可料理，如寻觅不到，即问我理值。又据朱兰安供，大成于今早被店中人在途遇见捉住等语。”②陈子云把自己的侄子陈大成推荐到同茂押店当伙计，陈大成从同茂押店偷了东西，同茂押店的主人朱兰安便把陈子云起诉了。

总之，一个毫无典当背景的人要想进入典当，是很难的。同样，典当行业的伙计要想改行，也不容易。《典业须知》指出：“吾乡俗语：当铺学生尿壶锡，谓无他改，乃弃物也。凡在典学生，务概守分，得能一生始终到老，就是真福。若不守典规，竟无出头之日，何也？另改他业，势所不能，只因从初习惯成自然：关门自大惯，一派充壮惯，目看排场惯，耳听阔气惯，吃惯穿惯，懒惯用惯，高楼大厦登惯，粗工打杂使惯。如改他业，嘴头呆钝，全无应酬。不晓场面，不知世故，居处不能遂心，使令又不遂心，吃不遂心，穿不遂心，又无本事，不能得大俸金，用不遂心，有多少委曲于心，以致难改他业。若或强而图之，无非东不成西不就，误此一生，是谁过耶？劝尔后生，急早回头多是路，切莫船到江心补漏迟。”“当铺伙计称为呆物，言谈世务分毫未有，所以改业而不行。每见把持不坚之辈，一朝失业，闲居困守，别样生意又不能做，本业又难觅，缩头狼狈，呼救无门，皆前不肯学所致也。”③这是说典

① 以上三条均见刘建民先生藏《介休人沙市开典尺牍》。

② 《申报》1162 号 1876 年 2 月 11 日《荐侄受累》。

③ 杨联陞辑《典业须知·保名二》，见《食货月刊》第一卷第四期，第 232 页。

当行业的伙计形成了自己独特的生活习惯，并且高傲冷漠，不通世故，难以适应其他的行业。总之，典当行业在用人上是比较封闭的，虽然同是雇佣劳动，但感觉并不很自由。当然这不是一种人身依附关系束缚，而是一种经济的限制。

二、典当内部的人员设置

社会越发展，各行业的分工越细密，具体到一个行业内部、一家店铺内部也是如此。典当业是古老的金融部门，其内部的劳动分工发育很早。早期的典当规模很小，业务量也很少，简单的个体劳动就能胜任，显然是不需要分工的。但随着典当资本的积累，规模的扩大，其内部的分工就成为必然了。

宋代商品经济的发展在历史上比较突出，典当业的资本积累也引人注目，典当业的内部人员有了专门的称谓，如前文提到的那个姓童的质库判子，就是典当的管理人员。当时掌握了较高经营技术的质库管理群体名为“掌事”，有他们独特的穿着：“且如士农工商诸行百户衣巾装著，皆有等差。香铺人顶帽披背子。质库掌事，裹巾著皂衫角带。街市买卖人，各有服色头巾，各可辨认是何名目人。”①即质库的掌事都戴头巾，穿黑色的衣衫。同时金国的官营典当里，“有司奏于中都、南京、东平、真定等处并置质典库，以流泉为名，各设使、副一员。凡典质物，使、副亲评价直……若亡失者，收赎日，勒合干人，验元典官本，并合该利息，陪偿入官外，更勒库子，验典物日上等时估偿之，物虽故旧，依新价偿。仍委运司佐贰幕官识汉字者一员提控，若有违犯则究治。每月具数，申报上司。大定二十八年(1188年)十月，京府节度州添设流泉务，凡二十八所。明昌元年(1190年)，皆罢之。二年，在都依旧存设。使一员，正八品；副使一员，正九品，掌解典诸物，流通泉货。勾当官一员，攒典一人。”在金国的官营典当里，出现了几种人员，第一种是使、副各一名，都有品级，他们虽然是领导，但也亲自收

① (宋)吴自牧：《梦粱录》卷十八《民俗》，浙江人民出版社1984年版，第161页。

当；第二种人员是库子，这里只提到他们在赔偿时估价，可能还有其他工作；第三种人员是提控人员，可能是分管监督、汇报工作的。其他如勾当官、攒典等，其职责不详。这说明当时的典当里已经有了一定的分工。南宋佛寺的典当里，还出现了专门管帐的和尚，如在浙江钱塘，“僧有诉百姓负长生库息者，公谕：明日偕头首僧以库簿来。来则阅其簿，示之曰：然则取息已多，汝僧自号脱离生死，视世上为昨梦空华，何必乃尔……今为汝焚此簿，汝幸行道诵经，赞献之，助汝成一善因缘。僧不知所对，即下阶行诵如公戒。”①起诉百姓不还利息的和尚，肯定是佛寺典当的经营者，但他却不管账目，账目由头首僧负责，这说明佛寺的典当里出现了专门负责账目的和尚。前文提到的元曲中的陈德甫，也是在贾员外的当铺里负责账目。前文提到的那个要当典当管账的人，就说明他以前做过多年典当的管帐工作，所以才要专门寻找这类工作。

明代的典当里，分工得到进一步发展。小说《三遂平妖传》描写东京：“其中有一个员外，家中巨富，钱过壁斗，米烂陈仓。家中开三个解库：左边这个解库专当绫罗段匹，右边这个解库专当金银珠翠，中间这个解库专当琴棋书画，古玩之物。每个解库内用一个掌事，三个主管。这个员外姓胡名浩，字大洪。”②胡浩家的当铺，仓储有了分工，管理人员自然也就有了分工。前文提到在西门庆家的典当里，傅伙计负责看银色，做买卖；陈经济只掌钥匙，出入寻讨，是个仓库保管员；贲第传负责写帐目，秤发货物，是会计兼营业员。清代分工更细了，连开当票都有了专职人员，“各典店规，例以年长一小郎写票。大典柜伙四，次三，又次二，各授票百，以木扦贯而授之；否则落纸如飞，散同秋叶矣。”③

典当内部的人员设置，至清中期形成了比较细密的分工，为其

① （宋）黄震：《黄氏日抄》卷九十六《知兴化军宫讲宗博汪公行状》，文渊阁《四库全书》影印本，第708册，第1040页。

② （明）罗贯中：《三遂平妖传》第一回《胡员外典当得仙画，张院君焚画产永儿》，浙江人民美术出版社2017年版，第2页。

③ （清）徐珂：《清稗类钞》第三册《狱讼类·吴墨谦为人释讼》，中华书局1984年版，第1048页。

他行业所不及。山西襄汾县南高村刘家的当铺，有如下的规定：一、严密分工，各司其职。当铺内设掌柜、坐柜、司账、站柜、号房等，谁是什么责任，都有明确分工。二、独立核算，按股分红，自负盈亏。当铺的经理、副经理、坐柜、司账等都是吃股的，按红利三七或二八分成。三、经营业务有统一的方式与手段，就是在其家业的管理上，也有一套统一核算和统一分配的管理办法，一切收支由账房全权管理。临时动用的重大开支也要经主事人批准，才能拨付。内部日常开支不能随意花销。① 当然，因为典当的规模不同、地域不同而其内部人员设置也有区别。

潘敏德总结了各商帮典当人员设置的共同性，认为徽式典当的人员设置最严密、最合理。根据其所述，去掉股东，做成表格如下：

表 11-1　　**徽典内部人员配置表②**

编号	名称	职　　责	编制
1	掌柜或管事	一切营业及管理	一人
2	外席	对外交涉、交通官府、联络同业	一人
3	外缺	评定当货的价值及回赎的各种手续	二三人至五六人不等
4	内缺	当物的保管、出纳、会计等	四五人
5	中缺	写票、清理赎回当票、整理当物、挂牌	无定员
6	学缺	寻检首饰、核对柜友回钱，满货报号、印包，寻找当物及零星杂务	无定员
7	杂役	厨师、保安、更夫等	无定员

这应是徽州典商发展程度最高的人员设置。其中的经理、外席，都是典当的领导层，不参加具体的工作，其余人员其实可以分

① 《晋商史料全览·临汾卷》，山西人民出版社 2006 年版，第 16 页。

② 潘敏德：《中国近代典当业之研究》第三章，台湾师范大学历史系 1985 年版，第 140 页。

为两大系统：一是以外缺的柜员为核心的当赎系统，他们直接与当户接触，经手收当、赎当业务，专业性最强，其重要性是不言而喻的，所以又可称之为一线人员。二是以内缺为核心的当物保管系统，主要职责是整理、保存当物。中缺人员中的写票、清票可以划归第一系统，卷包、挂牌可以归为第二系统。学徒大部分也可归入第二系统。其他商帮的典当内部人员设置虽然不尽相同，总不出这两大系统之外。把典当内部人员分为两大系统，是有利于认识、研究典当的管理的。

当铺内部虽然设置了这么多的缺位，但在人手不足时，也会发生兼职情况。有徽商经营者言："予自幼好学，不免用心过度。至二十五岁冬腊，接手经理万安典事，在小南门外，起初账、包、钱、饰四缺，予一人经理。予非习典业出身，经此负担，不免操心。嗣新创万康典，老闸地方，又创仁大典、旗昌质，操劳更甚。"①余鲁卿一个人兼四个缺位，可见人员之短缺。

北京等地的典当内，还设有一个奇特的缺位，名"踩八脚的"。其职责在总揽一切杂务，犹之四方四隅，均须面面俱到。凡遇某一部分事务忙碌，皆应协助办理。这个名称名符其实，若非八角灵通，不能胜任这个工作。② 可见，这个缺位是典当业设置的一个机动人员，虽然平时没有固定的职责，但哪里忙他就去哪里，所以典当哪一方面的工作他都要会。

综上可见，中国典当业为了适应自己的业务需要，内部的人员设置既有明确的分工，又要密切配合，既责成以专，又机动灵活，共同负担典当业繁杂的工作。

为了培养和储备专业人才，徽典和山西典当都实行学徒制，加强对学徒的管理，以备将来选用。他们都对学徒的学习和生活做出严格的规定，如不得嫖娼，不得嬉游，不得酗酒，不得吸烟，晚上勤练当字和算盘等，这部分内容归入典当内部人员纪律部分，此不

---

① 余鲁卿：《经历志略·家世出身十》，转引自王裕明《明清徽州典商研究》附录，人民出版社 2012 年版，第 502 页。

② 《北京典当业之概况》，伪中国联合准备银行 1940 年版，第 12 页。

详述。清末上海的仁大典是这样管理学生的："黄深甫者，休宁县人，与余同事，仁大典管包先生也。其人直而不苟，管束学生极严。每学生交小簿一本，饬令凡有出息支用，必登于簿，按月交账，必责积存十元，交与管包。典业学生拜管包为师，有师生之谊。收存阖典学生，凑有五十元，收入本典存户，按一月一分生息，按年结账一次。如此储蓄，数年之间，而学生之娶亲资有着矣。此法不但有益于学生，且益于学生之全家及终身，并间接有益于本典。盖学生有资存于本典，必谨慎小心，不敢为非也。"①把学生的一部分收入存入典当，设立专门的帐户，既能禁止学生乱花钱，又能加强对他们的控制。

近代以后，典当伙计培养发生重大变化，为了培养专业人才，有的地区的典当还联合起来创办了学校："甬郡各典当向有各衙门规费，前经鄞县高令禀准宁府，将此项规费拨作乡约及法政南城各学堂经费。现各典当创办商业学堂，拟将此项规费充作经费。日前慎泰当等联名禀道，经宁绍台道喻观察批云，鄞县各典当规费前据高令禀请，分拨办理乡约及法政南城各学堂经费，本道在府任时业已批准在案。事关公益，同属造就人材，果能实惠均沾，原不必划分疆界。商等议办专学亦为急务，该业类皆殷富，通力合作易于观成。据禀前情应如何设法两全，免致竭蹶之处，仰宁波府迅即会同绅董，妥议具复察核，勿延(具)。"②这所学校的经费就是原来上交各衙门的规费。

那么，一家当铺有多少人呢？我在《中国典当制度史》中考证，总共十人左右。③ 但一些大当铺，人员是很多的，"许翁，歙县人，余尝见之于故人汪镜轩坐上，盖即汪之妻父也。家故巨富，启质物之肆四十余所，江浙间多有之，至翁犹然……乃命自管事以下悉有

① 余鲁卿：《经历志略·杂记四十》，转引自王裕明《明清典商研究》的附录，人民出版社 2012 年版，第 532 页。

② 《申报》12114 号 1907 年 1 月 7 日《典业创办学堂·宁波》。

③ 刘秋根：《中国典当制度史》第二章，上海古籍出版社 1995 年版，第 91 页。

所赠，管事者或与之千金，或两千金，视肆之大小，自是递降，至断役扈养皆有分也，最下亦与钱十万。方许翁定此议时，初未尝量较其人数，及此议出，主者按籍而计之，则四十余肆，其人几及二千，各如数拜赐而去，而许翁之钱罄矣”。许翁有四十多座当铺，人员将近二千，每座平均近五十人，可见规模之大。

表 11-2 **民国二十年保定当铺人数一览表①**

编号	字号	经理	山西灵石人	保定辖县	天津	合计
1	义和当	段茂芝	20			20
2	德庆当	王子清	17			17
3	德庆分当	张桂轩	18			18
4	益丰当	景朝宗	7	14		21
5	聚和当	王岷斋	19			19
6	玉丰当	田化南		19		19
7	玉丰分当	王云阶		14		14
8	本立生当	董彩臣		18		18
9	益成当	田乃宣		19	2	21
10	万玉当	王安海	18			18
11	福顺当	郑耀宸	1	14		15
12	同茂当	朱虎文		8		8
13	永顺成当	云馨甫		7		7
14	永和成当	席明海		7		7
合计			100	120	2	222

十四座当铺，共有 222 人，平均每座有十五六人，这就是抗战以前保定当铺的规模。在这 222 人中，山西灵石的有 100 人，保定

① 表中数字来源于《保定商会档案》第一卷，河北大学出版社 2012 年版，第 89 页。

所属各县的有120人，天津2人。山西灵石人占45%，可见当时山西商人还有一定的影响。

三、典当内部人员的待遇和升迁

山西典商通过一套独特的人力股制度来对员工进行激励和约束。实行股俸制的当铺，有钱股、身股的区别。财东所出的资本总额定为若干元，每若干元定为一股，这就叫作钱股；铺掌等大多只凭人力，不出资本，但他们的人力亦可准照钱股的比例，定为某人一股或几厘，这就叫作身股。到分红的时候，所享钱股、身股是一样的。① 这是当时实行得非常广泛的一种制度，在其他行业基本也是如此。它给企业内部员工一定的股份，让他们参与利润分配，就可以提高他们的主人翁责任感，调动他们的工作积极性。典当内部员工参与利润分配，是他们享有的第一种待遇。有时典当的股东换了，其内部人员的这种待遇都不会改变，如有民国平谷的典商信稿云："启者，兹因同和当近年疲累情形日复一日，偏遇此旧东时光更紧，只能长使不能再添，看看将及闭门。弟与伊号诸位相处光景吾尽知，虽有不忍坐视之心，无奈心有余而力不足。正在旁观着急无救之际，幸有某号王东家，闻风前来，意欲救伙……当场三面言定，旧东家净清东钱若干，以后利害与伊毫无干涉。新东暂入进钱多寡，以钱多少一俸，共作己股己俸。号中旧人无论身股辛金，原人不动。惟新东由□处某号拨来俸股、伙友五人，此一条在新东主见，以作心服劳靠，按旧伙似乎不愿，为此又费许多唇舌，又将新旧伙友减去股俸者。两人照此惟恐新旧难处，然非此不成，两相再四安咐，方得曲全。就于去腊月□日推弟作中，笔迹注定，约具账谱，一切落明矣。择于新正月某日开旧市，立新帐字号，改为益□当。静看日后东伙相处并时运如何，则不用中人为难矣，此弟为人作忙一切情形也。"②同和当原来的东家退出后，王姓财东又投入了资本，原来的身股、辛金不变，即待遇不因股东变化而改变。有的

① 《商业课本》第一册，山西教育厅民国十五年印，第9页。

② 《陆一堂来往书信》，刘建民先生藏。

伙计死了，他享有的身股也不会立即取消，而是维持到一个账期结束，如光绪初年直隶大名府的恒裕典："承曦兄家用过银，系天锡堂平干银四十九两二五，可将此项拨在伊本身账上。伊在铺一应使过之项，并伊本身人俸，望即算至十三年底，开一清单与伊结来。至于今年伊故用过衣衾棺木钱项，即为出典公账，无须记伊本身账矣。但衣衾棺木之项，并恒聚堂账上，除补还净该之项，务须开在清单后，以便教伊家人知晓可也……覆者，明春咱典又届账期，干城宋二兄人俸一事，照铺旧规，应将十三年底算明截出，但众东因宋二兄在铺竭力劳心，且账期即在眼前，因议俟五年期满，再为截算。兹已时值年终，可于宋二兄五年人俸一应该有之项，截清算起，暂存咱典。至于众东五年总算单，亦须与各堂名下各抄一本。"①承曦兄死了，他享有的人俸要算至十三年底，即到一个账期才能结束。

商家普通多是三年结账一次，叫作账期。到了账期，将三年中所得的余利，按钱股及身股均分，叫作开股。财东家资殷实，可以等待三年分红，凭人力吃身股的，全家赖此生活，如何能待三年呢？因此商界习惯，不论钱股、身股，有每股每年准支钱若干的规定，叫做应支。应支有扣除、不扣除的区别，扣除者，三年中所使的应支，至结账时必在应分余利中扣除；不扣除者，每年实支之数，作为营业开支，账期并不扣除。② 从典当的清单上看，如果应支列在"开除"里，典当实际上把它当成了一种费用，就是不扣除的；如果列在实在里，是要回收的，就是要扣除的。应支是典当人员享有的第二种待遇。

徽商典铺内部人员在待遇上，也实行了与山西商人相似的拨津制。据封越健教授研究，文谟典的拨津限于执事和柜友，执事按余利十拨其一，如一年由两人交换经营，其拨津银两照月分受；柜友原先规定按九六拨津，凡做赎利百两，津贴四两，按季结算支付。后来又改为九五拨津，柜友赎利百两，津贴五两，按季支付。再从

① 《同治十二年恒裕典东伙往来信稿》，刘建民先生藏。

② 《商业课本》第一册，第9页。

中扣除一两，或作为执事之俸，或作为日后卖货之需。这项拨津是柜友和执事较大的收入，超过柜友的俸金收入。他还指出，民国时期江浙一带、江西、四川、汉口、天津等地的典当都实行这种制度。① 这种制度实际上也是把典当内部人员的收入与业绩挂钩，与山西商人的股俸制有异曲同工之妙。

当然，并不是典当内部所有的人员都能享有这种待遇，只有那些资深的伙计才能顶上身股。那些平常的伙计们，也要靠工资维持生活。如前文提到元曲中的那个陈德甫，他在贾老员外的当铺里管帐，每月工资一贯钞。明代小说《清风闸》记载：皮奉山新开当铺，还给伙计上调工资："再言皮五老爷，他到典当之中，与众位伙计言明：'每年薪俸，与汪朝奉加一倍给付。'众人欢喜。次日盘货，择日开张。"②以下是清末一份典当内部人员的月工资表：

执事八千四百 司楼七千 正钱饰五千 副钱饰三千 头柜三千二百 二柜三千 三柜三千 四柜三千 五柜二千八百 正写票二千二百 副写票二千 清票二千 捲包四人各二千 大学生一千四百 二学生一钱二百 三学生一千 四五学生各八百 六七学生各七百 八九学生各六百 十学生五百 十一以下学生各四百 初进学生试用周年开俸四百 厨房正灶二千 副灶一千八百 更夫一钱五百 茶行一千五百。③

表 11-3 **湖口同兴典工资表**

级别	职位	工资数量	人数
1	执事	8400	1
2	司楼	7000	1
3	正钱饰	5000	1

① 封越健：《十八世纪徽州典铺的经营管理与典当制度——以休宁茗州吴氏典铺为中心》，《中央研究院近代史研究所集刊》第78期，2012年12月。

② （清）浦琳：《清风闸》第二十五回《皮奉山开当铺，潘彩臣拔劣迹》，春风文艺出版社1997年版（与《萤窗清玩》《跨天虹》合刊），第447页。

③ 《典业杂志·湖口同兴典规章》，安徽师范大学图书馆藏。

续表

级别	职位	工资数量	人数
4	头柜	3200	1
5	二柜、三柜、四柜、副钱饰	3000	4
6	五柜	2800	1
7	正写票	2200	1
8	副写票、清票、卷包四人、厨房正灶	2000	7
9	副灶	1800	1
10	更夫、茶行	1500	2
11	大学生	1400	1
12	二学生	1200	1
13	三学生	1000	1
14	四、五学生	800	2
15	六、七学生	700	2
16	八、九学生	600	2
17	十学生	500	1
18	以下学生	400	不详

这是一家当铺的月工资表，数字后面的单位应是文。这家当铺的辛俸等级共有十八级，很多级别只有一人，可见等级分得太多了。最多的一年工资 8400，最低的只有 400，相差悬殊。其中级别越高，差距越大，司楼的工资比头柜还高，一线的营业员工资并不高，相差也不大。学徒们的工资虽然是最低的，但也分等级。工资是典当人员享有的第三种待遇。

典当内部人员还有一种收入叫作亚禄，什么是亚禄呢？“满货售于衣客，每本百元，另加贯利二成、三成不等，内提一成分给各伙友，谓之亚禄。”①即出售满货时给伙计们的提成。

① 卢学浦：民国《乌青镇志》卷二十一《工商》，《中国地方志集成》，上海书店 1992 年版，第 592 页。

此外，典当内部人员还有一些收入，如清末同兴典规定：

存箱：每串提十文，除柜上经手人得二文，余八文交内，照股分派，执事四司楼三，司钱饰各二，写票各二，清票捲包每人各二，学生每人各半股。未开俸学生无有，先按每串提十文归未开俸学生，然后再按股分派，存箱一款，只准在典者分派，回家者亭分，以昭划一而俾公允。他款列后。

余利：十四个月让一月，二十九个月让二月，柜上经手得一半，余半交内按股照分，执事四，司楼各三，中班各一，学生各半股，试用学生无份。

九八消：取利百文销二文均同事分闰，执事四，司楼三，钱饰二，柜上各二，中班各一，学生各半股，试用学生无份。

巧利：本日即取及巧日两利，均归柜上经手人独受，过六日经手人得，一天七日归东，是谓之巧日。

售利：即卖货利，按十一成提一成，归同事分润，照每字号之发俸薄，按股分派，无俸者无份。执事四，司楼三，钱饰二，柜上各二，中班各一，学生各半股，使用学生无份。

包皮：卖货照本加一厘，执事十五，司楼七，司饰十五。

使用：卖货照本加一厘，每字号看货者二百文，大学生、二学生各四百文，其余学生并厨房各人一百文，伺候花所者二百文，随东君者二百文。

不提衣：卖货照本加一厘半，执事四，司楼三，钱饰各二，柜上各二，中班各一点五，学生各一，使用学生各半股，厨房及随东伺候花所每人每字号提二十文。①

其中的售利、使用、不提衣就是亚禄。存箱费是典当向当户收取的包装当物的费用，归典当伙计支配，不作为典当的收入。从材料看，这笔收入是按当本计算的，每串提十文就是当本的1%。余利是从那些长期当物的利息里拿出一部分归伙计支配。九八消与上

① 《典业杂志·湖口同兴典规章》，安徽师范大学图书馆藏。

文的拨津相似，都是从赎当的利息里提出一部分归伙计支配，材料里说取利百文消二文，即利息的2%。巧利，因为典当利息的计算有“月不过五”的说法，即三十五天按一个月计算，超过三十五天就按两个月计算，如本月初一当的下月初六取赎，也按二个月计算，典当拿出一个月的利息归伙计支配。如在下月初七取赎，虽然典当也收两个月的利息，却不再归伙计支配。所以本月的初一、初二、初三、初四当的，如果分别在下月的初六、初七、初八、初九取赎，即是“巧日”，典当收取两个月的利息，分一个月的利息给伙计。即取就是当赎都在同一天，典当也要收一个月的利息，这一个月的利息也归伙计支配。售利就是从处理过期当物的收入中拿出一部分归伙计支配。包皮、使用、不提衣都是处理过期当物时，按这些当物的当本，向衣客收取的，都归典当伙计们支配。

江苏溧阳的典当人员的额外收入，与以上情况相似，但也有不同之处：

第一，存箱金，从当衣服的当户收取的。经手柜员扣除25%，以为己有，其余则至月终由钱房分配与各友。

第二，使用金，按满货当本数抽8%，谓之使用金，等满货出售后，方可付账分配，其分配额数与存箱金相同。

第三，扣利金，按全月取利总数抽2%，谓之扣利，月终分给各友。

第四，柜息串，凡当出资本，一元抽一厘；赎取货本一元抽三厘，此款专归经手柜员所有。

第五，盈余金，全年盈余除一切开消及股东官利外，提25%，按成分与职工。①

最后，典当内部人员还有一些收入，当票挂失收取的费用，当票买卖时买方支付的看货费等。这些收入典当不上账，由伙计们自己支配。从材料中可以看出，虽然这些收入都归典当伙计支配，却不是谁得了谁要，而是集中在一起，再按职位高低统一分配。这

---

① 《中国近代典当业·溧阳县典当概况》，中国文史出版社1996年版，第301页。

样，典当便需要一个专门的账户记载这些费用的收支。总之，与同时其他行业相比，典当内部人员的收入还是比较高的。如果当铺的伙计胡乱支用，欠当铺钱太多，当铺的东家还是要追索的：

立分限字人宋景元，缘因帮贸玉祥典，沾人分六厘，额规三年结算一次，东伙分利。兹于道光廿四年终结算，除应分利外，逐年长使，实亏典平纹银捌佰零捌两六钱三分。一时难以弥补，浼凭陈吉堂翁台向东家熊大老爷恳请宽限，分作十年归还。已蒙俯允，今立限票，按年清款。此据。

凭陈吉堂五兄。

道光二十五年(1845年)拾月初七日宋景元亲书。①

这个典铺伙计因为欠钱太多，只得立下字据，分十年归还。还有一个吴记衔，也是欠下当铺的钱太多，东家把他起诉了，官府把他抓起来。他想办法还了一百串，其余分十年归还，东家才同意官府放他出来。

典当内部的伙食标准还是比较高的，如清末的同兴典规定：

月酒：内缺各二百四十，柜上各二百，中班各一百六十，学生及厨房各一百四十，试用学生亦一百四十。

福食，内缺每天两荤两素，柜至学生均是一月八犒，四大四小，大四荤小二荤，初二、初八、十六等为大荤，初六、十二、十八、二十七为小荤。

盘货点心，四千文归学生分润。晒皮货点心，四千文归学生分润。

万号酒：每月上二菜办酒一次。

大节六次：正月初五、元宵、二月初二、五月端午、八月中秋、腊月二十四，每人二百文，按数办酒席。

---

① 张建民：《湖北天门熊氏契约文书》5—099号，湖北人民出版社2014年版，第828-829页。

小节三次：五月十三、冬至、除夕每人一百文按数办酒席。①

典当内部人员的生活水平还是很高的。有的当铺伙计因为收入菲薄，也放债取息，“具禀当商某人为逞强抗债无法理讨禀恳讯追事。切商典铺生理，年少伙友初就学习，所得无多，时将所蓄微资放账取息，以为历年衣履之需。祸于某年某月某村某人央托同族某人作保，揭去京钱若干，立有借约为凭，粘呈验证。不料伊仗恃本土，欺压异乡，自揭之后，二次收过本钱若干，利钱若干。嗣今算该本利钱共若干，屡次支吾，绝不偿还。兹于本月某日前往理讨，竟逞强口出不逊，商畏威莫敢与较，即寻得保人某人又往讨索，更将保人被伊父子攒殴成伤。似此凶恶，商实不敢再讨，血本攸关，财命相连，为此禀恳代行老爷案下恩准讯究施行”。② 这家当铺的伙计因为放债取息要不回来，当铺只好代他起诉债务人。

典当内部人员之间等级森严，《申报》描述得很生动：“江浙典伙徽人居多，若直隶、山东等处之典肆，总推山西人为巨擘。故天津各当铺除店东外、司事以下，半系晋人。其位尊而多金者曰大当家，一当之中总其成而已，次则有二当家、三当家之分，位既有差，权亦少杀。由当家而外，又有管进支者、司管钥者、写票者、站柜者、查号者、叠衣者、出入银钱者，名目不一而足。当家虽一当之尊，然平时手一簿籍，睫毛长寸许，目无全牛。须遇有大当客进门，三当家乃起而肃入柜房，递烟送茶，展问邦族。二当家在旁谛听，知有来历，亦伛偻而前。二当家进而三当家退，无何大当家亦至，和霭谦光，有加无已。即看货议价，亦不问当钱若干，惟问打算用钱多少，一若恐以当字污若人者，此诚积习相沿固无足怪。”③从报道中可以看出，山西商人内部严格的等级制。他们的升迁也是论资排辈，严格按等级。所以凡典业之职员，必经学徒阶

---

① 《典业杂志·湖口同兴典规章》，安徽师范大学图书馆藏。

② 《乾隆词录》，刘建民先生藏。

③ 《申报》1759 号 1878 年 1 月 15 日《胶版貂褂》。

段，而后方能列入中班，升驻外缺、柜上与内缺之职。俸金随着职务的升迁而增加。① 徽商也是如此，据王裕明研究，同一职位缺中，又分为不同等级。柜缺一般分为四等，分别为柜缺一、柜缺二、柜缺三、柜缺四；学生一般亦分为四等，分别为学缺一、学缺二、学缺三、学缺四……初进学生。典铺人员之间等级森严，特别讲究论资排辈，职位升迁以入店时间为标准，依次升级，由学缺升中缺，再至柜缺、内缺。每一缺中不同等级，同样是逐步升迁，不得逾越。② 这说明典当业内部管理有浓厚的层级性。

当然，典当里也有被破格提拔的伙计，如前文提到过的《蜨阶外史》里的缎子王、《妙香室丛话》里的韩生等人。此外还可以举一些类似的例子，如广东新会县的“张青柏，字秀垣，号荫堂，沙富乡人，迁居邑城濠桥门外。性稚朴，少佣质库，见遗金不拾，主家异之。已厚集赀，遣青柏走京师，十年间获息十余万，主析其一予之。”③在这些人中，当以雄县的马鸣珂最有名。据雄县地方志记载，清末民初，完县有一个姓王的当商，开了几座当铺。有一次他到高阳当铺巡视，发现伙计马鸣珂很有才干，于是把马鸣珂调到保定保和当，不久马鸣珂便开始主管保和当。马鸣珂交游很广，与莲池书院的名士关系密切。后来八国联军打到保定，很多店铺都被焚毁，而保和当因为那些名士的维持，得以保全。保和当的效益越来越好，马鸣珂的名声也越来越大。又过了十多年，王姓父子都死了，第三代传人便开始怀疑马鸣珂，马鸣珂便辞职了。不久发生了壬子兵变，袁世凯的部下四处抢劫，保和当也就被烧毁了。④ 少东家的无端猜忌，导致了人才流失，他的典当也就败落了。这些被破格提拔的人，都对主人的典当做出了重大贡献。当然，这些被破格

① 刘建生：《山西典商研究》第九章，山西经济出版社 2007 年版，第 321-322 页。

② 王裕明：《明清徽州典商研究》第一章，人民出版社 2012 年版，第 37-38 页。

③ （清）彭君谷：同治《新会县续志》卷六，清同治九年刻本。

④ 秦廷秀：民国《雄县新志》《故实略·民国高步瀛、马象环墓志铭》，《中国地方志集成》，上海书店 2006 年版，第 232-233 页。

提拔的人毕竟是少数。

四、典当内部人员的纪律和作风

典当为了正常运转，也制定了详细的内部纪律。典当的内部纪律，可以分为两部分，一部分为工作纪律，即内部人员在工作中应该遵守的准则；此外，由于典当内部人员大部分都吃住在当铺里，所以他们还有详细的生活纪律。如果内部人员违反了纪律，就会受到处罚。

同治九年(1870年)屯溪的同裕典规定：

一　典内诸同事，各有专司，不得擅离职守，凡学生皆不准出典门。

二　典内各友，临睡务须互相照应火烛，至二更后，不准点灯看书、烘火，因火烛无情，尤不准点油纸捻进房，违者着执事面斥，以昭慎重。

三　典伙不准私自出门赌博、嬉游、酗酒及外务等事。

四　典门每日以夜饭前责令司更关锁，钥匙交进账房收管。

五　各伙吃烟，不准吃进包房内以及柜台里，至各楼上尤严禁止，以防火烛。

六　典伙如有正事外出，当禀明执事，不得擅自私出典门。限以二更为度，毋许在外留宿。

七　典伙亲友往来，不得擅自留宿。

八　各伙回宅，须预先与执事商定，每年准以两个月为度。更灶回家，自倩替工，钱均己出。

九　典伙不准将自己衣物在本典质当，并不准借用当下衣物。

十　存箱失票，出典售利，各款照后开章程分派。

十一　执事总管各务，筹理出入银钱，督察通典情形，悉心布置，以昭安靖。

十二　管楼督同卷包，估值货物。如有信当，不得徇情朦弊，立饬经手，照章赔罚。倘楼房内遗失货物，查察不出者，责令照赔。

十三 管饰逐日每件封对，过细估值。如有铜饰、假珠皆即声明，经手赔本。倘饰房内遗失货物，查察不出者，责令赔偿。

十四 管钱并理钱票，逐日出入，即登簿核明，票根相符。倘有失察舛误，稽查不出，责令照赔，并不准私自移借，即本典伙友，亦不准向钱房内悬宕银钱。

十五 分清系专抄票本，核计月利，列明字号，免防弊窦。如有错误，惟经手自问，以专责成。

十六 柜友不准徇情信当，如有此情，不独饬经手赔偿外，仍估计信当若干，按数议罚。

十七 柜前倘有无知之人出言不逊，无(务)宜宽恕，切勿与之较量。设有故意滋事，亦须告知执事与伊理论。缘生意之道，总以忍耐、和气、息事为贵。

十八 本日即取及巧日两利，均归经手柜上独受。

十九 取赎倘有错号，惟经手柜上与学生对赔。

二十 写错花色、当本，票账相符，柜上独认；如票账不符，各赔一半。①

这些纪律规定得很详细，其中前九条可以说是生活纪律，其余部分可以说是工作纪律。在工作纪律中，有多处赔偿字样，可见典当内部人员是有严格的责任制的。

对于学徒的生活及工作的相关规定尤其严格，如光绪三十年(1904年)三月，湖口同兴典制定了“学生司事章程”对与典当日常经营相关事务性工作分工做了详细规定：

大学生收日帐，调换写票，吃饭，帮查寻不着货物，挂失票，朔望敬香，发俸(辛)俸，及照应楼上一切事件，督率各学生做事，各学生悉听指挥，收发当票。

---

① 《典业杂志·同治九年屯溪同裕典规章》，安徽师范大学图书馆藏。

二学生叫日包，清理大账簿，开锁楼门，号铜锡，人少事忙，亦须寻当，烧废票。

大学生打月份印，二学生打字号印，三学生打中印。

打小票，自四学生起至末止，每人一月输流司事。

归包、摸漏、扫楼地、拌猫饭、扫猫屎等事另有牌示。

搬外包、拣日包、晾包、扫柜房地、扫包房地归试用学生分做。

理牌、磨墨、扫钱房地，归搬钱者，每人一月，轮流司事。

搬钱自小学生逆推而上，以柜友位数为度。

对挂号、排牌自三学生起至末止，每人一天，轮流司事。

自三学生起至末正，俱要寻当，惟搬外包、拣日包二人各有专事自应免寻。

钞卖货簿，入老货房，均大二两学生分任其事。①

可见生活工作的每一步，从收发当票、寻包、清理账簿、打小票、搬钱、挂号到扫地、磨墨，甚至拌猫饭、扫猫屎都有规范，甚至专门针对司楼一缺下学生的生活工作做了多达十条的规定，而且违犯处罚也是相当严厉，如："第一条　不准私出门外，若遇要事，必须告明本司楼或内缺，方可出门，违者以犯规论，无论大小学生，随犯随歇；第二条　二更以后，须熄灯安睡，违者已婚学生记过一次，未婚学生责二十板……第七条　寻错货物，但下楼而未发出者，未婚学生责二十板，已婚学生免责，记过一次……第八条　漏上掛号，未婚学生责二十板，已婚学生免责，记过一次……第十条　学生中遇有不平之事，须告明本司楼，或内缺处治，不得擅自吵嘴打架，以酿事端，小学生违者，无论谁是谁非，彼此均责二十板，再论理之曲直"；并且规定："以上各条，凡记过二十次者，即罚俸一月，凡罚俸过三次者即由本司楼咨请执事，开缺辞歇"。

以上条规中所说的"开缺辞歇"绝对不能视为一纸空文，典当

① 《典业杂志·湖口同兴典规章》，安徽师范大学图书馆藏。

内部人员违反了这些纪律中的一条，受到相应处罚直至被辞出号的事，在文献材料中是屡见不鲜的。如前文提到嘉庆时期的娄育初，在一家当铺当伙计，因为两票人情当，被东家开除了。① 还有的是因为生活方面的问题，同样也被开除，如有民国时天津某典当的信件说："某老兄先生阁下……我兄既来周旋，敢不如命是听？但渠素行慌（荒）唐，骄而且傲，学习将近两载，当字未尝搦管写有一号，算盘不曾及于门账。牙粉、牙搠、口盂、香胰陈设满盘，每日清晨净脸水洒满院扑香，申饬之间意若罔闻，若此行径，何以为商？"②此位学徒被开除的理由，是因为太注重自己的外表而不练习专业技能。还有的学生贪玩也会被开除并被典当伙计送回，如在清末沙市某典当，"谨启者，西山兄之令姪某人，原系宝号举荐，近来不法铺规，急务全无紧要，早膳以毕，沿街玩戏，责罚善劝，并无悔意……因此执事者将伊开消，今着弊伙本人送至宝典，亦可报良友之不负心也，此达。"③

典当对内部人员尤其是对学徒的教育是非常重视的，这在成书于道光年间的《典业须知》中有比较全面的反映。其内容大体有几个方面：首先要求谦虚勤奋好学，学习的内容包括看银钱、写当票、算盘、写字、卷包等。《典业须知》说：

> 尔等趁此少年，认真学习本事，替东家出力报效。东伙两皆有益，不可过意高傲，不可自大骄人，不可心存自是，而以他人都非。大凡责人者明，责己者暗，常将责人之心责己，恕己之心恕人，自然心气和平……再柜上收下银洋，抹净盖印，必先学看。辨其色面花纹之正否，听其声音之好否，真假之分别，认真习学，自然看出而益精矣。晚上学摺取票，结取总，覆当出。但算盘、书字、银洋，件件要精，五者缺一，吃亏不

① 杜家骥：《清嘉庆朝刑科题本社会史料辑刊·浙江山阴县民娄育初因被辞砍伤雇主致死案》，天津古藉出版社 2008 年，第 1394-1395 页。

② 《民国天津典当家信》，刘建民先生藏。

③ 《介休人在沙市开典尺牍》，刘建民先生藏。

小……学生初进典，第一要勤，不可懒惰。至于习学，无论何等事件，见人如何做法，我即效之……仍要听人教训，不可回嘴强辨，冷人之心，他不教我而我学无成也。晚饭后无事，用心先学草书字，摹得能写，将来能升写帐，我之胆即不怯也。日间有暇之时，要学卷包，先学单件卷起，渐渐加增。

其次，要求学生要互相忍让，和睦相处。“诸同人以和为贵，能让一言即可无事，况同锅吃饭，亦有前缘，何能依自己之性情？想此如搭船一般，切莫认真。人生在世，无不散之筵席也，更祈思之。倘不两下相让，争端而起，破口挥拳，成何体统？”

第三，对典当人员的服务态度也有要求。“同柜诸友，第一要顾生意为最，性气仍要和平，不可拣精择肥，大小皆是生意。况典当柜台，仍是非所在，不如外人之意者多，口角争端在所不免。当此口角，不可认以为真，要知与外人不过片刻之聚，立时分散，何必用血气之勇，而不相能？即让一句即就了事，言语平和些亦可不争。假有小钱不多者，其来人路远，又何妨拣些以成其事”。①

第二节 典当业的仓储制度

第二章说过，当物的种类很多，所以典当必须加强管理，避免当物丢失，这样才可以提高取赎的效率，使当户满意。当物避免了丢失，给自己减少了不必要的损失，也就是增加了利润。

典当收进当物以后，一般实行分类保存。分类保存的办法起源很早，如吐鲁番出土的唐高宗时期长安某质库的账历反映，在一些质押物品上，标有“在”“在外”“在轻”等字样，这可能是为分类保存而做的仓库标识。② 如元末明初小说《三遂平妖传》里就写过：“其中有一个员外，家中巨富，钱过壁斗，米烂陈仓。家中开三个

① 以上所四条均见《典业须知》，载《食货月刊》一卷四期。

② 《吐鲁番出土文书》第五册《阿斯塔那二〇六号墓文书》，文物出版社1983年版，第314-340页。

解库：左边这个解库专当绫罗段匹，右边这个解库专当金银珠翠，中间这个解库专当琴棋书画，古玩之物。每个解库内用一个掌事，三个主管。这个员外姓胡名浩，字大洪。”①可见胡员外是把当物分为三类，分存在三个库里。据封越健研究，文谟典的楼和典房都是存放衣饰的仓库，栈房则存放粮食、棉花之类的粗重货物。② 据刘建生等研究，山西商人的典当铺仓库一般分为两类，一类是首饰房，用于保管贵重细软，构造复杂，要求亦高，通常在典当行院内单辟一两间屋，既是保管贵重物品的库房，又是所谓的“内帐房”。内有供收藏玉件、瓷器、座钟等物用的木橱，供收藏首饰、表饰等小件珍品用的屉柜，供存储银钱用的钱柜等。橱屉、柜内又分有各类尺寸不一的小格，避免相互碰撞及便于编号。首饰房是典当行之银钱重地，属于禁区，类似现今的银行金库，非特许外不得擅入。另一类是俗称“号房”的普通仓库，专门用于保管当进衣物，存储除珍贵物品以外的全部财产。一般能占房一二十间，有些是两层以上的楼房结构，是典当行内部建筑的大头。建筑设施要考虑防火、防潮、防鼠、防虫。基于迷信观点，主号房内建有两个小洞即小龛，砖砌门楣，左龛供奉火神，右龛供奉号神(即耗子)，都写有牌位。所有库房都装满长方形木制货架，自地至顶，高及数米。货架分层分格，每层宽约三尺，高约二尺，深约一尺五寸，底装薄板，用于盛储当物。每格宽度则根据需要确定，不求统一。架柱均标明字号，按次排列，以便寻取。两排货架中间留出走道，相距约容一人出入之地，名为号桶子。另外，这类库房还设有折梯、高凳若干，用于提取物品。晚间，号房不许点灯，另置玻璃手提灯笼若干盏，放置在柜房外专设的灯架上，以备取用。③ 可见山西商人典

---

① (明)罗贯中：《三遂平妖传》第一回《胡员外典当得仙画，张院君焚画产永儿》，浙江人民美术出版社 2011 年版，第 2 页。

② 封越健：《十八世纪徽商典铺的经营管理与典当制度——以休宁茗洲吴氏典铺为中心》，中央研究院近代史研究所集刊第 78 期(2012 年 12 月)，第 29-86 页。

③ 刘建生《山西典商研究》第十章，山西经济出版社 2007 年版，第 356 页。

当的库房保管分类更细，内部设施更完善。

柜上营业员收进当物后，要经过卷包和挂牌两道程序才能进入库房。典当每日所收赎之物若不分门别类，按字号存放则不易盘点寻觅，衣服布匹若不折叠存放既占空间又易损坏，故有卷包负责按一定的方式包扎，使其紧而小以免散乱。挂牌以写明字号、品名、件数、当本，用长二尺阔一寸之竹牌或木牌扣于卷包之上，有时此职由卷包者兼管。当物的字号与当票的字号是一致的，在叙述当票的部分再详述。管楼和管饰随即根据当簿核对，在当货的包裹上盖印送入楼内。徽商文谟典规定，每天管楼者要查明各件当货经手的柜友姓名，如有遗漏随即补写。违反规定，或到卖货时有补本而无可稽查，应补之本罚管楼者代偿。衣包、首饰遇有一包数件，管楼、管饰者必须查点明白，如件数缺少，随即向经手者查问。如脚帖与帐簿相符，所缺之物由经手补赔；如系写错，亦不得轻易擅改，必须禀白执事，亲笔注明，免得以后引起争执。① 清末屯溪同裕典规定，司楼不仅要查当物的件数，还要覆核每号当物价值是否符合，一旦发现价物不符，便向执事汇报，以追究柜员的责任，否则便由司楼坐赔。② 至此，当物便完成了入库的程序。

如果一个当户的当物很多，差别很大，当铺怎么保管呢？浙江海宁州“嘉庆丙寅，古芸质库中火。旧例以衣饰、铜锡器物同质者，票则合书，物则分庋，俗案另头。”③这就是说，一个当户的当物不管多么复杂，都要开在一张当票上，但入库的时候要分类。

取赎时，文谟典规定，由柜友计算本利，收取银钱，登入柜内挂号簿(称为大挂号)，然后才准取货出典。如系衣饰，由小官登内号取货。如无当票，亦须将所查看之货、字号银本，照例登内外挂号，方许取赎。不许白票取赎。栈货则由柜友在当票上批明日

---

① 封越健：《十八世纪徽商典铺的经营管理与典当制度——以休宁茗洲吴氏典铺为中心》，中央研究院近代史研究所集刊第78期(2012年12月)。

② 王裕明：《明清徽州典商研究》第一章，人民出版社2012年版，第38页。

③ 李圭：民国《海宁州志》卷三十一，上海书店1993年版，第920页。

期、经手以及挂号簿上的字号，盖上发栈印记，将票赴乡人赴栈。栈友接票后，验明日期、挂号以及经手笔记、本典印记，确实丝毫无疑，然后由值日栈友登入栈内挂号簿(称为小挂号)，始可发货。不得至晚间才根据当票誊入挂号簿。如有怀疑，立即持票赴柜查对大挂号。

典当的库房每年盘点一次，一方面再次确认当价评估是否合适，另一方面核对是否遗失、少件或错取。文谟典规定，凡皮箱大宗必须开看估值，有不值者，注明当簿，俟盘完后将不值之号汇抄一单，粘在柜友吃饭堂内，以便经手者时时寓目，频频催取。取赎时检查当物，以免误取。① 北京等地的典当，每年春秋两季对架货进行大盘点，称为对点。一般由当家或副事来主持，被看成是大典。在对点进行期间要抽调人员，或在同行之间互请人员帮助，并改善伙食。其工作程序大致是，事先进行抄账，即对物品唯一的保管册(门账)进行誊清，把已赎取的号除去，然后正式开印。开印时由主持人员配备正账或帮账先生，各自掌握已经抄录并核对过的誊清门账和刻有“春典”或“秋典”(典即点)两种字样的印章，分别负责。两个印章由主持人各掌一枚，随身携带。对点进行期间，主持人被尊称为印官。对点开始，由包衣哒或踩八角、大包衣分带数名更夫和徒弟，一面下架子(即从架上搬下号卷子)，一面把对过以后而又搬回(又叫抱号)来的货再上到架子上去，名为上架子。把号卷子搬下来，放到院子里以后，即由徒弟、小包衣进行整理，然后顺着号次叫号，抑扬顿挫地唱起来，唱的是什么字、多少号、几件、多少钱。这时候，掌印的就要眼观账、耳听声，认真核对，核对无误后即在账上盖章。在对点期间，取赎单据暂不销账，以免错乱。这样把当物全部核对，每对一次，约需十天到半个月。然后再分组计算金额，金额计算出来以后，再与日清账核对架本，名为“跳龙门”。如果全部金额相符，认为是“喜相逢”，则这次对点就

① 封越健：《十八世纪徽商典铺的经营管理与典当制度——以休宁茗洲吴氏典铺为中心》，中央研究院近代史研究所集刊第 78 期(2012 年 12 月)，第 61 页。

顺利结束。否则，要换手复核。等到差额接近，认为可以交待得过去了，就进行封印，于是对点大典也就结束了。一般在对典结束以后，还要“谢将”，借以酬谢参与人员。① 除了每年例行的盘点外，当铺在转手时，新铺主为了了解当铺的存货情况，也要大盘点。据笔记小说《客窗闲话》记载，有一家当铺经营不善，要转手，声称存货值十万两银子，他只要八万便可。铺里有个伙计名程老实想接开，但没有银子，于是找到当地的一个富翁名周封翁，要借八万两银子。周封翁第二天便和程老实来到当铺，经过盘点，确认存货的实际价值后，才借给程老实八万两银子，接开了当铺。②

总之，典当的库房管理，不仅要检查当物的数量是否正确，还要检查当物的估价值不值，这与其他行业的仓库管理是不同的。从典当库房的管理可以看出，典当对当物值不值是非常关心的，不仅要求柜台的营业员负责，还要求库房的保管员复核，这可能是典当业的特点决定的。其他行业的一家店铺只可经营一种或几种商品，不可能经营全部商品，而且其商品购进时都是成批次而来，价格比较稳定，所以其库房就只要保证商品数量不出差错就可以了。而典当则不然，当物的种类太复杂，收进时大部分是单个收的，没有规律，价格高低相差太大，稍不注意收进一件假货就会造成重大损失，所以才给其库房又增加了一项职能，就是复核当物值不值。

当然，以上对仓库及其管理制度的论述，主要还是针对那些规模较大，比较正规的典当，一般的中小典当铺恐怕没有那么大的仓库，也不可能有那些细密、严格的管理制度。

---

① 《近代中国典当业》下编《北京典当业内幕》，中国文史出版社 1996 年版，第 79-80 页。

② (清)吴炽昌：《客窗闲话》卷八《周封翁》，文化艺术出版社 1988 年版，第 239-240 页。

第十二章

中国典当业的会计制度

会计制度与仓储制度一样，也是管理制度的一部分，但它比仓储制度更复杂、更重要。一家企业的会计制度先进，就会满足管理的需求，提高经济效益。尤其是历史上的典当，业务繁忙，每天当赎业务很多，银钱收支频繁，更需要加强会计管理。现在的典当史会计研究，大多承袭杨肇遇等人所说，千篇一律，鲜有创新。本书拟在新材料的基础上，在这方面有所发展。

第一节 当　　票

一、当票的源起及演变

典当与当户经过协商一致，确定价款以后，就要给当户开具当票。当户将来准备好资金后，也要持当票取赎自己的当物，所以当票不仅是当户取赎的凭证，还是典当与当户之间签定的契约，也是典当铺的一种重要的会计凭证。后来当票在社会上的地位有了提高，成为历史上的一种很重要的票据，值得专门予以论述。

当票是伴随着典当业的产生而产生的，在典当业产生的同时，当票也就产生了。据文献记载，我国最早的当票，就出现在典当业的初始阶段——南北朝时期。第一章说过，我国最早的典当出现在南北朝时期的佛寺里，佛经上就有这个要求："佛言：若与物时，应可分明，两倍纳质，书其券契，并立保证，记其年月，安上座名及授事人字，假令信心邬波索迦受五学处，亦应两倍而纳其质。"①佛祖告诫门徒们，出借财物时要立券契，而且将"两倍纳质"的事实写在契约上，这颇有点像后世当票的内容。南齐时，大贵族萧翼宗因为宗室内部斗争失败被抄家时，"检家赤贫，唯有质钱帖子数百，还以启帝。原死，系尚方。"②文中的"质钱帖子"是什么呢？据元初的胡三省解释说："质钱帖者，以物质钱，钱主给帖与之，以为照验，他日出子本钱收赎。"③可见，"质钱帖子"可能就是当户取赎的凭证，如果萧翼宗质钱的机构即"钱主"是长生库或质库，它就相当于后世的当票。材料中说从萧宅搜出的质钱帖子有几百张，数量是很大的，可见当时这种"质钱帖子"已经很平常了。唐代虽然没有直接的文献记载，但唐代典当是很普遍的，这种取赎的凭证也肯定会有。宋代人们已经认识到了这种帖子的重要性，"在法：典田宅者，皆为合同契，钱业主各取其一……今人持衣物就质库，解百十钱，犹凭帖子收赎，设若失去，衣物尚无可赎之理，岂有田宅交易，而可以无据收赎也哉！"④可见当时法律已经承认质帖的重要性，并把它当成断案的依据。金朝的国营典当里，也要向当户开具凭证："出帖子时，写质物人姓名、物之名色，金银等第、分两及所典年月日、钱贯，下架年月之类。"⑤这里把质帖的内容说

① (唐)义净译：《小乘律·根本说一切有部毘奈耶》第二十二《出纳求利学处》第十九，《乾隆大藏经》第41册，中国书店2010年版，第861页。

② (南梁)萧子显：《南齐书》卷四十二《萧坦之传》，中华书局1972年版，第749页。

③ (宋)司马光：《资治通鉴》卷一百四十二《南齐东昏侯上》，中华书局1956年版，第4452页。

④ (宋)《名公书判清明集》卷五《户婚争业下·典卖园屋既无契据难以取赎》，中华书局1987年版，第149页。

⑤ (元)脱脱：《金史》卷五十七《百官志三》，中华书局1975年版，第1320页。

得很清楚。元代法律要求典当收进当物必须出具凭证："诸典质，不设正库，不立信帖，违例取息者，禁之。"①这就是说，典当收进当物时不出具当票是犯法的。元代的当票除被称为"信帖"外，有时也被称为"解帖"，并且已经出现在元曲中。从明代开始，这种凭证正式被称为当票，如嘉靖四十三年(1564年)，太湖东洞庭某寺因为饥荒，向王相国家的当铺当米，当铺的严都管就"当真出来写了一张当票，当米五十石。"②因当铺与人民的生活密切，一些贫士之家便经常有当票存在，于是当票开始进入文人的诗文。"国朝吴翌凤《逊志堂杂钞》云：明末南海邝露湛若蓄二琴，一曰南风，宋理宗宫中物也；一曰绿绮台，唐武德年制，明康陵御前所弹也。出入必与二琴俱。其余古器物甚多，贫则质子钱家，俗谓质曰当。当主例给票以为验，故湛若有《前当票序》《后当票序》，其目皆奇器也。"③他还专门给当票写了文章，只是他的文章没有流传下来。后来陆廷黻也写了一篇《后当票序》："辛酉之秋，里中疫大作，吾家病者三人，予亦继病。家本贫，至是而甚，不能具一餐。病之中，予妻以粥一瓯进……食既，微有汗，寻不药而愈。妻兄自篁溪来……为之具一馔，虽不半而称是。吾甚讶之。既而视其瓶，则储粟以斗计矣，爨下之积薪亦厝厝矣。吾始诘其所来，则曰："自子未病时，兼日而食者屡矣。及子之病，而乃罄无所有也。索负者望于门，又谁可贷者？计惟有当耳。虽然，自吾为尔家妇，靡岁不病，亦靡岁不当，力不能赎。今所遣者，非常御之服，即其甚弊不值钱者也。吾谋诸姑，得葛衣四，棉衣四，裹以巾而嘱邻子使质焉……而质库中又以当者环集，不能猝投。盖由辰至午，而始以钱来也，以钱来而始有此粟与薪也……此辛酉八月，病中作也。"④贫穷文人生活的辛酸、困窘于此可见。因为历史上很多人持衣质钱是

---

① 《元史》卷一〇五《刑法四·禁令》，中华书局1976年版，第2687页。

② (明)凌濛初：《二刻拍案惊奇》卷一《进香客莽看金刚经，出狱僧巧完法会分》，人民文学出版社1996年版，第7页。

③ (清)俞樾：《茶香室丛钞》卷二十七《当票》，《笔记小说大观》第四一编第三册，新兴书局有限公司1986年版，第541页。

④ (清)陆廷黻：《镇亭山房文集》卷八《后当票序》，《清代诗文集汇编》第730册，上海古籍出版社2010年版，第487页。

生活所迫，所以当票便代表了生活的艰难，感情丰富的文人们一看见当票便想起曾经经历过的苦难生活，提笔为文也就不足为奇了。

在某些人的眼中，当票还具备了某种神奇的功能：清代“宁河某甲有典衣癖，每日检己衣服及妻孥辈衣饰、婢珥妪簪，敛为一箧，悉付质库。所质钱置床上，十缗为埒，如黄标、紫标故事。而一月子钱计若干，预于灯下盈贯，付床头，凌晨赎归，朝饔后复质焉。自奉极俭，家仅中人产，青鞋布袜，意趣恬如。惟一日不典衣，即疾首攒眉，如负重恙。质券到眼，则如服对症药，通体畅然，笑容可匊矣。岁以钱十余千，雇一奚奴，往来蹀躞质库中，四十年如一日。有腴田数顷，坐是化为乌有。卒之日，无以敛，子孙竟无立锥云。”①当票只不过是典当行为的凭证，以备他日取赎而已，但在某甲那里，却象药一样神奇。更有甚者，清代“维扬王氏妇，孕六月矣。适有邻猫来，攫其笼中之鸟。妇起逐之，仆于地，震动胎气，势甚危殆。一邻媪曰：“可速觅一二纸过期不赎之当票，烧灰和开水服之，则胎即安矣。”如其言，果无恙。夫过期当票，已成废纸，乃有安胎之妙用。”②这两则故事的真实性不得而知，但说明当票与人们的生活有非常密切的关系，当票被神化可能是某种拜物教的残迹，就像有的商人把万金账、算盘供起来一样。

二、当票的字体及其书写

清代当票上的字体很特殊，是一种当书体，多数都是牵连一串，鬼神难辨。乾隆时，江西的地方官员试图禁止这种字体，“今本司访闻：各属典铺凡民间典质物件，如价值一两，仅可当银三钱；其票内字迹，并非楷书，另作一种格式，牵连一串，令人莫识，以致取赎之时，愚民任其欺蔽……嗣后典当各须遵循定例，加二取息，票内所写货物及银钱数月，一切字迹俱遵条议，概行楷书……如当物有甫至二十个月以外取赎，即照苏省之例，听典质之

---

① （清）陶梁：《蜨阶外史》卷三《某甲》，《笔记小说大观》第 2 编第 2 册，新兴书局有限公司 1978 年版，第 712-713 页。

② （清）俞樾：《耳邮》卷四，《笔记小说大观》第 1 编第 10 册，新兴书局有限公司 1986 年版，第 6317 页。

人愿留，按月二分算息。”①典当使用的这种字体，官府禁止也无效。关于这种字体的起源，有人做过考证：“典当书法另成一体，考其字之形态，似脱胎于草书之《十七帖》，而以白字土语掺杂其间，以求便捷，其作用殆与速记之符号相仿耳。”②典当的学徒们晚上都要练习这种字，后来还出现了专门供典当学徒练字的书，如《当字初阶》《当字入门》《当字簿》等。刘建民先生所藏晋商典当铺用的此类范本——《宣统三年当字册天书》，比较全面地反映了这种字体，以下引用两页如图12-1所示：

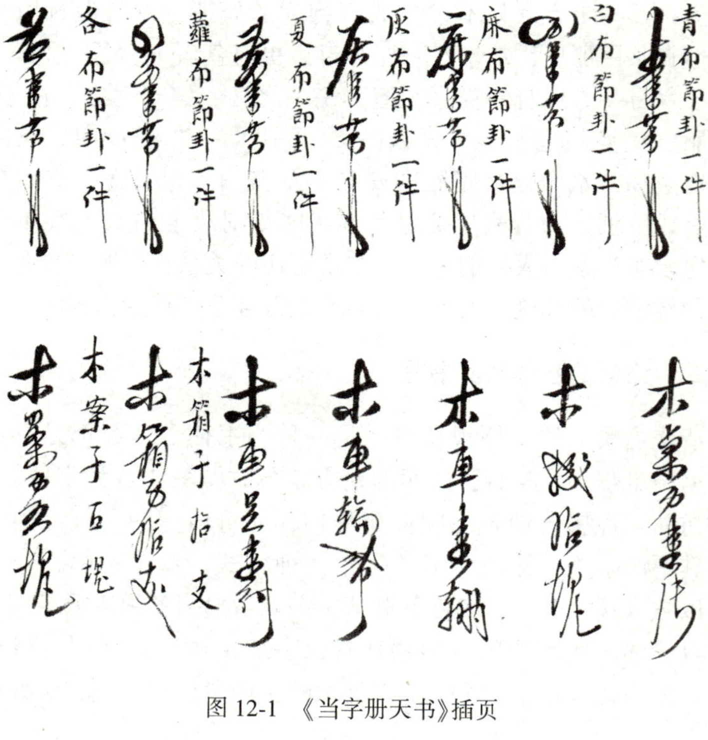

图12-1 《当字册天书》插页

① (清)《西江政要》卷九《严禁典铺票内楷书字迹，毋许违例巧取重利并愿留取赎定例》，江西按察司衙门刊，乾隆三十一年，第9页。

② 《当字初阶·序》，转引自王裕明《明清徽州典商研究》第一章第一节，人民出版社2012年版，第4页。

一张当票要满足一笔交易的需要，如果一笔交易物品太多，都要写在一张当票上，又不许分行，就需要相当的功力。从清道光年间开始，还出现了印刷的当票，从此当票的内容与格式便固定下来了。下面是一张刘建民先生收藏的印刷当票(见图 12-2)。

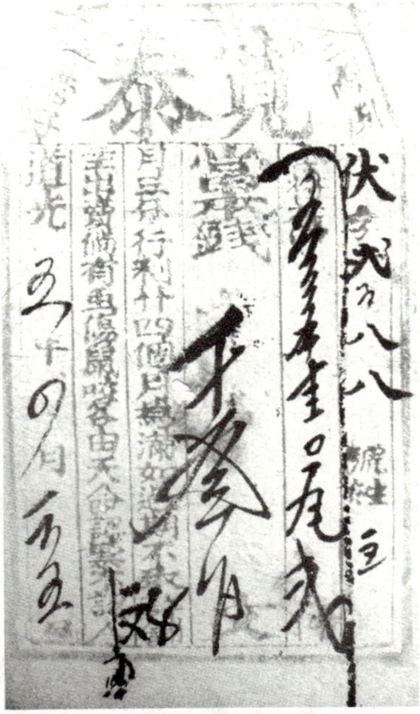

图 12-2 道光五年宽泰当当票

当票上描写抵押物品的措词都是贬义的，这从元代就开始了。前文提到过元代的那个财主刘弘，让内侄王秀才管理自己的当铺，王秀才便把赤焦金写作淡金，把好珍珠写作他蚌珠，把簇新的衣服写成展污的旧衣服。[①] 这些贬义词到了明清时代却演变成了例行的词头，其作用是防止在题头之外生夹一些字样，同时还能起到物品分类的作用，使徒弟在取当时一目了然。题头的使用是这样的：属于衣服必写破字，书籍字画要写烂字，其他都要写坏字。这些都是

---

① 《元曲选外编》第三册《施仁义刘弘嫁婢杂剧》，中华书局 1959 年版，第 812 页。

例行的题头，并不是原件真有这些毛病。①

当票都是编字号的，当票上的字头是按《千字文》的顺序排列下来的。但在使用过程中，基于迷信禁忌，把《千字文》中不吉祥的字换掉了。典当一般是一个月占一个字，在一个月内编号，称某字若干号。② 如上图 12-1 的当票，为“伏字二百八十八号”，即“臣伏戎羌”的“伏”，是《千字文》的第一百一十八个字，可知当时这家当铺已经开张一百一十八个月了，即近十年了。二百八十八号表示这是本月第二百八十八单生意。以《千字文》进行编号的办法，从明代就开始了。如前文提到的明嘉靖四十三年，太湖洞庭山的和尚因为大灾之年没有粮食吃，便以祖传的《金刚经》到王相国家的当铺里当了五十石米，“且说这相国夫人，平时极是好善，尊重的是佛家弟子，敬奉的是佛家经卷。那年冬底，都管当中送进一年簿籍，到夫人处查算。一向因过岁新正，忙忙未及简勘。此时已值二月中旬，偶然闲手揭开一叶看去，内一行写着：‘薑字五十九号，当洞庭山某寺《金刚经》一卷，本米五十石。’”③当簿上的记录与当票上的字号是一致的。“薑”字即“菜重芥薑”的薑，是《千字文》的第六十四个字，可见当时那家当铺开张有六十四个月了，五十九号表示这是本月第五十九单生意。

典当对写票这一缺也有要求：“凡写当票，最要细心。虽然中缺，亦是所关非小，倘若粗心大意，将当票用出双张，此乃累及东人大事，官事词讼，害无底止。若将花色写错，口舌争端，赔累银钱，自己固不待言，仍累经手，岂可忍乎哉?”典当很重视对当票的管理：“刷出之当票，或存厨内，或用箱存，须要关锁。已印过之当票，须收管事先生房内，或存首饰房内。须要可靠之人经管，

---

① 《北京典当业内幕》，见《近代中国典当业》下编，中国文史出版社 1996 年版，第 94 页。

② 《北京典当业内幕》，见《近代中国典当业》下编，中国文史出版社 1996 年版，第 93 页。

③ （明）凌濛初：《二刻拍案惊奇》第一卷《进香客莽看金刚经，出狱僧巧完法会分》，上海古籍出版社 1983 年版，第 6 页。

每日出若干，收回若干，均要记数，一张不能少，此亦关乎大事也。”①典当如果丢失空白的当票，怕有人胡乱填写了来取赎，典当拿不出当物，后果就严重了。如光绪二十一年(1895年)，“苏城院桥巷祥利典当，为本城某绅所开，经之营之，生涯颇盛。端午日年例只开半日……司账某甲检收票簿，不知于何时失去空票一纸，遍处搜寻，毫无踪影，遂据情告知。居停立出赏格，谓如将原票送还，酬洋若干元。一面禀请元和县立案，并请告示一道，悬挂门前，略谓如将原票送还，当照赏格酬谢。如有奸徒填写货价等情，许即扭案惩办。想窃票者见此煌煌告示，亦不敢施其伎俩矣。”②因为丢失了一张当票而这样着忙，可见问题的严重性。

三、当票的流通

由于当票上一般不写当户的姓名，典当也是认票不认人，所以当票可以像有价证券一样买卖。由清内阁刑科题本我们经常可以见到当票买卖的事例，以下利用中国社科院经济研究所刑部抄档做表格(见表12-1)，由此我们可以了解当票买卖的基本情况。

表12-1 **当票买卖一览表**

编号	当物	当本	卖价	案件名称	时间地点
1	一件皮袄	6000文	1600文	金文发砍伤苏元并苏王氏身死一案	嘉庆十一年七月 盛京奉天府宁海县 管理刑部事务 董诰等题
2	青布套一件，蓝布夹袄一件	1500大钱	200京钱	李二等行劫董尚书家银衣一案	嘉庆十五年四月 文渊阁大学士 庆桂等题

① 杨联陞辑《典业须知》，见《食货月刊》复刊第一卷第四期，第240-241页。

② 《申报》7952号1895年6月11日《吴门零拾》。

续表

编号	当物	当本	卖价	案件名称	时间地点
3	蓝毕叽马褂一件	400 文	200 文	赵名多等叠次窃刦王合兴等家一案	嘉庆十六年九月 湖北枣阳县 刑部尚书 瑚啚礼等题
4	棉袍一件，线带一条	1000 文	200 文	孔狗子听从母命活埋胞兄孔素子身死一案	嘉庆十八年十二月 山西平阳府洪洞县 管理刑部事务 董诰等题
5	铜锣一面	1400 文	500 文	刘淋受误伤何金才身死一案	嘉庆二十一年三月 浙江宣平县 刑部尚书 崇禄等题
6	破单裤一条	1000 小数钱	200 小数钱	刑万仁在途抢夺维伤田文生身死一案	嘉庆二十四年十二月 吉林 管理刑部事务 章煦等题

从中我们看不出当票买卖的价格是怎么计算的，这是因为以上材料来自《刑部抄档》，当物都是偷盗、抢劫而来，与正常的典当行为不同，其当票的价格也比较低。后来，当票的买卖也形成了一定的规则：买当票的人，一定要到当铺“照票”，鉴别当票的真伪，是否挂失；“看当”查看原当物能变卖多少钱，然后双方议定价格成交。买当票的人要计算赎取这件当物应付的利息，再加上付给当主那部分钱，与这件当物卖掉的价格比较要有利可图。“看当”也不能白看，只有在“看当”“赎当”连续进行的情况下，当铺只作为赎当立即收取本息交还当物。但这种情况很少见，一般总是先“看当”，当铺收取“看当费”。这笔费用买当票的人也要计算，只有成交以后双方可以分担。若看当后议价不成，难以成交，这笔费用要由买当票的人承担。①

① 《近代中国典当业》上编《典当业的组织管理和业务经营》，中国文史出版社 1996 年版，第 48 页。

因为当票买卖的兴盛，甚至产生了以买卖当票为生的人，如《申报》记载："某甲者，金陵人，年已五十外，性本忠厚而吸烟。迩年因赋闲无业，家更贫甚，日在典当门口专于收买当票，盖藉此为糊口计也。日前买得当票一纸，登时取赎，乃棉被一条并衣服数件。正在典铺门口与同伙逐件估值，忽有一人问甲索价几何，甲以数对。其人略与较量，登即允买，且言身边并未带钱，令甲同去"(下略)。[①] 报纸上的这位"某甲"，看来是以买卖当票为业的。

后来，当票不仅可以买卖，有时还用于抵押，可见成了一种流通很不错的有价证券。巴县档案记载：在重庆，有道光七年的诉讼言："蚁父遗留麻花藤一对，重三两四钱，于去年六月将金藤一对在城当与永兴当，获银三十两。今闰五月二十三，蚁将票在王长盛钱铺押钱八千，殊长盛将当票出卖与傅正兴金铺。"[②]当票不仅可以买卖，还可以抵押借钱。正因为当票如此重要，才有了造假当票。据《升仙传》说，承光家道衰败，难以支持，打听着东西牌楼有两三个徽州朝奉开了一座当铺，每两定要五分利，专当大宗货物，从三千两本钱增到万金有余。承光到珠宝市借了三百颗珠子，到当铺里当了一千二百两银子。他又造了一张假当票，让朋友拿去赎当。当铺里没有认出来，就把珠子还给他的朋友。最后承光拿着真当票去赎当，当铺里拿不出珠子，他便敲诈了当铺三千两银子。[③]

当户的当票如果丢失，还可以到原当铺挂失。挂失的手续十分繁琐，因为典当唯恐遭受不必要的损失，被人蒙骗取走当物。早年印刷的纸张均很粗糙，极易仿制，因而典当接受挂失必须先由当户觅具殷实可靠的铺保，说明当物的日期、品种、特征、当本，经柜员查明确有此当物，所觅铺保信用、资金均符合要求，才可以挂失。挂失以后，典当要求当户立即取赎。当户如果无力取赎，就要

① 《申报》2049 号 1878 年 12 月 26 日《买赃自尽》。

② 《清代乾嘉道巴县档案选编》下册八《当铺、钱庄、高利贷》(一)《道光七年六月二十日陈善继告状》，四川大学 1989 年，第 101 页。

③ (清)倚云氏：新刊《绣像升仙传演义》第九回《当铺中贿通严府，琼花现小塘拜友》，远方出版社 2001 年版，第 45-46 页。

支付利息换发与原当票不同的新当票，将原票号数注销转入查失簿，将当物的品种、花色等详细登记。当户挂失当票，要支付手续费，标准为当本的十分之一。这笔费用典当不入帐，归伙计支配。① 近代报纸出现以后，当户的当票如果丢失，还可以登报声明作废："本城彩衣街公益典当票一纸，计洋念五元；又广大典当票一纸，计洋念五元。本月朔日均以被窃，今向前途说明，以作废纸，特此申明。程鉴明具。"②

当物被取赎后，典当收回了当票，由学徒分柜台抄入日赎簿，清票司装订赎票，复算本利。每月营业结束，将赎票按字号订成一束，加一封面，注明本利若干，以便移交。③

历史上的当票与现在的票据不同，典当只开具一份，交当户保存。典当并不把当票作为记账的依据，在典当内部传递，这就使得典当账簿上的数字不够准确。

第二节 典当的会计人员、算账活动及账簿的设置

一、典当的会计人员、算账活动

早期的典当里还没有专门的会计人员，会计工作都是由其他人员兼做的，小规模的典当里也不设专门的会计人员。直到元代，典当里才有了这种人员。前文提到元曲《看钱奴买冤家债主》里，穷书生陈德甫就在贾老员外家的典当里坐馆，负责记账算账，是最早的典当会计。明代著名的文人王世贞家里开着多座当铺，也有专门的会计人员，"王元美(世贞)祖曰质阉公，官至侍郎。父曰思质

① 《近代中国典当业》上编《典当业的组织管理与业务经营》，中国文史出版社 1996 年版，第 49 页。

② 《申报》5299 号 1888 年 1 月 15 日《当票被窃》。

③ 《近代中国典当业》上编《典当业的组织管理与业务经营》，中国文史出版社 1996 年版，第 49 页。

公，官至都察院右都御史，兼兵部右侍郎。元美席(袭)有先业，其家亦巨万。新蔡张助甫者，元美友也。一日客元美家，时岁将终矣，诸质舍算子钱者类造账目呈览。主子钱者异簿白元美曰：已算明。元美问曰：几何？曰：“今岁不往年若也，三十万耳。元美颔而收之。助甫归以语方允治，允治大骇。”①文中的“算子钱者”就是王世贞家当铺的会计。清代文献记载了一位典当会计高手：“王翁，以缎肆起家，人呼为缎子王。翁京师旧家子，习书算，少孤露，遂流为丐……王翁去为典肆佣职，炊爨洒扫，以勤慎，颇为肆主所倚。至除夕，主者核计簿，屡舛，甚焦灼。时翁侍侧，睨而笑。主者曰：子胡笑？曰：此亦无难算。曰：试核之。翁持筹一核，符合。”②这个王翁精通写字和计算，就是当时典当会计的一位高手，能把典主算不清楚的账算明白。如以上所说，一些精通典当业务的掌柜、伙计还可能直接推荐给典当作会计，“陋荐族孙某人，承概允侍立左右，应当亲身赴送宝典，奈俗务羁绊，弗克如愿。既在同寅，谅不见责。今即命伊持书自为叩谒，听其指示。其人平素和众，办事无不竭力，且专心谋管账，一切可托，伏祈录用，尚望训诲训诲，不惟伊感隆德，使弟则叨光无涯矣。寸楮不恭，伏惟原宥，敬此奉候新春迪吉，兼贺元宵佳节，名正具。”③被推荐的这个人专心要当典当的管账，可见他有一定的相关经验，精通典当的会计工作。典当的会计是很重要的，如清中期，安徽桐城有个汪榕，“为桐城程戚司会计。凡质库之权子母，覈出入，必以一人为纲领，得其人则贸迁辐凑，财无漏巵，不为怨府。君以识度胜，故数十年如一日。”④他当了几十年典当的会计，才能很高，作用很大。

---

① （明）范守已：《御龙子集·曲洧新闻》卷二，《四库全书存目丛书》集部第162册，齐鲁书社1997年版，第703页。

② （清）陶梁：《蜨阶外史》卷二《缎子王》，《笔记小说大观》第2编第2册，新兴书局有限公司1978年版，第673-674页。

③ 《介休人在沙市开典尺牍》，刘建民先生藏。

④ （清）唐仲冕：《陶山文录》卷八《敕赠修职郎上元县教谕汪君墓表》，《续修四库全书》第1478册，上海古籍出版社2002年版，第491页。

典当对会计人员也有要求："凡写账缺，极重之任，非儿戏也。宜于早起，端整当簿，随将付出当票过数明白，并要留心票上年月字号无错，随手添好日子。"①

二、唐至明代典当账簿情况简述

中国典当业至明清以后，形成了种类齐全的账簿体系，但此前各代其账簿情况如何，则还不得详知。现在我们所能见到的最早的典当账簿，是唐代长安某质库的账历残页，现酌引数段，并对唐代质库记账特点作些简单分析。

其一：

绿线四两破黄绳裹
刘娘正月十九日取壹佰文
二月七日赎付了
延兴门外住，年卌二

由此段可见，唐代质库账簿除了记载每笔抵押借贷的当物种类、借贷钱额、借贷、偿还情况等之外，还记载顾客的住址、年龄。

其二：

(1) 张元英正月十九日取叁拾□
同日更取拾文
八月十六日赎了物付仓桃仁去
南坊钗
(2) 故白布裙一将白毡一替裙去
曹阿金正月十九日取壹佰□
二月九日更取壹佰伍拾文付母
二月十日赎付了，北曲住年十□

① 杨联陞辑：《典业须知·扼要》，转引自《食货月刊》第一卷第四期，第236页。

由此可见，唐代长安质库可以多次要求加当，并且还可以用其他的当物替代以前的当物。

其三：

极碎白布衫一
刘元感正月十九日取叁拾文
其月廿日赎付弟元英去
南坊住年廿三

由此可见，我们虽然不知道当物的状况怎么样，但几乎所有段落中，它们都被说成是那么不堪的模样，如“极碎”“破”“故”“细细末珠”等。这已经类似于清代民国时代当票中常见的“光板无毛”“虫吃鼠咬”之类习惯性的推脱保管、保护责任的词语。

其四：

故绯罗领巾一故白练二尺
崔基正月十九日取壹佰文
六月七日入本卌文，利玖文付帛去
七月十八日赎付了
东头住，年廿①

账历未明确记载利率，但由此可见：除了连本带利一次性偿还外，还可以零星偿还。最有意思的是，此笔账正月十九日发生，六个月后，归还的情况是：于六个月后，于六月七日还本四十文，利九文，这种典当借贷也类似按揭，有点像后世的印子钱。

总的来说这份账页是按时间先后记的，记载得很详细，但这种账页没有按会计要素分类，也没有一定的格式，可见是一种原始的

① 《唐代质库账历》第六段，账历录文见《吐鲁番出土文书》第五册阿斯塔那二〇六号墓文书，国家文物局、武汉大学历史系编，文物出版社 1983 年版，第 324-325 页。

账簿。

以后各代，也有一些文献提到过典当的账簿，但都未见具体典业账簿，直到明朝后期，才在白话小说里见到这样的描述：

> 且说这相国夫人，平时极是好善，尊重的是佛家弟子，敬奉的是佛家经卷。那年冬底，都管当中送进一年簿籍，到夫人处查算。一向因过岁新正，忙忙未及简勘。此时已值二月中旬，偶然闲手揭开一叶看去，内一行写着："薑字五十九号，当洞庭山某寺《金刚经》一卷，本米五十石。"①

从文中可以看出，这种账簿上要记载这笔业务的字号、当物的来源、名称、数量、当本。与唐代那种账簿相比，这种账簿有了很大发展，不仅记载得非常简明、全面，还有字号，可见已经向专业化发展。

三、清代典当铺的常规账簿：《当铺立账簿头绪》分析

清代典当的账簿有了更大的发展，相关的研究成果也很多，一般把典当的账簿分为普通商业账簿和营业账簿两大系统，但大多没有说明资料来源。刘建民先生收藏了一种山西商人的写账指导书，没有著者名字，与商业信稿《精选杂信录》装订在一起。其第一行写着"立账簿头绪"，主要以典当账簿为例，论述了山西商人设立账簿及具体记账、立清单、结算的注意事项，所以这里把它暂定名为《立账簿头绪》。下面以这份资料为主，再结合其他民间文献我们可以再现清代以来典当账簿的种类，至少是山西典商账簿的大致种类。②

第一，关于典当业账簿设置，《立账簿头绪》记载了以下"账

---

① （明）凌濛初：《二刻拍案惊奇》卷之一《进香客莽看金刚经，出狱僧巧完法会分》，人民文学出版社1996年版，第7页。

② 民国年间的典当业调查著作，如宓公干《典当论》、杨肇遇《中国典当业》等，对典当铺账簿有不少记述，限于民国年间。此处以清代材料加以再现，应更反映传统典当业情况。

簿”及“水牌”。

出入流水账：上下分作两行，每日将入某若干写于上行，出某若干写于下行，不可遗误。俟五合日，照此另登各账。

各号往来账：每页右首大字写某字号，以后分则上下两行，五合日从流水登来。如收若干写于上行，付若干写于下行。或欠或存，上边画一小码，以便改牌……

借外账：五合日从流水登来。如借某号，则于前一行低二格，先写某年某月某日借字，空二格写月息若干，可画□，不可大写；再空二格写某月期，或有约无约，随下注明……此要过大账，借来列于‘进’字之下，还出列于‘出’字之下，所付月息列于用字之下，一定之法。

外借账：五合日从流水登来。如某号借银或借钱，亦照借外之式写，惟借字写在某号之下，不在年月日之下，此亦过大账。借去列‘出’字下，还来列‘进’字下，得利列利字之下。

出入换银钱账：五合日从流水登来，分则上下两行。入换写于上行，出换写于下行。此要过大账，入换列‘进’字，出换列‘出’字。

暂记账：众伙零用□人名来往，暂记于此。每页右首大字写某人，以后分则上下行，五合日从流水登来。收若干写于上行，付若干写于下行，或欠或存，上边画小码，以便登牌……如若存银，照用若干，付过此账，不过大账，以后出辛金，一齐再过大账。

家倨(具)账：如系陆续添置已出用账者，不在此例。若另行出账，五合日从流水登来。买某物用钱若干，列于大账出字之下。如要撇除，列于用字之下……

众伙辛金账：此账各家规矩不同……凡列此账，于每页右首大字写某人，下空数格写某号某人荐来，某年月日进铺后，另行写吉定满年辛金若干，以后挨次写历年所定辛金。

东伙支使账：此亦年终出账，每页右首大字写某人，下小字写股俸若干，挨次另行写某年支使若干。此项列于大账‘出’

字之下，算账开俸之时，仍从‘进’字提来，方从‘用’字开俸。

官费账：从正印以及佐二各衙门，每季规礼若干，随封若干，每节节礼若干，随封若干，每生日寿礼若干，并一切杂费若干，均注明晰……

房租账：开首将租房约据抄存，以后每年□过房租，已出大账，即注此账。如有长用等项，均要记清。

架本账：每日当取除取净实本钱，挨次登此，以对大账实存之架本之钱。

十合账：逢十将内账出进算清，再加外账五日流水存项，核对相符方登于此，名为大账。

月总账：每月将六次五合总共登此。

积总账：每月挨次相加，积至年终，以为开算单之底稿。

万年总账：每年将算单照式抄此，以备后来起算积利查此。

万倍财源账：开首将本铺合同照式抄存，以后每页右首大字写某人，下小字写股俸若干，先东后伙。如历年开俸，则于后写某年开俸若干，大账列于‘用’字下。如有出铺之人，即将起去积利若干，批注明白。

信稿二册：一登往来应酬之信底，一登来往号信之书底。

大水牌一面：往来各号所欠之钱，总登于此。每五合日照底账登来，某号欠钱若干，逐一注明于牌脚，画一总码。

大水牌一面：人名下所欠钱总共登此，每五合日照底账登来。某人欠钱若干，逐一注明于牌脚，画一总码。

大水牌一面：各号人名所存钱存银，总登于此。

三大水牌：每逢五合，各号人名所欠银钱，或存银钱，改牌画码，同前一样。

小水牌一面：上横写现、欠、外、用、存五字。现字下写实存银若干，实存钱若干，共登于此。欠字下写牌欠银钱若干，实存银钱总码，共登于此。‘外’字下，外账存头登于此。‘用’字下，用账存头登于此。存‘字’下，牌存银钱若干，总码共登于此。

大水牌一面：上横写‘原、进、回、利、足、当、出、用、耗、存’十字，每五合算账，按款登此，算对后再写账。

大水牌一面：写式同前，两面均写十字，一面登月总，一面登接总。算对登写各账。

以上所置水牌，简僻之处，来往无多。亦有存欠并在一牌，算账时欠项多，除讫存项；存项多，除讫欠项，然后再画总码，亦是一法。

以上账簿从出入流水账至房租账共十一种，再加上万年总账、万倍财源账、房租账、十合账、月总账、积总账、信稿①共十七种，皆为一般性的商业账簿，是典当铺与其他行业字号账簿一致的账簿。其他只有架本账可能为典当所独有的账簿。② 还有大、小水牌③二面，作为一种临时性的记账工具，也不是典当所独有的，只不过可能没有这么多而已。其中东伙支使账与暂记账一样，都是典当内部人员的借支账。二者的区别在于，暂记账上记载的是一般伙计的借支数字，年底要转入辛金账；而东伙支使账上记载的是东家和那些顶上身股的伙计的借支数字，分配利润时才扣除。“十合账”又叫大账，它综合了内账和外账的数字，所以它不是一个账户，而是一种短期的会计报告。“月总账”相当于现在的月报。“积总账”只是在这里出现了一次，就再也没有出现过，解释为“每月挨次相加，积至年终”；后面又出现了一个“接总账”，解释为“再将月总挨次相加，登注接总，以为年终开算册之鉴。”可见积总账和接总账应是一个。

① 在晋商习惯中，信稿也具有账簿的性质，每个字号皆有专门写信的人员设置。

② 架本簿是一种汇总账簿，以下还详细论述。

③ 为晋商字号记账用临时性的木牌，其内容实与账簿无异。其作用是从现金流水账向其他分类账转记的依据，可能相当于会计们经常使用的试算平衡表。明代的郎瑛说：“俗以长形薄板涂布油粉，谓之简板，以其易去错字而省纸。官府用之名水牌，盖取水能去污而复清借义，事毕去字而复用耳。然写字恐其磨灭，必自后而前反读其文。”(见《格致镜原》第四十卷。文渊阁《四库全书》第1031册。)可见水牌就是供临时记事的牌板，易于涂改。他是如何用于字号临时记账，则尚未见相关材料。

从接总账的解释看，“月总账”和“接总账”的关系是，它们都是月末登记，但月总账上记载的是本月合计总额，而积总账上记载的是本年累计数字，即“月总账”的数字要并入“积总账”。

在以上的账户中，各号往来账、借外账、外借账、出入换银钱账、暂记账、家具账的数字都是每五天从出入流水账上汇总转记过来的。这种定期从出入流水账向分类账转记，也是复式记账的做法。复式记账法是指对于每一笔经济业务，都必须用相等的金额在两个或两个以上相互联系的账户中进行登记，全面系统地反映会计要素增减变化的一种记账方法。材料中的做法虽然不是逐笔转记，但五天进行一次分类汇总，再转记到分类账，既能起到复式记账的作用，还能提高效率。因为当时典当业务繁忙，逐笔转记比较费时间，所以采用了这种定期合并同类经济业务再登记分类账的做法。

由以上材料我们发现，当铺是非常重视汇总的，有十合账、月总账、积总账等。实际上，还有五合总即每五天汇总一次，亦称为五合单，此后才是十合账、月总账，分别是每旬、每月汇总一次。这一切都要以五合单为模板，那么这个五合账在账簿体系里就是一个枢纽。① 据目前笔者所读到的典当账簿而言，五合账也好、十合账与月总账也好，只在典当账簿中存在，说明它在典当经营中应用是最为广泛的，以下对此作些论证。以下第一张照片即是刘建民先生收藏的光绪十二年达顺信记当铺的《五合月总账》的第一页。

---

① 《立账簿头绪》专门有一目提示记五合账的注意事项及其与月总的关系言：“五日不合，日久必要遗忘，故定期五日一合，每月一总，一月一接”，“凡遇五合日，先将出入流水账所注入某若干、出某若干，按款另登各账，用印色押一过字。再将各字号并人名存欠各牌改正清白，然后将各牌总码登记现、欠、外、用、存小水牌上。其算法，先打现存若干，再加牌欠若干，再加外存若干，再加用存若干，除讫牌存若干，净存余头若干。再将外账所开五合回、利、足、当、用，登于五合水牌各字之下。如内账有误，走出、进、利、用等项者，亦逐字加清。先打原头若干，历加进、回、利、足，除讫当出用耗，净存余头若干，要与现、欠、外、用、存水牌上所余存头相符为准。即要细心检查，切勿含糊了事，核对无错，照牌登注大账。遇月（一有行看不清）若干，加上本月当头若干，除讫本月取赎若干，□□实存架本若干，亦登牌上，然后登注月总，再将月总挨次相加，登注接总，以为年终开算册之鉴”。

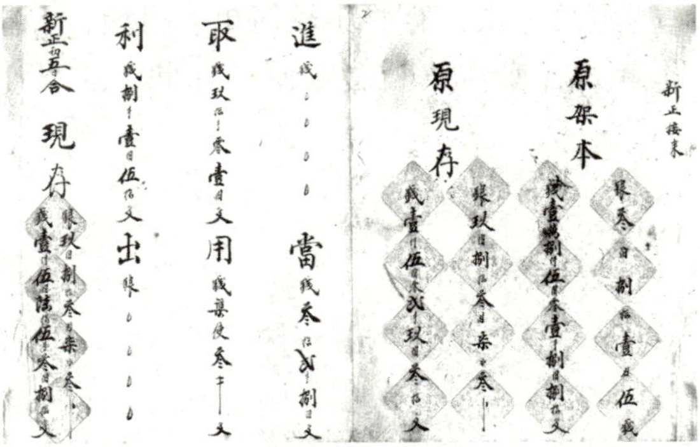

图 12-3　光绪十二年达顺信《五合月总账》账页

可见，它是按照现金流水账的格式，收入项目抬高，支出项目压低，但它不是逐笔登记的，而是分类汇兑的。它的记账单位也不一致，有银、钱两种，这就给我们的计算带来了障碍。

而以下的照片也是刘建民先生收藏的民国十四年源顺当铺的《五合月总账》①的第一页，与以上账页大同小异。

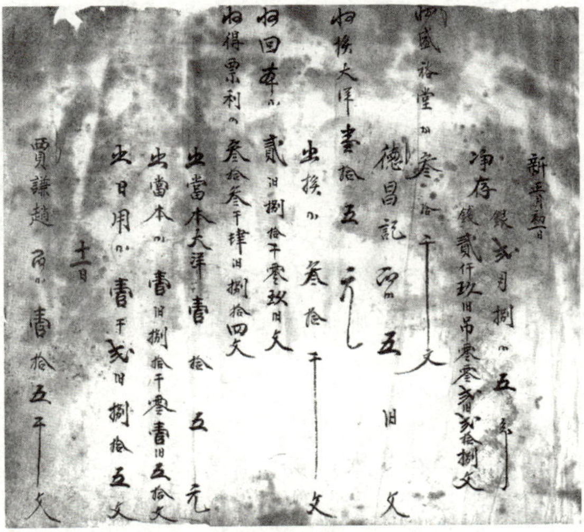

图 12-4　民国十四年源顺当《五合月总账》账页

① 实际上就定名为《民国十四年源源长记十合总》。

月总账每月汇总一次，有些比较简单、粗糙，有些则比较全面、细致，前者如合盛当的月总账便是如此，这里亦引其一页如下：

图 12-5 合盛当《月总账》账页

这张账页只是记录了一个月支付的当本、收回的当本、利息的总数，不包括其他内容，显然是不全面的。

而清宣统三和当的月总账则属于全面细致的，篇幅也比较大，录在下面：

由旧账移来实存架本：银贰仟零玖拾柒两伍钱，钱贰万零玖佰贰拾捌千柒佰捌拾文。

由旧账移来现存：银柒佰壹拾伍两壹钱捌分，钱叁佰肆拾壹千壹佰陆拾玖文。

新正初一日至三十日总合

原：银柒佰壹拾伍两壹钱捌分，钱叁佰肆拾壹千壹佰陆拾玖文。

进：银柒佰零玖两，钱壹千零壹拾伍千陆佰文。

回：钱壹千肆佰玖拾捌千柒佰伍拾文。

利：钱壹佰伍拾伍千陆佰贰拾文。

当：钱壹千贰佰玖拾伍千陆佰伍拾文。

出：银壹千贰佰壹拾伍两叁钱叁分，钱壹仟叁佰肆拾捌千捌佰陆拾陆文。

用：钱壹拾肆千伍佰壹拾陆文。

存：银贰佰零捌两捌钱伍分，钱叁佰伍拾贰千壹佰零柒文。

实存架本：银贰千零玖拾柒两伍钱，钱贰万零柒佰贰拾伍千陆佰捌拾文。

它用四柱式的格式，使得一个月内典当经营的大致情况相当清晰地罗列出来了。其中“原”相当于旧管，“进”、“回”、“利”相当于新收，“当”、“出”、“用”相当于开除，“存”相当于实在。它们的具体含义参见《立账簿头绪》里的水牌。因为采用了银子和铜钱两种记账单位，所以我们分别计算一下：银：原 715. 18+进 709 - 出 1215. 33=208. 85(两)，当然钱也可以用这个方法计算。架本的计算与银钱正相反，我们以钱为例计算：20928 千 780 文+当 1295 千 650 文 - 回 1498 千 750 文=20725 千 680 文，当然以银子为单位的架本数字也可以这么计算。五合账上的这些名目，与水牌上的名目大体是一致的，它们应是从典当业务中抽象出来的会计要素。

如上所说，《立账簿头绪》里列出的账目虽然很多，但绝大部分都是普通商业账簿，那种典当营业账簿只有架本簿一种，这是不能对当物进行数量核算的。而且，它没有介绍专门记载收入的账目，却有几种费用账目，所以显得体系不完整，不知道是此类账簿不必要加以考究呢，还是有所遗漏。因为这里没有专门记载收入的账户，费用账户也不完整，所以它的损益结算便不能像现在这样，从损益账户向利润账户结转。从它的清单看，它的收入、费用的数字大部分都来自“接总”这个账目的“利”和“用”，也就是说它的损益计算是通过“接总”进行的。上文说过，“接总”上记载的是各个月总之和，即本年累计数字。历史上的典当，是每年编制一次清单，计算一次利润，通过“接总”计算利润会计期间才一致。其流程如下图：

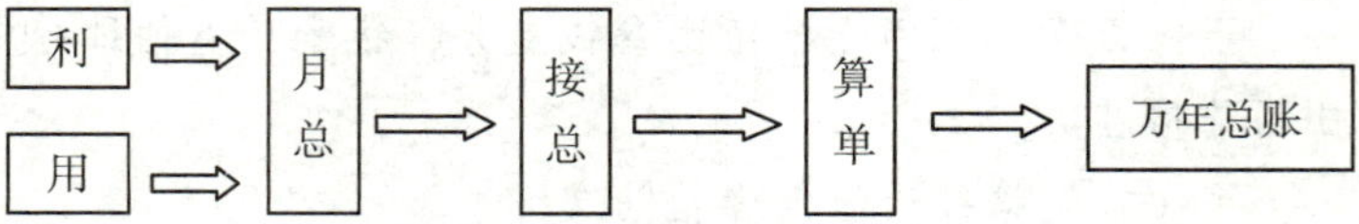

图 12-6　损益计算流程图

其实，架本簿只是历史上各地典当设立的一种账簿，典当铺固有账簿还有其他很多种，以下先对架本簿作些介绍：

架本簿是记载架上存货的总值的。我们以徽商一家典当乾隆四十二年(1777 年)的架本簿为例来说明：

> 上年原存架本一万六千零三十九两二钱五分八厘。
> 内衣本一万一千零九十七两六钱一分四厘。
> 内栈本四千九百四十一两六钱四分四厘。
> 本年当出本三万二千五百零六两二钱七分九厘。
> 本年共赎本二万九千七百六十二两四钱二分七厘。
> 本年春秋盘存字至重字共卖货本七百七十四两五钱七分。
> 净存架本一万八千零八两五钱四分。

这个徽商的架本簿与山西商人《立账簿头绪》里的“附报满年流水”那一部分相似，记载的都是各项总数，而不是逐笔记录的。其中的数量关系是：衣本+栈本=原存架本，即 11097.614+4941.644=16039.258(两)；原存架本+本年当本-本年赎本-本年卖本=净存架本，即 16039.258+32506.279-29762.427-774.57=18008.54(两)。王裕明指出，这只是账务计算出来的架本总数，实际总数还要进行盘点才能确定。其盘存架本簿是这样的：

礼字存架本四十一两四钱零九厘。

聚字存架本二十一两八钱七分六厘。

……

兄字存架本二千零六十五两三钱六分五厘。

弟字存架本二千七百三十八两五钱六分九厘。

以上三十二字号共存架本一万八千零八两五钱四分。①

这个账簿都是记载的各字号的总数，符合盘点的过程。最后的总数与财务计算出来的总数完全一致，被称为“喜相逢”。实际上这种情况是很少的，账务计算出来的结果与实际盘点的结果难免有差距。

四、典当业的专用账簿

关于典当专用的账簿，各地设立的并不一致，本书仅介绍几种主要的如下：

第一，典账。又称当账、大账、当簿，是专门记载收当的账簿，各地典当普遍都设立，是典当业最重要的一种账簿，下面以山西商人的典账账页为例来说明，见图 12-7：

这是山西商人一家当铺的当账的一页。从照片上看，它与当票上的字号一致，也是按《千字文》编号的。“食”字在《千字文》里是第 135 个字，所以我们可以推断，这家当铺已经开了 135 个月了，即有十多年了。这种帐页也是印刷的，每页十行，每行四栏。字迹潦草，难以辨识，只能看出这是逐笔登记的。有的加盖着“回赎”的印章，说明这票当物被赎回了。有的还盖着“对明”的印章，这是在盘点的时候盖的，说明库房里确有此物，既没有被赎回也没有被卖掉。“对明”的印章盖得越多，说明这些当物保管得时间越长，经过了好几次盘点。有的栏目上还盖着“卖讫”的印章，说明这些

---

① 王裕明：《明清徽州典商研究》第二章，人民出版社 2012 年版，第 101 页。

当物过期了，被卖掉了。如果某账页上的当物都被赎回了，就用笔在整页账上画个叉子，说明这些当物都不在了，不用再盘点了。个别的栏目还写着当户的姓名。其他地区的当簿与此大同小异。

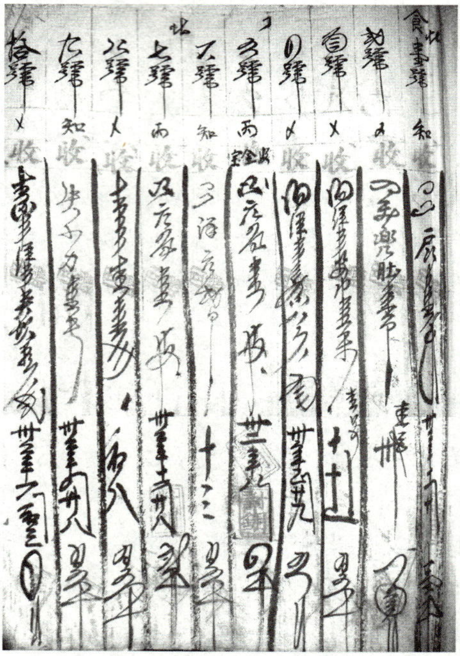

图 12-7　山西当商的典账账页

此外，有的地区还设立了当总簿，专门记载每日支付的当本的总数，月杪一结，即为该字号之当本总额。年终总结，即为一年发生的当本总额。如下所示：

廿五年元月一号吉立

　　二号

各　　一百五十元五角。

公　　一百元零一角。

才　　二百四十元零五角。

元　　二百五十五元四角。

玉　　三百十八元六角。

清　　一百廿四元零五分。

中　　二百廿五元二角。

吉　　二百卅五元六角。

共当本一千六百四十九元九角五分。①

这家当铺可能有八个营业员，他们都有一个代号，即数字前边那个字。为了明确责任，这个字要写在当票上。后面的数字就是他们一天里各自当出的钱，最后的数字就是八人当出的总数。由此可见，这是一种按营业员汇总的账簿。据曲彦斌先生研究，清末民国山海关的庆和当就把柜员的代号写在当票上。②

第二，回赎簿。这是专门记载赎取当物的账簿。记载回赎环节的账簿有两种，一种是按时间先后记载的，这是原始的记录，也叫草销簿；一种是按字号记载的，这是从前一种账簿上转抄过来的，也叫横抄簿，便于勾销典账。设这些账簿的目的在于汇总回赎的当本和利息。这种账簿保存下来的很少，现转引一页：

某月初一

天(货)第　　号　　(本)若干，(利)若干。

地第　　号　　(本)若干，(利)若干。

……

合共回票若干号，本若干两，利若干两。③

很明显，这是一种按日记载的草销簿，但只有金额，没有数量。

第三，柜上草账(盆账)。又称盆条簿，其形式不一，大多阔

① 赵连发：《中国典当业述评》第八章，石室出版社印行，第103页。

② 曲彦斌：《中国典当史》第一章附录《历史上的各地典当业掠影》，九州出版社2007年版，第91页。

③ 赵连发：《中国典当业述评》第八章，石室出版社印行，第102页。

而短，作横长形。柜员每人各备一册，自行登记。每当出一号，即照当票字号、当本及存箱与否书写。至每晚结算时，分别记明收发交洋款若干，本日赎取本利若干，当初付款若干。余钱缴入钱房。各柜员之盆账合计应与当本相等。各柜员取本利合计，应与草销簿相等。

第四，归钱簿。又名收钱簿，用于结算各柜友所经手的现金收支事项，是一种专用的现金出纳簿。这种账簿采用收、付、余三栏式结构，上收下付，并用四柱法进行结算。该簿每日之余额，即为各柜友应退还钱房之款。钱房凭此检查柜房现金收付，以防差错事故和舞弊现象发生。归钱簿是钱房中管钱者登记总簿的依据。

第五，挂号簿、留取簿、留利簿。此外，典当的专用账簿还有挂号簿、留利簿等，挂号簿是取赎时由学生将当票上之字号与当本摘录于上，以与草销簿打“对同”之用。

留取簿与留利簿，当物到期后，当户无力取赎，而又不愿使当物被变卖，便有留取之法，即加利延期，典当收到加利后，即将该号当物由当簿转入留取簿，同时将加利登入留利簿。留取簿所记与当簿相似，不过注明收利若干、留月几何而已，留利簿则须登记字号、当本数、收利若干、留取月份若干，等等。

挂失票，亦称“补票”，即如当户的当票遗失，请求典当重新补发证明的票据，但当票一经发现，此补票自然作废。

存箱簿，专门登记收取的存箱费，典当对于丝绸、皮裘之类的衣物，要用皮纸精细包装，并向当户收取存箱费。此存箱费不入典当的账，由伙计们支配。存箱簿就是记载收取这笔费用的账簿；卖账，凡到期之满货，由大账抄出，经过清包，再凭卖账盖印交估衣铺，此账由中缺卷包负责登记。

通过考察典当设立的营业账簿，我们可以发现它的每个环节都采用了金额核算与数量核算相结合的方法。金额核算注重每一环节的金额，经常是某一时段的总数，而不是逐笔记录，由会计部门进行。数量核算是逐笔登记，所以更详尽，用于前台柜员登记、勾销库房的保管账。如典账和当总账都记载收当环节，前者是数量核算，用于前台柜员登记，后者只有金额合计，是会计部门进行的；

草销簿和横抄簿，都记载赎当环节，前者只有金额，是会计部门进行的，后者还要用于勾销典账，所以更详尽，是前台柜员登记的；盆账和归钱账记载的内容是一样的，但详细程度不同；财务上的架本簿因为是财务上计算出来的，所以重金额，而盘存的架本簿是库房盘点出来的，所以更详尽。其各业务环节都设了两本账，一本详细、全面，重在当物的数量，一本简略，只有金额，同时满足库房的数量核算和会计上的金额核算的要求。当然，如果会计部门架本簿上计算的结果与库房盘点的结果不一致，会计部门就会根据库房盘点的数字调整架本簿的数字。

总之，典当业的营业账簿很复杂，各地差别很大，以上只是主要的几种。潘敏德指出，江浙地区的典当账簿最为详密，包头地区的典当账簿最为简略。① 郭道扬先生指出，典当业的营业账簿，是按各业务环节设置的，不仅各环节之间有密切联系，而且与内账也有着密切关系。典当业的账房可以通过它控制外部营业过程中的银钱往来和当物的收发，而业主可以通过它随时了解本当的经营状况。典当业的营业账簿与会计账簿是互相贯通的，业务核算与会计核算有明确的分工，并能控制整个业务经营活动的全过程。这是典当业账簿设置的进步的方面。②

五、典当记账常见概念

《立账簿头绪》还辨析了典当记账时所经常应用的一些概念，这对准确记账也是至关重要的。它指出："辨字义以分出进，字义不辨则出进难分，账务必至有舛错之弊。"它所辨析的概念主要有以下这些，其中大部分在以上所述五合总账、月总账等之中，已经有所叙述：

① 潘敏德：《中国近代典当业之研究》第三章，台湾师范大学历史研究所 1985 年版，第 173 页。

② 郭道扬：《中国会计史稿》下之二，第八章，中国财政经济出版社 1988 年版，第 256-258 页。

原：始初开张，原本若干，即系存头。如属旧事，上年终存头，即下年头原头；上月尾存头，即下月始原头；上五合存头，即下五合原头，最易明晓。

进：此字所包甚广，稍不明晰，必致错误。进与出对，今日进来，异日必要出去，前日出去，后日仍要进来。进非利比，利则一得属己，进则假借于人。如入换银钱、借外银钱、外还银钱，或家倨(具)修理支使塌账，前已走过出字，今要撇除，必将原数从此提来，然后由用字再撇。如未出大账，尚挂牌欠，不在此例。或出多入少，难立存头，亦须从此浮借。或从他业抽来资本，均归此字，余可例推。

回：此系逐日取赎之项，五合日照外账登来。如出估衣之期，估衣本钱若干，亦须注此。

利：利者，我之所得者也。五合日将外账所得票利登此。凡外借得来月息、估衣得来贯利、钱价得来盈余、他业得来积利，并已前撇过之项今又收起，以及算账大期，将外借之项算至年终，未得月息，均要归入此字。

足：足与利同，银则长平，钱则日足，照账登此。

当：此系逐日当出之项，五合日照账登此。

出：此字当与进字参看。今日出去，异日必要进来，前日进来，后日必要出去。出与用字混乱，用则一去不返，出则去而复来。如出换银钱、外借银钱、还外银钱、家倨(具)房屋修理，有房东者不在此例。支使押租或新顶之业，所买架本或他处之业，所入资本以及还前日浮借，均要归入此字。余可例推。

用：用者，日之所用也。如当税、官费、房租、月息、短利、辛金、下班东伙开俸、伙食、杂使、人情布施、船手脚力、补数钱价赔累，以及算账大期，将借外之项算至年终未付月息，或陆续修理添置家倨(具)，或新顶之业所佃架利，并以前走过出字，家倨(具)修理支使塌账，今要撇除，均归此字。余以类推。

耗：耗与用同，银则短平，钱则日耗，照账登此。

存：实存之项也。先从原头若干，历加进、回、利、足，除讫当出用耗，即为实存。

这十个字，是以现金为中心的汇总记录，期间是五天。其中，“原”代表期初数字，“存”代表期末数字。其他八个字代表了八种业务，两两相对，方向相反。“进”与“出”对，反映的是债权、债务的增减以及未摊销的费用。“当”与“回”对，记录的是当本的增减。“利”与“用”对，记录的是收入和费用。“足”与“耗”对，反映的是银钱兑换的损益。这里不仅解释了十个字的含义，最后还指出了它们之间的关系，即原+进+回+利+足-出-当-用-耗=存。这十个字即包括了典当全部的业务，所以这就是试算平衡公式，但这只是本期发生的数字。

第三节　由清单看典当字号复式簿记的萌芽与早期发展

一、典当清单开写及注意事项

《立账簿头绪》还论述了账期届临、要进行结算并分配利润时，记账及开写清单时所要注意的一些事项。如“算账大期必起积利，至诸东抽垫，诸伙出进，其已前撇除诸项，应起者仍当提来，按股派分。否则日后纠缠，即要费事”。“某年至某年积利若干，此照万年总账历年天赐获利共总登来。按几拾几分，每股应分若干。此照万倍财源账每年股俸若干，细心分派，万不可含糊。”①等等。对于账期必定开写的清单，它也提出许多注意事项，并提供了一个标准的四柱式清单范本如下：

某年新正吉日开算上年(刻本、字号、图章)清单大吉

旧　管

一宗原资本或银(钱)若干，此照万倍财源账所注资本登

① 这里只简单地举这么两条。

来。有写原本银若干。

一宗某年至某年积利若干，此照万年总账每年天赐获利总共登此。

一宗借外银若干，此照借外账所借共总登来，银钱各列一行，银本将钱按本铺钱价合银，钱本将银按本铺钱价合钱。

以上几宗共银钱若干。

新 收

一宗票利钱若干(画横码)本年钱价(画码)合银若干，正写。

一宗估衣利钱(画横码)若干，本年钱价(画码)合银若干，写真字。

一宗得外利银若干，写真字。

一宗得外利钱若干(画横码)，本年钱价(画码)合银若干，写真字。

一宗未得利银若干，或得短利银照此式写。至此以上数宗，均照接总账利字登来。

一宗日足钱若干(画横码)，本年钱价(画码)合银若干，写真字。

一宗得钱价利银若干，(此照钱换账净赚利登来)，写真字。

以上数宗，共得银若干

开 除(此内均照接总账上用字登来)

一宗付外利银若干，写真字。

……

一宗厨役工钱若干(画横码)，本年钱价(画码)合银若干。

一宗上年(五二)钱，今照五钱坐亏钱价银若干，写真字。

以上十九宗共除银若干。

一应除讫 蒙

天赐获利银若干。此系新收内除讫开除净余之项，写真字。

实　存(又写在也)

一宗架本钱若干(画横码)本年钱价(画码)合银若干。此照架本账总共登来,写真字。

一宗家倨(具)钱若干(画横码)本年钱价(画码)合银若干，此照家倨(具)账总共登来。

一宗开张请示钱若干(画横码)本年钱价(画码)合银，写真字。

一宗买某号家倨(具)银若干，写真字。

一宗众伙应支银若干，此照支使帐登来，写真字。

一宗外借银若干，此照外借账总共登来，银钱各列一行，写真字。

一宗现存银若干，写真字。

一宗现存钱若干，本年本铺钱价合银，写真字。

以上数宗共存银若干，写真字。

附报满年流水

原存架本钱若干，此照上年年总净存架本登来。

共当本钱若干，此照接总帐当字登来。

共回本钱若干，此照接总回字登来。

共回估衣钱若干，此照接总回字登来。

除回实存架本钱若干，此即年终所存架本登来。

总的说来,《立账簿头绪》就是一本专门针对典当的账簿指导书。罗列了账簿种类、提示了记账注意事项、解释了常用的概念，是典当史、会计史研究的重要文献。

二、典当字号复式簿记的萌芽与早期发展

清单每年编一次，是年度会计报告。从《立账簿头绪》所列清单范本看，它反映的内容全面而有序，形成了一个体系，并且都折合成银子进行综合计算，可以说是一份会计报告。它也是四柱式的，但这种四柱式的年总已经与以往的四柱大不相同，合并它的旧管和实在，我们实际上可以得到一份简易的资产负债表；合并它的

新收和开除，我们可以得到一份简易的利润表。材料结尾还告诉我们，“其总算之法，打上新收，除讫开除，即是天赐获利。再加实存，共合若干，除讫旧管，再除天赐获利若干，无有一毫盈亏，即为无错”。即从新收里减去开除，就可以计算出利润。它最后又说，从实在减去旧管，再减去利润，如果没有剩余，账就计算得正确。这就暗示了两种计算利润的方法。总之，这里的清单已经在向龙门账会计报告发展了，反映出当铺会计是比较先进的。

清代采用这种清单的当铺是很多的，下面以道光六年(1826年)三义当的清单为例来说明：

原本银柒仟两。

借本银叁仟叁佰两。

增本银壹仟壹佰贰拾壹两柒钱叁分伍厘。

借铜本、息谷、官项三宗本银壹佰陆拾玖两伍钱肆分肆厘。

以上共本银壹万壹仟伍佰玖拾壹两贰钱柒分玖厘。

得行利银柒佰壹拾柒两柒钱肆分。

得月利银壹佰玖拾贰两叁钱叁分。

得票利银捌佰壹拾两零贰钱肆分。

得估衣利银叁拾捌两贰钱柒分陆厘。

得会利银壹拾壹两叁钱。

以上五宗共得利银壹仟柒佰陆拾玖两捌钱捌分陆厘。

出商税银陆两。

出官费银壹佰叁拾玖两玖钱捌分。

出铜本、息谷利银壹拾陆两。

出辛金银捌拾陆两。

出房赁银叁拾贰两。

出月利银贰佰玖拾叁两叁钱壹分。

……(这两行有残，故省去)

出豁本银贰佰两。

以上九宗共出银壹仟零伍拾陆两伍钱捌分四厘。

除出净剩银柒佰壹拾叁两叁钱零贰厘。

存行本银叁仟柒佰陆拾肆两柒钱。

存架本银肆仟陆佰贰拾两零壹钱柒分。

存大账本银贰仟两。

存地价本银肆佰两。

存会本银叁拾两零玖钱。

存房价本银贰佰壹拾伍两。

存屡年身支银肆佰叁拾伍两。

存现银钱壹仟零叁拾捌两捌钱壹分壹厘。

以上八宗共存本银壹万贰仟伍佰零肆两伍钱捌分壹厘。

除原本银柒仟两。

除借本银叁仟叁佰两。

除增本银壹仟壹佰贰拾壹两柒钱叁分伍厘。

除借铜本、息谷、官项三宗本银壹佰陆拾玖两伍钱肆分肆厘。

除豁本银贰佰两。

以上五宗共除本银壹万壹仟柒佰玖拾壹两贰钱柒分玖厘。

一应除清净剩利银柒佰壹拾叁两叁钱零贰厘。①

这份清单有五部分，最后一部分比第一部分多一项，即“豁本银贰佰两”，所以它本该有四部分。“豁本银”可能是借出去的银子收不回来了，是坏账，本应该从行本银里减去这二百两为3564两7钱，最后从以“存”开头的八宗总数里减去二百两为12304两5钱8分1厘即可。当然，把它列在第一部分，最后计算利润的结果是一样的。我们还可以发现，这笔“豁本银二百两”在清单里出现了两次，第一次出现在费用里，第二次又与旧管列在一起，一笔经济事项记录在两种账目上，可见这份清单里已经反映出了复式记账的做法。

这四部分虽然没有使用四柱的名字，但四部分之间还是按四柱

① 清单原件在刘先生处。

排列的，即第一部分的四宗相当于旧管，第二部分的五宗相当于新收，第三部分的九宗相当于开除，第四部分的八宗相当于实在。数量关系是旧管 11591.279 两+新收 1769.886 两-开除 1056.584 两=12304.581 两，比实在数字少 200 两，可见豁本银 200 两本应从实在里减去，而不应加在旧管上。当然，两种处理不影响利润的计算结果。也就是说，如果没有这二百两的问题，它就是一份与《立账簿头绪》里一样的四柱式清单。

这份清单显示出了两种利润计算方法，一种是从新收里减去开除，1769.886 两-1056.584 两=713.02 两；另一种是从实在里减去旧管，12504.581 两-11791.279 两=713.302 两。这双轨计算利润的方式，与龙门账的合龙法则是一致的，所以这份清单已经基本具备了龙门账会计报告的主要特征。

咸丰年间的永承当、民国年间的复兴当、裕庆当①等当铺也编制了与三义当相同的清单，这说明这一现象并不是孤立的，而是具备一定的普遍意义。

当然，当铺也编制了其他格式的清单，如咸丰年间成章当的清单是这样的：

成章当计算单
(清)咸丰九年(1859 年)
旧在架本：银，一千八百九十四两八钱。
旧在架本：钱，一万四千五百六十四千六百七十文。
新当出本：银，七百九十一两六钱。
新当出本：钱，一万二千五百四十二千八百八十文。
回过本：银，一千二百一十八两三钱。
回过本：钱，一万零七百一十九千一百二十文。
变过本：银，六十六两六钱。
变过本：钱，二千零三十五千零三十文。

① 张建朋：《晋商裕庆当账簿研究——以会计史为中心》，《会计之友》2012 年 10 月上。

除回变净存架本：银，一千四百零一两五钱。

除回变净存架本：钱，一万四千三百五十三千四百文。

得利于后

票利银：一百一十九两九钱，（以）一千四百六十（文合之），合钱一百七十五千零五十四文。

票利钱：一千四百五十五千九百二十文。

贯利银：二百五十四两零六分，（以）一千四百六十（文合之），合钱三百七十千零九百二十七文。

贯利钱：一百七十四千七百文。

借贷利银：二百七十两零八钱，（以）一千四百六十（文合之），合钱三百九十五千三百六十九文。

借贷利钱：一百一十七千五百七十文。

变银足数钱：五十千零二百五十文。

共得利钱：二千七百三十九千七百九十文。

开除于后

当税行用银：一百四十两零五钱二分，（以）一千四百六十（文合之），合钱二百零五千一百六十文。

辛礼钱：一百零八千文。

付利宝银：二百一十三两一钱八分，（以）一千四百八十（文合之），合钱三百一十五千五百零六文。

日用银：五两五钱，（以）一千四百六十（文合之），合钱八千零三十文。

日用钱：三百六十四千二百五十文。

耗色银：三十二两四钱三分，（以）一千四百六十（文合之），合钱四十七千三百四十八文。

耗钱价钱：六十三千一百一十七文。

厨工钱：四十二千文。

打更工钱：一十八千文。

共开除钱：一千一百七十一千四百一十一文。

实存于后

在架本：银，一千四百零一两五钱，(以)一千四百六十(文合之)，合钱二千零四十六千一百九十文。

在架本：钱，一万四千三百五十三千四百文。

借出宝银：四千六百三十六两六钱八分，(以)一千四百八十文合之，合钱六千八百六十二千二百八十六文。

借出纹银：八百五十两，(以)一千四百六十(文合之)，合钱一千二百四十一千文。

借出钱：二千零六十千文。

现存宝银：一千两，(以)一千四百八十(文合之)，合钱一千四百八十千文。

现存纹银：五百五十两，(以)一千四百六十(文合之)，合钱八百零三千文。

现存钱：二千八百一十二千文。

遴已支钱：三百九十千文。

守元堂支钱：三百九十千文。

在廷已支钱：一百一十二千文。

乐山已支钱：一百一十二千文。

集鸾已支钱：一百一十二千文。

集祥已支钱：五十二千文。

桐已支钱：一百三十千文。

贤忆已支钱：一百三十千文。

仪已支钱：九十一千文。

七年东伙旧长支钱：一千一百三十千零九百五十文。

共实存钱：三万四千三百零七千八百二十六文。

提

原本钱：一万八千九百千文。

生息本宝银：三百七十九两八钱一分，(以)一千四百八十(文合之)，合钱五百六十二千一百一十九文。

借入宝银：七千八百两零八两四钱六分，(以)一千四百六十(文合之)，合钱一万一千五百五十六千五百二十文。

借入纹银：四百两零四分，(以)一千四百六十(文合之)，合钱五百八十四千零五十八文。

借入钱：六百千文。

八年东伙共缺支钱：五百三十六千七百五十文。

共提钱：三万二千七百三十九千四百四十七文。

净得

天赐利钱，一千五百六十八千三百七十九文。

这份清单篇幅浩大，其实仔细观察，还是可以发现其四柱的痕迹。它的第一部分在计算架本，采用了两种记账单位，也是按四柱的公式计算，即旧在架本+新当出本-回过本-变过本=净存架本。因为有两种记账单位，就要分别计算：

银子为记账单位：旧在1894两8钱+新当本791两6钱-回本1218两3钱-变本66两6钱=1401两5钱，与净存架本银数是一致的。以钱为记账单位：旧在14564千670文+新当本12542千880文-回本10719千120文-变本2035千30文=14353千400文，与净存架本钱数一致。

其他部分也存在这样的关系："得利"部分是当铺的各项收入，相当于以上四柱的新收。"票利"是赎当时收的利息，"贯利"是变卖过期当物的收入，"借贷利"是向外人贷款而得的收入。虽然也有两种记账单位，但把银子折合成了铜钱。

"开除"直接用的四柱的名字，都是当铺的各项费用。"实存"部分相当于四柱的实在，"提"字下面各项相当于四柱的旧管，数量关系是：提32739千447文+得利2739千790文-开除1171千411文=34307千826文，与实存的总数一致。其利润是从"实存"中减去"提"下各项而计算出来的，即34307千826文-32739千447文=1568千379文，与天赐利钱的数字是一致的。其实，从得利总数里减去开除总数，也可以得到这个利润数字，即2739千

790 文-1171 千 411 文=1568 千 379 文，但这份清单没有这么计算。

根据复式记账的规则，每一笔经济业务都以相等的金额记入两个相关的账户，即“有借必有贷，借贷必相反”。这样就会出现一个自然的结果，即把各账户的借方数字相加，必然等于各账户的贷方数字总和。再把各账户的借方数字和贷方数字相抵，各账户就会出现余额，这些余额之间自然也存在一定的平衡关系。我们通过这些清单看到的就是账户余额之间的平衡关系，是可以反方向推断出其记账规则的。如果不遵守复式记账规则，是不会出现账户余额之间的平衡关系的。当然，历史上的典当业的记账规则与现代会计的记账规则并不完全一致，但基本精神应是一致的。文中的四柱式清单，实际上是把典当会计要素分为四个，即旧管是所有者权益和负债的总和，新收是典当的各种收入，开除实际上是典当的各种费用，实在实际上是典当的资产。所有的典当业务，都是这四大要素之间的增减变化。这四要素之间的关系是，旧管+新收-开除=实在，移项可得新收-开除=实在-旧管，也就是龙门账的合龙公式。如果四要素的总和符合这个公式，就说明帐务处理得正确，计算得正确。否则，就是出了问题。

第十三章

中国历代典当业所遭遇的天灾人祸和赔偿制度

开设典当虽然没有行商的风餐露宿之苦，但也面临着很多风险。除自然灾害外，兵灾匪患、风火之虞也不罕见，由于防守不严、经营不善引起的盗窃、诈骗及误典贼赃也偶有发生。灾难对典当来说当然是重大损失，甚至因而破产，当户也将因此蒙受损失。我国古代没有保险公司，灾难发生后的损失，典当只好自己承担，此外还必须给予当户适当的赔偿，否则典当的信誉受到影响，将无法经营，严重的还会引起社会动荡。

第一节　典当业所遇天灾人祸

典当业虽然得利比较稳定，又无路途风波之险，但它的风险也很高，水灾火情、兵匪窃贼等时时刻刻在威胁着典当。总的说来，这些风险、事故的发生，有人为原因，也有自然原因。根据现代法律观念，从各种已经发生的事故中，可以区分出不可抗力原因造成的事故。根据《民法通则》153 条规定，所谓不可抗力因素是指订立合同时不能预见、不能避免、不能克服的客观情况，包括自然灾害、政府行为和社会异常事件三方面。其中自然灾害无须赘言，政府行为指征收、征用等政府行为，社会异常事件是指罢工、骚乱等。因为不可抗力是不能履行合同的，根据不可抗力的影响，部分或全部免除责任。所以从已经发生的事故中区分出不可抗力因素是很重要的。

一、洪水、大火之灾

我国历史上的自然灾害、兵灾匪患的记载很多，绝大部分都属于不可抗力范围，如南宋《夷坚志》载："衢州江山县峡口市山下祝大郎，富而不仁，其用斛斗权衡，巨细不一。乾道八年(1172 年)七月，有道人过其门而戒之曰：汝宜用心平等，不可如是。或梦人来取，家必有灾。是夕，梦二青衣来言：汝家所用斗秤安在？梦中与之，二人各执其一。既觉，急寻之，已失矣！因忆正昼道人之语，谓灾者火也，即尽徙室中之藏于山上质库。方稍定，库地忽迸裂，洪水涌出如奔，屋宇钱帛，随流而下……家人尽死，仅一小儿与一婢在山巅仅免。土人今呼为祝家谭"。[①] 祝大郎家的质库地面迸裂，洪水涌出，明显是自然灾害、不可抗力因素。再如，清乾隆四年(1739 年)三月，甲寅，"谕：据大学士查郎阿等奏称，宁夏镇标分发各当铺生息银两，自上年地震后，查被灾甚重之各当铺，所领生息本银共计八千五十七两零；其虽经被灾，货物未致全失之各当铺，所领生息本银共计四千五百四十两零，可否分别加恩宽恤？谨此请旨等语。朕念宁夏此次地震，商民同时受灾，深为悯恻。著将被灾甚重各商，所领八千五十七两之本银并利银，俱著豁免。其被灾稍轻之各商，止令交还所领本银四千五百四十两零。所有应交利银，悉著豁免。至此项豁免银两，有关兵丁缓急之需，不便缺少。著在兰州藩库内，照数拨补足额，以资生息，俾兵民一体均沾

① (宋)洪迈：《夷坚志·补》卷七《祝家谭》，中华书局 1981 年版，第 1610-1611 页。

恩泽”。[1] 地震当然也是自然灾害，自然灾害都属于不可抗力。

更频繁发生的是火灾，火灾对典当业的打击严重多了。关于火灾，要区别处理，其中那些附近街区失火蔓延而至的火灾，就是不可抗力。如南宋时，“《夷坚戊志》载裴老智数，谓绍兴十年(1140年)七月，临安大火，延烧城内外室屋数万区。裴方寓居，有质库及金珠肆在通衢，皆不顾，遽命纪纲仆，分往江下及徐村，而身出北关。遇竹木砖瓦芦苇椽桷之属，无论多寡大小，尽评价买之”。[2]裴老的质库，也是因为邻火延烧了。清光绪二十年(1894年)十一月初五日，“杭州府属之富阳县，地本瘠小，城内烟灶不过二千有余，大小店铺仅二百余家，而以西门为最热闹。十月十六夜四更时忽然火发，延烧店铺七十余间，住屋百三四十间。内有典当一所，价本七万有奇，为绍兴骆姓所开。典中四面俱有墙垣，而包楼之外为某南货栈房堆积柴薪之所。火势既猛，墙亦不甚坚固，遂被压塌一角，祝融氏乃得乘间而入。典伙手忙脚乱，急将首饰房各货赶紧抢出，而衣物一切不暇兼顾，霎时尽成灰烬。其起火之家系西城内某豆腐干作，是日因城外演戏，店主及主母观居回家，命学徒煮夜膳，遗火于橱下。迨人已熟睡，死灰复燃，店主从睡梦中惊醒，见火已上屋，不能施救，急率家人逃避。顷刻之间蔓延邻屋，因天旱已久，着火便燃，遂致四面延烧。”[3]这是邻居起火蔓延而至，也是不可抗力。

而那些由于当铺自己原因引起的火灾，就不是不可抗力，因而是应该给予当户适当赔偿的。如清嘉庆时，在广东，“缘关能举、麦庸帼均籍隶三水县，向在英德县属吴嘉珍、杨坤戴等天成当铺帮工，并无主仆名分。该当铺账目尚系吴嘉珍一人经理，其余伙商杨坤戴等均未在当居住。嘉庆二十三年(1818年)六月，吴嘉珍因家

---

① 《清高宗实录》卷八十八，乾隆四年三月甲寅，中华书局2008年版，第9291-9292页。

② (宋)洪迈：《夷坚志再补·裴老智数》，中华书局1981年版。此条又见《宾退录》，第1784页。

③ 《申报》7765号《富阳大火》。

事带同工人黄亚德回家，即将当务交托关能举、麦庸帼代为经管。嗣关能举陆续收得赎当银一百二十二两，关能举因贫难度，并因当银出入账目繁多，一时难以盘查，起意窃银花用……关能举恐被查出，心怀畏惧，忆及后进楼下，向作账房，各簿俱存在内，无人住宿，起意商同麦庸帼于夜间将其账房放火烧毁，使其无簿稽查，藉图掩饰，麦庸帼应允……时值风大火猛，延烧楼房，扑救不及，致将楼房、当货烧毁。”①当铺伙计因为作弊，怕典主查出，于是焚烧账簿，从而引起了一场火灾，明显不是不可抗力。清同治十二年(1873 年)腊月廿五日，“嘉定之南翔镇市，向为一邑著名繁富之所。兵燹以后，镇有同泰典当，闻系浙之嘉郡富绅段姓所开。月之望日于深夜时，厨房失慎，人皆入睡乡，及至惊觉，不及扑灭，已成燎原。惟能各自逃身，幸无烧毙人口，典中所有莫可携带，尽遭一炬。核计各姓典存衣饰等物，共约当本三万六千之数。”②这是典铺厨房不慎引起的火灾，也不是不可抗力。当时把火灾区分为邻火延烧与自行失火两类，前一种是不可抗力，而后一种就不是。

二、兵灾匪患

当铺受到自然灾害的记载不罕见，历史上记载更多的是兵灾匪患。因为典当里库存了很多贵重的金银珠宝，各个时代都易引起兵匪们的垂涎。而在战乱年代，兵亦匪、匪亦兵，实际上是无法区分清楚的。我们举几例规模大的。

> 第一，明崇祯五年(1632 年)壬申八月，“丙子，陕西总兵官王承恩自绥德提兵回镇，各兵见父母妻子受饿垂毙，势已汹汹……众相勾煽，遂乘势劫当铺一十三家、京铺七家，打毁抚

---

① (清)朱枟:《粤东成案初编》二，卷二十一《扰害诈骗·当铺工人窃获银两事后放火烧簿掩饰，以致延烧房屋，照谋财放火尚未抢掠例拟斩监候》，道光八年刊本，第 107 页。

② 《申报》第 552 号 1874 年 2 月 11 日《典当失慎》。

院门栅，进至穿堂击碎窗格，抢出案衣坐褥”。①

第二，清嘉庆年间，广东新兴县，“据冯宰平供：职员是本县人，向开万聚号当铺生理。嘉庆十三年(1808年)十一月二十日夜三更时候，被贼多人持械打开大门、中门，走入货房行劫。职员害怕，合伙伴梁汝漳们躲避。贼人搜劫银钱、衣饰各物跑走，职员喊同邻人梁夐追捕不及，就查开失单投保禀勘的，求缉究……传唤铺户眼同事主按照失单逐一确估，共值纹银一千一百二十两零三分，列册同勘图附卷。

据罗秉尊供：是本县人，年三十四岁。父母俱故，并无兄弟，娶妻李氏，没生子女。嘉庆十三年十一月十九日，小的往趁(赶)洞口墟，路遇素识的罗亚宽、罗彦斌，共谈穷苦。罗亚宽起意，商同纠伙行劫县属冯宰平当铺得赃分用，大家应允……共伙三十一人，三更时候齐到冯宰平当铺门前……共劫得番银六百一十两零、铜钱六十五千四百文、金首饰七件、银首饰三千余件、绸衣布裤共五百零两件、棉夹布被褥二十八张、蚊帐二顶、毛毯二张、铜器八件、虎皮二张、绵绸十七丈零、棉布三十二段、水鞋一对”。②

第三，在北京，最著名的光绪庚子年(1900年)，八国联军侵略北京，当时人记载：八月，北京“二十四日，大街小巷各按洋人分界插满白旗。莠民土棍，皆倡言无处换钱，籴粜粮米，纠约匪徒肆行抢掠，钱铺、烟铺、粮店、米铺、当铺、布铺、绸铺、估衣等铺，城内城外均被抢夺一空。二十七日，合京城当铺二百余家，钱铺三百余家，俱被匪徒勾结洋人，抢劫无遗”。③

第四，光绪卅一年(1905年)二月，苏州、松江府各地，著名匪首，“高东山……近年聚众贩私，并迭次持械伙劫川沙

① 《明实录·附录崇祯长编》卷六十二。崇祯五年壬申八月，台北“中研院”历史语言所1962年版，第3567-3568页。

② 《清嘉庆朝刑科题本社会史料辑刊·广东新兴县罗亚宽等抢劫冯宰平当铺案》，天津古藉出版社2008年版，第1720-1721页。

③ (清)仲芳氏：《庚子纪事·洋兵进京逐日见闻记略》，中华书局1978年影印本，第36页。

厅同豫典、太湖厅源源典、元和县善昌典、娄县仁泰典、新阳县公和典、宜兴县复济典、丹阳县闰源典、南汇县同源典，先后得赃并有拒捕杀人之案”。①

以上四例属于兵匪抢劫典当之案：有士兵因为生活、生存不下去，有组织地抢劫当铺钱财的；有数人因为家庭生活贫苦，见钱眼开，想抢当铺得钱补充家用的；有北京土棍、匪徒勾结外国侵略士兵公开抢掠北京当铺、钱铺及其他米粮等字号的；还有著名匪枭带领匪徒大规模地、在较大地域内进行典当铺抢劫的。

从以上材料可以看出，因为典当的建筑都高大坚固，夜间有值班人员，所以抢劫典当的行为大多是团伙犯罪。太平天国起义时也曾取缔当铺，因为那是他们的一项政策，与以上情况不同，所以没有同列。但正因为是一项政策，导致的危害才更严重，以致当时长江中下游的当铺几乎绝迹了。② 兵灾匪患是社会异常现象，当然也是不可抗力。

排除了不可抗力因素，其他风险造成事故，如果当户的当物遗失或损坏，典当是应该承担责任的。

三、盗窃

盗窃一般分为他盗、自盗。他盗是外人闯入典当行窃，如在南宋，“张氏，罗江士人女，其母杨氏寡居，一日，亲党有婚会，母女偕往，其典库雍乙者从行。既就坐，乙先归。会罢，杨氏归，则乙死于库，莫知杀者主名。提点成都府路刑狱张文饶疑杨有私，惧为人知”。于是张死于狱中。后知乃名袁大者为犯人，审问之际，他说：“适盗库金，会雍归，遂杀之，杨乃得免。”③其中袁大就是

---

① 《申报》11355号《调署湖南巡抚端等为拿获著名枭匪首伙各犯审明惩办并将出力文武员弁择优保奖摺》。

② 王天奖：《太平天国的商业》，《文史哲》1962年第2期。

③ （元）脱脱：《宋史》卷四百六十《列女·张氏》，中华书局1977年版，第13483-13484页。

偷窃典当的外贼，还杀死了典库的伙计雍乙。

在清代，“山东文登县，有典肆。夜半贼穴壁，先伸两足入探。肆伙故未寝，遽持之，不得出。令人执炬绕出墙外观之，则贼头已割去，鸣官。官利其富，谓为擅杀，乃尽拘肆中人监禁，而饬役十余人代为守肆。三日后，贼大至，尽杀役，不取一物而去，盖贼来报复，不知所杀之非肆中人也。其穴墙之贼，乃同伙自割其头，恐人识面而物色之耳”。① 这家当铺捉住了窃贼，但遭到了窃贼的报复。光绪十二年(1886年)七月，“皖垣某甲，年三十余，其父由行伍得保武职，补授某缺。甲则习成纨裤，游手好闲，非惟不能弯两石弓，且亦不识一丁字，渐至田园衣服典质一空，不得已效梁上君子之所为……初九日下午，混入二郎巷某典铺窃取衣物，铺伙惊觉，甲即奔逃，铺伙二人追之急，甲将锡壶面盆抛弃道旁。铺伙仍狂追不舍，至小南门正街始得擒住。甲知不免，逞强奋殴，幸有数伙齐至拿获，送县熊大令”。② 某甲从当铺偷得了面盆、锡壶，但被当铺伙计追上并捉住送官。以上这些偷盗当铺的外贼，大多被捉住了。当铺不仅有高高的围墙，夜里还安排巡夜人员，零星盗贼不易得手，所以这类事故不算是不可抗力。

但历史上记载的内盗也不少。这类盗贼是指典当的内部人员利用工作之便行窃，更有甚者监守自盗，却令当铺防不胜防。乾隆五十八年(1793年)，在江苏溧水县，“谕书麟等奏审：溧水县知县陈潢，于县民陶仁广在无服叔祖陶宇春典铺内为伙，窃物潜逃……今陶仁广系陶宇春无服族侄孙，支属甚远，陶宇春令其在典管理首饰，并非素无照应者可比。乃陶仁广辄窃取金珠银两潜逃楚省，以致同典商伙周记爽及伊胞兄陶仁庆均被严刑。况村镇典铺，赀本不过千余金，而陶仁广所窃，估赃竟多至三百余两，致累陶宇春照数

---

① (清)采蘅子:《虫鸣漫录》卷一，《笔记小说大观》第1编第7册，第4344页，新兴书局有限公司1975年版，第4344-4345页。

② 《申报》4794号《皖垣二事》。

赔补，又遭讼累，中人之产不因此而荡尽耶”。[①] 陶仁广和陶宇春是本家，在陶宇春当铺内当伙计，结果偷了三百多两银子。清光绪二年(1876年)，上海南汇“昨有小东门外同茂押店主朱兰安控陈子云于法，公廨称前年陈有胞姪名大成荐来学业，迄今三年，不谓大成于去岁逐渐在包房偷窃衣物变卖。去岁底有人赎押，遍查不着，故于新正初三日起盘，至初七日照簿细查，有缺货计洋五百余元。大成自觉不能藏匿，随即逸去”。[②] 陈大成不仅偷盗了当铺的财物，还连累了他的叔叔陈子云。光绪二十一年(1895年)，“绍兴上虞县生员谷肇成在百官镇开怀德典当，雇用陈霞轩为执事。上月某日，陈将首饰房中□有金银珠□□□二万余两并将账簿一并挟之而遁来沪，寓小东门泰和客栈。前日为失主寻至，陈已闻风避匿，铺陈行李均在栈内。”[③]陈霞轩是当铺的执事，即经理，职位高，偷盗的东西多。光绪三十三(1907)年，“石牌楼元钰典当有学徒六人，伙窃满期不赎之衣饰，价值七八千金，拟于夜深时由更楼用帛系出。恐有败露，将火油二桶洒遍衣楼，正欲纵火，为经理人所悉，逸去二人，将四人拘送甘泉县署。一讯而服，收押典史衙，闻已追出三千余矣”。[④] 这六个当铺的学徒偷盗当铺的衣物，结果被经理发现了。当铺内部的人员行窃，虽然比较难以提防，但当铺都不允许内部人员随便出入，伙计回家都要搜查，所以这类事件也是可以避免的，不是不可抗力。

四、诈骗

抢劫、盗窃等手段是很危险的，于是经常有人想办法去典当诈骗。他们行骗的手法有两种：第一，以假乱真。如上文第二章提到五代时有人以铁胎银到慕容延超家开的质库里行骗。北宋也有同类

---

① (清)《东华续录》乾隆一一七，续修《四库全书》第0374册，上海古籍出版社2002年版，第295页。

② 《申报》1162号1876年2月11日《荐侄受累》。

③ 《申报》8095号1895年11月1日《法界公堂琐案》。

④ 《申报》12204号1907年4月14日《学徒意图焚典·扬州》。

事例，如北宋天圣二年(1024年)三月，“已卯，知成德军永州团练使钱惟济加吉州防御使，留再任。有伪为白金以质取缗钱者，其家来告。惟济密谓曰：第声言被盗，而示以重购，质者当来责余直，即得之。已而果然。”①以上都是官僚开的当铺，还收当了假货，可见骗子是多么大胆，而普通商人开设的当铺就更不能幸免了。“明朝永乐年间，出了个神奇不测的拐子……这个拐子是广东肇庆府高安县人，姓贝，名喜，并无表字，有一个别号，叫做贝去戎……有个徽州当铺开在府前，那管当的人是个积年的老手，再不曾被人骗过……偶然一日，那个管当的人立在柜台之内，有人拿一锭金子，重十余两，要当五换。管当的仔细一看，知有十成，就兑银五十两，连当票交付与他，此人竟自去了……(有人提醒)那店内之人接了进去，磨的磨，看的看，果然试出破绽来。原来外面是真，里面是假，只有一膜金皮，约有八钱多重，里面的骨子都是精铜。”②把铜当成金子收进当铺，造成的损失可以想象。这类骗子很多，当铺的伙计一不小心就上当了，上当的后果是严重的。但那些经验丰富的朝奉，还是能够识别的。第二，制造假当票到当铺赎当。清时，“徽州有质库，地棍欲诈其赀，乃习其缪草，仿其戳记，依其款式，自造伪票。作珠一颗，曲(典)五百金，计值十当五，须偿千金。典主亦键者，取此月号簿呈送。棍乃转讼其伙，谓主人艳珠，令伙没入也。吴取票视之，笑而慰伙曰：无恐，易剖耳。具言：各典店规，例以年长一小郎写票。大典柜伙四，次三，又次二，各授票百，以木扦贯而授之；否则落纸如飞，散同秋叶矣。请明府吊各典票验之，可见此票无孔，非典中物也。棍语塞，乃遁”。③ 这个地棍的假当票有漏洞，被识破了。只要当铺伙计苦心练习技能，还是能识别这种骗术的，所以这也不是不可抗力。

---

① (宋)李焘：《续资治通鉴长编》卷一百零二，天圣二年三月已卯。中华书局1985年版，第2355页。

② (清)李渔：《归正楼》第一回，《十二楼》人民文学出版社1986年版，第84-85页。

③ (清)徐珂：《清稗类钞》第三册《狱讼类·吴墨谦为人释讼》，中华书局1984年版，第1047-1048页。

五、讹诈

讹诈很明显，就是找个借口去威吓当铺，当铺怕影响了做生意，送给匪徒一笔钱财，花钱消灾而已。清代有很多这样的故事，“长洲尤翁，开质库。岁暮闻外哄声，出视则邻人也。司事者前诉曰：‘某将衣质钱，今空手来取，反出詈语，有是理乎？’其人不逊。翁命检原质，得衣帷四五事。翁指絮衣曰：‘此御寒不可少。’又指道袍曰：‘与汝为拜年用，他物非所急，留可也。’其人得二物，默然而去。是夜竟死于他家，涉讼经年。盖此人负债多，已服毒，见尤富可诈，既不获则移于他家耳。或问尤翁何以预知而忍之，翁曰：‘凡非理相加，其中必有所恃，小不忍则祸立至矣！’①这个尤翁很明智。还有的案件很吓人，如清中期，“常州西门内原太典，徽州洪君建斋质库也。戊戌四月间，一乡人提一囊掷其庭中，而以首饰数百，欲质钱数千文，曰：少则不敷吾用。典中人曰：欲敷尔用，须添尔物。是区区者，值不能半，顾乃操约望奢乎？乡人曰：欲添乎？有，有。即取其庭中之囊置柜上，解之则人头二，一男一女，血模糊犹未干也。合典大骇，急召地保至，予以所索之半而遣之去。后知女头乃其妻，男头乃其妻之奸夫。乡人侦知已稳，是日掩而杀之，而将其首之于官，故质钱为衙门用耳。然质钱而至胁人头，则乡人亦可谓狡极矣”。② 最为奇特的是，有些地方还盛行自残肢体以威吓当铺的，“京畿一带，此风尤盛，一日，有壮男至通州某典肆持敝衣求质，典伙却之，男子呶呶争。久之，诘伙曰：贵肆果质何类物？伙答曰：凡物皆受，第必须完好者始合格。壮男匆匆去，俄复至，出小刀，割一耳掷柜上曰：此亦物之完好者，若速为估值。伙大惧，立邀之入，予以重金始出”。③

---

① （清）严有禧：《漱华随笔》卷四《尤翁》，《笔记小说大观丛刊》第 18 编第 7 册，新兴书局有限公司 1978 年版，第 4247-4248 页。

② （清）俞鸿渐：《印雪轩随笔》卷三《人首质钱》，民国元年石印本，第 4 页。

③ 《清稗类钞》第五册《风俗类 · 北人毁身求财》，中华书局 1984 年版，第 2194 页。

还有一种讹诈是在当铺开张的日子，以当主隐私去讹诈当铺。如《清风闸全传》记载：凤阳定远县乞丐皮奉山因掘藏发财，购买了两座当铺，开张那天，“于是，五爷打轿到当铺，众伙计恭喜，放了旺鞭，吃了面，奔里盘货。谁知外面一众匪友，将马盖一个个拿到五爷当典内，要当纹银二两。众朝奉说：押这臭哄哄的，要当银子？回了五爷，五爷说：每人当二两与他吧。朝奉答应，出来照数当银，不提”。[①] 也有因祸得福的，长山袁翁，年轻时家里贫穷，经常去当铺质钱。一次他又去当铺，以自己的旧衣服当钱花。当铺不仅不收，还把他嘲笑。袁翁气忿忿地说，他如果开了当铺，连死孩子都收当。当铺最忌听死孩子之说，心里虽然不快，也没有与他计较。后来袁翁果然掘藏发了财，开了一座当铺：原典主“乃觅二死孩，裸以襁褓，挟至其肆，求质银十两。主柜者大怒，势将用武。翁适在侧，急止之，而拱手向肆主曰：老兄欲证成我为信人耶？此孩子之死，正值小肆开市之日，不为无缘，请如数质之。因使人贾一小棺，殓孩于内。此孩子不必远送，即我所立地砖下瘗之可也。亟乎僮仆执锸，就脚下掘一穴，才尺余，忽得一石板。发之，板下列巨瓮十数，瓮中白镪皆满，一肆大惊”。[②]

六、强当硬赎

主要表现是以较小价值的当物，强索较大价值的银钱。光棍、恶霸很常见，甚至地方官员都搞此类勾当。前者如清光绪九年(1883年)七月廿八日直隶总督张树声在奏中揭示：“王长海即王九，贾成详、罗广愿即罗群，金国安、海成惠、马得亮即马得洪，田万仓……并在逃之吴丑儿、虎连科等均籍隶昌平州，在昌平营当兵。白永盛□昌平州民人，□州人□旭□，向在州城东街开设公镒

① (清)浦琳：《清风闸全传》第二十五回《皮凤山开当铺，潘彩臣拔劣迹》，《中国古代珍稀本小说续》第壹辑，春风文艺出版社1997年版，第448页。

② (清)和邦额：《夜谭随录》卷四《袁翁》，《笔记小说大观丛刊》第2编第10册，新兴书局有限公司1978年版，第6488页。

号当铺，陈玉山、牛三、徐五、金□凤、朱文贵、彭大均在该铺作伙。光绪八年九月初二日，昌平营守备穆鸿亮因天气渐寒，营兵须置备棉衣，向雷旭斋商借银一百五十两，许俟领到饷银归还，雷旭斋未允借给。是月十九、二十等日，王长海、贾成详、罗广愿各自起意，执持阅操赏给银牌前往当钱，声言五钱重者须当制钱一千五百，三钱重者须当制钱五百。陈玉山因当价过大，不肯收当，王长海等不依滋闹，雷旭斋恐惧，令陈玉山照数收当。随后马得亮、田万仓、胡满城亦各听从，持银牌前往，照数当得钱文。十二月十九日，金国安在途抢获州民杜宝贵遗失当票一纸，起意赴当强赎。"①

更有甚者，有的官吏也在当铺强制押借银钱，如道光十六年(1836年)十二月甲戌，"又谕、钟祥等奏，请将被控勒诈当商之知县、典史革职审问一摺。典铺所以便民，该地方官理宜禁绝棍徒索诈滋扰。乃朱维翰等身为县令……先后用印封书箱，向部民谢元泰当铺押借银两。朱维翰兼受程仪番银六十圆，已革典史沈成因购线拏犯，亦向谢元泰强索番银四十圆，均请按律问拟杖流。下部议。从之"。② 朱维翰和沈成明显是依仗权势欺诈当铺，当铺因为惹不起他们，只好同意。

第二节　灾害赔偿制度

典当发生事故，就要向当户赔偿，民间社会及官府对这种行为加以规范，就会形成一些制度化的规定。这种制度起源甚早，五代时，唐明宗下诏："应汴州城内百姓，既经惊劫，须议优饶，宜放二年屋税，兼公私债负。如是在城回图钱物及公私质库，除点简见在外，实经兵士散失者，不计年月远近，并宜蠲放"。③ 当时封建

① 《益闻录》第287号《京报照录》。

② 《清宣宗实录》卷二百九十二，道光十六年十二月甲戌，中华书局影印1986年版，第531页。

③ (清)徐松：《全唐文》卷一〇七《加恩汴州诏》，山西教育出版社2002年版，第659页。

政府下令公私质库，对战乱造成的当物散失，不论时间长短都免于赔偿。而对当铺经营不善造成的损失则不同，如后汉大将慕容彦超，“初，彦超尝令人开质库，有以铁胎银质钱者。经年后，库吏始觉，遂言之于彦超……于是彦超下令曰：‘吾为使长典百姓，而又不谨，遭贼劉，其过深矣。今恐百姓疑彦超隐其物，宜令三日内各投状，明言物色，自当倍偿之，不尔者有过’。百姓以为然，于是投状相继”。[①] 当铺误收了铁胎银，要加倍赔偿。可见当时封建政府在制定相关的政策、法规时，已经考虑到战乱是不可抗力，所以才令公私质库免于赔偿，而其他原因则不可。

那么怎么赔偿呢？慕容彦超的当铺是要加倍赔偿，至于加倍的基数是当本呢，还是当物的原值呢？依理而论，应该是当本。而到北宋时，这个问题有了发展，“已卯，知成德军永州团练使钱惟济加吉州防御使，留再任。有伪为白金以质取缗钱者，其家来告。惟济密谓曰：第声言被盗，而示以重购，质者当来责余直，即得之。已而果然。”[②]这是要赔偿当本与当物实值之间的差价，但这个差价怎么计算呢？还是不清楚。西夏法律规定：“典当物时，任意将衣物变破旧者，当取本钱，利当罚，现物归还属者”。[③] 这是说，典当因为保管不善而致当物破旧，只要向当户赔偿当本就可以了，当物归还当户，利息就放弃了，这明显有利于当商。当然西夏是地处西北的少数民族政权，有其特殊性。金代的官营典当规定：“若亡失者，收赎日勒合干人，验元典官本，并合该利息，陪偿入官外，更勒库子，验典物日上等时估偿之，物虽故旧，依新价偿。”[④]这是规定，当物遗失要赔偿当户新物的价值。当时金国已入主中原多

---

① （宋）陶岳：《五代史补》卷五《慕容彦超铁胎银》，《五代史书汇编》第五册，杭州出版社 2004 年版，第 2525 页。

② （宋）李焘：《续资治通鉴长编》卷一百零二，中华书局 1985 年版，第 2355 页。

③ 史金波等《天盛改旧新定律令》第三卷《当铺门》，法律出版社 2000 年版，第 187 页。

④ （元）脱脱：《金史》卷五十七《百官志三》，中华书局 1975 年版，第 1320-1321 页。

年，法令已经规范多了。

明代因为“值十当五”制度的形成，典当赔偿形成了一种惯例，即以当本为基准，加倍赔偿。前文引《归正楼》里的那则故事，贝去戎以一锭金子当了五十两银子，又安排徒弟挑逗典主疑心，趁机用假的把真的换出来。典主发现是假的，那徒弟又挑逗典主去追赶。典主把假金子托那徒弟保管，自己去追。等到追上贝去戎，那个保管假金子的徒弟又不见了。典主死无对证，只好赔偿贝去戎一百两银子了事。这段故事里，那锭金子当本是五十两，典主赔了贝去戎一百两，可见是加倍赔偿。清代民间还沿用这个惯例，“徽州有质库，地棍欲诈其赀，乃习其缪草，仿其戮记，依其款式，自造伪票。作珠一颗，曲(典)五百金，计值十当五，须偿千金”。[①] 这里说得很清楚，当铺一般是加倍赔偿。

清代的法律对典当赔偿问题做了详细的规定，不但国家正式法律、各省省例乃至府县的条例都有相关规定，如国家正式律例规定：“凡典商收当货物，自行失火烧毁者，以值十当五，照原典价值计算，作为准数。邻火延烧者，酌减十分之二，按月扣除利息，照数赔偿。其米麦、豆石、棉花等粗重之物，典当一年为满者，统以贯三计算，照原典价值给还十分之三。邻火延烧者，减去原典价值二分，以减剩八分之数，给还十分之三，均不扣除利息……如典商、染铺及店伙人等，图盗货物，或先有亏短，因而放火故烧者，即照放火故烧自己房屋盗取财物，及凶徒图财放火，故烧人房屋，各本律例，从重问拟……典铺被窃，无论衣服、米豆、丝绵、木器、书画，以及金银珠玉铜铁铅锡各货，概照当本银一两再赔一两；如系被劫，照当本银一两再赔五钱，均扣除失事日以前应得利息。如赔还之后，起获原赃，即给予典主领回变卖，不准原主再行取赎。”[②]下面把当时的法律规定做成表格。

---

① (清)徐珂：《清稗类钞》第三册《狱讼类·吴墨谦为人释讼》，中华书局1984年版，第1047页。

② (清)《钦定大清会典事例》卷七六四《刑部·户律·钱债》，《续修四库全书》第0809册，上海古籍出版社2002年版，第421页。

表 13-1 清代法律规定的典当失火、被盗赔偿表

自行失火	邻火延烧	被窃	被劫
以值十当五，照原典价扣除利息	酌减十分之二，按月扣除利息	当本银一两，再赔一两，扣除利息	当本银一两，再赔五钱，扣除利息
米麦豆石等粗重之物，一年为满者，给还原典价十分之三，不扣除利息	原典价减去十分之二，以减剩分之数赔偿十分之三，不扣除利息		

从表 13-1 可以看出，自行失火与被窃，比邻火延烧与被劫赔偿要重，这是因为考虑到邻火延烧和被劫都是不可抗力，不是当铺自己造成的，所以赔偿较轻。此外，粮食、棉花之类的当物赔偿时，都不扣除利息。此外，清代法律还对赔偿期限和典主做弊等情况做出了规定。

当然，以上都是法律上的规定，各地执行的情况怎么样呢？首先，在山东，省例规定得比较简单，“当铺失火，本银一两，在十月以内者，赔银三钱；十月以上者，赔银二钱。已过二十月当绝者，概免赔偿”。即按收当时间确定赔偿数额。乾隆二十五年(1760 年)，又规定，“至于当店被邻火延烧，未有议定之案，本司详加斟酌，应即照前例，以十分减四议赔。(如前赔银三本，每本减去四分，盖三六一钱八分也？)如当本一两，在十月以内，赔银一钱八分；十月以上，赔银一钱二分；已过二十个月者，概免赔偿”。[①] 即被邻火延烧的典当赔偿，比自行失火要轻十分之四。

至于当铺失窃，各府县并没有统一的规定，乾隆二十三年(1758 年)十一月，山东“仍将当店被窃应议赔偿之处，查照前署院批定，各照当本多寡减半赔偿成例，通饬遵照缴”。[②] 即赔偿当本

① 《乾隆朝山东宪规》第四册《当店失火分别赔偿》，《中国古代地方法律文献》乙编第 15 册，世界图书出版公司 2012 年版，第 688 页。

② 《乾隆朝山东宪规》第一册《当铺被窃照当本多寡减半赔偿通饬》，《中国古代地方法律文献》乙编第 15 册，世界图书出版公司 2012 年版，第 611 页。

的一半。后来修改为“不论月分多寡，概照当本减半赔偿，虽属简便易行，究非适中之道。当物大多值十当五，如遇失窃，除当绝之户勿令议赔外，其未绝之物，应按当本加倍扣利赔偿。如原当本银一两，即应加倍(赔)银一两，仍于所赔银内，扣除该商应得月利，庶为平允。”①即当铺失窃，照本加倍扣除利息赔偿，与《会典》的规定趋于一致了。

其次，在浙江，乾隆十一年(1746年)七月规定：“将衣服、珠玉、米谷、丝绵、木器、书画各项物件，概以贯五扣利找赔；铜铅锡铁火溶，亦可淘取，应以贯六扣利找赔等因，通行在案”。② 即典当失火，赔偿当本的1.5倍，扣除利息，但不怕火烧的铜铅锡铁等金属当物赔偿数额更高。乾隆十五年(1750年)，又规定：“无论衣服、米豆、丝绵、木器、书画以及金银、珠玉铜锡各项货物，照当本一两许再找给一两，扣利找赔。应扣利银，以失事日为止，如年月已满，概不准找。”③即不分失火与被窃，都是加倍赔偿并扣除利息。乾隆十五年(1750年)五月又规定：“应请嗣后典铺被劫，无论衣服、米豆、丝绵、木器、书画以及金银、珠玉、铜铁铅锡各项货物，援照失火之例，概以贯五扣利找赔。再，强窃赃物已赔之后，如起获原赃，先给典主认领。原主情愿取赎者，照依当本扣利并找赔银数一并计算取赎；原主无力取赎者，听其自便。如赃已花消，无可变赔，毋庸取赎”。这就是说，当铺被劫与失火一样，赔偿当本的1.5倍，并扣除利息。起获赃物后，由典主领回变卖。

《治浙成规》还记载了“典户本家不慎失火烧去住房、当屋”的处理规定，乾隆十一年(1746年)讨论之后要求：

如典户本家不慎失火烧去住房、当屋，亦令地方官查勘情

---

① 《乾隆朝山东宪规》第六册，《中国古代地方法律文献》乙编第15册，世界图书出版公司2012年版，第721页。

② 《治浙成规》卷五《典铺被失分晰议赔》，《官箴书集成》第六册，黄山书社1998年版，第526-527页。

③ 《治浙成规》卷五《典铺被失分晰议赔》，《官箴书集成》第六册，黄山书社1998年版，第527页。

形，如无放火偷运情弊，取结一体免赔。如仅烧当房而住屋未焚，力尚可赔者，茕茕典质之人，若不议赔偿，未免有向隅之泣。应将典质衣服、珠玉、米谷、丝绵及木器、书画各项物件，概以贯五扣利找赔；金银器饰虽被焚烧，尚可淘取，以值十当七计重扣利赔还；铜铅锡铁火溶渣汁亦可淘取，应以贯六扣利找赔；本典伙计工人偷窃亏侵放火故烧者，除将该犯照放火律治罪外，所烧各项均照前例著落典主分别议赔。若住屋被焚而当房尚存者，毋论沿(延)烧自起，应听取赎。倘有遗失，照议分别赔偿。其应扣利银总以失火日为止，年月已满概不准找。应赔银两，统限两月内赔清。①

这就是说不慎失火烧去住房、当屋，分三种情况，分别处理赔偿之事，如典商本人并无故意“放火偷运”之事，则免赔。如果烧毁当房，住屋未毁，分别损失情况，给予当户一定比例的赔偿，即：衣服、珠玉、米谷、丝绵及木器、书画各项物件，按当本的1.5倍，扣除利息赔偿；金银器以值十当七计重扣除利息赔偿；铜铅锡铁等物，按当本的1.6倍，扣除利息赔偿。住屋被烧而当房尚存，应听当户取赎。

清代中期，各省几乎都对典当铺业务经营，如利率、满当期限、失火赔偿等做出了规定，除以上所说到的山东、浙江之后，据笔者所见当时法令，至少有江苏、福建、广东、湖南等省。所提出的法令大体相似，但细节方面差异也不少，这里不再一一细述。

有的地方官在处理具体案例时，完全按实际情况，并不严格遵守既定的法令。如清同治年间，在湖南岳阳相思山上某处，有许钦桐、周倬臣两家开典，后皆报遭贼抢掠，“两处百姓控府，求饬两典将所典衣物概令赔还。魁太守委余往，勘查质审。随因巡团先到许家，勘得屋多拆毁，门窗尽坏，室中掘地深二三尺许，什物器皿

---

① 《治浙成规》卷五《典铺被失分晰议赔》，《官箴书集成》第六册，黄山书社1998年。按：《治浙成规》在此还对光棍的趁机搅扰，作了处理规定；并考虑当户利益，对赔偿情况作了一些细节的调整，第528-529页。

无一存者。许姓家属流离自顾不暇，实无可赔之资”。“后至小港周倬臣家，适周子完娶，灯彩辉煌，屋亦整齐完好。询以贼匪抢掠情形，供云先是闻贼匪将来，恐抢去所当之物，随将各物移藏邻近小庄屋内。不料贼知其处，亦已抢劫一空，请余往勘。”面对这两个案子，此位被委派堪验火灾的官员，根据实际情况，采取了不同的处理办法：对于许家，因损失惨重，请求百姓“只算被贼抢去，不上府告状”；而周家损失不大，则“照水火赔半之例断案”，要求当户“汝等但不必急追，俟周倬臣办有银钱，汝等即来领取”。[①] 这里，当铺家产损失殆尽，就免于赔偿；当铺损失轻，就减半赔偿。同罪异罚，反映了封建法律的随意性很大，有点合乎情理，但却不合法。

有的地区的民间惯例是当典当遇到不可抗的灾难，可以免于赔偿：如在杭州盐桥，“其长兄开质库于盐桥。质剂之法，凡不意经水火之难者，各自受其咎，此通例也。而兄质库丙夜有祝融之灾，融风吹激，众所目睹，而桀黠者扇众持券，登噪其门，责库移匿，日且万人。即强明有司，禁之不得，偿金非万金不止。(王)弘章虑兄力不克胜也，出己资数千金佐兄急，乃止”。[②] 材料说得明白，当地典当遇到意外的灾难，是免于赔偿的，只是因为有人挑动，才使得当户聚集索赔。再如在浙江杭州，“癸丑秋，省城火，质库烬余，例不听赎。先生(姚树斋)曰：嘻，天灾之，而人又夺之耶？榜诸门，悉还之，里中咸称长者”。[③] 按典当业的规矩，发生这种情况可以不赔，而姚树斋赔了就是行善，所以受到称赞。

当铺遇到水灾，货物虽然没有丢失，但却潮湿霉烂，怎么赔呢？“吾家与胡氏合设同和质库，水灾后衣货间有淹湿。查本郡成案，当中失火，质货被毁者，照被窃例以当本六成六分扣利赔偿，延烧者照被劫例以当本三成三分扣利赔偿，若水灾则未之及。鉴与

① (清)周乐：《宦游纪实》卷上《记岳州府办团事实》，《明清法制史料辑刊》第一辑第28册，国家图书馆出版社2008年版，第26-29页。

② (清)独孤微生：《泊斋别录·王弘章五十寿序又甲申》，清钞本。

③ (清)陈昌图：《南屏山房集》卷二十四《姚树斋先生传代》，上海古籍出版社2010年版，第440页。

胡君秋田商灾重至此，乡人已不堪命，似须格外体恤，胡君然之。凡湿货本利全免，听其照票取去。不愿取者，与字号失检者，照当本对贯赔偿，耗本万余千金。此言一出，乡人争先恐后，拥塞街衢，取者赔者日不暇给。"①从事例看，当地对火灾的赔偿规定得比较清楚，而水灾赔偿却没有规定。这家当铺的做法，分为两种情况，一种是由当户无偿取走，本利全免；如果当户不愿意取走，则对贯赔偿。

当铺遇到灾害赔偿，也是重要的社会事件，竟由官府派兵维持秩序。再如光绪二十二年(1896 年)，在营口，"营口设有两典当铺，当日兵占据之际，先被铭军抢掠，继遭日人蹂躏，巨万赀本几致荡焉无存。至本年七月初，海城县出示，令典商将所失货物照三成折价赔偿，虽质期已远者亦只准除去一年二分利息。至新质下者，则照月数扣除。远近乡民立时聚至数万人，纷纷持票来取。典商无从措手，致被拥至旗署。旗员向乡民婉言开导，无如众口哓哓，几致酿事故，不得已拘为首之数人送县核办。乡人未受丝毫实惠，反致废时失业，匍匐公庭，殊不值得也"。② 当户不但得不到赔偿，反而因为诉讼废时失业，可见典当灾害发生后对社会生产生活影响的严重性。

当铺出了事故，本是一大损失，又要按法律赔偿，无疑是雪上加霜，有的当铺就承受不了，如在四川，"丁未中秋夜，中江库不戒于火，火自库中出，指顾间烈焰四起，全库灰烬，不遗一椽。明日质物者争操券至，填街溢巷，哗于县门。官惧其激而变也，令偿价如例。计缗镪六七万，旧领官库及贷贾人子母金约五六万，倾四库偿之不足，悉索其家偿之，仍不足，而家中之责逋者络绎。至诸戚族及孀妇孤子之仰给于四库者，群号咷于翁之室，翁无以应也。"③

---

① (清)董金鉴:《吴太夫人年谱》卷上，清钞本。

② 《申报》8449 号 1896 年 10 月 24 日《辽东秋梦》。

③ (清)路德《柽华馆诗集》卷四《阎省轩封翁铁养梧园授经图并序》，清光绪七年解梁刻本《续修四库全书》第 1509 册，上海古籍出版社 2002 年版，第 590 页。

这家当铺发生火灾后，把另外四座当铺的资金调来赔偿都不够，又把当商的家产赔进去，还是不够，可见其严重性。所以《申报》评论说：

> 当铺乃贫民之后门，设有钱漕正用紧急可以质当，故上宪出示招商劝开公当，木榜刻出，每股出钱五百两。虽云便民，其实上下俱有益。现在硬要当商照成例值十当五对成赔补，谅不敢与官长倔强，而于情理法三字亦不合。照此赔足，闻非万金不可，恐上海此等殷户亦少，遇此亦难收功，况乡间乎？且前此三年为满，故值十当五，虽言赔足，除去利息二三十日，实赔亦不过三四成。今也如上海，金子一两当二十元，衣服八折交价亦当。如赔十成，金子变为每两价四十元，衣服照本浮六成矣。新例一年为满，扣利无几，此乃证据，共见共闻。火盗通例，上海同昌当赔过，今独将此当开场严办，作为定例，不知是何居心？想松、太二属当铺同业中亦所不甘，此不测之祸，何人可保？即各县宪以后俱要照此办理，亦属棘手。现在当铺资本拼凑不足，吃庄银者多，股分内本钱烧去，再要挪出一二倍，所谓财命相连，逼紧，必有人命在内也。且今乱后衙门诸案俱参新例，当业本开新章，何以赔项之事必要照旧例？实所不能。①

这里提出了两个方面的问题：一是依法以值十当五赔足，则除非十分殷实之当商，否则不可能赔足，如若紧逼，易酿成人命；二是办案已经参用新的法例，而当业赔偿之事，却要按旧例办事，显得不公平。这明显是站在典当的立场上评论。正因为有的典当承受不了双重打击，他们在出事后便多有做弊之举，如藏匿贵重当品，却报称失盗等。由此极易酿成事故。

近代，有的典当入了保险，其损失才轻了一些，如民国元年(1912 年)上海，“公共租界泥城外大沽路仁源典当去年失慎后，即

---

① 《申报》第 266 号 1873 年 3 月 13 日《续告江湾典当被灾事》。

具禀各公署请给示谕。援照典业定例赔偿二成，业经公共公廨谕限三天，造具清册呈候核夺在案。昨晨该典仍遣代表徐耀庭将被焚衣饰清册并典业规则呈案请示，王襄谳察核清单，以该典应赔钱十一万余串，除将焚剩衣饰作抵，并将所得保险费银合钱八万八百余千尽数赔偿外，约须亏本钱二万五千余串。既已折本，应予体谅，遂准照典业定例赔偿，听候给示遵行。"①

总之，对于不可抗力造成的损失，我国古代的法律并没有规定免于赔偿，而是比典当人为造成的损失减量赔偿，这实际上是双方共同承担损失，适当照顾了贫民的利益。近代有的典当规定，对不可抗力造成的损失免于赔偿，明显不再照顾当户的利益，这也许是近代典当业衰落造成的。

第三节 典当业与盗赃出脱及其处理

一、误典贼赃及官府禁令

典当收当时，一般并不询问当物的来源，这就给各类盗贼提供了销赃的绝好场所。而这类当物是破获盗窃案件的重要证据，涉及司法问题和社会治安，所以历代封建政府都禁止典当收当贼赃。西夏《天盛令》规定："诸当铺诸人放物典当取钱时，十缗以下，识未识一律当典给，是盗物亦不予治罪，物应还回，钱当取。送十缗以上物者，识则令典给，未识则当另寻识人，令其典当。假若无识信人而令典当，是盗物时，限三个月期限当还，当寻盗者，若得盗者，未知则不治罪；若超期限仍未得盗者，则物当归现属者，所典钱当全罚。其后盗人出，典钱能出，则因先未使寻识信只关者，有官罚马一，庶人十三杖。"②这就是说，如果质库收质十缗以上的物品，则须认识之人，或有熟悉之人为之担保，如果不是这样，而典

① 《申报》14022 号 1912 年 3 月 7 日《仁源典幸蒙体谅》。

② 史金波《天盛改旧新定律令》第三章《当铺门》，法律出版社 2000 年版，第 186 页。

进盗赃，三个月期限内，应当负责追寻盗贼，得盗时，不知情，则不治罪；若过期限还未得盗贼，则质当之物归“现属者”（被盗原主），而所典之钱，则全部作为罚款。其后盗贼出现，典钱也能出现，则要被罚，有官职之人，罚马一匹，无官庶人则要被杖十三杖。①

元政府规定：“贼人偷盗赃物典卖诸人，典质之家元不知情，在后事发，将元典正赃追纳到官。其贼人元得典质钱物并已招、破用未追，及供指受寄诸人赃物，革前已有承伏，未纳之数，合无追征。或犯在革前不曾招承，革后问得承伏，合无钦依革拨。若有到官正赃，依例给主。前件照得延祐四年（1317年）十月十九日，承准中书省札付本部呈：议得贼人偷盗赃物于诸人处典质钱数，典主既不知情，在后事发：将元典正赃留纳到官，贼人元得钱钞并已纳未追。及诸人受寄赃物，革前已招明白，罪经原免，拟合追给。其犯在革前，发在革后，虽有招伏，钦依革拨。若有到官正赃，依例给主，相应都省准拟。”②

以后的封建政府都制定了与之相似的规定。因为有的当铺贪图便宜，推说贼赃不易辨认，明代的地方官员吕坤便总结了盗贼的特征，公布出来供当铺参考：

> 一身行当铺买赃之人，无不知贼者有六：各府州县皆有当铺，本物当于本处之人，面识情熟，既不肯少勒价钱，又不敢违期擅卖。今本处不当而当于别州外县，必定是贼，一也。贫者当物出于无奈，定是再三讲价，去又转来不肯贱当，今三言两句价不多争，此定是贼，二也。良民当物，步安色定久坐徐谈，若色遽语忙、左盼右顾、心不在事、神不著色必定是贼，三也。凡当物必要约帖、必同中人，今一字不讨、一去不来，

① 所引法令中“则因先未使寻识信只关者”一句，因译文晦涩，未能译释。西夏法令比较其他王朝，特色明显，颇有不同。这里只是释其大意而已。

② 《元典章新集》《刑部·诸盗·征赃·盗贼遇革赃给主禀例》，中华书局2011年，第2176-2177页。

必定是贼，四也。做贼多是贫民，自是贫民相。今携许多首饰缎帛衣服，当主买主便问此物何店所买、每匹价值若干、某裁所作、某人所穿、因何典当，彼自口急语蹇，必定是贼，五也。至于卖衣于大市，买主自疑；销金银首饰于铺家，银匠自知；卖马牛于别市，牙行自觉。此三种人皆能识贼拏贼，而利于物贱不肯发觉，是盗以铺为窝家，铺以盗为供户，明知是赃，且图物贱。今后起盗赃物，凡当铺买主买行俱以知情，分赃从重问罪。①

这五个特征还是比较符合实际的。

清雍正三年(1725年)河南的地方官员田文镜也规定：

照得开张典当，原以接济贫民缓急之需，止许从公取息。若贪图贱当，滥收贼赃，固在禁例。近访得豫属各当铺见物即当，并不查问来历，凡有劫窃衣赃，尽归当店，以致盗贼充塞……嗣后凡押当物件，除平日熟识之人即于号簿内注明姓名外，倘面生可疑形踪诡秘，即当严加盘诘根由，必得熟识保人方许收当。若无的保，不得贪图微利滥行接受。大凡盗贼入店最易鉴别，为盗之人面带凶形，一也。举止慌张恐人察觉，二也。物多价贱即便肯当，三也。当货零乱，并不整齐包裹，四也。自言自语，满口支吾，五也。掌柜之人一见便知，但明知故犯者因有利无害也。嗣后各州县拿获盗贼招出当赃，不论有票无票，讯明颜色、件数、银钱、月日，即刻备关饬委捕员星飞查起，倘邻邑袒护当商措赃不发，立行详报本都院，以凭批行该管上司查起，官则飞参，当商随招解究，决不宽贷。②

---

① 《实政录》卷四《民务·弭捕盗贼》，万历二十六年赵文炳刻本《续修四库全书》第753册，上海古籍出版社2002年版，第349页。

② 田文镜《抚豫宣化录》卷三上《严禁当铺滥收贼赃以杜盗源事》，《四库全书存目丛书》史部第069册，齐鲁书社1996年版，第136-137页。

这里要求当铺对那些陌生可疑的当户，要认真盘查，并要求当户指定熟人担保，同时还举出了盗贼当物的几个特征，以供当铺参考。当然，要求记载典当人名姓，有点违背市场原则及典当规矩。

误典贼赃的例子很多，如宋代刘贡父舍人给苏东坡讲故事："吾之邻人，有一子稍长，因使之代掌小解。不逾岁，偶误质盗物，资本耗折殆尽。"①可见误典贼赃，对典当而言也是一大损失。"贡父曰：前于曹州，有盗夜入人家，室无物，但有书数卷尔。盗忌空还，取一卷而去，乃举子所著五七言也。就库家质之，主人喜事，好其诗不舍手。明日盗败，吏取其书，主人赂吏而私录之。"②这家质库的主人算是误典贼赃，虽受损失，却满足了好诗之心。

有的典当贪图重利，明知当物是贼赃，也会收当。这类典当一般是那些非法的小型典当，如"私典""小当""私押"等。明代的印子铺就经常收当贼赃，"兵部尚书余子俊等言：近者京城内外强盗滋多，盖因闾巷恶少与各处逋逃罪囚结聚党类，号为刺虎，横行市肆，强取货物，莫敢谁何。往往聚徒开场赌博，博穷为盗，乃以所获衣物质于印子铺，低取钱镪，苟图自给。"③这里所谓的"印子铺"就是指那些小当铺。

清代这类记载就更多了，所以封建政府开始禁止开设小押，尤其是由军流配犯开设的。如在福建，"再查闽省更有一种名曰私当，三月为限，加一起息，闾阎受其剥削兼收当贼赃，深为民害。并请饬令该地方官实力稽查，严加访拿详究，毋任胥役包揽狗庇"。④ 这个问题还引起了最高统治者皇帝的重视，嘉庆八年(1803年)，"又谕：巡城御史和静等奏：现在街市有买卖零星之小押铺，牟取重利，凡偷窃物件，俱赴典质，请旨饬禁等语，所奏尚是。此

---

① (宋)何薳《春渚纪闻》卷六《东坡事实·苏刘互谑》，中华书局1983年版，第95页。

② (宋)陈师道《后山谈丛》卷五，中华书局2007年，按：刘贡父即刘攽，第70页。

③ 《明宪宗实录》卷二百零九，第3644页。

④ 《福建省例·当税例·当铺大小行息限期》，《台湾文献丛刊》第199种，台湾银行经济研究室，第459页。

等小押铺，不过希图谋利，而鼠窃匪徒，往往藉以销赃。并闻各街市于天尚未明，即摆摊售卖，最易藏奸。而售主亦贪图便宜，即明知实是贼赃，亦不查询来历，殊非日中为市之义。此时若将小铺概行查禁，在生理微薄者，或不免生业无依。然不示以例禁，则奸宄公然售卖赃物，尚复何所顾忌？嗣后著步军统领衙门及五城出示晓谕，不得仍前开设小押，其在街市摆摊者，总于日出后方准售卖”。[①] 这里为开小当、小押人的生计考虑，未一概禁止，只是立法示禁。此两例中的小当小押，似乎有点有意收当盗赃，而不是“误典”。

有的典当受到地痞、流氓的陷害，也会误当贼赃。如明代小说《喻世明言》里说，有个张员外，在开封府开了一家当铺。宋四公偷了钱大王的玉带，叫同伙当在张员外家的解库里。宋四公又去钱大王那里揭发，害得张员外赔财丧命。[②]《二刻拍案惊奇》里说，有个神偷懒龙，偷了福建公子的西洋锦被，叫同伙当在一家徽商当铺里。然后他又带福建公子去当铺寻找。[③]

虽然历代政府都禁止当铺收当贼赃，但对犯禁的当铺却没有规定处罚措施。直到清末仍是如此，如在上海的法租界，虽有了因盗处罚当铺的事例，但形同虚设，清宣统三年(1911年)二月廿八日，“英界张某家日前失窃古花瓶及白玉挂屏等件，曾报捕房，将失单发给各典当，随时留意在案。讵恒德当及乾丰押店两家，竟将该赃贱价押下，事为英捕房查知，将窃贼张东三带往，协同法探至该两店吊出原赃，传同典伙韩伯言、吴仲侯二人一并解至法廨讯办。聂司马讯得该赃抵押一元，实属有意违章，未便姑容，判各罚洋十元以儆，当本充公。张东三仍由英探带回讯办”。[④] 这个案件中只对

---

① 光绪《大清会典事例》卷一千一百六十一《步军统领·职制禁令二》，《续修四库全书》第0814册，上海古籍出版社2002年版，第175页。

② (明)冯梦龙：《喻世明言》第三十六卷《宋四公大闹禁魂张》，人民文学出版社1990年版，第580-582页。

③ (明)凌濛初：《二刻拍案惊奇》卷三十九《神偷寄兴一枝梅，侠盗惯行三昧戏》，人民文学出版社1996年版，第905页。

④ 《申报》13695号1911年3月28日《法租界·有心收赃》。

每家当铺罚了十元了事。

还有的当铺竟无端怀疑客户的当物来路不正，以致发生纠纷：光绪三十年(1904 年)，池州，

> 查该县城乡并无汇丰典铺，只有城内汇通一典，业已闭歇。询据士庶居民佥云，前年有石门高村宦裔高长寿因完粮乏资，将祖遗衣服赴该典当洋九元，典伙汪姓见物良贵，疑是窃来，止给洋八元，告以尔知我晓。高长寿不服，与之争论，汪伙倚势凌人，遂唤丐头石春将高长寿锁扭送官，致高长寿族人高道锟等至县，以诬良为贼喊禀。"(下略)①

当铺无端怀疑客户的当物来路不正，当户不服，当铺竟把客户扭送到县衙。县官查无此事，要为双方调节，没想到当铺的东家袒护伙计，竟把当铺关闭，无端上诉，以致难以结案。

二、起赃

典当误典贼赃，破案后物归原主，典当的当本有没有补偿呢？宋代虽然没有这方面的法律规定，但从《春渚纪闻》的引文"不逾岁，偶误质盗物，资本耗折殆尽"来看，当本没有得到补偿，否则也不会造成那么大的亏损。西夏的《天盛令》也是这么规定的。元代规定："纵有误典贼赃，只宜取索，却不可以此为由，收拾致罪。"②从这条规定看，官府没有因为误典贼赃惩罚典当，却也未言补偿当本。总之，宋元时期的典当误典贼赃，破案后物归原主，典当得不到任何补偿。

明代的官方文献里也没有这方面的记载，但在白话小说里有一些。如在《二刻拍案惊奇》里有个神偷懒龙，偷了福建公子的西洋锦被，派人去徽州典铺里当。典铺人怀疑锦被来路不正，要担保

---

① 《申报》11282 号 1904 年 9 月 13 日《查明知县被参各款折》。

② (元)《大元通制条格》卷二十七《杂令·解典》，法律出版社 2000 年版，第 292 页。

人。当客没有去找担保人，却到福建公子那里告发。福建公子只是取走了自己的锦被，并没有苛责徽商。徽商因为并没有付出当本，自然也没有索取补偿。在《喻世明言》里有个吝啬的张员外，开了一座当铺，误当了钱大王的玉带。钱大王便控告张员外偷了他家的玉带，把张员外告到官府。张员外被迫同意在三日内找到那个当客，否则就认罪。最后张员外没有找到那个当客，却找到了自己丢失的财物。滕大尹劝他先以自己的财物赔偿钱大王的失物，以后再补偿他的当本，这与后来《大清会典》里的规定有些渊源。

清代，情况有了变化。《大清会典》规定："若诸色人典当、收买赃物，不知情者勿论，止追原赃，其价于犯人名下追征给主……谨案此条系原例。"①即向盗贼索取当本。江苏省的规定与《会典》一致，乾隆时的规定云：

> 嗣后凡有贼身搜出当票，查无事主报案者，概免提起，则经捕无可栽害，而当商之累已除。其报案在先提验相符者，只得照例办理等语。又是年林前司详准通饬，嗣后典铺误当贼赃，无分内外结，照例查起给主认领，当本于犯属名下追还。获贼搜出当票，承审官即确查有无事主报案，与失单花名、件色果否相符，如无事主呈报在先，实系事主被窃之物，应于当票上批明窃赃字样，盖用印信。除隔属仍用移关提外，其当本在本处者，当堂给主，令其自行赴典提起，勿许该商仰（抑）勒支吾等语。②

这里规定了当商的当本向盗贼索取，详细规定了索取的办法，及如何避免典商抑勒。以下还对当票被转卖或已经遗失的情况下，如何处理起获盗赃的具体办法，这里从略。

---

① 《钦定大清会典事例》卷七百八十三《刑部·刑律贼盗强盗一》，《续修四库全书》第0809册，上海古籍出版社2002年版，第597页。

② 《江苏省例三编》，《中国古代地方法律文献》丙编第12册，社会科学文献出版社2012年版，第576-577页。

但各地执行的情况很复杂，如康熙年间于成龙在江南省规定：当铺误典贼赃，地方官必须先捐资取赎，交还失主："嗣后各属捕盗厅印等官，拿获盗贼时，止究现在之赃，立案定罪。其已经典卖者，如果经失主认明，应照贼犯原典原卖之数，该地方官捐资取赎以警疏防之愆。俟臬司审结日，径将赃物给付失主收领，至盗犯供扳指寄之赃，非有确实证据者，不许诛求。"这样的规定确实有点独特，一般情况下，还是由失主自备本利取赎。如嘉庆年间张五纬在湖南岳阳规定："嗣后凡遇贼匪当赃之案，如系实向有谷之家，以物押谷，或以银钱代谷者，讯非窝户，其误当之赃，即令事主自备本利亲往取赎，所有当资本利即于贼犯名下如数追出给领，毋任地方棍徒、讼师串通衙门刑书、捕役，仍前混照事主报词捏开窝户，蒙混送票查拘差起扰害，致干访拿究办。"①这一规定由失主自备本利取赎，抓获盗贼后再让盗贼补偿失主，其实也是部分地保护了当商的利益。

山东的规定与此相似："嗣后起取盗赃，许失主验明确实，仍将原赃付还当商，失主持本取赎。捕役人等不得借赃为名不给还原本，当商亦不得借端勒索利息"。② 此规定应反映了常见情况，清末南方一些地方还是坚持这一做法："且失窃物件，当入典铺，虽衙门公馆，亦常有其事，皆由失主备本利取赎，绝不与典家争执。本年春间，有现任大员，署内被窃，其贼藏当在沿江各典，拿获后，亦遣人持票备本，向各典取赎，并不责其不查明来历"。③

即使在清末与外国人相关的一些典当铺典进盗赃之后的处理，也执行了相似的法律规定，如福建省厦门的一件案件便反映了这一状况，《申报》记载："厦门来信云：美领事与道宪日来小有不合，因美国某甲失物，在后查知被贼当在典铺内，告发请追。美领事请

① （清）张五纬：《风行录》卷二《分别当赃酌定取赎章程》，《历代判例判牍》第八册，中国社会科学出版社 2005 年版，第 250 页。

② （清）李祖年：光绪《文登县志》卷三下《知县徐方来康熙三十年碑文》，凤凰出版社 2004 年版，第 62 页。

③ 《典业杂志》，安徽师范大学图书馆藏。

道宪饬差吊赃，交还失主，道宪谓照中国律例，苟当家不知其为贼赃而收货，须仍照当本赎还，未可任意追提。美领事遂以为不合条约，且恐日后愈长偷风，因又请道宪先将贼赃吊交失主，俟禀明北京官员应否给还当本再行定夺，而道宪仍未之允也。”①即要失主备本利取赎，而不能空手提走盗物。

浙江的规定本来是：“本司遵查盗贼当赃，无分强窃，例应随时查起给主，于犯属名下追还当本，定例昭然，遵行已久。”②与江苏省的规定一致，也是向盗贼索取当本，但这一规定的执行过程却是相当曲折。最早的乾隆六年的规定是这样的：“除强盗赃仍先取给事主，在于盗属名下追还当本。如窃贼所当之赃，令事主赴典认明原失正赃，情愿出本取赎者听其取赎。于犯属名下家产照追当本，给还事主。如事主无力取赎，而犯属名下又无可变追，应以事主认赃之日起，定三年限期，注明典簿，仍听事主不时拨本让利取赎，于犯属名下追本给还。倘至三年之限，事主仍不能赎，而贼犯又家无追者，应令事主赴典，将原赃公估，协同典主变卖，除还典主当本，余给事主领回”③这即是说，浙江省最早的规定，还把贼赃区分为两种，即盗案贼赃与窃案贼赃。盗案贼赃照定例由失主认领，当本等破案后由盗贼补偿；而窃案贼赃则由失主备本取赎，期限是三年。如果三年后失主仍不能取赎，则把赃物公估变卖，先补偿当本，再补偿失主。江南省也要这么办。这个方案对典商较为有利，但得到总督的批驳：“事主失窃控官，原期追还赃物，若议将原赃仍留当内，令事主备本取赎，其无力取赎，而犯属无追者，即将原赃变卖，先尽当本，余给事主。是事主有失贼遭官之累，永无追还失物之期，该司何厚于误当之典商而薄于失窃之贫民耶……况典铺误当贼赃，若系知情，原应坐罪；如不知情，追还当本，律例

① 《申报》1688号1877年10月24日《闽省消息》。

② 《治浙成规》卷五《典铺窃赃先行查起给主，于犯属名下追还当本》。《官箴书集成》第六册，黄山书社1998年版，第494页。

③ （清）王又槐：《刑钱必览》卷三《江浙二省查起当赃》，嘉庆十九年刻本。

甚明……仰即遵照现行定例，无论强窃盗赃，随时查起给领，通饬画一循行，毋得任意更张干咎。”①这就取消了盗案、窃案的区别，完全按《大清会典》的规定办。乾隆十年浙江巡抚又重申了这一决定，结果引起以茅大来为代表的典商群体的不满意，他们推说抓获盗贼后，当本常被挥霍一空，要求把贼赃暂时保存在当铺里，等候失主备本取赎。地方政府没有同意他们的要求。以下乾隆十七年、乾隆二十四年两次讨论用盗贼的家产补偿当本的问题，及针对差役吊取赃物时勒索典当的问题，出台了一些规定。直至乾隆六十年(1795年)，典商陈生生等仍在呈请，浙江的地方官经过研究，规定了以下几条：

> 丨凡遇当赃，失主措备一半当本，免息取赎，在失主不必守候领赃，兼免房差需索。而典铺误当贼赃，令赔一半当本，洵属商民两平。
>
> 丨窃案获贼供认赃物，当于某典缴出当票，即时盖印，该县饬捕役协同事主赴典认明，实系原赃，该典另包存储，听事主随时备一半当本免息取赎。如限满不赎，准该典变卖。其无事主到典认货，概不准半本取赎，以杜冒混。
>
> 丨贼属名下追出当本，先尽失主，后归典商，分别给领，以昭平允。
>
> 丨窃贼当赃半本取赎，系奉大宪札饬，准情酌理议详定案，以便商民。倘有经捕串同地匪藉词纷扰，即行拿究以戢刁风。②

这是规定，浙江省外结的盗案，误典贼赃后，令失主准备一半当本去典当免息取赎；日后抓住盗贼，追回当本，先给失主，后给

① （清）王又槐：《刑钱必览》卷三《江浙二省查起当赃》，嘉庆十九年刻本。

② 《治浙成规》卷二《贼犯当赃犯事到官，令事主措备一半本银赴典认明回赎》，《官箴书集成》第六册，黄山书社1998年版，第389页。

典商。地方官员认为这样就照顾了典商和失主双方的利益。此后浙江省于嘉庆九年(1804年)、嘉庆二十一年(1816年)两次讨论与盗赃相关的法令，再次推翻以上规定的三条，与《大清会典》的精神保持一致。浙江省经过两个回合的较量，才使得问题得以解决。这一复杂的过程说明，当地的典商势力比较强大，地方政府在执法过程中，也不得不为了照顾他们的利益，把国家统一的规定进行变通。

湖南省关于典当铺起赃的法律问题也经历了较长时间的讨论与博弈，乾隆二十七年(1762年)规定：

> 本司等覆查，盗贼供出盗赃，先起给主认领，当本在于各盗家属名下追赔，此系已定之例。嗣因为盗之人尽皆赤贫，承审官虽竭力追比，大都无着居多，未免有亏当本，历经酌议未定。迨至乾隆八年间，经前司等议请，略为变通，分别案之内结外结：内结重案供出当赃，概照定例先起给主，一面于犯属名下实力严追当本，毋俟定案后始行追给，以致当本虚悬；外结之件，着捕督同事主往典认明，画押贮典，着令贼属名下出本，免利取赎给主。如本贼及贼属实在无力追偿者，均令该地方官关查确实，听主备本赴典免利取赎。以认赃之日起，定限三十个月为满，如逾限不赎，听典商变价作本，商民各得其平。①

这里等于是在乾隆二十七年(1762年)重提了乾隆八年(1743年)间的法令，将起赃情况分为“内结”与“外结”两种情况，内结盗窃案，失主无偿认领，当本向盗贼索取；外结盗窃案，由盗贼备本免利取赎，交还失主；如果盗贼无力取赎，即由失主免利取赎。但此案至乾隆三十六年(1771年)又被废除了，而仍要求遵行旧例，

---

① 《湖南省例成案》卷三十三《户律钱债·典商当贼盗赃物差票提起贼赃追还当本》，《中国古代地方法律文献》丙编第3册，社会科学文献出版社2012年版，第324-325页。

不再区分内结、外结，一律向盗贼索取当本。后来，这也成为清代地方官员的共识："若夫贸易多在市集典铺，指货当银，彼宁计其物所从来哉？故律有典买不知情者，本赃追取，仍于本犯名下追偿给主。况价犹断给，而岂又问其擅当擅买之罪乎？问官只以获真赃为要，其当与买不必更为追求，致滋嫌议。即受寄知情亦宜宽置，免重案又多一番波累也。"①

河南省从雍正年间田文镜就规定："臣请嗣后向各属当铺起赃，令承问官差捕役赍文，关会彼处地方官，立向当铺查起。一经起获，即当官点明携回，令事主认领。俟盗案审结之后，在各盗家属名下追还当本。"②与《大清会典》的规定也是一致的。

总之，处理这个问题有两种方式，一种如山东、福建等地那样，由失主自备本利取赎，抓获盗贼后再由盗贼补偿失主，当铺一点也不吃亏；另一种如《大清会典》的规定，失主无偿领回自己的失物，当铺付出的当本向盗贼索取，结果是不确定的。如果失主就是典铺，案情就更复杂了，浙江省是这样规定的："并请通饬嗣后典中失事，获贼供出当赃，先令该典赍本认赎，再于贼犯名下追本给领，俾误当贼赃之典铺不致有亏成本，则情理两得其平矣等情。"③即由失窃的典铺备本取赎，抓获盗贼后再由盗贼补偿失窃的典铺，与山东、福建的做法一致。

近代上海规定："上海典业凡有盗窃之赃，被巡捕房吊去解至公堂，当业给半本，质押无当本领回。有包探伙自当之衣物，与窃贼串通，承认是赃，先至捕房报告，登于门簿，然后来吊，亦无当

---

① （清）黄六鸿：《福惠全书》卷十八《起赃》，《官箴书集成》第3册，黄山书社1998年版，第417页。

② （清）王士俊：（雍正）《河南通志》卷七十六《为条陈州县捕犯、夺犯、解犯等弊仰祈睿鉴敕部定例以肃功令事》，《景印文渊阁四库全书》第538册，台湾商务印书馆发行，第552页。

③ 《治浙成规》卷六《典中失赃查出现当别典者，著原典主备价取赎》，《官箴书集成》第6册，黄山书社1998年版，第568页。

本。”①巡捕房起赃，补偿典当一半的当本，质押则不补偿。

在上海的租界内，巡捕房先是向当铺发下赃物清单，如果当铺还收当，那就要罚款。但当铺认为：一是所发赃单件数众多，典伙无法记忆清晰，二是赃单所开赃物，并不详明，如“首饰并不开明牌号花式分两，衣服不开明尺寸及绸缎花纹襟袖镶条之类”，三是租界内典当众多，收当货物成千上万，典伙实无从起疑、无从查问，无法照捕房要求代为查察，故而在上呈之中一再哀求：“商等因吊赃扰累不安生业，万不得已始为此请，除托担文律师函致捕房外，理合公同叩求公祖大人俯赐恩准，立即照会领事饬知捕房遵照，以后寻常案件不必再发赃单，若遇重大案件必令事主将赃物详细开明花式，俾可留意以免后累而安商业，不胜迫切待命之至。”②

由此可见当铺的委屈，《申报》刊登文章为当商鸣不平：“近来各处当中往往当有窃盗之物，至破案吊赃，物归失主，当本无著。说者谓窃贼无蜗顿之处，断不能为窃，所以办贼必连办蜗家。当中漫无觉察，当下贼赃致贼有销赃之处，以致无赃之可查，遂致无贼之可缉。幸而破案□赃可吊，不罚亦云幸矣，又何当本之可还耶？为是言者未免远于事情，而不通世故矣。当铺原为便民起见，但能估量物之真伪，岂能辨白人之正邪？”③总而言之，清代法律虽然有详尽规定，但地方官的执行随意性很大。

---

① 余鲁卿：《经历志略 · 交际三》，转引自王裕明《明清徽州典商研究》的附录，人民出版社 2012 年版，第 513 页。

② 《申报》12263 号 1907 年 6 月 12 日《租界典质众商禀公廨文》。

③ 《申报》8594 号 1897 年 3 月 23 日《论本报纪体恤当商事》。

第十四章

中国典当业的税捐与开歇的法律手续

典当业进一步发展，引起了封建政府的重视。于是封建政府开始向他们征收捐税，同时也出台法律法规，规范典当业的经营活动。

第一节　典当业的税收、加耗和规礼

税和捐虽然都是纳税人承担的向政府和社会付出的款项，但税与捐比，还是不同的。政府征收的税一般有比较正式的法律依据，也比较稳定，而捐的随意性很大，没有任何依据。

典当素以坐拥厚资、稳得高利、遍地开设而著称于世，自然也会吸引世人乃至政府的注意，于是从宋朝开始便有人主张政府征收典当税，如南宋庆元六年(1200 年)六月二十四日，臣僚言："国家立法，三岁一推排，盖欲均贫富也……至于浮财营运，尤为民蠹，如店库、生放，营运之大也。有店库则合排以店库营运钱，有生放则合排以生放营运钱。倘或店库停闭，生放折阅，则所排之钱自合随之销落"。①

① (清)徐松：《宋会要辑稿·食货》七十之一百，中华书局 1957 年版，第 6420 页。

过了一年，南宋嘉泰元年(1201年)“十二月六日，臣僚言：臣闻有丁则有役，有田则有赋，有物力则有和买。今有物力虽高而和买不及者，寺观之长生库是矣……乞行下诸州县，应寺观长生库并令与人户一例推排，均敷和买，则讬名僧局，门(斗)纽财本以罔市利者，亦将无所逃矣，从之。”①此两条是讲，质库、长生库作为人户寺院的财产，应与其他财产形式一样接受政府普查，根据普查所得等级情况，决定是否负担和买，还不是专门的典当税。

至明朝末年，典当税出现了，如在江苏常州府，“万历二十七年(1599年)，将五县各典铺审定等则，上等银一十二两，中等银九两，下等银六两，小典银二两。每年二次解税监，抵办方物及供税役廪饩等费……共存银三百七十两有奇，按季征解。四十五年十月免征”。② 常州府征收当税的时间在辽东战事以前，规则也比较细密，但到万历四十五年(1617年)就停征了。同时，也有官员谈到当税，明万历三十五年(1607年)六月丁酉，“河南巡抚沈季文言……商贾之中有开设典当者，但取子母，无赋役之烦、舟车之榷、江湖之险，此宜重税，反以厚赂而得轻。至于小民担负之微，市饼卖浆豨毛牛骨，终日经营不过铢两，反以输纳而得重，此甚非平也。今徽商开当，遍于江北，赀数千金，课无十两。见在河南者，计汪充等二百十三家，量派银二千六百余两，抵其全数，足免贫民”。③ 沈季文的意思是说，当铺的税负很轻，应加征。这就是说，当时已经开始向典当征收赋税了，只是税额较轻。明朝末年，因为对后金作战，明政府财政紧张，于是加征“辽饷”，户部左侍郎臧尔劝提出了新的征收办法：明天启元(1621)年九月丁卯，“署户部事左侍郎臧尔劝题：辽左用兵，算至三十万，计岁用新饷，非一千数百万不可。除钱盐事例专疏外，谨辑廷议十款……京省旧

---

① (清)徐松：《宋会要辑稿·食货》七十之一百零二，中华书局1957年版，第6421页。

② (明)刘广生：《重修常州府志》卷七，万历四十六年刻本，第1101-1102页。

③ 《明神宗实录》卷四百三十四，万历三十五年六月丁酉，台北“中研院”历史语言所1962年版，第8200-8201页。

税，俟各抚按查解外，典铺酌分三等：上三十金，中二十金，下十金解部，辽平日止。”①这是主张按当铺的规模不同征收多少不同的税款。后来毕自严又提出更详细的征税方案：“前件照得省直典铺，原议酌分五等，资本万金以上者为一等，岁输银五十两；七八千金者为二等，岁输银四十两；五六千金者为三等，岁输银三十两；三四千金者为四等，岁输银二十两；一二千金者为五等，岁输银十两。设法不啻详矣。”②这是按资本把当铺分为五等，分别收税。当时还有其他收税方案，如汪应蛟提出：“典铺母钱有多寡，大约万金以上者，其子钱不啻千金，当取税百两。二万金以上者取二百两，递而下之，七八千金者取七八十两，千金者取十两，什一而税，似非厉民。惟有司查覈明确，不许借端生扰，岁可得二十万两。”③这是按当铺的利息收10%的税款。户科给事中周汝谟又提出新的思路：“典铺之分征有难易，盖冲(都)大邑铺多而本饶，即百千亦不为厉；僻壤下县，徽商裹足，数金犹难取盈，故不独酌其轻重，而且定其有无，庶输者无难而征者自易。此不平而平之法也。”④这是说应区分当铺的经营情况征收税款。但这都是为了应付辽东战事而采取的权宜之计，不是政府长期的征收办法。总之，明代提出了多种典当收税方案，但落实情况可能不太好，如四川省就推托说没有典当，遭到户部驳斥：“第典铺之设，何处无之？即铺面多寡之不一，资本丰啬之难齐，然未有通省所属而云绝然无者，此不惟臣部所不解，恐亦尽人所不信也。”⑤崇祯年间，农民起义如火如荼，明政府为了练兵，又征收练饷，这笔款项也部分摊到当铺头上，如在江西省清江县，“典铺银八十九两三钱五厘内，于天启

---

① 《明熹宗实录》卷十四，天启元年九月丁卯，第732-733页。

② （明）毕自严：《度支奏议》一堂稿卷一《辽饷不敷济急无奇疏》，明崇祯刻本，上海古籍出版社2008年版，第26页。

③ （明）汪应蛟：《计部奏疏》卷二《大兵四集新饷不敷疏》，明刻本，《续修四库全书》第480册，上海古籍出版社2002年版，第550-551页。

④ 《明熹宗天启实录》卷五十七，第2647页。

⑤ （明）毕自严：《度支奏议》三新饷司卷十三《覆四川省杂项新饷疏》，明崇祯刻本，上海古籍出版社2008年版，第94页。

二年奉文坐派银二十两，又于崇祯七年二次加银二十四两，又于崇祯十年加银二十两，共六十四两，解作新饷项下充饷。崇祯十二年奉文派银二十五两三钱五厘，解作五款练饷。”①总之，明代虽有典当税，但还没有形成稳定统一的制度。

清政府从入关之初，就制定了典当税的征收办法：顺治九年(1652 年)夏四月丁未，“户部以钱粮不敷、遵旨会议……在外当铺。每年定税银五两。其在京当铺并各铺，宜仍令顺天府查照铺面，酌量征收。”②即在外当铺每座每年税银五两，京城当铺则可灵活征收。后来，税额又有变化：“当铺税每户征银五两，按当铺税顺治三年，令每户纳银五两。康熙十六年(1677 年)后屡有增加，至二十三年(1684 年)奉旨概行豁免，仍照原额征银，听民间歇闭增开，无定额。置县时当铺二十五户，征银一百二十五两。雍正九年(1731 年)增三户，征一百四十两。今二十七户，岁收银一百三十五两。”③这种变化可能与“三藩之乱”有关，战争结束后就恢复为原来的税额了。

乾隆四十一年(1776 年)，清政府又区别不同地区的具体情况，确定了不同的税额：“四十一年议准，各省民间开设典当，呈明地方官，转详布政司请帖，按年纳税报部。其有无力停止者，缴帖免税。直隶、江苏、安徽、江西、浙江、福建、湖北、湖南、河南、山东、山西、陕西、甘肃、四川、广东、广西等省，每年每座税银五两。云南每年每座税银四两，贵州每年每座税银三两，奉天每年每座税银二两五钱。”④这就规定，经济发达地区的当税比落后地区的当税重。具体到一座当铺而言，这种征收办法既不按当铺的规模，也不按当铺的经营情况确定税额，而是每座每年都征收一样的

① (明)秦镛：《清江县志·赋役志》，明崇祯刻本，第 333 页。

② 《清世祖实录》卷六十四，顺治九年夏四月丁未，中华书局影印 1985 年版，第 499 页。

③ (清)陈和志(乾隆)《震泽县志》卷十一《杂税》，清光绪十九年重刊本，成文出版社 1970 年版，第 433 页。

④ 《钦定大清会典事例》卷二百四十五《户部·牙帖商行当铺税》，《续修四库全书》第 801 册，上海古籍出版社 2002 年版，第 899 页。

税额，相当于现在政府向那些个体户征收的定额税。这种征税方法虽然简化了手续，但对当铺的规模、利润不加以区分就征收一样的税，显然也是不合理的。

这只是法定的税额，实际上地方政府在征收当税时，还会有一些附加、火耗等，如光绪时江苏南汇县的典当税是每典征银五两，加耗二钱五分，但实际上据前志所载：

> 康熙十六年(1677年)议增五两，再于第一急务事案内又增五两，二十二年免五两，二十六年又免五两，仍照旧每户征银五两。乾隆间四十典，共征银二百两，加耗银十两。嘉庆间三十典，共征银一百五十两，加耗银七两五钱。现在二十典，共征银一百两，加耗银五两，如有新开闭歇，随时增除。①

也就是说典税五两的负担，有一个形成的过程，五两之外，还得加征若干火耗银子。在常熟县与昭文县，方志详细记载了其典当税额的变动过程。

> 典当税，每户岁输银五两，增歇不一，尽收尽解。“乾隆年，常熟县三十五户税银一百七十五两，昭文县四十四户，税银二百二十两”。“道光年，常熟县十九户，税银九十五两，随正五分，耗羡银四两七钱五分，昭文县十九户，税银九十五两，随正五分，耗羡银四两七钱五分。”“同治十二、十三年(1873年、1874年)常熟县六户税银三十两，随正五分，耗羡银一两五钱，昭文县七户税银三十五两，随正五分，耗羡银一两七钱五分。”
>
> 光绪二十九年(1903年)，常熟县十户，昭文十一户，自二十三年(1897年)起，每典改为正税五十两，随正五分，耗羡银二两五钱。②

---

① (清)金福曾：光绪《南汇县志》卷五《田赋志·典税》，成文出版社有限公司1970年版。按：括号中原文为小字，第560-561页。

② (清)庞鸿文：光绪《常昭合志稿》卷十二《钱粮·典当税》，凤凰出版社2008年版，第164-165页。

其典税及附加变动情况可以列表如下：

表 14-1 **乾隆至光绪常熟县、昭文县典当税变动表**

时间	地点	典当户数	典当税额	典税总数	耗羡银数
乾隆年	常熟县	35	5	175	
	昭文县	44	5	220	
道光年	常熟县	19	5	95	随正 0.05 两，耗羡 4.75 两
	昭文县	19	5	95	随正 0.05 两，耗羡 4.75 两
同治十二、十三年	常熟县	6	5	30	随正 0.05 两，耗羡 2.5 两
	昭文县	7	5	35	随正 0.05 两，耗羡 1.75 两
光绪二十九年	常熟县	10	50	500	随正 0.05 两，耗羡 2.5 两
	昭文县	11	50	550	随正 0.05 两，耗羡 2.5 两

文中的随正、耗羡就是正税以外的附加部分。政府向店铺征收的银子很零碎，所以需要把它们改铸成官方规定的样子，在改铸过程中当然会发生损耗，政府也会把这些损耗转嫁到店铺身上，这就是加耗。政府征收的损耗与实际发生的损耗当然会有差额，这个差额就是耗羡。从以上表格可以看出，随正的数字没有变化，都是五分银子，耗羡变化也不大。它们与当税数字可能没有关系。其他地方政府当然也会有这些名目。

有的地方政府法令还规定了起征时间，如在福建，据道光三年(1823 年)四月布政司的呈文，主张："民间开典铺，自应于开张之年，令其输税，未便于未经开张之岁，预令升科。"具体说来，就是："凡有商民于上年十一、二月赴县呈报开典，均须切实声明。如系岁底开张，即于呈报之年入额输税。如于次年正月内开张，即准其于次年入额起科。如此画一办理，庶于国课民生，两无窒碍。”①

地方政府向当铺征收当税后，照例会给当铺一份完税凭证：

“收到当税必给收照，照内注明某年月日收到某处、某当铺某年税银若干，盖用经征官印信，给与该当铺执领为证。”②州县收完当税后，还会有一系列的程序，其中很重要的一条是在征税后印造征信册，大同光绪征信册记载这一过程云：

> 本年当税经征州县等造征信册底本，限次年三月底全送到司，毋庸另扣程限。藩司派员监刷册本，限五月底刷订完竣，如违参处。其有由府、由道、由司收税省分底册，即由府道司分县查造。征信册按县分列，合一府一直隶州总订一册，盖用藩司印信。册本数目照所属当铺数目皆加一倍，统发交该府州，由知府、直隶州以一半发给住居府城州城当铺，令转传交阖属当铺各一本。以一半另由该府州当面分给该地方绅民查阅。统限六月底分发完竣，迟违参处。此外，另合订通省册数本，分存藩署、督署、抚署、各道署，以一本随同奏销送部。③

这种征信册应是一府当税的汇总册，既发给所属当铺，又发给地方绅民查阅。省再汇总各府数字，分存各级衙门，最后报到户部。每一步都有时限，不得迟违。

历史上的当铺除了负担这些正税及加耗外，还会在端午、中秋、新年等节日送给各衙门礼品，称为“规礼”。这种征收各地没有统一的规定，但似乎普遍存在：如乾隆五年(1740 年)三月，河南巡抚雅尔图奏：“府厅州县衙门，有盐当商规礼一项，各属多寡不均。有地僻事简，而多至一千五六百金者。养廉又不因此减少，

---

① 《福建省例》十七《当税例·典铺应于开张之年起税》，《台湾文献丛刊》第 199 种，台湾银行经济研究室，第 469 页。

② 《大同当税征信册》，刘建民先生藏。

③ 《大同当税征信册》，刘建民先生藏。

竟为额外多得之项……每年约计银五千余两，尽堪充赏捕盗兵役之用。”①雅尔图所言河南各属“盐当规礼”一府少则一千五六百两，多则五千余两。可见数目不少。② 具体到一家当铺，规礼有多少呢？一份与乾隆年间在山东开设典当的晋商与当地人诉讼的呈文抄本记载：“具缴状当商某人，今于与缴状事，依奉缴到某年当税银五两，当规礼银十六两，不敢冒缴，所缴是实。批：准缴存库，候随同地丁银解司。”③可见，规礼比正税多得多，并且和地丁银一样上交国库。有的地方的规礼规定了用途，并不入私囊：“又盐当规礼，详明留为普济之用，盐店一家，当铺九家，每年银二百二十八两。”④这就是说，郯县的规礼被用于普济堂的支出。规礼既然不是官府的一项正式收入，其去向也就没有统一的规定，有的地区的规礼落入私囊也就很正常了。清代后期规礼数额似乎大有增加，如在山东，光绪年间的当商信稿记载：“据他伙言，内外事亦未有高才见解，素日规礼四季交，每季交一百七十余两，一切杂费共千金之数。”⑤这是说，一年的规礼按四季交四次，每次一百七十多两，再加上其他花费，一年要交一千多两银子，比正税都大得多。当然，此处所说应该不是一家典当，可能是一县典当铺规礼的总数。

刘建民先生收藏的《银钱出入账》是清末山西汾阳地区的一个当商组织的收支账，里面记载的规礼情况，与以上光绪山东晋商典当信稿中所言很是相似，即分四季交纳。

| 宗正堂规礼纹银叁佰捌拾伍两柒钱，四季出。
| 宗门政纹银壹拾两零贰钱捌分，四季出。

---

① 《清高宗实录》卷一百十三，乾隆五年三月，中华书局影印1985年版，第665页。

② 此处雅尔图的意思是将这些收入作为各级政府弥补各项零碎的、其他财政项目无法满足的支出。

③ 《乾隆词录》，刘建民先生藏。

④ （清）王植、张金城：乾隆《郯城县志》卷四，乾隆二十八年刊本，成文出版社1976年版，第338页。

⑤ 《光绪二十一年济南某当王记信稿》，刘建民先生藏。

| 宗库房原差纹银捌两，四季出。
| 宗侍席纹银叁两贰钱，四季出。
| 宗厨工捧盘茶房宅门纹银贰两贰钱，四季出。
| 宗铺垫纹银贰拾肆两，三九腊月三季。
| 宗右堂纹银伍两肆钱，六月出。

……

春季三月入规礼、铺垫纹银壹佰壹拾两零三钱四分五厘。
夏季六月入正右堂规礼纹银壹佰零七两七钱四分五厘。
秋季九月入规礼、铺垫纹银壹佰壹拾两零三钱四分五厘。
冬季腊月入规礼、铺垫纹银壹佰壹拾两零三钱四分五厘。①

这些数字的关系如下表：

表 14-2 山西汾阳地区的规礼铺垫表

收入项目	数字(两)	支出项目	数字(两)
春季规礼铺垫	110.345	正堂规礼	385.7
夏季正右堂规礼	107.745	门政	10.28
秋季规礼铺垫	110.345	库房原差	8
冬季规礼铺垫	110.345	侍席	3.2
		厨工捧盘茶房宅门	2.2
		铺垫	24
		右堂	5.4
合　　计	438.78	合　　计	438.78

通过上表可以发现，山西汾阳地区除规礼外，还有铺垫，即旧社会店铺打通关节的花费，与规礼相似。规礼是按季节征收，按地方政府部门派送。接受馈送的不仅有正堂、右堂等高级官吏，还有

① 《光绪二十四年三月汾阳临邑商帮出入银钱账》，刘建民先生藏。按：此当是作为汾州府所在地的汾阳县当商所应负当税、规礼、生息银利息的统计总账。

像门政一类的小吏，可见在当时的衙门里，接受店铺的规礼是很广泛的。当铺为了和官府打交道，连门政一类的人员都要送礼，而且数字不低，这些收入都落入了有关人员的私囊。当然，这是汾阳地区的一个当商组织缴纳的规礼总数，并不由一家当铺承担。据小说《官场现形记》反映，随凤占去蕲州做吏目，因为争夺当铺四块银元的规礼，与其前任扭打起来。后来他出差到外地，竟擅离职守回到蕲州抢收端午节的规礼，又与他的代理扭打起来。据他自己说："做官的苦处，你老哥是晓得的。我们这个缺，一年之计在于三节，所以兄弟一接印之后，就忙忙的先去打听这个。这也瞒不过吾兄，这是我们养命之源，岂有不上劲之理。"①从小说中看，这些规礼都落入了那些小吏的私囊。

规礼虽是非法收入，但典当与地方政府都心知肚明，故而典当不情愿，在无奈之中也要交纳，而府县则乐得征收，虽然此钱也不能进入地方财政。清政府也曾禁止过，如雍正七年(1729年)陵川县："知县高永滋申详陋规……当铺节寿礼四十四两一八……奉巡抚觉罗石勒石禁止。"②高永滋禁止的不仅有当铺的规礼，还包括其他店铺馈送的规礼。但是大多数地方未能禁之，最后连朝廷似乎也默认此项收入，"乾隆六年(1741年)三月甲午，山东巡抚朱定元奏：地方陋规，自应尽革。中有盐当商规礼，系各商愿送，相沿日久。请将此项存半，为各属添补公用，余解司充公，为赏捕缉盗之需。得旨：此等事亦在汝等酌剂而行之耳"。③ 其他的陋规都废除了，只有规礼不废，并且连乾隆皇帝都知道了，还默认了。再如乾隆二十八年(1763年)浙江道监察御史叶启丰说："查各州县开设典当，从前每年有资送地方官当规，近年悉行革除，所省实多……至于各州县盐当规礼，既经禁革，该督等奏请，将当商近年所省规费分别捐

① 李宝嘉：《官场现形记》卷之四十四《跌茶碗初次上台盘，拉辫子两番争节礼》，天津古籍出版社2004年版，第520页。

② (清)程德炯：乾隆《陵川县志》卷八，乾隆四十四年刻本，第254页。

③ 《顺治—嘉庆朝清实录经济史资料》，国家财政编1，北京大学出版社2012年版，第447页。

输，以为众擎易举，尤属非体。此项陋规在不肖州县，或有因公派收之事，尚应立挂弹章，今以城工之费，一旦筹算及此，是戒州县之官贪，而为督抚者反欲借以开利薮，此诚何心？”①他还批驳了那些恢复陋规的想法。总之，清政府查禁的力度并不大，所以根本没有禁止住。清末的《申报》也曾刊登文章对典当规礼大加挞伐，说：“最可厌者是文武衙门之陋规，自宪署以至佐杂，各典公送正项三千余金之外，有所谓加一随封者，有所谓经承年规、经承解费者，此等弊窦，实罄竹难书……然而有典之各府州县其陋规等情，仍属丝毫不减，其故何也？良由各典商多年习惯，而经承等又专司各衙门陋规，代为收解。诚以衙门陋规一减，而经承之年规解费亦随之而减也。安得良有司俯念典商近年疲困情形，于陋规送进时屏却不受，斯经承等亦不得藉此名目苛派典商，召父杜母之风庶几再见于今日乎？”②说明这些所谓的规礼已经成了当铺的一项沉重负担。

直到民国时期，有的地区还存在规礼，如在直隶威县，“当铺四季规洋四百零七元五角八分六厘，又四节一寿规洋七十九元二角四分五厘。”③再如良乡县，民国十二年调查，每年当税洋一百元，每年当铺规费洋五十七圆伍角。④ 在交河县，“案查自宣统三年，报设当铺一座，每月所交规费之案，每年额制钱一百二十千文……每月收制钱十千文，此项向为公署开支之用。”⑤交河县向当铺征收的规费数量比较稳定，没有流入私囊。

下面以刘建民先生收藏的清代当铺清单为例，对典当税负的具体情况作些量化分析：

---

① 《皇清奏议》第54卷《请杜大臣言利之渐以重国体疏》，民国影印本，《续修四库全书》第0473册，第495页。

② 《申报》4839号《论典业利弊情形》。

③ 崔正春：《威县志》卷七，民国十八年铅印本，成文出版社1976年版，第456页。

④ 周志中：《良乡县志》卷三，民国13年铅印本，成文出版社1968年版，第136页。

⑤ 高步青：民国《交河县志》卷二，民国5年刊本，成文出版社1968年版，第390-391页。

表 14-3　　三义当历年税负一览表

年代	税额	比重%	官费	比重%	总支出
道光六年	6 两	0. 57	119. 98 两	11. 36	1056. 584 两
道光十五年	5 两 5 钱	0. 40	134 两	9. 75	1374. 056 两
道光二十六年	5 千 500 文		144 千 500 文		文献残缺
道光二十七年	5 千文	0. 08	166 千 430 文	2. 56	6486 千 890 文
道光三十年	5 千文	0. 25	193 千 470 文	9. 75	1985 千 60 文
咸丰元年	5 千 500 文	0. 43	179 千 730 文	14. 09	1275 千 600 文
咸丰五年	5 千 500 文	0. 70	25 千 160 文	3. 20	785 千 460 文
咸丰八年	5 千 500 文	文献残缺			918 千 760 文
同治三年	5 千文	0. 30	228 千 870 文	13. 64	1678 千 270 文
	5 千 500 文	0. 37	213 千 450 文	14. 36	1486 千 280 文
	5 千文	0. 40	138 千 310 文	11. 09	1247 千 10 文
	5 千文	0. 32	172 千 660 文	10. 95	1577 千 150 文
	5 千文	0. 57	124 千文	14. 08	880 千 460 文

三义当承担的税款比较稳定，只是道光、咸丰时期的五千文铜钱，根本不能换算成五两银子。由于银价上涨，三义当承担的税款实际下降了。而官费比税款要大得多，还有逐年上升的态势。

表 14-4　　成章当历年税负一览表

年　代	税　银	折铜钱	银钱比价
咸丰七年	140. 6 两	220 千 742 文	1570 文
咸丰九年	140. 52 两	205 千 160 文	1460 文
咸丰十一年	140. 48 两	202 千 291 文	1440 文

表中列出了银钱两项，并不是交了两次，而是把银子折算成了铜钱。可能是因为这家当铺没有区分当税和规费，所以税款才这么高。

表 14-5 永顺隆当历年税负一览表

年代	税款	官项
同治六年	60 千 800 文	88 千 130 文
同治八年	97 千 360 文	767 千 60 文
同治九年	102 千 560 文	46 千 50 文
同治十年	96 千 160 文	726 千 290 文
同治十一年	103 千 200 文	161 千 300 文

税款差距很大，官项差距更大。

宏盛当光绪五年(1879 年)的税款是 170.37 两，六年是 180.1 两，七年是 230 两，九年是 231.51 两，十二年是 219.46 两，十三年是 200.36 两，十七年是 214.62 两，十九年是 222.71 两，二十三年是 5 两，但多了一项行摊银 208.4 两，可见往年的税银里也包含这笔支出，而且比当税大得多，光绪二十三年(1897 年)进行分开核算。可见，宏盛当的核算口径前后并不一致，在光绪二十三年之前的税款里，实际上包括了两项，即行摊银和税银，所以数字才那么高。至于行摊银究竟是一笔什么支出，由于清单记录的比较简略，还有待于进一步研究。

另外，还有一些当铺的零星数字，也列在以下，如宝盛义记也是一家当铺，道光二十一年(1841 年)的清单上有：堂公规礼银叁佰伍拾伍两壹钱贰分，一应官费银贰佰陆拾陆两柒钱捌分，钱捌拾伍千壹佰捌拾文，没有单列当税数额，可能包括在官费里了；恒升大记当铺光绪四年(1878 年)的清单上有，牒税银柒两贰钱叁分，官费银肆拾两零叁钱贰分，官费钱合银肆拾肆两伍钱贰分；义盛钱局光绪二十年(1894 年)的清单上有，当税银合大钱壹拾伍仟叁佰伍拾文，当规银合大钱壹拾贰千伍佰肆拾文，官费大钱壹仟柒佰柒拾捌千陆佰壹拾文。义盛钱局应是一家当铺业务与钱铺兑换银钱业务兼营的字号。

总之，清单上的数字都是一年的总数，看不出详细的情况。同时各当铺的统计标准也不一致，所以这些数字高低相差很大。从清单上看，典当的正规税额虽与正史所载相差不大，但在正史及其他传世文献中难觅踪影的“规礼”“官项”“官费”却要大得多，与正史记载相差甚远。如果再加上捐款及为官府、社会款项存储出息，说明典当尤其是正规领帖经营的典当有着沉重的负担。这与文人议论中所谓典当不承税役、稳定得重利的议论相距甚远。这尤其表现在这些由普通商人、地主开设的典当铺，因为他们对所有这些负担是逃无可逃的。至于清单中税费总数各当铺存在不小的差异，这可能是因为当时各当铺之间的核算口径不一致，甚至一家当铺内部前后也不一致，有的把当税和规礼分开，有的则合在一起，再加上当时银钱比价变动所致。

光绪二十三年(1897年)，清政府因为财政紧张，提高了当税，当时户部之奏回顾了增加当税、减免规礼的过程。奏议言：

> 光绪十四年(1888年)因河工需款，臣部奏令各省每当商一座缴银一百两，作为豫完二十年当税，奉准行知各省。旋据先后报部，共豫缴税银七十馀万两。光绪二十年复因海防筹饷，由臣部奏令中外典当各商，于额税外每座捐银二百两报部候拨，计各省已报部者共捐缴银三十余万两……惟查京外典当以光绪十四年座数计之，约共七千数百余座，开设即多，赀本亦钜，获利较厚，税额独轻。臣等公同商酌，拟自本年起，无论何省，每座按年纳税银五十两，岁可共征银三十余万两……其有光绪十四年已豫缴二十年税银者，除已经歇业不计外，凡现经开设者，均自本年起，准其按照豫缴之数分年扣除。已缴五两者，补缴四十五两；已缴四两者，补缴四十六两；已缴三两及二两五钱者，准此类推，均俟豫缴年限届满，仍照五十两之数征收。光绪十四年以后，新开各当拟自本年起，每座征税银五十两，不得延欠。此外，则例未报各省如吉林、黑龙江、新疆等处，无论新旧当商，均自本年起一律征银五十两，以昭平允……闻从前各商呈充领帖换牌，藩司道府州县各衙门均有使费，地方官吏年节亦有陋规，商力几何，何堪朘削？拟请旨饬下各省将军督抚，严

谕该管地方官概行禁革，不得再蹈从前恶习。①

先是光绪十四年(1888 年)，清政府命令各省当铺预交二十年的当税，每座当铺共交一百两。光绪二十年(1894 年)，为了筹集海防经费，清政府又命令各省当铺每座再捐银二百两。光绪二十三年(1897 年)，清政府又命令全面提高当税，每座每年五十两。同时宣布，废除各衙门的规礼。

这次提高当税，是各省都提高到五十两，不考虑经济发展程度。甘肃省表示，由于当地经济落后，难以承担，甘肃布政司使言：

> 甘肃各当商资本少者仅二三千串，多亦止六千金，从未有及万两者，每年获利细微，与繁富省分实有天壤之别。在商等食毛践土，亦愿勉助时艰，无如本小利薄，若将每年当税概增加五十两，输将不及，实有闭歇之虞，恳请核减等情。该司查甘肃地瘠民穷，前此每当商奉饬捐银二百两，请准减收一半，已甚竭蹶。兹再以五十两税额按年勒征，则闭歇之虞信非虚语。一再筹酌，拟将每年每当五十两当税减为二十两，仍遵部议查明预交旧税数目，于新税内分年扣除，如此酌量减纳，商力或可勉支，课税亦稍有增益，详具奏前来。②

甘肃省要求，每座当铺每年交二十两。福建省也表示难以承担，他们要求遵从甘肃之例，将五十两的税额改为每当每年三十两，但被朝廷驳斥而未能成功。

清后期，有的地区开始向典当征收门面厘金，“若现开各典，历年仅收门面厘金，自应照旧抽取……惟卑职委办沙市厘金，查沙市只立生典一家，奉批暨移荆州府示谕之后，即饬催缴。该典终以

① 《申报》8687 号 1897 年 6 月 24 日《司农奏牍》。

② 《申报》8932 号 1898 年 2 月 28 日《光绪二十四年正月二十日京报全录》。

停厘为念，催之过急，则谓前次荆州府奉各上宪出示煌煌张帖，岂不足凭？并谓荆州典铺曾有荆州所发奉上宪停厘朱谕，相处隔属，无从质证。后经卑职再四严催，则又谓荆郡十九典一律抽缴，自不敢违。似此展缓何时定局？且立生典每月门面厘二十五串，自去岁冬月未缴，至今四月已积成百串，往后愈积愈多何能了结？”①立生典的门面厘金每月二十五串铜钱，但征收标准不详。安徽则加抽二厘当息，“安徽省首经举办，在各典本饶利厚，虽照例完有当税，数甚细微。兹据于各典二分行息内，酌抽二厘，作为报效，以济公需。该典所收利息，不得于定章二分外，私将利息加重，致累贫穷。”②即征收赎当当本的二厘，赎当利息的 10%。上海租界的工部局则按放出当本的多少征收季费：“上海工部局定例，典当质押各店按其每月生意之大小加抽季费。盖先查其此一季内所支放银两若干，每千两则科收二两至七两半不等。”③《辛丑条约》签订以后，清政府为了支付巨额赔款，又向典当征收架本捐：“及辛丑之岁，赔款事起，筹议架本捐输。商等慨念时艰，竭诚报效，计同福每年认捐九百九十六千文。源庆每年认捐□□□千文，汇丰每年认捐□□□千文，均分四季呈缴，遵办无异……夫架本捐者，首在典有架本，特提息以济公需者也。”④材料里的架本捐，按季征收，是架本的利息，但利率是多少则没有说清楚。民国时期，有的地方还在征收架本捐，如在浙江遂安县，政府规定：“每户架本捐六十元，当税银七十五元。”⑤这里的架本捐又成了固定的数字，与架本没有关系。

关于典当税的整体征收情况，光绪十一年(1885 年)有一份记载对此有所反映。光绪十一年(1885 年)，户部报告全国的当税征

---

① (清)周乐《宦游纪实》卷下，《明清法制史料辑刊》第一辑第 28 册，国家图书馆出版社 2008 年版，第 147-148 页。

② 《典业杂志·恳免加抽二厘当息禀》，安徽师范大学图书馆藏。

③ 《申报》第 811 号 1874 年 12 月 17 日《工部局征收各典押季费清单》。

④ 《典业杂志·芜湖同福典、源庆典、汇丰典递筹议公所求减价本捐禀》，安徽师范大学图书馆藏。

⑤ 罗柏麓：民国《遂安县志》卷三《食货志》，《中国地方志集成·浙江府县志辑 10》，上海书店 2000 年版，第 119 页。

收情况说：

> 因思及现在增课当商，固不必行，而核实当税，即今亦正应奏办也。通查各省报部旧案，各省典当共应有一万九千余座，年例共应征税银十万余两。自军兴以后，各省虽旧有典当不无歇业，而承平已久，亦应各有新开。近年来除湖北一省于光绪十一年三月甫经奏办，将其阖省质当定章收捐。四川一省按年征收当税，尚将当座税数造册开报，且年年全完，并无拖欠银两。浙江一省亦造册开送当座税数，按年全完，惟年年皆声称有节催未据查覆之属县。此外如江宁、江苏、湖南、山东、山西、直隶、热河、河南、江西、广西等省，虽亦按年册造当座税数，而征收皆有欠完。陕西、福建二省，仅报当税银数，不报典当座数，亦年有欠完银两。至云南、贵州二省，则现在典座税银有无均欠不报部。安徽省则历年均称典铺被扰无存，无从启征。甘肃省当税，则随同杂税报部，并不分晰典座银数。东三省则有按年将各典座税银数开报者，又不详列是否已完、未完。①

根据户部报告，只有湖北、四川、浙江三省完成了当税的征收任务，其他各省都没有完成。安徽省借口发生太平天国战乱，竟不再征收。所以户部奏请整顿全国的当税，至于结果如何不得而知。这一状况更多应该反映清末的情况，清代前期的情况应该稍好一些。

除当税、规礼等税费之外，典当还会受到各级胥吏的骚扰、讹诈，这些成为典当在当税、规礼之外的沉重负担。如清康熙时江南藩宪佟寿民的告示说：

> ……此中情弊，悉由该府县承拘小甲典头，从奸设弊，交相朦隐。地方新开一典，决无小甲典头不知之理，决无该县经

---

① 《户部奏稿》第十册，光绪十一年八月，全国图书馆文献缩微复制中心2004年制，第138-139页。

承绝不与闻之事，只缘胥蠹侵肥，将新开典铺姓名隐漏不报，希图包揽入己，瞒得一年是一年，隐得一季是一季。其实各典铺每年私费，尚不止于五两之数也。迨经各衙门别有发觉，此辈蠹胥又从中需索，酿害无穷，是此辈利于不报而不利于报也。嗟尔各典户，原将资本生息，并无别项隐情，何故谬信奸欺，将光明正大之营业，流为犯法欺公之隐事？至于蠹胥肆扰之害，又不止于罪及漏户，每奉上司查讯，并将原报输税之家，亦尔不分皂白，巧倚生波，沿门索诈。①

这里指出，那些直接向当铺征税的吏胥如“小甲典头”“经承”等会上下其手，与典当串联，瞒住官府不报，以便向典当讹索财物。以致“各典铺每年私费，尚不止于五两之数也”。

地方政府一方面要求当铺按时足额交纳当税，同时也直接戒勉甚至打击那些与当铺勾结的吏胥的骚扰渔利、假公济私行为：如康熙二十年(1681年)，因徽籍典商毕义和、曹恒达、叶咸贞、巴恒盛、汪谦吉、孙浩源、罗仁兴、汪宗、吴奇、程隆等呈词：“只因典户近于殷实名色，是以吏胥视为可扰可渔”，江苏常熟县政府要求：“如有指官撮借，假公勒私，及着备铺设供应，采买各色货物，修筑城垣，飞派炭□工价，点充保里，并将小窃白撞细事，驾(假)题失盗，朦混差役行查等项者，许商人典头立即指名报县，以凭提究，解县重惩，决不姑宽。”②并刻碑勒石，以昭郑重。

第二节　清代全国、省、府三级典当铺家数及当税数量分析

因为当税的法定税额不高，所以封建政府一般都是把它与其他

---

① (清)李渔：《资治新书二集》卷十一《禁漏典税》，《古代榜文告示汇存》第3册，社会科学文献出版社2006年版，第52-53页。

② 《明清苏州工商业碑刻集》第九目《金融典当业·常熟县永禁扰累典铺碑》，江苏人民出版社1981年版，第186-187页。

税种合并统计，而没有单列。如在清康熙年间的笔记小说《广阳杂记》①里，则是当杂税并称，并提供了各省当杂税总数，现将这些数字列成表格。

表 14-6 各省当杂税一览表

编号	省份	当杂税	岁入总数	比例
1	北直	32238.1 两	2477248.8 两	1.30%
2	山东	50887.8 两	3347793.8 两	1.52%
3	山西	28978.86 两	3047925.69 两	0.95%
4	陕西	43965.39 两	1633553.9 两	2.69%
5	甘肃	18256.7 两	301327.49 两	6.06%
6	江苏	129380.8 两	4236333 两	3.05%
7	江西	4326.81 两	2038033.57 两	0.21%
8	浙江	11061.9 两	2950944.8 两	0.37%
9	湖北	21584.8 两	1154668.1 两	1.87%
10	湖南	1692.51 两	795809.85 两	0.21%
11	福建	10218.9 两	1273129.9 两	0.80%
12	广东	3480 两	1275999.2 两	0.27%
13	广西	25868.72 两	364475.87 两	7.10%
14	四川	17771.76 两	81108.85 两	21.91%
15	河南	12467.02 两	2736362.12 两	0.46%
16	安徽	50099.7 两	1790869.9 两	2.80%
	合计	462279.77	29505584.84	1.57%

这是清代前期某年的情况。通过以上表格可以看出，当杂税最多的省份是江苏，岁入最多的也是江苏，所以当杂税占的比例并不高。当杂税最少的省份是湖南，占的比例也最低，说明当时湖南地区的经济还很落后。当杂税占比例最高的省份是四川，因为它的岁入总数最低。另外，此表也反映出当杂税在全国财政总收入中也有一定的地位。当然，这里的数字因为包含了其他税种，所以是不准

① （清）刘献廷《广阳杂记》卷二，中华书局 1957 年版，第 71-76 页。

确的。

日本学者安部健夫根据《大清会典》做了一份表格，对全国各省当税作了统计，现引用在下面：

表 14-7　　　**清代典当铺户数、典税收入统计表**

年代／项目／地区	康熙二十四年(1)		雍正二年(2)		乾隆十八年(3)		嘉庆十七年以前(4)		资料出处
	典铺数	典税数	典铺户数	典税数	典铺户数	典税数	典铺户数	典税数	
直隶	2266	11330	2060	10300	2922	14610	1967	9835	所引依次见：(1)《康熙会典·奏销册》(2)《雍正会典·奏销册》(3)《会典则例·奏销册》(4)《会典事例》按：凡有＊者，表示它是牙、当税之和；另外，本表典税数系笔者根据原表典当铺户数推算而来。
江苏	1507	7535	1470	7350	1935	9675	1333	6665	
安徽	304	1520	421	2105	约 743	3715	887	4435	
浙江	559	2795	598	2990	1006	5030	1072	5360	
江西	38	190	46	230	133	665	335	1675	
湖北	111	555	145	725	517	2585	546	2730	
湖南	42	210	15	75	50	250	138	690	
福建	95	475	115	575	880	4400	1575	7875	
山东	516	2580	585	2925	1351	6755	874	4370	
山西	281	6405	2602	13010	5175	25875	4695	23475	
河南	237	1185	369	1845	1035	5175	555	2775	
陕西	200	1000	533	2665	1372	6860	1482	7410	
巩昌(甘肃)	406	2030	695	3475	约 543	2715	1625	8125	
四川	0		0			＊1170		＊1486	
广东	130	650	247	1235	115	575	2688	13440	
广西	3	15	3	15	33	165	197	985	
云南	0		0		265	1060	503	2012	
贵州	0		0				2667	8201	
合计	7695	38475	9904	49520	18075	90110	23139	110058	

从以上表格可以看出，从雍正二年(1724 年)到嘉庆年间一百多年，山西省的当税都居全国首位，反映了山西省典当业的发达。乾隆十八年(1753 年)以前，云南、贵州、四川三省的数字都是零。云南、贵州两省落后，姑且勿论，四川省在《广阳杂记》里的当杂税占岁入的比例最高，虽然不都是当税，但也不至于化为乌有，所以这里西南三省的数字可能是缺记。

以上所统计，多是全国数字，《晋政辑要》提供了山西省的当税数字，现据以作成统计表如下，据此可以观察一下一个省当户的分布及当税情况。

表 14-8 **《晋政辑要》所载清代山西当铺当税数量表**

编号	县份	当铺数量(座)	当税数量(两)	比例
1	太原府阳曲	136	680	2. 90%
2	太原	102	510	2. 18%
3	榆次	178	890	3. 80%
4	太谷	72	360	1. 54%
5	祁县	92	460	1. 96%
6	徐沟	119	595	2. 54%
7	交城	67	335	1. 43%
8	文水	87	435	1. 86%
9	岢岚州	13	65	0. 28%
10	岚县	34	170	0. 73%
11	兴县	24	120	0. 51%
12	平阳府临汾	50	250	1. 07%
13	襄陵	45	225	0. 96%
14	洪洞	58	290	1. 24%
15	浮山	7	35	0. 15%
16	太平	107	535	2. 28%
17	岳阳	15	75	0. 32%
18	曲沃	32	160	0. 68%

续表

编号	县份	当铺数量(座)	当税数量(两)	比例
19	翼城	12	60	0.26%
20	吉州	3	15	0.06%
21	乡宁	5	25	0.11%
22	汾西	36	180	0.77%
23	潞安府长治	97	485	2.07%
24	长子	47	235	1.00%
25	屯留	41	205	0.88%
26	襄垣	70	350	1.49%
27	潞城	99	495	2.11%
28	黎城	32	160	0.68%
29	壶关	76	380	1.62%
30	汾州府汾阳	66	330	1.41%
31	平遥	146	730	3.14%
32	介休	80	400	1.71%
33	孝义	58	290	1.24%
34	临县	22	110	0.47%
35	石楼	2	10	0.04%
36	永宁州	43	215	0.92%
37	宁乡县	22	110	0.47%
38	大同府	482	2410	10.28%
39	宁武府宁武	74	370	1.58%
40	神池	29	145	0.62%
41	偏关	24	120	0.51%
42	五寨	15	75	0.32%
43	朔平府	158	790	3.37%
44	泽州府凤台	54	270	1.15%
45	高平	42	210	0.90%
46	阳城	5	25	0.11%

续表

编号	县份	当铺数量(座)	当税数量(两)	比例
47	陵川	18	90	0.38%
48	沁水	11	55	0.23%
49	蒲州府永济	48	240	1.02%
50	临晋	10	50	0.21%
51	虞乡	16	80	0.34%
52	荣河	18	90	0.38%
53	猗氏	5	25	0.11%
54	万泉	3	15	0.06%
55	辽州本州	27	135	0.58%
56	榆社	20	100	0.43%
57	和顺	39	195	0.83%
58	沁州本州	36	180	0.77%
59	沁源	75	375	1.60%
60	武乡	45	225	0.96%
61	平定州本州	61	305	1.30%
62	乐平	29	145	0.62%
63	盂县	104	520	2.22%
64	寿阳	147	735	3.14%
65	忻州本州	137	685	2.92%
66	定襄	45	225	0.96%
67	静乐	34	170	0.73%
68	代州本州	39	195	0.83%
69	五台	75	375	1.60%
70	繁峙	22	110	0.47%
61	崞县	131	655	2.80%
72	保德州本州	12	60	0.26%
73	河曲	34	170	0.75%
74	解州本州	1	5	0.02%
75	安邑	9	45	0.19%
76	夏县	21	105	0.45%
77	平陆	11	55	0.23%

续表

编号	县份	当铺数量(座)	当税数量(两)	比例
78	芮城	13	65	0.28%
79	绛州本州	59	295	1.26%
80	闻喜	20	100	0.43%
81	绛县	16	80	0.34%
82	稷山	21	105	0.45%
83	河津	21	105	0.45%
84	垣曲	5	25	0.11%
85	霍州本州	28	140	0.60%
86	赵城	34	170	0.73%
87	灵石	35	175	0.75%
88	隰州本州	48	240	1.02%
89	大宁	6	30	0.13%
90	永和	6	30	0.13%
91	蒲县	11	55	0.23%
	合计	4685	23425	100%

这是清中期的情况，其中的当铺座数是推算出来的。从以上表格可以看出，太原府下属的十一个县当铺数量最多，当税数量也最多。解州各县则最少，当税也最少。总数比《大清会典》嘉庆十七年(1812年)的数字略低。

乾隆三十九年(1774年)，大西大同地区的当税情况如下表：

表14-9　　**山西大同地区当税表**①　　单位：两

编号	州县名	当铺户数	当税数额	课税总额	当税比例	各县比例
1	府直属	55	275	2768.935	9.93%	12.10%
2	大同县	175	875	2307.647	37.9%	38.40%

① 《清代和民国时期大同的典当业》《晋商史料全览·金融卷》，山西人民出版社2007年版，第125页。

续表

编号	州县名	当铺户数	当税数额	课税总额	当税比例	各县比例
3	怀仁县	17	85	336. 425	25. 27%	3. 70%
4	山阴县	14	70	190. 525	36. 90%	3. 19%
5	应州	31	155	734. 954	21. 10%	6. 80%
6	浑源州	42	210	725. 700	28. 90%	9. 20%
7	灵邱县	21	105	214. 007	49. 10%	4. 60%
8	广灵县	10	50	155. 471	32. 20%	2. 20%
9	阳高县	24	120	722. 710	16. 60%	5. 30%
10	天镇县	28	140	515. 004	27. 20%	6. 10%
11	丰镇县	39	195	430. 153	45. 30%	8. 50%
	合计	456	2280	9100. 595	25. 10%	100%

大同地区的当税占课税总额的 25. 1%，比《广阳杂记》里全国的平均数字 1. 57%有了很大的提高，说明典当业有了很大发展。这个数字与《晋政辑要》里的数字相差无几。从全国到山西，从山西到大同，逐步聚焦到晋北地区。

刘建民先生所藏光绪十四年(1888 年)《大同当税征信册》反映了府一级当税情况，现根据其中的情况做成表格如下：

表 14-10　**光绪十四年大同府当税表**

县份	当铺数量(座)	当税银(两)	各县比例
应州	16	80	17. 58%
浑源州	13	65	14. 29%
怀仁县	5	25	6. 04%
山阴县	5	25	6. 04%
霍邱	8	40	8. 79%
广灵	3	15	3. 30%
阳高	1	5	1. 99%

续表

县份	当铺数量(座)	当税银(两)	各县比例
天镇	2	10	2.20%
通判	25	125	41.76%
合计	78	390	100%

与清中期相比，大同府的当铺减少了很多，当税也下降了很多。其中天镇、阳高两县才三座当铺，大同府通判也只有 38 座。比《晋政辑要》上的数字小很多，可见清后期山西典当业正处于衰落中。

《广东通志》①也提供了道光二年(1822 年)全省典当业的数字，详情如下表：

表 14-11 **道光二年广东省当铺表**

府	县	当铺数量	当税银(两)
广州府	南海县	347	1735
	番禺县	218	1090
	顺德县	199	995
	东莞县	122	610
	新安县	16	80
	从化县	2	10
	龙门县	4	20
	新宁县	48	240
	增城县	32	160
	香山县	51	255
	新会县	112	560
	三水县	36	180
	清远县	36	180
	花县	20	100

① 道光二年刻本，第 10754-10823 页。

续表

府	县	当铺数量	当税银(两)
韶州府	曲江县	10	50
	乐昌县	3	15
	仁化县	3	15
	英德县	9	45
惠州府	归善县	51	255
	博罗县	30	150
	海丰县	48	240
	陆丰县	92	460
	河源县	12	60
	龙川县	33	165
	和平县	5	25
	长宁县	1	5
	永安县	1	5
	连平州	7	35
潮州府	海阳县	100	500
	潮阳县	200	1000
	揭阳县	166	830
	饶平县	64	320
	惠来县	70	350
	大埔县	13	65
	澄海县	54	270
	普宁县	96	480
	丰顺县	18	90

续表

府	县	当铺数量	当税银(两)
肇庆府	高要县	48	240
	四会县	8	40
	新兴县	39	195
	阳春县	56	280
	阳江县	51	255
	高明县	16	80
	恩平县	28	140
	广宁县	5	25
	开平县	30	150
	鹤山县	22	110
	德庆州	6	30
	封川县	4	20
	开建县	1	5
高州府	茂名县	74	370
	电白县	35	175
	信宜县	9	45
	化州	26	130
	吴川县	21	105
	石城县	17	85
廉州府	合浦县	7	35
	灵山县	13	65
雷州府	海康县	11	55
	遂溪县	9	45
	徐闻县	6	30

续表

府	县	当铺数量	当税银(两)
琼州府	琼山县	4	20
	澄迈县	10	50
	文昌县	7	35
	会同县	3	15
	万州	1	5
	陵水县	2	10
	罗定州	43	215
	東安县	31	155
	西宁县	21	105
	连州	9	45
	阳山县	7	35
	南雄州	9	45
	始兴县	15	75
	嘉应州	62	310
	兴宁县	69	345
	长乐县	19	95
	平远县	10	50
	镇平县	20	100
	南澳厅	7	35
合计		3220	16100

3220 座这个数字比《大清会典》嘉庆十七年(1812 年)的数字 2688 座多 532 座，两者时间只差十多年，典当数字就增加了这么多，可见当时广东典当业的发达。道光时《肇庆府志》里的数字与《广东通志》的数字完全一致，兹不赘述。

光绪版《湖南通志》也提供了湖南全省典当数字，具体情况如下表：

表 14-12　　光绪时湖南省当铺表

府	当铺数量(座)	当税数量(两)
长沙府	61	305
衡州府	14	70
永州府	1	5
宝庆府	16	80
岳州府	14	70
常德府	20	100
辰州府	8	40
郴州府	2	10
沅州府	33	165
桂阳	1	5
合计	170	850

这个数字与嘉庆版《湖南通志》数字一致，二者相差七十多年，不可能七十多年没有变化，很可能光绪版的《湖南通志》里的数字并不是统计得来的，而是完全抄袭了嘉庆版通志。这个数字比《大清会典》嘉庆年间湖南的当铺数字 138 座高一些。

民国《陕西通志》提供了陕西省当铺表①。

表 14-13　　民国陕西当铺表

府	县	当铺数量(座)	当税数量(两)
西安府	长安县	38	190
	咸宁县	128	640
	咸阳县	20	100

① 宋伯鲁：民国《陕西通志稿》第 34 卷，民国二十三年铅印本，第 2278-2280 页。

续表

府	县	当铺数量(座)	当税数量(两)
	兴平县	17	85
	临潼县	71	355
	高陵县	10	50
	鄠县	29	145
	蓝田县	15	75
	泾阳县	39	195
	三原县	59	295
	盩厔县	29	145
	渭南县	58	290
	富平县	113	565
	醴泉县	31	155
	同官县	2	10
	耀州	2	10
同州府	大荔县	27	135
	朝邑县	25	125
	郃阳县	19	95
	澄城县	30	150
	韩城县	70	350
	华州	15	75
	华阴县	23	115
	蒲城县	50	250
	白水县	11	55
	潼关厅	2	10
凤翔府	凤翔县	18	90
	岐山县	12	60
	宝鸡县	19	95

续表

府	县	当铺数量(座)	当税数量(两)
	扶风县	16	80
	郿县	11	55
	汧阳县	5	25
	陇州	10	50
	乾州	5	25
	邠州	5	25
汉中府	南郑县	8	40
	城固县	10	50
	洋县	8	40
	沔阳县	8	40
	褒城县	5	25
	西乡县	1	5
兴安府	安康县	2	10
	鄜州县	16	80
	洛川县	20	100
延安府	宜川县	3	15
	延川县	8	40
	延长县	8	40
	安塞县	4	20
	安定县	6	30
	定边县	6	30
	绥德州	10	50
	米脂县	10	50
	清涧县	1	5
	吴堡县	4	20
榆林府	榆林县	31	155

续表

府	县	当铺数量(座)	当税数量(两)
	神木县	13	65
	府谷县	36	180
	葭州	17	85
	怀远县	11	55
	合计	1274	6370

这个数字比《大清会典》乾隆十八年的数字略低，可见陕西的典当数量变化不大。

《盛京通志》也提供了盛京的当税和当铺数量，具体情况如下表：①

表 14-14 **盛京当铺表**

属　地	当铺数量(座)	当税数量(两)
盛京城	137	342. 5
锦州府	114	285
兴京城	2	5
辽阳城	64	160
盖平城	20	50
牛庄城	38	95
开原城	41	102. 5
熊岳城	5	12. 5
复州城	1	2. 5
金州城	2	5
凤凰城	4	10
广宁城	43	107. 5
义州城	51	127. 5
合计	522	1305

① (清)吕耀曾：同治《盛京通志》卷二十四，咸丰二年刻本，第 1192-1194 页。

上表是雍正十一年(1733年)的数字。当时东北地区的当税，每座当铺每年交二两五钱银子。东北地区的典当数字《大清会典》没有记载，所以没有参照，只好拿它与其他省份比较。这里的当铺数字比《大清会典》雍正二年陕西省当铺的数字略低，可见在雍正年间，陕西省的典当业和盛京相差不远。

吉林省的数字就低多了，光绪年间的数字如下表①：

表14-15 **吉林省当铺表**

属地	当税银(两)	当铺数量(座)
宁古塔	12.5	5
长春府	37.5	15
农安县	20	8
伯都讷厅	142.5	57
吉林府	162.5	65
伊通州	52.5	21
双城厅	70	28
合计	497.5	199

吉林省的数字，只相当于东南地区一个县的数字。黑龙江省的数字就更低了，“江省当课始于呼兰城，时在清乾隆初年，由旗属征收，每家岁输课银二两八钱。(呼兰旧档、黑龙江财政说明书作二两五钱，每两加征耗银一钱，补平银三分二厘。光绪二十三年，户部奏定划一当课章程，每座岁收课银五十两，由当商按春秋两季赴地方官署呈缴。凡年内新设者，无论何月，均照满年收课。民国相沿，每当铺一家，领帖一张，岁征库平银五十两。如无现银，每两折收大洋一元五角。岁入银圆五千五百九十二元”。② 民国时期

① (清)长顺：光绪《吉林通志》卷四十三，光绪十七年本，第2936-2992页。

② 张伯英：民国《黑龙江志稿》卷十八，民国二十一年铅印本，第1648-1649页。

黑龙江省的典当数量可以推算出来，5592÷1.5÷50≈75，即当时黑龙江省大约有75座当铺。从这些比较中可以看出，东北地区的典当业放在全国来说，还是比较落后的。

清代典当数量和当税数量的统计分析是不成体系的，给人的印象也是碎片化的，这是因为受到资料来源的限制。

民国时期，也制定了全国性的规定，如1917年，政府公布了《全国典当业条例草案》①，规定按等级征收当税和帖费，其详情如下表：

表14-16 民国全国典当业税费草案表

等级	帖费(两)	年税(两)
一	600	250
二	500	200
三	400	150
四	300	100
五	200	80
六	150	60
七	100	50
八	50	20

这个草案只是规定了各等级的当税和帖费，并没有公布划分等级的标准，是无法实行的。当时出现了一个新名目，即帖费。

实际上当时各地的典当税征收得并不一致，如在江苏省，“民国二年十一月，江苏国税厅筹备处张寿龄通令，元年一月后新开典铺，分三等纳税登录领□，城典五百圆，乡典三百圆，分典、代步二百圆。至所纳年税，则新旧一律，每典缴七十五圆，耗羡火工一概蠲除。”②这里的帖费分为城、乡、分典代步三种，而当税则

① 《典业杂志》，安徽师范大学图书馆藏。

② 胡为和：《三续高邮州志》卷八，民国十一年刊本，成文出版社1983年版，第1370-1371页。

一致。

再如安徽省，“辛亥革命，各属当铺完全闭歇，民国三年秩序平定，各处质商逐渐复业。比由本省酌定章程，将质铺区分三等，架本五万元以上者为甲等，三万元至五万元为乙等，不足三万元为丙等。领帖不分等级，每帖收费一元，又注册费一角。年税甲等三百元，乙等二百四十元，丙等一百八十元，分两期缴纳，每期各缴一半”。① 后来又改为六等，具体情况如下表：

表 14-17 **民国三年(1914 年)安徽省典当税费表**

等级	架本	帖费(元)	年税银(元)
甲	50000 元以上	100	300
乙	30000—50000 元	80	240
丙	10000—30000 元	60	180
丁	5000—10000 元	40	120
戊	2500—5000 元	20	60
己	2500 元以下	10	30

民国十八年又改为四等，具体情况如下表：

表 14-18 **民国十八年(1929 年)安徽省典当税费表**

等级	资本	照费(元)	年税银(元)
甲	10 万元以上	200	500
乙	6—10 万	160	400
丙	3—6 万	120	300
丁	3 万以下	80	200

安徽省典当税法一开始以架本为标准征收，是很难实行的，因

① 民国《安徽通志·财政考》，民国二十三年铅印本，第 4066-4068 页。

为典当的架本是一个经常变动的数字，每天都可能不一样。最后改为按资本征收，这个数字还比较稳定，.因而可行性大大增强。

在浙江定海县，“旧制每典岁征银连耗五十二两五钱，入民国后折征银七十五元，后又加征正陪捐银六十圆，征收费六圆七角五分，合计征银一百四十一圆七角五分。又前时开设典铺领帖并无年限，自民国三年起，国税厅新章，旧帖一律倒换新证，以二十年为有效期间。规定帖税分三等，架本在八万元以上者为一等，税银伍百圆。四万圆以上者为二等，税银三百元。不及四万元者为三等，税银二百圆。查现时定海全邑止有二典，且架本均不及上则，故是项税银每年收入极微”。① 定海县征收的典当帖费把 1917 年制定的全国性帖费具体化了，它按架本征收，与架本捐相似。

在山西省襄垣县，除每年征收当税五十元外，又多出几个名目，现列表如下：

表 14-19 **民国襄垣县典当税费表**

等级	标准	帖费(元)	注册费(元)	换帖费(元)	注册费(元)
一	15000 元以上	300	100	150	25
二	10000 元以上	240	80	120	20
三	5000 元以上	180	60	90	15
四	1000 元以上	120	40	60	10
五	1000 元以下	60	20	30	5

五年一换帖。换帖费是帖费的一半，换帖注册费是办帖注册费的四分之一。②

在江西吉安县，“当帖□，当铺自前清迨民初，均请□部帖□设二十四年，江西修正征收帖税章程，定为印帖。当商请领印帖，

① 陈训正：《定海县志》册二下，民国 13 年铅印本，成文出版社 1970 年版，第 223-224 页。

② 严用琛：民国《襄垣县志》卷二，民国 17 年铅印本，第 91-92 页。

照章征收登录税，每帖繁区三百元，简帖二百四十元。全年营业税繁区每户八十元，简区每户五十元。其随登录营业正税带征之经征费及其留解，悉与牙帖税同。”①

在福建莆田县，“前志载银五十两，同光间典铺有十三家，每家纳税二十两，则二百六十两也。又新任府县到任，各典铺酬金为寿，名曰贺印。前太守郭公勋悉以充兴安书院膏伙。民国每年得一千余元，以后各任遂以为例。民国二十四年新定税率，大号年完税银一百八十元，小号五十五元，典帖五年一换。”②这里的当税还比较简单，只是“贺印”一项实属稀奇，还成了定例。

在凤城县，“从前每当铺年收税库平银五十两，于民国五年二月奉令改章，分为大当、小当，大当年收一百元，小当五十元。县境大当三，小当二，计七年份共收大洋四百元”。③ 凤城县的当税只是把当铺分为大、小二种，分别征收，还比较简单。

在山东单县，“民国三年，当规银定为二十四两，六六七合银洋三十五元九角八分二厘。六年，当税、当捐两项并为一款，统名曰当税，每年纳洋六百元。删除当规名目，将前清旧帖撤销，更换新帖，每帖一张收帖费洋二百元，随缴印刷费二元，照牙帖办法，五年更换一次，缴帖费一次。”④

在获嘉县，“自民国四年起，河南当商每年均照一百两缴纳税银。旋又改章，每年缴纳帖捐四百圆，帖费二圆。获嘉只有谦和典、泰源典两当商，未久均歇业”。⑤

政府又向当铺征收印花税，“惟印花税一事，前得宜昌回信，所言该处公事，虽有尚未举行，只云当价十元，即行帖用印花税钱廿文。其税钱归何人所出，亦未叙明。据该处商会亦云，无一定章

① 李正谊：民国《吉安县志》卷十一，民国三十年铅印本，第 612-613 页。

② 石有纪：《莆田县志民国经政志序》，民国钞本，第 2594 页。

③ 沈国冕：民国《凤城县志》第六卷，民国十年石印本，第 235-236 页。

④ 周自齐：民国《单县志》卷三下，民国十八年石印本，凤凰出版社 2004 年版，第 124 页。

⑤ 邹古愚：民国《获嘉县志》卷六，民国二十四年铅印本，第 281 页。

程，以借款而论，应归执约据者出钱”。[①] 这是沙市的征收办法，可能是按当本征收。

总之，民国时期典当业负担的税费各地并不一致，但普遍分为当帖费和年税，并按等级征收。当然，划分等级的标准各地也不一致。有的地区名目更多，帖费分为初次帖费和换帖费，又多出一项注册费。而红利捐和印花税明显不是针对典当业的，而是针对所有行业的。典当税法的演变也遵循了由简到繁的规律。

第三节 典当的捐款

当铺承担的捐有两种，一种是缴纳给政府的，另一种是社会的，这两种捐都没有法律根据，随意性很大。

政府有不时之需，向店铺勒索，历史上屡见不鲜，当铺自然也不能幸免。北宋靖康元年(1126 年)十一月，金兵包围了东京，“金人连日攻城，其势危甚，将士出战者酬赏太轻，故人不用命……(师雄因与宰相)请括在京质库户，每家出备十人绵袄、绵裤、绵袜、衲襖、衲袜。除鞋外，并不得用麻，如敝损不堪及绵薄之类，皆重作。行遣一万家，可得十万人衣服温暖，如此然后军兵乐战而忘死矣。师雄亦开质库，愿先倍于众人，出备二十人衣装。”[②]这是向当铺索要棉衣，给守城将士们穿。后来软弱的北宋政府为了使金人退兵，答应给金人巨额钱财，这笔沉重的负担也转嫁到了店铺身上，当然包括当铺：“十二月十四日，士庶纳金帛者纷然。朝廷又命开封府及使臣等，于交质库金银匹帛诸铺家，至户到摊认拘籍，一铺动以千万两计……二十一日，榜四壁毁官屋货卖，以士民缺乏柴薪故也。其日根括金银尚未敷数，又诏：质库户质金银并拘入

① 《民国四年沙市典当东伙往来信稿》，刘建民先生藏。

② (宋)徐梦莘：《三朝北盟会编》卷六十七《靖康中帙》，上海古籍出版社 2008 年版，第 507-508 页。

官。"[①]明嘉靖年间，倭寇骚扰东南，徽州典商也为抗倭战争做出了贡献。如倭寇骚扰杭州时，"倭蹂武林，襄懋委山阴尉巡徼关外。尉急，自计贼势张，安能以空拳抵饿虎之喙？椎牛酒，悉召城外居民市户及新安之贾于质库者，皆其乡人也。醵金，募土兵可数百人，劳以酒食，具为约申令之。众酒酣，乘兴扬兵出突，遇倭直前，薄其垒。倭聚出不意，小却，我兵贾勇大奋，倭各鸟鼠散，此亦一奇也"。[②]

明朝末年，李自成领导的农民军进攻开封，守城的明军不堪严寒，曾向当铺征用棉被、毡条："初四日甲戌，雪，取民间毡被二万件为兵御雪，屡夺贼洞三十余处。巡按召壂曰：大雪湿衣，兵寒难忍，须各给绵被或毡条御之，非立办二万件不可……巡按即出朱牌：仰李总社即刻取绵被毡条二万件为兵御寒，如迟，定以军法从事。壂持立雪中，众环视，每社兵一名出十件，一当店五十件，巨商三十件。牛兵亦归，告主人出十余件不等……次日雪霁，仍召壂领给原主。"[③]天晴后，又把棉被、毡条交还了原主。清兵南下时，江阴军民奋起反抗，有的典商积极参加："发林令所藏封库藏赡军，不足，徽商程璧捐饷三万五千两，陈典史拜而纳之。程璧亦开典靖江，沙兵(高杰旧部)败归，恨之，起掠一空。"[④]典商程璧一次就捐了三万五千两银子，数字够大的。这都是战乱年代典商们承担的捐输。

清后期，政府财政紧张，勒令当商捐款更是家常便饭。光绪二十年(1894年)冬，当中日"甲午战争"紧张时，"令典当各商捐输。查中外开设典当，各商资本甚多，获利较厚，税额较轻。光绪十四年(1888年)因河工需款，令各省当商缴银一百两，作为预完二十

① (宋)丁特起：《靖康纪闻》，《续修四库全书》第423册，上海古籍出版社2002年版，第294-295页。

② (明)丁元荐：《西山日记》卷上《才略》，康熙二十八年先醒斋刻本。

③ (清)李光殿：《说铃·守汴日志》，《笔记小说大观》第3编第10册，新兴书局有限公司1968年版，第6197页。

④ (清)韩菼：《江阴城守记》卷上，《笔记小说大观丛刊》第4编第8册，新兴书局有限公司1978年版，第5116页。

年当税。惟旧开各商并无应完当税五两，是新旧典当所得利息尚可略出盈余，以佐公家之急。拟通行中外，令各该地方官劝谕所属典当各商，于额税以外无论新开旧开，每座均捐银二百两。限于年内交清，饬属汇交藩库，报部候拨等因到司。奉此查现在惩剿倭奴军务吃紧，大军云集，需饷浩繁。当此库藏支绌、筹饷为难之际，各典当生意较大，利有赢余，理宜踊跃输将以图报称。除转行各属一体钦遵办理外，合行出示晓谕，为此示仰苏省各属典商人等遵照：尔等务宜查照部行，于额税之外无论新开旧开，每典捐缴库平银二百两，于十一月内一律呈缴”。[①] 每座当铺捐一百两还不够，要捐二百两。

清政府组建海军，也要勒令典商捐款：“据先后报部，共预交银七十余万两。光绪二十年(1894 年)复因海防筹饷，由臣部奏令中外典当各商于税额外，每座捐银二百两报部候拨。计各省已报部者，共捐缴银三十余万两。该商典等两次报缴巨款，当此时事维艰……拟自本年起，无论何省，每座按年纳税银五十两，岁可共征银三十余万两……其有光绪十四年(1888 年)已预缴二十年税银者，除已歇业不计外，凡现经开设者，均自本年起，准其按照预缴之数分年扣除。”[②]“庚子之乱”后，北京典当业损失惨重，政府还勒令典商报效，“现拟责成接开之新当，每铺每年报效银一百六十两，按四季呈缴，遇闰免加。现因商情困苦，格外体恤，所有光绪二十八年(1902 年)春季分暂行免缴，自二十八年夏季起，照数呈缴。此项报效银两，以一半作为各衙门息银以资办公，一半作为归还内库五十万两之款”。[③] 庚子赔款数额巨大，清政府财政拮据，涸泽而渔，杀鸡取卵，又勒令当铺捐款，数额很大：“二十七年，因筹赔外款，奉饬每座当铺捐银四百两，本年八月定例，每当典每年捐

---

① 《申报》7791 号《宪示照登》。

② 《皇朝续文献通考》卷四十七《征榷考十九 · 杂征》，《续修四库全书》第 816 册，上海古籍出版社 2002 年版，第 249 页。

③ 《步军统领衙门、顺天府、五城御史会奏折》，刘建民先生藏。

输三百五十两，分两季完纳。”①

除向中央政府捐款外，地方政府一有公共工程修建、灾害赈济等事，也是经常摊派到当铺头上。如道光年间，山西的当商参加了修筑河南辉县城门楼的工程，“于是筹及西关无可告助，而此处又不止无楼也，城闉石圮，过往皆危，于是命彼工人磨砖採石，购料兴工，而不图乐善者之惠然偕来也。同时鹾商暨典商面局皆虑予为公事累，共捐银三百五十两，以佐西门楼之费……所难得者，鹾商则出自津门，典商、面局皆家于山右，乃同声乐赴，众志成城，其好善之雅，不更足多乎哉”？② 地方政府兴建慈善机构、举办教育等也多要求典商捐款，在清代直隶祁州：“留养局，一在南关药王庙，一在娄家营，一在中羊村。乾隆十九年（1752 年）署知州罗以桂奉制宪方置署州，倡捐五十金，盐、当商人共捐一百五十金。”③在江苏泰兴，清代后期“同仁堂，经费：原存公捐钱一千千，典息一分，地五十六亩四分……岁征典息一百千，房租十一千，租钱九十九千二百七十二文，各典岁捐二十千，光绪十二年朱春柳等续存钱五百千，典息一分，岁征息钱五十千……义渡经费：捐存典钱一千八百千，岁收息钱一百四十四千。县署月捐钱十二千，营署月捐钱一千，各典月捐钱八十千，盐局月捐钱十五千，内河厘局月捐钱八千，港厘局月捐钱八千，界河厘局月捐钱四千，浙宁永庆公所月捐钱五千，岁共收钱一千五百九十六千，遇闰照增”。④ 在江苏阳湖县，清代后期“太平济仁堂，在阳湖太平乡南宅，光绪二年知县吴康寿建，有县官及众户总捐钱五百余千存典，岁收息钱及典当月

---

① 周自齐：民国《单县志》卷三下，民国十八年石印本，第 494-495 页。

② （清）周石藩：《共城从政录 · 修三城楼记》，《官箴书集成》第六册，黄山书社 1998 年版，第 294 页。

③ （清）王楷：乾隆《祁州志》卷二《建置》，成文出版社有限公司 1976 年版，第 151 页。

④ （清）杨激云：光绪《泰兴县志》卷八《建置志》三《义宇 · 仓法慈善款生息》，《中国地方志集成》第 51 辑，江苏古籍出版社、上海书店、巴蜀书社 1991 年版，第 56-58 页。

捐钱给养贫民。"[①]同治十三年(1874年)五月，苏州"江、震两邑新建学宫成……其捐典章程云：照省章，每月城典捐钱三十千文，乡典二十千文，代步十千文，闰月同。捐钱存典一分二厘起息，同治九年四月初六日，详准尽数拨充庙工"。[②]

清末上海租界，似乎还经常性强令当铺捐款，如光绪十七年(1891年)在法租界，"本界老北门外之恒德典当素有名声，工部局拟定每季计收捐银五十两。自因生意减色，曾至工部局禀请减收捐款，当经公董会议已经减去银十两，后又减去五两，每季只收银三十五两……法界中典当只有三家，惟捐数各有不同，目下恒丰当捐银二十五两，公泰当捐银二十两，独有恒德捐银三十五两，吃亏太多。所有生意目下三家相去不远，一年内每家约上架银十万左右，问以前捐银五十两时，有若干银上架？答称十余年前，每年生意可上架银三十余万两，其时捐银五十两。八年前上架约二十万之谱，捐银减至四十两。今年生意更觉清淡，又减至三十五两，其数较他家仍大，须请再行减价"。[③]

尤其是遇到天灾，典铺更是首当其冲，明后期的李乐记载：乌青镇"万历十六年(1588年)，斗米卖银一钱六分，饥莩塞路。正怀所以豫后之计，而何公祖下车，亦蒙轸念商及。故不佞浼医士方时吉，对渠同乡典铺商人劝谕。幸商人凡九典，仗义乐施，各捐中白米二十石，共得一百八十石：青镇八典，计一百六十石；乌镇一典，止二十石尔。"[④]这是劝谕典商捐粮食，赈济灾民。清代地方政府为了备荒储备粮食，也会要求典商捐款，清中期钱泳提出赈灾措

---

① (清)王其淦：光绪《武进阳湖县志》卷三《营建·善堂》，《中国地方志集成》第37辑，江苏古籍出版社、上海书店、巴蜀书社1991年版，第483页。

② (清)熊其英：光绪《吴江县续志》卷三《营建二·学校·费延厘重建江、震学宫记》，江苏古籍出版社、巴蜀书社、上海书店1991年版，第125页。

③ 《申报》6741号1892年1月24日《法界公报琐案》。

④ (明)李乐：《见闻杂纪》卷三《义米本末启夏少府》，《续修四库全书》第1171册，上海古籍出版社1986年版，第591页。

施中有："公督私藏之法，可以行之一里一乡一镇，无不称善者。然必以丰年为始，思患豫初。其法：公举里中长者一人，遍告有田之家，凡有粮田若干，捐米若干，铺户典押则捐钱文……铺户典当本钱多少不一，约铺户有本一百两以上者，捐钱五百文。典当小押，有本一千两以上者，捐钱五千文。以此类推，如能多捐，听其自便。"①有的典商也会主动捐款救灾，乾隆四年(1739年)宁夏中卫县的典商俞汝亮："据钦差侍郎班第、大学士查朗阿等奏称，原任提督俞益谟之子中卫县武生俞汝亮，因见宁夏地动，民人困苦，情愿捐出制钱二千串、银一千两、羊一百五十只，当铺内所存皮、棉、夹肖二千九百八件，以为灾黎疗饥御寒之用。臣等已将银钱、衣服等件，择民人之极贫者按名散给，理合奏闻等语。"②后来乾隆皇帝还颁发上谕，嘉奖了这名当商，授给他一个守备的官职。

清后期，连年天灾，典商们也被要求捐出衣被，救济灾民。如光绪十年(1884年)，安徽祁门等地发生水灾，有名善昌者在全国范围内求募棉衣，主要是求于典当铺，"善昌备函叩托普天之下各省典当大执事转达大东翁，满期当货旧布棉衣提助二三百件，每一典遵而行之，究属惠而不费，核计十八省典当不少，集腋成裘可得数十万件。原布衣善昌迭登申沪两报，代灾黎叩募典商……前日安徽祁门众灾民又来吁告，竟有四野号寒刻不待缓之势，乞赐棉衣……各省典商乐助原旧布棉衣汇寄来申，嘱弟代解灾区，一月之内想各处善士由水陆路程飞速运来，倘道经水六贵卡，请宪台谕饬各巡丁卡役速即查验放行，如能早到一日，敝公所朝夕捆包，早解往灾区一日，善昌之心早安一日，此乃募劝各省典商原旧布棉衣之情也"。③ 这是从江苏巡抚衙门抄出的，表明此次行动应是官方号召、由商人执行。

---

① (清)钱泳：《履园丛话》卷四《附救荒·公督私藏之法》，中华书局1979年版，第111-112页。

② 《顺治—嘉庆朝清实录经济史资料》国家财政编1，第二章，财政收入，北京大学出版社2012年版，第470页。

③ 《申报》4196号1884年12月15日《苏省抚辕抄》。

典当铺参与参加一些社会活动，向公共工程捐款，在民间碑刻中得到了反映。现根据张正明等编辑的《明清山西碑刻资料选》、景茂礼、刘秋根所编的《灵石县碑刻全集》①，对此种捐助记载比较丰富、且典当业也比较发达的山西地区典当捐助公共工程的情况作一个展示。②

表 14-20 **清代山西典当捐款一览表**

编号	时间	地点	当商及捐款金额	目的	文献编号
1	1746 年	介休张壁村	裕盛当五钱、公盛当五钱、公庆当高才远银二两、广泰当郭祥银一两	修二郎庙	续辑 1 第 015 号
2	1746 年	山东齐河县	裕兴号、魁增号、吉盛典，以上各二两五钱	修山陕会馆	续辑 2 第 233 号
3	1758 年	平遥县	阖当行施银一十二两	不详	续辑 1 第 019 号
4	1773 年	灵石县段纯镇温家庄	仁和当、义盛当、玉成当、复兴当、天成当、重兴当、大兴当各施银二两	重修广胜寺	《灵石县碑刻全集》第 517 页
5	1774 年	沁县	当行施银十两	重修大佛殿、观音殿	续辑 2 第 147 号
6	1777 年	平遥县	恩裕当施银二两四钱	不详	续辑 1 第 022 号

---

① 数字出自张正明等人编辑的《明清山西碑刻资料选》2005 年由山西人民出版社出版，2007 年又出版了续辑 1，即表中的续辑 1；2009 年又出版了续辑 2，即表中的续辑 2。《灵石县碑刻全集》，景茂礼、刘秋根等人编辑，2014 年由河北大学出版社出版。《寿阳碑碣》是山西寿阳地区的碑刻，史景怡先生主编，山西古籍出版社 2007 年版。

② 这些数字包括表中所列山西各地域商人在异地所开典当铺的捐献。

续表

编号	时间	地点	当商及捐款金额	目的	文献编号
7	1783年	灵石县	兆龙当、隆盛当、永大当、隆茂当各施银五两	重修石膏山	《灵石县碑刻全集》第584页
8	1783年	保德县	广运当、亨通当、源深当、元亨当、丰恒当、大和当、生生当	重修关帝庙	续辑1第023号
9	1791年	介休张壁村	四泰典募化银二百四十两	修建关帝庙献殿	续辑1第025号
10	1809年	山东聊城	正昌典捐钱十八两一钱一分，协裕典捐银十一两三钱八分	重修关帝庙大殿、财神庙北殿、文昌火神庙南殿并新建飨亭、钟鼓楼	续辑2第244号
11	1809年	山东聊城	亨正典、义顺典、隆盛典，以上俱纹银九两三钱	修春秋阁	续辑2第245号
12	1816年	平遥	裕源当、亨裕当、丰美当、恒泰当，各捐银四两；永宁当助银五两；恒裕当捐银一两二钱；同庆当、恒泰当、天元当、双泰当、义成当、万兴当、永合当、协泰德、天德义、合盛当、同益当、和顺当、涌泉当、天德恒、和盛号、协和当、义丰当，以上各助银一两。太昌当、太和当，以上各助银五两。太裕当捐银三两。宁夏当、宁朔当，各捐银三两六钱。恒盛当、隆盛当、兴盛当，以上各捐一两二钱。永顺当、天和当、万顺当、德元当、泰生当，各捐银二两。益元当、景隆当、景云当、丰裕当，以上各捐银二两	重修镇国寺	续辑1第029号

续表

编号	时间	地点	当商及捐款金额	目的	文献编号
13	1816年	芮城县	积盛当捐银一两五钱。永宁县合盛当、宏顺当，上各捐八钱。永宁县天泰当、韩生财，捐银五钱三分。宁永县忠诚当、晋德当、天成当、人和当、以上各捐钱四钱，三草当、永聚当，以上各捐银三钱	修三灵财神庙	续辑2第015号
14	1816年	山东聊城	正昌典捐银八两三钱，协裕典捐银一两零一分	修山陕会馆	续辑2第252号
15	1817年	寿阳	管账目天长当施银七两，佃钱二千文	重修水口	《寿阳碑碣》
16	1820年	平遥	万源当、金仁当、三盛当、天泰当、恒盛当、隆泰当、同和当，各施银一两。四乡当行，以上共二十三名，共施银二十八两七钱	重修三官庙	续辑1第030号
17	1823年	山东聊城	义和典记捐银十一两零七分，正昌典捐银八两五钱二分，庆裕典捐银一钱七分	不详	续辑255
18	1825年	灵石	景昌当捐银三两，义生当捐银二两。隆茂当、三益当、元通当、兆龙当、裕庆当，各施钱一千文。隆泰当、永隆当，各施钱五百文	重修石膏山	《灵石县碑刻全集》第900页
19	道光戊子1828年	盂县	复兴当、德泉当、义生当、永丰当、义隆当、恒裕当、广生当、永丰当、永兴当、义兴当、永隆当、永济当、义生当，各一两	修山神祠	续辑1第032号
20	1830年	寿阳	昌盛当，银三两。隆玉当，银二两。永茂当，银三两。承德府义聚当，银三两。广顺当，银二两。获邑当行，钱拾千文。天锡当，一千文。平定福隆当，钱一千文。丰府丰泰当，钱一千文。辛集天合当，钱一千文	重修玄天庙	《寿阳碑碣》

续表

编号	时间	地点	当商及捐款金额	目的	文献编号
21	1832年	偏关县	兴盛当施钱四百文。万合当、公合当，各施钱二千三百文。恒顺当、兴泰当、大成当、恒美当、恒远当，各施钱二千文	重修白衣殿	续辑2第164号
22	1835年	介休张壁村	从得典、隆裕典、允源典、发兴典、公和典、西成典、源昌典、德裕典、裕盛典、丰盛典、义盛典、大兴典、恒升典，各捐二两七钱	修关帝庙前仪仗	续辑1第034号
23	1835年	寿阳	天顺当、福星当、方兴当、恒兴当、复成当、永和当、万和当，各施银一两。合成当施银八钱，崇元当施银七钱，萃锦当、丰隆当施银六钱，泰和当施银五钱	重修立佛殿、五佛殿	《寿阳碑碣》
24	1836年	寿阳	井陉恒裕当、德义当、德丰当、双益当、德盛当，各施银三两。广德当、东口丰隆当、聚源当，各施银二两。山阴元隆当、悠远当、全盛当、谦和当，各施银一两。永盛当、三合当，各施银六钱六分。恒兴当、复成当、方兴当，各五钱。泰和当、萃锦当各二钱	重修关帝庙	《寿阳碑碣》
25	1838年	河南周口市	富礼典银八两七钱九分，环盛典银四两七钱三分，恒发典银三两五钱三分，广泰典银三两五钱	重修关帝庙	续辑2第263号
26	1845年	山东聊城	隆昌当捐银三十两零三分。牛久迪(监生)延庆当、协和当、恩久当、源顺当，以上每家捐银三十两	重修山陕会馆戏台、山门、钟鼓楼	续辑2第266号
27	1846年	太谷	乡当行，捐五十两。公盛当、双合当、天裕当、天恒当、恒美当、恒昌当、阜本当，上各一两	重修大观楼	续辑1第037号

续表

编号	时间	地点	当商及捐款金额	目的	文献编号
28	1848年	朔州市	□盛当、晋源当、万源当、□丰当、兴隆当、晋丰当、广顺当、广恒当、广成当，以上各捐钱四十千五百文	重修崇福寺弥陀殿	续辑1第038号
29	1849年	寿阳	福星当，银二两二钱。恒兴当，银二两。通盛当，银一两九钱。永成当，银一两八钱。复成当，银一两五钱。萃锦当、谦丰当、大顺当，银各一两	补修庙宇乐台	《寿阳碑碣》
30	1850年	临县碛口镇	和顺当捐钱一千文，平邑义成当捐银一两二钱。孝邑元和当捐钱二千文	重修黑龙庙	续辑1第039号
31	1850年	寿阳	永魁当，银四两。中八里罕隆兴当，银二两五钱。平泉州公合当，银二两。绥远恒盛当，银三两。岱岳攸远当银三两。聚盛当，银三两。左云永丰当，施银二两。怀仁昌盛当、永义当、谦和当、北和镇人和当、丰亨当、永益当银各一两	修建龙天财神阁	《寿阳碑碣》
32	1850年	沁水县	鹿邑当行、柘城当行、商邱柳启泰典、虞城元吉典……赵居忍义成典、丰裕典、奎聚典……义和典、恒昌典、统盛典、广泰典、恒源典……阳城万丰典、瑞隆典、融泰典、公慎典……阜丰典……通顺典、源泰典、丰异典、丰升典、敬茂典、泰昌典、永兴典、泰兴典……沁邑当行	重修关王庙	续辑2第217号
33	1850年	高平	庆余盐店、沣泰典、永泰典、协兴典，以上各施银二千文	修关帝庙	续辑2第218号
34	1851年	寿阳	沈阳募缘：全盛当施银一两五钱，河曲天泰当施银一两。恒兴当施银五钱，聚川当施银五钱	修关帝庙	《寿阳碑碣》
35	1852年	晋城市阳城县	裕祥典捐钱三千文。□□协盛典、□□永泰典，以上各捐钱三千文	重修成汤庙舞楼碑	续辑2第169号

续表

编号	时间	地点	当商及捐款金额	目的	文献编号
36	1861 年	大同	大同当行，施钱十千文 碑阴：太和当、万源当……永诚当、永德当	重修大佛寺	续辑 2 第 173 号
37	1865 年	山东聊城	文星当捐银四两八钱一分，协和当捐银三两三钱七分，兴聚当捐银三两三钱四分	修山陕会馆	续辑 2 第 272 号
38	1866 年	吕梁	永成当、合成当、万成当、广成当、天成当、恒泰当、恒兴当、长顺当	重修天官庙	《晋商史料全览·吕梁卷》第 67 页
39	1867 年	河南舞阳	泰吉典捐钱六十五千文，元美典捐钱二千文，元除典捐钱二千文	重修关帝庙	续辑 2 第 274 号
40	1874 年	朔州	当行士家阖捐资三万零八百文 重修乐楼二次捐资，光绪八年 万源当、万德当、万□当、水(永)合当	重修关帝庙	续辑 1 第 045 号
41	1874 年	晋城市平城镇	广合典、广成典、元茂典、元兴典	修关帝阁、观音堂	续辑 2 第 227 号
42	1879 年	寿阳	赤峰县三和当、泰升当各施银三两。建昌县庆和当、赤峰县通顺当、韩元当、蔚泰当、锦泰当、建昌县昌盛当、静元当，各施银二两。建昌县通裕当，施银一两。平头镇丰恒当、永厚当、永远当、平定州增益当、同泰当、庆源当、福源当，各施银二两。宗艾合积当，施银五两。神池鼎新当，施银三两。阳邑平准当、源远当，施银一两五钱。盂县宏盛当，施银二两。平定州同兴当、玉兴当、恒泰当、福泰当、同聚当、宗艾镇天顺当、平头镇明远当、来远当、胡家堙怀贞当、源灏当、上峪西成当、神邑史和当，施银一两。威远堡义盛当、南燕竹德和当，施银一两	修建关帝文昌阁	《寿阳碑碣》

续表

编号	时间	地点	当商及捐款金额	目的	文献编号
43	1882 年	平遥	城乡当行捐银四百两	修地方志	《续修平遥县志》第一册
44	不详	平遥	城乡当商，捐银六千五百两，又捐钱五千千文	赈抚	《续修平遥县志》第三册《典礼》
45	光绪年间	忻州偏关县	添成当、天盛当，各施钱二千文	重修白龙殿、佛殿	《晋商史料全览·忻州卷》第 547 页
46	1883 年	灵石	洪茂当、永顺当，各捐钱一千文。天津中立当、日升当，各捐银五钱。介邑聚成当、天兴当、万同当，洪邑复元当、永益正，简邑聚祥当，各捐银一两 灵石城内五福当、元通当，各捐钱三千文。仁义镇德顺当、增益当，各捐钱一千五百文。万裕当、万亨当、万成当、万庆当、公益当，各捐钱一千文 德生当、恒泰当、德顺当、德成当各捐钱一千文。天津广成当、德茂当、星盛当、万合当，各捐银一两。天津忠孚当、万兴当、鸿德当、义成当、永庆当、涌庆当、义合当、万合当、加成当、恩隆当、德兴当、德盛当、日升当、万通当、广成当、协成当、德兴当，各捐银一两。□吉当、保和当、丰泰当、庆元当、瑞兴当、三义公、聚和当，各施银一两。本邑合兴当、公义当、长顺当、兴聚当、同成号、祥庆当、歉益当	修石膏山	《灵石县碑刻全集》第 1385 页

续表

编号	时间	地点	当商及捐款金额	目的	文献编号
47	1884 年	吕梁	丰盛当、聚义当、万兴当、复源当、长盛当、天锡当、全顺当	重修龙王庙	《晋商史料全览·吕梁卷》第 578 页
48	1885 年	大同	当行捐钱八串	上华严寺开光	续辑 1 第 283 号
49	1886 年	寿阳	永茂当、永盛当，施银各一两。万成当，施银一两五钱。常泰当施银一两	重修龙天庙	《寿阳碑碣》
50	1890 年	大同	大同当行、德裕当、永隆当、万来当、信隆当、和义当、永义当、元贞当、德和当、仁义当、和盛当、元利当、豫泰当、万德当、万祯当、德义当、天五当，以上各施钱三吊	重修上华严殿	续辑 1 第 046 号
51	1891 年	稷山县	思义当、源香当、恒义当，以上各捐银十两	重修后稷庙钟楼	续辑 2 第 180 号
52	1892 年	稷山县	合邑当行：三合、玉盛、永祥、宏裕、□中、德盛、□□、□诚、恒兴、协成、恒泰、德裕、来阳、刘祥、□生、五□、义合、德升、广济、谦六、协盛、成盛、同泰当捐银三百两	不详	续辑 2 第 024 号
53	1894 年	山东聊城	文昌当捐银十两整，恒乾当捐银十两整	修山陕会馆门外石栏	续辑 2 第 280 号
54	1896 年	盂县	万恒当、万隆当、裕济当、永和当、万益当、元隆当，各施银二两	不详	续辑 1 第 047 号
55	1899 年	寿阳	太安驿源隆当、平头源裕当、宏远当、广丰当，银各二两。公和当、义泰当、天德当、巨源当、天长当、源顺当、德厚当，各银一两	修寺庙	《寿阳碑碣》
56	1901 年	寿阳	源远当募银肆拾贰两陆钱，和合当银三两，源远当、源深当银各五两五钱	修罗汉寺	《寿阳碑碣》

续表

编号	时间	地点	当商及捐款金额	目的	文献编号
57	1901年	寿阳	长治县当行捐银八两，长子县当行捐银六两，屯留县当行捐银一两，临汾合志当商捐钱二十千文。太平合邑当商捐钱十五千文。襄陵合邑当商捐钱十二千文。曲沃当行捐钱十千文。洪邑当行捐钱十千文，翼邑城关当行捐钱八千文	给保婴堂捐款	《寿阳碑碣》
58	1902年	太谷	隆聚当、隆泰当、隆昌当、隆记当、隆源当、隆盛当、隆厂当，上各施银二两。裕运当、会垣当、隆茂当、隆怿当、义济当……上各施银一两。信成当、天福当、九如当、恒泰当、恒义当，上各施银二两。隆昌当、裕通当、隆泽当，上各施银一两	修阳邑大社六邑堂	续辑1第042号
59	不详	洛阳	元泰当捐银四百九十两，元发当捐银四百七十两，永祥当捐银四百一十两，元益当捐银一百二十两，中信公、川如典各施钱三千文，恒升典各施钱二千文，同志典、协泰典、恒裕典，各施钱一千文	修山陕会馆	续辑2第282号
60	不详	大同代县	德隆当、亿合当、亿兴当、万和当、永庆当、亿亨当、隆泰当、庆泰当，以上七十五家各施银二两	不详	续辑1第052号
61	不详	临汾	商号附表：三乐当、元丰当、复隆当、永泰当、义通当…… 光绪六年补修蒲县志商捐名单：集义当，八千文。中兴当，八千文。仪象当，八千文。聚德当，八千文。天祥当，八千文	庆祝东岳帝君圣诞	《晋商史料全览·临汾卷》第546页

续表

编号	时间	地点	当商及捐款金额	目的	文献编号
62	不详	灵石	大雍当、永泰当、天和当、兴义当、宝源当、三和当、三益当、三兴当、三盛当、公盛当、恒庆当、宝庆当、悦来当、聚庆当、义兴当、和合当、允青当、兴隆当、长春当、恒顺当、聚兴当、天相当、恒昌当、广庆当、广昌当、三□当、万福当、□中当、广兴当、公盛当、永成当、京泰当、义成当、义顺当、元兴当、义和当、成意当、永兴当、义盛当、永泰当、永盛当、太和当、永□当、义兴当、德裕当、顺兴当、□盛当，各施大钱一千。义成当、文成当、复元当、恒裕当、永和当、保合当、源盛当、□合当、大成当、宝轩当、裕庆当、积昌当、三成当、天和当、添合当、合盛当、裕茂当、庆祥当、谦益当、公顺当、三益当、永盛当、永和当、万盛当，各一千	不详	《灵石县碑刻全集》第1842页
63	不详	寿阳	隆玉当捐银二两五钱。兴隆当捐银一两。隆兴当捐银四两，锦隆当捐银一两五，天顺当捐银九分，三义当捐银一两，公信当、复泰当、长盛当、恒盛当，各捐银一两。恒兴当捐银九分，丰亨当捐银二两，广生当捐银三钱，赤峰乾元当捐银一两	修观音庙	《寿阳碑碣》
64	1913年	寿阳	德厚当施银八钱	重修太平桥	《寿阳碑碣》
65	1918年	寿阳	平定福隆当施银三两。九如当施银一两五钱，天吉当、天益当、德义当、逢源当各施银一两，利民德合当、天德当各施银一两五钱	重修东西二桥	《寿阳碑碣》

从当铺捐款的目的看，以修筑各类庙宇、举行祭祀为最多，其次是修筑山陕会馆，其他还有慈善、赈灾、修地方志、修桥、修水

口等，但相对较少。其中大部分是山西商人回到自己家乡以后的捐助，也有的是在经商地的捐助，反映出山西当商走出山西在全国各地投资开当的趋势。从有的材料看，有的当商们不仅捐款，还参与了组织、募捐等活动，从一个方面呈现出山西典商的精神世界。但对各种神庙的捐助，也未尝没有通过庙宇的修筑及庙会的举行，聚拢人气、打开市场、融入当地社会的目的。关于后者，在各地方志中还有不少的记载，因篇幅所限，这里不再一一列举。

总之，典当所承担的法定税额并不高，但综合规礼、捐款、公款利息等一系列的支出，其负担实际应是相当沉重的。这也反映出它对国家财政的意义，对社会公共工程的举行也具有不可缺少的重要作用。由于这些支出各地没有统一的规定，难以做出全局性的分析。

第四节 典当开办、闭歇的法律手续

随着典当业的发展，在封建经济中地位的上升，封建政府对典当业务利率制定了很多具体的规定，这在前文已有论及。但典当与其他行业字号不同，不但与商人打交道，还与最广大的城乡居民生活密切相关，典当的经营与否、经营好坏关系着社会秩序的稳定。所以从清代开始，政府对典当的开办、停歇也制订了相应措施加以规范。

入清以后，典当开张要在地方政府办手续才算合法："雍正六年(1728 年)题准，直省各属典当，均令布政使司钤印颁帖，交各州县转给输税。如有新开典当，报司给帖，于开设时增税。无力停开者，即交帖免输。"①这些手续有：请领当帖，照章纳税。这种当帖是由布政使司盖印颁发的，典当关门后还要缴回。那么当帖上有什么内容呢？下面引用一份：

① 《钦定大清会典事例》卷二百四十五《户部·牙帖商行当铺税》，《续修四库全书》第 801 册，上海古籍出版社 2003 年版，第 899 页。

钦命浙江等处承宣布政使司布政使纪录一次王，严杜漏典以裕国课事：照得典铺向例，每户输税银伍两，于康熙十六年起至康熙十九年(1677—1680)为始，每典共增征银壹拾伍两。后来恩诏，仍照旧例止征银伍两，奉旨通行，钦遵在案。今据遂安县详请，给发典户王有兴印帖，到司合行给发。为此帖给本典收执，所有应输税银，务要争先上纳，倘有地棍兵丁借端骚扰以及赃私质当，该地方官藉此需索、株连并违例借贷，许该典户即赴本司衙门告理。致有朋充隐漏并无帖擅开者，即系私当，或被首告，防间定行按律惩治，决不宽宥。如有歇业顶补，赴司缴换，毋违，须至帖者

计　　开

严州府遂安县典商，住拾贰都龙山庄地方，原籍徽州府婺源县人

右帖给典商王有兴，准此。

乾隆拾伍(1750)年正月廿六日给帖

藩字第叁号。①

这份典帖开头就写明了当帖的颁发机构、当铺应承担的税款、当商开当合法，然后又告诫当商要依法纳税，政府会保护他们的合法权益。最后写的是当商的姓名、往址、原籍，当帖颁发的日期、字号。

这种当帖还是印刷的，不是手写的，有固定格式，“具领当商某人为请领当帖事。本年某月某日，蒙票传谕，案蒙本府札开，蒙藩宪札饬，当帖奉旨理应三抬旧板，尚系两抬，自应另行刊刻更正，以照(昭)诚敬。当即呈缴，以凭转详。现在蒙恩更换，业经发回，理合具禀请领。为此，上叩正堂太爷案下，速发施行。”②其中的三抬旧板应是当帖的一种版式。这实际上相当于现在的营业

① 《王有兴典帖》(黄山市徽州文化博物馆藏)，转引自王裕明《明清徽州典商研究》图版一，人民出版社 2012 年版。

② 《乾隆词录》，刘建民先生藏。

执照。

由于非法当铺很多，嘉庆十九年，湖南的地方政府还请求户部依盐引的旧例，由户部统一颁发当帖，并征收帖费，户部没有批准。户部指出：

> 各直省开设当铺，呈官给帖，岁征当税，本以济商便民……至所称各当印帖，请照盐引之例，按照成案定准，照费银两颁发部照，令该商收执。如有业户更名，即行缴还，不准顶充之处，原系为慎重税课起见，但查各省当铺，例由布政司发给印帖，按年纳税，如有歇业更名，随时换帖，不准假名顶充，已足以昭稽核。若由部颁发执照，事属烦琐，易起藉端压搁犹累之弊。至盐商承领帑本，可以计引定课，若当商自己出资，其成本多寡不齐，不难官为计本定课。且各省当铺，每年例税自五两至二两五钱不等，尤未便例外加增帖费，所奏应毋庸议。①

实际上关于换帖问题，在湖南也曾长期讨论，其中一次至少从嘉庆十九年到道光元年，长达五六年，最终的结果是："嗣后开设典铺，如有歇业而另立商名或有异姓而顶充商帖者，即照例随时详给司帖办理，不得假冒私顶。其子承父业并未歇业另开及改立典名者，仍循旧例毋庸另请给帖，以便商民而免纷扰"。② 即字号毕歇、或异姓承顶，则换帖，子承父业不必换。关于换帖的细节，我们在巴县档案中找到了一个具体实例：

> 案据重庆府知府李守转据该县当商周云亭于乾隆五十四年(1789 年)请领绥昌号当帖一张，每年认纳课银五两。今该商

① 《乾嘉道湖南典商办理减息案呈词·后附典帖不准查验呈词》，刘建民先生藏。

② 《乾嘉道湖南典商办理减息案呈词·后附典帖不准查验呈词》，刘建民先生藏。

周云亭年迈呈缴当帖，另募赵德裕顶补，照额纳课。查赵德裕实系卑县载粮民籍，身家殷实，并无衿役朋充等弊，取具不致误课。供甘各结，加结造具年貌清册，同原帖一并赍缴，请换给恒信号新帖，仍在原处开设，接续办理，除将缴到当帖涂销并详咨外，合行填帖给发。为此，仰县官吏即将发下当帖查收，转给商赵德裕承领，以嘉庆十七年(1812 年)为始，每年应纳课银五两，按年征收汇解，以凭造人地丁奏销册内报部查核，仍将收明转给缘由报查，毋违！此札。①

赵德裕顶替周云亭开设典当，不仅要报请政府批准，缴换当帖，还要立下甘结，写明年龄、相貌。

山西地区的当商请领当帖，除正常的手续外，还有附加条件："请当帖者，分领铜本银两若干，将银五千两按家数分派。如起解铜息前领者，利费银亦领至上年正月，解息之钱亦起；如起解铜息之后领者，解息之钱不起，利费银即领到本年正月。分领谷本银两若干，将银四千两亦按家数分派，如起谷息之前领者，利费银亦领到本年正月，解息之钱亦起；如起解谷息之后领者，解息之钱不起，利费银亦不领。"②请领当帖是一回事，请领生息款是另一回事，把二者绑在一起，可见生息款的强制性。当然，这个规矩不一定是普遍的。

至于办理这些手续的费用，山西汾阳地区规定："新设请帖者，每纸给库房纹银伍拾伍两，钱壹千文；缴旧换新者，每纸给库房纹银陆拾贰两，钱一千文。歇业缴帖者，每纸给库房纹银壹拾陆两。"③此手续可谓苛重，政府应是将换帖费当成一笔重要的财政收入了。

---

① 《清代乾嘉道巴县档案选编》上册，八《当铺、钱庄、高利贷》(一)《当铺和钱庄·嘉庆十七年八月十七日四川布政使司札》，四川大学出版社1989 年版。

② 张正明、科大卫：《明清山西碑刻资料选》续 2 辑，020《崞邑会典所条规序碑文》，山西人民出版社 2009 年版，第 28-29 页。

③ 《光绪二十四年三月汾阳、临邑当商帮出入银钱账》，刘建民先生藏。

清末，开张典当，改为到商部注册，其注册方式，据《申报》记载苏州同源典之例云："商部近札，商务议员□纯伯观察，文略云：江苏吴县同源典遵照部章，到部呈请注册，业经本部核准注册给照，札饬该议员妥为保护(永)。"①

那些当帖丢失的典当只要重申请，也予注册，如苏垣吴县境西城桥济大典当，"资本四万元，近由盛复颐记赴商部呈明注册，奉部札，饬地方官保护。吴县张大令以该典系职员王次沂请帖接开，并无盛姓合资字样，照会潘绅查复。该典原系王次沂出名领帖，与盛康合开，嗣于光绪二年，王次沂将股本归并盛绅名下。迨盛绅故后，遗授伊孙盛复颐。本年就近在京报明商部注册。惟王次沂原领部帖遗失，现已具结，另禀详办等情，业已由县给示保护矣(永)"。②

1917年民国政府规定③，当帖是分等级的，详情见下表：

表14-21 **民国全国典当业税费草案表**

等级	帖费(元)	年税(元)
一	600	250
二	500	200
三	400	150
四	300	100
五	200	80
六	150	60
七	100	50
八	50	20

从上表看，当时的当帖有八等，但《草案》上没有说明白这些

① 《申报》11998号1906年9月13日《典当注册保护·苏州》。
② 《申报》12051号1906年11月5日《保护注册典当苏州》。
③ 《典业杂志·全国典当业条例草案》，安徽师范大学馆藏。

等级的划分标准。

典当关门歇业，关系到当地人民生产、生活，所以也要报请官府批准，不得擅自处理。① 从南宋时期，有的地方官员就对此干预："契勘质库户平时开张库店，典质钱物，利息所入，不为不多。才值旱伤岁时，辄以阙钱关闭邀阻，遂致细民急切阙用，无处质当……合行告示，约束施行。"②清代这样的事例就更多了，如山西晋商某在嘉庆某年有请歇业的呈文载："切商山西某县人，携本在治下本城开设某典铺二十余年，本图发荣滋长，渐臻富有，何期办理失宜，每形穷蹙？念自嘉庆十八年间教匪滋事，前任县主垫办军需，勒借制钱四千吊，至今分文未回，此商亏本之原也。后复小旱偏灾，频年喊(减)息，邻封典铺均已规避，抢先停止，阖县内只商一家，民食维艰。停闭，甚以二分有余利息称贷，年终一分五厘回赎，一经赔折，动辄数千。商今春核算账目，本资亏损，实系无力再为经营，为此据情禀恳天恩，俯准歇业，详缴当帖，毋令拖延日久，累及借本，益难为情耳。"这名典商因为当多赎少，资金周转不开，又受到当地地棍的骚扰，向官府申请了好几次。官府考虑到春荒在即，人民需要典当，挽留了好几次，才批准歇业。③

有的告示还催促当户在停当之前赶快来取赎，如有光绪二十三年(1897年)四月初八日安徽婺源县的告示云：

> 兹据安徽婺源县职商江永泰禀称，于光绪二年在东关外开设永泰质铺。旋于光绪十四年领帖，改开当铺。只以近年来生意冷淡，费用浩繁，甚至入不敷出，职商踌躕再四，非沐恩准停歇，实属力难支持。为此粘呈印帖，恳请据情转详，并请给示，以便收歇等情到县。据此除禀批示并据情详缴印帖外，合

---

① 典当可能是诸传统企业中与下层老百姓生活生产最为密切者，同时也最为社会所关注者。

② 《朱熹别集》卷九《约束质库不许关闭等事》，四川教育出版社1996年版。

③ 两条均自《乾隆词录》，刘建民先生藏。

行给示，停当候取。为此示仰阖邑诸色人等知悉，尔等须知该江永泰典铺现已禀缴印帖，停当候取。尔等所当衣物等件，赶紧照章措备钱文，携票取赎。若系月期未满，该典铺不得藉词不交。已满期者，不准留利，亦不得强取。①

平时典当歇业，要报经官府批准，战乱灾荒时期，政府管制就更严厉了。第一次鸦片战争期间，英军进攻上海时，文武官员大多逃走了，城内人心惶惶。一个姓姚的教谕坚持留下来，“公乃出示安民，继又遍历街衢，先命典铺曰：典当，穷民生门也，有闭歇者封之。于是复开。”②姚公只是个教谕，典当开停本不归他管，但在战乱时期，其他官员都跑了，他的话也有效。再如清同治年间，捻军进入河南时，“时正阳县告警，其地当皖捻苗逆之冲，土寇四百余寨，同僚皆视为畏途。(张)桐独慨然往受篆，后悬釜待炊，兵疲饷匮，几不可支。有质库，以四千金，请歇业。桐严拒之，曰：民命阽危，赖典质活耳，宁苦官，毋苦吾民。由是民皆感奋。”③在特别紧张的时期，张桐断然拒绝了典商歇业的申请。

进入民国时期，典当关门歇业仍然要禀告地方政府批准。如在辛亥革命期间，湖口的同福典要关门，便请示政府：

“具报告书：同福典经理人汪钺，窃以开设典铺，贫民转移因之是赖。今觊水灾浩大，市面恐慌尤甚，曩昔典质者几与山荫道上应接不暇，小典为谋公益起见，勉力支持。自武汉起义，各省响应，频闻金融机关为之闭塞，而典质者仍倍于前，赎取者聊聊(寥寥)无几。来往既不流通，敷出复增百倍，资如山积，难保终倾……小典有限资本，受此亏折，野蛮手段，已达极点，如事则法律何在，公理何在？况市面维艰，财政窘困，如此勒索重价，日复一日，小典焉有现款支持？再禁止乡市人等赎当，小典进款绝无，

① 王裕明：《明清徽州典商研究》图版1，人民出版社2012年版。

② (清)曹晟：《夷患备尝记·事略附记》，《丛书集成续编》本，上海书店出版社1994年版，第398页。

③ 王德乾：民国《南皮县志》卷八，民国二十一年铅印本，第944页。

势必朝不保夕，不闭自闭。惟此种种情形，小典若照常交易，彼等相习成风，依然勒索，则小典乃何现款济急，思维再四，事关不了，只得于本月二十四日，先行暂闭，以避其锋，情迫不已，据实申明。”①

民国元年(1912年)，杭州的典当歇业，要报告总商会：“杭垣粥厂业于三月杪截止，而平粜亦开办无期，日谋升斗之徒不能不恃典当为尾闾。各典当为维持贫民生计起见，不能不勉力支持，每日黎明限开二小时，当本限定五百文。不料近数日中，当户异常拥挤，二小时有多至一千数百号者。取赎之户虽百计，招徕百无一二，致成本愈绌，万难支持。二十日上午十时，群集总商会，沥陈困惫不济情状，要求呈报歇业者，几乎全体一致。嗣经各议董一再磋商，佥谓商市岌岌，多数穷民赖此一线生机，设再杜绝其生路，则地方立见糜烂，决拟将商情危迫内容呈明官厅，要求拨借官款以拯民命，不知能邀准许否也。”②这都是民国初年的情况，还在沿用清朝官府的做法。

总之，典当要求歇业关门的时候，往往是战乱灾荒时节，人民只当不赎，典当资金周转不开，因而要求关门歇业。而地方政府考虑到人民的生产生活，总是不批准典当关门，一再要求典当勉力维持。

典当倒闭歇业，不是小事，地方政府有时还要派人去维持秩序：“本城大东门内恒和典当系某绅所开，迄今已十余年。去腊廿八日忽然倒闭，闻亏空有十余万之多。诸人纷纷往赎所质器物，拥挤不堪。黄大令闻信，恐其肇事，立饬差役周陞带伙往该当弹压。”③

江西地方政府还干预典当的营业时间：

---

① 《典业杂志·同福典因兵士强当报告司令部书》，安徽师范大学图书馆藏。

② 《申报》14068号1912年4月22日《杭垣当商之呼吁》。

③ 《申报》8548号1897年2月5日《弹压倒典》。

为晓谕事。照得江右典铺，率多开迟闭早。当兹腊暮，贫民为终岁之计，工忙事迫，或持本取赎，或携物当钱，皆属急需燃眉待济。乃或早或晚，偶非其时，不系未开则系已闭，辄令贫民守候典门，任呼不应，以致拥挤嘈杂，渐滋事端，既非所以便人，亦非所以自便，合即晓谕。为此示仰典户人等知悉，届兹岁暮，质钱赎当之人十倍平时，务宜愈加勤早，量时启闭。不得仍前开迟闭早，致使贫民奔走守候。须知济人即以利己，事属两便，慎勿故违，致干察究。①

这是督促典当延长营业时间，以利当户。大名府的地方官员更有意思："两典本拟二月十三日开门，因总督到大名看兵，县催早开，是以初四日开门。"②因为直隶总督要来大名府视查防务，地方官员便催促典当提前开业，可能是掩盖当地民生的艰难。

向官府领帖纳税的当铺是合法的典当，那些不领帖的小押就是非法的，封建政府是严禁的。这一点在以前章节有所论述，这里不赘述。

① 《西江视臬纪事》卷四《禁典铺开迟闭早》，转引自《清史资料》第三册，第213页。

② 《同治十二年正月恒裕典东伙往来信稿》，刘建民先生藏。

第十五章

中国典当业的历史作用

在我国漫长的封建社会里，农民多以一家一户为生产单位，男耕女织，自给自足，简单商品经济即可满足人们的需求。中国封建社会多数时期商品经济都保持一定的发展，尤其是宋代以后发展更为稳定，处在这种社会经济形态下的典当业，在国民经济中的地位如何，发挥了什么作用呢？这些问题值得我们探索。与其他金融机构相比，典当起源最早，历史最为悠久，也最为历代封建政府及士大夫关注。长期以来，学术界将它作为古代高利贷资本的形态之一，因为对高利贷资本的评价是负面的，故而对典当业的历史作用评价也是如此。自二十世纪九十年代以来，随着典当业研究的深入，学术界对它的评价方有所变化。以下从社会再生产、商业流通、生活消费等三个方面作初步探讨。我们先从历史上士大夫对典当业的认识与评价开始说起。

第一节　宋元以来封建士大夫对典当业评价的两面性

正因为典当业对直接再生产过程作用的这种两面性，所以对于典当业及其经营者——主要是典商，古代士大夫形成了两种截然不同的态度。一种是全面谴责典当业的残酷剥削，有时甚至将典当业予以打击及取缔。北宋李之彦认为："最是不仁之甚者，粜粜一节……又有富贵之家，积谷以邀价，放债以取息，开库以解质，与民争利，不一而足。"①这是将典当与当时那些囤积居奇的粮商、放债的私人高利贷者放在一起进行了谴责，以为乡村中开质库的上三等主户乃"兼并之家"②。明代以后士大夫的思想观念虽有较大变动，一些地方官还是甚至将来本地开典当的客商赶走。如弘治间"江阴汤沐知石门时，徽人至邑货殖，倍取民息，捕之皆散去，阖境称快"，这里说的即是开典当的徽商。

清末《益闻录》记载某一年，"和州一带去岁收成歉薄，民间一岁之资，仰事俯蓄，殊难赡足，以致市上贸易亦甚萧条。年终各店铺收除既毕，将一年开销费用积叠统算，盈余者少，亏折者多，并有耗去本钱无力支持者。惟李源昌典当进出既多，押赎忙碌，年初满盘核计，支去开销外，净余银三万余元，洵属多钱善贾，然乡野贫民之苦于此愈见"。③ 和州遇到灾害，百业萧条，只有这家典当一年赚了三万多元，就说明了典当剥削穷人的问题，同时这也是典当遭人痛恨的一个原因。关于典当的剥削，清代文学家鲁九皋指出："即如今日质肆，其名未尝不以为便民，然吾见朴陋之乡，类多温饱之户，及一有质肆，不数年间遂变为穷乏矣，此民之阴受其害而不觉也。"④对于典当的剥削，有的典当经营者也是承认的，如："王士理，字克瑕，大鳙人。父名稌，在质库营生，存心平恕……父临殁，谓曰：质库所取，皆贫人资。吾向劝主人取息勿

① (宋)李之彦：《东谷随笔》卷一《谋利》。《笔记小说大观　六编》，第1688页。

② (清)徐松：《宋会要辑稿》食货四之二七，中华书局1957年版，第4859页。

③ 《益闻录》1249号《和韵传飞》。

④ (清)王昶：《湖海文传》卷七十《书苏文定公申三省請罢青苗狀后》，道光十七年经训堂刻本。《续修四库全书》第1669册，上海古籍出版社2013年版，第258页。

重，藏质物必谨，犹日惴惴然，恐伤阴骘。汝训子孙，非耕则读，必勿服贾。理恪遵遗命。”①王士理的父亲是一位典当的经营者，因为意识到典当存在着残酷的剥削，所以内心常不安，告诫儿子不可经商。

但对于典当业的必要性及其积极作用，至少明清时代的士大夫们是清楚地认识到了，如上所述，对于弘治年间汤沐驱赶徽州典商一事，生活于清初的作者焦袁熹评论道：“徽人挟丹圭之术，析秋毫之利，使人甘其饵而不知。日以朘，月以削，客日益富，土著者日益贫，岂惟石门一邑而已，盖所至皆然也。使夫长民者，尽若汤侯之深计远思，凡为蠹贼于民间者，务尽去之，其德不亦溥乎？虽然，在今日则又有可论者。徽人所为货殖者，典铺也土著之人既贫甚矣，无典铺则称贷之路穷，而沟壑之患，不在异日而在目前。孰与彼之取什一二之息者，犹有所济，而不至大困乎？”。② 这里一方面肯定了汤沐作为地方官为民除害的政治理念，但又主张对于典当不能过分打击，因为所在地民穷，是不可能离开典当铺的。明后期，《杭州府志》评价言：“乡中富室以母钱贷人，循例者固多，而越分贪取之辈亦往往有之，然缓急获济，民不甚病。当是时，乡多富民，有司有大征输，咄嗟立办。三十年前涖事者，或以富民专利，广开告讦，小民望风群起，而富室多有不能自保者矣。驯至于今，富者闭帑不敢应贷，穷氓则借贷无所而饥疲，一遇凶年，坐以待毙。又况无名之征日多，催科之限太急，田庐之质当无主，卯下之敲朴甚严，贫者生业已尽，去为人仆，富家鬻产十室而九，由是四境之利归于当铺……嗟乎！富商坐享厚利，杭民屡受剥肤之灾，可为太息。”③由此可见，府志作者是极力反对官府对本地私人高利贷者，即“乡中富室”加以打击的，因为农民交赋税需要借贷。后

---

① 葛韵芬：民国《重修婺源县志》卷三十二，民国十四年刻本，第 2266 页。

② （清）焦袁熹：《此木轩杂著》卷八。《明代社会经济史料选编》中，福建人民出版社 1980 年版，第 319 页。

③ （明）陈善：万历《杭州府志》卷一九《风俗》，成文出版社据万历七年刊本影印第 165 页。

来官府“广开告讦”，加以打击，富室不能自保，不敢放贷，“穷氓”只得从当铺那里借贷，故而“四境之利归于当铺”，而“富商坐享厚利”。这里应该是反映了某种对于外地商人“客商”的某种不信任，并未对当铺的作用做具体评价。但从对本地富室借贷的肯定来看，作者应该是肯定典当业的，对于典当在当地社会经济及生活中的积极作用。在明代的福建省寿宁县：“民间以物付质，虽越数年，尚欲问取，故绝无质库。皆券于相熟亲戚之家，利最重，约二年，一倍所质。亦多谷，不皆银。”①这里没有典当，人民如果有困难花钱，就找亲戚朋友，条件比典当还苛刻，还不如有典当的好。这正反映了典当虽然是一个剥削机构，但又适合于小生产的特性。明人宋诩从道德上也进行了评价，他说：“积贷一事，岂以为蕴利而生孽？然今朝廷无禁，而取息有定制也。必明白保见、文券有征、洞知诚实信行之辈，公取而公与之，固无害于义者。惟不宜抑配、抑勒，或为羊羔利而烦扰耳。至于影质以求息，虽有衒鬻之劳，是亦今人之庙算也。”②这里指出：对于那些利率不是那么高昂，而且借贷手续也比较正规，没有强制性的借贷，是“无害于义”的，至于那种“影质以求息”的行为，即经营典当业，也是一种正当的谋利行为。这三段论述似乎表述一种比较中性的意见。

有些士大夫则完全给予正面的评价，如明代方采山更明确地将所谓质库、典当定性为“穷人的筦库”，他说：“质铺未可议逐也。小民旦夕有缓急，上既不能赉之，其邻里乡党能助一臂力者，几何人哉？当窘迫之中，随其家之所有，抱而趣质焉，可以立办，可以亡求人。则质铺者，穷民之筦库也，可无议逐矣。”③嘉庆《重修泰兴县志》的作者更拔高了一点，称典当为“便民”的机关，他说：“质库，邑内五城门及各镇皆有，虽息权子母，实亦便民。曩多新

① (明)冯梦龙：《寿宁县志·寿宁待志上》，福建人民出版社1983年版，第56页。

② (明)宋诩：《宋氏家要部》卷之三《贷帖·以物为质曰帖》。据明刻本缩印，北京图书馆古籍珍本丛刊第61册，书目文献出版社1988年版。

③ (明)顾起元：《客座赘语》卷五《三宜恤》，《历代笔记小说大观丛刊》，上海古籍出版社2012年版，第108-109页。

安贾人为之，近则半出靖邑，亦有土著开设者。”①

清代，可以举出两个实例，发现在其位谋其政的官员更从具体施政中肯定了典当业对于中下层民众生活的必要性。其一，咸丰初年，太平军北伐到北京附近时，京城的当铺都不敢开门，王茂荫呈现了典当经营对于北京居民生活的意义：“典铺多不肯当，即有当者，亦不过略应门面，百千之物不能出入十千，以致贫民益难为谋。应请并令各典铺财东设法如常应当，不可关闭，则贫者尚有转移。”②其二，在清后期的正定县：“颜受采，真定府人，贫而仗义。村中有当铺，系山西人所开。时有地棍私铸钱事犯，诬与当铺通，亦见其孤立，欲诈财以为己援耳。因而官吏垂涎，百般凌逼。西人叹曰：吾势孤，有口难辩，但领财主资本，肯轻费乎？惟有死而已。采闻而悯之，约乡邻数百人环跪公庭，泣保当铺实不知情。官不能违公道，遂释放。西人之财主重其义，遂以女妻其子，陪奁资千金，从此至富。”③这么多的乡民向官府请愿，力保这家当铺。从反面说明了在府县及市镇当铺经营对当地居民生产生活的重要性。

清代后期，有人筹措小额放款，以图救济城市肩挑步担之小商小贩，指出：“现在失业穷民比比皆是，若辈有耳目手足，皆能肩挑贸易营生糊口，所苦者乏本耳。而其本又不在多也，所少者三千、二千耳。有三千、二千文，便可自糊其口，并可赡养其家。而借贷无人，束手坐困，久之渐流为丐，运耶，命耶，亦人事有未至也？兹据倡一借本营生局，或独力承当，或集众公办。许附近失业穷民觅保来局，借钱若干(少则数百，多不过三千)。每借钱一百缴利半文，惟须每日将本钱或存货呈缴取信，以察诚伪。人不论异乡土著，但有保人即准借给。此中可扶植多少穷民，虽取利而不失

① (清)凌址等：嘉庆《重修泰兴县志》卷六《风俗》，清刻本，第966页。

② (清)王茂荫：《请饬账局不得收本，当铺须如常应当以安民生》。转引自《中国近代货币史资料》第一辑第二章《太平天国革命冲击下清政府搜刮人民的币制措施》，中华书局1964年版，第388页。

③ (清)贾孝彰：光绪《正定县志·卷末·祸福自求录》，光绪元年刻本，第1826-1827页。

为方便者，惟有心人早图之。湖北李某，家小康，尝以钱数百千出借，其借法只准借肩挑贸易之人，但有人作保即借之。钱不过二千，每借一千每日缴大钱十一文，或十日并缴钱一百十文，以百日为缴清。或每日缴大钱十文，以百二十日为止亦可。惟不准稍欠，如实在亏本或病不能做活者，另出期票而缓其利。一时因借谋生者甚众，久之得利甚厚。有忌之者以重利盘剥告于官，官拘李至，李屈于法而无词。未几，署外大哗，询之，则有数百人各肩扁担呼冤。官大讶，问故，则皆曰：我等穷人，步担肩挑为活，欲借小本作营生，无人肯借。若非李先生借钱，我等何以养家糊口？每日出利，我等自愿。今反以害李先生，我等何安？有罪，我等请同当之，毋令李先生独受苦也。官得其情，立即开释而斥讦告者，众人始散。后李公家财顿发，而扁担之名由是传为佳话云。”①余治是从慈善角度肯定的这种小额放款对城市贫民那些肩挑步贩之人的重要性，但实际上，这种模仿印子钱的放示办法，还是以商业的手段来完成慈善目标的。著名的扬州因利局的借贷也是如此经营并发挥其贫民金融的作用的。② 对于这种小额放款的评价实际上也适合于典当的放贷。

第二节 典当业与社会再生产

我国封建社会是农业社会，农业由于资本有机构成比较低，受自然条件影响大，所以其利润率也比较低。早在二千多年以前，历史学家司马迁在《史记·货殖列传》里就指出了这一点：“用贫求富，农不如工，工不如商，刺绣纹不如倚市门。”③他虽然没有明言农业的利润率低，但却说要致富，投资农业不如投资工业，投资工

---

① （清）余治：《得一录》卷十四《借资作本说》，《官箴书集成》第 8 册，黄山书社 1998 年版，第 694 页。

② 《江苏省例四编》《计发章程·光绪七年九月十四日·扬州因利局借钱章程》。

③ （汉）司马迁：《史记》卷一百二十九《货殖列传》，中华书局 1982 年版，第 3944 页。

业不如投资商业，已经暗示出农业的利率比较低了。正因为如此，所以社会上的大资本所有者都不愿意向农业投资。司马迁列举了很多发财致富的大商人，投资农业的却很少，就说明了这一问题。这就造成了农业的资金短缺，融资困难。之所以如此，除了当时科技暨生产力水平制约之外，主要是因为小农生产方式规模狭小，对自然灾害及市场风险的抵御能力很差，极易陷入危机，不能偿还，故而对农村、农民的放贷风险大、成本高。

这一问题存在于整个中国古代，到了封建社会后期，工商业有了长足发展，资本主义萌芽开始出现，投资渠道增加了，但农业、农民的资金短缺并未有太大改善，近代甚至演变成一个严重的社会问题，有时还有“农村金融枯竭”之说。

封建政府也意识到这个问题，采取过一些措施。据《周礼》记载，当时政府有一个部门名“泉府”，其职能之一就是向人民放贷：“凡民之贷者，与其有司辨而授之，以国服为之息。”其大意是：泉府，掌以“征布”，收购市场滞货，平价卖给顾客……如果民众因祭祀、丧纪缺用也可赊买，但不能超过旬日和三个月的期限；如果民众想借贷，也可会同借贷者所在官司，分别种类授予，“以国服为之息”。这段记载的关键是对“以国服为之息”的解释，历代聚讼纷纭，异说并出，明儒丘濬的说法似更合理一些。他认为“以国服为之息”，是“不以钱而以力焉”，即“偿本之后，以服役公家为息。服……供服役之服也”。① 这可能是政府向人民放债取息的最早的记载，虽然不一定可靠，但宋代还有人引用，“《周官》有贷民之法，取之于道，于理无嫌”。② 后来务实的政治家提出了向农民放贷的设想，如宋代的改革家王安石的改革措施里就有一项“青苗法”，即在春天青黄不接的时候，由政府向农民发放贷款，秋天再

---

① （明）丘濬：《大学衍义补》卷二五《制国用 · 市籴之令》。上海书店出版社 2012 年版，第 2209 页。按：《周礼》一书，学术界一般认为成书于战国年代，但如此完备的制度设计，也有可能是吸收了战国以前各代流传下来的材料。

② （清）徐松：《宋会要辑稿》食货四之二十七，中华书局 1957 年版，第 4859 页。

回收，并收取20%的利息。青苗法后来因直接由官吏经营，经营成本太高、加重政府及农民负担而作罢。

实际上青苗法来源于国家自汉代创立的常平仓法，后代王朝相继实行过义仓、社仓，明代有预备仓，这些仓法在赈灾、平抑物价等方面确实发挥了一定的作用；此外，在灾荒时节，朝廷及各级地方政府也采取了借贷、赈济等方面的措施。所有这些均具有一定的补助农民生产、满足农民生产资金需求的意义。但因为数量实在有限，且多在官吏操控之下，难免克扣、勒索、中途来往花费等，故而其所能发挥的作用很有限。

这种情况下，应生产者、商人对资金的需求，私人高利贷资本便出现了。至少从战国秦汉时代开始，私人高利贷资本便相当兴盛，而经营主体除私人家庭外，组织化的高利贷资本——质库、典当便兴起来了。

典当放贷方式灵活多样，放款数额可大可小，放贷网点深入城乡各地，这对农民生产、生活是十分适合的。故而在两千多年的历史中，典当可能是设立数量最多、也最深入农村的金融机构。

历史上的农民以一家一户为生产单位，生产条件极其低下，一旦遇到天灾人祸，租税无着、生活缺乏，是需要经常借贷的，当然生产性的借贷也相当常见。这在宋代以来的文献中便已常见，这里举一些与农业生产直接相关的实例，如北宋苏轼记载："又缘春夏之交，雨水调匀，浙人喜于丰岁，家家典卖，举债出息以事田作，车水筑圩，高下殆遍。计本已重，指日待熟，而淫雨风涛一举害之。"①这是指春耕时农民的借贷，没有直接说到质库，但应是包括其中的。南宋陈造诗云："泼袴不容脱，鸟语徒殷勤。输租质农器，有袴那新解。官中催科吏如虎，告时趣耕尔能许。即今春种未入田，安得县胥知愧汝？"②这是说农民要春耕了，缺乏资金，但也

① （宋）苏轼：《苏轼文集》卷三一《奏浙西灾伤第一状》，中华书局1986年版，第884页。

② （宋）陈造：《江湖长翁集》卷七《布谷吟》，《文渊阁四库全书》第1166册，第81页。

不能当了裤子，只好拿农具去典当。另外，农民如果雇工，也会把典当的钱用来开工钱，南宋“绍熙二年春，金溪民吴廿九将种稻，从其母假所著皂绨袍，曰：明日插秧，要典钱与雇夫工食费”。[①]

明清时期这种资金供需关系仍然稳定，明代姚文灏记载：“佣户贫下，至东作时，质举以备种粮，其势无余力以及畚臿之工。”[②]清代王有光言：“夫佃农岂有两口两腹两肠胃，而称横饱乎？自春徂秋，买牛购种，办壅工作，曰借曰赊曰质当，每食不下咽也，何以能饱乎？”[③]这里第一例是“质举”钱物以准备种子。后一例则指出了佃农因为直接的生产资金包括买牛、购种子而遇到的三种融资渠道，质当是其中之一。清乾隆时，“己卯，户部议准，云南巡抚张允随疏称……云南省山多田少，秋收纳粮而外，盖藏有限。春夏之交，籽种牛工，在在拮据，非典质输将，即借贷完纳。即至稻谷登场，拮据仍所不免”。[④] 这是说云南农民典当以购种、雇牛；还有专门为了购买耕牛而典当衣物的，如乾隆时代有歌谣《买牛歌》：“去年卖牛不得主，今年买牛无处所。大家脱却袄与裤，打包入城付质库。得钱不敢籴米归，急向江南买牛去。”[⑤]

随着这种借贷的发展，典当铺的资金放贷与农民的农业生产、家庭手工业生产形成了某种性质的资金链，如乾隆十三年(1748年)，“两广总督策楞覆奏，各省经办常平，未免心怀欲速，不计年岁价值，严限催督。而不肖有司，甚或扣价勒派……一在禁止质当。贫农耕作之际，家中所有，靡不在质库之中。待至秋成，逐件

① (宋)洪迈：《夷坚支丁》卷四《吴廿九》，中华书局1981年版，第997页。

② (明)姚文灏：《浙西水利书》卷上《范文穆公水利图序》，《文渊阁四库全书》第576册，第99页。

③ (清)王有光：《吴下谚联》卷一《横饱六十日》，中华书局1982年版(与乡言解颐合刊)，第21页。

④ 《清高宗实录》卷一百十四，乾隆五年四月己卯，中华书局1986年版，第674页。

⑤ (清)金兆燕：《棕亭诗钞》卷十七《买牛歌》，清嘉庆赠云轩刻本。

清理，御冬之具，更所必需。每以食米转换寒衣，交春又以寒衣易谷”。① 可见，广东地区农民春耕之际为了生产资金，家中这点衣服、农具之类都抵押在典当铺中。江南地区也是如此，在常州府无锡县，清代前期，“常郡五邑，惟吾邑不种草棉，而棉布之利独盛于吾邑，为他邑所莫及。乡民食于田者，惟冬三月。及还租已毕，则以所余米舂臼而置于囷，归典库以易质衣。春月则合户纺织，以布易米而食，家无余粒也。及五月田事迫，则又取冬衣易所质米归，俗谓之种田饭米。及秋稍有雨泽，则机杼声又遍村落，抱布贸米以食矣”。②

这一记载反映了以下几个方面的问题：一是不仅农业生产，而且家庭手工业——棉纺织的生产在相对经济比较发达的苏、常地区，均依赖典当融通资金。二是这种典当铺的资金放贷与农民的农业家庭再生产形成了某种性质的资金链，如五月春耕时以冬衣在典库借贷资金完成生产，至秋，稻子收割，为了过冬，乃以米将典质的冬衣赎回来。有了这样的资金渠道，无锡农民的再生产包括手工业、农业均有了资金的基本保障。陶煦甚至发现，江南一些地方的典当中堆积着农户交来的这类抵押物品，仓库容纳不下了，他说：

> 余尝周历远近村落，窃观夫老稚勤动(劬)，男妇况瘁，三时无论矣。其在暇日，或捆屦，或绹索，或赁舂，或佣贩，或撷野蔬以市，或拾人畜之遗以粪壅。都计十室之邑，鲜一二游手也，亦极治生之事矣。而服食日用窭贫，空乏日以甚，终岁不能支一家，遑问盖藏哉？疏布之衣，而补缀不完也；庳陋之室，而什器不具也。质锄耰以待耕耨之需，典絮葛而迟寒暑之赎，户牖床褥筥筐之属，胥足为缓急非常之应，质库物溢，

---

① 《清高宗实录》卷三百十一，乾隆十三年三月癸丑，中华书局 1986 年版，第 95-96 页。

② （清）黄尧咨：《锡金识小录》卷一《力作之利》，成文出版社有限公司 1983 年版，第 52-53 页。

至不能容。呜呼！此何为哉？吴中之田，十九与绅富共有之也。①

这种资金链直至清末都是延续的。如在宝山，有记载云：

宝山僻处海滨，不遇飓风，当海潮汹涌时，常遭水患。地本瘠，民本贫，温饱之家颇少，即丰岁亦鲜盖藏，其地宜棉不宜稻，稻者仅百之一二，所靠惟棉。今岁七月内叠遭两次飓风，稻棉已损□半……往年除耕种之外，犹堪纺织。加以今岁布价大贱，备食用工本毫无利益，所以夏天凑资耕种，将棉被裤袄等当在典中，大望丰收取赎，迄今做一场空梦。②

这是清末的情况，说明了棉农在夏天为了耕种典当衣服的事实。应该指出的是：这里说的虽然只是宝山，应该也反映了整个松江地区的情况。

这种资金借贷，有时即使利率高一点，也是为农民所能承受的。如在清代前中期的山东登州府农村，有一种规模很小的"乡典"，虽然规模极小，利率也高，但开在乡村，借偿方便，为农民熟悉，故而虽利率较高，达三分，但仍受农民欢迎。后来经商得利回来的商人所开规模较大之典，虽然利率较低，改成了二分，但因为开在较大城镇，来往不便，不收农民那粗笨的农具之类的抵押品，日期又苛刻一些，故反而不受农民欢迎。有记载云：在山东文登地区，"文之地滨海，地瘠民贫，力田多而逐末少，所赖以适用者惟典肆而已。百年以前，文、荣尚属一县，其时典肆不下二百，凡乡里小有之家，有闲舍二区、识字一人，则于其家开设小当，赀本二、三、四、五百千不等，未有及仟钱者……请帖之费四两，缴者半之，岁纳税银五两，贫衣一两件。衙署毫无需索，隶役绝不登

① 陶煦：《租核》。转引自李文治《中国近代农业史资料》，三联书店1957年版，第911页。

② 《申报》3826号1883年12月5日《宝山水灾求赈启》。

门。三分行息，冬腊正三月减息一分。人情质朴，乡民无绮罗之衣、裙钗之饰。春初开市，先将男女改岁布衣质钱，以治田器。天道日燠，布被棉袄拆洗洁净，败装敝囊，及穷袴袜履之未着者，俱可质钱。无不可当之物，惟无丝衣，首饰间有之，值亦不昂。麦秋将至，商无余钱，民无遗衣。麦一登场，司簿人扃户归田，遇婚丧等事，持票来取，始一启户，余则常扃而已。通计国税几及千金，利民如左右手。利国便民，莫此为甚也。”①从材料中可以看出，这是典型的针对农民的小型典当，作者详细论述了它们的经营方式、存在理由及其活动生态，充分肯定了它们的意义。

除一般粮、林生产之外，宋代以来一个重要的、长期的经济表现是棉花种植的推广及蚕桑种植、养殖的区域化，还有各种经济作物如烟叶、水果、甘蔗、茶叶等的种植推广，随之其资金需求也更大了。这种经济作物种植，很多时候采取商业信用的办法，即从相关贩卖商人那里预领资金，完成生产，收成之后以产品偿付贷款；也有采用直接借贷的办法满足资金需要。而有意思的是种养桑蚕与典当关系似乎最为密切，值得我们注意。宋代东南蚕桑区“今人多不先计料，至阙叶则典质贸鬻之，无所不至，苦于蚕受饥馁，虽费资产不敢惜也。纵或得之，已不偿所费。且狼藉损坏，枉损物命多矣”。② 这是为了养蚕而典当。明代也有这种现象：“育蚕作茧岂徒手博者？饔餐器具皆从质贷，而终岁辛勤，头昏眼白，迨丝缫成，谓卒岁公私取偿，丝市之利，不得独啬。”③顾炎武也指出：“崇邑田地相埒，故田收仅支民间八个月之食，其余月类易米以供。公私仰给，惟蚕息是赖，故蚕务最重。凡借贷契券，必期蚕毕相偿。即

① （清）李祖年：光绪《文登县志》卷三下《邑人林培玠记典肆始末》1976年版，第240页。成文出版社有限公司。按：这其实也是我们考察高利贷资本历史意义时必须特别注意的一个问题，即不能单纯从利率高低来断定某类借贷是否应该肯定，而要结合再生产及商品流通的具体情况加以分析。

② （宋）陈旉：《农书》卷下《收蚕种之法第二》，农业出版社1965年版，第57页。

③ （明）靳一派：万历《崇德县志》卷二《物产论》，转引自孙健《明清商业资本的发展及其历史作用》，《人文杂志》1988年第2期。

冬间官赋，起征数多，不敢卖米以输，恐日后米价腾跃耳。大约以米从当铺质银，候蚕毕加息取赎。然当铺中持衡搭色，庾囷狼籍，一出一入，子钱外不止耗去加一矣。”①以上所举三例均指明了蚕桑生产与借贷、典当的关系，与上述粮食生产相比，这种资金供求关系也走向稳定化。

此种状况，至清代仍是如此，如乾隆时，杭州府一些地方，“育蚕必先植桑，五月间，收大桑葚水淘之，少晒，撒于肥土，来春约茁三、四寸，曰桑乌，起而宽栽之……养蚕家叶如不敷，往往贷钱买叶，奔走不遑，贫者至典衣鬻钗以济之，丝设欠收，反成负欠，何以赎之，叶少则价日昂，十年中约有二、三，与其攒钱买叶，曷若垦地植桑。”②说明在这种桑蚕生产地区，有专门的桑叶生产者，故而小农家庭养蚕时，如叶不够，则需借贷典质买之。还有一则故事，说的也是这类现象：“乾隆丁丑年(二十二年)，海宁农人入城贸丝，得数十金。见天意欲雨，诣富家桥侧伞店买雨具，遗袱包而去。店主某开视，粲然白镪也，大喜藏匿之……少顷，其人回，向某哀恳曰：我所遗丝银，系揭债典衣拮据养蚕而得者。今年收成歉薄，所余无几，失之，则债主逼迫犹可求缓，家中数口嗷嗷，势将就毙，务祈赐还。店主赖之，其人痛哭而去。”③一直到清代后期，这种资金融通关系仍然持续：“《西吴蚕略》云：如值桑叶涌贵，典衣鬻钗，不遗余力；蚕或不旺，辄忘餐废寝……贷钱，蚕时贫者贷钱于富室，至蚕毕，每千钱偿息百文，谓之加一钱……又有无门可贷者，鬻钗质衣，典铺拥挤，至昏不得合户。农家举室终岁勤动，徒为富家作牛马。每至衣食不给，殊可叹也。”④

质库、典当与农业、家庭手工业再生产、农民生活的密切关系

---

① (清)顾炎武：《天下郡国利病书》第二十二册《浙江下》，上海古籍出版社2012年版，第2401页。

② (清)蒋光弼：嘉庆《于潜县志》卷十《食货》，清刻本，第1124页。

③ (清)俞起：《见闻近录》卷三，转引自彭泽益《中国近代手工业史资料》第一卷，中华书局1962年版，第219页。

④ (清)丁宝书等：《同治长兴县志》卷八，成文出版社有限公司1983年版，第699页。

也引起了历代士大夫、诗人的注意，他们从关切民生的角度，撰写了大量诗歌描述这种借贷关系，现将所见资料做表如下。由此可见典当业与农业、农民关系密切之一斑。

表 15-1 历代与典当相关的农事诗一览表

编号	朝代	作者	典当诗句	出　处
1	宋	文同	质钱解衣服，买丝添上轴	《丹渊集》卷三《织妇怨》
2	宋	释惠洪	邻家饭早占，我方质袍袴	《石门文字禅》卷五《示阿慈》
3	宋	陈造	输租质农器，有袴那新解	《江湖长翁集》卷七《布谷吟》
4	宋	戴复古	丝未落车图赎典	《石屏诗体》卷一《织妇叹》
5	明	熊人霖	更喜天稍暄，絮衣聊可质。一以修耒耜，一以偿佣值	《操缦草》卷五《田家》
6	明	王臬	脱布袴，年年典当，还逋负。今年寸缕未遮身，乡胥预拟机中布	《迟庵先生集·诗集》卷三《六禽言》
7	清	惠周惕	东邻质库仓囷富，持筹握算凭少年。狐裘茸茸坐锦褥，推论子母操其权。开缄取视忽大笑，如此衣襦那直钱	《砚溪先生集·红豆集》《典衣》
8	清	金兆燕	去年卖牛不得主，今年买牛无处所。大家脱却袄与裤，打包入城付质库。得钱不敢籴米归，急向江南买牛去	《棕亭诗钞》卷十七《买牛歌》
9	清	孙原湘	黑夜担归双泪流，明朝破衣入质库，不足还须脱布裤	《天真阁集》卷三《太守来》
10	清	吴仰贤	典衣买叶已可哀，城中质库今成灰。桑巅小鸟不省事，犹唤脱却布裤來	《小匏庵诗存》卷五《蚕词》

续表

编号	朝代	作者	典当诗句	出　处
11	清	查揆	质库多知穷姓氏，酒人相尚古衣冠	《篔穀诗文钞·诗钞》卷十二《频迦约明春访予龙山喜而赋比》
12	清	丁宿章	购此诚非易，多由质库钱。常典衣买书，买书诚善矣	《湖北诗征传略》卷二十《陈瑞林藏书示舍弟》
13	清	董元度	耒耜高悬农事歇，典尽衣襦供粥歠……今朝借得邻妇裙，且从质库输官银	《旧雨草堂诗》卷一《苦旱行》
14	清	董蠡舟	笥里寒衣典无剩	《南浔镇志》卷二一《贷钱》
15	清	董蠡舟	典去布襦几时赎	《南浔镇志》卷二二《卖丝》
16	清	周庆云	先教典却旧棉衣	《南浔志》卷三十《浔溪竹枝词》
17	清	程其钰	半拟偿私债，半拟输官赋	《嘉定县志》卷八《棉花祷福歌》
18	清末	周馥	典衣买饼培田腴，无衣或且借衣典	《建德县志》卷十九《述农村苦况》
19	清	许旦复	质衣炊米泛舟济	《南浔志》卷三十三《除夕杂咏·饯岁》
20	清末	黄遵宪	旧时典衣库，烂漫堆人衣。今日将衣质，库主知是谁	《人境庐诗草》卷一《送女弟》

由此表可见，历朝历代典当业与农民生产生活的关系都是相当密切的，但必须说明的是，典当的顾客中当然主要角色是农民、手工业者，对他们的放贷，说明向农业、手工业投入了资金。

如果说商人利用典当抵押放款主要是为了扩大资力、囤积货物、谋取利润的话，东南地区农民也模仿此种抵押方式，则是利用典当的抵押存储功能来避开春秋农产品价格的大起大落，并且得到一些货币资金用于春耕。明代万历浙江秀水县，“十月治谷米输租……迩来富商设米典，佃农将上米质银，别以下中者抵租”。① 此处农民将米质于当铺，似是欲在春夏粮价上涨时，赎出谷来粜卖谋利。清代以后，这种借贷更为普遍和深入，在嘉湖二府属县“每年新谷登场，凡有田之家，以及佃户小农，一时若有缓急，皆将所收之米，随其多寡，当银用度。次年蚕麦成熟，新稻未收之前赎回，以济口食，较之现买，米价干贱，人以为便”。② 在广东，乾隆时“贫民耕种之际，家中所有靡不在质库之中，待至秋成，逐件清理……每以食米转换寒衣，交春又以寒衣易谷”。③ 这里，嘉湖二府例中借贷资本及避免价格风险的目的是很明显的，而广东例似乎仅仅是为了春耕而借款于典当铺，但实际上可能也免不了有避险的意义蕴涵其中。后来两广总督策楞所上奏折就具体分析了广东农民进行米谷质当的避险机制。典当在这一侧面所发挥的作用，无疑应该是积极的。

乾隆年间朝廷及各级地方官府曾讨论禁止这种质押行为，但江浙、广东地方官员则予以反对，他们主张，如果商人的大额囤积可禁的话，小农家庭的小额典当借贷则不能禁止，因为对农民而言，米麦收获时质当，青黄不接时取出；蚕丝生产者在价贱时质当，价格合适时赎出再售，均可避开价格的大起大落，甚至可能增加收入，谋取利润，以减轻商业资本、高利贷资本的剥削。④ 如浙江布政使唐绥祖上奏：“惟是杭嘉湖民以养蚕为事，官粮及一切日用皆藉此立办。间遇丝客未至，需用孔亟，向典质银，价长赎回另售，起息甚微。倘禁质当，富者尚可待价，贫者当新丝初出，正值长官

---

① (明)李培：万历《秀水县志》卷一《风俗》，成文出版社 1970 年版，第 90 页。

② 《雍正硃批谕旨》第 41 册，雍正六年七月六日李卫奏。

③ 《清高宗实录》卷三一一乾隆十三年三月癸丑，中华书局 1986 年版，第 103 页。

④ 范金民先生在论述明清江南地区金融市场时，对这种商业金融行为作了分析。他指出：“典当这一原始金融市场成为广大贫困小民赖以维生的最后的资金来源，它随时随地与广大小农有着紧密联系。”见范金民《明清江南商业的发展》，南京大学出版社 1998 年版。

税粮追呼，奸牙短估，售则亏本，留则无措。是欲禁囤积而牙当反得遂其居奇。臣请除大贾囤积仍实力查禁外，如有在数十斤以内，照当衣物例，分别多寡行息，庶商民两便。”①浙江巡抚方观承也认为，“蚕丝之新出者价必贱，故亦以典当为待价缓售之计”，主张“嗣后定限米在十石以上，丝在十斤以下，仍准民间典当”。② 两广总督策楞所言似乎也是此意。策楞言：“贫农耕作之际，家中所有，靡不在质库之中，待至秋成，逐件清理，御冬之具，更所必需，每以食米转换寒衣，交春又以寒衣易谷。年来官之查察颇密，当商恐蹈囤积之愆，遇有米粮，已不愿抵当，近又有囤当米谷之禁，于是穷民不得不卖米以赎当，青黄不接，又不得不买米以救饥。向者出入于当铺，每石不过钱许之利，今则买米必须现银，买价与卖价相较，每石多至六七钱，少亦三四钱。”③

可见，典当对这些农民、手工业者的放贷，对其再生产无疑是必须的，也发挥了相当大的积极作用。但这种历史的经济的必要性却是通过残酷的剥削来实现的，典当作为传统时代的金融机构，虽然与一般私债相比，利率要稳定一些、低一些，但典当业的利率剥削性质仍然是很重的。不仅如此，许多典当还违背法律及一般民间习惯，收取超额利润及采用各种额外的、苛刻的手段巧取重利。如因为有五日过后便取一个月利钱的制度，一些典当便拖延时日，以便五日过后，多取一个月的息；还任意处理甚至吞并、盗换抵押物品；在钱币、银两等通货使用、称量方面任意刁难，使典质者大吃暗亏等。典当业对再生产过程的积极作用也就因此受到损害，而且，典当的放贷虽然零星，没有时间、数额等方面的限制，本利清偿也较为灵活，比较适合于小生产者的需要，然而典当毕竟还需要足值的当物，这从相当大的程度上阻止了一些家内赤贫、不能提供

---

① 《清史列传》卷二二《唐绥祖传》。

② 方观承：《方恪敏公奏议》卷二《请分别示禁民间当米当丝》《近代中国史料丛刊》第11辑，文海出版社1973年版，第138页。

③ 《大清高宗纯皇帝实录》卷之三百十一，乾隆十三年三月癸丑，中华书局1986年版，第95-96页。

足值当物的人进入典当；或者即使千凑百集，甚至借人物品前来抵借，也很难取得足额的贷款。

如果再加上商业资本所掀起的价格风险，其对再生产的冲击更加严重，清代李象昆分析言："其百石谷之田，饭黄犊、置锄耰，灰草苓通，所费不赀。耕耨收获，均倩人力，势不得不贱售。及春间力作，借银粜谷，借谷种田。谷之息借二还三，银息不过二分，而谷贵借银以籴谷，谷贱粜谷以偿银。转移之间，其失自倍，于是种田之家病。租入既多，兴场筑，厌酒肉，市布帛，负其力者得其食，出所有易所无，谷贱则无所取偿矣。于是佣工、质作、商贾亦病。"①农民借银籴谷的时候，正是谷贵的时候；而农民粜谷还银的时候，正是谷贱的时候，高利贷者利用农产品的季节性，无形中实现了对农民的残酷剥削。②

而手工业者也与农民的处境相似，因为二者常常是一体的，实际上是农民经济的重要组成部分。如清代中期江南一些地方这类记载是常见的，如有董蠡舟卖丝诗云："相逢南舍足谷翁，亦为贸丝来市中。向予摇手呼莫莫，留待明年高价鬻。深感翁言良不诬，其奈霹雳飞县符。打门胥吏豺狼如，不尔何以输官租？况复私债递相促，二者兼偿犹不足。典去布襦几时赎，袒露两尻跣双足。三旬劳劳睡不足，哪得一丝身上着？"③这些养蚕缫丝的农户要卖丝的时候，却是丝价最低的时候，但丝户为了还债，只好贱价卖掉，无形之中受到残酷的剥削。这种借贷有时能维持再生产，但其利润水平便相当菲薄了。清代杨履祥曾总结分析此类家庭手工业在借贷原料以后的利润率与不用借贷的情况下的利润率差别，他指出：

男耕女织，农家本务。况在本地，家家织纴。其有手段出

① 《清朝经世文编》卷四三李象鹍《平价禁囤议》，自《中国近代农业史资料》第一辑第89页。

② 这里没有直接分析典当业，典当与一般借贷乃至商业资本的作用是一样的。

③ （清）汪曰桢：《南浔镇志》卷二二，《续修四库全书》第717册，上海古籍出版社1996年版，第386-387页。

众，夙夜赶趁者，不可料，酌其常规：妇人二名每年织绢一百二十匹，每绢一两平价一钱，计得价一百二十两。除应用经丝七百两，该价五十两；纬丝五百两，该价二十七两；□丝钱家伙、线腊五两，妇人口食十两，共九十两数，实有三十两息；若自己蚕丝利尚有浮，其为当织无疑也。但无顿本，则当丝起加一之息，绢钱则银水差加一之色，此外又有鼠窃之弊，又甚难于稽考者。若家有织妇，织与不织总要吃饭，不算工食，自然有赢。日进分文，亦作家至计。①

这里所谓"当丝"还不敢肯定便与典当业直接相关，但也能说明通过借贷典当完成再生产之后，农民家庭手工业利润菲薄的现实。

总之，典当业毕竟还属于高利贷资本的一个组成部分，它对生产者的剥削还是相当沉重的，对小农小手工业者的生产生活的负面作用是很严重的，而这与封建政府社会稳定的政策目标是相违背的。故而，相对于其他金融机构而言，政府对于典当经营的干预也是最为严厉的，从利率的平抑、各种业务的微观限制，可以说是无所不用其极。这种干预还是发挥了相当大的积极作用的，对于典当业的生产性借贷的利率发挥了一定的平抑作用，故而有利于生产性借贷积极作用的发挥。

第三节　历代典当业与商业经营

中国封建社会主要是自给自足的自然经济，但商品经济总是保持一定程度的发展。宋代以后，商品经济更得到比较持续的发展，尤其是明中叶以后，中国商品经济进入一个新的阶段。在长途贩运得到发展、专业化商人集团形成、生产方式有了新发展的前提下，商人经营过程中的资金问题也尖锐地提出来了。相应地，典当业本

① （清）张履祥：《杨园先生全集·补农书》卷上，清刊本。《杨园先生全集》，中华书局2002年版，第1405页。

身也发生了较大的变化，在针对城乡居民、小农、小手业者的生产生活提供资金的同时，与商人的经营也形成了比较经常化的资金供需关系。整体说来，这种关系可以从以下几个方面加以论述：

首先是那些走村串巷的小商小贩们，及中小商人，他们本小利微，经不起天灾人祸，对资金、资本的需求更为旺盛。如在宋代东京开封，“卖灯之民，例非豪民，举债出息，畜之弥年，衣食之计望此旬日。陛下为民父母，唯可添价贵买，岂可减价贱酬”？[①] 这里的卖灯之民，可能既是生产者，也是小商小贩，因为所谓“畜之弥年”可能是进货，也可能是自己生产。其“举债出息”，未明确是否是从质库进行的借贷，但也存在他们在质库抵押借贷资本的可能性。清代前期江西铅山有蒋非磷，“七岁出为叔父后，年十三，父兄皆远游，而家贫甚。非磷念母□然无依，会其叔父已有子，乃涕泣请归养，许之。遂质衣冠，得钱八百，贩米于市，以其赢具甘旨养母”。[②] 蒋非磷就是从当铺当了八百文铜钱，开始做粮食生意的。这是一种以家中仅有一点值钱之物，从典当质钱为本从事商业的例子。

典当铺常有信当甚至信用放款的业务，即收取一点不足值的抵押物或不收取抵押物便对字号或家庭放款，而这种放款，作为工商业放款的比率是相当高的。以下举几个徽商、晋商典当工商业放款的例子。徽商万历程氏染店结算单中有所谓“存还”一项，如：

| 存还钱典本银伍佰陆拾两，该利贰拾柒两。
| 存还钱典本银伍佰两，该利贰拾肆两。
| 存还千户所典本银叁佰伍拾两，该利拾贰两陆钱。
| 存还千户所典本银叁佰陆拾两，该利肆两贰钱。[③]

---

① （宋）苏轼：《苏轼文集》卷二五《谏买浙灯状》，中华书局 1986 年版，第 727 页。按：此例也可能是花灯的生产者，可能是前店后厂的那种，既生产又发卖。

② （清）吴德旋：《初月楼续闻见录》卷八，明文书局印行 1985 年版，第 280 页。

③ 《徽州千年契约文书》宋元明编第八册《万历程氏染店查算账薄》，花山文艺出版社 1992 年版，第 81-82 页。

“存还”就是欠其他人的钱的意思，钱典、千户所典可能就是当地的两家典铺。染店欠下典铺的钱，应该就是在自己资金周转不开的时候，向典铺借贷的银子。此事在前文论述典当信当及信用放款时有所论述，这里不详论。

晋商所设当铺至少自清代中期以来，也常进行这种对商号的放款，如有晋商道光年间借票载：

> 凭票借到
>
> 永泰宝当白银肆佰两整，言定期年柒厘叁毫行息，限至来年对日清还，恐后无凭，立此借票存照　　　　各计各平
>
> 经手人任朝宰
>
> 道光二十年十月廿七日　立。①

又有咸丰十一年的借约载：

> 凭约借到
>
> 裕兴宝典本碎白银壹佰两整(菱形章：悦来酒店)，言定期年按以叁两(菱形章：悦来酒店)行息，到期交还，恐后无凭，立约为证
>
> 经手　李继沆
>
> 咸丰十一年初九日　立借银文约(长方形章：悦来李记)②

由此两契可见，清代中期以来晋商典当也与源于晋商的其他金融机构一样，开始对城乡居民及商号商人放贷。这种工商业放款表现出了利息低微化、数额也较大的特点，其利率均采用“期年”的办法，即一年后的同月同日归还。但前者是规定利率高低，后则是规定利息银为多少。

---

① 《道光二十年十月二十七号某号(某人)借永泰当白银票》，北京晋商博物馆藏，编号 007—72。

② 《咸丰十一年悦来酒店借裕兴典白银约》，刘建民先生藏。

其次，典当业通过商品抵押的方式放款，即以经营的商品为抵押，借贷资金。南宋庆元元年(1195 年)，两浙地区“今来米价已高，若罢赈粜，窃虑翔踊，惟是在市之米辐凑，庶几其直日平。探闻商贩之家多有积米，藏积碓坊，质当库户，犹欲待价”。① 商人们把囤积的粮食当在当铺里，以当得的钱为本再去收购，以便囤积更多的米粮。从本质上说这是为了解决流动资金问题。明清以后此类抵押放款更为普遍，所质押的商品种类更为繁多。明代之例，白话小说里也有一些这样的例子：“兴哥拜完客，回到铺中坐着。忽见一人牵着匹马，进门道：在下是个马贩子，贩了二十匹马来，马价都是百金一匹的。遇着利钱迟钝，众马嗷嗷，只得将一匹来宝铺，当五十两买料，卖出依旧加利奉赎。兴哥心中爱着骏马，一眼看了就笑起来。那伙计道：开口货从来不当，出去，出去！”(兴哥却奉百金而去)②这个马贩子因为马一时卖不出去，还要吃草料，资金周转不开了，只得以待出手的马当钱。

入清以后，以丝商、粮商的例子最为常见，如《儒林外史》记载，丝商陈正公在南京买丝，却听人唆使放起京债，其手下伙计陈虾子劝言：“阿叔在这里卖丝，爽利该把银子交与行主人做丝。拣头水好丝买了，就当在典铺里，当出银子，又赶着买丝，买了又当着。当铺的利钱微薄，像这样套了去，一千两本钱可做得二千两的生意，难道倒不好？为甚么信毛二老爹的话，放起债来？放债到底是个不稳妥的事。像这样挂起来，几时才得回去？”③此种借贷方式在清代粮食贩卖中更为盛行，但官府认为这是粮商与典当合伙囤积居奇，乾隆前后曾有一次全国性的禁止行动。汤聘就主张禁止此种行为，认为：“近闻民间典当，竟有收当米谷一事，子息其轻，招来甚众，囤积甚多。在典商不过从中射利，而奸商刁贩，遂恃有典

① (清)徐松：《宋会要辑稿·食货》五十八之二十二，中华书局 1957 年版，第 5832 页。

② (明)圣水艾衲居士：《豆棚闲话》第三则《朝奉郎挥金倡霸》，中华书局 2000 年版，第 21 页。

③ (清)吴敬梓：《儒林外史》第五十二回《比武艺公子伤身，毁厅堂英雄讨债》，人民文学出版社 1962 年版，第 601-603 页。

铺通融，无不乘贱收买。即如一人仅有本银千两，买收米谷若干石，随向典铺质银七八百两，飞即又买米谷，又质银五六百两不等。随收随典，辗转翻腾，约计一分本银，非买至四五分银数之米谷不止。迨至来春及夏末秋初，青黄不接，米价势必昂贵。伊等收明子母，陆续取赎，陆续出粜。是以小民一岁之收，始则贱价归商，终仍贵价归民。典商囤户，坐享其利，而小民并受其困矣。”①这与陈虾子劝丝商陈正公当丝的做法有异曲同工之妙。此种借贷方式至清末仍然存在，《申报》载文指出：当时东南一带“业丝之人假如资本止有万金，即可作三万金生意，盖以万金购丝，不即出售，先以付质，即以所质之银续购丝斤，如是者一而再再而三，迨屯之即足，而丝则皆存质库中。设有售主，则即以所得之价向质库赎出以付之，一转移间，而所获较为丰富。然或遇销场迟钝，则典当利息日增月积，势必不免亏累矣，此贪多之误事，实自贻伊戚也”。②

这三段材料说的都是一类事例，充分说明了典当对商业的融资功能，极大地扩张了粮商、丝商等商人的资力。当然最后一段材料还说明了这么做也面临较大的风险，即如果商人囤积的产品滞销，他们就会大大亏损。

而且，从这个意义上说，商人利用典当业，也表示当时的手工业者也在利用典当业来扩大资力、改善自己的经营。总的说来，手工业者与典当业之间这种资金供需关系，以东南一带丝织业最为典型。其方式与粮、丝商人通过抵押方式获得款项本质上是一致的，即为了生产、流通，通过在典当铺抵押货物的办法购买原料，这在一定意义上也是获得资金。如道光二年六月，苏州府元和县下令禁止机匠各类恶习，其中“查民间各机户，将经丝交给机匠工织，行本甚巨，获利甚微。每有匪匠，勒加工价，稍不遂欲，即以停工为挟制，以侵蚀为利薮。甚将付织经纬，私行当押，织下纱匹，卖钱

① 《皇清奏议》卷四十四汤聘《请禁囤当米谷疏》，乾隆刻本。

② 《申报》3261号1882年6月1日《论桑棉之利》。

侵用。稍向理论，即倡众歇作，另投别户。此中恶习，甚为可恶”。① 这本是非法事件，但由这些工匠私自当押用于织缎的丝来看，此种当押业务在苏州是比较常见了。既然如此，这也说明了其他机户、工匠可以通过这种当押获得所需资金。武昌起义以后，南方社会动荡，银根吃紧，江苏巡抚采取了一项这样的措施：“开设道前街等处当铺之王驾六及阊门钱庄俞子尚等各捆住现洋数十万，又以阊门某绅富亦藏现洋二十万，中丞得禀后，爰饬苏城商会传谕王、俞二人，各出现洋二十万元，分发各庄流通市面，并充作当本，以备各机户织成苏缎赴当押洋之用。如敢故违，定即究惩。并一面令各机工照常工作，免滋事端。日昨商会已邀集王、俞两人议商，王、俞面允合出洋五万元，备作机户当缎之用。凡机户织缎成匹者送由云锦公所加盖戳记，方可当钱，每匹当洋五元。”②这是勒令两家富商捐资充实典当资金，专候机户当缎，从而稳定绸缎的生产，使机户不致破产失业。这也反映了近代以后典当通过典押的方式，为机户提供资金的借贷关系还存在着。

总而言之，典当业与手工业者的再生产、商人的经营关系是相当密切的。当然，因典当经营方式的特殊性，它对工商业的放贷，与出生相对较晚的钱铺、钱庄、账局、票号相比，还有一定的距离。但至明中叶以后，我们还是观察到了典当对商人的资本形成及流动资金的获得是发挥了相当大的作用的，表明它已经改变了作为高利贷资本的面貌，具有了近代借贷资本的性质。它与明清以后逐渐形成的各金融机构一起，为当时社会工商业经营、农业生产构建了资金市场，③ 发挥了日本的安部健夫、日山美纪等学者所说的“商业银行的机能”④，促进了中国古代尤其是宋代以来商品经济的

① 江苏省博物馆编《江苏省明清以来碑刻资料选集》《苏州·丝织·丝业绸缎类八》，三联书店 1959 年版。

② 《申报》13907 号 1911 年 10 月 26 日《苏抚安置机匠之手续》。

③ 方行：《清代前期农村高利贷资本》，《清史研究》1994 年第 3 期。又见《中国经济通史·清代经济卷》，经济日报出版社 2000 年版。

④ 参见日山美纪《关于清代典当业利率的考察》，《东方学》第 91 辑。按：只能说具备了这样的功能，是否典当具有了商业银行的性质，则当别论。

发展。

此外，还应该指出的是：这种以小额抵押贷款为主营业务的典当，与封建社会自然经济、小商品经济的发展水平当然是相适应的，所以典当对农业、手工业生产、商品流通发挥了积极作用的，当然这种积极作用是伴随着残酷的剥削而实现的。因为在任何时代，只要商品经济有一定程度的发展，便离不开一定的金融支持。但是当社会生产的规模进一步扩大，以大机器的出现为标志的近代工商业产生以后，所需的资金就会以惊人的速度增长，这时传统的典当业就明显地力不从心了。以往学者提及近代典当业的衰落，大多归结为社会政治方面的原因，没有论述传统典当与近代工商业的不适应。这种不适应的具体表现，就是典当在与近代新式金融机构的竞争中，逐渐处于劣势，而那些新式金融机构之所以能够胜出，其中一个主要原因就是它们适应了近代工商业融资的需求。

第四节　典当业与城乡各阶层人们的消费

当然，人们进出典当并不都是为了生产和流通，相当大一部分人还是因为生活消费，甚至是奢侈消费。

在传世文献中，消费典当最为引人注目的是那些没落的官僚、贵族，生活困窘的地主、文人等。中国封建社会虽然也是等级制，却比西方有弹性。而且自秦汉以来实行的就是土地私有制，可以自由买卖。地主阶级的地位可能因为土地流转而变化。自从唐代中期均田制被废止以后，土地兼并更加严重，宋代不立田制，土地兼并再没有限制，土地的流转大大加快，有“千年田换八百主”之说。在这样的制度下，地主阶级自身也不是稳定的，他们中的某些人社会地位发生升降沉浮就再正常不过了。同时，中国社会在继承制度方面实行的是诸子均分制，这也容易使一个地主家庭多年聚敛的财产重归分散，那些无能的子孙自然会把继承的财产花光吃尽，以致有“富不过三代”之说，这就更加剧了地主阶级内部的升降沉浮。那些没落的地主阶级分子，虽然社会地位大不如前了，但奢侈生活过惯了，钱财难免不够消费，于是自然要光临典当，他们典当的钱财大部分还是用来生活消费的。我国封建社会比较漫长，经历过多次王朝更迭，每一次改朝换代，都有一批封建贵族沉沦下去。这些封建贵族们过惯了奢侈生活，失势后入不敷出，也会偶尔光顾典当。这些人光顾典当，出手的当物大多是名贵的奢侈品，这些当物价值高，容易保存，所以当铺是最愿意收进的。这些破落户进典当的样子有时是很可笑的，清后期的吴趼人描述一起典当事例说："有一天在路上遇见子英伯父，抱着一包衣服，在一家当铺门首东张西望。我知道他要当东西，不好去撞破他，远远地躲着偷看。那当门是开在一个转角子上，他看见没人才要进去。谁知角子上转出一个地保来，看见了他抢行两步请了个安，羞得他脸上青一片红一片，嘴里喃喃呐呐地不知说些什么就走了，只怕要拿到别家去当了。"①故事里的子英伯父，因为过去阔绰惯了，怕别人看见他进当铺嘲笑他，所以躲躲闪闪的，欲当还休。

大部分知识分子也是出身地主阶级，所以他们的地位也可能像地主阶级一样升降沉浮。自隋唐时期实行科举制以后，给了那些出身低微的知识分子一线希望。但考取的毕竟是少数，大部分知识分子在这条路上摸爬滚打，要付出很大的努力。在他们备考的漫长岁月里，收入有限，再加上他们饱读诗书却不善营生，清高而敏感，生活困难时光顾典当，自不免有世事无常的感慨，于是留下了一些关于典当的诗篇。唐代大诗人杜甫一生仕途不畅，又遇上安史之乱，颠沛流离，生活艰难，出入典当就是家常便饭了。他于是写下了最早的、最为人注意的关于典当的诗篇："朝回日日典春衣，每日江头尽醉归。酒债寻常行处有，人生七十古来稀。穿花蛱蝶深深见，点水蜻蜓款款飞。传语风光共流转，暂时相赏莫相违。"②宋代关于典当的诗篇就更多了，如北宋著名文学家秦观有诗云："三年

---

① （清）吴趼人：《二十年目睹之怪现状》第四十一回《破资财穷形极相，感知己沥胆披肝》，华文出版社 2018 年版，第 270 页。

② 《全唐诗》卷二二五《曲江》其二。中华书局 2003 年版，第 2410 页。

京国鬓如丝，又见新枝发故枝。日典春衣非为酒，家贫食粥已多时。”①刘挚也写下了同样的诗篇：“浙飞大片纷如靴，更扑惊风乱似麻。为谢妻孥衣但典，莫愁米贵酒难赊。”②有的关于典当的诗篇是带戏谑色彩的，北宋时，有文人笔记记载云：“尝有一名公，初任县尉，有举人投书索米，戏为诗答之曰：五贯五百九十俸，虚钱请作足钱用。妻儿尚未厌糟糠，僮仆岂免遭饥冻？赎典赎解不曾休，吃酒吃肉何曾梦？为报江南痴秀才，更来谒索觅其瓮。熙宁中，例增选人俸钱，不复有五贯九百俸者。此实养廉隅之本也。”③县尉写这首诗主要不是为了嘲弄那个落魄的举人，更是无奈的自况。甚至连和尚都会写这种诗：“贾似道当国时，一日退居湖山，有一蜀僧徘徊于其侧。问之曰：汝为何僧？对曰：某诗僧也。贾适见湖中有渔翁，遂命咏之。僧请韵，贾以天字为韵。僧应口曰：篮里无鱼欠酒钱，酒家门外系渔船，几回欲脱蓑衣当，又恐明朝是雨天。贾大器之。”④明朝大才子唐伯虎，也常出入典当：“伯虎一日，与诸友人浪游。大醉，时酒兴未阑，遍索杖头无有也，乃悉典诸友人衣以佐酒资，与诸友豪饮，竟夕忘归。乘醉涂抹山水数幅，明晨得钱若干，尽赎诸典衣而返，其旷达若此。”⑤清康熙时的江左名士朱彝尊，在走上仕途之前，其妻也多次出入典当：“四方知名士往来于禾者，辄造梅里。孺人治酒肴必丰，虽夜分区画，立办。宾客过者谈燕极欢，或淹留旬日方去，花钿无多，尽付质库。昼夜纺绩

① (宋)秦观：《淮海集笺注》卷十《春日偶题呈钱尚书》，上海古籍出版社2000年版，第450页。

② (宋)刘挚：《忠肃集》卷二十《雪中次韵王巩廷平四绝句》，《文渊阁四库全书》第1099册，第676页。

③ (宋)彭乘：《墨客挥犀》卷一，《文渊阁四库全书》第1037册，第673页。

④ (明)叶子奇：《草木子》卷四上，中华书局1959年版，第71页。

⑤ (明)《唐伯虎先生外编》卷三《唐伯虎遗事》，《续修四库全书》第1334册，上海古籍出版社2002年版，第665页。

以赎，客至复质，如是以为常。”①同时的全祖望，也有这样的经历：“雍正癸丑(1733年)，献艺于仪曹之贾，货不中度，南辕已有日矣。俄而因他事留滞不果，长安米贵，居大不易，于是不能不出其书质之。”②典当事件不仅进入了文人的作品，还成为其他艺人表演的素材：“京师幻人甚多……余尝观一戏法者，于壁上笔画一门，随意问坐客索一玩物，或一衣。启门纳入，少间，门内出一质票，并钱若干。持往质库取之，则原物俱存，丝毫不误，亦奇也。”③在《白雪遗音》里，有一段“读书未就”的故事，说的是穷书生在备考期间穷困潦倒，不得不去典当的事：“读书未就，要把书本抛。娘子嚇，我要去买卖经营，学肩挑到街坊，赚些钱合钞，将将就就与你度昏朝。娘子听，泪珠抛，官人嚇，你是一个瘦怯怯的身躯，怎好去学肩挑？只要你用心苦把书来读，那怕龙门万丈高，书中自有黄金贵，你那贸易的心肠志不牢。趁奴还有几件妆奁物，你到那典当之中走一遭。耐心且把残冬过，来年就是恩科考，那时节时来风送滕王阁，琼林宴上把名标，脱蓝衫，换紫袍，足登皂靴步金鳌，前呼后拥归故里，叫那些势力人儿把你瞧一瞧，方显我的儿夫才学高。”④这个穷书生书读得不耐烦了，便打算去做买卖。他的娘子劝阻了他，让丈夫拿着自己的妆奁去典当，回来准备次年的考试。

后来，典当又成为相声嘲讽的对象，也是这种现象的发展。这说明典当不仅是一种单纯的经济现象，还具备了某些文化色彩。

有的知识分子典当而得的钱，并不都是用于生活消费，还有用于收藏古玩的，如北宋婉约派代表人物李清照，回忆年轻时生活艰

① （清）朱彝尊：《曝书亭集》卷八十《亡妻冯孺人行述》，《清代诗文集汇编》，上海古籍出版社，第193页。

② （清）全祖望：《鲒埼亭集》外编卷十七《春明行箧当书记》，《清代诗文集汇编》本上海古籍出版社，第193页。

③ （清）张培仁：《妙香室丛话》卷四《搬运法》，《笔记小说大观丛刊》第27编第9册，新兴书局有限公司1975年版，第5531页。

④ 《白雪遗音》第三卷《读书未就》，清光绪八年玉庆堂刻本。《古今图书集成精华》第4册，人民中国出版社1998年，第3855页。

难，也有出入典当的经历："余建中辛巳(1101年)，始归赵氏。时先君作礼部侍郎，丞相作吏部侍郎，侯年二十一，在太学作学生。赵、李族寒，素贫俭，每朔望谒告出，质衣取半千钱，步入相国寺，市碑文果实归，相对展玩咀嚼，自谓葛天氏之民也。"①她典当得到的钱是用来买碑文，与别人不同。明末南海文人邝露为了收藏古董，也多次出入典当，并写下了著名的《前当票序》《后当票序》："昔广东邝舍人湛若有嗜古之癖，其生平所聚，琴剑炉钵之属，充栋接架者，皆希世之珍也。然贫甚，时或绝粮，即以所有付之质库。及不时有余资，又复赎之而归，如此者不一而足，湛若皆为文以记之，世所传《前当票序》《后当票序》者是也。"②

那些读书人为了提高声望而交游士林，所需钱财很多，也有典当的，南宋有欧阳氏女子"年十八，归修职郎王邦义……至鬻簪珥典衣服资其子，使从四方名士游。次子峤，年十七荐名礼部"。③文人们的诗文里，提到典当的地方很多，大多是说在他们生活困难的时候，把衣物、首饰等当钱花费。在有的文人看来，进出典当并不丢人，而是一种名士风度，如符大令曾作诗说："呵壁问天，拔剑斫地，此豪士之襟期也。解裘质库，脱帽看诗，此雅人之兴致也。被褐怀玉，挥锄忘金，此正人之气概也。蓝桥乞浆，汉皋赠佩，此名士之风流也，得其一可以免俗，兼之则更善矣。"

有的政府官员，因为为官清廉，收入有限，而交游广泛，生活费用大，也有出入典当的经历。如北魏时的良吏羊敦，永安中，曾为广平太守，"治有能名……雅性清俭，属岁饥馑，家馈未至，使人外寻陂泽，采藕根而食之。遇有疾苦，家人解衣质米以供之。然

---

① (宋)李清照：《金石录》卷末《后序》，《文渊阁四库全书》第681册，第373页。

② (清)全祖望：《鲒埼亭集》外编卷十七《春明行箧当书记》，本版《四部丛刊》集部第153函，第21册。

③ (宋)杨万里：《诚斋集》卷一二六《夫人欧阳氏墓志铭》，文渊阁《四库全书》第1161册，第633-634页。

其为治，亦尚威严”。[①] 这个羊敦为政清廉，生活艰难，就不得不出入典当。东魏时的李元忠，与羊敦相似：“孙腾、司马子如尝诣元忠，逢其方坐树下，葛巾拥被，对壶独酌。庭室芜旷，使婢卷两褥以质酒肉。呼妻出，衣不曳地。二公相视，叹息而去，大饷米绢，受而散之。俄复以本官领卫尉卿。卒……未及赙至，金蝉质绢，乃得敛焉。”[②]李元忠的生活比羊敦还清苦，死后还要典当才能安葬。南朝齐“(褚)彦回薨，澄以钱一万一千，就招提寺赎高帝所赐彦回白貂坐褥、坏作裘及缨，又赎彦回介(巾)帻、犀导及彦回常所乘黄牛”。“(褚炫)罢江夏郡还，得钱十七万，于石头并分与亲族。病无以市药，以冠剑为质。”[③]褚彦回、褚炫生活也很清苦，不得不出入典当。大体同时期的(甄)“法崇孙彬。彬有行业，乡党称善。尝以一束苎就州长沙寺库质钱，后赎苎还，于苎束中得五两金，以手就巾裹之。彬得，送还寺库”。[④] 甄法崇是循吏，他的孙子生活艰难，也不得不出入典当。[⑤] 南宋时的文天祥，初登仕途，生活艰难，也有这样的经历：“近侥幸受县，一出师门玉成之造，后生从政，未知向风，惟先生终教之耳。金盌在质库某处约之，甚恨未能自取之，乃劳先生厚费如此。”[⑥]那些官闲位清或品级较低的官员，收入有限，而生活费用大，难免要借债。借不到债就只好典

① (北齐)魏收：《魏书》卷八八《羊敦传》，中华书局1974年版，第2069-2070页。

② (唐)李延寿：《北史》卷三三《李灵·曾孙元忠传》，中华书局1974年版，第1202-1203页。

③ (唐)李延寿：《南史》卷二十八《褚裕之·从孙褚彦回，弟澄传》，中华书局1975年版，第755页。

④ (唐)李延寿：《南史》卷七十《甄法崇传·孙彬》，中华书局1975年版，第1705页。

⑤ 虽然，如本书前述章节所言：典当业在南北朝时期起源是没有问题的，从动产抵押的普遍性来看，说中国典当业起源于汉代也是可能的。但毕竟直至南北朝时代也没有确凿的材料证明：有了专门经营动产抵押借贷的机构。故而此数例只是显示出了此时官僚文人进出质库、长生库的可能性。

⑥ (宋)文天祥：《文山集》卷五《回秘书巽斋欧阳先生》，文渊阁《四库全书》第1184册，第462-463页。

当了，“迨三十二而举于乡，三十六而试春官，叨第，遂登仕版，开府江浙，今官少宰。吾腹便便，吾貌丰伟……乃母九十而乏甘旨之供，吾年六十余而婚嫁尚频贷，甚难。嗜酒不赊，春衣时典。知我者笑我疏略，不知我者谓我欺饰而矫诬。”①他们留下一些诗文自我解嘲，颇有幽默之处：“翰林院地望清切，而每有空乏之虞……近某太史作口号云：先裁车马后裁人，裁到师门二两银。（师门三节两生日，例馈贺仪银二两）。惟有两餐裁不得，一回典当一伤神。艰窘之状，情见乎辞矣。”②明清时的翰林院也是这样的部门，那里的官员生活清苦，就常见有典当的经历。清末的张培仁曾收录了一首《京官叹》：“几曾见伞扇旗锣红黑帽，叫名官，从来不坐轿，只一辆破车儿代腿胞，剩个跟班夹垫驮包。傍天明将驴套，再休题游翰苑三载清标。只落得进衙门一声短道，大人的聪明洞照，相公的度量容包，小司官登答周旋敢挫挠，从今哪复容高傲？少不得讲稿时点头摇脑，登堂时垂手哈腰。待公事了，拜客去西头路须先到，借债去东头路须亲造。亟归家栅闭沟开沿路绕，淡饭儿刚一饱，布衣儿刚一觉，怎当得有个人儿细把家常道？道则道，非絮叨，你清俸无多用度饶。衙门里租银绝早，家人的工食嫌少。这一只破锅儿待火烧，那一只破箩儿等米淘，哪管他小儿索食傍门号，怎当得哑巴牲口无草料？思量着明朝，几家分子典当没分毫。”③清末的《申报》上也登载这样的诗：“做官惟有教官穷，早把衣裳典当空，注册十年才选缺，领凭还要使青铜。”④

城乡普通居民为了生活出入典当铺，当然是平常之事。如办不起丧事，需要典当，清代沈赤然的妻子陈氏：“乾隆辛卯，而母疾竟不起，当是时，姻亲坐视，无可告诉，乃罄所有付质库中，始殡

① （清）赵士麟：《读书堂采衣全集》卷二十《杂著·仿送穷文》，《四库全书存目丛书》集部第 240 册，齐鲁书社 1997 年版，第 72 页。

② （清）陆以湉：《冷庐杂识》卷二《典当》，《历代笔记小说大观》，上海古籍出版社 2012 年版，第 46 页。

③ （清）张培仁：《妙香室丛话》卷二《京官叹》，《笔记小说大观丛刊》第 27 编第 9 册，新兴书局有限公司 1979 年版，第 5426 页。

④ 《申报》1798 号 1878 年 3 月 8 日《通家生李嘉端序》。

敛如礼。”[①]再如广州地区有个刘贞女，“姑死，解衣衫付质库，以供殡殓。养生送死皆尽礼焉。”[②]有的平民百姓在节庆时节，也不惜典当购物，用作节日消费，如宋代诗人杨万里的诗里有：“儿时行乐几时愁，老去情怀懒出游。市上人家重时节，典钗卖钏买灯球。”[③]市上人家用典当的钱买灯球，应是为节日消费。南宋吴自牧说到，行在杭州居民敢于借贷典质消费：“至于贫者，亦解质借兑，带妻挟子，竟日嬉游，不醉不归。此邦风俗，从古而然，至今亦不改也。”[④]这里说的“贫者”未必是游手好闲的人，主要是风俗如此，以致敢于把典当得钱用于节日消费。此风至明代中后期犹有过之而无不及，明人言：钱塘的风俗奢侈，借贷消费的很多，“迨夫今日，文胜实衰，风俗不侔往昔……有婚娶论财，嫁女竞侈，服舍拟王室者，有妇女侈珠玉，皜素盈头者，有庶民铺张盛丽，多贷客货，家无宿储者”。[⑤]“西湖之盛，自前代已然，游赏之侈靡，即宋末犹尔……甚有日驰驱衣食，家无升斗之储贷，或典当借贷，以博一日之赏。一国之人皆若狂，嗟哉，风俗安得淳朴，民安得不穷乎！”[⑥]这里是说，因城乡一些居民生活奢侈，故而当地典当业可以得利。[⑦]消费依靠典当，虽然也拉动了商业，对支撑城市经济发挥了一定的作用，但这是一种超前消费，是存在隐患的。明代顾起元评论道：“留都地在辇毂，有昔人龙袖骄民之风，浮惰者多，劬勚者少，怀土者多，出疆者少。迩来则又衣丝蹑缟者多，布服菲屦者

---

① （清）沈赤然：《五研斋诗文钞》文钞卷十《先室陈孺人传》，《清代诗文集汇编》411册，上海古籍出版社2010年版，第405页。

② （清）史澄：光绪《广州府志》卷一百五十二《列女十一》，成文出版社1966年版，第659页。

③ （宋）杨万里：《诚斋集》卷十二《郡中上元灯减旧例三之二而又迎送使客》之四，文渊阁《四库全书》第1160册，第128页。

④ （宋）吴自牧：《梦粱录》卷一《八日祠山圣诞》，浙江人民出版社1984年版，第7页。

⑤ 万历《钱塘县志·论》，成文出版社1975年版，第568-569页。

⑥ （明）陈师：《禅寄笔谈》卷七，明万历二十一年自刻本。书目文献出版社2000年版，第149-150页。

⑦ 当然这里只说到因为生活消费而导致典当可以得利。

少；以是薪粲而下，百物皆仰给于贸居；而诸凡出力之孔，拱手以授外土之客居者。如典当铺，在正德前皆本京人开，今与绸缎铺、盐店皆为外郡外省富民所据矣。以是生计日蹙，生殖日枯。而又俗尚日奢，妇女尤甚。家才儋石，已贸绮罗；积未锱铢，先营珠翠。每见贸易之家，发迹未几，倾覆随之，指房屋以偿逋，挈妻孥而远遁者，比比是也。”①这就是说，南京居民的奢侈消费未必建立在坚实的收入基础之上，故而家财易耗。社会各阶层变动不居，有时也易引起社会的不稳定。

清代此风在有些地区一仍其旧，洪亮吉为此写诗说：“民之蚩蚩竟何意，饭可不饱船先租。白云溪接北关口，夜半月出犹歌呼。水嬉六日费十万，五坊质库钱已无。诸公半有牧民责，俗奢示俭当何如。”②这就是说，有的地区的居民为了参加龙舟比赛而典当，但说参加了六天龙舟比赛。就花钱十万，当铺里的钱都被当完了，这明显是诗人在夸张。不过这也说明了赛龙舟要花很多钱，人们为了参加龙舟比赛不得不典当。

以上所述城乡居民的消费性借贷，不属于日常生活范围，有的是发展性的借贷，有的是因奢侈、享乐生活而引发的借贷，还有就是在病痛丧葬等急用情况下的借贷。这种借贷的外在表现主要就是，其所典当的银钱数是相当微小的，其用于抵押的当物大部分只是些日常用品、衣饰甚至农具之类。以下以中国社科院经济研究所藏《刑部抄档》中与典当相关的资料作表如下，以呈现这种典当借贷的情况。要说明的是：刑部抄档中非常多见的是某某典当铺遭抢遭劫的案件，反映的是盗赃典当，而盗赃典当一般数量相当大，显然不反映典当借贷的一般情况。表 15-2 所选尽量避免这种情况。③

---

① (明)顾起元：《客座赘语》卷二《民利》，南京出版社 2009 年版，第 60 页。

② (清)洪亮吉：《更生斋集》诗续集卷一，清光绪三年洪氏授经堂增修本。

③ 表中抄档资料均为中国社科院经济研究所抄档，未一一注明。须说明的是：清代内阁刑科题本所涉案得似乎绝大多数为城乡下层老百姓，故而其与典当相关的案例很少有商人、地主因经营而需要典当的实例，甚至贵族、官僚等和生活发典当借贷也罕见之。

表 15-2 清代城乡下层百姓典当一般情况表

编号	日期	地点	摘要	出处
16	乾隆二年十二月二日山西	夏县	当下锡茶壶一把，蓝皮袄一件，白布一尺，当本银七钱	巡抚山西题 刘斗章等扎伤毛道士身死一案
80	乾隆三十四年六月六日	江苏省丹阳县	缸青单外套一件，麻裤两条和青布女夹背心一件，小铜镜一面当银四钱五分	乾隆三十五年三月二十一日 管理刑部事务 刘统勋等题 蒋鹤松图奸孙素氏未成戳伤本妇一案
132	乾隆四十六年三月二十八日	江苏徐州府铜山县	一件布衣当得钱一百文	乾隆四十九年一月二十二日 巡抚江宁等处 关鹗元题 董志常殴伤王二身死一案
193	乾隆年间	山东省	一床棉被当小钱一千文，小件白布小褂当小钱一百文	乾隆 山东巡抚题 任德等纠窃李士俊家一案
6	嘉庆元年一月五日	福建福清县	陈仲发向族嫂陈李氏借蓝布衫一件当钱二百文	嘉庆二年三月九日 管理刑部 阿桂等题 陈仲发戳伤陈克全身死一案
20	嘉庆二年二月十五日	湖南长沙府攸县	取蓝布长衫一件在承春典当钱二百五十文	嘉庆二年六月二十四日 湖南巡抚姜晟题 萧大魁图财谋杀文宗帽身死一案
36	嘉庆三年十二月	四川眉州	借冬帽一顶当钱五百文	嘉庆四年九月二十三日 署四川总督营巡抚事魁伦题 鲁万德戳杜文月身死一案
42	嘉庆四年六月五日	广东归善县	银项圈一个重一两三钱二分，手镯一个重三钱八分，当得番银九钱	嘉庆四年十二月五日 巡抚广东 陆有仁题 王晚受图财至死幼孩王观生一案
65	嘉庆六年十一月十八日	直隶顺天府京师	布褂当京钱五百文，马褂当京钱二百五十文	嘉庆九年六月二十日 管理刑部事务 董诰等题 徐孟起呈控杨大等诱拐伊子一案

续表

编号	日期	地点	摘要	出处
74	嘉庆八年十一月一日	盛京锦州府广宁县	赵帼亮向王汶借锄四张，质钱四吊五百文	嘉庆十年二月三十日　管理刑部事务　董诰等题 赵帼亮戳伤王汶惠身死一案
84	嘉庆十年三月四日	浙江金华府义乌县	王志有携带蓝布单被一条欲当钱四百文，张组绶许当钱二百文王志有嫌少	嘉庆十一年三月四日　管理刑部事务　董诰等题 张组绶共殴王志有身死一案
96	嘉庆十一年三月十六日	陕西西安府泾阳县	蓝布旧袷袄二件，在鲁桥镇当得钱四百五十文	嘉庆　巡抚陕西等处地方方维甸题　茹玘清被殴受伤身死一案
103	嘉庆十二年四月	广东海阳县	竹筒一个，竹篮一只，当得铜钱七十文	嘉庆十三年一月二十四日　巡抚广东地方孙玉庭题　吴阿牛致伤陈阿致身死一案
111	嘉庆十三年一月二十七日	陕西安府蓝田县	宋金等因修理村内庙宇乏费将公众锣鼓一付当钱二千三百文	嘉庆十三年七月一日　巡抚陕西等处地方方维甸题　宋金扎伤焦正身死一案
115	嘉庆十三年三月一日	湖北天门县	借马褂一件当钱三百文使用	嘉庆十四年十月三日　兼署湖北巡抚印务江志伊题　刘登戳伤李士毕身死一案
123	嘉庆十三年十二月	山西汾州平遥	借了四件梭布衣服，一个银项圈，一个银手镯，当钱三千九百文使用，约定过年赎还	嘉庆十五年二月二十七日　管理刑部事务董诰等题　田玉光殴伤田守信身死一案
124	嘉庆十三年十二月九日	广东恩平县	锄耙七张，当得铜钱九百文	嘉庆十五年九月十三日　东阁大学士宗室禄康等题　冯亚安等行窃黄湖绸家银衣一案
127	嘉庆十四年五月		黄广美无钱使用向黄子义借布衫一件，当得铜钱三百文，约俟秋间赎还	嘉庆十五年八月二十九日　巡抚广东地方韩封题　黄广尊致伤黄子义身死一案

续表

编号	日期	地点	摘要	出处
132	嘉庆十四年十月	四川天金州	唐德文向唐德文借铜锣一两，当钱八百文使用	嘉庆　四川总督管巡抚事
133	嘉庆十五年一月十九日	直隶顺天府京师	借棉袄一件，当行一千文使用	嘉庆十五年七月二十五日　刑部尚书勒保等题　王定儿殴伤方大身死一案
138	嘉庆十五年五月	贵州归化厅	陈远亮向刘开来借哔叽夹马褂一件，当钱二百文，随后刘开来给银二钱五分，令其赎回，陈远亮将银用去，马褂仍未赎还	嘉庆十六年二月二十日　护理贵州巡抚印务齐布森题　刘开来踢伤陈远亮身死一案
150	嘉庆十六年十二月九日	山西太原府阳曲县	冯坦携蓝布织绒袄一件，向曹九如当铺当钱一千二百文，曹九如因衣服不值，仅允当钱五百文	嘉庆十七年九月二十二日　署理山西巡抚衡龄题　冯堂扎伤曹奇身死一案
152	嘉庆十七年二月八日	吉林省	一件蓝布棉袄在永盛典铺当了市钱一千三百文	嘉庆十八年三月二十六日　管理刑部事务董诰等题　李得财揿按王有直被泥水淪堵口鼻漫闷身死一案
153	嘉庆十七年三月	山西夏县	师四娃向师佐借了两件衣服，当银二两五钱使用	嘉庆十八年九月二十二日　署理山西巡抚衡龄题　师四娃谋杀小功服见师佐身死一案
155	嘉庆十七年十一月	四川资州仁寿县	梁应悰向刘元宁借钱二百六十文，当脱长布衫一件作抵，刘元宁见其身上寒冷，取自己汗衫给穿，说明还钱掉衣	嘉庆十八年七月二十四日　四川总督营巡抚事常明题　刘元宁殴伤梁应悰身死一案

续表

编号	日期	地点	摘要	出处
157	嘉庆十八年二月一日	福建霞浦县	锡酒壶一把押得钱一百文	嘉庆十八年十二月六日　管理刑部事务董诰等题　何幅孙致伤董万如身死一案
158	嘉庆十八年三月五日	湖北京山县	一件蓝布长衫，一件白布短衫，在寺庙集典内当钱三百文	嘉庆二十年三月二十一日　管理刑部事务董诰等题　何效左推跌陶有幅致伤身死一案
165	嘉庆十八年十二月二十八日	山西平阳府洪洞县	孔素子窃取棉袍一件线带一条，典钱一千文，当票卖得钱二百文	嘉庆十九年九月八日　管理刑部事务董诰等题　孔狗子听从母命活埋胞兄孔素子身死一案
169	嘉庆十九年十月二十一日	浙江宣平县	在路上拾得当票一纸，查是钢锣一面，当本一千四百文，二十年正月初间将当票卖得钱五百文	嘉庆二十一年三月二十四日刑部尚书崇禄等题　刘淋受误伤何金才身死一案
170	嘉庆二十年一月二十六日	直隶正定府无极县	一张织绒袄当票，当本大钱五百文，要卖二百大钱	嘉庆二十年十一月十七日　直隶总督管巡抚事那彦成题　魏二小殴伤魏乐照身死一案
180	嘉庆二十二年二月十一日	广东新安县	携带银坐车一副，银镯二只，在平山墟裕兴当店应当得铜钱二千六百文	嘉庆二十二年十一月十八日管理刑部事务董诰等题　罗亚二谋杀彭罄发身死一案
181	嘉庆二十二年四月二十六日	山西沁源县	铁东脚一副当钱一千八百文	嘉庆二十三年三月六日　管理刑部事务章煦等题　李锁住扎伤故生全身死一案
188	嘉庆二十三年八月二十四日	云南昆明县	张升持破烂绸衫一件经当铺照时价估计许当银一钱五分，张升领增当五钱，该铺不肯	嘉庆二十四年二月十七日　巡抚云南等处地方李尧栋题　张荣戳伤张升身死一案

续表

编号	日期	地点	摘要	出处
190	嘉庆二十三年十一月十八日	处州龙泉县	布棉被一条，布夹袄布马褂各一件，铜堂一把，锡酒壶二担，当钱二千一百四十文，布长衫一件，布袴一条当钱六百文	嘉庆二十四年闰四月十五日巡抚浙江等处陈若霖题 徐金复杀死徐法受一案
192	嘉庆二十四年二月	浙江省宁波府奉化县	铜镜一名，当得钱四百文	嘉庆二十五年十月二十八日巡抚浙江等处陈若霖题 竺阿川拉殴致竺亨栋磕伤身死一案

分析上表可见，下层百姓典当主要是铜钱，共典当 34 次，其中当银仅 5 次；而所有典当中最多的是小额当借，其中最高的当是嘉庆八年十一月一日的 4 吊 500 文，其次是嘉庆十七年三月的二两五钱，嘉庆四年六月五日的一两三钱二分，以及嘉庆十三年十二月的 3900 文，其余皆在两千多文、一千多文、数百文、一百文乃至数十文左右。

生活性、消费性放贷与此前所说资本性、生产性放贷有区别，典当铺本身开展业务，是不会理会这个区别的。或者说，至少自宋代以后，质库、抵当库、典当库、典当铺在放款、收当过程中都是认票不认人的。在典当账本、清单之类会计账簿、凭证中也不会区别记载，故而二者之间的比例关系，是不易计算的。但从明朝开始，白银成为货币，一般情况下，大额交易用银子支付，小额交易用铜钱支付。典当支付的当本也有两种，一种是以铜钱支付的，应是贫民的小额业务；而那些以银子或银元支付的，应主要是针对商人或者城乡贫民以外的地主、官僚、贵族等社会阶层的人们所进行的数额较大的业务。虽然这种说法可能是不准确的，但我们可以以这一比例近似地表示生活性借贷与资金性放款的比例，下面我们以刘建民先生收藏的典当清单为资料，分别进行数量分析。

表 15-3　　**成章当历年当本一览表**

年　代	银子当本	铜钱当本
咸丰七年(1857 年)	1271.2 两	12767 千 420 文
咸丰九年(1859 年)	791.6 两	12542 千 880 文
咸丰十一年(1861 年)	585.1 两	9543 千 640 文
合　计	2647.9 两	34853 千 940 文

通过上表可以发现，这家当铺的当本总额在减少，说明业务量在下降。其中银子当本下降得更明显，说明大额业务的数量在急剧减少。

表 15-4　　**合盛当历年当本一览表**

年　代	银子当本	铜钱当本
四年	10 两	6925 千 710 文
五年	20 两	8595 千 59 文
六年	无	8863 千 797 文
七年	无	7550 千 828 文
八年	无	6230 千 835 文
九年	无	13220 千 622 文
十年	无	10951 千 78 文
十一年	无	11169 千 806 文
十二年	无	11727 千 335 文
十三年	无	9842 千 567 文
合　　计	30 两	95077 千 637 文

这家当铺十年总共当出的银子只有 30 两，而铜钱却有 95077 千 637 文，这就说明当时当地大额业务寥寥无几。

表 15-5　　三合当历年当本一览表

年　代	银子当本	铜钱当本
民国元年(1912 年)	962 两	14448 千 330 文
民国二年	568.5 两	16515 千文
民国三年	1985 两	17675 千 40 文
民国四年	1268 两	19447 千 820 文
民国五年	1398 两	20814 千 80 文
民国六年	2265 两	23801 千 690 文
民国七年	1772 两	25682 千 910 文
民国九年	1637.92 两	32876 千 110 文
合计	11856.42 两	171260 千 980 文

这个账簿有残，有的数字没有统计出来，所以这只是不完全统计。通过以上表格可以看出，这家当铺的铜钱当本上升的趋势比较明显，银子当本的数量起伏不定，这说明当时当地贫民当户的增加，小额业务增加。

表 15-6　　光绪十二年(1886 年)达顺信记当本一览表

月　份	银子当本	铜钱当本
正月	无	800 千 450 文
二月	无	1075 千 950 文
三月	无	1160 千 750 文
四月	无	1125 千 250 文
五月	无	1099 千 500 文
六月	无	849 千 950 文
七月	40 两	936 千 960 文
八月	无	925 千 650 文
九月	40 两	810 千 500 文

续表

月 份	银子当本	铜钱当本
十月	无	964 千 250 文
冬月	无	1008 千 750 文
腊月	11.5 两	4274 千 400 文
合计	91.5 两	15032 千 360 文

这家当铺支付当本的计量单位几乎都是铜钱，可见还是以贫民的小额抵押借贷为主，而大额业务寥寥无几。

民国时期银元通行，银两逐渐退出了流通领域，下面以源长当的五合账为例来分析。

表 15-7 **民国八年(1919 年)源长当当本一览表**

月 份	银元当本	铜钱当本
正月	39 元	1726 千 300 文
二月	15 元	2878 千 400 文
三月	57 元	2524 千 850 文
四月	159 元	1725 千 550 文
后四月	171.5 元	1987 千 500 文
五月	385 元	1203 千 250 文
六月	206 元	1709 千 400 文
七月	271.2 元	1695 千 200 文
八月	61.2 元	1213 千文
九月	401.1 元	1153 千 350 文
十月	254.1 元	1542 千 800 文
十一月	247 元	1193 千 550 文
十二月	647 元	1958 千 250 文
合 计	2914.1 元	22511 千 400 文

这家当铺一年来铜钱当本有下降趋势，银元当本有上升趋势，

这可能是多种原因造成的。因为这个账簿时间短，只有一年，原因难以推断。可能因为铜钱贬值严重，在逐步退出流通领域。

这几家当铺的当本主要还是以铜钱计量的小额业务，说明它们的当户主要还是贫民，另外也包括一部分落第的知识分子、失势的贵族、破败的地主商人的典当。虽然工商业经营、农业生产也与典当业的经营有着不可分割的联系，但毕竟不占主体地位。当然因为银与钱交换价格的变化实在太过频繁，我们难以确定各时段二者的比例关系，我们只能说，以上所举的典当实例恐怕还是以小额的铜钱借贷为主。

第五节 历代典当业与区域商品经济的兴衰

至于典当和区域经济，尤其是商品经济兴衰的关系，早在宋代便有人意识到了。王安石变法时的市易抵当及抵当库、抵当所，一开始只在东京设置，后来推行到其他地区。当在这些地区设置市易抵当时，政府是考虑了区域商品经济发展水平的。如崇宁二年(1103 年)“六月十八日诏：府界诸县除万户及虽非万户而路居要紧去处，市易抵当已自设官置局外，其不及万户处，非冲要并诸镇有监官，却系商贩要会处，依元丰条例并置市易抵当，就委监当官兼领”。[①] 这就是说，如果一个县人家到不了一万户，但却是商贩集中的地方，也可以设置市易抵当，即商贩集中也是设置市易抵当的一个必要条件。南宋时的一座官府典当，是以其利润为海商服务的，“愍海贾以命易货，向来互市，使者强买干没之事毫发不施，以所积赢余二万缗创恒当库，收其利息为天时不顺之备，纲解水脚之输”。[②] 这里说的虽然是官府，同时也说明了当时的质库行业与本地海外贸易发生了密切关系。

---

① (清)徐松：《宋会要辑稿·食货》三十七之三十五，中华书局 1957 年版，第 5465 页。

② (清)陈棨仁：《闽中金石略》卷十《太常少卿陈炜墓志铭》，《宋代石刻文献全编》第 4 册，北京图书馆出版社 2003 年版。

清代，不少地方官员认识到了典当的融资功能，及其与某些行业、某些地域经济发展的关系，故而时见招商开典之举。如雍正时，魏锡祚在盱江就发布过招商开典的告示："为招商开当以便民生事……乃盱江一郡，惟新城尚有数典，其余四邑俱无。揆厥所由，皆因豪强私当，恃富剥民。若开官典，反虞无利，是以积习相沿，当商裹足。夫私当非独坑课，亦且害民，不拘情理，一味肆贪，估计物价克减数倍，当出银色又多扣折，再有保钱名色，加三行利，衣饰器皿任意取用，破坏则沉匿不还，遗失则物归乌有，稍不遂意，勒不肯当，穷黎无可奈何，一任狼贪虎噬。是私当不禁，官典不开，最属病民之事。除檄饬各该县劝召典商外，合行出示晓谕，嗣后有力之家，作速赴县报名，详请给帖开张当铺，取利悉遵功令，赎限照依大例，公平出入，输课利民。倘有外来客商情愿开典者，地方棍蠹不得阻挠。"①魏锡祚鉴于江西抚州地方典当利高、且多方勒索穷民，故而招揽外地客商来这里开当铺，并且整顿现有典当业，以图促进本地金融活跃及地方经济发展。② 乾隆年间安徽霍山县是著名的茶叶产区，茶农常向茶商借贷，利息高昂，乾隆初地方政府采取了招商措施，其告示云："六属向无典铺，由前州宪卢招商便民，详照凤颖例，准其三分取息。乾隆初年，霍城始有之，贫民称便。盖向之称贷于茶麻大贾者，其息恒倍之云。"③因为当铺的利率比茶商、麻商放贷的利率低，所以当地百姓才感觉很方便。应该说，此后这一区域茶叶生产、麻的生产兴衰均与典当业相关了，由此前所论述的农业、手工业与典当资金借贷的形式看这些茶、麻生产应该是采取产品质押的方式获得典当铺所放资金的，而不可能是信用放款。

而经济不发达地区招来典商设当，则无疑有利于当地金融的活

---

① （清）魏锡祚：《盱江治牍》卷中《召商开当示》，《中国古代地方法律文献》乙编第 9 册，世界图书出版公司 2009 年版，第 465 页。

② 引文中所谓"私当""官典"，不是一般意义上的国家、私人之典当，而是指：是否领官府所颁当帖，是否合法经营，是否接受官府所颁各类典当法令。

③ （清）甘山：乾隆《霍山县志》卷三，乾隆四十一年刊本，第 327 页。

跃及经济的发展。湖南永州地区经济落后，当地官员也曾招商开典："永州久无质库，贫民苦为债人所刻剥。自鲍总镇至永与曾邑长招商始设永泉典，专以便民，官中毫发不累。"①广西思恩地区也是落后的地区，地方官员也曾招商开典："城外虽有贸迁，未设质库，民间不便。会有东商有以此关说者，(李)可琼准其请而却其贿，自是六属皆有典商，民称便，而东商尤德之。可琼亦借东商为耳。"②在太仓州，"江之炜，号葵峰，晋江人。康熙三十五年举人，雍正十一年由嘉定令升任。州故无当铺，时被祲后，贫民缓急不便，之炜谋请苏郡巨当分开州境，至今民赖之"。③ 江之炜虽然没有招商开典，但他劝说苏州的大当商到太仓地区开分当，效果与招商开当也是一致的。

这种活跃金融及促进经济稳定的作用尤其表现在大乱之后，在社会经济遭到严重破坏的情况下，如前文太平天国被镇压下去以后，李桓在江西、王子鉴在江苏、钟体志在浔阳、萧世祥在丹徒就曾招商开典。八国联军撤走以后，北京也曾经招商开典，由庆王奕劻负责。有的官员还直接开设当铺，如康熙时王之鼎在京口，"王之鼎，字公定，榆林人……吴三桂反，辰岳相继陷，沿江数千里风鹤时警，居民多出城避寇。之鼎乃置家口署中，闲从骑士射猎江干。又设两质库，若为生息长久计者。人心大定，出者复返"。④为振兴南京等地缎业并便利贫民生活，曾国藩也曾招商徕机户、典商："同治三年(1864 年)十月。曾文正公示谕云：缎业用人较多，使贫户有觅食之所。典铺挟资较厚，使贫户有通财之处。无非借商之力以养农，借稍富之力以养极贫之民。"⑤

---

① (清)吕恩湛：道光《永州府志》卷三上，道光八年刊本，第 924 页。

② (清)戴肇辰：光绪《广州府志》卷一百二十八，光绪五年刊本，第 7845 页。

③ (清)王昶：嘉庆《直隶太仓州志》卷十，嘉庆七年刻本，第 713 页。

④ 宋伯鲁：《续修陕西通志》卷八十三，民国二十三年铅印本，第 5213-5214 页。

⑤ (清)蒋启勋：《续纂江宁府志》卷六，成文出版社有限公司 1970 年版，第 196 页。

郑小娟指出，有时候典当铺的开设，竟能启动一个落后地区的商业发展，典商对当地商业发展的扶植作用至为明显。有些地方的商品货币流通，全赖典商支持，如直隶柏乡和江苏南汇就是这样。① 甚至对于近代工业，典当业也曾给予资金支持，故而有利于这些地区整体工商业经济的发展。李国俊指出，苏南的典当还向近代工业企业进行了投资。近代工业利润对有余资的典当业主极具诱惑力，于是一部分典当投资者把典当利润和典当筹集的资金投资近代工商企业，传统金融资本和近代产业资本在这里合流。这种现象在无锡最多，典当资本主要流入丝厂、纺纱厂、染织厂等。典当资本对苏南近代工业的发展提供了一定的资金支持，部分缓解了它们对资金的需求。②

从清代以来的方志上，我们可以大体知道府县乃至省一级典当铺数目，由此我们发现，各地典当数目相差极大，这一现象值得我们注意。这是否反映了地域性的经济尤其是工商业发展水平的差异呢？值得注意。

我们再选取乾隆年间内地的襄阳府、河南府、正定府与沿海的绍兴府对比：

表 15-8　　乾隆襄阳府当铺数量及当税一览表③

县	当铺数量(座)	当税数量(两)
襄阳县	26	130
宜城县	14	70
南漳县	10	50

① 郑小娟：《徽州典商在明清徽商发展中的作用研究》，厦门大学 2008 年博士论文，第 47 页。

② 李国俊：《近代苏南典当业资本经营分析》第三章，苏州大学 2004 年硕士论文，第 49-51 页。

③ (清)陈锷：乾隆《襄阳府志》卷十三，乾隆二十五年刻本，第 705-800 页。

续表

县	当铺数量(座)	当税数量(两)
枣阳县	18	90
谷城县	18	90
光化县	9	45
均州	2	10
合计	97	485

襄阳府总共97座当铺，7州县平均每县13.9座。

表15-9 **乾隆河南府当铺数量及当税一览表①**

县	当铺数量(座)	当税数量(两)
洛阳县	14	70
偃师县	6	30
巩县	6	30
孟津县	6	30
宜阳县	11	55
登封县	5	25
永宁县	11	55
渑池县	1	5
嵩县	6	30
合计	66	330

河南府共9县，总共66座，平均每县不过7.3座。

① (清)施诚：乾隆《河南府志》卷二十四，同治六年刻本，第950-952页。

表 15-10　　乾隆正定府当铺数量及当税一览表①

县	当铺数量(座)	当税数量(两)
正定县	13	65
获鹿县	16	80
井陉县	9	45
阜平县	2	10
栾城县	8	40
行唐县	8	40
灵寿县	6	30
平山县	6	30
元氏县	9	45
赞皇县	3	15
晋州县	12	60
合计	92	460

正定府共 11 县，总共 92 座，平均每县 8.36 座。这三个府，每府当铺数量都不超过 100 座。再看大致同时的绍兴府：②

表 15-11　　乾隆绍兴府当铺数量及当税一览表

县	当铺数量(座)	当税数量(两)
新昌县	4	20
会稽县	47	235
山阴县	106	530
萧山县	55	275
诸暨县	36	180

① (清)郑大进：乾隆《正定府志》卷十，乾隆二十七年刻本，第 1084-1089 页。按：府志所载府总数为 132 座，税银 660 两，与各县合计数不一样。

② (清)李亨特：乾隆《绍兴府志》卷十二，乾隆五十七年刊本，第 1290-1295 页。

续表

县	当铺数量(座)	当税数量(两)
余姚县	13	65
上虞县	14	70
嵊县	1	5
合计	276	1380

绍兴府共8县，典当铺总数达276座，每县平均34.5座，可见襄阳府、河南府、正定府三府每府典当铺不超过100座，三府典当铺总数也赶不上绍兴一府，这是否反应了绍兴府比之襄阳、正定、河南三府经济更为发达呢？答案应该是肯定的。

我们再把大致同时的宁夏府五县与太仓州五县当铺数量对比，进行分析：①

表15-12 乾隆宁夏府当铺数量及当税一览表

县	当铺数量(座)	当税(两)
宁夏县	44	220
宁朔县	48	240
平罗县	22	110
灵州县	50	250
中卫县	41	205
合计	205	1025

地处西北的宁夏府5个县，乾隆时已有205座当铺，平均每县41座。

---

① （清）杨浣雨：乾隆《宁夏府志》卷七《田赋》，清嘉庆刊本，第576-577页。

表 15-13　　**乾隆太仓州当铺数量及当税一览表①**

县	当铺数量	当税数量	加耗
太仓州	12	60	3
镇洋县	8	40	2
嘉定县	27	135	6.5
宝山县	14	70	3.5
崇明县	24	120	6
合计	85	325	21

地处东南的太仓州总共 325 座当铺，平均每县 65 座。这两府之间相差不是那么悬殊，是否表明宁夏府虽处内陆，其工商业发展是否也还不错呢？

县一级的典当数目差异也是如此，如清末民国广东番禺县，其县志记载："观各乡商业之繁盛与否，可以当业推之，有则繁盛，多则更繁盛矣。计沙湾司有当店三间，大龙、坑头、蔡边各一；按六间，市桥四，渡头、沙头各一；押六间，沙湾二，大龙、钟村、古坝、紫泥各一。茭塘司有当一间，在南村；按四间，河南、策头、南村、新造各一；押三十六间，河南二十五，策头二，芳村、瑶头、大涌口、天池、员冈、石楼、穗石、昌华、茭塘各一；小押一十四间，河南十一，芳村二，花地一。鹿步司有当四间，东圃二，乌涌、横沙各一；按一间，在回龙；小押二间，俱在东圃。慕德里司有押一十二间，江村二，中和、均和、石龙、人和、竹料、高增、钟落潭、太和、高塘、西湖各一。合捕属二按、三十七押、一十二小押，共有当八间，按一十三间，押九十一间，小押二十八间。"②从中可以看出，民国时期番禺县的典当业不仅数量多，种类

① （清）王昶：《（嘉庆）直隶太仓州志》卷二十二《赋役下》，清嘉庆七年刻本，第 1450-1451 页。按本表合计为各县总数，与州志所载总数不太一致。

② 丁仁长等：《番禺县志》卷一二，转引自李文治编《中国近代农业史资料》第一辑，三联书店 1957 年版，第 571 页。

全，而且深入到镇、村级行政区。如此众多的典当，给当地经济的发展提供了较好的资金支持，是番禺经济发展的重要标志。而不远的广西省桂平县的典当就差多了：社坡墟：1座。穆乐墟：1座。油麻墟：1座。簕竹墟：1座。麻洞墟：1座。木根墟：小押1间。大洋墟：原3间，现1间。蒙墟：1座。大墟：2座。石龙墟：1座。白沙墟：1座。南渌墟：1座。新墟：1座。江口墟：2座。[①]总共仅16座，比番禺县少多了，简直没有可比性。这应该反映了两地经济发展的水平。

总而言之，区域经济的发展与否与典当业的兴衰应该是正相关的关系。也就是说，典当铺数目的多少，可以作为一个地域工商业经济整体兴盛与否的标志。

第六节 历代典当业与社会分配：兼论三位一体及其他

中国封建社会经济结构在社会财富分配方面有一个重要的特点，就是地主、商人、高利贷者三者紧密结合，形成三位一体，[②]这表现为一个家庭或某一经济组织，往往既有土地，又经营商业、放债开典，形成综合性的剥削实体，从多种渠道相辅相成地瓜分社会财富，并因此形成一种特殊的社会组织结构。而作为高利贷资本形态之一的典当业即是这一经济、社会结构的重要组成部分，对这一结构特点的形成和发展起了一定的促进作用。

这种社会、经济方面的三位一体在秦、汉时期便已萌芽并有所

---

① 黄占梅：民国《桂平县志》卷九，民国九年本，第225-244页。

② 关于“三位一体”参见了方行先生《中国封建社会的经济结构与资本主义萌芽》(载《历史研究》1981年第4期)。本章所说三位一体是从经济角度来说的，指的是地主、商人、高利贷者的三位一体，不同于我们通常所说的三位一体，即从政治、经济结合的角度来说的地主、商人、官僚的三位一体。另外，古代手工业主要是指为市场而生产的独立手工业，从其经济意义上说，与商业毫无二致，故此处所说商人大体亦包含了这些独立手工业者(后面这点参见了约翰·希克斯《经济史理论》三)。

发展。汉代大地主多兼营商业或放高利贷，有的还有不小的手工业作坊。汉光武帝的外祖父樊重便既课僮奴耕种，又种漆树出卖，并且放债。魏晋南北朝时期，虽然因战争破坏及地主庄园制经济的僵化，商业、货币经济衰退，但在一些商品、货币经济保持发展的地区，三位一体的社会经济结构同样很明显。迁移到东南一带的士族地主，往往在建立农业、林业、种植结合的大庄园的同时，也建立了各式各样的“邸舍”，从事商业及高利贷，甚至有旅馆、货栈业。但因当时有关典当业尤其是私营典当业的材料甚是缺乏，因而我们对他们之间的关系也就无法阐述。但由南北朝时期寺院典当业的活动情况看，典当业在其中的作用是不可忽视的。

南北朝时期寺院的“寺库”经营典当业已如前述，除此之外，许多寺院建立了寺庄。如西魏高僧释道臻被文帝“尊为魏国大僧统，又于昆池之南，置中兴寺庄，池之内外，稻田百顷，并以给之，梨枣杂果，望若云合”①。东晋寺院沙门“或垦殖田圃，与农夫齐流，或商旅博易，与众人竞利”。② 魏晋时期寺院既有田庄，又经营商业，还经营与后世长生库、质库类似的业务。既然如此，典当业对南北朝时期三位一体社会经济结构的形成也应发挥了一定的作用。

但从总体上看，汉代典当业刚刚萌芽，而两晋南北朝典当业又集中于佛教寺院，因而它对这一特定社会结构的影响还是很小的。隋、唐以后，随着全国的统一及商品货币经济的发展，典当业在社会经济中的地位提高了。它作为高利贷资本形态之一，成了一些官僚、地主、商人乃至寺院积累财富的一种重要手段，随之典当业的这种促进作用也就逐步加强了。《全唐文》记载：“如闻朝列衣冠，

---

① （唐）释道宣：《续高僧传》卷二十四《西魏京师大僧统中兴寺释道臻·释道臻》二《频伽精舍校刊大藏经》传记部·致帙四。1913 年版，第 112 页。

② （南北朝）释僧祐：《弘明集》卷六道恒《释驳论》，上海古籍出版社 1991 年版，第 36 页。

或代(世)承华胄，或在清途，私置质库、楼店，与人(民)争利。”①这是典当与商业的合一。玄宗初，太平公主“田园遍于近甸膏腴，而市易造作器物，吴、蜀、岭南供送相属于路……籍其家，财货山积，珍奇宝物，侔于御府，马牧羊牧、田园、质库，数年征敛不尽。”②这里已是一个贵族地主、商人、高利贷者三位一体的结构了，当然政治特权在这一结构的形成过程中起了重要的作用。

宋代以后，随着商品货币经济的进步，三位一体的经济社会结构得到进一步发展，而典当业在其中的地位也加强了。当时赋税、差役剥削主要以土地为标准进行，再加上地主的剥削所得与商品市场联系的加强，富豪、地主、官僚乃至寺院在占有土地的同时，大量将财富投入商业及高利贷领域(包括典当业)，形成一种综合性的剥削实体。如前引韩琦所言，北宋上三等主户既有土地，又“例开质库、置课场”。③ 既有地租剥削，又从事商业及典当业。南宋以后，许多寺院亦是如此。淳熙十三年(1186 年)三月乙巳，有人将“家所有山阴田千一百亩岁为米千三百石有奇”入绍兴府大能仁寺，“田之顷亩，赋役及别以钱权其子本以待凶岁，别具书于碑阴，俾后有考焉”④。南宋天台万年报恩光孝寺“筑庄于泄上，曰福田，为屋一区，堂庑库庾两序具备，存施钱千缗为母以倡子，岁又赢焉，因农隙广陇亩，其本不摇而力有余”。⑤ 一些寺院除有类似的土地、高利贷(即典当)之外还经营商业(或手工业)。孝宗时，

---

① (清)徐松:《全唐文》卷七八《会昌五年加尊号后郊天赦文》，山西教育出版社 2002 年版，第 497 页。

② (五代)刘昫:《旧唐书》卷一八三《太平公主传》，中华书局 1972 年版，第 4739 页。

③ (宋)韩琦:《安年集编年笺注下》《韩魏公集》卷十八《家传》，巴蜀出版社 2000 年版，第 1845 页。

④ (宋)陆游:《渭南文集》卷一八《能仁寺舍田记》《陆游合集下》，中国文史出版社 1999 年版，第 1277 页。这些田庄、质库等多由地主施舍而来，因此有些寺院的剥削体系不过是继承了世俗地主剥削体系而已。

⑤ (宋)陈耆卿:《嘉定赤城志》卷二八《万年报恩光孝寺》，中国文史出版社 2004 年版，第 398 页。

杨沂中施舍一庄于临安经山寺，“此庄岁出二万斛，犁牛、舟车、解库、应用百事具足”。① 此庄本身即是一个土地、商业(舟车)、高利贷(解库)合一的剥削实体，说明寺院地主的剥削实体不过是世俗地主的一种移植或模仿而已。

元代情况基本类似。反映蒙古及元代初中期情况的一些寺院白话圣旨碑文都记载，北方地区的寺院都有田地、水土、竹园、水磨、园林、解典库、浴堂、店铺及醋酵作坊等，是一个个种类齐全、三位一体的剥削实体。在大都大庆寿寺，中统元年(1260 年)有人以地来献，“岁垦而新之，乃益滋殖……石煤以薪、水轮以磨、市区子钱之入皆有赢储”。② 元曲里也有许多这样的例子，如东平府的赵国器：“老兄差矣，你负郭有田千顷，城中有油磨坊、解典库，有儿有妇，是扬州点一点二的财主，有甚么不足。”③贾老员外也是这样，“此处有一人是贾老员外，有万贯家财，鸦飞不过的田产、物业、油磨坊、解典库、金银珠翠、绫罗缎匹，不知其数”。④ 明代白话小说里也有这样的例子，“说这汉末时，许昌有一巨富之家，其人姓过名善，真个田连阡陌，牛马成群，庄房屋舍，几十余处”。儿子过迁不务正业，被过善赶出，其女婿张孝基继承家业，“生下两个儿子，门首添个解当铺儿，用个主营，总其出入。家事比过善手内，又增几倍”。⑤

明、清以后，典当业得到了巨大的发展，尤其是明成化以后，

---

① （明）吴之鲸：《武林梵志》卷十，上海古籍出版社 1993 年版，第 247 页。

② （元）邓文原：《巴西集》卷上《皇太子赐大庆寿寺田碑》《文渊阁四库全书》，台湾商务印书馆 1983 年版，第 511 页。

③ （元）秦简夫：《元曲选》第一册《东堂老努劝破家子弟》，中华书局 1958 年版，第 207 页。

④ （明）臧晋叔：《元曲选》第四册《看钱奴买冤家债主》，中华书局 1958 年版，第 1589 页。

⑤ （明）冯梦龙：《醒世恒言》第十七卷《张孝基陈留认舅》，人民文学出版社 1987 年版，第 356-357 页。按：此小说据考证，可能是由宋代话本改编而来。

表现更为明显。在湖州府，“成化以前，谋饔飧者，以兴贩为能……今则市廛以质当为先”①。表明典当业的经济地位提高了。所以不但大量的商人将资本投向典当业，形成了专门的“典商”，一般地主、贵族、官僚亦大开典当谋利。尤其是徽商、晋商、江西商人，典当更是其经营的重要行业之一。就徽商而言，其中以休宁县人最为突出；就晋商而言，则又以介休人、孝义、灵石人最为有名。专业典商的形成，更促进了高利贷资本与商业资本的结合。明代徽商潘次君见利而动，“于是盐筴贾江淮，质剂贾建业、粟贾越，布贾吴，方其蚤计，人不及知，卒之赢得过当”②，就是一个典型的例子。长江下游也有类似的例子，“董尚书(份)富冠三吴，田连苏湖诸邑，殆千百顷。有质舍百余处，各以大商主之，岁得子钱数百万。家畜僮仆不下千人，大航三百余艘，各以号次听差遣”。③ 这个董份不仅有大片田产，还有一百多座当铺，三百多艘商船。既然如此，那么这个董份无疑够得上一个超大型的三位一体的剥削实体的代表人物了。

清代以后，情况基本类似，尤其官僚、贵族地主经营典当，因而形成三位一体的现象更为普遍。如清初的施仕伦就指出：“今文武各官，或兼事商贾，质库连肆，估舶弥江。既夺闾阎之利，复脱关市之算，不可不加禁止。”④值得注意的是，除了一般商业、地产、高利贷资本之外，房产作为一种新的财富形式引起富豪们的争夺，尤其是官僚地主的特别重视，因而在这一结构中“市房”的地位大大加强了。康熙五十五年(1716 年)六月，苏州织造李煦谈到曾任两淮盐运使的李陈常(原籍嘉兴)的财产状况时说：“在陈常原属贫寒之家，今有好田四、五千亩，市房数千处，又有三处当铺，

---

① (清)宗源瀚：同治《湖州府志》卷二九。

② (明)汪道昆：《太函集》卷五二《明故太学生潘次君暨配王氏合葬墓志铭》《续修四库全书》1347 册，上海古籍出版社 2002 年版，第 382 页。

③ (明)范守己：《御龙子集·曲洧新闻》卷二，《四库全书存目丛书》集部第 162 册，齐鲁书社 1997 年版，第 703 页。

④ (清)李元度：《国朝先正事略》卷五《施清惠公事例略》，岳麓书社 2008 年版，第 139-140 页。

皆其本钱。”①清代大官僚、贵族只要财富达到一定的数量，一般都会形成这种综合性的剥削实体。如直隶总督李维钧，据雍正四年(1726年)奉旨查抄的李卫所奏，李维钧主要财产是“原受汪森绝产当铺四座，据帐内所开本银共二十四万两，内实有存李姓银六万两……此外尚有查出田地共二千余亩，住房三所，租房共二百六十余间，前后获算，搜获并报出者，约计共有三十四、五万两”。②和珅的家产也是既有“取租地计一千二百六十六顷零”③，又有“借出本银开当铺十二座及家人刘全、刘印、刘陔、胡六自开、伙开当铺共八座”④，“附近通州、蓟州地方均有当铺、钱店，查计资本又不下十余万”⑤，还有“京城内外取租房一千零一间半，涿州等处当铺取租房二百七十九间，有契典卖热河小南门等处房二百二十八间”，再加上住房、花园、马圈等共计三千八百五十一间半⑥，以及钱店、古玩铺等。而乾隆第六子的家庭收入据乾隆二十八年(1763年)内务府调查，计有“俸银五千两，俸米除用值二千两，并每年所进房地租银、当铺利银四千九百余两”⑦，可见也是一个三位一体的结构。这样一种资本、劳动力自由流动的结构对于避免或减少风险，以便较为稳定地得到利润是颇为有利的，因此连官府筹集的生息银两也常常形成这种土地、房产、商业、典当合一的结构。雍正六至八年(1728—1730年)领侍卫大臣和硕额附尚崇廙上奏说：“奉皇上面谕，将库银二万两交臣等滋生利息，以为兵们众

---

① 《李煦奏折》第196页。

② 《雍正朱批谕旨》第40册第39页。

③ 中国历史第一档案馆藏：《内务府来文》卷号8《刑罚》第2178号。

④ 故宫博物馆《史料旬刊》第七期《嘉庆诛和珅案》。和珅家产巨大，清文献记载颇不一致，本书所引参见了冯佐哲《贪污之王——和珅秘史》的引证及考证。

⑤ 《清仁宗实录》卷三十七，嘉庆四年正月甲戌，28册，中华书局1986年版，第430页。

⑥ 第一历史档案馆存《内务府官房租库呈稿》，嘉庆四年十二月二十七日。

⑦ 《内务府奏销档》乾隆二十八年十一月二十九日《总管内务府奏》，转引自《北京师大学报》1978年第6期。

差红白等费以及义学一切应用之项……每年滋生三千之计，臣悉筹画，拟以一万两买附近膏腴地亩，每年可得租银一千五百两，以一万两买市房开典当及要紧日用铺面，其利每年亦可得一千五百两”。①

直到清末，这种格局仍在发展，官僚、贵族地主如著名的合肥李氏家族是当时所谓的“中兴功臣”中最富裕的，有兄弟六房，“合六房之富，几可敌国”，其财产便包括有田园、典当、钱庄、商铺等，其中第五房“家中田园、典当、钱庄值数百万不算，就芜湖而论，为长江一大市镇，与汉口、九江相埒，其街长十里，市镇十之七八皆五房创造，贸易则十居其四五。”②直到清末，袁世凯家的人还这样认为：“大哥原存一款，自应遵请姑母经理为最妥协。惟数千金生息，计除陈州于家典铺似属可靠外，此零星散放，却非善法。似又不如兼置田产，即留为并归他日祭田之地步，或尚可恃……惟张营约是若干，新桥南庄约各若干项，弟以前不太留神。”③这是说，放高利贷不如买田产稳妥。典当虽然所需资本较大，但无须风餐露宿，也无须处理复杂的商业关系，所以自然也会吸引社会资金流入。这正是传统三位一体前提下的财富及财富保值增值观念。

清代普通庶民地主商人也是如此。清初，湖州姚世锡，其“先高祖分产无多，幸高祖母史太淑人奁资稍丰。高祖勤苦操家，中年渐充裕，开一典铺于甘棠桥，取息极薄。人有称贷者，无弗应。以产求售者，必苦劝其耐守。售者以万不得已告，方履亩成交，议直必满其愿。阅数年，有求赎者，欣然收价。求找贴者，至再三不拒。一生专用纹银出入，从无二戥，斗斛权衡，均平不苟。百数十

① 朱批奏折雍正六年至八年，领侍卫大臣和硕额附尚廙奏，转引自《北京师大学报》1978 年第 6 期。

② 欧阳昱：《见闻琐录·后录》卷二。转引自李文治：《中国近代农业史资料》第一辑，三联书店 1957 年，第 182 页。

③ （清）《袁氏家书》卷四《项城袁氏家集本》。转引自李文治《中国近代农业史资料》第一辑，三联书店 1957 年版，第 187 页。

年来，惟高祖所买之田，各房有世守者，食报可谓悠久矣。”①规模虽不大，但有田产、有典铺、有商业，是一中小型的三位一体经济体。这也为徽州民间文书所证明。据学者研究，从明隆庆至清道光的徽州 40 家地主的分家文书中，有 26 家财产项目兼有田地和店业，即 65%的地主之家地权与商业资本结合在一起，至少有 13 家载明是由经商起家，或以部分商业利润添置田产的，其中典当业是重要的项目之一。如乾隆三十六年(1771 年)徽州王姓阄书便记载：康熙前期，其祖在江西南丰经商，“业日隆起”，“历年广置田宅，开创德元、日昇两典”，于康熙四十六年(1707 年)归乡，“承欢暮年，敬宗睦族”，并出资修建宗祠、书院，雍正十三年(1735 年)以后走向衰落②。清末庶民地主也是如此，有人说到某财主时，说他有“腴田千顷，典库绸肆，布满数省”③。江南丝织起家的商人、地主便是如此，湖州“刘氏自刘镛字贯经，以丝商起家后，除在本乡购置土地外，并经营盐业及当业。张氏自竹斋为丝商起家，亦兼营盐当二业。其余以丝起家者，邢氏为赓星，邱氏为仙槎，皆转营当业……刘、张、邢、邱诸氏，或购引作盐商，或为当商，或二者兼营，其投资形式与众不同。为盐商者，所销为淮盐或浙盐，开典当者分店遍布江浙二省各市镇，最远且及于湖北之汉口、湖南之长沙，其资本之雄厚可想而知”。④

这一财富分配形态在白话小说中得到形象生动的描述，明代如《醒世恒言》记载：太湖“两山之人，善于货殖，八方四路，去为商为贾。所以江湖上有个口号，却做钻天洞庭。内中单表西洞庭有个富家，姓高名赞，少年惯走湖广，贩卖粮食。后来家道殷实了，开

---

① 《乾隆三十六年徽州王姓阄书》自章有义《明清徽州土地关系研究》，中国社会科学出版社 1984 年版。

② (清)姚世锡：《前徽录》，《笔记小说大观丛刊》16 编第 5 册，第 6007-6008 页，新兴书局有限公司 1979 年版。按：这是清初人叙先代之事，应在明代。

③ (清)采蘅子：《虫鸣漫录》卷二，第 371 页。

④ 《吴兴农村经济》第 125-126 页。转引自彭泽益《中国近代手工业史料》第十二章《浙江的缫丝业和丝织业》，中华书局 1962 年版。

起两个解库，托着四个伙计掌管，自己只在家中受用”。[①] 可见有的商人年轻时积极进取，游走江湖，发财后贪图安逸，以为典当获利大，投资典当，当时的典当是投资的首选渠道，受到地主、商人们的青睐。《金瓶梅》里的西门庆也是一个这样的典型，“西门庆自从李瓶儿过门，又兼得了两三场横财，家道营盛，外庄内宅焕然一新，米麦陈仓，骡马成群，奴仆成行……又打开门面二间，兑出二千两银子来，委付伙计贲地传开解当铺。女婿陈经济只要掌钥匙，出入寻找，不拘药材。贲地传只是写账目，秤发货物。傅伙计便督理生药、解当两个铺子，看银色，做买卖。潘金莲这楼上堆放生药，李瓶儿那边楼上厢成架子，阁解当库衣服首饰，古董书画，玩好之物。一日也尝当许多银子出门。陈经济每日起早睡迟，带着钥匙，同伙计查点出入银钱，收放写算皆精。”[②]他的外庄，应是他的田产，同时他还开当铺、卖生药，也是地主、商人、高利贷者三位一体的。清代小说如《刘公案》记载的左连城家，“大粮民田有千顷，骡马成群拴满棚。开的当铺无其数，收买杂粮记不清。又加三座珠宝店，六十四座绸缎铺。还有三座人参店，八只海船在广东”。[③] 左连城家经营的范围很广，还有对外贸易。再有如《彭公案》里的活财神宋任奎：“田地租项每年共进二十八万余两，余者大小典当铺七十余座，杂货铺、银缕(楼)緞(缎)店各铺户各四十余座，尚未查剿，还有总赈三十四本。”[④]他也是地主、商人、高利贷者兼于一身。

可见在当时社会上，典当既然成了财富保值增值的重要形式，也是最为稳妥的、市场准入门槛不太高的谋利途径。故而它对三位一体社会经济结构的形成发挥了非常重要的作用。

---

① (明)冯梦龙：《醒世恒言》第七卷《钱秀才错占凤凰俦》，人民文学出版社 1987 年版，第 136 页。

② (明)兰陵笑笑生：《金瓶梅词话》第二十回《孟玉楼义劝吴月娘，西门庆大闹丽春院》，人民文学出版社 2000 年版，第 254-255 页。

③ 《刘公案全传》，春风文艺出版社 1988 年版，第 4 页。

④ (清)贪梦道人：《彭公案》第十五回《张耀宗奉谕剿贼》，北方文艺出版社 2013 年版，第 59 页。

结　语

那么三位一体社会经济结构的形成对中国历史发展，尤其是中国封建社会后期社会经济史的发展与转型会发挥什么样的历史作用呢？传统观点认为，三位一体的社会经济结构的历史作用是消极的，表现在：

首先，三位一体的社会经济结构使中国传统社会城市与乡村形成为无差别的统一，使商品经济、城市经济不能形成为封建经济结构的对立的力量。这样使传统社会经济结构具有成熟、坚韧的特点，它能容纳较大的商品城市经济，不易为新的生产方式所替代。

其次，三位一体的社会经济结构使得小农不但要承受地主的地租剥削，而且还得受商人及高利贷者的利润、利息剥削，使得他们自身在剩余产品中所占份额已经很小，当然就无力进行生产的改良、资本的积累，从而也就谈不上新的生产方式的萌芽及商品市场的扩大。这还极大地压缩了他们的消费能力，使传统市场的扩大变得艰难。

同时当小生产者因天灾、人祸而面临破产时，他们还会从高利贷者那里得到资金支持，尽快重建起来。所以三位一体的社会结构下的残酷剥削既阻碍了小生产方式的进一步发展，同时它也确实支持了小生产方式，于是，小生产方式便在这样的冷热交织中原地打转，不太容易有新的突破，向近代社会化大生产方式的转化也就步履维艰了。

最后，这种社会经济结构的形成，使社会货币资本过多地转向土地，导致土地的过度投资。这也不利于近代产业资本的积累，迟滞了向工业化社会的转变。典当业是三位一体社会经济经构的一个重要侧面，其历史作用当然也就是跟随这种社会经济结构的主潮流，从整体上发挥的就是消极作用了。

但是近年来随着对典当暨中国传统经济微观、宏观研究的深入，这种观点也受到了挑战，对三位一体社会经济结构的评价从而对典当业社会历史作用的评价也就相应地发生了不小的变化。当然还未有人从整体上分析这一问题，在此我们概括其他侧面的研究，对此作些分析。

首先，中国封建社会未形成严格的等级所有制，土地私有制与土地的自由买卖自战国秦汉以后逐渐形成并继续发展，这一方面使土地上被抵押了大量高利贷货币资金，使小生产者在债务的重压下，扩大或持续再生产变得越来越艰难。但同时也使中国有着更强的将土地变现的能力，使农民乃至地主能够通过土地买卖在更长久的时间段之内配置资源，解决急需，更好地满足再生产所需要的金融需求。这样，整体上说，也就存在生产要素优化配置的空间，如果再加上中国古代社会劳动者的无比勤劳，这可能是中国古代社会经济文化能保持较高程度的发展，在16世纪以前总是走在世界文明演化前列的历史奥秘之一。而租佃制的盛行，地租的征收，虽然是对直接生产者的剥削，但同时也使得中国城市商品经济有一个强有力的支撑，因为相当份额的商品货币经济是由地租的再经营所导致的，它同时也使生产者有着相对西方封建制度下更大的生产自由与更轻松的人身依附关系。①

其次，三位一体的社经济经济结构，为加重对直接生产者的剥削，尤其是从商业、金融方面剥削小生产者提供了可能性。但同时也可以发现它为小生产者的分化提供了可能性，即他们也可能通过生产、经商、放债积累财富，成为富农、中小地主。相对而言，富农、中小地主在传统生产工具、技术的前提下，对社会生产发展是最为有利的，因为他们具有一定的经济能力，最有可能改善生产条件，扩大经营规模，在更大程度上进入市场等。同时三位一体的社会经济结构从供给侧面来看，也为社会生产，尤其是封建社会后期的社会生产提供一个易于进入的商品、资金市场创造了条件。因为我们发现一个引人注目的历史事实是：明清时代乃至宋元时代，一方面商业高利贷者可能很容易地设立商业组织、设立金融机构，这

---

① 当然值得注意的是：人身依附关系在任何前资本主义社会都是存在的，只有程度不同的区别。即使是雇佣劳动，在前资本主义社会也完全是自由的。

些商业金融机构既能为商人、大手工业提供较高层次的、数额较大的金融服务，也能提供较低层次的、小农、小商贩、小手工业者需要的金融服务，形成高中低档搭配的商业金融服务网络。从另外一方面看，这也为小生产者进入商业市场、资金市场创造了条件。虽然小生产者直接面对市场显得非常脆弱，容易受到市场伤害，但同时也使他们容易得到市场提供的劳动力、资金、信息等，使他们能够扩大生产，满足市场需求，从而减轻市场冲击。

最后，明代资本主义的萌芽及其清代以后的发展，与近代资本主义先发展起来的西欧各国一样，并不需要太大的资本。因为早期资本家可以利用现有生产方式下所积累的厂房、资金、劳动力，现有社会体制也能够使其获得相应条件，包括：劳动者已经获得相当大的人身自由，使得他们可以自由地出卖自已的劳动力。另一方面，古老的资本组织方式——合伙制的进展，使其形成了有利于其成长的相应的资本集聚及转移、运用的方式。或者说，这些条件均是在三位一体社会经济结构体内部实现的。

至于为了兴办近代机器工业、近代工矿业、近代运输业，当然必须形成新的资金市场乃至资本市场。这又表现为在社会法律条件成熟的前提下，传统的资本组织方式向近代资本组织方式的转变，暨股份有限公司制度的形成、发展，及资本市场的萌芽壮大，当然还有国债市场的形成及财政体制的近代转型。这一切就不是在三位一体社会经济结构前提下所可能形成的了。从1872年轮船招商局开始移植近代股份有限公司体制，公开招股。一直不太成功，起起落落，直到现在还处于发展中，原因何在？是值得我们思索的。

参考文献

一、古籍

甲、史部

(1)《周礼注疏》中华书局影印《十三经注疏》本。
(2)(汉)司马迁:《史记》,中华书局点校本。
(3)(晋)陈寿:《三国志》,中华书局点校本。
(4)(宋)范晔:《后汉书》,中华书局点校本。
(5)(北齐)魏收:《魏书》,中华书局点校本。
(6)(南梁)萧子显:《南齐书》,中华书局点校本。
(7)(唐)李延寿:《南史》,中华书局点校本。
(8)(唐)李延寿:《北史》,中华书局点校本。
(9)(唐)李林甫:《唐六典》,文渊阁《四库全书》影印本。
(10)(后晋)刘昫:《旧唐书》,中华书局点校本。
(11)(宋)欧阳修、宋祁:《新唐书》,中华书局点校本。
(12)(宋)薛居正:《旧五代史》,中华书局点校本。
(13)(宋)欧阳修、宋祁:《新五代史》,中华书局点校本。

(14)(宋)司马光:《资治通鉴》，中华书局点校本。
(15)(宋)窦仪:《宋刑统》，法律出版社1999年版。
(16)(元)脱脱:《宋史》，中华书局点校本。
(17)(元)脱脱:《金史》，中华书局点校本。
(18)(宋)李焘:《续资治通鉴长编》，中华书局点校本。
(19)(宋)李心传:《建炎以来系年要录》，文海出版社影印本。
(20)(宋)徐梦莘:《三朝北盟汇编》，上海古籍出版社2008年版。
(21)(宋)丁特起:《靖康纪闻》续修《四库本书》，上海古籍出版社2002年影印本。
(22)《皇宋中兴两朝圣政》，文海出版社1967年版。
(23)《名公书判清明集》，中华书局1987年点校本。
(24)(清)徐松:《宋会要辑稿》，中华书局1957年版。
(25)(清)黄震:《黄氏日抄》，文渊阁《四库全书》影印本。
(26)《庆元条法事类》，戴建国点校，黑龙江人民出版社2002年版。
(27)《天盛改旧新定律令》，史金波译，法律出版社2000年版。
(28)(宋)周应合:《景定建康志》，大化书局1980年版。
(29)(元)马端临:《文献通考》，中华书局1986年版。
(30)(宋)梁克家:《淳熙三山志》，四川大学出版社2007年版。
(31)(宋)陈耆卿:《嘉定赤城志》，大化书局1980年版。
(32)(明)宋濂:《元史》，中华书局点校本。
(33)《大元圣政国朝典章》，中国广播电视大学出版社1998年版。
(34)《通制条格》，法律出版社2000年版。
(35)(明)戴金:《皇明条法事类纂》，文海出版社1985年版。
(36)《明实录》，中央研究院历史语言研究所影印本。
(37)(明)李东阳、申时行重订:《大明会典》，《续修四库全书》影印本。

(38)《大明律释义》，续修《四库全书》影印本。

(39)(明)顾炎武：《天下郡国利病书》，上海科学技术文献出版社2002年版。

(40)(明)刘少彝：《荒箸略》，《丛书集成续编》。

(41)(明)周孔教：《救荒事宜》，《四库全书存目丛书》史部第275册，齐鲁书社1996年版。

(42)(明)丘濬：《大学衍义补》，文渊阁《四库全书》影印本。

(43)(明)吕坤：《实政录》，万历二十六年赵文炳刻本。

(44)(明)张肯堂：《㽕辞》，《历代判例判牍》第4册，中国社会科学出版社2005年版。

(45)(清)计六奇：《明季北略》，台湾新兴书局影印本。

(46)(清)孙承泽：《春明梦余录》，北京古籍出版社1992年版。

(47)(清)计六奇：《金坛狱案》，《中国野史集成续编》第27册，巴蜀书社2000年版。

(48)(清)万斯同：《明史》，清抄本。

(49)《清实录》，中华书局1985年影印本。

(50)(清)翟灏：《通俗编》，续修《四库全书》，上海古籍出版社2002年版。

(51)(清)郝懿行：《证俗文》，续修《四库全书》，上海古籍出版社2002年版。

(52)光绪《大清会典事例》，续修《四库全书》，上海古籍出版社影印本。

(53)《皇朝文献通考》，文渊阁《四库全书》影印本。

(54)《皇朝续文献通考》，续修《四库全书》，上海古籍出版社影印本。

(55)《福建省例》，《台湾文献丛刊》第199种，台湾银行经济研究室印行。

(56)《湖南省例成案》，《中国古代地方法律文献》丙编第3册，社会科学文献出版社2012年版。

(57)《江苏省例三编》,《中国古代地方法律文献》丙编第 12 册,社会科学文献出版社 2012 年版。

(58)(清)佚名:《治浙成规》,《官箴书集成》第 6 册,黄山书社 1998 年版。

(59)(清)万维翰:《成规拾遗》,《中国古代地方法律文献》,世界图书出版公司 2008 年版。

(60)(清)海宁:《晋政辑要》,《官箴书集成》第 5 册,黄山书社 1998 年版。

(61)《西江政要》,江西按察司衙门刻本。

(62)(清)凌焘:《西江视臬纪事》,《中国古代地方法律文献》乙编第 12 册,世界图书出版公司 2012 年版。

(63)《乾隆朝山东宪规》,《中国古代地方法律文献》,世界图书出版公司 2012 年版。

(64)(清)祝庆琪:《刑案汇览》,道光棠越慎思堂刻本。

(65)《雍正上谕八旗》,文渊阁《四库全书》本。

(66)《官箴指要》,清抄本,河北大学图书馆藏。

(67)(清)方观承:《赈纪》,清乾隆刻本。

(68)(清)张五纬:《讲求共济录》,国家图书馆出版社 2008 年版。

(69)《雪心案牍》,清抄本。

(70)《府判录存》,国家图书馆出版社 2008 年《明清法制史料辑刊》。

(71)樊增祥:《樊山批判》,中国社会科学出版社 2005 年《历代判例判牍》。

(72)樊增祥:《樊山政书》,《官箴书集成》第 10 册,黄山书社 1998 年版。

(73)(清)沈衍庆:《槐卿政迹》,《历代判例判牍》,中国社会科学出版社 2005 年版。

(74)(清)贺长龄:《清朝经世文编》,光绪乙未石印本。

(75)(清)盛康:《清朝经世文续编》,光绪二十七年石印本。

(76)(清)甘韩:《清朝经世文新编续集》,光绪乙未石印本。

(77)《大清现行新律例》，宣统元年排印本。

(78)《大清现行刑律》，宣统二年排印本。

(79)(清)胡聘之：《山右石刻丛编》，北京图书馆出版社2003年版。

(80)《福建金石志》，北京图书馆出版社2003年版。

(81)(清)谢启昆：《粤西金石略》，北京图书馆出版社2003年版。

(82)(清)倪涛：《嘉禾金石志》，新文丰出版公司1982年版。

(83)(清)阮元：《两浙金石志》，北京图书馆出版社2003年版。

(84)(清)缪荃孙：《江苏通志稿》，北京图书馆出版社2003年版。

(85)(清)陈棨仁：《闽中金石略》，北京图书馆出版社2003年版。

(86)(清)武亿：《安阳县金石录》，北京图书馆出版社2003年版。

(87)(清)沈涛：《常山贞石志》，续修《四库全书》，上海古籍出版社影印本。

(88)《钟祥金石考》，民国二十六年刊本。

(89)永乐《乐清县志》，天一阁藏本。

(90)弘治《徽州府志》，天一阁藏本。

(91)万历《钱塘县志》，成文出版社影印光绪刊本。

(92)(明)李培、黄洪宪：万历《秀水县志》，成文出版社影印本。

(93)《重修台湾府志》，《台湾文献丛刊》第066种，台湾银行经济研究室。

(94)(清)嵇曾筠：雍正《浙江通志》，清文渊阁《四库全书》本。

(95)(清)沈青峰：雍正《陕西通志》，清文渊阁《四库全书》本。

(96)(清)王士俊：雍正《河南通志》，清文渊阁《四库全书》

本。

(97)乾隆《长沙府志》，成文出版社有限公司1976年版。

(98)乾隆《无极县志》，清刊本。

(99)乾隆《平江县志》，《中国地方志集成·湖南府县志辑》，江苏古藉出版社2002年版。

(100)乾隆《祁州志》，成文出版社有限公司1976年版。

(101)乾隆《隆平县志》，成文出版社有限公司1969年版。

(102)乾隆《温州府志》，成文出版社有限公司1983年版。

(103)(清)屠述濂：乾隆《腾越州志》，光绪二十三年重刊本。

(104)(清)王锡侯：乾隆《望都县新志》，清乾隆三十六年刻本。

(105)(清)杨浣雨：乾隆《宁夏府志》，清嘉庆刊本。

(106)乾隆《绍兴府志》，乾隆五十七年刊本。

(107)乾隆《襄阳府志》，乾隆二十五年刊本。

(108)乾隆《重修肃州新志》，乾隆二年刊本。

(109)乾隆《河南府志》，同治六年刊本。

(110)乾隆《正定府志》，乾隆二十七年刊本。

(111)嘉庆《三州辑略》，嘉庆十年修。

(112)嘉庆《松江府志》，成文出版社有限公司1970年版。

(113)嘉庆《庐江县志》，清刊本。

(114)嘉庆《于潜县志》，清刻本。

(115)道光《博白县志》，道光十二年刊本。

(116)道光《徽州府志》，《中国地方志集成·安徽府县志辑》，江苏古籍出版社1998年版。

(117)道光《黟县志》，《中国地方志集成·安徽府县志辑》，江苏古籍出版社1998年版。

(118)(清)翟慎行纂修：道光《武强县志》，成文出版社有限公司1909年版。

(119)道光《庆远府志》，清刊本。

(120)(清)阮元：《广东通志》，清道光二年刻本。

(121)《湖州府志》，成文出版社有限公司1970年版。

(122)(清)姚光发:《松江府续志》,成文出版社有限公司1972年版。

(123)(清)汪曰桢:咸丰《南浔镇志》,上海古籍出版社《续修四库全书》影印本。

(124)咸丰《资阳县志》,清刊本。

(125)咸丰《盛京通志》,咸丰二年刻本。

(126)(清)周庆云:《南浔志》,上海古籍出版社《续修四库全书》影印本。

(127)同治《平江县志》,《中国地方志集成·湖南府县志辑》,江苏古藉出版社2002年版。

(128)同治《栾城县志》,成文出版社有限公司1976年版。

(129)(清)吴大镰:同治《元城县志》,成文出版社有限公司1969年版。

(130)同治《丰城县志》,清刊本。

(131)同治《长兴县志》,成文出版社有限公司1983年版。

(132)同治《榆次县志》,同治二年刊本。

(133)同治《南安府志》,同治七年刊本。

(134)(清)杜贵墀:《巴陵县志》,岳麓书社2008年版。

(135)(清)周学浚:《乌程县志》,清光绪刻本。

(136)光绪《平湖县志》,成文出版社有限公司1975年影印本。

(137)光绪《崇明县志》,清光绪七年刊本。

(138)光绪《苏州府志》,成文出版社有限公司1970年版。

(139)(清)何国佑:《霍山县志》,成文出版社有限公司1974年版。

(140)(清)黄可润:《畿辅见闻录》,清刻本。

(141)(清)曾国荃:《湖南通志》,清光绪十一年刻本。

(142)光绪《吉林通志》,光绪十七年刊本。

(143)《续修平遥县志》,光绪八年刊本。

(144)《汾阳县志》,光绪十年刊本。

(145)光绪《永嘉县志》,成文出版社有限公司1983年版。

(146)光绪《容城县志》,清光绪二十二年刊本。

(147) 光绪《南汇县志》，成文出版社有限公司 1970 年版。

(148) 光绪《泰兴县志》，《中国地方志集成·江苏府县志辑》，江苏古籍出版社 1991 年版。

(149) 光绪《武进阳湖县志》，《中国地方志集成·江苏府县志辑》，江苏古籍出版社 1991 年版。

(150) 光绪《吴桥县志》，成文出版社有限公司 1969 年版。

(151) 光绪《通州志》，清刻本。

(152) 光绪《邢台县志》，成文出版社有限公司 1969 年版。

(153) 光绪《唐县志》，成文出版社有限公司 1969 年版。

(154) 光绪《宁津县志》，成文出版社有限公司 1969 年版。

(155) 光绪《定兴县志》，成文出版社有限公司 1969 年版。

(156) 光绪《天津府志》，上海古籍出版社《续修四库全书》影印本。

(157) 光绪《奉化县志》，成文出版社有限公司 1969 年版。

(158) 光绪《常昭合志稿》，成文出版社有限公司 1969 年版。

(159) 光绪《吴江县续志》，《中国地方志集成·江苏府县志辑》，江苏古籍出版社 1991 年版。

(160) 光绪《嘉定县志》，辛巳藏经阁刊本。

(161) 光绪《文登县志》，成文出版社有限公司 1969 年版。

(162) 宣统《续纂泰州志》，《中国地方志集成·江苏府县志辑》，江苏古籍出版社 1991 年版。

(163) 程兼善：《续修枫泾小志》，宣统三年刊本。

(164) (清) 王同：《唐栖志》，文海出版社 1982 年版。

(165)《续纂江宁府志》，成文出版社有限公司 1970 年版。

(166)《三续高邮州志》，《中国地方志集成·江苏府县志辑》，江苏古籍出版社 1991 年版。

(167) 王守恂：《天津政俗沿革记》，《中国地方志集成·天津府县志辑 1》，上海书店 2004 年版。

(168)《黑龙江外纪》，续修《四库全书》，上海古籍出版社 2002 年版。

(169) 民国《三台县志》，民国二十年刊本。

(170)民国《完县新志》，民国二十三年刊本。
(171)民国《乌青镇志》，民国二十五年刊本。
(172)民国《无极县志》，民国二十五年刊本。
(173)民国《交河县志》，成文出版社有限公司。
(174)民国《固安县志》，民国三十一年刊本。
(175)民国《续修陕西通志稿》，民国二十三年铅印本。
(176)民国《芜湖县志》，江苏古籍出版社1998年版。
(177)民国《安徽通志》，民国二十三年铅印本。

乙、子部

(1)(汉)刘歆：《西京杂记》，《中国野史集成续编》，巴蜀书社2000年版。
(2)(汉)许慎：《说文解字》，中华书局1963年版。
(3)(唐)《小乘律·根本说一切有部苾刍尼毘奈耶》，义净译，频伽精舍校刊《大藏经》张帙。
(4)(唐)义净译：《小乘律·根本萨婆多部律摄》，频伽精舍校刊《大藏经》寒帙。
(5)(唐)释道宣：《续高僧传》，上海古籍出版社续修《四库全书》影印本。
(6)(唐)冯翊子：《桂苑丛谈》，文渊阁《四库全书》影印本。
(7)(宋)陶岳：《五代史补》，《五代史书汇编》，杭州出版社2004年版。
(8)(宋)吴曾：《能改斋漫录》，中华书局1960年版。
(9)(宋)刘斧：《青琐高议后集》，上海古籍出版社1983年版。
(10)(宋)何薳：《春渚纪闻》，中华书局1983年版。
(11)(宋)朱彧：《萍州可谈》，中华书局2007年版。
(12)(宋)陈师道：《后山丛谈》，中华书局2007年版。
(13)(宋)孟元老：《东京梦华录》，中华书局1982年版。
(14)(宋)吴自牧：《梦粱录》，文海出版社1982年版。
(15)(宋)李昉：《太平广记》，中华书局1961年版。
(16)(宋)洪迈：《夷坚志》，中华书局1981年版。

(17)《鬼董》，新文丰出版公司《丛书集成初编》。

(18)(宋)陆游：《老学庵笔记》，中华书局1979年版。

(19)(宋)江休复：《江邻几杂志》，《笔记小说大观丛刊》，台湾新兴书局有限公司。

(20)(宋)袁采：《袁氏世范》，天津古籍出版社1995年版。

(21)(宋)秦九韶：《数书九章》，文渊阁《四库全书》影印本。

(22)(宋)李之彦：《东谷随笔》，台湾新兴书局有限公司1983年版。

(23)(宋)彭乘：《墨客挥犀》，文渊阁《四库全书》影印本。

(24)(宋)郭若虚：《图画见闻志》，《丛书集成初编》。

(25)(宋)俞琬：《席上腐谈》，《笔记小说大观丛刊》，台湾新兴书局有限公司。

(26)(元)叶子奇：《草木子》，中华书局1959年版。

(27)(元)杨瑞：《山居新语》，中华书局2006年版。

(28)(元)朱世杰：《四元玉鉴细草》，文渊阁《四库全书》影印本。

(29)(明)顾之鲸：《武林梵志》，文渊阁《四库全书》影印本。

(30)(明)顾起元：《客座赘语》，中华书局1982年版。

(31)(明)焦袁熹：《此木轩杂著》，上海古籍出版社《续修四库全书》。

(32)(明)王士性：《广志绎》，中华书局1981年版。

(33)(明)沈瓒：《近事丛残》，广业书社1928年标点本。

(34)(明)陆粲：《庚巳编》，中华书局1987年版。

(35)(明)李乐：《续见闻杂记》，上海古籍出版社《续修四库全书》。

(36)(明)张萱：《西园闻见录》，上海古籍出版社《续修四库全书》。

(37)(明)钱希言：《狯园》，上海古籍出版社《续修四库全书》。

(38)(明)毛晋：《虞乡杂记》，《丛书集成初编》。

(39)(明)范守己：《曲洧新闻》，《四库全书存目丛书》，齐鲁书社 1997 年版。

(40)(明)周晖:《金陵琐事》、《续金陵琐事》、《二续金陵琐事》, 成文出版社有限公司 1983 年版。

(41)(明)姚士麟:《见只编》,《丛书集成初编》。

(42)(明)李绍文:《云间杂识》, 清抄本。

(43)(清)钱咏:《履园丛话》, 中华书局 1979 年版。

(44)(清)姚世锡:《前徽录》,《笔记小说大观丛刊》, 台湾新兴书局有限公司。

(45)(清)俞樾:《耳邮》,《笔记小说大观丛刊》, 台湾新兴书局有限公司。

(46)(清)俞樾:《茶香室四钞》,《笔记小说大观丛刊》, 台湾新兴书局有限公司。

(47)(清)李光庭:《乡言解颐》,《续修四库全书》, 上海古籍出版社。

(48)(清)韩菼:《江阴守城记》,《笔记小说大观丛刊》, 台湾新兴书局有限公司。

(49)(清)三硬芦圩叟:《印雪轩随笔》, 民国元年石印本。

(50)(清)梁恭辰:《北东园笔录》,《笔记小说大观丛刊》, 台湾新兴书局有限公司。

(51)(清)龚炜:《巢林笔谈》, 中华书局 1981 年版。

(52)(清)纪昀:《阅微草堂笔记》, 嘉庆五年望益书屋刻本。

(53)(清)叶梦珠:《阅世编》,《笔记小说大观丛刊》, 台湾新兴书局有限公司。

(54)(清)赵慎修:《榆巢杂识》,《笔记小说大观丛刊》, 台湾新兴书局有限公司。

(55)(清)采蘅子:《虫鸣漫录》,《笔记小说大观丛刊》, 台湾新兴书局有限公司。

(56)(清)黄钧宰:《金壶浪墨》,《笔记小说大观丛刊》, 台湾新兴书局有限公司。

(57)(清)慵讷居士:《咫闻录》,《笔记小说大观丛刊》, 台湾新兴书局有限公司。

(58)(清)诸晦香:《明斋小识》,《笔记小说大观丛刊》,台湾新兴书局有限公司。

(59)(清)陆以湉:《冷庐杂识》,《笔记小说大观丛刊》,台湾新兴书局有限公司。

(60)(清)陆长春:《香饮楼宾谈》,《笔记小说大观丛刊》,台湾新兴书局有限公司。

(61)(清)高继珩《蜨阶外史》,《笔记小说大观丛刊》,台湾新兴书局有限公司。

(62)(清)沈守之:《借巢笔记》,上海书店1994年版。

(63)(清)郑光祖:《醒世一斑录》,《续修四库全书》,上海古籍出版社。

(64)(清)金埴:《不下带编》,中华书局1982年版。

(65)(清)许楣:《钞币论》,道光二十六年刊本。

(66)(清)王韬:《遯窟谰言》,光绪六年刊本。

(67)(清)邓嘉缉:《扁善堂文存》,光绪二十七年刊本。

(68)(清)邓文滨:《醒睡录初集》,申报馆刊。

(69)(清)吴德旋:《初月楼续闻见录》,明文书局印行。

(70)(清)薛福成:《庸盦笔记》,《笔记小说大观丛刊》,台湾新兴书局有限公司。

(71)《殛珅志略》,《笔记小说大观丛刊》,台湾新兴书局有限公司。

(72)(清)徐赓陛:《不自慊斋漫存》,《笔记小说大观丛刊》,台湾新兴书局有限公司。

(73)(清)刘体仁:《异辞录》,中华书局1988年版。

(74)(清)梁章钜:《归田琐记》,中华书局1981年版。

(75)(清)潘钟瑞:《苏台麋鹿記》,清光绪刻得禅精舍集本。

(76)(清)张德坚:《贼情汇纂》,清钞本。

(77)(清)杜文澜:《平定粤匪纪略》,同治群玉斋活字印本。

(78)(清)刘岳云:《格物中法》,同治刘氏家刻本。

(79)(清)仲芳氏:《庚子纪事》,中华书局1978年版。

(80)(清)王有光:《吴下谚联》,中华书局1982年版。

(81)徐珂：《清稗类钞》，中华书局1984年版。

(82)(清)张培仁：《妙香室丛话》，《笔记小说大观丛刊》，台湾新兴书局有限公司。

(83)(清)张焘：《津门杂记》，《笔记小说大观丛刊》，台湾新兴书局有限公司。

(84)(元)《看钱奴买冤家债主》，《元曲选》第四册，中华书局1958年版。

(85)(元)《布袋和尚忍字记》，《元曲选》第三册，中华书局1958年版。

(86)(元)《施仁义刘弘嫁婢杂剧》，《元曲选外编》第三册，中华书局1959年版。

(87)(明)罗贯中：《三遂平妖传》，北京大学出版社1983年版。

(88)(明)冯梦龙：《警世通言》、《醒世恒言》、《喻世明言》，人民文学出版社1956年版。

(89)(明)凌濛初：《初刻拍案惊奇》、《二刻拍案惊奇》，人民文学出版社1991年版。

(90)(明)兰陵笑笑生：《金瓶梅词话》，人民文学出版社1992年版。

(91)(明)天然痴叟：《石点头》，远方出版社2001年版。

(92)(明)陆人龙：《型世言》，春风文艺出版社1998年版。

(93)(明)金木散人：《鼓掌绝尘》，华夏出版社1995年版。

(94)(清)李渔：《十二楼》，人民文学出版社1986年版。

(95)(清)李渔：《无声戏》，远方出版社2001年版。

(96)(清)《珍珠塔》，道光二十九年维扬三槐堂刻本。

(97)(清)曹去晶：《姑妄言》，远方出版社2001年版。

(98)(清)艾衲居士：《豆棚闲话》，人民文学出版社1986年版。

(99)(清)西周生：《醒世姻缘传》，齐鲁书社1980年版。

(100)(清)浦琳：《清风闸全传》，春风文艺出版社1997年版。

(101)(清)《红风传》，远方出版社2002年版。

(102)(清)曹雪芹:《红楼梦》，人民文学出版社 1982 年版。
(103)(清)吴敬梓:《儒林外史》，人民文学出版社 1993 年版。
(104)(清)李绿园:《歧路灯》，中州书画社 1980 年版。
(105)(清)李百川:《绿野仙踪》，旧抄本。
(106)(清)唐云洲:《七剑十三侠》，光绪石印本。
(107)(清)随缘下士:《林兰香》，清道光刊本。
(108)(清)褚人获:《隋唐演义》，清四雪草堂刊本。
(109)(清)归锄子:《红楼梦补》，清藤花榭刊本。
(110)(清)《刘公案》，《中国古代珍稀本小说》续 20，春风文艺出版社 1997 年版。
(111)(清)醒世居士:《八段锦》，远方出版社 2002 年版。
(112)(清)坐花散人:《风流悟》，远方出版社 2002 年版。
(113)(清)张应昌:《诗铎》，同治八年秀芷堂刻本。
(114)(清)李宝嘉:《官场现形记》，光绪上海世界繁华报馆本。
(115)(清)吴趼人:《二十年目睹之怪现状》，清光绪本。
(116)(清)张春帆:《九尾龟》，宣统三年点石斋合刊本。
(117)(清)华广生:《白雪遗音》，光绪八年玉庆堂刻本。
(118)(清)游戏主人:《笑林广记》，清乾隆刻本。
(119)《王定宝借当》，清刊本。

丙、集部

(1)(清)徐松:《全唐文》，山西教育出版社 2002 年版。
(2)《全唐诗》，中华书局 1960 年版。
(3)(宋)李昉:《文苑英华》，中华书局 1966 年版。
(4)(宋)秦观:《淮海集笺注》，上海古籍出版社 1994 年版。
(5)(宋)苏轼:《苏轼文集》，中华书局 1986 年版。
(6)(宋)苏辙:《苏辙集》，中华书局 1990 年版。
(7)(宋)刘挚:《忠肃梦》，文渊阁《四库全书》影印本。
(8)(宋)李清照:《金石录》，文渊阁《四库全书》影印本。
(9)(宋)叶适:《水心集》，文渊阁《四库全书》影印本。

（10）（宋）陆游：《渭南文集》，文渊阁《四库全书》影印本。
（11）（宋）陈栎：《定宇集》，文渊阁《四库全书》影印本。
（12）（宋）文同：《丹渊集》，文渊阁《四库全书》影印本。
（13）（宋）楼钥：《楼钥集》，浙江古籍出版社2010年版。
（14）（宋）高斯得：《耻堂存稿》，文渊阁《四库全书》影印本。
（15）（宋）刘攽：《彭城集》，文渊阁《四库全书》影印本。
（16）（宋）杨万里：《诚斋集》，文渊阁《四库全书》影印本。
（17）（宋）刘宰：《漫塘集》，文渊阁《四库全书》影印本。
（18）（宋）真德秀：《西山先生真文忠公文集》，文渊阁《四库全书》影印本。
（19）（宋）洪适：《盘洲文集》，文渊阁《四库全书》影印本。
（20）（宋）朱熹：《朱熹集》，四川教育出版社1996年版。
（21）（宋）陈亮：《陈亮集》，中华书局1987年版。
（22）（宋）文天祥：《文天祥全集》，中国书店1985年版。
（23）（清）张金吾：《金文最》，成文出版社1967年版。
（24）（明）臧晋叔：《元曲选》，中华书局1958年版。
（25）随树森：《元曲选外编》，中华书局1959年版。
（26）（明）艾南英：《天傭子集》，康熙刻本。
（27）（明）汪道昆：《太函集》，黄山书社2002年版。
（28）（明）唐寅：《唐伯虎先生外编》，上海古籍出版社《续修四库全书》。
（29）（明）海瑞：《海瑞集》，中华书局1962年版。
（30）（明）高拱：《高文襄公集》，明万历刻本。
（31）（明）熊明遇：《文直行书诗文》，顺治十七年熊人霖刻本。
（32）（明）徐师曾：《明文海》，中华书局1987年版。
（33）（清）朱彝尊：《曝书亭集》，《四部丛刊》本。
（34）（清）赵士麟：《读书堂采衣全集》，齐鲁书社《四库全书存目丛书》。
（35）（清）陆耀：《切问斋集》，国家图书馆出版社2008年影印本。

(36)(清)全祖望:《鲒埼亭集》,《四部丛刊》本。

(37)(清)方苞:《望溪集》,咸丰元年戴钧衡刻本。

(38)(清)吴梅村:《梅村集》,文渊阁《四库全书》影印本。

(39)(清)陆陇其:《三鱼堂集》,清康熙刻本。

(40)(清)路德:《柽华馆文集》,续修《四库全书》,上海古籍出版社。

(41)(清)陆廷黻:《镇亭山房文集》,清刊本。

(42)(清)王廷瑶:《游宦纪略》,黄山书社1998年《官箴书集成》。

(43)(清)黄六鸿:《福惠全书》,黄山书社1998年《官箴书集成》。

(44)(清)刘衡:《蜀僚问答》,黄山书社1998年《官箴书集成》。

(45)(清)周石藩:《共城从政录》,黄山书社1998年《官箴书集成》。

(46)(清)盘峤野人:《居官寡过录》,黄山书社1998年《官箴书集成》。

(47)(清)戴杰:《敬简堂学治杂录》,黄山书社1998年《官箴书集成》。

(48)(清)周乐:《宦游纪实》,国家图书馆出版社2008年版。

(49)(清)余治:《得一录》,《官箴书集成》,黄山书社1998年版。

(50)(清)徐栋:《牧令书》,《官箴书集成》,黄山书社1998年版。

(51)(清)戴肇辰:《从公续录》,《官箴书集成》,黄山书社1998年版。

(52)(清)褚英:《州县初仕小补》,《官箴书集成》,黄山书社1998年版。

(53)(清)徐寿兹:《学治识端》,《官箴书集成》,黄山书社1998年版。

(54)(清)柳堂:《宰惠纪略》,《官箴书集成》,黄山书社1998

年版。

(55)(清)李德林:《定颖纪事》,国家图书馆出版社 2008 年版。

(56)(清)顾廷纶:《天台日记》,国家图书馆出版社 2008 年版。

(57)(清)李彦卓:《润经堂自治官书》,国家图书馆出版社 2008 年版。

(58)(清)桂超万:《宦游纪略》,国家图书馆出版社 2008 年版。

(59)(清)戴槃:《两浙宦游纪略》,国家图书馆出版社 2008 年版。

(60)(清)戴槃:《东瓯纪略》,国家图书馆出版社 2008 年版。

(61)(清)张联桂:《问心斋学治杂录》、《问心斋学治续录》,国家图书馆出版社 2008 年版。

(62)(清)洪亮吉:《更生斋集》,光绪三年洪氏授经堂增修本。

(63)(清)蒋士铨:《忠雅堂文集》,清嘉庆刻本。

(64)(清)陈文述:《颐道堂集》,嘉庆十二年刻本。

(65)(清)王又槐:《刑钱必览》,嘉庆十九年刻本。

(66)(清)祝庆琪:《刑案汇览》,道光棠越慎思堂刻本。

(67)(清)裕谦:《勉益斋续存稿》,清刊本。

(68)(清)张云璈:《简松草堂诗文集》,清道光刻三景阁丛书本。

(69)(清)万维翰:《幕学举要》,清道光刻本。

(70)(清)林则徐:《林则徐全集》,海峡文艺出版社 2002 年版。

(71)(清)陶澍:《陶云汀先生奏疏》,道光八年刻本。

(72)(清)丁日昌:《抚吴公牍》,宣统南洋官书局石印本。

(73)(清)张振夔:《介轩文钞》,同治刊本。

(74)(清)钟体志:《柴桑佣录》,国家图书馆出版社 2008 年版。

(75)(清)钟体志:《澡雪堂文钞》,光绪二十五年刊本。

(76)(清)李桓:《宝韦斋类稿》,国家图书馆出版社 2008 年版。

(77)(清)李元度:《天岳山馆文钞》,上海古籍出版社《续修四库全书》。

(78)(清)吴敏树:《柈湖文集》,北京大学图书馆藏本。

(79)(清)程恩泽:《程侍郎遗集》,《丛书集成新编》,新文丰出版公司。

(80)(清)陈宏谋:《培远堂偶存稿》,《清代诗文集汇编》,上海古藉出版社 2010 年版。

(81)(清)左宗棠:《左宗棠全集》,上海书店 1986 年版。

(82)(清)曾国荃:《曾国荃全集》,岳麓书社 2006 年版。

(83)(清)张之洞:《张文襄公奏稿》,上海古籍出版社《续修四库全书》2006 年版。

(84)(清)柏景伟:《柏沣西先生遗集》,光绪金陵刊本。

(85)(清)刘衡:《庸吏庸言》,黄山书社 1998 年版。

(86)(清)俞樾:《春在堂杂文》,光绪二十五年刻本。

(87)(清)刚毅:《牧令须知》,《官箴书集成》,黄山书社 1998 年版。

(88)(民国)徐世昌:《将吏法言》,民国八年静远堂排印本。

丁、文书账簿

(1)《乾嘉道湖南典商办理减息案呈词》,刘建民收藏,《晋商史料集成》第 76 册,第 3-76 页。以下简称集成。

(2)《乾隆词录》,刘建民收藏。

(3)《乾隆三十一年赐爵等五子分家及历年收入账》,刘建民收藏,《集成》第 80 册,第 369-446 页。

(4)《乾隆十六年某当清单》,刘建民收藏,《集成》第 61 册,第 209-215 页。

(5)《乾隆五十四年两益当清单》,刘建民收藏《集成》第 61 册,第 228-233 页。

(6)《嘉庆十六年王加恩同四子立合伙占有典当股份家书》，刘建民收藏《集成》第79册，第503页。

(7)《道光二十年三月十二日赵炳寰等兄弟四人的分关文约》，刘建民收藏，《集成》第79册，第536-537页。

(8)《道光五年—同治三年三义当清单》，刘建民收藏，《集成》第61册，第256-309页。

(9)《道光十九年宝盛义记四德堂清单》，刘建民收藏，《集成》第61册，第598-608页。

(10)《道光十五年至咸丰元年永承当清单》，刘建民收藏，《集成》第61册，第325-388页。

(11)《道光二十五年张贻绪等沁州万亿当合同》，北京晋商博物馆收藏。

(12)《咸丰七年成章当清单》，刘建民收藏，《集成》第61册，第900-906页。

(13)《同治七、九年铁岭南门口治隆当清单》，刘建民收藏，《集成》第62册，第205-213页。

(14)《同治六年至光绪十二年义和永当清单》，刘建民收藏，《集成》第62册，第99-149页。

(15)《光绪四年恒升大记当铺清单》，刘建民收藏，《集成》第62册，第342-354页。

(16)《光绪五年至二十三年宏盛当清单》，刘建民收藏，《集成》第62册，第371-451页。

(17)《光绪二十九年至宣统元年临邑朱家河元吉公记清单》，刘建民收藏，《集成》第63册，第315-344页。

(18)《当铺立账簿头绪》，刘建民收藏，《集成》第40册，第594-623页。

(19)《光绪二十四年三月立汾阳临邑当商邦出入银钱账》，刘建民收藏，《集成》第40册，第367-392页。

(20)《宣统三年至民国九年三和永记月总账》，第40册，第1-266页。

(21)《同治四年至十三年合盛当记月结账》，刘建民收藏，《集成》39 册，第 627-770 页。

(22)《大同当税征信册》，刘建民收藏，《集成》第 86 册，第 509-522 页。

(23)《光绪十六年十一月乾盛晋钱庄沙镇分庄汇兑总结账》，刘建民收藏，《集成》第 22 册，第 441-452 页。

(24)《同治十二年正月恒裕典当东伙往来书信》，刘建民收藏，《集成》第 5 册，第 104-209 页。

(25)《光绪五年介休冀家典当信稿》，刘建民收藏，《集成》第 5 册，第 211-293 页。

(26)《光绪二十一年济南某当王记信稿》，刘建民收藏，第 5 册，第 294-402 页。

(27)《民国二年正月沙市典当东伙往来信稿》，刘建民收藏，《集成》第 5 册，第 403-612 页。

(28)《民国三年沙市某典当东伙往来信稿》，刘建民收藏，《集成》第 5 册，第 613-772 页。

(29)《光绪二十七八年介休典商冀家呈文留底七份》，刘建民收藏，《集成》第 76 册，第 93-114 页。

(30)《光绪三十四年侯冀村裕庆协记万金财源账》，刘建民收藏，《集成》第 63 册，第 402-526 页。

(31)《民国五年至十八年天裕当清单》，刘建民收藏，《集成》第 1-154 页。

(32)《民国十四年源源长记五合月总账》，《集成》第 39 册，第 521-624 页。

(33)《道光十年杂书全部》，刘建民收藏，《集成》第 69 册，第 565-625 页。

(34)《民国二十二年田筱贤抄当谱全集》五册，刘建民收藏，《集成》第 69 册，第 682-757 页。

(35)《宣统三年当字册天书》，刘建民收藏，《集成》第 70 册，第 1-84 页。

(36)《民国十六年至二十四年灵邑裕庆当万金账》，刘建民收藏，《集成》第 64 册，第 436-485 页。

(37)《年代不详复兴当清单》，刘建民收藏，《集成》第64册，第665-673页。

(38)《光绪十年为商十要》，《集成》第76册，第464-472页。

(39)《同治九年铁岭东关天顺当清单》，《集成》第62册，第267-273页。

(40)《行氏家族诉讼抄本》，河北大学刘秋根收藏。

(41)《典业杂志》，安徽师范大学图书馆藏。

戊、资料集

(1)冯和法编：《中国农村经济资料》，上海黎明书局1933年版。

(2)蔡美彪：《元代白话碑集录》，科学出版社1955年版。

(3)李文治：《中国近代农业史资料》，三联书店1957年版。

(4)江苏省博物馆编：《江苏省明清以来碑刻资料选集》，三联书店1959年版。

(5)彭泽益：《中国近代手工业史料》，中华书局1962年版。

(6)中国人民银行总行参事室金融史料组编：《中国近代货币史资料》，中华书局1964年版。

(7)谢国桢选编：《明代社会经济史料选编》，福建人民出版社1980年版。

(8)中国社会科学院历史研究所：《曲阜孔府档案史料选编》，齐鲁书社1981年版。

(9)苏州历史博物馆等合编：《明清苏州工商业碑刻集》，江苏人民出版社1981年版。

(10)唐长孺主编：《吐鲁番出土文书》，文物出版社1983年版。

(11)《吴煦档案选编》，江苏人民出版社1983年版。

(12)《清代档案史料丛编》，中华书局1984年版。

(13)张海鹏等编：《明清徽商资料选编》，黄山书社1985年版。

(14)《清雍正朝镶红旗档》，东北师范大学出版社1985年版。

(15)《清代乾嘉道巴县档案选编》，四川大学 1989 年版。

(16)《天津商会档案汇编》，天津人民出版社 1989 年版。

(17)《雍正朝汉文朱批奏折汇编》，江苏古籍出版社 1991 年版。

(18)《徽州千年契约文书》，花山文艺出版社 1992 年版。

(19)《敦煌法制文书》，《中国珍稀法律典籍集成》，科学出版社 1994 年版。

(20)《少数民族法典法规与习惯法》，《中国珍稀法律典籍续编》，黑龙江人民出版社 2002 年版。

(21)《平祁太经济社会史料与研究》，山西古籍出版社 2002 年版。

(22)《厦门碑志汇编》，中国广播电视出版社 2004 年版。

(23)《温州古代经济史料汇编》，上海社会科学出版社 2005 年版。

(24)《古代榜文告示汇存》，社会科学文献出版社 2006 年版。

(25)《晋商史料全览》，山西人民出版社 2006 年版。

(26)《南靖石刻集》，海潮摄影艺术出版社 2007 年版。

(27)《清嘉庆朝刑科题本社会史料辑刊》，天津古藉出版社 2008 年版。

(28)《顺治—嘉庆朝清实录经济史资料》，北京大学出版社 2012 年版。

(29)姜锡东、梁松涛：《保定商会档案》，河北大学出版社 2012 年版。

(30)《内务府奏销档》，故宫出版社 2014 年版。

(31)张建民：《湖北天门熊氏契约文书》，湖北人民出版社 2014 年版。

(32)景礼茂、刘秋根：《灵石碑刻全集》，河北大学出版社 2014 年版。

(33)张正明、科大卫等：《明清山西碑刻资料选》及续 1、续 2，山西人民出版社 2005 年版。

(34)《顺天府档案》，中国历史第一档案馆藏。

(35)《台湾私法债权编》、《台湾私法商事编》、《台湾私法物权编》，台湾银行经济研究室印行《台湾文献丛刊》本。

(36)《粤东省例新纂》，社会科学文献出版社《中国古代地方法律文献》2012年版。

(37)《刑部抄档》，中国社会科学院经济研究所藏。

(38)《内务府来文》，中国第一历史档案馆藏。

(39)《道光鸦片战争专题档案史料》，中国第一历史档案馆藏。

(40)《申报》。

(41)《益闻录》。

二、近人论著

甲、专著

(1)潘子豪：《中国钱庄概要》，上海华通书局1931年版。

(2)杨肇遇：《中国典当业》，商务印书馆1933年版。

(3)区季鸾：《广东典当业》，文海出版社1972年版。

(4)宓公干：《典当论》，商务印书馆1936年版。

(5)《北京典当业之概况》，北京联合准备银行1940年印行。

(6)卫聚贤：《山西票号史》，中央银行经济研究处1941年版。

(7)千家驹：《中国农村经济论文集》，中华书局1936年版。

(8)傅衣凌：《明清时代商人及商业资本》，三联书店1961年版。

(9)彭信威：《中国货币史》，上海人民出版社1965年版。

(10)[德]马克思：《资本论》，人民出版社1972年版。

(11)张国辉：《洋务运动与中国近代企业》，中国社会科学出版社1979年版。

(12)[日]日野開三郎：《日野開三郎东洋史学论集》，三一书房1980年版。

(13)《太平天国史论文选》，三联书店1981年版。

(14)石毓符：《中国货币金融史略》，天津人民出版社1984年版。

(15)秦佩珩：《明清社会经济史论稿》，中州古籍出版社1984

年版。

(16)《中国近代金融史》，中国金融出版社 1985 年版。

(17)许涤新、吴承明：《中国资本主义的萌芽》，人民出版社 1985 年版。

(18)潘敏德：《中国近代典当业之研究》，台湾师范大学历史研究所 1985 年版。

(19)赵连发：《中国典当业述评》，石室出版社印行。

(20)韩大成：《明代社会经济初探》，中国人民大学出版社 1986 年版。

(21)刘石吉：《明清时代江南市镇研究》，中国社会科学出版社 1987 年版。

(22)漆侠：《宋代经济史》，上海人民出版社 1987 年版。

(23)[英]杰弗里·巴勒克拉夫著，杨豫译《当代史学的主要趋势》，上海译文出版社 1987 年版。

(24)清水盛光著，宋念慈译：《中国族产制度考》，台湾中华文化出版事业委员会。

(25)[苏]E. M. 茹科夫著，王瓘译：《历史学方法论大纲》，上海译文出版社 1988 年版。

(26)[法]迪尔凯著、胡伟译：《社会学研究方法论》，华夏出版社 1988 年版。

(27)黄敏枝：《宋代佛教社会经济史论集》，学生书局 1989 年版。

(28)韦庆远：《明清史辨析》，中国社会科学出版社 1989 年版。

(29)王耀庭、成孝海：《利率论》，西南财经大学出版社 1989 年版。

(30)郭道扬：《中国会计史稿》，中国财政经济出版社 1982 年版。

(31)刘永佶：《政治经济学方法论》，上海人民出版社 1992 年版。

(32)刘秋根：《中国典当制度史》，上海古籍出版社 1995 年版。

(33)宁可:《中国经济发展史》,中国经济出版社1999年版。

(34)刘秋根:《明清高利贷资本》,社会科学出版社2000年版。

(35)张淑彩:《商业银行会计学》,陕西人民出版社2004年版。

(36)章彰:《解读巴塞尔新资本协议》,中国经济出版社2004年版。

(37)黄鉴晖:《中国典当业史》,山西出版集团、山西经济出版社2006年版。

(38)刘秋根:《中国古代合伙制初探》,人民出版社2007年版。

(39)刘建生:《山西典商研究》,山西出版集团、山西经济出版社2007年版。

(40)曲彦斌:《中国典当史》,九州出版社2007年版。

(41)郑小娟:《15—18世纪的徽州典当商人》,天津古籍出版社2010年版。

(42)汪圣铎:《宋代政教关系研究》,人民出版社2010年版。

(43)王裕明:《明清徽州典商研究》,人民出版社2012年版。

(44)王文书:《宋代借贷业研究》,河北大学出版社2014年版。

乙、论文

(1)吴石城:《天津典当业之研究》,《银行周报》1935年19卷6期。

(2)陆国香:《中国典当业资本之分析》,《农行月刊》1936年3卷第5期。

(3)陆国香:《山西之质当业》,《民族》1936年4卷6期。

(4)王芳:《"普济质店"——当幌及其他》,《平准学刊》第三辑下。

(5)罗炳绵:《清代的银两生息制度和民国后的农民贷借所》,

《大陆杂志》第55卷第3期。

(6)罗炳绵：《近代中国典当业的社会意义及其类别和捐税》，《近代史研究所辑刊》第七辑。

(7)王天奖：《太平天国的商业》，《文史哲》1962年第2期。

(8)彭信威：《封建中国的高利贷》，上海财经学院科研处油印，北京图书馆收藏。

(9)《清代以来典当业的管理及其他衰落》(上、下)，《食货》1977年7卷5、6期。

(10)《近代中国典当业的分布趋势和同业组织》(上、下)，《食货》1978年8卷2、3期。

(11)《红楼梦背景资料之三清代前期的高利贷和典当业》，《北京师范大学学报》1978年第6期。

(12)王宏钧、刘如仲：《明代后期南京城市的繁荣和社会生活的变化——明人绘〈南都繁会图的初步研究〉》，《中国历史博物馆馆刊》1979年第1期。

(13)[日]道端良秀：《支那佛教寺院的金融事业》，《大谷学报》14卷第1号。

(14)吴永猛：《中国佛教经济之发展》，《佛教经济研究论集》，大乘文化出版社、《现代佛教学术丛刊》(9)。

(15)陈国灿：《西夏天庆年间典当残契的复原》，《中国史研究》1980年第1期。

(16)方行：《清代前期农村高利贷资本问题》，《经济研究》1981年第2期。

(17)方行：《中国封建社会的经济结构与资本主义萌芽》，《历史研究》1981年第4期。

(18)黄仁宇：《从〈三言〉看晚明商人》，《明史研究论丛》第一辑，大立出版社1982年版。

(19)陈国灿：《从吐鲁番出土的质库账历看唐代的质库制度》，《敦煌吐鲁番文书初探》，武汉大学出版社1983年版。

(20)叶志如：《乾隆时期内务府典当业》，《历史档案》，1985年第2期。

(21)叶志如:《乾隆年间内务府官当史料选》,《历史档案》,1985年第4期。

(22)宋秀元:《从档案史料看清代典当业》,《故宫博物院院刊》,1985年第2期。

(23)王廷元:《徽州典商述论》,《安徽史学》,1986年第1期。

(24)叶显恩、谭棣华:《略论明清珠江三角洲的高利贷资本》,《平准学刊》,第三辑上,中国商业出版社1986年版。

(25)赖惠敏:《乾隆朝内务府的当铺与发商生息》,《近代史研究集刊》1997年第28期。

(26)孙健:《明清时期商业资本的发展及其历史作用》,《人文杂志》1988年第2期。

(27)汪士信:《明清时期商业经营方式的变化》,《中国经济史研究》1988年第2期。

(28)刘秋根:《试论宋代官营高利贷资本》,《河北学刊》1989年第2期。

(29)韦庆远:《论"八旗生计"》,《社会科学辑刊》1990年第5、6期。

(30)刘秋根:《关于汉代高利贷的几个问题》,《中国经济史研究》1991年第4期。

(31)刘秋根:《元代官营高利贷资本论述》,《文史哲》1991年第3期。

(32)刘秋根:《论宋元寺院金融事业》,《世界宗教研究》1992年第3期。

(33)王海燕:《明代典当业初探》,《东北师大学报》(哲学社会科学版)1998年第1期。

(34)刘秋根:《明清民国时期典当业的资金来源及资本构成分析》,《河北大学学报》(哲学社会科学版)1999年第24卷第4期。

(35)封越健:《十八世纪徽州典铺的经营管理与典当制度——以休宁茗州吴氏典铺为中心》,《中央研究院近代史研究所集刊》2012年第78期。

(36)汪庆元:《汪氏典业阄书研究》,《安徽史学》2003年第5期。

(37)蒋燕玲:《论清代律例对雇工人法律身份的界定》,《社会科学家》2003年第5期。

(38)汪崇筼:《徽州典当资本的增值——以程虚宇家族为例》,《中国社会经济史研究》2004年第3期。

(39)李国俊、卢伯炜:《从〈申报〉看辛亥革命后苏沪等地的典当业的经营》,《江南社会学院学报》2004年第6卷第1期。

(40)李国俊:《近代苏南典当资本经营分析》,苏州大学2004年硕士论文。

(41)杨勇:《近代江南典当业研究》,复旦大学2005年博士论文。

(42)吕臻:《清代银钱比价的历史演变》,中共中央党校2005年硕士论文。

(43)黄惠瑞:《明代江南比丘尼之社会经济活动》,成功大学2005年学位论文。

(44)秦进才:《大觉寺所藏清代契约文书史料价值浅谈》,《中国农史》2006年第2期。

(45)郑小娟:《乾隆十六年黄炽等立阄分合同》,《福建师范大学学报》(哲学社会科学版)2007年第5期。

(46)杨现华:《民国时期杭州典当业研究》,浙江大学2007年硕士论文。

(47)长乐市佛教协会:《明朝佛教》,中国佛学网2007年10月17日。

(48)马勇虎:《〈典业博谈〉及其史料价值》,《黄山学院学报》(哲学社会科学版)2008年第10卷第6期。

(49)郑小娟:《尝试性分业与阶段性继业》,《安徽史学》2008年第2期。

(50)王裕明:《明清商人分家中的分产不分业与经营管理》,《学海》2008年第6期。

(51)陈宝宏:《民国时期河南典当业研究》,河南大学2008年硕士论文。

(52)杨勇:《近代江南典当业的营业额与利润率》,《江西财经大学学报》2011 年第 2 期。

(53)阴若天:《近代典当业研究》,河北大学 2011 年硕士论文。

(54)陈岩:《明代徽州佛教研究》,安徽大学 2011 年硕士学位论文。

(55)刘秋根:《清代典当业的法律调整》,《中国经济史研究》2012 年第 3 期。

(56)欧阳楠:《晚明南京地区的寺院等级与寺院经济——以地〈金陵梵刹志〉为中心的考察》,《世界宗教研究》2012 年第 3 期。

(57)张建朋:《晋商裕庆当账簿研究》,《会计之友》2012 年 10 月上。

(58)刘伟:《晚清州县的办公经费与公费改革》,《安徽史学》2013 年第 3 期。

(59)熊艺钧:《清代军流犯与小押》,《安徽史学》2014 年第 1 期。

图表索引

中国专门史文库

（第一辑）

中国政制史（修订版）
中国俸禄制度史（修订版）
中国家族制度史
中国民族史（上、下册）
汉民族发展史
中国科学技术史纲（修订版）
中国交通史
中国城市史
中国宗教史
中国佛教史
中国帮会史
中国新闻史
中国史学史
中国舞蹈发展史
中国旅游史
中国姓名史
中国丧葬史
中国书院史（增订版）
中国逻辑思想史
中国边疆经略史
中国文化生成史（上、下册）
中国认识论史
中国救荒史
中国私家藏书史（修订版）
中国婚姻史
中国社会福利史
中国法制史（上、下册）
中国土地制度史
中国相声史
中国通俗小说史
中国社会风俗史
中国古代造船史
中国话剧通史
中国火器通史
中国古代气象史稿
中国流民史（古代卷）
中国流民史（近代卷）
中国流民史（现代卷）
中国皇权史
中国性文化史
中国围棋文化史
中国禁忌史
中国乞丐史
中国甲骨学史
中国书法史
中国饮食史（上、下册）
中国典当史